权威·前沿·原创

皮书系列为
"十二五""十三五""十四五"时期国家重点出版物出版专项规划项目

B

BLUE BOOK

智库成果出版与传播平台

建设用地蓝皮书
BLUE BOOK OF CONSTRUCTION LAND

中国城市建设用地节约集约利用报告 *No.3*

ANNUAL REPORT ON THE SAVING AND INTENSIVE USE OF THE URBAN
CONSTRUCTION LAND (No.3)

详细评价试点总结

主　　编 / 邓红蒂　杨冀红　严金明
副 主 编 / 左玉强　李　莉　夏方舟　王浩聪

社会科学文献出版社
SOCIAL SCIENCES ACADEMIC PRESS (CHINA)

图书在版编目(CIP)数据

中国城市建设用地节约集约利用报告. No.3, 详细评
价试点总结 / 邓红蒂, 杨冀红, 严金明主编; 左玉强等
副主编. -- 北京: 社会科学文献出版社, 2023.10
（建设用地蓝皮书）
ISBN 978-7-5228-1626-5

Ⅰ.①中… Ⅱ.①邓… ②杨… ③严… ④左… Ⅲ.
①城市土地 – 土地利用 – 研究报告 – 中国 Ⅳ.
①F299.22

中国国家版本馆CIP数据核字（2023）第052873号

建设用地蓝皮书

中国城市建设用地节约集约利用报告No.3
——详细评价试点总结

主　　编 / 邓红蒂　杨冀红　严金明
副 主 编 / 左玉强　李　莉　夏方舟　王浩聪

出 版 人 / 冀祥德
责任编辑 / 薛铭洁
责任印制 / 王京美

出　　版 / 社会科学文献出版社·皮书出版分社（010）59367127
　　　　　　地址：北京市北三环中路甲29号院华龙大厦　邮编：100029
　　　　　　网址：www.ssap.com.cn
发　　行 / 社会科学文献出版社（010）59367028
印　　装 / 三河市东方印刷有限公司

规　　格 / 开　本：787mm×1092mm　1/16
　　　　　　印　张：35　字　数：529千字
版　　次 / 2023年10月第1版　2023年10月第1次印刷
审 图 号 / GS京（2022）1251号
书　　号 / ISBN 978-7-5228-1626-5
定　　价 / 228.00元

读者服务电话：4008918866

《中国城市建设用地节约集约利用报告No.3》
编　委　会

主　编　邓红蒂　杨冀红　严金明

副主编　左玉强　李　莉　夏方舟　王浩聪

编　委　蔡大伟　陈华飞　陈立定　陈佩佩　程时勇

　　　　楚建群　耿浩博　郭　艳　郭栋林　韩亚盼

　　　　洪　旗　胡碧霞　胡可可　胡业翠　姜怀龙

　　　　李欣哲　李资华　李子良　林　坚　林鹏浩

　　　　刘　唱　刘宝方　刘庆中　鲁平贞　马国庆

　　　　聂钜洛　欧阳安蛟　邱宏杰　苏　航　孙亚楠

　　　　王　恒　王　萌　王晓莉　王兴邦　武继超

　　　　许　愿　杨少敏　易　璐　张　薇　张纯涛

　　　　张东晟　赵　哲　赵锦辉　赵予爽　郑新奇

　　　　周小丹　朱宇捷　邹佳岑

主要编撰者简介

邓红蒂　中国国土勘测规划院副院长，研究员，中国土地学会土地规划分会副主任委员，全国自然资源与国土空间规划标准化技术委员会委员、全国自然资源与国土空间规划标准化技术委员会土地资源利用分技术委员会副主任委员、全国自然资源与国土空间规划标准化技术委员会保护与修复分技术委员会委员。主要研究方向为国土空间规划、国土空间用途管制、土地评价、土地政策、自然资源与国土空间规划标准化研究及实践。主持完成国家科技攻关项目、国家社科基金专项、国土资源大调查重点项目、土地资源调查监测重大工程、国土资源部重点科研课题等30余项，先后参与三轮全国土地利用总体规划，汶川、玉树灾后恢复重建土地利用规划，全国国土空间规划，长江经济带国土空间规划，自然生态空间用途管制研究等研究及应用管理工作，主持、参与省市县乡级土地利用总体规划、城市建设用地节约集约利用评价、开发区土地集约利用评价等多项规范标准的编制，出版学术著作多部、发表论文多篇，获国土资源科技奖、土地规划优秀成果奖多项。

杨冀红　中国国土勘测规划院研究员。主要研究方向为土地调查监测、土地评价、土地规划。主持、参与了国土资源大调查土地监测调查工程、土地变更调查、第二次全国土地调查等多项重大工程项目及研究性课题。组织实施建设用地节约集约利用评价项目，参与技术规程的编制与技术指导，完成多轮城市建设用地和开发区节约集约评价国家级汇总。作为主要编写人完成"第二次全国土地调查技术规程"等多项技术标准的编制，获国土资源部科学技术奖，国家测绘科技进步奖一、二等奖 6 项，获得"第二次全国土地调查先进工作者"称号，发表多篇核心期刊论文。

严金明　教育部"长江学者"特聘教授，享受国务院政府特殊津贴专家，中国人民大学首次"杰出学者支持计划"特聘教授 A 岗（2017），中国人民大学公共管理学院教授、博士生导师，兼任中国土地学会副理事长、中国国土经济学会副理事长。主要研究方向为土地行政与土地法学、土地利用与空间规划、自然资源管理理论与方法等。主持国家社会科学基金重大项目、国家自然科学基金国际合作与交流项目、国家科技支撑计划项目课题 30 多项。著有《土地法学》《土地整理》《土地整治规划设计研究》等教材和专著多部，在国内外重要期刊上发表论文 200 余篇。曾获评教育部新世纪优秀人才、国土资源部科技领军人才、宝钢优秀教师奖、中国人民大学"十大教学标兵"等奖项和荣誉称号，并获得省部级科研奖励 12 项、北京市教育教学成果奖 2 项。

左玉强　中国国土勘测规划院土地利用规划评审中心主任，研究员。长期从事土地利用规划、国土空间规划、土地利用评价等研究与实践，主持和参与多项国土资源大调查、土地资源调查评价、国家科技支撑计划等重大工程和科研项目，参与全国土地利用总体规划、全国国土空间规划、长江经济带国土空间规划和汶川、玉树灾后恢复重建土地利用规划等编制，参与《建设用地节约集约利用评价规程》《开发区土地集约利用评价规程》《开发区土地集约利用评价数据库标准》等行业标准研制，参与全国城市、开发区、高校教育用地等节约集约用地评价技术指导。获国土资源科学技术奖 2 项，2015 年入选国土资源高层次创新型科技人才培养工程——杰出青年科技人才培养计划，2019 年入选自然资源高层次科技创新人才第三梯队。

李　莉　中国国土勘测规划院土地利用规划评审中心高级工程师。主要研究方向为国土空间规划、利用与土地政策研究，主持或参与土地利用总体规划、土地资源调查评价、城市体检评估、国土空间规划实施监督机制研究和实施评估等国家重点专项、重大工程和科研项目。参与省市土地利用规划和国土空间规划编制，全国、城市群、重点城市体检评估与规划实施监测评估、专项评估，开发区、城市、高校、农村等土地集约利用评价汇总分析和技术指导，土地集约利用、土地利用计划管理、低效用地再开发等政策研究和相关文件起草等，参与《国土空间开发保护现状评估技术指南》《国土空间规划城市体检评估规程》《建设用地节约集约利用评价规程》等标准研制，出版专著多部、发表论文多篇。

夏方舟　教授，中国人民大学公共管理学院土地管理系副主任，中国国土经济学会理事、副秘书长，中国土地学会青年工作委员会委员。长期担任中国人民大学国家发展与战略研究院研究员，中国国土经济学会青年工作委员会秘书长，同时担任国家自然科学基金评议专家，*Land Use Policy*、*Habitat International*、*Journal of Environmental Planning and Management*、*Journal of Cleaner Production* 等 SSCI 期刊匿名审稿人。在 *Land Use Policy*、*Habitat International*、《管理世界》、《中国土地科学》等 SSCI、EI 和 CSSCI 期刊上发表论文 60 余篇。主持 2 项国家自然基金项目，参与多项国家自然基金重点项目、国家社科基金重大项目、国家科技支撑计划、国土资源部公益性行业专项等项目，获第八届高等学校科学研究优秀成果奖一等奖、北京市高等教育教学成果奖二等奖等奖项，完成软件著作权十余项。

王浩聪　中国国土勘测规划院土地利用规划评审中心工程师。主要研究方向为土地评价、土地规划相关工作。主持并全面参与了建设用地节约集约利用状况调查与评价、国土空间规划实施机制研究和实施评估等国家重大工程和科研项目，承担全国城市、开发区、村镇、高校教育用地等节约集约用地评价技术指导，完成自然资源部"十四五"规划"建设用地节约集约利用评价"专题研究编制，参与起草自然资源部内重要文件、相关技术指南、工作方案和情况通报等十余项，出版多部专著及发表多篇学术论文。

摘　要

　　《中国城市建设用地节约集约利用报告No.3》主要依托自然资源部部署开展的全国城市建设用地节约集约利用状况评价工作，以10个开展土地节约集约评价的试点城市为基础（其中武汉市未开展评价工作），分别总结了试点城市居住用地、商服用地、工业用地、教育用地以及其他用地这5类建设用地节约集约利用的现状水平、动态变化、区域格局、总体特征等，结合各区域和城市的实际情况，研究提出了进一步优化节约集约用地现状的相关政策建议。

　　全书包括总报告、技术篇和专题篇三大部分内容。总报告主要从工作背景、工作原则、工作内容以及试点地区评价技术框架等方面对2019年试点城市的建设用地节约集约利用评价工作进行了整体介绍。技术篇分别对2019年河北唐山、江苏无锡、福建福州市仓山区、江西萍乡、山东淄博、河南商丘、广东佛山、四川遂宁以及宁夏吴忠市利通区的建设用地节约集约利用水平以及土地收益潜力的变化情况进行综合分析，揭示试点城市建设用地节约集约利用现状水平、空间分异、总体特征。专题篇针对存量建设用地分别从存量低效用地再开发判定、现状特征以及成因分析、再开发机制等方面进行了介绍，并结合启新1889文化创意产业园、开滦国家矿山公园、唐山中心城区"重点片区"建设以及城中村改造案例，得出了结论并提出各类型城镇低效建设用地再开发的建议；针对产业用地，在给出用地类型划分与评价标准的基础上，对9个试点城市的商服用地和工业用地两类产业用地的节约集约利用状况进行了分析，并提出了今后提升产业用地节约集约利用水平的政策建议；

针对应用反馈，基于案例的详细评价开展规划管理场景、数据管理场景、用地优化场景以及城市建设场景四大应用场景识别，并进一步从节约集约利用理念、数据管理平台、优化用地条件以及深化政策配套四大方面对今后开展土地节约集约利用给出了政策建议。

关键词：试点城市　建设用地　节约集约利用　节地评价

目 录 ⤷

Ⅰ 总报告

Ⅱ 技术篇

Ⅲ　专题篇

皮书数据库阅读**使用指南**

总 报 告
General Report

B.1

深入贯彻节约优先战略
创新节约集约评价体系

中国国土勘测规划院　中国人民大学　课题组

摘　要： 建设用地节约集约利用评价是一项重要的资源国情国力基础调查
评价工作，有助于提升土地资源利用效率和效益。本文基于"试
点城市建设用地节约集约利用状况评价"工作，构建城市建设用
地节约集约利用评价指标体系，重点从规划符合度、建设强度以
及利用效益三个方面对 2019 年全国 9 个试点城市的建设用地节
约集约利用的总体状况进行综合分析，并进一步对试点城市用地
潜力进行测算和分区，形成存量建设用地再开发、产业用地节约
集约利用状况、评价成果应用三个专题研究，进而为提升建设用
地节约集约利用评价的科学性和实用性提供参考依据。

关键词： 基础调查评价　节约集约利用　评价指标体系

一　引言

落实好最严格的节约集约用地制度，全面做好建设用地总量和强度"双控"，盘活存量、市场配置、严格监管、创新技术工作，提升土地资源对经济社会发展的承载能力，促进生态文明建设，是自然资源领域深化改革、深入贯彻节约优先战略的重要目标内容。而掌握真实准确的建设用地节约集约利用状况基础数据，是实行最严格的土地管理制度、科学合理推进建设用地节约集约利用的基本前提。

自 1999 年开展以城市土地集约利用潜力评价为重点的理论探索和试验以来，原国土资源部先后开展了多轮多个重点城市的建设用地节约集约利用评价试点工作。2014 年，在总结试点经验、完善评价指标体系的基础上，原国土资源部决定用 5 年的时间开展包括建设用地节约集约利用状况初始评价和中心城区建设用地节约集约利用潜力初始评价在内的两项全国城市建设用地节约集约利用评价，并于 2018 年向全国通报了 2015 年度、2016 年度、2017 年度的全国城市区域建设用地节约集约利用评价结果。

2019 年，自然资源部办公厅下发了《关于做好 2019 年度建设用地节约集约利用状况评价有关工作的通知》（自然资办函〔2019〕1056 号），充分考虑区域层面、城市层面、特定领域建设用地节约集约利用状况评价的各自特点，开展行政区建设用地节约集约利用状况整体评价、城市建设用地节约集约利用状况详细评价工作以及国家级、省级开发区建设用地节约集约利用状况专项评价工作，并就此构建出了新的评价工作体系，以便于全面摸清掌握全国和各地区的建设用地节约集约利用状况，以更充分完善地落实我国对于严控增量、盘活存量、优化结构、提高效率的建设用地管理总体要求。

二　城市建设用地节约集约利用状况
详细评价的意义与实践结果

（一）城市建设用地节约集约利用状况详细评价意义

城市建设用地节约集约利用状况详细评价工作（以下简称"详细评价工作"）是建设用地节约集约利用评价体系的重要组成部分，自然资源部办公厅下发的《关于部署开展城市建设用地节约集约利用状况详细评价试点工作的通知》（自然资办函〔2019〕1421号）（以下简称《通知》），在全国范围内选取了10个城市进行首轮试点工作。作为贯彻落实节约优先战略和最严格的节约集约用地制度的一项重大举措，部署和开展详细评价工作满足了落实生态文明建设、推进高质量发展的内在诉求；有利于充分挖掘城市存量土地潜力，优化城市土地配置，缓解土地供需矛盾。同时，率先在9个（武汉市因疫情未开展评价工作）试点地区开展评价工作也是改进完善评价工作体系的根本遵循，此等举措有利于深化土地利用研究，是探索城市土地集约利用评价的重要手段。通过开展试点评价工作，为城市建设用地节约集约利用详细评价规程的研制提供重要基础；便于全面掌握不同阶段的城市土地利用现状，并以此为基础衡量城市建设用地的利用成效。其重要意义具体体现在以下几方面。

第一，通过对试点地区建设用地现状进行全面摸底调查，可以客观准确地了解处于不同发展阶段、有着不同发展方向的代表性地区在城市节约集约利用土地方面的实际状况，便于挖掘现状背后制约或影响城市建设用地节约集约利用水平的现实因素。通过对于试点地区的深入分析，便于针对性地提出有利于优化用地结构和布局的相关对策建议，从而最大化土地利用的效率及效益。

第二，通过定量评价，摸清不同节约集约利用状况土地的规模、结构及空间分布，便于探明试点地区城市建设用地节约集约利用的改进方向，同时为科学制定差别化调控政策和改进措施提供现实依据。通过潜力测算的方式，明确具有开发改造潜力的用地，科学测算土地收益潜力，为促进盘活存量土地、制订土地储备计划、编制城镇低效用地再开发规划提供有力的数据支撑。

第三，评价工作建立了较为全面的中心城区建设用地现状信息数据库，其中对建设用地现状用途的细化展开能够为土地利用监管、国土空间规划编制提供翔实的基础数据，从而通过对宗地的审批供应情况、建设状况、利用状况等全面调查填补目前城市建设用地质量监管方面的空白。

第四，在试点地区先行开展详细评价，可以为后续其他地区建设用地节约集约利用详细评价工作提供具有普适性的理论依据和技术支撑，为准确评价利用类型、利用强度各不相同的城市土地的节约集约程度提供可靠的实践依据，从而推动城市土地节约集约评价工作技术流程的完善，使与之相关的结果建议更为合理。

（二）城市建设用地节约集约利用状况详细评价的实践结果

1. 准确掌握了全国和各地区建设用地节约集约利用状况

此次，河北唐山、江苏无锡、福建福州仓山区等试点地区，积极落实《通知》要求，依照区域层面、城市层面以及特定领域建设用地节约集约利用状况评价的不同特点，顺利进行了行政区建设用地节约集约利用状况整体评价、城市建设用地节约集约利用状况详细评价、国家级和省级开发区建设用地节约集约利用状况专项评价的工作，进而构建出新的评价工作体系，有利于对我国建设用地节约集约利用状况的全面掌握，也为今后各地区更好地落实建设用地管理要求奠定了基础。

（1）通过定量评价工作，摸清了各试点地区不同集约利用状况土地的规模

从总体集约利用评价结果来看，无锡市、福州市仓山区、商丘市、吴忠市的建设用地集约利用水平整体较高，评价工作地域建设用地集约利用型评价单元面积占比较大。其中：无锡市集约利用型用地面积共计 97.96 公顷，占总面积的 55.55%，低效利用型用地面积共计 57.79 公顷，占比为 32.77%；福州市仓山区集约利用型与中度利用型宗地面积约占总参评面积的 68%，低效利用型宗地面积占总参评面积的 31.44%；商丘市建设用地集约利用型用地和中度利用型用地则约占评价单元总面积的 50%；吴忠市集约利用型用地

2213.94 公顷，占总面积的 73.75%，低效利用型用地 643.52 公顷，占总面积的 21.44%。而萍乡市、佛山市、遂宁市的建设用地节约集约利用状况则整体处于较差的水平，低效利用型用地面积占比最大，集约利用型用地面积次之。萍乡市低效利用型用地面积 2075.72 公顷，占比为 46.86%，集约利用型用地面积 1941.50 公顷，占比为 43.83%。佛山市低效利用型用地面积 7477.31 公顷，占总用地面积的 58.29%，集约利用型用地面积 2920.26 公顷，占全部评价对象面积的 22.76%。遂宁市低效利用型用地面积共 1996.53 公顷，面积占比约为 57%，集约利用型用地面积共 1144.61 公顷，占比超过 32%。

从各地低效利用型用地类型来看，除萍乡市，其余试点地区的低效利用型用地类型均以用途配置低效型用地为主。其中：唐山市用途配置低效型用地约占低效用地总面积的 78%；无锡市用途配置低效型用地占低效用地总面积的 46.61%，利用效益低效型用地占 27.32%；福州市仓山区用途配置低效型用地约占 62%；佛山市用途配置低效型用地约占 59%；遂宁市用途配置低效型用地约占 45%。而萍乡市低效利用型用地类型中开发强度低效型占比为 42.33%，用途配置低效型占比为 42.31%。

上述不同发展阶段、不同发展方向代表性试点地区的建设用地利用现状评价结果，有利于客观准确地把握各地节约集约利用土地的现实情况、全面探究制约或影响节约集约利用水平的现实因素，从而有针对性地提出对策建议以优化用地结构和空间布局，实现土地利用效率及效益的最大化。

（2）通过潜力测算，明确具有开发改造潜力的用地规模，科学测算其土地收益潜力，合理划分潜力分区

从潜力用地改造规模结果来看，按照不同规划用途分别统计存量改造潜力用地、批而未供潜力用地、规划未利用潜力用地规模，绝大多数试点地区的存量开发改造用地综合潜力规模最大。如：唐山市土地开发改造潜力主要来源于存量可改造和规划未利用潜力地块，存量改造地块面积为 3281 公顷，占总规模的 46.33%；无锡市存量用地开发潜力面积为 5203 公顷，占总开发改造潜力的 63.56%；萍乡市存量改造地块面积 1332.14 公顷，约占总规模的 83%；淄博市存量改造潜力地块挖潜改造面积 2455.73 公顷，约占总规模的

61%；佛山市存量可改造用地面积为 5105.45 公顷，占可改造开发用地总面积的 84.39%。除上述试点外，吴忠市利通区土地开发改造潜力则以规划未利用潜力用地为主，占总规模的 78.86%；遂宁市则是批而未供潜力用地规模最大，批而未供潜力用地面积达 724.85 公顷，约占总规模的 70%。

同时，从土地收益潜力结果来看，无锡市与萍乡市存量用地开发潜力收益占比最大，土地收益潜力分别为 2231.2 亿元和 286.3 亿元，分别约占总收益潜力的 80% 和 86%；而淄博市与遂宁市则以批而未供潜力地块挖潜改造后收益为主，收益潜力分别为 332.7 亿元与 116.5 亿元，分别约占总收益潜力的 54% 和 99%。

从土地潜力分区结果来看，淄博市可开发改造用地的开发改造潜力用地最大，高潜力区可开发改造用地面积为 1639.55 公顷，约占可开发改造用地总面积的 40%；与之情况相反的是唐山市、无锡市、萍乡市的可开发改造用地的开发改造潜力较低，潜力分区均以低潜力区为主。其中：唐山市无潜力区面积为 3093.80 公顷，占总规模的 43.69%；无锡市无潜力区地块面积最大，为 4150 公顷，超过潜力用地总面积的 60%；萍乡市无潜力区面积为 1034.1 公顷，占总规模的 63.44%。而其余试点地区潜力分区规模则以低潜力区为主。如：佛山市低潜力区面积为 1711.80 公顷，占总面积的 33%；遂宁市低潜力区可开发改造用地面积最大，为 385.74 公顷，占可开发改造用地总面积的 37.54%；吴忠市利通区低潜力区面积为 505.46 公顷，占潜力区总面积的 49.62%。

各试点地区通过潜力测算、综合分析，摸清城镇低效用地的开发潜力，从而提出推动建设用地精细化管理，提高建设用地节约集约利用水平的措施和意见，为各地深入推进建设用地节约集约利用提供参考。

2. 积极开展了建设用地节约集约利用专题研究

根据各试点地区的评价工作情况，积极开展了存量建设用地再开发状况分析、产业用地节约集约利用状况分析、详细评价成果应用反馈分析三项专题研究。

（1）存量建设用地再开发状况分析研究成果

存量建设用地再开发状况分析研究，坚持问题导向与目标导向相结合，通过研究梳理试点地区城市建设用地再开发典型案例，掌握了当前各试点地区最需关注的低效用地类型情况，分析了相应的开发方式及开发时序配置，进而厘清了当前城市存量建设用地再利用仍面临的诸多问题，包括城市更新政策有待完善、扶持力度有待加强、城市更新的重点方向有待于进一步明确和强化、城市更新管理流程有待优化等问题，从而有针对性地提出了以下政策措施：存量可改造用地适度增加城镇建设用地规模，引导土地集中，针对批而未征、征而未供两种情况分别推进项目落实，针对规划未利用地块，加快落实年度计划用地等政策建议，为老城区有机更新、存量土地潜力挖掘、新增指标合理安排等工作提供了指导依据。

（2）产业用地节约集约利用状况分析研究成果

产业用地节约集约利用状况分析研究，通过量化中心城区宗地单元的利用程度、利用效益和利用潜力，进而展开评价工作，充分掌握了城市产业用地的利用状况，发现目前城市产业用地利用存在商服用地集约利用状况两极分化凸显、工业用地集约利用程度普遍偏低、产业用地低效利用类型有区域异质性等问题，进而提出了在未来城市建设用地节约集约利用过程中还需加强规划统筹、加速腾退低效用地、科学释放建设空间、建立大数据平台、为产业用地评价和监管提供技术支撑、加强政策引导作用、助力产业提质增效等有效政策建议，指引了低效利用地块开发建设和改造，促进了支撑产业集聚和创新发展，推动了宜居宜业宜游的城市高质量发展建设。

（3）详细评价成果应用反馈分析研究成果

分析研究详细评价成果的应用反馈，利用当前已有评价成果和评价数据，掌握了工作地域范围内建设用地利用状况与利用过程，摸清了详细评价成果在现实应用中的各类场景，明确了详细评价应用场景，构建了详细评价应用路径：一是将节约集约用地理念融入规划，加强公众参与，如将节约集约用地理念融入规划编制和实施，加大集约用地宣传；二是构建数据管理平台，实现联合高效管理，如建立健全评价考核与监管机制，推动科技引领示范，强化舆论宣传和引导；三是优化用地条件，促进优质项目落实落地，如优化存量用地开发改造策略，提升用地质量，加速腾退低效用地，释放建设空间；四是深化完善政策配套，开创城市更新工作新局面，如以城市更新为契机，推动城市功能和品质的进一步提升，以高标准建设为指引，优化城市空间布局。

3. 科学构建了城市建设用地节约集约利用状况详细评价技术框架

基于《城市建设用地节约集约利用详细评价技术指南（试行）》（以下简称《技术指南》）内容，并结合试点地区城市建设用地节约集约利用详细评价工作实践，以及各专题的研究成果，为解决各试点工作中遇到的技术问题，本研究构建出了试点城市建设用地节约集约利用状况详细评价技术框架，通过对相关工作内容和要求的必要扩充与细化，补充完善了当前城市建设用地节约集约利用详细评价的指标体系、评价标准、工作流程、成果应用方式和信息系统支持条件等细节，从而为其他地区在今后开展评价工作提供理论依据和技术支撑。

具体来看，城市建设用地节约集约利用状况详细评价思路是依据《技术指南》开展，依次实施"评价基础构建""建设用地集约利用评价""宗地潜力测算""评价分析及成果应用"四大核心评价步骤，判定各类用地的集约利用状况，细分低效利用地块的类型，确定土地收益潜力，制定潜力地块改造策略，明确开发方式和开发时序，从而建立以评价数据库为基础的评价信息系统。

4. 初步建立了较为全面的中心城区建设用地现状信息数据库

建立的数据库主要包括基础地理信息要素数据、土地利用现状要素数据、用地规划要素数据、详细评价要素数据、潜力测算要素数据和其他要素数据等内容。该数据库为今后的土地利用评价、土地利用监管、国土空间规划编制提供翔实的基础数据，从而通过对宗地的审批供应情况、建设状况、利用状况等全面调查填补了目前城市建设用地质量监管方面的空白。

（1）基础地理信息要素数据

基础地理信息要素数据的主要内容是境界与行政区要素数据，如行政区划面积、行政区划边界等数据。

（2）土地利用现状要素数据

土地利用现状要素数据的主要内容是基本信息面、评价单元以及评价对象要素数据。如现状地类用途、土地面积、建筑基底面积等用地基础信息数据。

（3）用地规划要素数据

用地规划要素数据的主要内容是用地规划图斑数据。如规划图斑面积、用地分类等信息数据。

（4）详细评价要素数据

详细评价要素数据的主要内容是评价对象判定所需数据。如各类评价对象的评价单元编码，土地面积，评价单元各项指标现状值，集约利用标准阈值，低效利用标准阈值，过度、集约、中度、低效（用途配置低效、开发强度低效、利用效益低效）利用类型数据等。

（5）潜力测算要素数据

潜力测算要素数据的主要内容是可改造用地潜力数据。如存量改造潜力地块、批而未供和规划未利用潜力地块的土地面积、土地开发时序、土地开发方式数据。

（6）其他要素数据

其他要素数据的主要内容是有关批而未供和用地审批的相关数据。

三 城市建设用地节约集约利用状况 详细评价的未来可推广技术框架

（一）城市建设用地节约集约利用状况详细评价思路

1. 总体评价思路

本次城市建设用地节约集约利用状况详细评价的主要开展依据为《技术指南》，依次实施"评价基础构建""建设用地集约利用评价""宗地潜力测算""评价分析及成果应用"四大核心评价步骤，判定各类用地的集约利用状况，细分低效利用地块的类型，确定土地收益潜力，制定潜力地块改造策略，明确开发方式和开发时序，建立以评价数据库为基础的评价信息系统。

评价基础构建是指通过部门资料收集、实地走访调查等多种方式获得建设用地节约集约利用状况详细评价区域基础资料，基于基础数据整理集成基础资料数据库，进而根据国土空间相关规划确定评价工作地域，划定评价单元，确定评价工作底图和评价对象，为建设用地集约利用评价、宗地潜力测算提供基础资料支撑。建设用地集约利用详细评价是指基于评价单元、评价工作底图和评价对象分析，依据《技术指南》要求构建围绕规划符合性、建设强度、利用效益的建设用地集约利用评价的一、二级指标体系，区分居住用地、商服用地、工业用地、教育用地和其他用地五类，对建设用地节约集约利用程度进行评价，并将利用水平依次划分为过度利用、集约利用、中度利用和低效利用等四类。宗地潜力测算是指根据《城镇土地估价规程》通行的估价方法即市场比较法、收益还原法、剩余法、成本逼近法、基准地价系数修正法等，分别测算存量改造潜力用地、批而未供潜力用地、规划未利用潜力用地以及土地收益潜力，并根据可开发改造用地的单位土地价值潜力大小，进行价值潜力分区，为不同区域确定实际的土地开发方式、开发时序，以及潜力地块改造决策咨询提供有效参考。评价分析及成果应用是指结合居住生活区、商业服务区、工业物流区、绿地休闲区和交通枢纽区等范围内土地利用现状情况，对比用地潜力评价结果与相关标准，分析功能区在土地利用结构和空间布局方面存在的主要问题，为优化功能区用地结构和空间布局、功能区改造提升提供有效的对策建议，并提出未来改进的方向和挖潜路径；为探索科学深挖土地集约利用潜力、加强城市土地供应和用地管理、推动节约集约用地提供更优质的对策思路。

2. 技术路线图

评价以《技术指南》为技术标准，在不动产登记宗地的基础上确定评价单元，对城市土地利用程度、利用效益和利用潜力进行量化评价。依次按照"前期准备""评价工作地域划定""基础资料收集与空间数据内业处理""工作底图制作与评价单元划分""确定评价对象""选取评价指标体系及计算评价单元指标现状值""集约利用评价与低效用地判别""测算土地开发改造潜力和收益潜力""评价结论分析与对策建议制定"的具体实施步骤，综合运用计算机技术、地理信息系统技术、卫星遥感技术等技术手段，采用定性分析与定量评价相结合、整体评价与典型分析相结合、统计分析与空间分析相结合等方法掌握城市建设用地利用状况及存在的问题，摸清存量低效用地的开发潜力、空间分布和结构，提出建设用地节约集约高效利用的对策建议。具体技术路线如图1所示。

（二）核心评价技术步骤主要内容

1. 评价基础构建

（1）数据资料收集、分析与集成

通过部门资料收集、数据调查表发放、定位软件辅助实地调查、遥感影像判读等多途径收集评价工作地域基础资料。在基础数据整理的基础上，对所收集的数据进行分类汇总和总量控制数据剥离处理，通过校核、异常数据修正等处理，集成基础资料数据库。按照《技术指南》要求，详细评价现状用途分类更加细化，现有的不动产登记数据库、控制性详细规划现状图、国土调查数据库及土地供应等基础数据均不能完全满足详细评价用地分类的需求。因此，还需要通过外业调查对评价工作地域范围内的宗地现状用途信息进行核实、补全。在外业调查过程中，发现存在宗地的现状用途与登记用途不一致、现场用途与控制性规划现状用途不一致、现场用途与登记用途和控制性规划现状用途均不一致等情况，在确定现状用地类型时，均以现场用途为准。

（2）工作地域评价单元划定

本次评价以评价区域《土地利用总体规划》中建设用地扩展边界为基础确定评价工作地域。基于权属宗地，按照"相同权属单位、相同用地类型、空间相连"的原则，按现状用途初步提取评价单元；再结合宗地多用途、建设状况、数据难以分割、人口与税收情况等因素，对部分评价单元做进一步的分割或整合归并，形成最终的参评评价单元。将《技术指南》要求的未参与评价用地分类宗地作为未参与评价单元。以城镇地籍调查数据和城市用地分类现状数据为基础，结合国土调查更新数据成果，确定评价工作底图。结合城市建设用地实际需求，选择居住用地、商服用地、工业用地、教育用地、行政办公用地及其他用地作为评价对象。

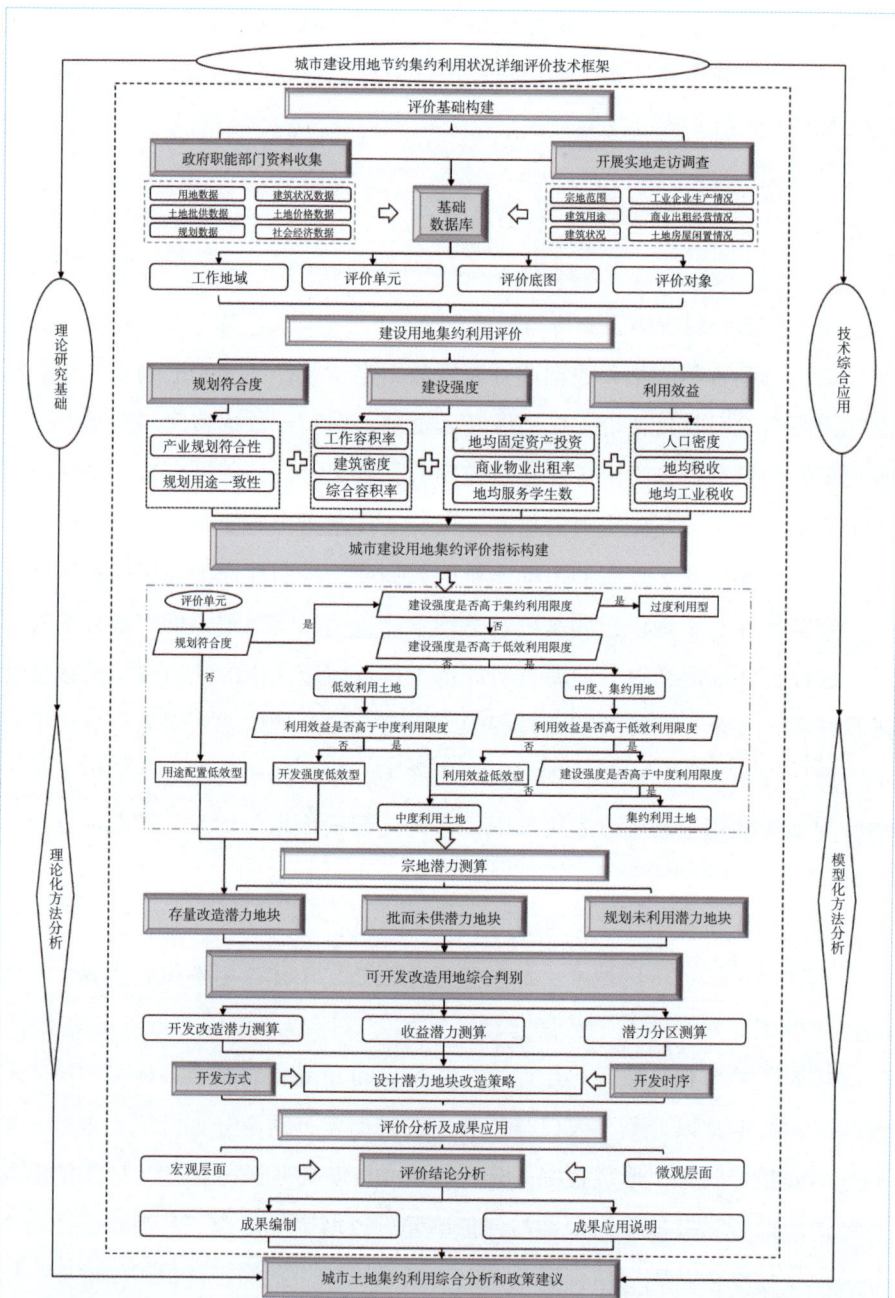

图 1　技术路线

2. 建设用地集约利用评价

（1）建设用地集约利用评价指标构建

按照"依规依法、因地制宜、区位差异、政策导向"的原则，在对各用地类型进行分区（分类）的基础上，依据国家、城市相关规定标准，城市规划指标制定，各指标现状值计算结果等多方面内容，侧重规划符合度、建设强度、利用效益，采用目标值法、现状值排序法合理确定各项评价指标的集约、低效评判标准。

第一，规划符合性层面指标确定原则。结合《技术指南》要求，规划用途一致性以《城市用地分类与规划建设用地标准》中的标准进行判别，对以下特殊情况进行灵活处理：若某宗地的现状用途与规划用途一致，但宗地存在两种用途而分割为两个评价单元导致分割出的评价单元现状用途与规划不一致时，按分割前宗地的用途判定为与规划用途一致；若某评价单元为周边评价单元的相关配套用地时，则判定该评价单元为与规划用途一致；若某宗地实际现状用途与规划用途不一致，但其不动产登记用途或控制性规划现状用途与规划用途一致时，以法定用途为准，认定为与规划用途一致；若控制性规划中规划用途未细化到中类地类时，按照大类进行判定；宗教用地评价单元规划为文物古迹用地，判为一致；规划为混合地类的，符合其中任一规划用途即判定为一致。

第二，建设强度层面指标确定原则。围绕综合容积率和建筑密度展开评价，其中，综合容积率指标的计算基于城市建筑物数据库提取建筑面积，计算评价单元内单位土地面积上的建筑面积，并将建筑面积、容积率信息记入相应的评级单元。建筑密度指标的计算基于城市建筑物数据库提取建筑物、构筑物以及露天堆场基底面积，计算评价单元内各种建筑物、构筑物、露天堆场占地面积总和占评价单元面积的比例，并将建筑基底面积、建筑密度等信息记入相应的评价单元。

第三，利用效益层面指标确定原则。利用效益数据要进行空间化落位处理，主要通过用地权属单位主体信息关联，将各用地单位社会经济数据逐一匹配到空间地理位置上，通过地名匹配等信息化手段进行数据空间化处理，部分数据需依据评价单元建筑面积、土地面积，按比例进行分摊处理。其中，居住用地人口密度指标的计算基于居住用地评价单元内常住人口与评价单元面积的统计，计算单位土地面积上的常住人口数量，并将人口总数、人口密度等信息记入相应的评价单元；商业物业出租（营业）率指标的计算基于商服用地评价单元内商业营业用房、写字楼等的出租（营业）面积与评价单元范围内可出租（营业）总面积的统计，计算单位土地面积上的商业营业用房、写字楼等的出租（营业）率，并将出租（营业）面积、出租（营业）率等信息记入相应的评价单元；商服用地、工业用地地均税收指标的计算基于商服用地、工业用地评价单元内税收额与评价单元范围面积的统计，计算单位土地面积上的税收额，并将税收额、地均税收等信息记入相应的评价单元；教育用地地均服务学生数指标的计算基于教育用地评价单元内服务学生总数及评价单元面积的统计，计算单位土地面积上的在校学生数量，并将学生总数、地均服务学生数等信息记入相应的评价单元。

（2）建设用地节约集约利用程度划分

基于评价单元通过设定规划符合性、建设强度、利用效益等指标判断标准，评价建设用地节约集约利用程度水平，并依次划分过度利用、集约利用、中度利用和低效利用四类。

过度利用型土地：指土地建设强度过高、建筑物过于密集等造成的交通拥挤、停车不便、环境恶化、消防隐患问题突出的土地。

集约利用型土地：指符合用地、产业规划导向，且开发利用水平高、用地效益高的土地。

中度利用型土地：指符合用地、产业规划导向，开发利用和用地效益水平适中的土地，具体为过度利用、集约利用和低效利用类型之外的土地。

低效利用型土地：根据导致土地低效利用的主要原因差异，可将低效利用型土地划分为用途配置低效型、开发强度低效型、利用效益低效型三类。

3. 宗地潜力测算

（1）可开发改造用地判别

可开发改造用地基于定量评价结果、建设用地报批和供应数据、现行规划数据，结合城市社会经济、技术和制度条件，判定在评价时点具备挖潜改造经济、技术可行性的地块，剔除碎小图斑和规划用途为公园绿地、公用设施用地、交通设施用地等基础设施用地的独立地块，套合城市重点项目分布图并征求相关主管部门意见后确定。

（2）宗地潜力测算方法

根据《城镇土地估价规程》，通行的估价方法有市场比较法、收益还原法、剩余法、成本逼近法、基准地价系数修正法等。

市场比较法是依据市场替代原理，将所需估价对象与具有替代性的，且于相近估计期进行过交易的地产进行比较，并按待估对象的特性对类似地产的成交价格进行适当修正调整，从而估算出待估宗地客观合理价格的方法。

$$P = P_B \times A \times B \times C \times D \times E \tag{1}$$

式（1）中：

P 为估价对象价格；

P_B 为比较实例价格；

A 为估价对象交易情况指数 / 比较实例交易情况指数；

B 为估价对象估价期日地价指数 / 比较实例交易期日地价指数；

C 为估价对象区域因素条件指数 / 比较实例区域因素条件指数；

D 为估价对象个别因素条件指数 / 比较实例个别因素条件指数；

E 为估价对象年期修正指数 / 比较实例年期修正指数。

收益还原法是通过预测未来宗地的年净收益，选用一定的土地还原利率求取现值，从而得到估价对象的评估值的方法。计算公式如下：

$$估价对象总地价 = 土地年纯收益 \div r \times [1 - (1+r)^{-n}] \tag{2}$$

式（2）中：

r 为土地还原利率；

n 为收益年限。

土地纯收益 = 房地年净收益 - 房屋净收益

房屋年收益 = 房屋现值 × 房屋还原利率

房屋现值 = 房屋重置价值 - 房屋折旧额

剩余法（评估待开发土地价格）是将估价对象房地产的预期开发后的价格，扣除预期的正常开发费用、销售费用、销售税金及开发利润，根据剩余之数来确定估价对象房地产价格的一种方法。计算公式如下：

$$P = P_r - P_h - T \qquad (3)$$

式（3）中：

P 为土地价格；

P_r 为不动产交易价格；

P_h 为房屋现值；

T 为交易税费。

成本逼近法是将开发土地所耗费的各项费用之和作为估价的主要依据，再加上一定的利润、利息、应缴纳税金和土地增值收益，以此确定土地价格的估价方法。计算公式如下：

$$
\begin{aligned}
土地价格 = {} & 土地取得费 + 有关税费 + 土地开发费 + 投资利息 \\
& + 投资利润 + 土地增值收益
\end{aligned}
\qquad (4)
$$

基准地价系数修正法是指在需要求取估价对象价格时，参照当地基准地价水平，依据估价对象相同土地级别或均质区域内该类用地基准地价标准和各种修正因素的说明表及修正系数表，在确定修正系数的基础上，通过修正基准地价的方式来得出估价对象地价的方法。具体计算公式如下：

$$P = P_0 \times (1 \pm \sum K) \times K_1 \times K_2 \times K_3 \pm D \qquad (5)$$

式（5）中：

P 为估价对象地价；

P_0 为宗地所在级别基准地价；

$\sum K$ 为宗地所有影响因素修正值之和；

K_1 为期日修正系数；

K_2 为年期修正系数；

K_3 为容积率修正系数；

D 为开发程度修正值。

（3）潜力测算过程

针对存量土地、批而未供土地和规划未利用土地的权属、用途等，按下列评估方法选择其合适的方法测算价格，评估采用方法详见表1、表2、表3。

表 1　存量改造地块潜力测算评估方法			
用地类型	土地成本	土地供应价格	土地收益
商服用地	市场比较法、剩余法、收益还原法	市场比较法、剩余法、收益还原法	土地供应价格－土地成本
居住用地	市场比较法、剩余法	市场比较法、剩余法	土地供应价格－土地成本
工业用地	市场比较法、成本逼近法	市场比较法、成本逼近法	土地供应价格－土地成本
其他用地	市场比较法、成本逼近法	市场比较法、成本逼近法	土地供应价格－土地成本

表 2　批而未供地块潜力测算评估方法			
用地类型	土地成本	土地供应价格	土地收益
商服用地	市场比较法、剩余法、收益还原法	市场比较法、剩余法、收益还原法	土地供应价格－土地成本
居住用地	市场比较法、剩余法	市场比较法、剩余法	土地供应价格－土地成本
工业用地	市场比较法、成本逼近法	市场比较法、成本逼近法	土地供应价格－土地成本
其他用地	市场比较法、成本逼近法	市场比较法、成本逼近法	土地供应价格－土地成本

表3　规划未利用地块潜力测算评估方法

用地类型	土地成本	土地供应价格	土地收益
商服用地	成本逼近法	市场比较法、剩余法、收益还原法	土地供应价格－土地成本
居住用地	成本逼近法	市场比较法、剩余法	土地供应价格－土地成本
工业用地	成本逼近法	市场比较法、成本逼近法	土地供应价格－土地成本
其他用地	成本逼近法	市场比较法、成本逼近法	土地供应价格－土地成本

4. 评价分析及成果应用

（1）城市建设用地集约利用状况分析

城市建设用地集约利用状况分析包含中观分析与宏观分析。城市建设用地集约利用状况中观分析，是以国土空间规划确定的城市功能规划分区（居住生活区、商业商务区、工业发展区、其他功能区）为分析单元，重点分析城市不同功能区土地集约利用差异、潜力及存在的问题，为优化城市不同功能区土地利用结构、空间布局和改造提升提供对策建议。城市建设用地集约利用状况宏观分析，是结合不同城市发展阶段、不同城市功能定位进行差异化分析，以存量挖潜为主，重点分析土地利用结构、土地利用强度、土地利用效益以及存量可改造潜力等方面，探索研究低效用地盘活方向和路径。

（2）评价成果应用研究

为充分利用评价成果，探索建立建设用地调查和动态监测系统，与城市"一张图"进行对接，以期形成为城市自然资源管理提供基础数据、为"一张图"信息平台提供基础信息、为编制城市存量土地供应计划提供支持、为城镇低效用地再开发计划编制城市土地综合整治优化城市基础设施配置提供依据、为城市建设用地标准制定提供参考、为培养公众节约集约用地意识提供素材等八大应用维度。

（三）评价技术标准

1. 国家有关规定

（1）法律法规政策依据

《中华人民共和国土地管理法》（2019年修订）；

《中华人民共和国城乡规划法》（2015年修订）；

《中华人民共和国土地管理法实施条例》（国务院令第256号）；

《国务院关于促进节约集约用地的通知》（国发〔2008〕3号）；

《节约集约利用土地规定》（国土资源部令第61号）（2014年3月27日）；

《国土资源部关于贯彻落实〈国务院关于促进节约集约用地的通知〉的通知》（国土资发〔2008〕16号）

《国土资源部关于部署开展全国城市建设用地节约集约利用评价工作的通知》（国土资函〔2014〕210号）；

《自然资源部办公厅关于做好2019年度建设用地节约集约利用状况评价有关工作的通知》（自然资办函〔2019〕1056号）；

《自然资源部办公厅关于部署开展城市建设用地节约集约利用状况详细评价试点工作的通知》（自然资办函〔2019〕1421号）。

（2）技术规程及规范

《土地利用现状分类》（GBT 21010—2017）；

《城市用地分类与规划建设用地标准》（GB 50137—2011）；

《村镇规划标准》（GB 50188—2007）；

《国民经济行业分类》（GB/T 4754—2017）；

《建设用地节约集约利用评价规程》（TD/T 1081—2008）；

《开发区土地集约利用评价规程》（TD/T 1019—2010）；

《城市建设用地节约集约利用评价操作手册（试行）》；

《城市建设用地节约集约利用详细评价技术指南（试行）》；

《城市建设用地节约集约利用评价数据库标准》（2014版）；

《城市建设用地节约集约利用评价制图规范》（2014 年版）；

《城镇土地分等定级规程》（GB/T 18507—2001）；

《城镇土地估价规程》（GB/T 18508—2001）；

《土地基本术语》（GB/T 19231—2003）；

《城市规划基本术语标准》（GB/T 50280—1998）；

《土地利用现状分类》（XGB/T 21010—2017）；

《限制用地项目目录（2012 年本）》；

《禁止用地项目目录（2012 年本）》；

《城市居住区规划设计规范》（GB 50180—93）；

《城市居住区规划设计标准》（GB 50180—2018）；

《国家工业项目建设用地控制指标》（2008 年修订）；

《国民经济行业分类》（GB/T 4754—2002）；

《国民经济行业分类》（GB/T 4754—2017）；

《普通高等学校建筑面积指标》（建标 191—2018）；

《普通中小学建设标准（征求意见稿）》（2015 年版）；

《普通高等学校基本办学条件指标》（教发〔2004〕2 号）；

《幼儿园建设标准》（建标 175-2016）；

《医疗机构基本标准（试行）》（2017 年版）；

《综合医院建设标准》（2018 年版）；

《党政机关办公用房建设标准》（2014 年版）。

2. 主要基础资料

市自然资源和规划局：城市总体规划、土地利用总体规划、中心城区控制性详细规划、基准地价、不动产宗地数据库、数字城市成果、国土调查和变更调查数据等；

市统计局：社会经济普查数据、统计年鉴等；

市公安局：常住人口资料等；

市住建局：建设工程统计年鉴、各类用房统计数据等；

市税务局：工业、商业企业税收数据等；

市商务局：楼宇经济数据、大型商场经济数据等；

市教育局：各类学校数据等。

四　全方位推动城市建设用地节约集约利用状况详细评价成果多维应用

（一）应用应聚焦"管"——将节约集约用地理念融入规划，加强公众参与

1. 将节约集约用地理念融入国土空间规划编制和实施过程中

土地利用总体规划或是国土空间规划，主要目的都是想要在科学合理确定各类用地规模和结构的基础上，优化用地布局，提高利用效益，促进节约集约利用，进而实现经济高速高质发展。节约集约用地理念与国土空间编制和实施的融合过程，旨在优化国土空间布局、提升空间治理能力，从严控制用地总量，推动城市发展建设。

通过详细评价工作的开展，应进一步加大规划管控对于土地利用的约束力度，加速规模扩张型向内涵提升型的转型，合理降低老城区建设密度，从而实现城市功能的有机结合和集中化发展。通过共享公共服务设施的方式，不断提高城市的综合运行效率，促进建设用地的节约集约化利用，显著提升中心城区的城市空间品质。而对于某些功能区利用效益低下的情形，应积极发挥城市发展战略和空间规划对于土地利用的导向作用，逐步实现土地利用方向转型、土地功能混合利用，土地集约布局与集聚发展，以全方面多维度地提高土地的利用效益。

2. 加大集约用地宣传力度，完善公众参与机制

土地的集约利用不仅需要政府与相关部门的科学管理，也与公众参与息息相关，社会公众的广泛参与有利于形成节地共识，实现相互监督、协作共治的目的，从而维系土地市场的高效稳定运行。加大节约集约利用土地的宣传力度、更广泛深入地普及节约集约用地相关知识、不断提高广大人民群众的节地意识对推动土地的集约节约利用意义重大。首先，于管理人员而言，

须充分意识到集约利用土地的重要性，发挥好带头作用；其次，于土地使用者而言，应该主动培养并践行土地集约意识，积极响应国家号召，并降低生产经营成本，提升生产效益；最后，于广大社会群众而言，需发挥社会力量的监督作用，共同推动保障土地市场的合理运行。

（二）应用应聚焦"高"——构建数据管理平台，实现联合高效管理

1. 升级批后监管技术手段，建立健全评价考核与监管机制

一是升级批后监管技术手段。一方面要充分发挥好中国土地市场动态监测与监管系统的作用。坚持对建设用地供应及供后开发利用情况进行全过程监管，及时发布土地资源动态信息，保证广泛接受社会监督。另一方面要充分应用好"一张图"信息平台、自然资源监管平台以及用地评价信息系统等。将 GIS、互联网＋、大数据等作为主要技术支撑，发挥好平台数据在决策制定过程中的辅助作用，有效减少违法用地、低效用地等情况的产生。

二是盘活利用批而未供和闲置土地。应加大土地稽查整改力度，切实提高土地利用率。针对不同类型的批而未供土地的差异化特征，灵活采取多样化手段尽快消化批而未供问题；针对不同类型的闲置土地的特点，积极尝试各类措施进行及时有效的处置，不断提升土地的节约集约利用程度。

三是建立工业项目绩效评估制度。依据土地出让合同、履约协议书，分别在工业项目达产、达产后 3~5 年、出让年期到期前 1 年等阶段实施绩效评估，并将结果作为政府监管企业、办理土地续期和退出的重要依据。尽快完善批后监管工作，积极探索和落实城市集约用地目标责任制。

2. 推动科技引领示范，强化舆论宣传和引导

及时总结提炼各类有利于节约集约用地的建造技术和利用模式，鼓励城市内涵发展。推动市级宣传部门、主流媒体介入，对经验做法和成绩予以及时充分的宣传报道，形成和谐向上的创建环境，打造全国节约集约用地的典范城市。

（三）应用应聚焦"优"——优化用地条件，促进优质项目落实落地

1. 优化用地条件，推动用地高效集聚

一是规划"优"引，推动工业集中集聚。优化"产业基地－产业社区－零星工业地块"三级空间布局，并细化落实产业规划内容，做到"定位、定量、定功能、定产业"。探索制定产业用地热力图，完善规划选址原则、项目认定办法及供地政策，在招商环节就提前介入，引导优化新增工业用地选址，推动产业用地集中集聚，助推打造数量更多、质量更好的产业集群。二是增量"优"供，推动用地提质增效。强化产业用地、商业经营性用地准入门槛，将用地效益指标纳入土地出让条件，倒逼企业优化经营方式，提升用地效益。强化用地评审、产出监管和履约考核，建立全链闭合管理体系，重大产业项目用地出让年限与评审结果相挂钩，实行弹性年限、先租后让等差别化供地。三是政府"优"储，推动资源集中连片。鼓励各级政府发挥土地储备机构"蓄水池"功能，加大用地收储力度，对规划确定的重点盘活改造片区用地、功能重要的规划未利用地实行收储，研究成片改造操作路径和存量用地更新、退出机制中的收储机制，为保障优质项目预留空间。

2. 优化存量用地开发改造策略，提升用地质量

一是鼓励低效工业用地增容技改和产业更新。在符合相关规划、产业发展方向及不改变工业用途的前提下，土地使用者通过加层、改造等途径提高土地利用率、增加容积率的，不增收价款差额。鼓励盘活改造存量土地用于健康养老、文化创意、生产性服务业、互联网＋等国家支持发展的新产业、新业态，在符合相关规划的前提下，尝试通过协议出让方式办理出让手续。

二是因地制宜，采用多种模式推动旧城更新。针对城中村、老旧小区等低效居住用地，根据现实条件分类采取成片重建改造、整治修缮、历史文化保护等手段进行更新，以社区生活圈为基本单元，完善提升老城公共服务设施和市政基础设施，结合微更新手段，对老城零散低效居住用地进行改造挖

潜，从细节着手，提升社区功能与社区活力。

三是支持多元主体参与盘活。鼓励市场主体自主改造存量用地，对涉及多个原土地权利人的，允许市场主体通过协商收购、合作入股等方式形成唯一的联合开发主体实施开发利用。支持存量转让中的政府优先购买权，探索闲置土地等值置换、有偿协议收回等路径。充分发挥社区居民在旧城改造中的主体作用，强化筹资、建设、维护各环节的公众参与。

四是探索产业用地混合利用。借鉴先进经验，探索城市更新、连片改造、工业上楼等用地新模式，规范国有建设用地地上、地表和地下使用权分设和产业用地转变用途、分割转让、生产研发用地等管理，明确历史遗留工业用地的处置路径，加强产业园区的商业、居住配套建设，打造多样化、多层次的产业空间，促进产城融合。

3. 加速腾退低效用地，释放建设空间

针对与城市功能布局不符、与城市用地规划脱钩的低效用地，主要采取加速腾退、释放空间的策略。应加大零星低效用地清理整顿，通过"退二进三"、城乡建设用地增减挂钩等路径，换出新空间。在保障产业用地底线的前提下，重点清退园区以外绩效较差的工业用地，大力开展产业用地减量增效行动，同时加速清退中心城区内的现状村庄建设用地。

具体实施中，可分类施策。一是针对低端落后产能，结合"散乱污企业"专项整治、安全生产等重点工作，采取关、改、搬、转等手段，推动一批"厂中厂""小园区""散乱污"等低效企业清理腾退，通过实施差别化电价、水价、城镇土地使用税等政策，加大低效用地淘汰力度。二是针对重点生态敏感区内的污染企业，采用清退、搬迁等措施强制退出，优化国土空间生态修复路径，加大土地整治实施力度，进一步腾挪、释放建设用地空间。三是以国土空间规划体系为依托，有序推进中心城区范围内的村庄建设用地清退，同时推动城中村、临时工棚、老旧小区等低效居住用地更新改造，提升土地利用集约水平，实现建设用地减量增质。

（四）应用应聚焦"强"——深化完善政策配套，加大节地制度执行力度

1. 以城市更新为契机，推动城市功能和品质进一步提升

一是完善规划管理。明晰城市更新单元规划的编制要求和报批事宜，继续加强与控制性详细规划的衔接工作；合理划定城市更新单元，并研究出台城市更新单元范围划定指引。

二是加强利益平衡机制。制定城市更新项目容积率、综合地价、公益性用地的联动指引，搭建容积率、公益性用地的利益平衡机制，将改造项目的容积率、提供的公益性用地等和改造主体的收益分离开来，为合理制定搬迁补偿安置方案、市场开发主体的成本及收益核算等提供依据。

三是加强土地整合。结合当前产业转型升级要求，出台相关政策，鼓励土地利用的整体连片改造，引导产业集聚发展。

四是开创城市更新工作新局面。充分借鉴试点地区开展新一轮"三旧"改造等项目的经验，做好政策创新和项目建设，推动"三旧"改造用地从零星改造到区域连片改造的转变，从传统房地产项目到产业、民生和基础设施项目的转变，从追求经济效益到追求社会、环境和经济综合效益的转变。

五是鼓励市场驱动旧城镇、旧村居项目。结合城市更新方案确定的工作要求，从市重点项目库中筛选一批具备一定条件的城中村、旧城镇项目，加强政府引领和政策引导，充分调动市场积极性，做好跟踪指导，重点推进实施。

2. 以高标准建设为指引，优化城市空间布局

一是健全城乡规划编制体系。构建以城市总体规划为统领、近期建设规划为抓手、控制性详细规划为核心的城乡规划体系，加快完善城市设计、专项规划和村庄规划编制，增强规划科学性和引领性。

二是高标准规划建设中心城区，提升首位度。加强中心城区空间结构系统性建设，引导重大发展项目、重大基础设施和高等级公共服务设施在中心城区集聚。

三是强化城市产业布局。坚持"产业集聚、布局集中、用地集约"原则，按照"适当降低工业用地比重，提高公共绿地、公共服务设施用地和基础设施用地比重"的要求，调整优化用地结构布局，提高中心城区发展质量。同时以村级工业园的改造提升为抓手，降低工业用地比重；以国家级、省级产业园区为依托，推进中心城区工业企业向园区、片区集中，鼓励其他零散分布的工矿企业向工业区集中。

参考文献

廖永林、雷爱先、刘畅等：《让实践探索上升为"制度导向"——〈关于大力推进节约集约用地制度建设的意见〉解读》，《中国土地》2012 年第 5 期。

林坚、张沛、刘诗毅：《论建设用地节约集约利用评价的技术体系与思路》，《中国土地科学》2009 年第 23 期。

吕晓、牛善栋、黄贤金等：《基于内容分析法的中国节约集约用地政策演进分析》，《中国土地科学》2015 年第 29 期。

马国庆、赵金梅、冯丽媛、宋文泽：《基于宗地尺度的建设用地节约集约利用评价和潜力规模测算——以宁夏吴忠市利通区为例》，《宁夏大学学报》（自然科学版）2021 年第 3 期。

马红敏、姜国勇、赵亮等：《城市建设用地节约集约利用评价内涵和发展方向综述》，《国土资源》2015 年第 11 期。

祁雪瑞：《论节约集约用地制度及其实现》，《中国国土资源经济》2012 年第 25 期。

王静、邵晓梅等：《土地节约集约利用技术方法研究：现状、问题与趋势》，《地理科学进展》2008 年第 27 期。

岳大鹏、石劲松、焦洋：《开发区土地集约利用潜力的内涵分析与拓展——以西安市为例》，《中国土地科学》2011 年第 25 期。

郑华玉、沈镭：《城市土地集约利用评价研究——以发展中的深圳市为例》（英文），《自然资源学报》2008 年第 6 期。

杨少敏、李资华：《城镇低效用地类型和认定标准探讨》，《中国国土资源经济》2021 年第 2 期。

张亚飞、廖和平、李涛、张茜茜、龙辉：《基于宗地尺度的土地集约利用潜力评价及存量用地挖潜研究——以重庆市渝北区为例》，《西南大学学报》（自然科学版）2020 年第 2 期。

技 术 篇

Technical Reports

B.2

河北唐山 2019 年建设用地节约集约利用状况详细评价报告

武继超　李子良　王兴邦[*]

摘　要： 唐山市城市建设用地节约集约利用状况详细评价有利于加快构建唐山市现代化经济体系，推进实现治理体系和治理能力现代化。通过对中心城区宗地单元的利用程度、效益、潜力量化评价，旨在掌握城市建设用地利用状况，分析城市建设用地利用存在的问题，摸清存量低效用地的开发潜力、空间分布和结构，进而提出落实城市建设用地节约集约高效利用的方向。通过详细评价的开展引导低效利用地块开发建设和改造，支撑产业集聚和创新发展，促进宜居宜业宜游的城市高质量发展建设。

* 武继超，河北省自然资源厅自然资源开发利用处处长，主要研究方向为土地资源规划与利用；李子良，河北德赞不动产评估有限责任公司总经理，高级工程师，主要研究方向为土地资源规划与利用；王兴邦，中国人民大学公共管理学院硕士研究生，主要研究方向为土地资源管理。

关键词： 建设用地　节约集约　唐山市

一　区域概况

（一）历史沿革

唐山，因市区中部大城山（原名唐山）而得名。商代属孤竹国与山戎国，战国为燕地，汉代属幽州，唐属平州、蓟州，辽金属南京道、中都路、北京路，元为中书省、大都路、永平路，明、清属顺天府、永平府、遵化州。清光绪三年（1877 年）建乔屯镇，后改为唐山镇。唐山市辖 3 个县级市（迁安、遵化、滦州），4 个县（迁西、玉田、滦南、乐亭），7 个区（曹妃甸、路南、路北、开平、古冶、丰润、丰南），4 个开发区（海港经济开发区、高新技术产业开发区、芦台经济技术开发区、汉沽管理区）。全市有 45 个乡（含 7 民族乡）、132 个镇、5398 个村委会、54 个街道办事处、715 个居委会（含 7 个家委会）。

（二）地理环境

1. 位置境域

唐山，简称"唐"，河北省地级市，位于河北省东部，北纬 38°55′~40°28′，东经 117°31′~119°19′，区位优势明显。唐山市东望秦皇岛市，南临渤海，西临北京、天津，北依燕山，总面积为 13472 平方千米，是中国河北自由贸易试验区的组成部分。

2. 自然条件

唐山市坐落在华北平原北部，属冀东平原的一部分，燕山山脉南端。北部和东北部多山，地势北高南低，海拔在 300~600 米；中部为燕山山前平原，地势平坦，海拔 50 米以下；南部和西部为滨海盐碱地和洼地草泊，海拔 15 米以下。

唐山市为暖温带半湿润季风气候，冬季多北风，寒冷干燥，夏季多偏南风，炎热潮湿。多年平均气温为 11℃，七月份气温最高，平均为 25℃，一月份气温最低，平均为 −5.5℃。多年平均降雨量为 623 毫米。市域内有大小河流 100 多条，多属滦河水系和海河水系，水库 100 余座，大型水库有潘家口水库、大黑汀水库，等等。唐山地处渤海湾，为地震多发区，多受两条地震构造带影响：华北平原地震构造带北段、张家口—蓬莱地震构造带。

唐山市自然资源丰富。矿产资源：2018 年，全市探明各类矿产 49 种，近 30 种被开发利用。海洋资源：2018 年，唐山市管辖海域面积达 4467 平方千米，大陆岸线长达 229.72 千米，分别占全省的 64.3% 和 47.4%。水资源：唐山市共有河流 70 条，水资源总量为 24.16 亿立方米，人均 329 立方米。动植物资源：2018 年，唐山市林地面积为 51.04 万公顷，森林覆盖率为 37.9%，排名全省第五。唐山市为河北省第一湿地大市，湿地总面积为 24.67 万公顷，占全省湿地总面积的 25.93%，湿地率为 18.26%。境内树木种类有 47 科 67 属133 种，果树有 8 科 12 属 22 种。野生植物药材隶属 123 科 194 种。野生动物530 余种，其中鸟类 420 种，哺乳类 80 种，两栖类和爬行类较少，分别为 8种和 23 种。土地资源：根据 2018 年度土地变更调查汇总数据，全市土地面积为 143.42 万公顷（因曹妃甸零米等深线调整，较往年增加 172.85 公顷）。农用地面积为 92.70 万公顷，其中耕地 56.73 万公顷；建设用地 33.28 万公顷，其中居民点及工矿用地 29.40 万公顷；未利用地 17.44 万公顷。

（三）社会经济

截至 2018 年末，全年地区生产总值为 6299.9 亿元，比上年增长 7.1%。其中：第一产业增加值为 493.1 亿元，增长 2.7%；第二产业增加值为 3319.8亿元，增长 5.4%；第三产业增加值为 2487.0 亿元，增长 10.5%。三次产业增加值结构为 7.8∶52.7∶39.5。按常住人口计算，全年人均地区生产总值为78430 元，比上年增长 6.5%。全年规模以上工业主营业务收入完成 10328.6 亿元，比上年增长 12.8%，其中：采矿业 622.6 亿元，下降 6.0%；制造业 9197.7亿元，增长 14.6%；电力、热力、燃气及水生产和供应业 508.3 亿元，增长9.4%。四大支柱产业主营业务收入完成 9013.7 亿元，增长 13.9%；五大新兴产业主营业务收入完成 807.0 亿元，增长 20.7%。全年规模以上工业实现利润

651.0亿元，比上年增长22.3%，其中：制造业649.8亿元，增长21.1%；电力、热力、燃气及水生产和供应业2.1亿元，增长4.2%；采矿业亏损0.9亿元。

（四）城市发展特色

1. 地位突出

唐山位于河北省东部，区位优势明显，是河北省经济社会发展的核心，是京津冀世界级城市群重要一极，承担着京津城市功能拓展和产业转移、构筑京津东北部绿色屏障等重任。

2. 工业历史辉煌

唐山是一座具有百年历史的沿海重工业城市，因煤而建，因钢而兴。到20世纪末，唐山形成煤炭、钢铁、电力、建材、机械、化工、陶瓷、纺织、造纸、食品等十大支柱产业，成为全国重要的能源、原材料工业基地。唐山拥有多项中国工业历史上的第一：中国最早的现代化煤矿——开滦矿务局，中国最早的标准轨铁路——唐胥铁路，中国最早的火车蒸汽机车——1881年制造的"龙"号机车，中国最早的水泥厂——启新水泥厂等。

3. 资源枯竭

唐山属于震后重建城市，经过震后的10年重建、10年振兴以及20余年的飞速发展，城市的经济建设和社会发展成果突出。在发展的同时，唐山也面临着资源枯竭、产能过剩、环境污染、产业转型升级等问题。

4. 寄予厚望

2016年7月28日，习近平总书记在唐山抗震救灾和新唐山建设40年之际，考察唐山，要求唐山按照"三个努力建成"目标（努力建成东北亚地区经济合作窗口城市、环渤海地区新型工业化基地、首都经济圈重要支点），再接再厉、不懈努力，全面做好改革发展稳定各项工作，争取在转变发展方式、调整经济结构、推进供给侧结构性改革等方面走在前列，使这座英雄城市再创辉煌。唐山市正在加快构建现代化经济体系，推进治理体系和治理能力现代化，以"赶考"精神开创"三个努力建成"新局面，建成新时代的经济强省，在美丽河北中担得重任争当表率，为全面建成社会主义现代化强国做出唐山贡献。

（五）评价范围

综合唐山市中心城区土地利用总体规划中的城镇开发边界范围，经向唐山市人民政府汇报，综合市中心城区土地利用管理范围，确定试点评价地域范围面积为 212 平方千米。评价工作地域涉及唐山市路北区、路南区和开平区。范围四至：东至开平区开越路，南至路南区女织寨乡行政边界，西至路南区和路北区行政边界，北至路北区行政边界。工作地域涉及 24 个乡镇（街道），其中：路北区包括乔屯街道办事处、文化路街道办事处、钓鱼台街道办事处、东新村街道办事处、缸窑街道办事处、机场路街道办事处、河北路街道办事处、龙东街道办事处、大里街道办事处、光明街道办事处、翔云道街道办事处、高新技术产业开发区和果园乡全部区域，共计 13 个乡镇（街道）；路南区包括学院南路街道办事处、友谊街道办事处、广场街道办事处、永红桥街道办事处、小山街道办事处、文化北后街街道办事处、惠民道街道办事处、梁家屯路街道办事处和女织寨乡全部区域，共计 9 个乡镇（街道）；开平区包括开平镇和越河镇西部区域，共计 2 个乡镇。工作地域总面积为21185.17 公顷，其中，居住用地 3836.08 公顷，商服用地 1320.66 公顷，工业用地 2760.71 公顷，教育用地 519.58 公顷，行政办公用地 163.20 公顷，医疗卫生用地 121.23 公顷，其他建设用地 6964.26 公顷，非建设用地 5499.45 公顷。

（六）评价时点

唐山市本次评价以 2018 年 12 月 31 日为时点。

二 城市建设用地集约利用状况评价

（一）居住用地

1. 居住用地集约利用状况评价指标体系

（1）评价指标选取原则

详细评价指标选取围绕评价目标，侧重于规划符合度、建设强度、土地利用效益等三个方面，坚持目标导向和重点突出，体现类型和地区差异化。

（2）指标体系构建

具体指标体系见表 1。

表 1　居住用地规划用途一致性制定标准				
用地类型	准则层	指标层（代码）	指标含义与计算公式	计算单位
居住用地	规划符合度	规划用途一致性（R1）	居住用地评价单元的现状土地用途与规划用途的一致性。反映按照规划可改造用地情况	—
	建设强度	综合容积率（R2）	居住用地评价单元内的建筑总面积（万平方米）/评价单元面积（公顷），反映土地的建设强度	—
		建筑密度（R3）	居住用地评价单元内的建筑基底面积（万平方米）/评价单元面积（公顷），反映土地的建设强度	%
	利用效益	人口密度（R4）	居住用地评价单元内的居住人口（人）/评价单元面积（公顷），反映土地的人口承载能力	人/公顷

2. 居住用地各指标集约和低效利用判定标准

（1）规划用途一致性

将现状居住用地中类与规划居住用地中类用途一致的情形确定为集约利用标准。将规划为非居住用地，现状三类居住用地或城中村村庄建设用地规划为二类、一类居住用地，定为低效利用标准（见表 2）。

表 2　居住用地现状用地集约利用标准值			
现状用地分类		集约利用标准	低效利用标准
大类	中类		
居住用地（R）	一类居住用地（R1）	现状中类与规划中类用途一致	1.规划为非居住用地；2.现状三类居住用地或城中村村庄建设用地规划为二类、一类居住用地
	二类居住用地（R2）		
	三类居住用地（R3）		
	村庄建设用地（H14）		

（2）综合容积率

根据《城市居住区规划设计标准》（GB 50180-2018）、《唐山城市规划管理技术规定》（修定稿，2016 年）、唐山市中心城区各片区控制性详细规划以及《河北省自然资源厅关于加快推进市县国土空间总体规划编制工作的通知》（冀自然发〔2019〕37 号）要求，按照不同住宅类型划分不同容积率集约利用标准，如表 3 所示。

表 3　居住用地容积率集约利用标准值		
住宅建筑平均层数类别	容积率	备注
低层（1~3 层）	>0.8	仅限已有的一类居住用地
多层（4~6 层）	>1.0	二类、三类居住用地
高层（7~19 层）	（2.0, 3.0]	二类居住用地
高层（20 层及以上）	（2.5, 3.5]	二类居住用地

根据国家《限制用地项目目录（2012 年本）》相关规定，原则上居住用地容积率不得低于 1.0，结合唐山市路南区、路北区、高新区和开平区现有的城镇低效用地再开发专项规划中的有关居住用地低效利用标准的制定，确定居住用地容积率低效利用标准为小于 1.0（现有一类居住用地除外）。

（3）建筑密度

参考《唐山市城市规划管理技术规定（试行）》和《城市居住区规划设计标准》（GB 50180-2018），综合确定居住用地建筑密度集约利用标准，如表 4 所示。

表 4　居住用地建筑密度集约利用标准值	
住宅建筑平均层数类别	建筑密度（%）
低层（1~3 层）	（30, 40]
多层（4~6 层）	（25, 30]
高层（7~19 层）	（20, 25]
高层（20 层及以上）	（15, 20]

注：居住用地建筑密度低效利用标准为小于 10%。

（4）人口密度

《城市用地分类与规划建设用地标准》（GB 50137-2011）规定的二类气候区人均居住用地面积为 28~38 米²/人，即人口密度为 263~357 人/公顷。该规定是根据《城市居住区规划设计规范》（GB 50180-93）有关要求和原建设部政策研究中心《全面建设小康社会居住目标研究》中 2020 年城镇人均住房建筑面积 35 米²/人标准综合确定的。

《城市居住区规划设计标准》（GB 50180-2018）规定的二类气候区中"五分钟生活圈"居住区用地中的人均居住用地面积为 19~47 米²/人，即人口密度为 213~526 人/公顷，具体如表 5 所示。

表 5　城市居住区规划设计标准中涉及的人均居住用地标准

住宅建筑平均层数类别	人均居住用地面积（米²/人）	人口密度（人/公顷）
低层（1~3 层）	43~47	213~233
多层（4~6 层）	31~40	250~323
高层（7~19 层）	25~29	345~400
高层（20 层及以上）	19~25	400~526

唐山市住宅建筑层数类型的低层（1~3 层）分布较少，主要为别墅区，分布于南湖风景区西侧区域；多层（4~6 层）分布较多，主要为唐山大地震后建设；高层 I 类（7~19 层）较少，属于近几年建设；高层 II 类（20 层及以上）有一定分布。结合唐山市居住用地实际，综合以上国家标准规范，最终确定按照不同住宅类型划分不同人口密度集约利用标准，如表 6 所示。

表 6　居住用地人口密度集约利用标准值

住宅建筑平均层数类别	人均居住用地面积（米²/人）	人口密度（人/公顷）
低层（1~3 层）	43~47	213~233
多层（4~6 层）	31~40	250~323
高层（7~19 层）	19~25	400~526
高层（20 层及以上）	15~17	588~667

结合以上不同住宅类型划分不同人口密度集约利用标准，根据参评对象已竣工入住的居住用地人口密度排名后 20% 的现状值，分类确定人口密度低效利用标准，如表 7 所示。

表 7　居住用地人口密度低效利用标准值	
住宅建筑平均层数类别	人口密度（人／公顷）
低层（1~3 层）	50
多层（4~6 层）	124
高层（7~19 层）	163
高层（20 层及以上）	154

3. 居住用地集约利用评价结果

居住用地过度利用型主要分布于新华道、长宁道、建设路两侧，如新华道与友谊路区域的范大里茂华府、渤海豪庭，新华道与建设路区域的世博广场、唐山新世界中心，新华道与卫国路区域的新华联家园，新华道与文化路区域的万达广场住宅区，长宁道与建设路区域的恒茂国际都会，朝阳道与龙泽路区域的恒大华府；集约利用型分布较为广泛，主要分布在路北区大部分区域和路南区南湖西侧兴泰里、仁泰里等区域，开平区分布较少；中度利用型相对较少，零星分散于路北区文化路街道、乔屯街道、东新村街道、河北路街道，路南区文化北后街、女织寨乡以及开平区的越河镇等区域；低效利用型分布相对较少，零星分布于路北区各乡镇（街道），集中分布于南新道与复兴路区域。居住用地集约利用状况空间分布详见图 1。

从居住用地集约利用类型的面积和数量来看，工作地域以集约利用型为主，面积为 2196.03 公顷，占全部居住用地面积的 57.25%，数量为 410 个，占全部居住用地总数的 50.31%。低效利用型次之，其中以利用效益低效为主，面积为 176.06 公顷，数量为 40 个。中度利用型和过度利用型较少，分别仅占全部居住用地面积总量的 5.67% 和 4.94%，数量的 5.28% 和 7.61%。同时，根据调查，截至评价时点，工作地域范围内正在实施建设的居住用地为 872.04

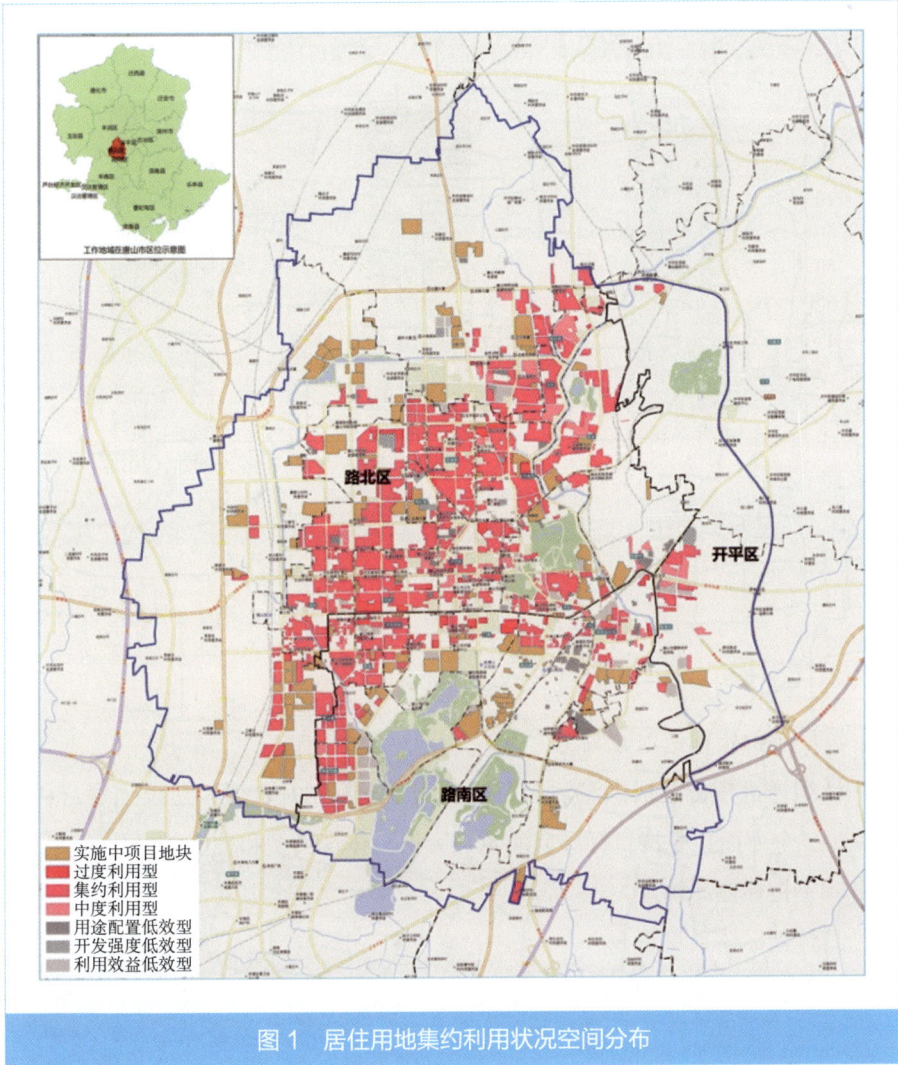

图 1 居住用地集约利用状况空间分布

公顷，数量为 154 个。

从居住用地集约利用类型的类别划分来看：一类居住用地主要以集约利用型和利用效益低效型为主，合计占一类居住用地比例为 78.95%；二类居住用地以集约利用型为主，占二类居住用地比例为 60.05%；三类居住用地扣除实施的项目地块后，全部为用途配置低效型（见图 2）。

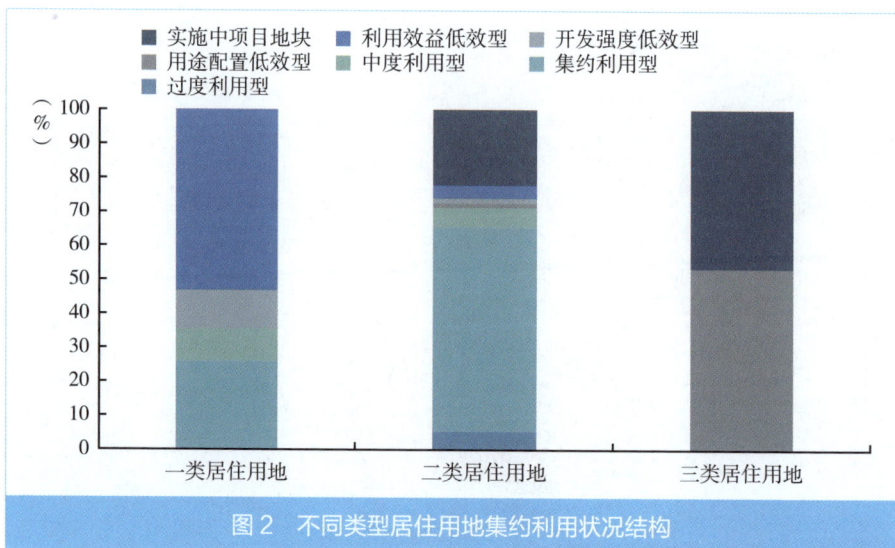

图2　不同类型居住用地集约利用状况结构

（二）商服用地

1. 商服用地集约利用状况评价指标体系

（1）评价指标选取原则

详细评价指标选取围绕评价目标，侧重于规划符合度、建设强度、利用效益等三个方面，坚持目标导向和重点突出，体现类型和地区差异化。

（2）指标体系构建

具体指标体系见表8。

表8　商服用地集约利用状况评价体系

用地类型	准则层	指标层（代码）	指标含义与计算公式	计算单位
商服用地	规划符合度	规划用途一致性（C1）	商服用地评价单元的现状土地用途与规划用途的一致性，反映按照规划可改造用地情况	—
	建设强度	综合容积率（C3）	商服用地评价单元内的建筑总面积（万平方米）/评价单元面积（公顷），反映土地的建设强度	—
		建筑密度（C4）	商服用地评价单元内的建筑基底面积（万平方米）/评价单元面积（公顷），反映土地的建设强度	%

用地类型	准则层	指标层（代码）	指标含义与计算公式	计算单位
商服用地	利用效益	商业物业出租（营业）率（C5）	商服用地评价单元内已出租（营业）商业物业面积（万平方米）/总竣工面积（万平方米），反映商业物业的有效利用程度	%
		地均税收（C6）	商服用地评价单元内的企业税收总额（万元）/评价单元面积（公顷），反映土地的产出	万元/公顷

2. 商服用地各指标集约和低效利用判定标准

（1）规划用途一致性

将现状商服用地中类与规划商服用地中类用途一致的情形确定为集约利用标准。将规划为非商服用地、现状商服用地中类规划为商服其他中类用地，定为低效利用标准（见表9）。

表9　商服用地规划用途一致性判定标准			
现状用地分类		集约利用标准	低效利用标准
大类	中类		
商业服务业设施用地（B）	商业设施用地（B1）	现状中类与规划中类用途一致	1. 规划为非商服用地；2. 现状商服用地中类规划为商服其他中类用地
	商务用地（B2）		
	娱乐康体用地（B3）		
	公用设施营业网点用地（B4）		
	其他服务设施用地（B9）		

（2）综合容积率

按照商服用地不同类型，参考《唐山城市规划管理技术规定》（修订稿，2016年）、唐山市中心城区控制性详细规划等资料，分类型确定商服用地综合容积率集约和低效利用标准（见表10、表11）。

（3）建筑密度

类似综合容积率集约和低效利用标准确定方法，确定建筑密度集约和低效利用标准，如表10、表11所示。

表 10　商服用地容积率和建筑密度集约利用标准值

评价地类	容积率	建筑密度（％）
零售商服用地	[1.5，3.0]	[30，40]
批发市场用地	[1.0，2.0]	[30，40]
餐饮用地	[1.5，3.0]	[30，40]
旅馆用地	[1.5，3.0]	[30，40]
商务用地	[2.0，4.0]	[30，40]
娱乐康体用地	[1.0，2.5]	[30，40]
公用设施营业网点用地	[0.5，1.0]	[20，40]
其他服务设施用地	[1.0，2.0]	[30，40]

表 11　商服用地容积率和建筑密度低效利用标准值

评价地类	容积率	建筑密度（％）
零售商服用地	1.0	20
批发市场用地	0.6	20
餐饮用地	1.0	20
旅馆用地	1.0	20
商务用地	1.5	20
娱乐康体用地	1.0	20
公用设施营业网点用地	0.4	10
其他服务设施用地	0.6	20

（4）商业物业出租（营业）率

根据现有商服用地的出租（营业）率现状值的前 1/4 位，确定商业物业出租（营业）率集约利用标准为 90%。结合商业物业出租（营业）率集约利用标准，根据参评对象已竣工开业的商业物业出租（营业）率排名后 20% 的现状值，确定商业物业出租（营业）率低效利用标准为 50%。

（5）地均税收

分用途根据现有商服用地地均税收现状值的前 1/4 位确定集约利用标准，按照地均税收排名后 20% 的现状值确定低效利用标准（见表 12）。

表 12　商服用地地均税收集约利用和低效利用标准值

评价地类	地均税收（万元／公顷）	
	集约利用标准	低效利用标准
零售商服用地	101.5	8.5
批发市场用地	16.4	2.3
餐饮用地	58.2	9.3
旅馆用地	87.2	9.8
商务用地	55.3	19.1
娱乐康体用地	78.9	10.6
公用设施营业网点用地	88.5	28.5
其他服务设施用地	19.6	1.5

3. 商服用地集约利用评价结果

商服用地过度利用型主要集中在新华道、北新道区域，如宝生昌广场、新华贸购物中心、世博大厦、万达广场，北新道区域的中环广场、凤城国贸等；集约利用型分布较广，分布于主城区的大部分区域，如北新道区域的勒泰城、冀唐开源大酒店、八方购物广场，南湖大道与复兴路区域的国际五金城、汽车文创园等；中度利用型和低效利用型分布较为零散，其中中度利用型主要分布于建华东道与龙泽北路区域、南新道与建设路区域，低效利用型集中分布在小山区域、复兴路西侧区域以及道路两侧的零散商业用地（见图 3）。

从商服用地集约利用类型的面积和数量来看，工作地域以集约利用型为主，面积为 490.30 公顷，占全部商服用地面积的 40.08%；数量为 440 个，占全部商服用地宗数的 40.04%。低效利用型次之，面积为 422.76 公顷，其中以用途配置低效型最多，面积为 326.21 公顷，数量为 350 个，分别占全部商服用地面积和宗数的 26.67% 和 31.85%。中度利用型相对较少，面积为 103.89 公顷，数量为 105 个，分别占全部商服用地面积和宗数的 8.49% 和 9.55%。

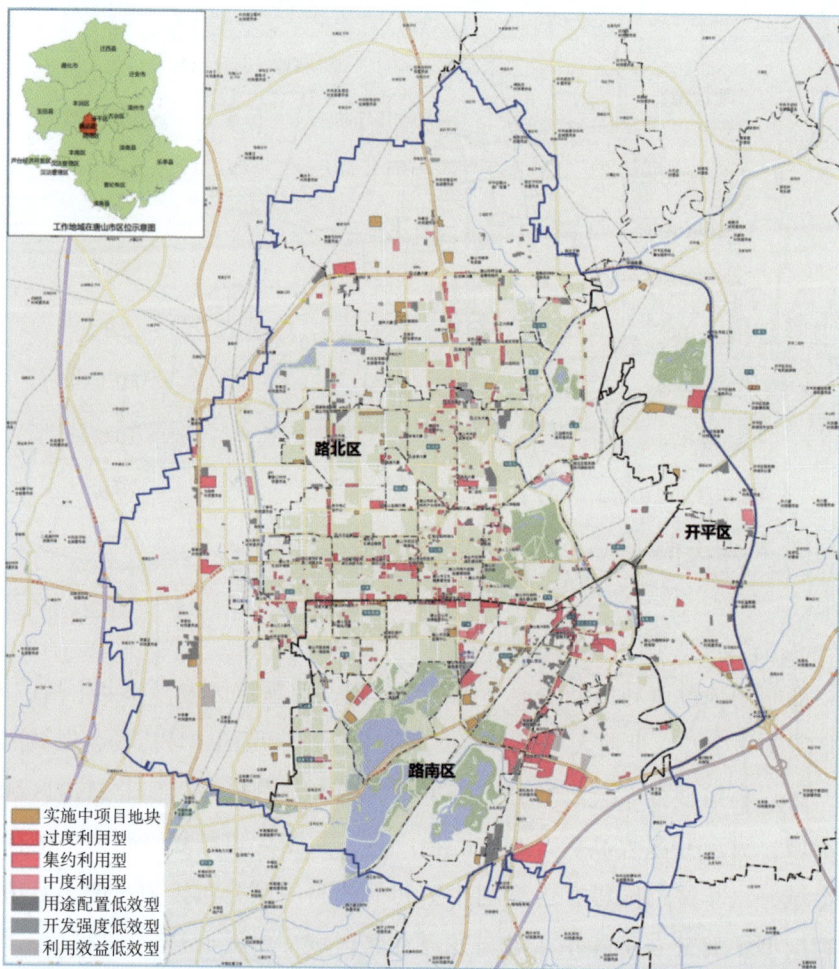

图 3　商服用地集约利用状况空间分布

过度利用型最少，面积为 47.19 公顷，数量为 35 个。同时，截至评价时点，工作地域范围内正在实施建设的商服用地面积为 159.13 公顷，数量为 123 个。

　　从不同商服用地集约利用状况类型分布来看，除其他服务设施用地外，其余类型商服用地均以集约利用型为主，其中旅馆用地集约利用型占比最高，为 67.41%，其次为批发市场用地，集约利用型占比为 71.73%（见图 4）。

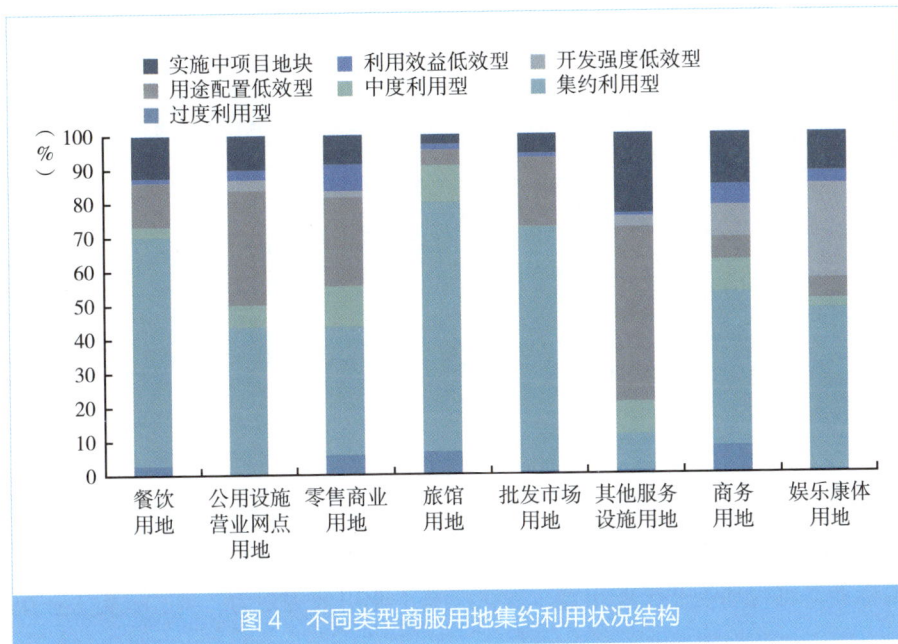

图 4　不同类型商服用地集约利用状况结构

（三）工业用地

1. 工业用地集约利用状况评价指标体系

（1）评价指标选取原则

详细评价指标选取围绕评价目标，侧重于规划符合度、建设强度、利用效益等三个方面，坚持目标导向和重点突出，体现类型和地区差异化。

（2）指标体系构建

具体指标体系见表 13。

用地类型	准则层	指标层（代码）	指标含义与计算公式	计算单位
表 13　工业用地集约利用状况评价体系				
工业用地	规划符合度	规划用途一致性（I1）	工业用地评价单元的现状土地用途与规划用途的一致性，反映按照规划可改造用地情况	—
		产业导向符合性（I2）	工业用地评价单元内的现状产业类别与规划产业主导类型的一致性，反映工业用地按规划转型升级情况	—

用地类型	准则层	指标层（代码）	指标含义与计算公式	计算单位
				续表
工业用地	建设强度	工业容积率（I3）	工业用地评价单元内的建筑总面积（万平方米）/评价单元面积（公顷），反映土地的建设强度	—
		建筑密度（I4）	工业用地评价单元内的建筑基底面积（万平方米）/评价单元面积（公顷），反映土地的建设强度	%
	利用效益	地均税收（I5）	工业用地评价单元内的工业（物流）企业税收总额（万元）/评价单元面积（公顷），反映土地的产出效益	万元/公顷

2. 工业用地各指标集约和低效利用判定标准

（1）规划用途一致性

将现状工业用地中类与规划工业用地中类用途一致的情形确定为集约利用标准。将规划为非工业用地、现状三类工业用地规划为二类、一类工业用地，定为低效利用标准（见表14）。

表14　工业用地规划用途一致性判定标准

现状用地分类		集约利用标准	低效利用标准
大类	中类		
工业用地（M）	一类工业用地（M1）	现状中类与规划中类用途一致	1. 规划为非工业用地；2. 现状三类工业用地规划为二类、一类工业用地
	二类工业用地（平方米）		
	三类工业用地（M3）		
	物流仓储用地（W）		

（2）产业导向符合性

通过现有工业用地分布资料、百度地图和实地调查等多种方式相结合，根据企业主要经营生产业务范围，按《国民经济行业分类》（GB/T 4754—2017）确定工业用地现状行业类型，如表15所示。

序号	行业代码	行业分类
		表 15　工业用地现状行业类型统计
1	13	农副食品加工业
2	14	食品制造业
3	15	饮料制造业
4	17	纺织业
5	20	木材加工和木、竹、藤、棕、草制品业
6	21	家具制造业
7	22	造纸和纸制品业
8	23	印刷业和记录媒介复制业
9	24	文教体育用品制造业
10	25	石油加工、炼焦和核燃料加工业
11	26	化学原料及化学制品制造业
12	27	医药制造业
13	29	橡胶制品业
14	30	非金属矿物制品业
15	31	黑色金属冶炼及压延加工业
16	33	金属制品业
17	34	通用设备制造业
18	35	专用设备制造业
19	37	交通运输设备制造业
20	38	电气机械和器材制造业
21	39	通信设备、计算机及其他电子设备制造业
22	40	仪器仪表及文化、办公用机械制造业
23	41	工艺品及其他制造业
24	43	废弃资源和废旧材料回收加工业
25	—	物流仓储业
26	E	建筑业
27	D	电力、热力、燃气及水生产和供应业
28	—	金属制品、机械和设备修理业

  《唐山市国民经济和社会发展第十三个五年规划纲要》提出的 2020 年培育壮大战略性新兴产业的目标是：到 2020 年，全市新兴产业增加值占地区生产总值的比重达到 3% 以上；构建起包括钢铁、建材、化工、能源、装备制造和先进装备制造、电子信息、节能环保、新能源、新材料的"5+5"现代工业体系。2020 年 1 月 2 日，唐山市委、市政府《关于在 2020 年开展战略性新兴产业发展"攻坚提速年"活动的意见》提出了九大战略性新兴产业：高端装备制造业、新材料产业、节能环保产业、新一代信息技术产业、新能源汽车产业、生物医药产业、新能源产业、相关服务业和数字创意产业，在具体推进措施上将分类施策。做大做强高端装备制造业，做精做专新材料产业，提速发展节能环保产业，大力发展新一代信息技术产业，加快壮大新能源汽车产业，鼓励支持生物医药产业发展，推进新能源产业发展，重点巩固既有生产装备检修服务基础，重点推进数字经济与文化产业融合发展。根据唐山市产业发展相关规划，确定如表 16 所示集约利用标准。

表 16 产业导向符合性集约利用标准值

行业种类	行业名称
战略性新兴产业	高端装备制造业
	新材料产业
	节能环保产业
	新一代信息技术产业
	新能源汽车产业
	生物医药产业
	新能源产业
	相关服务业
	数字创意产业
传统优势产业	精品钢铁产业
	现代化工产业
	装备制造业
	绿色建材产业
	传统能源产业
	造纸行业

行业种类	行业名称		续表
生产性服务业	现代物流业		
	金融服务业		
	信息服务业		
	科技服务业		
	会展业		

根据国家发改委发布的《产业结构调整指导目录（2019 年本）》和《河北省禁止投资的产业目录》（2014 年版）及历年新增限制和淘汰类产业目录，确定低效利用判别标准为负面清单和指导目录中明确的禁止、淘汰和限制的产品、技术、工艺、设备及行为的类型（见图 5）。

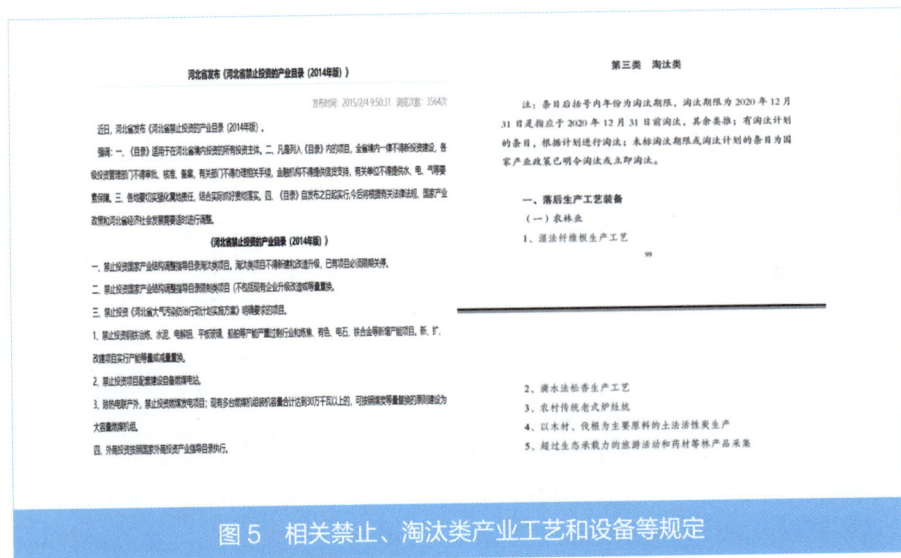

图 5　相关禁止、淘汰类产业工艺和设备等规定

（3）综合容积率

按照《河北省主要项目建设用地控制指标》（2012 年版），结合参评工业用地所述的行业类型，确定唐山高新技术产业开发区以外区域的各行业综合容积率集约利用标准。按照《河北省开发区建设用地控制指标实施细则（试

行）》（2015 年）有关工业项目建设用地控制指标的规定，确定唐山高新技术产业开发区范围内的各行业综合容积率集约利用标准，详见表 17。根据物流仓储用地容积率一般控制和唐山市各区控制性详细规划中关于物流仓储用地容积率的规定，确定物流仓储用地容积率集约利用标准为 ≥ 1.0。除石油加工、炼焦和核燃料加工业，废弃资源和废旧材料回收加工业，建筑业，电力、热力、燃气及水生产和供应业综合容积率低效利用标准为 <0.3 外，其他行业综合容积率低效利用标准为 <0.5。

表 17 工业用地分行业类别的综合容积率集约利用标准值				
序号	行业代码	行业名称	综合容积率	
			开发区内	开发区外
1	13	农副食品加工业	≥ 1.1	≥ 1.0
2	14	食品制造业	≥ 1.1	≥ 1.0
3	15	饮料制造业	≥ 1.1	≥ 0.8
4	17	纺织业	≥ 1.0	≥ 0.8
5	20	木材加工和木、竹、藤、棕、草制品业	≥ 1.0	≥ 0.8
6	21	家具制造业	≥ 1.0	≥ 0.8
7	22	造纸和纸制品业	≥ 1.0	≥ 0.8
8	23	印刷业和记录媒介复制业	≥ 1.0	≥ 0.8
9	24	文教体育用品制造业	≥ 1.2	≥ 1.0
10	25	石油加工、炼焦和核燃料加工业	≥ 0.7	≥ 0.5
11	26	化学原料及化学制品制造业	≥ 0.8	≥ 0.6
12	27	医药制造业	≥ 1.1	≥ 0.7
13	29	橡胶制品业	≥ 0.8	≥ 0.8
14	30	非金属矿物制品业	≥ 0.9	≥ 0.7
15	31	黑色金属冶炼及压延加工业	≥ 0.8	≥ 0.6
16	33	金属制品业	≥ 1.0	≥ 0.7
17	34	通用设备制造业	≥ 1.0	≥ 0.7
18	35	专用设备制造业	≥ 1.0	≥ 0.7
19	37	交通运输设备制造业	≥ 1.0	≥ 0.7
20	38	电气机械和器材制造业	≥ 1.0	≥ 0.7
21	39	通信设备、计算机及其他电子设备制造业	≥ 1.2	≥ 1.0
22	40	仪器仪表及文化、办公用机械制造业	≥ 1.1	≥ 1.0

续表

序号	行业代码	行业名称	综合容积率	
			开发区内	开发区外
23	41	工艺品及其他制造业	≥ 1.1	≥ 1.0
24	43	废弃资源和废旧材料回收加工业	≥ 0.7	≥ 0.5
25	—	物流仓储业	≥ 1.0	≥ 1.0
26	E	建筑业	≥ 0.5	≥ 0.5
27	D	电力、热力、燃气及水生产和供应业	≥ 0.5	≥ 0.5
28	—	金属制品、机械和设备修理业	≥ 0.9	≥ 0.7

（4）建筑密度

参考《河北省主要项目建设用地控制指标》（2012 年版）和《河北省开发区建设用地控制指标实施细则（试行）》（2015 年）中有关工业项目建设用地控制指标的规定，确定工业用地建筑密度集约利用标准为 ≥ 40%，低效利用标准为 <20%。

（5）地均税收

唐山高新技术产业开发区属于国家级开发区，所在城市等别为二类五等。按照《河北省开发区建设用地控制指标实施细则（试行）》（2015 年）规定的工业项目用地亩均税收 ≥ 25 万元 / 亩，即 375 万元 / 公顷，确定唐山高新技术产业开发区范围内的工业用地地均税收集约利用标准为 375 万元 / 公顷。其他区域工业项目地均税收集约利用标准参考该等别城市省级开发区控制标准，即 300 万元 / 公顷。综合所有参评工业用地地均税收现状值和排名后 20% 的现状值，确定低效利用标准为 15 万元 / 公顷。

3. 工业用地集约利用评价结果

工业用地集约利用型集中分布在路北区高新产业开发区及其周边区域，其他零散分布于路南区文化北后街区域和女织寨乡东侧等区域；中度利用型主要分布在路北区高新产业开发区及其周边，其他零星分布于路北区乔屯街道北侧区域、果园乡和越河镇区域；低效利用型面积最大，且分布最为广泛，集中分布在复兴路西侧老旧区域、唐钢及其周边区域以及开平区的越河镇和开平镇区域（见图 6）。

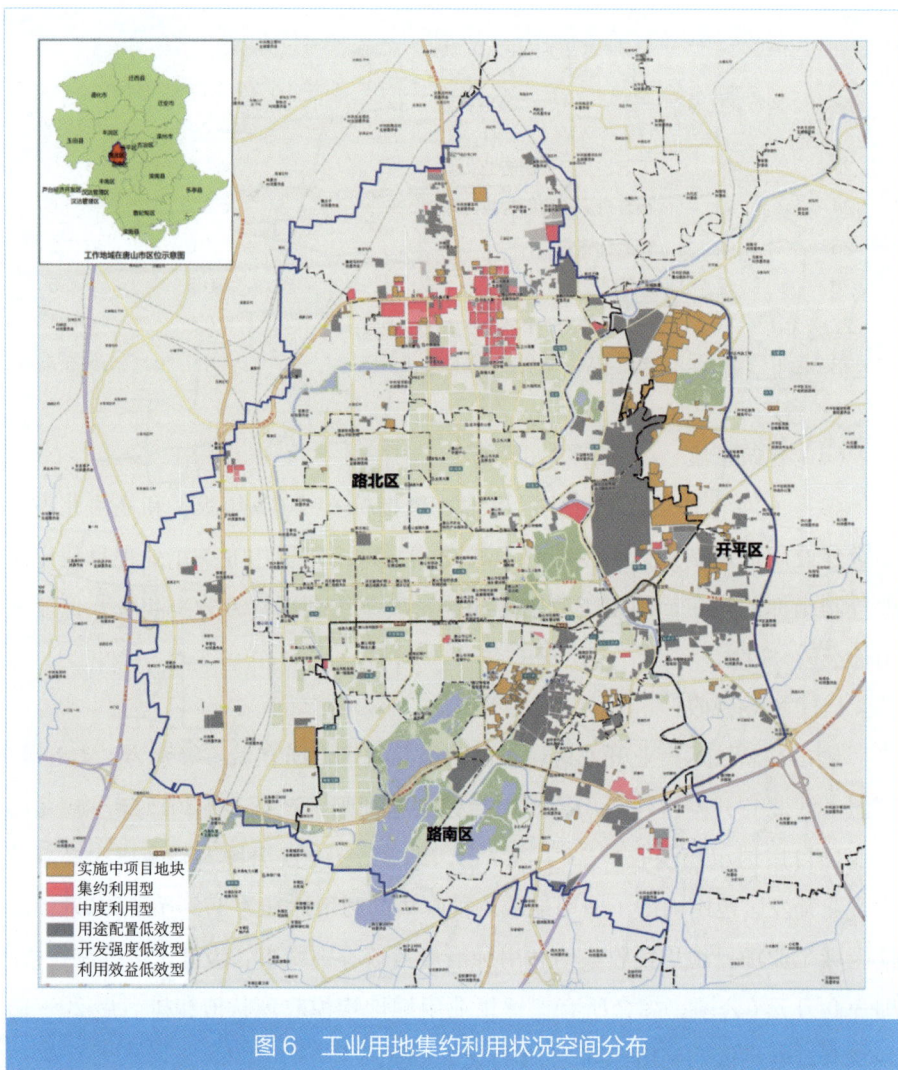

图 6　工业用地集约利用状况空间分布

　　从工业用地集约利用类型的面积和数量来看，工作地域以低效利用型为主，面积为 1689.25 公顷，占全部工业用地面积的 63.75%，数量为 659 个，占全部工业用地宗数的一半以上。集约利用型次之，面积为 275.31 公顷，数量为 120 个。中度利用型最少，面积为 60.49 公顷，数量为 23 个。同时，截至评价时点，工作地域范围内正在实施建设的工业用地面积为 624.83 公顷，数量为 251 个。

从不同类型工业用地集约类型分布来看：一类工业用地主要以集约利用型为主，占比近 42.40%；二类工业用地、三类工业用地和物流仓储用地以用途配置低效型为主，占比分别为 84.02%、44.19% 和 66.72%；其余各集约利用状况占比较少（见图 7）。

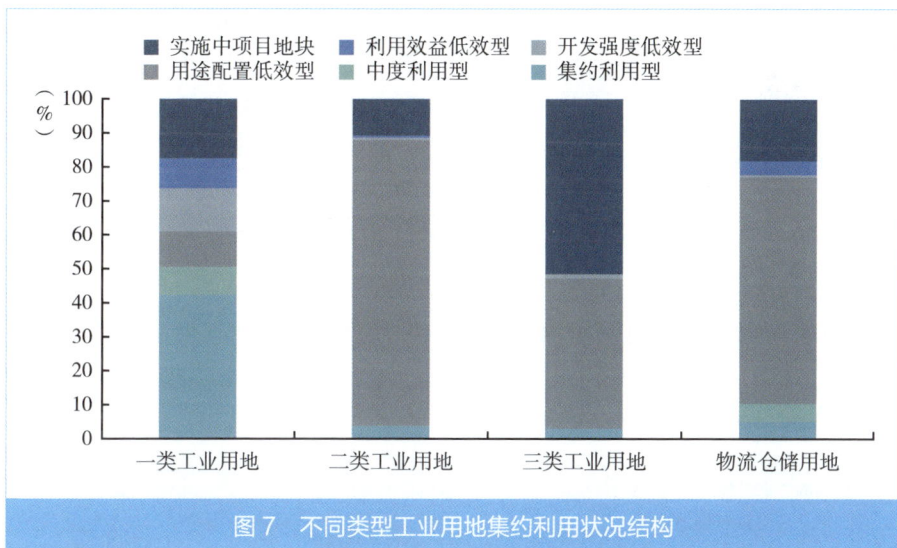

图 7　不同类型工业用地集约利用状况结构

（四）教育用地

1. 教育用地集约利用状况评价指标体系

（1）评价指标选取原则

详细评价指标选取围绕评价目标，侧重于规划符合度、建设强度、利用效益等三个方面，坚持目标导向和重点突出，体现类型和地区差异化。

（2）指标体系构建

具体指标体系见表 18。

2. 教育用地各指标集约和低效利用判定标准

（1）规划用途一致性

将现状小类与规划小类用途一致、现状小学用地规划居住用地的情形确定为集约利用标准。将除现状小学用地规划为居住用地外的其他非教育

表 18　教育用地集约利用状况评价体系

用地类型	准则层	指标层（代码）	指标含义与计算公式	计算单位
教育用地	规划符合度	规划用途一致性（E1）	教育用地评价单元的现状土地用途与规划用途的一致性，反映按照规划可改造用地情况	—
	建设强度	综合容积率（E2）建筑密度（E3）	教育用地评价单元内的建筑总面积（万平方米）/评价单元面积（公顷），反映土地的建设强度	—
			教育用地评价单元内的建筑基底面积（万平方米）/评价单元面积（公顷），反映土地的建设强度	%
	利用效益	地均服务学生数（E4）	教育用地评价单元内的学生总数（人）/评价单元面积（公顷），反映土地的教育人口承载水平	人/公顷

科研用地、现状教育科研用地小类规划为教育科研用地其他小类用地定为低效利用标准。详见表 19。

表 19　教育用地规划用途一致性判定标准

现状用地分类			集约利用标准	低效利用标准
大类	中类	小类		
公共管理与公共服务用地（A）	教育科研用地（A3）	高等院校用地（A31）	1. 现状小类与规划小类用途一致；2. 现状小学用地规划居住用地	1. 除现状小学用地规划为居住用地外的其他非教育科研用地；2. 现状教育科研用地小类规划为教育科研用地其他小类用地
		中等院校用地（A32）		
		中小学用地（A33）		
		特殊教育用地（A34）		

（2）综合容积率

《普通高等学校建筑面积指标》（建标 191-2018）第 29 条规定：普通高等学校的校园规划建设应以各类学校的校舍建筑总面积和相应的容积率为依据，测算核定建设用地。容积率：一般院校（包括综合、师范、民族、理工、农林、医药、财经、政法和外语院校）0.5、体育院校 0.45、艺术院校 0.6。

在《关于印发〈河北省城乡公共服务设施配置和建设导则〉的通知》(冀建规〔2015〕22 号)基础上，同时参考山东省和江苏省等地区有关中等院校用地、中小学用地和特殊教育用地控制指标的规定，综合确定教育用地集约利用标准，如表 20 所示。

表 20　教育用地容积率集约利用标准值

教育用地类型	容积率
高等院校用地	≥ 0.5
中等院校用地	≥ 0.6
特殊教育用地	≥ 0.4
中学	≥ 0.6
小学	≥ 0.6

基本以教育用地集约利用标准的一半作为低效利用标准，如表 21 所示。

表 21　教育用地容积率低效利用标准值

教育用地类型	容积率
高等院校用地	0.2
中等院校用地	0.3
特殊教育用地	0.2
中学	0.3
小学	0.3

（3）建筑密度

参考《关于印发〈河北省城乡公共服务设施配置和建设导则〉的通知》(冀建规〔2015〕22 号)及山东省和江苏省等地区有关教育用地建筑密度的规定，确定建筑密度集约利用标准区间值为〔15%，20%〕。低效利用标准为小于 15%。

（4）地均服务学生数

根据《河北省主要项目建设用地控制指标》(2012 年版)关于普通中小

学、高等院校项目建设用地控制指标的规定，同时参考山东省和江苏省等地区有关教育用地控制指标的规定，分学校类别综合确定教育用地地均服务学生数集约利用标准，如表 22 所示。

表 22　教育用地地均服务学生数集约利用标准值	
教育用地类型	地均服务学生数（人 / 公顷）
高等院校用地	222
中等院校用地	263
特殊教育用地	78
中学	544
小学	518

根据教育用地地均服务学生数集约利用标准，参评教育用地地均服务学生排名后 20% 的现状值，且低效利用标准不低于排名后 20% 的现状值标准，分学校类别综合确定教育用地地均服务学生数低效利用标准，如表 23 所示。

表 23　教育用地地均服务学生数低效利用标准值	
教育用地类型	地均服务学生数（人 / 公顷）
高等院校用地	100
中等院校用地	57
特殊教育用地	39
中学	377
小学	230

3. 教育用地集约利用评价结果

教育用地集约利用型主要分布在龙华西道与学院北路区域、北新西道和光明路区域、龙泽路与煤医道等区域；中度利用型主要分布在友谊街道区域、学院南路和机场路街道等区域；低效利用型分布较为零散，主要集中于祥云街道、缸窑街道等区域（见图 8）。

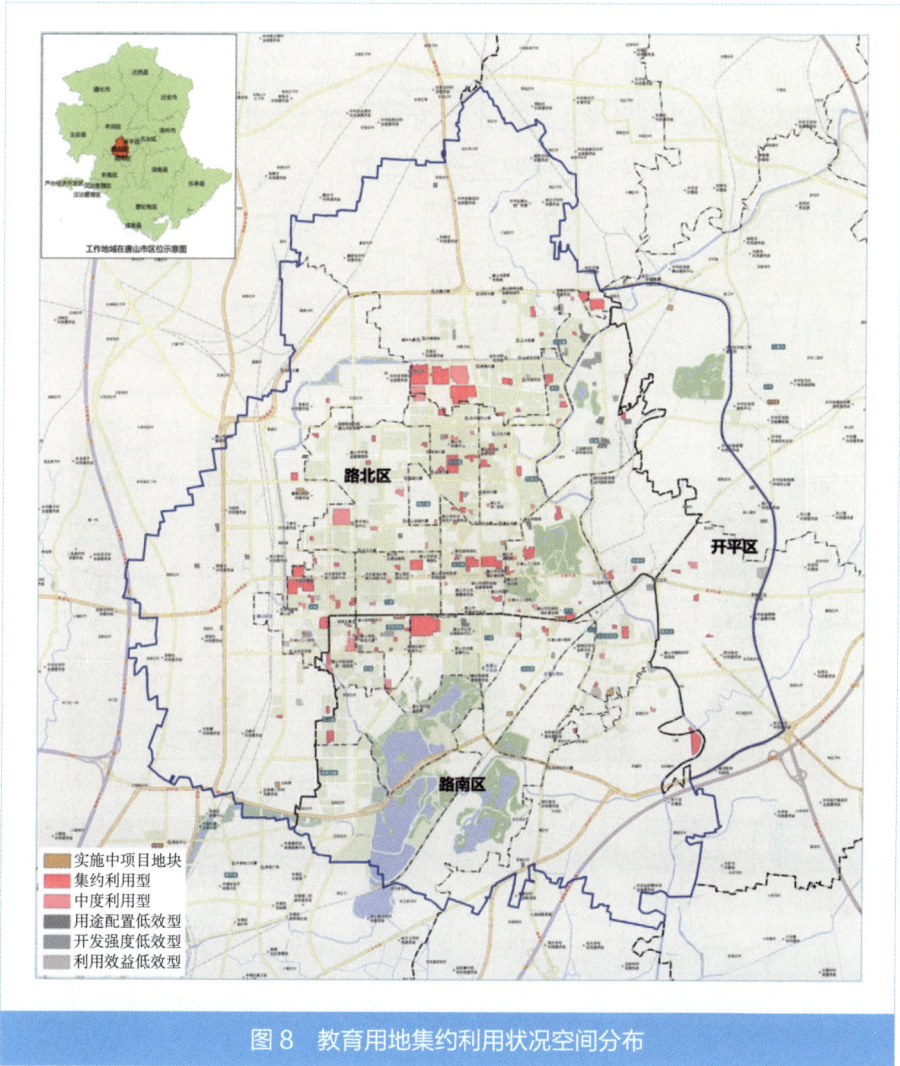

图 8　教育用地集约利用状况空间分布

从教育用地集约利用类型的面积和数量来看，工作地域以集约利用型为主，面积为 317.53 公顷，占全部教育用地面积的 62.10%，数量为 93 个，占全部教育用地宗数的 50% 以上。中度利用型次之，面积为 93.34 公顷，数量为 33 个。低效利用型最少，面积为 85.94 公顷，数量为 46 个。同时，截至评价时点，工作地域范围内正在实施建设的教育用地面积为 14.47 公顷，数量为

11 个。

从不同类型教育用地集约利用状况结构来看，各类型教育用地集约利用状况均以集约利用型为主，占比均为 35% 以上。小学集约利用型占比 39.20%，中学占比 40.43%，中等院校占比 77.40%，高等院校占比 80.2%，特殊教育用地占比 100%（见图 9）。

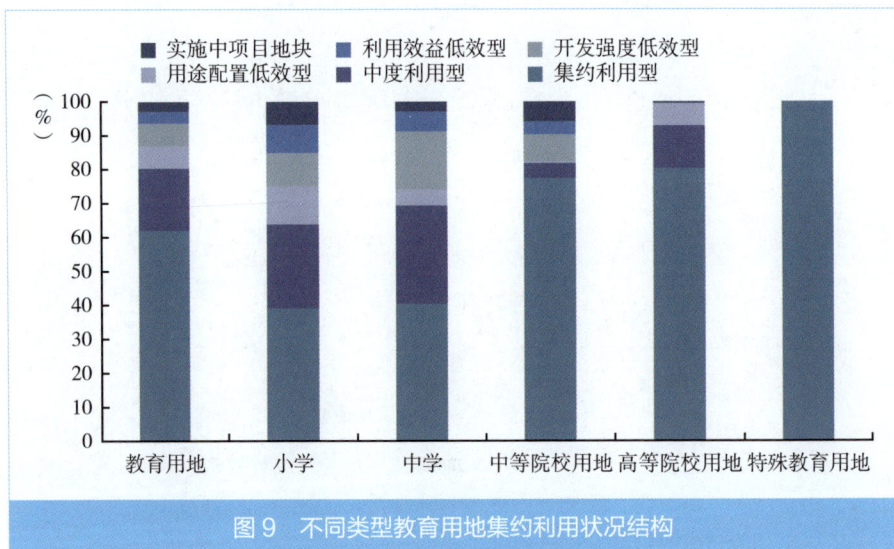

图 9　不同类型教育用地集约利用状况结构

（五）其他用地

1. 其他用地集约利用状况评价指标体系

（1）评价指标选取原则

详细评价指标选取围绕评价目标，侧重于规划符合度、建设强度两个方面，坚持目标导向和重点突出，体现类型和地区差异化。

（2）指标体系构建

具体指标体系见表 24。

表 24　其他用地集约利用状况评价体系

类型	准则层	指标层（代码）	指标含义与计算公式	计算单位
其他用地	规划符合度	规划用途一致性（X1）	其他用地评价单元的现状土地用途与规划用途的一致性，反映按照规划可改造情况	—
	建设强度	综合容积率（X2）	其他用地评价单元内的建筑总面积（万平方米）/评价单元面积（公顷），反映土地的建设强度	—
		建筑密度（X3）	其他用地评价单元内的建筑基底面积（万平方米）/评价单元面积（公顷），反映土地的建设强度	%

2. 其他用地各指标集约和低效利用判定标准

（1）规划用途一致性

公共管理与公共服务用地中将现状中类与规划中类用途一致的情形确定为集约利用标准。将规划为非公共管理与公共服务用地、现状公共管理与公共服务用地中类规划为其他非中类用地，定为低效利用标准。其他非建设用地与空闲地直接定为低效利用标准。详见表 25。

表 25　其他用地规划用途一致性判定标准

现状用地分类		集约利用标准	低效利用标准
大类	中类		
公共管理与公共服务用地（A）	行政办公用地（A1）	现状中类与规划中类用途一致	1. 规划为非公共管理与公共服务用地；2. 现状公共管理与公共服务用地中类规划为其他非中类用地
	医疗卫生用地（A5）		
非建设用地（E）	其他非建设用地（E9）空闲地	—	为低效利用标准

（2）综合容积率

行政办公用地：《党政机关办公用房建设标准》（2014 年修订版）规定市级机关建筑容积率不应小于 1.2，县级机关建筑容积率不应小于 1.0，并应满足所在地城乡规划与建设的相关控制要求。结合现状行政办公用地建设情况，确定行政办公用地综合容积率集约利用标准为：市级机关 1.2~2.5，县级机关 1.0~2.0，乡级机关 0.6~1.5。低效利用标准分别为：市级机关小于 1.0，县级机关小于 0.8，乡级机关小于 0.5。

医疗卫生用地：根据《关于印发〈河北省城乡公共服务设施配置和建设导则〉的通知》（冀建规〔2015〕22 号）医卫慈善用地建筑设计规范标准要求，结合现状建设情况，最终确定医疗卫生用地综合容积率集约利用标准为 0.8~1.5，低效利用标准为小于 0.5。

其他非建设用地：主要是空闲地，因现状属于空闲无建筑强度和利用状况，因此，建设强度和利用效益均为 0，可直接判定为低效类型。

（3）建筑密度

行政办公用地：综合《党政机关办公用房建设标准》（2014 年修订版）和《河北城市规划管理技术规定》（2002 年）关于党政机关用地的规定，结合行政办公用地建设现状，最终确定行政办公用地集约利用标准为 30%~40%，低效利用标准为小于 20%。

医疗卫生用地：在《关于印发〈河北省城乡公共服务设施配置和建设导则〉的通知》（冀建规〔2015〕22 号）以及医疗卫生用地建筑设计规范标准要求的基础上，最终确定医疗卫生用地集约利用标准为 25%~35%，低效利用标准为小于 20%。

3. 其他用地集约利用评价结果

其他用地过度利用型主要分布在路北区文化路街道、大里街道，路南区广场街道等区域，均为医疗卫生用地；集约利用型分布较为广泛，面积较大，分布于主城区大部分区域，全部为行政办公用地和医疗卫生用地；中度利用型分布较少，集中分布在文化路街道区域；低效利用型分布较广，主要为其他非建设用地，主要分布在路南区惠民园街道区域、文化路街道区域、缸窑街道区域和祥云街道区域等。

从其他用地（行政办公用地）集约利用类型的面积和数量来看（见图 10），工作地域以集约利用型为主，面积为 79.97 公顷，占全部其他用地（行政办公用地）面积的一半以上，数量为 121 个，占全部其他用地（行政办公用地）

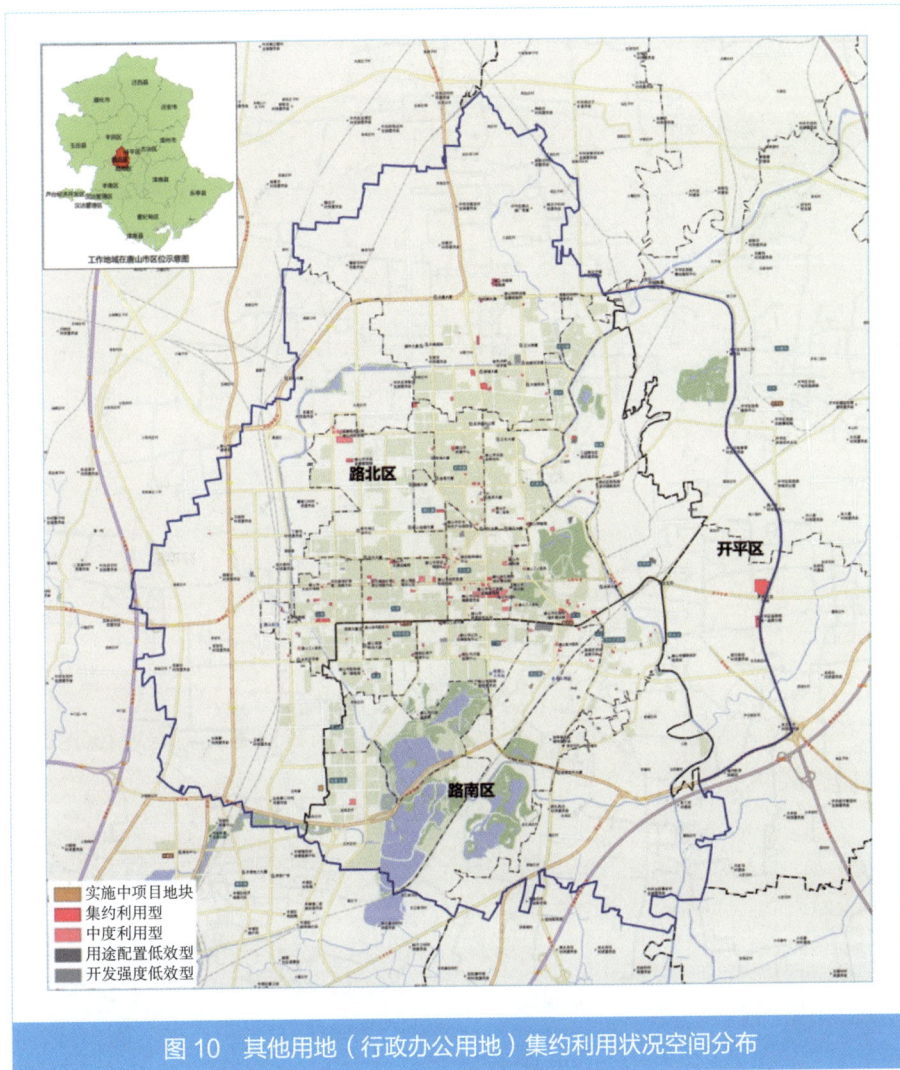

图 10　其他用地（行政办公用地）集约利用状况空间分布

宗数的 59.90%。中度利用型次之，面积为 40.62 公顷，面积占比为 25.86%。低效利用型最少，面积为 33.17 公顷，面积占比为 21.12%。同时，截至评价时点，工作地域范围内正在实施建设的行政办公用地面积为 3.29 公顷，数量为 9 个。

　　从其他用地（医疗卫生用地）集约利用类型的面积和数量来看（见图 11），工作地域以集约利用型为主，面积为 79.88 公顷，占全部其他用地（医

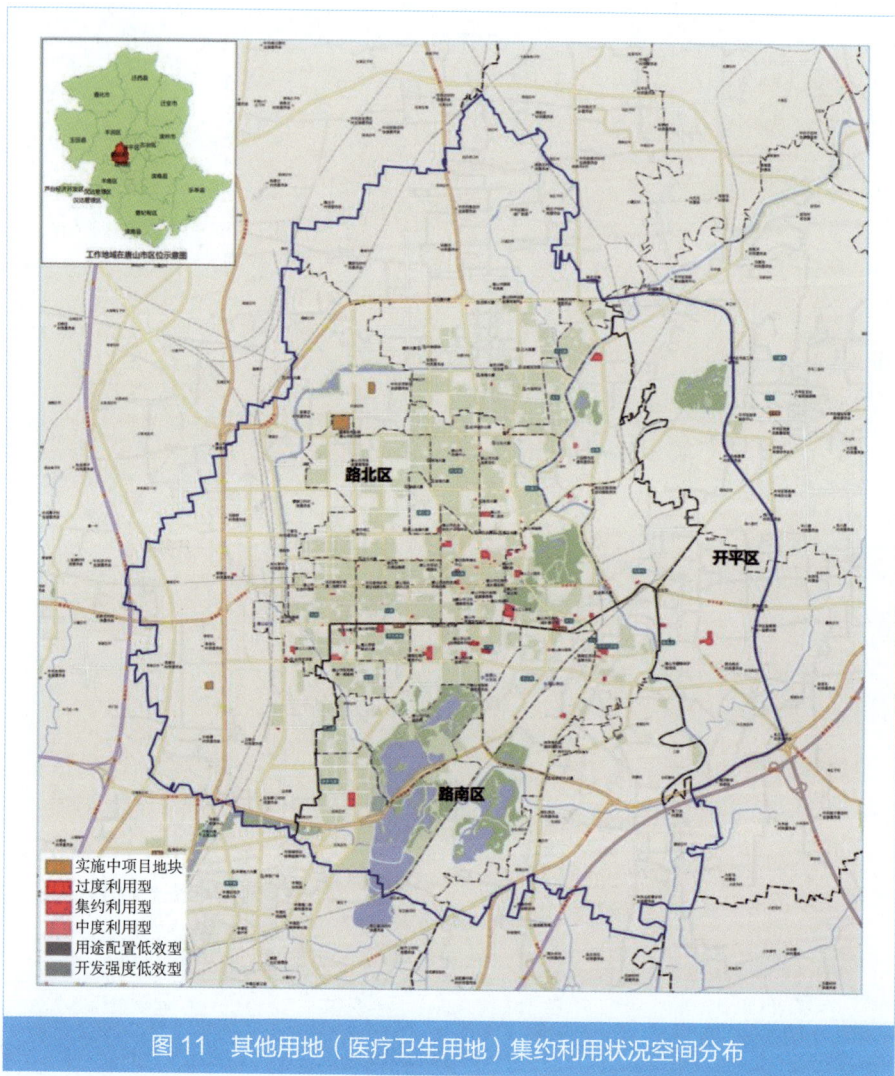

图 11　其他用地（医疗卫生用地）集约利用状况空间分布

疗卫生用地）面积的 65.89%，数量为 59 个，占全部其他用地（医疗卫生用地）宗数的 69.41%。过度利用型次之，面积为 8.17 公顷，占比为 6.74%。低效利用型最少，面积为 4.49 公顷，数量为 6 个。同时，截至评价时点，工作地域范围内正在实施建设的医疗卫生用地面积为 22.68 公顷，数量为 7 个。

从不同类型其他用地集约利用状况结构来看（见图 12），行政办公用地主要以集约利用型和中度利用型为主，二者占比合计为 76.79%，医疗卫生用地以集约利用型为主，占比为 65.89%。其他非建设用地排除实施的项目地块后，全部为用途配置低效型。

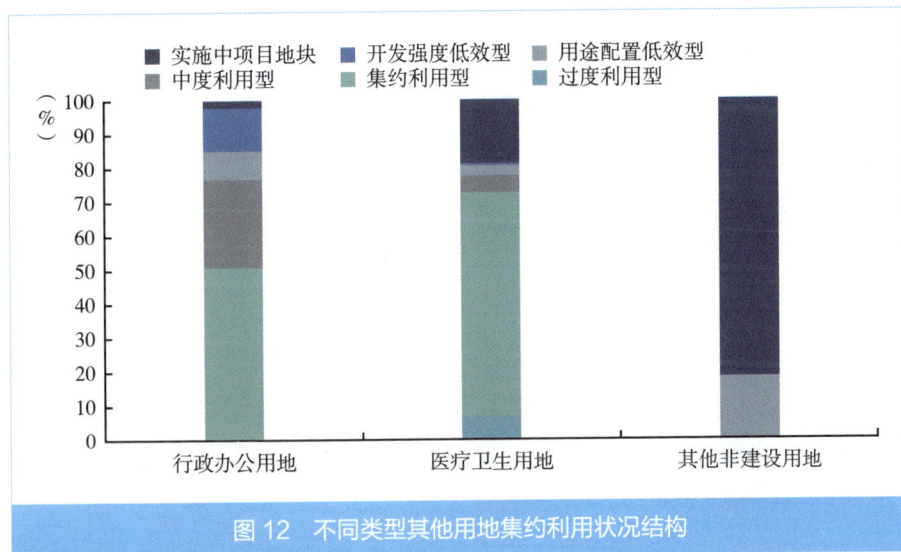

图 12　不同类型其他用地集约利用状况结构

三　潜力及挖潜收益测算

（一）可改造开发用地潜力地块

土地开发改造潜力地块是指在现有技术、经济和制度条件下，通过拆迁、收储、回购、征收等方式可进行开发改造的土地，包括存量改造潜力地块、批而未供潜力地块和规划未利用潜力地块。

存量改造潜力地块以用途配置低效型、开发强度低效型用地为基础，纳入三旧改造、棚户区改造等存量用地改造计划地块，扣除正在开发建设的低效用地，共计 3280.98 公顷，占总潜力地块规模的 46.33%。批而未供潜力地块以建设用地报批、供应数据为基础，提取已经批准但尚未成交或未供地的土地，共计 595.35 公顷，占总潜力地块规模的 8.41%。规划未利用潜力地块以现状图与规划图对比为基础，结合用地审批资料，提取已有明确规划用途但尚未报批或未通过用地审批的地块，共计 3205.00 公顷，占总潜力地块规模的 45.26%。

土地开发改造潜力地块按规划用途，可规划商服用地 539.52 公顷，占总规模的 7.62%；商住用地 655.29 公顷，占总规模的 9.25%；住宅用地 2081.81 公顷，占总规模的 29.40%；工业用地 1050.17 公顷，占总规模的 14.83%；公服等其他用地 2754.54 公顷，占总规模的 38.90%。

空间分布上：批而未供潜力地块主要分布于中心城区外围区域且主要集中于西北侧凤凰新城区域，主要是近几年唐山大力发展的凤凰新城区域，此区域征地较多且规划明确，供地迟缓导致批而未供潜力地块较多；存量改造潜力地块主要集中分布在中心城区东侧老城区，主要是由于东部区域属于唐山市发展较早区域，存在很多城中村、外围村庄、低矮公房、"退二进三"老工业区，因此区域存量改造潜力地块分布集中；规划未利用潜力地块主要分布于工作地域外围区域，现状多为农林用地和其他非建设用地（见图 13）。

（二）土地收益潜力测算方法

1. 存量可改造地块土地收益潜力测算

存量可改造地块以全部拆除或部分拆除现有物业改造的方式进行挖潜，测算思路为：按照城镇土地估价规程测算可改造地块土地出让收入，扣减土地收储成本，包括拆迁房屋征收补偿安置成本、土地一级开发成本等，计算地块改造后土地收益，并对土地收益为负值、规划为经营性的可开发改造用地选择性地进行土地经济平衡容积率（土地成本支出和土地出让收入平衡时需要的最低容积率）测算，有效支撑政府土地开发收储决策。

2. 批而未供、规划潜力地块土地收益潜力测算

批而未供、规划潜力地块按照假设开发法进行挖潜，测算思路为：按照城镇土地估价规程测算可开发地块土地出让收入，扣减土地征收成本，包括新增建设用地土地征收成本、补充耕地成本、新增建设用地有偿使用费、前期开发成本等，计算得到地块土地收益。

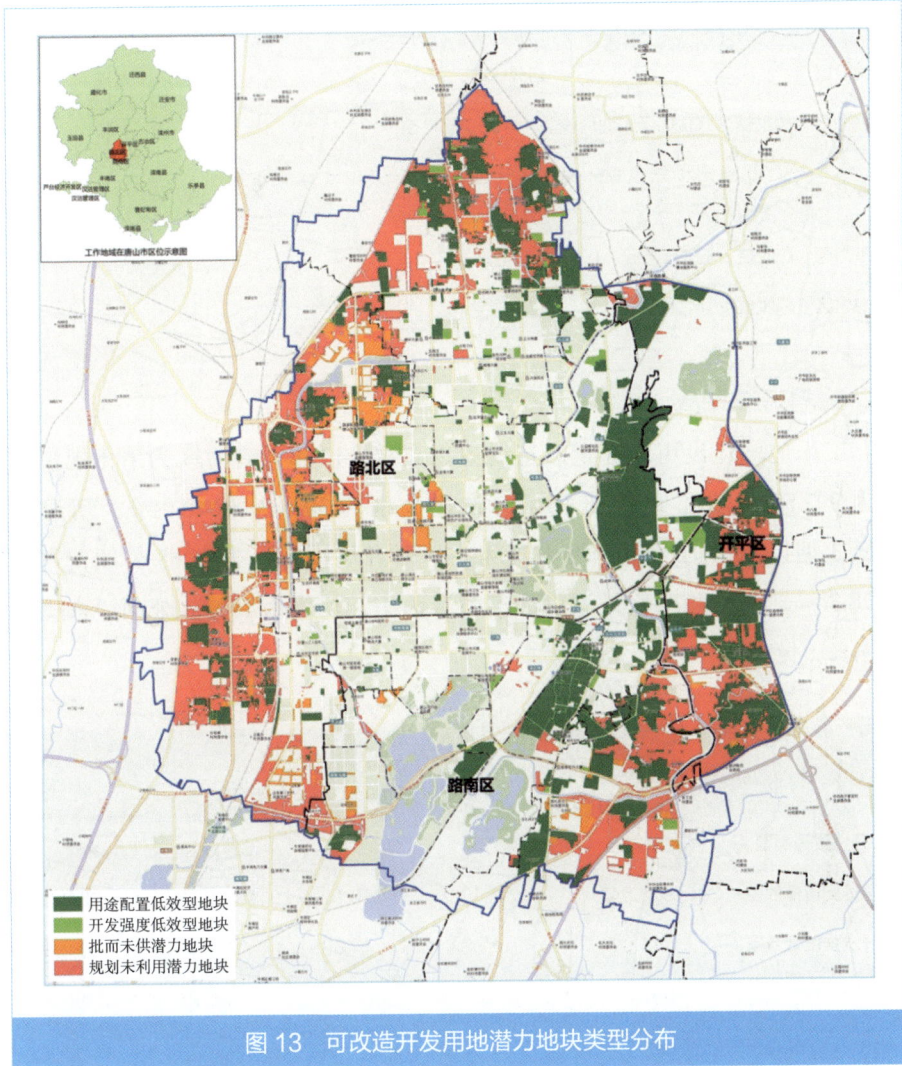

图 13　可改造开发用地潜力地块类型分布

（三）土地收益潜力分区

1. 土地价值潜力分区方法

土地价值潜力分区主要依据所有可开发改造用地的单位土地收益潜力大小，通过单因素的聚类分析进行归类，确定高潜力区、中潜力区、低潜力区、无潜力区。潜力分区划分标准见表26。

表26　潜力分区划分标准

潜力分区	划分标准	备注
高潜力区	总收益＞2.0亿元或地均收益＞400万元/亩	划分标准在总收益划分标准的基础上再考虑地均收益标准
中潜力区	5000万元＜总收益≤2.0亿元或300万元/亩＜地均收益≤400万元/亩	
低潜力区	总收益≤5000万元	
无潜力区	总收益≤0	

2. 存量改造潜力分区

工作地域建设用地存量改造潜力以高潜力区和无潜力区为主，规模分别为997.55公顷和1575.15公顷，占比分别为30.40%和48.01%。用途配置低效型以高潜力区和无潜力区为主，两者规模合计2396.65公顷，占比为78.36%。开发强度低效型以无潜力区为主，规模为132.04公顷，占比为59.37%（见表27）。

表27　各开发改造类型的存量潜力分区统计

单位：公顷

开发改造类型	高潜力区	中潜力区	低潜力区	无潜力区	合计
用途配置低效型	953.54	351.40	310.52	1443.11	3058.57
开发强度低效型	44.01	1.68	44.68	132.04	222.41
合计	997.55	353.08	355.20	1575.15	3280.98

路北区无潜力区最多，规模为859.36公顷；高潜力区次之，规模为707.11公顷；中潜力区最少，规模为95.80公顷。路南区以无潜力区为主，规模为477.58公顷；高潜力区最少，规模为63.39公顷。开平区无潜力区最多，规模为238.21公顷；高潜力区次之，规模为227.05公顷；中潜力区最少，规模为106.91公顷（见表28）。

表 28　各行政区的存量改造潜力分区统计

单位：公顷

行政分区	高潜力区	中潜力区	低潜力区	无潜力区	合计
路北区	707.11	95.80	120.74	859.36	1783.01
路南区	63.39	150.37	111.47	477.58	802.81
开平区	227.05	106.91	122.99	238.21	695.16

3. 批而未供潜力分区

工作地域批而未供高潜力区 404.89 公顷，占总规模的 68.01%；中潜力区 66.32 公顷，占总规模的 11.14%；低潜力区 108.09 公顷，占总规模的 18.15%；无潜力区 16.05 公顷，占总规模的 2.70%（见图 14）。

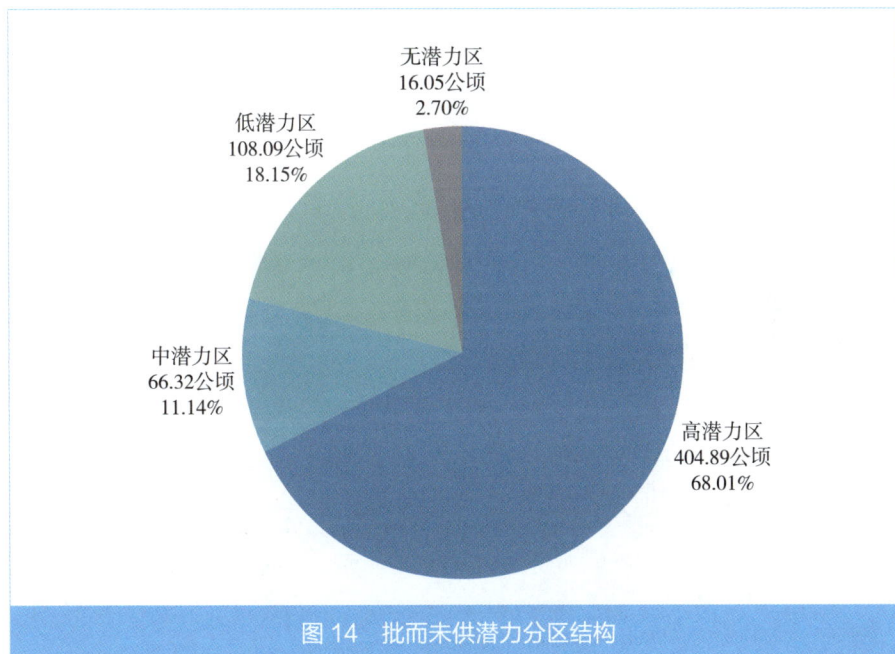

图 14　批而未供潜力分区结构

路北区高潜力区最多，规模为 350.62 公顷；中潜力区和低潜力区相对较少，分别为 50.64 公顷和 73.27 公顷；无潜力区最少，仅为 14.30 公顷。路南区以高潜力区最多，规模为 54.27 公顷；低潜力区次之，规模为 31.31 公顷，中潜力区相对较少，规模为 7.63 公顷，无潜力区最少，规模仅为 1.75 公顷。开平区中潜力区最多，规模为 8.05 公顷；低潜力区最少，规模为 3.51 公顷（见表 29）。

表 29　各行政区批而未供潜力分区统计

单位：公顷

行政分区	高潜力区	中潜力区	低潜力区	无潜力区	合计
路北区	350.62	50.64	73.27	14.30	488.83
路南区	54.27	7.63	31.31	1.75	94.96
开平区	—	8.05	3.51	—	11.56

4. 规划未利用潜力分区

工作地域规划未利用高潜力区 830.39 公顷，占总规模的 25.91%；中潜力区 200.43 公顷，占总规模的 6.25%；低潜力区 671.59 公顷，占总规模的 20.96%；无潜力区 1502.59 公顷，占总规模的 46.88%（见图 15）。

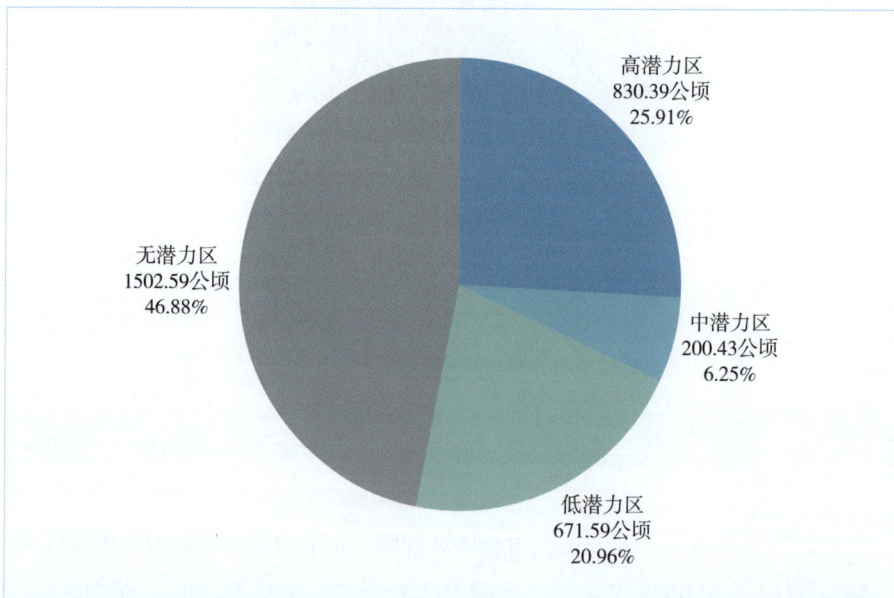

高潜力区
830.39公顷
25.91%

中潜力区
200.43公顷
6.25%

低潜力区
671.59公顷
20.96%

无潜力区
1502.59公顷
46.88%

图 15　规划未利用潜力分区结构

路北区无潜力区最多，规模为 899.91 公顷；低潜力区次之，规模为 552.79 公顷；中潜力区最少，规模为 135.73 公顷。路南区以高潜力区和无潜力区为主，规模分别为 240.12 公顷和 232.11 公顷；中潜力区最少，规模为 14.14 公顷。开平区无潜力区最多，规模为 370.57 公顷；高潜力区次之，规模为 147.51 公顷；低潜力区最少，规模为 24.83 公顷（见表 30）。

表 30　各行政区规划未利用潜力分区统计

单位：公顷

行政分区	高潜力区	中潜力区	低潜力区	无潜力区	合计
路北区	442.76	135.73	552.79	899.91	2031.18
路南区	240.12	14.14	93.97	232.11	580.34
开平区	147.51	50.56	24.83	370.57	593.47

5. 潜力总体结果

工作地域可改造用地土地价值高潜力区 2232.83 公顷，占总规模的 31.53%；中潜力区 619.83 公顷，占总规模的 8.75%；低潜力区 1134.88 公顷，占总规模的 16.03%；无潜力区 3093.79 公顷，占总规模的 43.69%。存量改造潜力分区中以高潜力区和无潜力区为主，规模分别为 997.55 公顷和 1575.15 公顷，两者占比达到 78.41%；批而未供潜力分区中以高潜力区和低潜力区为主，规模分别为 404.89 公顷和 108.09 公顷，两者占比达到 86.16%；规划未利用潜力分区中以高潜力区和无潜力区为主，规模分别为 830.39 公顷和 1502.59 公顷，两者占比达到 72.79%（见表 31）。

表 31　各开发改造类型的潜力分区统计

单位：公顷

开发改造类型	高潜力区	中潜力区	低潜力区	无潜力区	合计
存量改造	997.55	353.08	355.20	1575.15	3280.98
批而未供	404.89	66.32	108.09	16.05	595.35
规划未利用	830.39	200.43	671.59	1502.59	3205.00
合计	2232.83	619.83	1134.88	3093.79	7081.33

按行政区来看，路北区、路南区和开平区均以高潜力区和无潜力区为主，两者规模占各自潜力总量比例分别为 76.09%、72.34% 和 75.63%（见表 32）。

表 32　各行政区的潜力分区统计

单位：公顷

行政分区	高潜力区	中潜力区	低潜力区	无潜力区	合计
路北区	1500.49	282.17	746.80	1773.57	4303.03
路南区	357.78	172.14	236.75	711.44	1478.11
开平区	374.56	165.52	151.33	608.78	1300.19
合计	2232.83	619.83	1134.88	3093.79	7081.33

空间分布上，高潜力区主要分布于开平镇新华东道两侧区域，路北区的站前南路南延区域，路北区西侧的果园乡西环城水系两侧区域，青龙湖公园的东侧区域，学院路和翔云道交叉口区域。中潜力区主要集中于站西片区，开平区越河镇和路南区女织寨乡区域。低潜力区主要集中在路北区的果园乡、高新技术产业开发区区域和路南区女织寨乡。无潜力区主要集中在高新技术产业开发区，路南区、路北区和开平区交界区域（见图 16）。

（四）潜力地块改造策略

1. 改造开发方式分析

结合土地收益承载潜力大小确定开发方式，根据工作地域土地规划建设利用实际情况，按照开发规模、经济平衡、规划要求等要求，确定了先期储备、单宗开发、整合开发和综合整治等不同开发方式。其中：先期储备 1210.52 公顷，占总规模的 17.10%；单宗开发 3154.82 公顷，占总规模的 44.55%；整合开发 2485.62 公顷，占总规模的 35.10%；综合整治 230.37 公顷，占总规模的 3.25%（见表 33）。

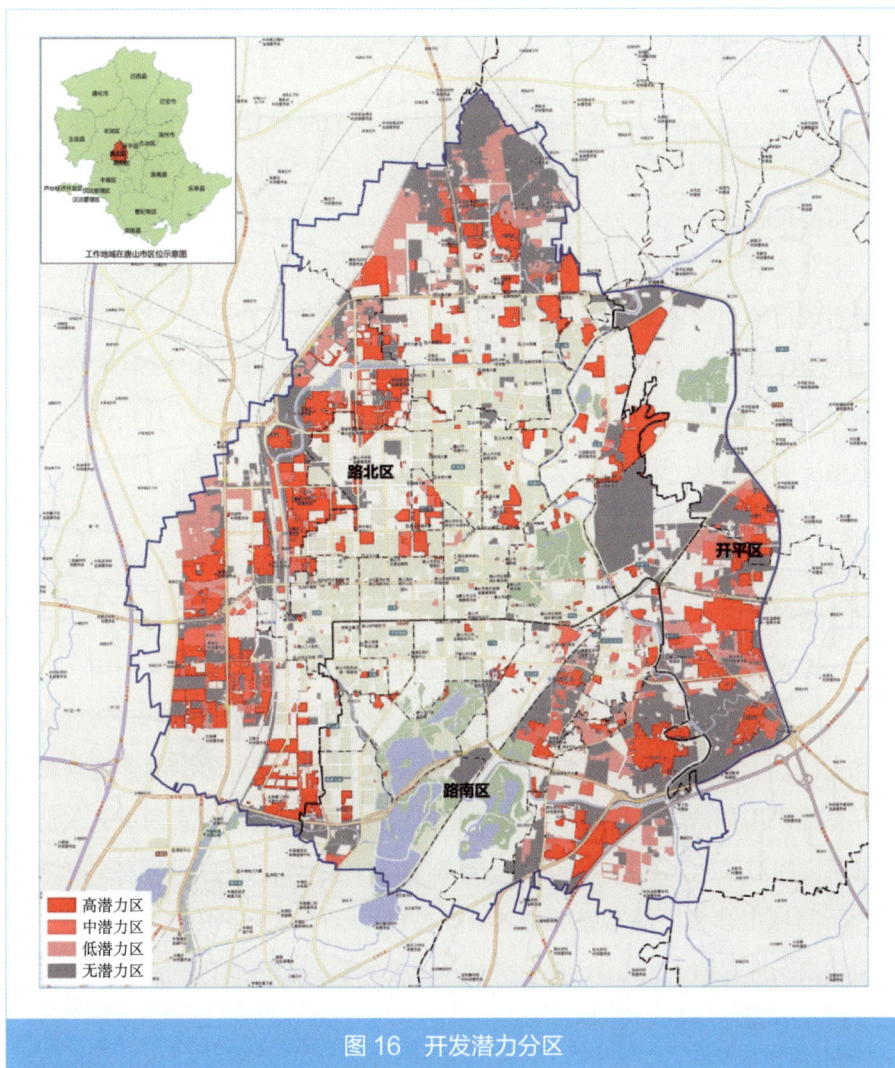

图 16　开发潜力分区

表 33　各开发改造类型的开发方式统计

单位：公顷

开发改造类型	开发方式				
	先期储备	单宗开发	整合开发	综合整治	合计
存量改造	146.06	1429.79	1474.76	230.37	3280.98
批而未供	595.35	0	0	0	595.35
规划未利用	469.11	1725.03	1010.86	0	3205.00
合计	1210.52	3154.82	2485.62	230.37	7081.33

2. 开发时序配置

（1）开发时序配置方法

根据评价时点，综合现阶段开展的国土空间总体规划期限，按近期（2025年）、中期（2030年）、远期（2035年）三种情形，确定可改造用地潜力利用配置时序。

具体操作时，主要以上述确定的土地开发改造潜力地块结果为基础，依据所有改造地块的土地价值潜力大小、开发方式，并结合社会经济发展规划、城市规划实施计划安排、相关开发建设或改造计划安排等因素的综合分析，确定可改造用地潜力利用配置时序，并开展相应的分析。潜力利用配置时序的依据主要参考以下几个方面。

一是改造地块的土地价值潜力大小。一般土地经济潜力越大，地块改造规模越大，开发利用的可行性越高，潜力利用时序宜按近、中期配置；反之，则宜按远期时序配置。

二是改造地块的挖潜利用方式。一般利用批而未供、规划未利用、空闲地挖潜的，无论是从经济上还是技术上看，近、中期挖潜利用的可行性较高，宜优先按近、中期配置；以用途配置低效型和开发强度低效型的涉及现状大量存量建设用地的，一般会面临拆迁、规划等方方面面的因素约束，改造挖潜的难度相对较大，宜以中、远期时序配置为主。

三是城市社会经济发展规划、城市规划实施计划安排、相关开发建设或改造计划安排等因素。

（2）开发时序配置结果

近期开发2071.94公顷，占总规模的29.26%；中期开发2201.61公顷，占总规模的31.09%；远期开发2807.78公顷，占总规模的39.65%。

从开发改造类型来看，存量改造近中远期并重进行开发。批而未供全部为近期开发，截至报告编制日期，已基本全部供给，现正处于开发建设阶段。规划未利用坚持"少近期，适中期，重远期"的思路进行统筹安排。各开发改造类型的开发时序详见表34。

表 34 各开发改造类型的开发时序统计

单位：公顷

开发改造类型	开发时序			
	近期开发	中期开发	远期开发	合计
存量改造	577.95	1187.15	1515.88	3280.98
批而未供	595.35	0	0	595.35
规划未利用	898.64	1014.46	1291.90	3205.00
合计	2071.94	2201.61	2807.78	7081.33

近期开发地块主要集中在站西片区（李官屯、常各庄等村拆迁改造区域），唐山花海片区，老交大老火车站片区（老城区拆迁改造区域），凤凰新城片区（青龙河两侧区域及站前路东侧区域），高新区外环北侧片区（主要涉及孙家庄、新城子拆迁改造），城南经济开发区（西礼尚村周边区域、侯边庄工业区区域），新华道东侧税东、税北、兴业厂区区域（税东、税北城中村改造，兴业厂区再开发区域），金融中心周边空地区域，南新道南侧、复兴路东侧区域（和平街、花园街周边城中村改造），南湖片区（边各寨拆迁区域）。中期开发地块主要集中在勒泰城周边未拆迁村庄、唐钢及其周边区域、女织寨乡南侧大部分区域。远期开发地块主要集中在高新经济开发区北侧区域、果园乡西侧区域、开平区越河镇大部分区域（见图 17）。综上所述，近期开发地块主要分布在正在拆迁改造区域，中期和远期开发地块主要分布在主城区外围区域。

四 小结

（一）河北唐山市建设用地集约利用状况评价结果

本次工作地域评价范围内以集约利用型和低效利用型为主，其中：集约利用型 3439.02 公顷，占比为 39.86%；低效利用型 2619.89 公顷，占比为 30.37%，低效利用型中以用途配置低效型为主，面积为 2068.84 公顷，占比为 23.98%。过度利用型和中度利用型相对较少，面积分别为 245.05 公顷和

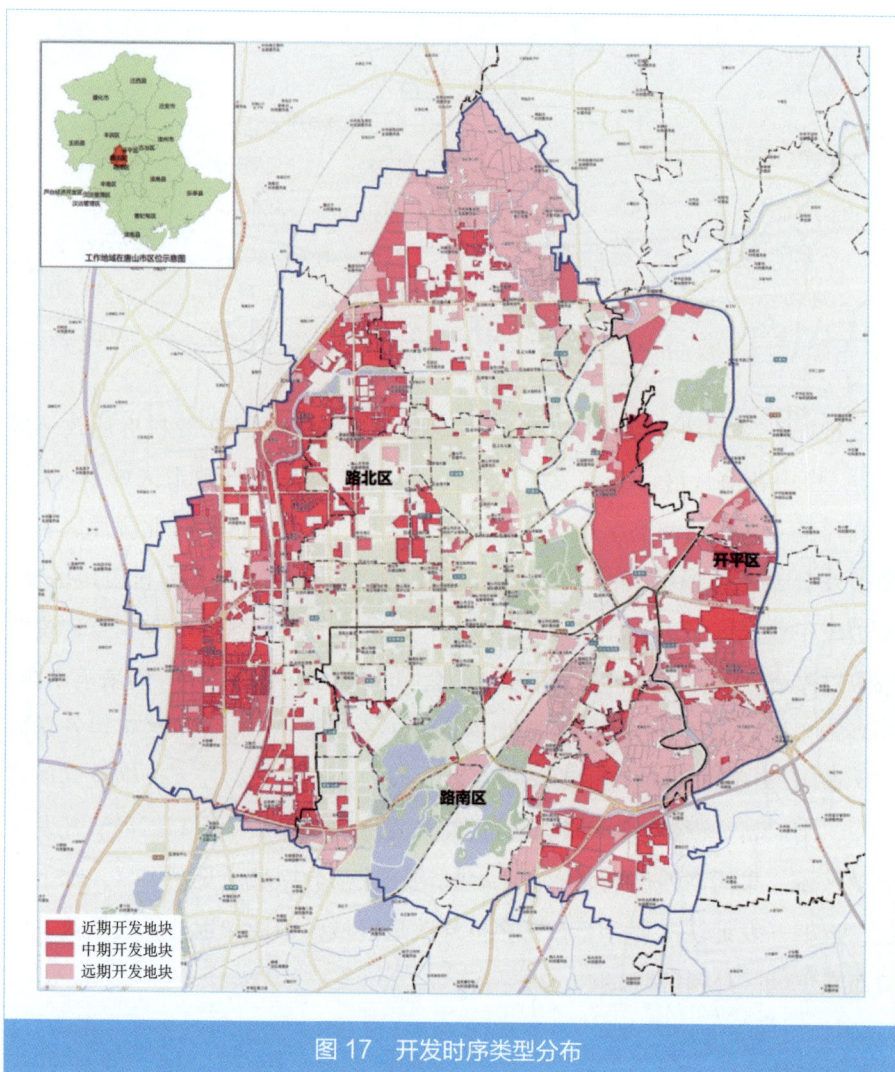

图 17　开发时序类型分布

521.77 公顷，占比分别为 2.84% 和 6.05%（见图 18）。

过度利用型集中分布于路北区长宁道、新华道、建设路等主要道路两侧，车流人流量较大，商业繁华；集约利用型广泛分布，集中分布在路北区和路南区的各个乡镇（街道），在开平区分布较少；中度利用型分布较为零散，主要分布于路北区的文化路街道、乔屯街道、河北路街道、高新区等区域；低

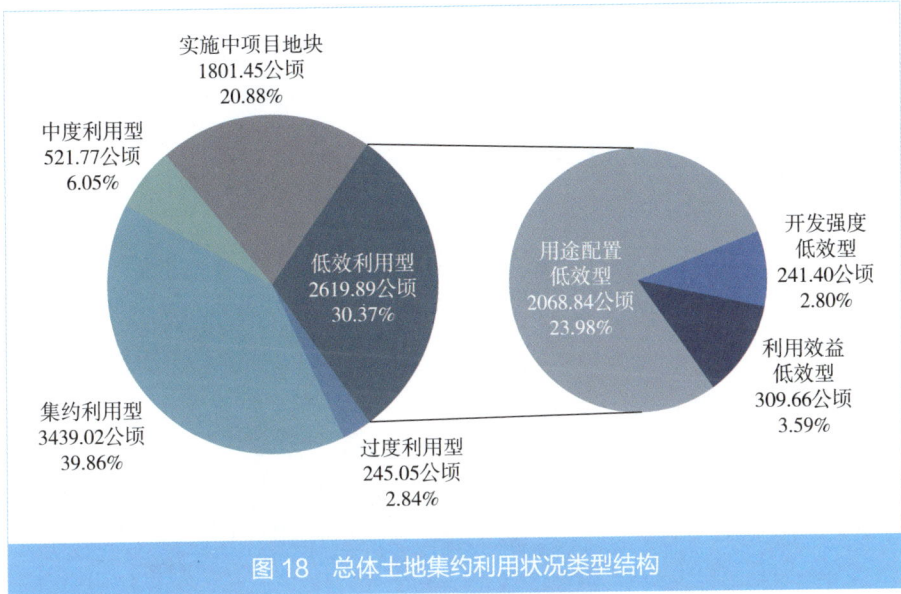

图 18　总体土地集约利用状况类型结构

效利用型分布较为集中，主要分布在唐钢及周边区域、复兴路老火车站区域以及开平区开平镇和越河镇区域（见图 19）。

　　从宗地面积统计分析：过度利用型、集约利用型、中度利用型和利用效益低效型以居住用地为主，所占比例分别达到了 77.41%、63.86%、41.67%、58.86%；用途配置低效型和开发强度低效型主要以工业用地为主，所占比例分别为 74.90% 和 31.36%，主要分布在东部老工业区。

　　从宗地数量统计分析：过度利用型、集约利用型和利用效益低效型主要以居住用地为主，所占比例分别达到了 58.49%、32.98%、41.24%；中度利用型以商服用地为主，占比为 42.86%；用途配置低效型和开发强度低效型以工业用地为主，所占比例分别为 55.06% 和 26.53%。

（二）河北唐山市建设用地潜力挖潜分析结果

　　首先，土地开发改造潜力主要来源于存量可改造和规划未利用潜力地块，工作地域总的可改造开发用地规模大、潜力高。工作地域内的土地开发改造潜力地块总规模为 7081.33 公顷，占现有建设用地总量的 45.15%。从开发改

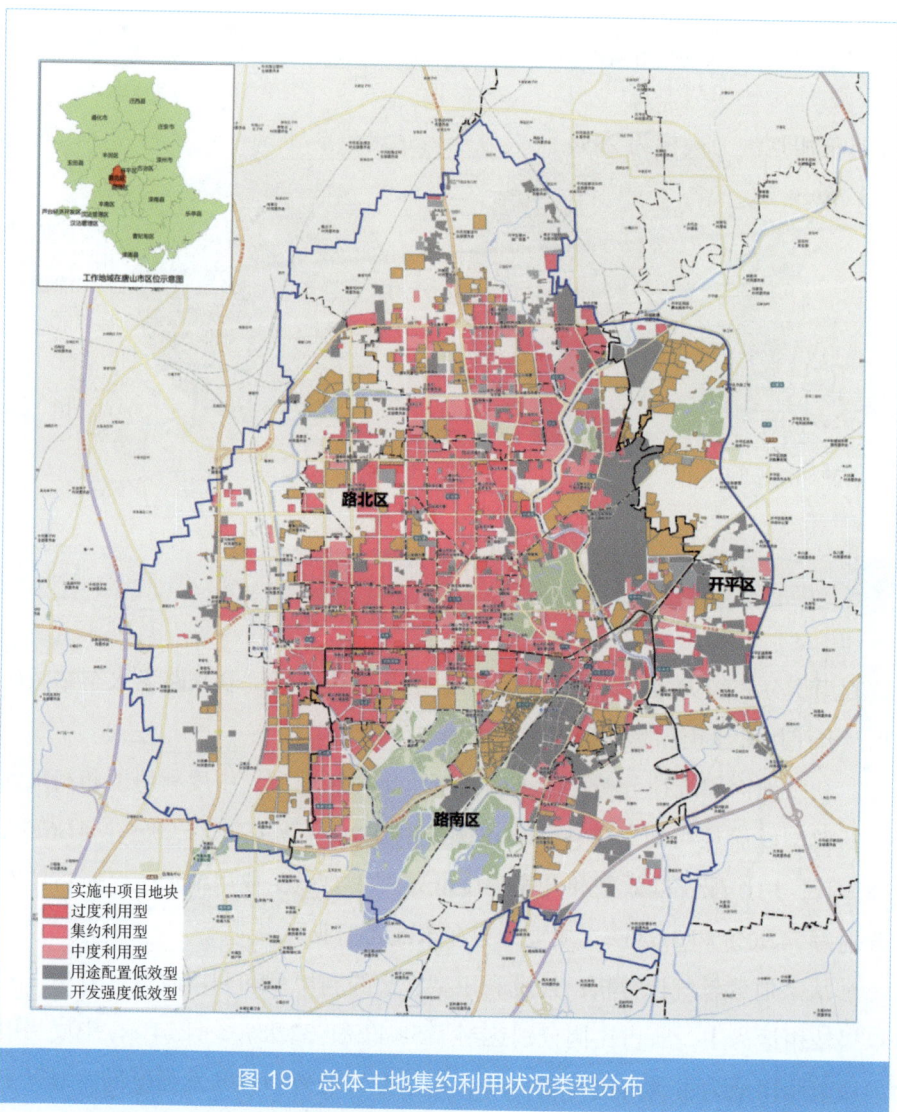

图 19　总体土地集约利用状况类型分布

造类型来看：存量改造 3280.98 公顷，占总规模的 46.33%；批而未供 595.35 公顷，占总规模的 8.41%；规划未利用 3205.00 公顷，占总规模的 45.26%。工作地域可改造用地土地价值高潜力区 2232.83 公顷，占总规模的 31.53%；中潜力区 619.83 公顷，占总规模的 8.75%；低潜力区 1134.88 公顷，占总规模的 16.03%；无潜力区 3093.79 公顷，占总规模的 43.69%。

其次，土地开发改造潜力主要方向是居住和公服等用地。工作地域内规划为居住用地的潜力规模为 2081.81 公顷，占总规模的 29.40%；规划为公服等其他用地潜力规模为 2754.54 公顷，占总规模的 38.90%。两者合计比例达到了 68.30%。

最后，挖潜方式以单宗开发为主，时序配置上近中远期并重。按开发方式看，单宗开发是建设用地潜力挖潜的主要方式：先期储备 1210.52 公顷，占总规模的 17.10%；单宗开发 3154.82 公顷，占总规模的 44.55%；整合开发 2485.62 公顷，占总规模的 35.10%；综合整治 230.37 公顷，占总规模的 3.25%。从开发时序看，远期开发和近期开发分别为 2807.78 公顷和 2071.94 公顷，分别占总规模的 39.65% 和 29.26%，中期开发 2201.61 公顷，占总规模的 31.09%。时序配置方面，重点发展片区以近期开发为主，而暂时无改造计划或者中心城区外围的区域以中期或远期开发为主。

参考文献

《国务院关于同意河北省调整唐山市部分行政区划的批复》，http://www.gov.cn/gongbao/content/2002/content_61958.htm。

《关于印发〈城市居住区规划设计标准〉的通知》，https://www.mohurd.gov.cn/gongkai/fdzdgknr/jyta/202112/20211223_763438.html。

《关于印发〈唐山城市规划技术规定修正版〉（2016 年）的通知》，http://zhujianju.tangshan.gov.cn/tszjj/jigougaikuang/20180517/567221.html。

《关于印发河北省自然资源厅关于加快推进市县国土空间总体规划编制工作的通知》，http://www.hebgt.gov.cn/heb/gk/gsgg/tz/xxzx/101578961015789.html。

《唐山市国民经济和社会发展第十三个五年规划纲要》，http://www.ttangsha.gov.cn/。

《关于印发〈河北省城乡公共服务设施配置和建设导则〉的通知》，http://zfcxjst.hebei.gov.cn/。

B.3

江苏无锡2019年建设用地节约集约利用状况详细评价报告

邱宏杰　周小丹　赵　哲*

摘　要： 无锡市积极落实部省建设用地节约集约利用状况评价工作要求，积极开展多层次的建设用地节约集约利用评价工作，并于2019年被自然资源部确定为10个详细评价试点城市之一。按照试点方案的技术要求，结合无锡市经济社会发展的实际，对中心城区宗地探索开展了城市工业、商服、居住、教育、科创载体等不同类型用地的集约利用状况评价，测算了低效用地的挖掘潜力，评价成果有利于优化城市建设用地结构，推动低效用地再开发，并在节约集约用地政策制定、用地绩效考核评价等方面发挥有力的支撑作用。

关键词： 利用效益　建设用地结构　无锡市

根据《自然资源部办公厅关于做好2019年度建设用地节约集约利用状况评价有关工作的通知》（自然资办函〔2019〕1056号）、《自然资源部办公厅关于部署开展城市建设用地节约集约利用状况详细评价试点工作的通知》

---

*　邱宏杰，无锡市土地储备中心副主任（主持工作），主要研究方向为自然资源开发利用与评价；周小丹，江苏省国土资源研究中心研究员级高级工程师，主要研究方向为自然资源开发利用与评价；赵哲，中国人民大学公共管理学院硕士研究生，主要研究方向为土地资源管理。

（自然资办函〔2019〕1421 号）、《江苏省自然资源厅关于做好 2019 年度全省建设用地节约集约利用状况评价工作的通知》（苏自然资函〔2019〕578号）要求，无锡市作为试点地区，开展建设用地节约集约利用状况详细评价工作。

无锡作为长三角区域发展格局中的上海大都市圈"1+8"城市（上海，无锡、常州、苏州、南通、宁波、湖州、嘉兴、舟山）之一，产业兴盛，经济活跃，以全国 5‰的土地和 4.7‰的人口创造了全国 1.27% 的经济总量，成为继上海、苏州、南京、杭州之后，第五个经济总量破万亿元的长三角城市。但同时，无锡又长期面临土地的资源性紧缺，土地开发强度高、生态环境容量小的突出市情和经济社会高质量发展、生态文明建设的要求倒逼无锡必须坚持节约集约用地，推动资源高效利用。

一　区域概况

（一）自然条件

无锡市位于江苏省东南部，长江三角洲江湖间走廊部分，市域地理坐标为：北纬 31°07′~32°02′，东经 119°33′~120°38′。东邻苏州，距上海 128 千米；南和西南与浙江省和安徽省交界；西接常州，距南京 183 千米；北临长江，与泰州市所辖靖江市隔江相望（见图 1）。全市总面积为 4627.46 平方千米。

无锡市属于北亚热带湿润季风气候区，四季分明，热量充足，降水丰沛，雨热同季，常年平均气温 16.2℃，平均降水量 1121.7 毫米，具有南北农业皆宜的特点，作物种类繁多。全市境内以平原为主，星散分布着低山、残丘。南部为水网平原；北部为高沙平原；中部为低地辟成的水网圩田；西南部地势较高，为宜兴的低山和丘陵地区。

（二）经济社会发展概况

无锡市现辖梁溪区、锡山区、惠山区、滨湖区、新吴区 5 个区及江阴、宜兴 2 个县级市。总面积为 4627.46 平方千米，建成区面积为 332.01 平方千米，

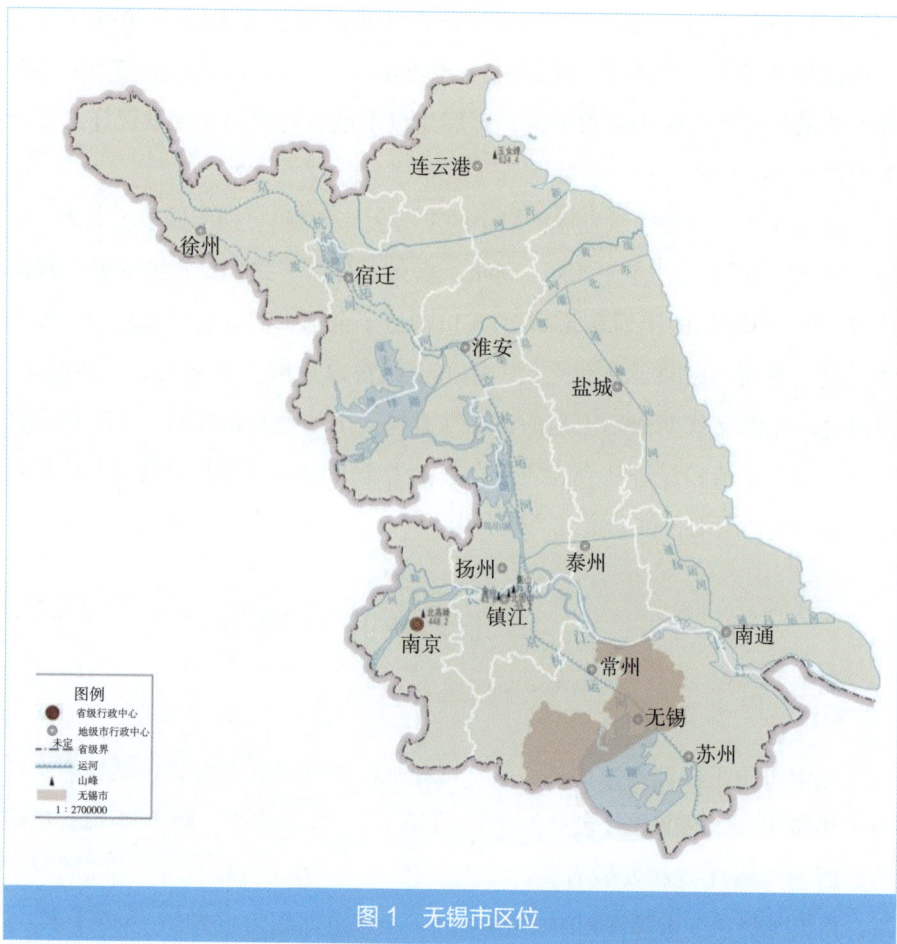

图 1　无锡市区位

常住人口为 657.45 万人，城镇人口为 501.50 万人，城镇化率为 76.28%。

2018 年，全市完成地区生产总值 11438.62 亿元，比上年增长 7.4%，三次产业比例为 1.1∶47.8∶51.1。城镇居民人均可支配收入为 56989 元，农村居民人均可支配收入为 30787 元。2018 年城镇新增就业 16.14 万人，全年市区居民消费价格指数（CPI）为 102.3，涨幅比上年提高 0.4 个百分点。

无锡是扬子江城市群重要组成部分，京杭大运河从无锡穿过。同时无锡也是华东地区主要的交通枢纽，已形成由铁路、公路、水路、航空配套组成的立体交通网络。

（三）土地利用现状

根据 2018 年土地利用现状变更调查成果，截至 2018 年底，无锡市土地面积 4627.46 平方千米（合 462745.79 公顷），其中农用地 2165.18 平方千米，建设用地 1518.26 平方千米，其他土地 944.02 平方千米，分别占土地总面积的 46.79%、32.81%、20.40%（见图 2）。市域内水资源丰富，以太湖为中心构成江南水网体系。

农用地中，耕地 1139.63 平方千米，园地 206.32 平方千米，林地 359.83 平方千米，草地 16.01 平方千米，耕地、园地、林地、草地分别占农用地的 52.63%、9.53%、16.62%、0.74%（见图 3）。耕地以灌溉水田为主，主要分布在宜兴、江阴；园地以果园为主，主要分布在惠山区和宜兴市；林地主要分布在滨湖区和宜兴市。建设用地中，城镇村及工矿用地 1290.50 平方千米，交

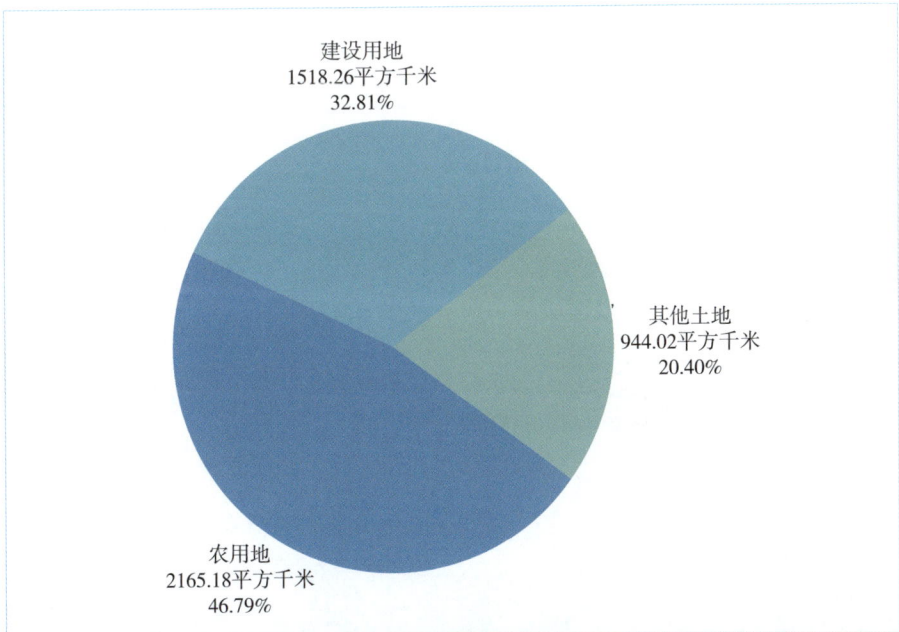

图 2　2018 年无锡市土地利用结构

资料来源：《江苏省 2018 年度土地变更调查成果二段分类面积汇总表》。本文图表如无特殊说明，下同。

通水利用地 207.78 平方千米，其他建设用地 19.98 平方千米，分别占建设用地的 85.00%、13.68%、1.32%（见图 4）。

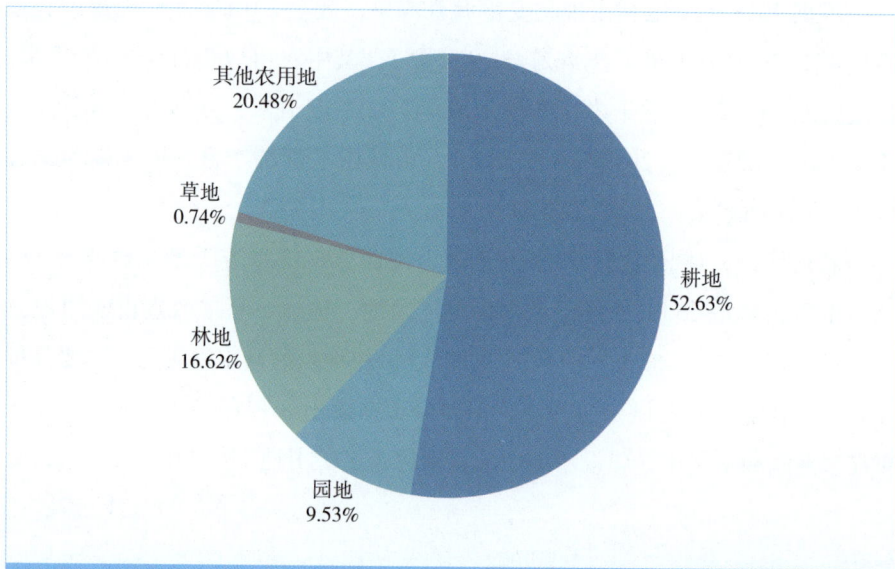

图 3　2018 年无锡市农用地内部结构

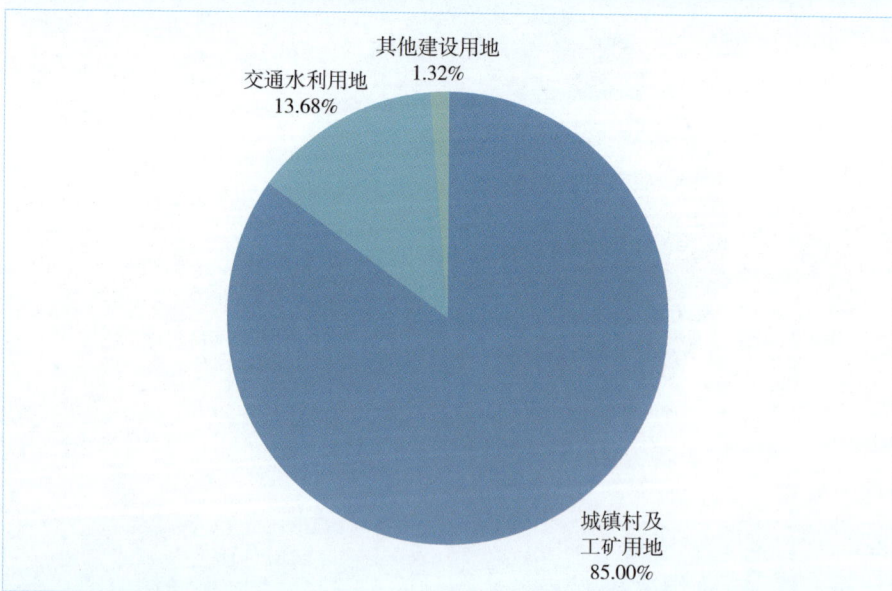

图 4　2018 年无锡市建设用地内部结构

（四）评价范围

根据《自然资源部办公厅关于做好 2019 年度建设用地节约集约利用状况评价有关工作的通知》（自然资办函〔2019〕1056 号）、《自然资源部办公厅关于部署开展城市建设用地节约集约利用状况详细评价试点工作的通知》（自然资办函〔2019〕1421 号）、《江苏省自然资源厅关于做好 2019 年度全省建设用地节约集约利用状况评价工作的通知》（苏自然资函〔2019〕578 号）要求，评价工作地域为经法定程序批准的中心城区国土空间规划确定的城镇开发边界内的范围。

截至 2018 年 12 月 31 日城镇开发边界线尚未划定，根据无锡市土地利用总体规划，无锡市中心城区范围面积为 403 平方千米，除梁溪区为完整市辖区外，惠山区、锡山区、滨湖区、新吴区只有部分区域面积在中心城区范围内，且部分行政单元（街道）被割裂。为确保评价单位行政单元完整性，在综合考虑评价内容、区域特点、基础数据收集、评价成果应用等因素后，无锡市对评价范围进行了调整，将梁溪区全域、惠山区（堰桥街道、长安街道）、锡山区（东亭街道、东北塘镇）、新吴区（江溪街道、旺庄街道、梅村镇）、滨湖区（河埒街道、蠡园街道、蠡湖街道、荣巷街道、太湖街道）纳入评价范围，面积为 368.24 平方千米。

二　城市建设用地集约利用状况评价

（一）居住用地

1. 评价指标选取

居住用地评价指标选取围绕评价目标，侧重于规划符合度、建设强度、利用效益三个方面。具体指标体系见表 1。

准则层	指标层（代码）	指标含义与计算公式	计量单位
规划符合度	规划用途一致性（R1）	居住用地地块的现状土地用途与规划用途的一致性，反映按照规划可改造用地情况	—
建设强度	综合容积率（R2）	居住用地地块内的建筑总面积（万平方米）/地块面积（公顷），反映土地的建设强度	—
	建筑密度（R3）	居住用地地块内的建筑基底面积（万平方米）/地块面积（公顷），反映土地的建设强度	%
利用效益	人口密度（R4）	居住用地地块内的居住人口（人）/地块面积（公顷），反映土地的人口承载能力	人/公顷

表 1　居住用地评价指标选取

2. 指标值评价结果

（1）规划符合度

居住用地规划符合度基于规划用途一致性进行判别。

①判定标准

具体判定标准见表 2。

表 2　居住用地规划用途一致性主要判定标准

批量处理主要判定标准		
序号	具体情况	判定结果
1	规划用途与现状用途完全相同	一致
2	符合《江苏省控制性详细规划编制导则（2012 年修订版）》表 4.2 允许兼容情况和不跨大类的有条件兼容情况以及结合实际用地审批过程中其他特殊兼容情况	一致
3	其他规划用途与现状用途完全不相同情况	不一致

②判定结果

根据表 2 所示判定标准进行判别，现状与规划不一致，判定为用途配置低效型的共有 1021 个地块，面积共计 9.85 平方千米，占比为 11.97%。具体判定结果如表 3 所示。

表 3　居住用地规划用途一致性判定情况

判定结果	数量（个）	面积（平方千米）	占居住用地面积比（%）	主要冲突类型
一致	1754	72.44	88.03%	—
不一致 （用途配置低效型）	1021	9.85	11.97%	①现状为居住用地，规划为绿地 ②现状为三类居住，规划为二类居住或商住
合计	2775	82.29	100.00%	

（2）建设强度

剔除用途配置低效型用地，基于综合容积率和建筑密度两项指标进行判别。

①判定标准

依据相关技术管理规定与指标现状值的分布，分类确定居住用地建设强度的判定标准，具体数值如表 4 所示。

表 4　居住用地建设强度评价指标判定标准

建筑类型	指标	低效	中度	集约	过度	依据
低层	综合容积率	< 0.6	0.6~1.0	1.0~1.2	> 1.2	低效标准：图斑面积 >1500 平方米地块低层现状值后 20% 集约上限：《江苏省城市规划管理技术规定》（2011） 集约下限：《城市建设用地节约集约利用详细评价技术指南（试行）》
	建筑密度（%）	< 30	30~36	36~40	> 40	低效标准：图斑面积 >1500 平方米地块低层现状值后 20% 集约上限：《江苏省城市规划管理技术规定》（2011） 集约下限：2011 年至今无锡市主要低层纯居住用地中出让建筑密度条件最低标准
多层	综合容积率	< 1.2	1.2~1.6	1.6~1.8	> 1.8	集约上限：《江苏省城市规划管理技术规定》（2011）。因样本较少，其余临界值根据低层值等额增加
	建筑密度（%）	< 20	20~26	26~30	> 30	集约上限：《江苏省城市规划管理技术规定》（2011）。因样本较少，其余临界值根据低层值等额减少

续表

建筑类型	指标	低效	中度	集约	过度	依据
小高层	综合容积率	< 1.8	1.8~2.2	2.2~2.4	> 2.4	集约上限：《江苏省城市规划管理技术规定》（2011）。因样本较少，其余临界值根据低层值等额增加
	建筑密度（%）	< 18	18~24	24~28	> 28	集约上限：《江苏省城市规划管理技术规定》（2011）。因样本较少，其余临界值根据低层值等额减少
高层	综合容积率	< 2.9	2.9~3.3	3.3~3.5	> 3.5	集约上限：《江苏省城市规划管理技术规定》（2011）。因样本较少，其余临界值根据低层值等额增加
	建筑密度（%）	< 10	10~16	16~20	> 20	集约上限：《江苏省城市规划管理技术规定》（2011）。因样本较少，其余临界值根据低层值等额减少
混合型（低层＋多层）	综合容积率	<0.6	0.6~1.2	1.2~1.8	> 1.8	混合型 低效标准：取各类低效下限 集约标准：取各类区间上限为对应的区间范围
	建筑密度（%）	< 20	20~30	30~40	> 40	
混合型（低层＋小高层）	综合容积率	<0.6	0.6~1.2	1.2~2.4	> 2.4	
	建筑密度（%）	< 18	18~28	28~40	> 40	
混合型（低层＋高层）	综合容积率	<0.6	0.6~1.2	1.2~3.5	> 3.5	
	建筑密度（%）	< 10	10~20	20~40	> 40	

②判定结果

根据表 4 所示判定标准进行判别：判定为建设强度低效类型的共有 81 个地块，面积共计 4.02 平方千米；判定为建设强度过度类型的共有 258 个地块，面积共计 1.56 平方千米。具体判定结果如表 5 所示。

（3）利用效益

居住用地利用效益指标为人口密度。

表5　居住用地建设强度判定结果

单位：个，平方千米

指标	低效		中度		集约		过度	
	数量	面积	数量	面积	数量	面积	数量	面积
单项指标判定结果								
综合容积率评价结果	94	4.30	257	9.13	1089	56.06	314	2.95
建筑密度评价结果	58	3.04	297	20.54	778	40.90	621	7.96
综合指标判定结果								
建设强度	81	4.02	85	4.45	1330	62.41	258	1.56

①判定标准

依据相关文件与指标现状值的分布，确定居住用地利用效益的判定标准，具体数值如表6所示。

表6　居住用地利用效益评价指标判定标准

指标	低效	中度	集约	依据
人口密度（人／公顷）	< 132	132~277	> 277	低效标准：现状值后 20% 集约标准：《城市用地分类与规划建设用地标准》

②判定结果

根据表6所示判定标准进行判别，判定为低效类型的共有 274 个地块，面积共计 12.41 平方千米。具体判定结果如表7所示。

表7　居住用地利用效益判定结果

单位：个，平方千米

指标	低效		中度		集约	
	数量	面积	数量	面积	数量	面积
人口密度	274	12.41	402	21.25	1078	38.78

3. 土地集约利用状况评价结果

基于建设强度和利用效益两项准则，对于建设强度过大的直接判定为过度利用型，对于建设强度和利用效益均为低效用地类型，根据开发强度优先判定为开发强度低效型，利用效益低效的无论建设强度是否集约都判定为利用效益低效型，具体判别矩阵如表 8 所示。

表 8　集约利用状况判别矩阵

利用效益	建设强度				
	过度	集约	中度	低效	依据
集约	过度利用型	集约利用型	集约利用型	中度利用型	按指南表 3.7 确定标准
中度		集约利用型	中度利用型	开发强度低效型	
低效		利用效益低效型	利用效益低效型	开发强度低效型	

注：指南为《城市建设用地节约集约利用详细评价技术指南（试行）》。

评价结果如下。

总体来看，居住用地节约集约利用态势明显，如图 5 所示：集约利用型和中度利用型居住用地面积占居住用地总面积的 71.04%；低效用地面积占居住用地总面积 27.06%，以用途配置低效型和利用效益低效型为主，其中用途配置低效型的地块主要分为城中村、小区、临时工棚三种类型。从空间分布上看，如图 6 所示，集约居住用地主要集中在梁溪区，其次是新吴区，以上两区集约居住用地面积占集约居住用地总面积的 52.69%。用途配置低效型用地主要是分布在城中村较多的区域，比如梁溪、惠山；利用效益低效型用地主要是在建或近期交付的小区，人口密度较低。

（二）商服用地

1. 评价指标选取

商服用地评价指标选取侧重于规划符合度、建设强度、利用效益三个方面。具体指标体系见表 9。

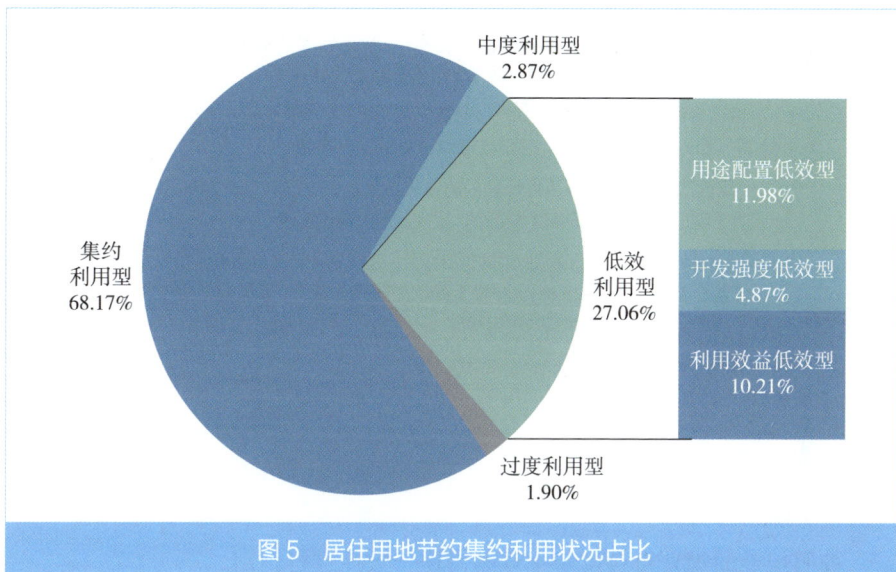

图 5　居住用地节约集约利用状况占比

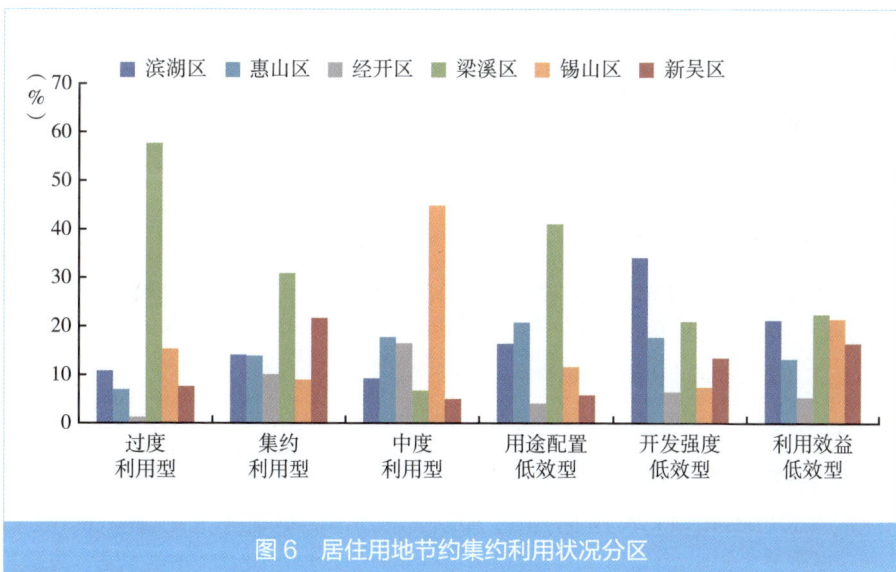

图 6　居住用地节约集约利用状况分区

表 9　商服用地评价指标选取

准则层	指标层（代码）	指标含义与计算公式	计量单位
规划符合度	规划用途一致性（C1）	商服用地地块的现状土地用途与规划用途的一致性，反映按照规划可改造用地情况	—
建设强度	综合容积率（C3）	商服用地地块内的建筑总面积（万平方米）/地块面积（公顷），反映土地的建设强度	—
建设强度	建筑密度（C4）	商服用地地块内的建筑基底面积（万平方米）/地块面积（公顷），反映土地的建设强度	%
利用效益	商业物业出租（营业）率（C5）	商服用地地块内已出租（营业）商业物业面积（万平方米）/总竣工面积（万平方米），反映商业物业的有效利用程度	%
利用效益	租金（C6）	商服用地地块市场租金	元/（米² · 天）

2. 指标值评价结果

（1）规划符合度

商服用地的规划符合度基于规划用途一致性进行判别。

①判定标准

判定标准详见表 10。

表 10　商服用地规划用途一致性主要判定标准

批量处理主要判定标准		
序号	具体情况	判定结果
1	规划用途与现状用途完全相同	一致
2	符合《江苏省控制性详细规划编制导则（2012 年修订版）》表 4.2 允许兼容情况和不跨大类的有条件兼容情况以及结合实际用地审批过程中其他特殊兼容情况	一致
3	其他规划用途与现状用途完全不相同的情况	不一致
特殊情况主要判定标准		
1	规划为居住用地的建成小区地块中小比例配套商业视为符合规划	
2	规划为绿地与广场用地且现状为公园，其中不影响生态环境的小比例配套商业服务用地视为符合规划	

②判定结果

根据表 10 所示判定标准进行判别，判定为用途配置低效型的共有 581 个地块，面积共计 3.02 平方千米，占比为 16.67%。具体判定结果如表 11 所示。

表 11　商服用地规划用途一致性判定情况

单位：个，平方千米，%

判定结果	数量	面积	占商服用地面积比	主要冲突类型
一致	1083	15.10	83.33	—
不一致（用途配置低效型）	581	3.02	16.67	规划为居住、绿地、路政设施等现状为旅馆或商务用地等，规划为零售用地
合计	1664	18.12	100.00	

（2）建设强度

剔除用途配置低效型用地，基于综合容积率和建筑密度两项指标进行判别。

①判定标准

根据有关技术标准、规定与指标现状值的分布，分类确定商服用地建设强度的判定标准，具体数值如表 12 所示。

表 12　商服用地建设强度评价指标判定标准

建筑类型	指标	低效	中度	集约	过度	依据
多层	综合容积率	< 0.4	0.4~0.7	0.7~4.0	> 4.0	低效标准：低层现状值后 20% 集约上限：《江苏省城市规划管理技术规定》（2011） 集约下限：2018~2019 年无锡市主要多层纯商服用地中出让容积率条件最低标准
	建筑密度（%）	< 32	32~40	40~60	> 60	低效标准：低层现状值后 20% 集约上限：《江苏省城市规划管理技术规定》（2011） 集约下限：2018~2019 年无锡市主要多层纯商服用地中出让建筑密度条件最低标准

续表

建筑类型	指标	低效	中度	集约	过度	依据
高层	综合容积率	< 2.9	2.9~3.2	3.2~6.5	> 6.5	集约上限:《江苏省城市规划管理技术规定》（2011）。因样本较少，其余临界值根据低层值等额增加
	建筑密度（%）	< 27	27~35	35~55	> 55	集约上限:《江苏省城市规划管理技术规定》（2011）。因样本较少，其余临界值根据低层值等额减少
混合型（高层＋多层）	综合容积率	< 0.4	0.4~4	4~6.5	> 6.5	混合型低效标准：取各类低效下限集约标准：取各类区间上限为对应的区间范围
	建筑密度（%）	< 27	27~55	55~60	> 60	

②判定结果

根据表 12 所示判定标准进行判别：判定为建设强度低效类型的共有 140 个地块，面积共计 3.43 平方千米；判定为建设强度过度类型的共有 69 个地块，面积共计 0.22 平方千米。具体判定结果如表 13 所示。

表 13　商服用地建设强度判定结果

单位：个，平方千米

指标	低效		中度		集约		过度	
	数量	面积	数量	面积	数量	面积	数量	面积
单项指标判定结果								
综合容积率评价结果	95	1.77	219	6.36	687	6.62	82	0.35
建筑密度评价结果	137	3.82	226	4.80	247	4.15	473	2.33
综合指标判定结果								
建设强度	140	3.43	121	3.84	753	7.61	69	0.22

（3）利用效益

①判定标准

商服用地的利用效益通过人工判读判定，实地人气较高的商业、批发市场等视为集约，实地在建、完全或大面积停业、烂尾项目视为低效。

②判定结果

经判别，判定为利用效益低效类型的共有 53 个地块，面积共计 2.10 平方千米。具体判定结果如表 14 所示。

表 14　商服用地利用效益判定结果

单位：个，平方千米

商服用地	低效		中度		集约	
	数量	面积	数量	面积	数量	面积
	53	2.10	989	11.32	41	1.68

3. 土地集约利用状况评价结果

基于建设强度和利用效益两项准则，对于建设强度过度的直接判定为过度利用型，对于建设强度和利用效益均为低效用地类型，根据开发强度优先判定为开发强度低效型，利用效益低效的无论建设强度是否集约都判定为利用效益低效型。具体结果见图 7、图 8。

评价结果如下。

总体来看，商服用地整体呈集约利用态势，集约利用型和中度利用型用地面积占参评商服用地总面积的 59.88%。低效利用型用地面积占参评商服用地总面积的 38.91%。低效商服用地以用途配置低效型和开发强度低效型为主，主要分布在梁溪区、锡山区，其中：梁溪区位于市中心，商业建筑建成较早，部分用地不符合现行规划用途，因此存在用途配置低效型用地；锡山区低效用地主要是居住小区的商业配套，在评价时点小区正在开发建设，配套商业设施还没有建设完备，因此存在开发强度低效型用地。

（三）工业用地

1. 评价指标选取

工业用地评价指标选取围绕评价目标，侧重于规划符合度、建设强度、利用效益三个方面。具体指标体系见表 15。

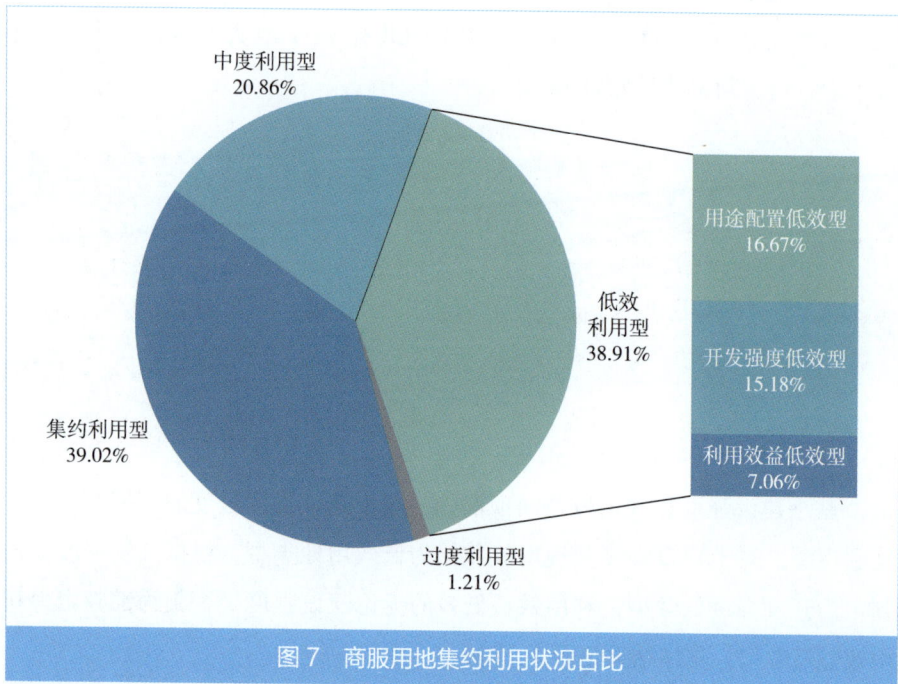

图 7　商服用地集约利用状况占比

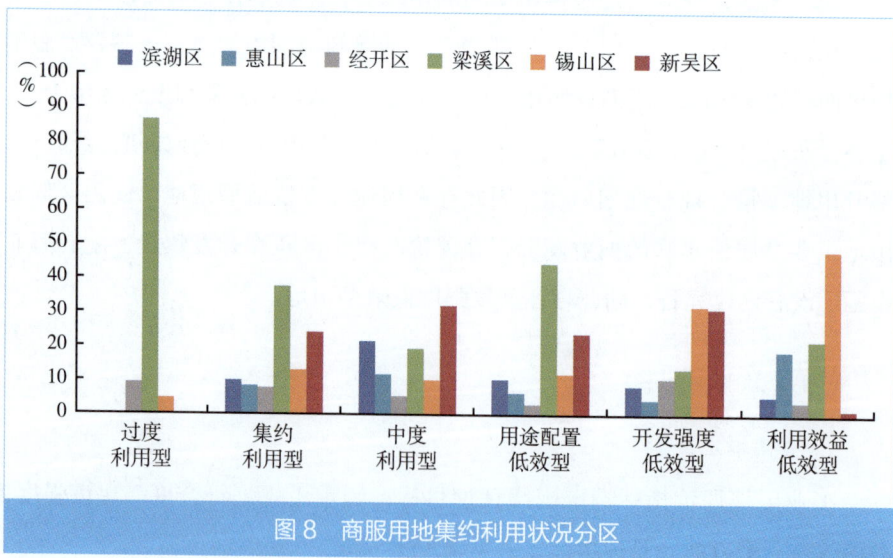

图 8　商服用地集约利用状况分区

表 15　工业用地评价指标选取

准则层	指标层（代码）	指标含义与计算公式	计量单位
规划符合度	规划用途一致性（I1）	工业用地评价单元的现状土地用途与规划用途的一致性，反映按照规划可改造用地情况	—
	产业导向符合性（I2）	工业用地评价单元内的现状产业类型与规划产业主导类型的一致性，反映工业用地按规划转型升级情况	—
建设强度	工业容积率（I3）	工业用地评价单元内的建筑总面积（万平方米）/评价单元面积（公顷），反映土地的建设强度	—
	建筑密度（I4）	工业用地评价单元内的建筑基底面积（万平方米）/评价单元面积（公顷），反映土地的建设强度	%
利用效益	地均工业产值（I5）	工业用地评价单元内的工业（物流）企业总产值（万元）/评价单元面积（公顷），反映土地的产出效益	万元/公顷
	地均税收（I6）	工业用地评价单元内的工业（物流）企业税收总额（万元）/评价单元面积（公顷），反映土地的产出效益	万元/公顷

2. 指标值评价结果

（1）规划符合度

工业用地的规划符合度基于规划用途一致性和产业导向符合性进行判别。

①判定标准

工业用地规划用途一致性判定标准如表 16 所示。

表 16　工业用地规划用途一致性主要判定标准

批量处理主要判定标准		
序号	具体情况	判定结果
1	规划用途与现状用途完全相同	一致
2	符合《江苏省控制性详细规划编制导则（2012 年修订版）》表 4.2 允许兼容情况和不跨大类的有条件兼容情况和结合实际用地审批过程中其他特殊兼容情况	一致
3	符合《无锡市产业用地控制线划定》初步成果中一级、二级线的用地	一致
4	其他规划用途与现状用途完全不相同的情况	不一致

产业导向符合性根据三类工业用地确定。三类工业用地的判定标准，按照以下主导行业划分：石油加工、炼焦及核心燃料加工业、化学原料及化学制品制造业、黑色金属冶炼及压延加工业、有色金属冶炼及压延加工业、石油和天然气开采业、黑色金属矿采选业、有色金属矿采选业、非金属矿采选业、煤炭开采和洗选业、其他采矿业等。

将规划用途不一致或产业不符合的，直接纳入低效利用类型，统一归为用途配置低效型。具体判别矩阵如表 17 所示。

表 17　工业用地规划符合度的参考判别矩阵		
规划用途一致性	产业导向符合性	
	符合	不符合
一致	—	用途配置低效型
不一致	用途配置低效型	用途配置低效型

②判定结果

工业用地规划用途一致性判定结果如表 18 所示。

表 18　工业用地规划用途一致性判定情况			
类型	数量（个）	面积（平方千米）	占工业用地面积比例（%）
一致	2558	53.94	80.93
不一致	921	12.71	19.07

工业用地产业导向符合性判定结果如表 19 所示。

表 19　工业用地产业导向符合性判定情况			
类型	数量（个）	面积（平方千米）	占工业用地面积比例（%）
符合	3288	63.22	94.85
不符合	191	3.43	5.15

根据表 18 所示判别矩阵进行判别，现状与规划不一致，判定为用途配置低效型的共有 975 个地块，面积共计 13.67 平方千米，占比为 20.51%。具体判定结果如表 20 所示。

表 20　工业用地规划符合度判定结果

单位：个，平方千米，%

判定结果	数量	面积	占工业用地面积比例	主要冲突类型
一致	2504	52.98	79.49	—
不一致（用途配置低效型）	975	13.67	20.51	①规划为居住（商住）、商业、绿地、路政设施等 ②现状为三类，规划为一、二类
合计	3479	66.65	100	

（2）建设强度

剔除用途配置低效型用地，基于综合容积率和建筑密度两项指标进行判别。

①判定标准

依据相关技术标准与规定，分类确定工业用地建设强度的判定标准，具体数值如表 21 所示。

表 21　工业用地建设强度评价指标判定标准

建筑类型	指标	低效	中度	集约	过度	依据
低层	综合容积率	< 0.5	0.5~1.0	1.0~1.5	> 1.5	低效标准：《城市建设用地节约集约利用详细评价技术指南（试行）》 集约上限：《江苏省城市规划管理技术规定》（2011） 集约下限：《江苏省城市规划管理技术规定》（2011）
	建筑密度（%）	< 30	30~45	45~60	> 60	低效标准：《城市建设用地节约集约利用详细评价技术指南（试行）》 集约上限：《江苏省城市规划管理技术规定》（2011） 集约下限：2018~2019 年无锡市主要限高 24 米的工业用地中出让建筑密度条件最低标准

续表

建筑类型	指标	低效	中度	集约	过度	依据
多层	综合容积率	< 0.5	0.5~1.2	1.2~2.5	> 2.5	低效标准:《城市建设用地节约集约利用详细评价技术指南（试行）》 集约上限:《江苏省城市规划管理技术规定》（2011） 集约下限:《江苏省城市规划管理技术规定》（2011）
	建筑密度（%）	< 30	30~35	35~50	> 50	集约上限:《江苏省城市规划管理技术规定》（2011） 低效标准:《城市建设用地节约集约利用详细评价技术指南（试行）》
混合型（低层＋多层）	综合容积率	< 0.5	0.5~1.0	1.0~2.5	> 2.5	混合型 低效标准:取各类低效下限 集约标准:取各类区间上限为对应的区间范围
	建筑密度（%）	< 30	30~50	50~60	> 60	

②判定结果

根据表21所示判定标准进行判别：判定为建设强度低效类型的共有365个地块，面积共计15.08平方千米；判定为建设强度过度类型的共有60个地块，面积共计0.41平方千米。具体判定结果如表22所示。

表22　工业用地建设强度判定结果

单位：个，平方千米

指标	低效		中度		集约		过度	
	数量	面积	数量	面积	数量	面积	数量	面积
单项指标判定结果								
综合容积率评价结果	338	14.50	1397	28.23	702	9.77	67	0.48
建筑密度评价结果	249	10.45	395	13.69	594	13.29	1266	15.55
综合指标判定结果								
建设强度	365	15.08	197	7.36	1882	30.13	60	0.41

（3）利用效益

①判定标准

依据指标现状值的分布，确定工业用地利用效益的单项指标判定标准，再通过判别矩阵确定综合指标判定标准。具体判定标准如表 23 所示。

表 23　工业用地利用效益评价指标判定标准				
单项指标判定标准				
指标	低效	中度	集约	依据
地均工业产值（万元 / 公顷）	< 85	85~4000	> 4000	低效标准：现状值后 20%
地均税收（万元 / 公顷）	< 5.9	5.9~227	> 227	集约标准：现状值前 1/4
综合指标判定标准				
地均税收	地均工业产值			依据
	集约	中度	低效	
集约	集约	集约	中度	按指南
中度	集约	中度	低效	表 3.6 确定标准
低效	中度	低效	低效	

注：指南为《城市建设用地节约集约利用详细评价技术指南（试行）》。

②判定结果

根据表 23 判定标准进行判别，判定为用地效益低效类型的共有 479 个地块，面积共计 10.16 平方千米（见表 24）。

表 24　工业用地利用效益判定结果						
					单位：个，平方千米	
指标	低效		中度		集约	
	数量	面积	数量	面积	数量	面积
单项指标判定结果						
地均工业产值	421	8.84	689	19.02	1394	25.12
地均税收	421	9.57	711	19.72	1372	23.69
综合指标判定结果						
用地效益	479	10.16	840	22.65	1185	20.17

3. 土地集约利用状况评价结果

基于建设强度和利用效益两项准则，对于建设强度过度的直接判定为过度利用型，对于建设强度和利用效益均为低效用地类型，根据开发强度优先判定为开发强度低效型，利用效益低效的无论建设强度是否集约都判定为利用效益低效型。详细结果见图9、图10。

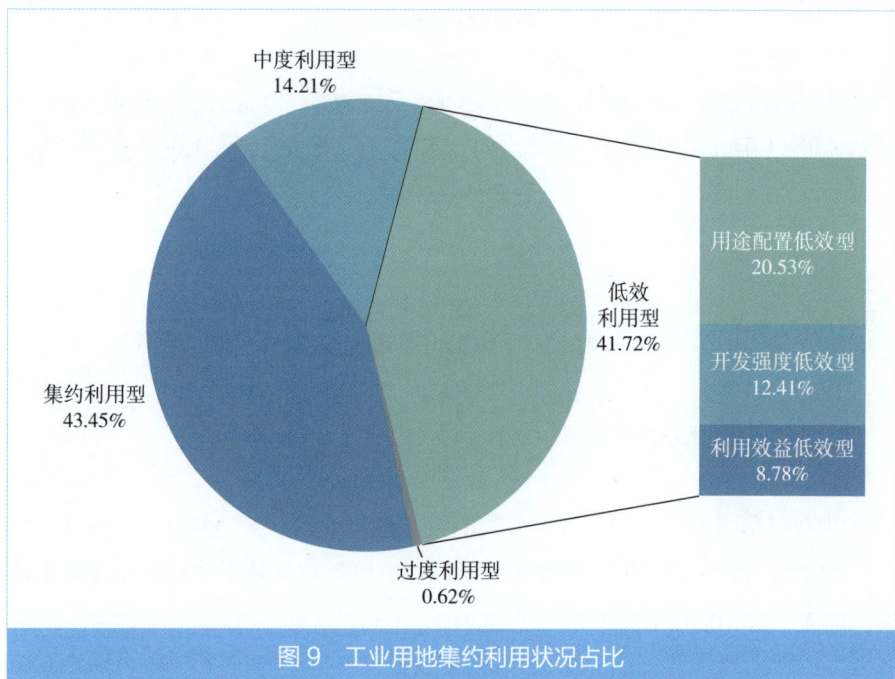

中度利用型
14.21%

低效
利用型
41.72%

集约利用型
43.45%

过度利用型
0.62%

用途配置低效型
20.53%

开发强度低效型
12.41%

利用效益低效型
8.78%

图9 工业用地集约利用状况占比

评价结果如下。

总体来看，工业用地集约利用水平还存在提升空间，集约利用型和中度利用型占参评的工业用地总面积的57.66%；低效利用型工业用地占比为41.72%，从低效类型看，开发强度低效型、利用效益低效型用地占比相对较低，说明无锡工业用地开发强度、利用效益相对理想，均能够达到中度和集约利用标准。从空间分布上看，低效工业用地主要为用途配置低效型，集中在新吴区，主要是由于新吴区工业用地总面积在参评区中占比最大，因此低

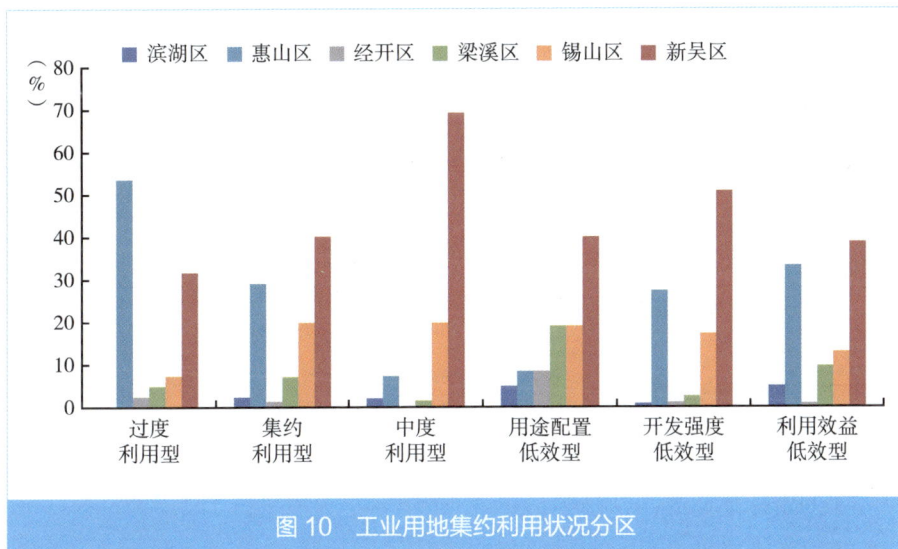

图 10　工业用地集约利用状况分区

效用地也相对较多。从园区内外工业用地比较来看，园区内工业用地集约利用水平较高，集约利用型和中度利用型用地面积占比达到 64.76%，比园区外集约比例高出近 13 个百分点；低效用地面积占比为 34.41%，比园区外低效比例低近 13 个百分点。同时，园区内工业生产功能集中，用途配置低效占比较低，在用地效益上也存在明显优势，但也面临开发建设强度不足问题。可见，随着未来工业用地向园区进一步集中，同时加强园区土地的集约开发利用，无锡工业用地集约水平有较大提升空间。

（四）教育用地

1. 评价指标选取

教育用地评价指标选取围绕评价目标，侧重于规划符合度、建设强度、利用效益三个方面。具体指标体系见表 25。

2. 指标值评价结果

（1）规划符合度

教育用地的规划符合度基于规划用途一致性进行判别。

表 25　教育用地评价指标选取

准则层	指标层（代码）	指标含义与计算公式	计量单位
规划符合度	规划用途一致性（E1）	教育用地地块的现状土地用途与规划用途的一致性，反映按照规划可改造用地情况	—
建设强度	综合容积率（E2）	教育用地地块内的建筑总面积（万平方米）/地块面积（公顷），反映土地的建设强度	—
建设强度	建筑密度（E3）	教育用地地块内的建筑基底面积（万平方米）/地块面积（公顷），反映土地的建设强度	%
利用效益	地均服务学生数（E4）	教育用地地块内的学生总数（人）/地块面积（公顷），反映土地的教育人口承载水平	人/公顷

①判定标准

判定标准详见表 26。

表 26　教育用地规划用途一致性主要判定标准

批量处理主要判定标准		
序号	具体情况	判定结果
1	规划用途与现状用途完全相同	一致
2	符合《江苏省控制性详细规划编制导则（2012 年修订版）》表 4.2 允许兼容情况以及不跨大类的有条件兼容情况	一致
3	中等院校与高等院校用途之间视为兼容	一致
4	其他规划用途与现状用途完全不相同的情况	不一致

②判定结果

依据表 26 所示判定标准进行判别，判定为用途配置低效型的共有 28 个地块，面积共计 0.36 平方千米，占比为 4.31%。具体判定结果如表 27 所示。

（2）建设强度

剔除用途配置低效型用地，基于综合容积率和建筑密度两项指标进行判别。

100

表 27　教育用地规划用途一致性判定情况

单位：个，平方千米，%

判定结果	数量	面积	占教育用地面积比例	主要冲突类型
一致	149	7.99	95.69	—
不一致（用途配置低效型）	28	0.36	4.31	规划为居住、商业以及教育用地小类间冲突
合计	177	8.35	100.00	

①判定标准

根据相关技术标准、规定及指标现状值的分布，分类确定教育用地建设强度评价的判定标准，具体数值如表 28 所示。

表 28　教育用地建设强度评价指标判定标准

类别	指标	低效	中度	集约	过度	依据
初等教育	综合容积率	—	<0.7	≥ 0.7	—	集约标准：《江苏省建设用地指标（2018 年版）》参考《广州市独立用地社区公共服务设施控制性详细规划管理规定》，中小学用地容积率可不设上限
	建筑密度（%）	—	<26	≥ 26	—	集约标准：现状前 1/4
中等教育	综合容积率	—	<0.7	≥ 0.7	—	集约标准：《江苏省建设用地指标（2018 年版）》参考《广州市独立用地社区公共服务设施控制性详细规划管理规定》，中小学用地容积率可不设上限
	建筑密度（%）	—	<30	≥ 30	—	集约标准：现状前 1/4
高等教育	综合容积率	—	<0.8	0.8~1.0	>1.0	集约标准：《普通高等学校基本办学条件指标合格标准》（教发〔2004〕2 号）、《普通高等学校建筑面积指标》（报批稿）
	建筑密度（%）	—	<20	20~25	>25	集约标准：《普通高等学校建筑面积指标》（报批稿）
特殊教育	综合容积率	—	<0.7	≥ 0.7		标准值参考中等教育
	建筑密度（%）	—	<30	≥ 30		

备注：教育用地属于划拨用地，除在建或未投入使用的学校，理论上均应为集约，因此不设置低效标准。若一定设置低效，则以最差情况为临界值。

②判定结果

依据表 28 所示判定标准进行判别，判定为建设强度过度类型的共有 2 个地块，面积共计 0.06 平方千米；无建设强度低效用地。判定结果如表 29 所示。

表 29　教育用地建设强度判定结果

单位：个、平方千米

指标	低效		中度		集约		过度	
	数量	面积	数量	面积	数量	面积	数量	面积
单项指标判定结果								
综合容积率评价结果	0	0.00	103	6.62	41	1.21	5	0.16
建筑密度评价结果	0	0.00	110	7.00	31	0.81	8	0.18
综合指标判定结果								
建设强度	0	0.00	88	6.32	59	1.61	2	0.06

（3）利用效益

①判定标准

根据有关文件，分类确定教育用地利用效益的判定标准。具体数值如表 30 所示。

表 30　教育用地利用效益评价指标判定标准

单位：个，人/米^2

类别	班级数	低效	中度	集约	依据
初等教育	≤ 20	—	<353	≥ 353	集约标准：《江苏省建设用地指标（2018 年版）》－初等教育用地指标－人均校园用地总指标－班级数≤ 20－一般标准，取反
	>20	—	<381	≥ 381	集约标准：《江苏省建设用地指标（2018 年版）》－初等教育用地指标－人均校园用地总指标－班级数>20－一般标准，取反

类别	班级数	低效	中度	集约	依据
中等教育（初中）	≤20	—	<276	≥276	集约标准:《江苏省建设用地指标（2018 年版）》－中等教育（初中）用地指标－人均校园用地总指标－班级数≤20－一般标准，取反
	20~30（含）	—	<289	≥289	集约标准:《江苏省建设用地指标（2018 年版）》－中等教育（初中）用地指标－人均校园用地总指标－班级数 20~30－一般标准，取反
	>30		<295	≥295	集约标准:《江苏省建设用地指标（2018 年版）》－中等教育（初中）用地指标－人均校园用地总指标－班级数 >30－一般标准，取反
中等教育（高中）	≤20		<296	≥296	集约标准:《江苏省建设用地指标（2018 年版）》－中等教育（高中）用地指标－人均校园用地总指标－班级数≤20－一般标准，取反
	20~30（含）		<303	≥303	集约标准:《江苏省建设用地指标（2018 年版）》－中等教育（高中）用地指标－人均校园用地总指标－班级数 20~30－一般标准，取反
	30~40（含）		<310	≥310	集约标准:《江苏省建设用地指标（2018 年版）》－中等教育（高中）用地指标－人均校园用地总指标－班级数≤30~40－一般标准，取反
	>40		<316	≥316	集约标准:《江苏省建设用地指标（2018 年版）》－中等教育（高中）用地指标－人均校园用地总指标－班级数 >40－一般标准，取反

续表

类别	班级数	低效	中度	集约	依据
中等教育（中职）	≤20	—	<232	≥232	集约标准:《江苏省建设用地指标（2018年版）》－中等教育（中职）用地指标－人均校园用地总指标－班级数≤20－一般标准，取反
	20~40（含）		<249	≥249	集约标准:《江苏省建设用地指标（2018年版）》－中等教育（中职）用地指标－人均校园用地总指标－班级数20~40－一般标准，取反
	>40	—	<267	≥267	集约标准:《江苏省建设用地指标（2018年版）》－中等教育（中职）用地指标－人均校园用地总指标－班级数>40－一般标准，取反
高等教育	—	—	<179	≥179	根据《江苏省教育系统建设用地指标》进行测算
特殊教育			<283	≥283	标准值参考中等教育均值

②判定结果

依据表30所示判定标准进行判别，判定为利用效益低效类型的共有4个地块，面积共计0.20平方千米。具体判定结果如表31所示。

表31　教育用地利用效益判定结果

单位：个，平方千米

指标	低效		中度		集约	
	数量	面积	数量	面积	数量	面积
地均学生数	4	0.20	36	3.07	109	4.72

3. 土地节约集约利用状况评价结果

基于建设强度和利用效益两项准则，对于建设强度过度的直接判定为过度利用型，对于建设强度和利用效益均为低效用地类型，根据开发强度优先判定为开发强度低效型，利用效益低效的无论建设强度是否集约都判定为利用效益低效型。具体结果见图 11、图 12。

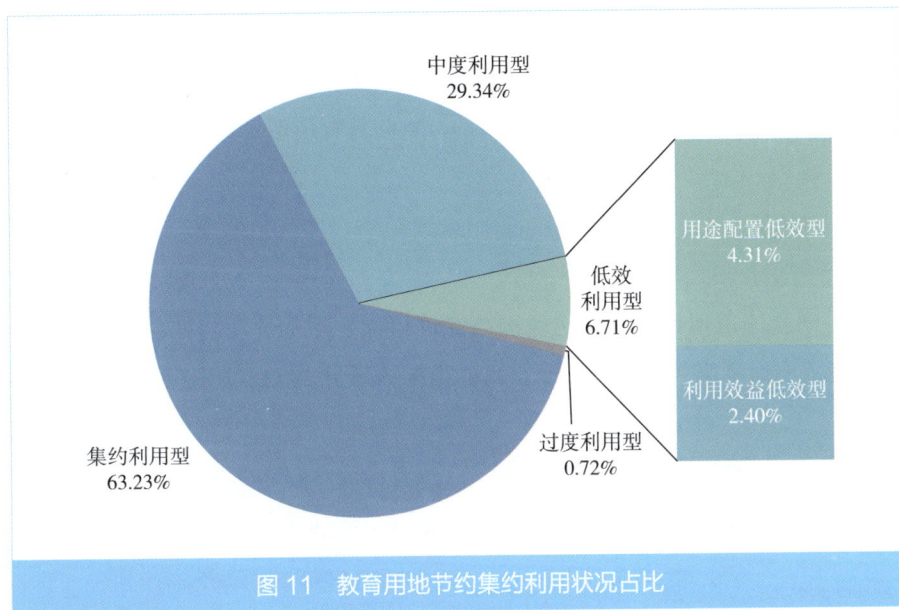

图 11　教育用地节约集约利用状况占比

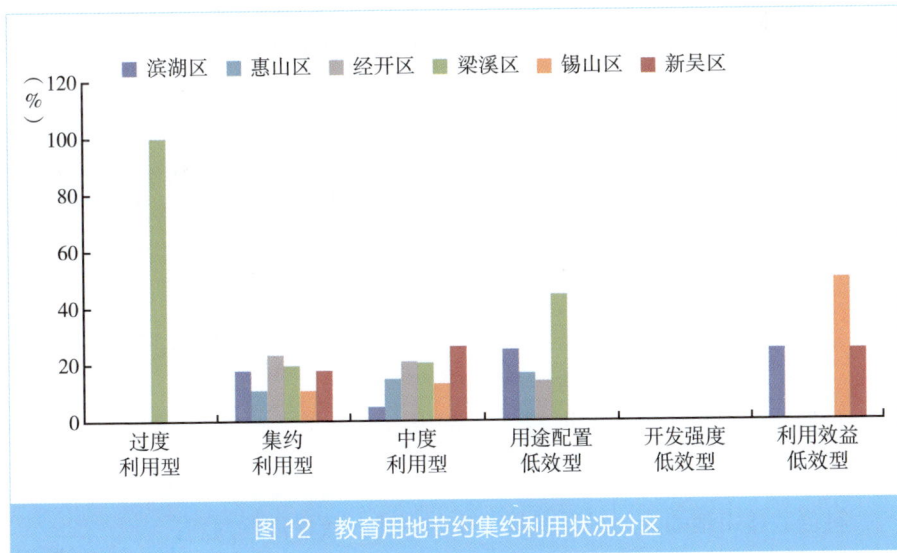

图 12　教育用地节约集约利用状况分区

评价结果如下。

总体来看，评价对象范围内教育用地节约集约利用水平较高，教育用地的空间配置较为均衡。集约用地面积占教育用地总面积的一半以上，低效教育用地全部为用途配置低效型和利用效益低效型，两类低效用地面积仅占教育用地总面积的 6.71%。从空间分布上看，集约教育用地分布较均衡，主要分布在梁溪、经开、滨湖、新吴四区，占集约教育用地总面积的 78.4%。

（五）科创载体用地

1. 评价指标选取

科创载体用地评价指标选取围绕评价目标，侧重于规划符合性、土地建设强度、土地利用效益三个方面。具体指标体系见表 32。

表 32　科创载体用地评价指标选取

准则层	指标层（代码）	指标含义与计算公式	计量单位
规划符合度	规划用途一致性（X1）	其他用地评价单元的现状土地用途与规划用途的一致性，反映按照规划可改造情况	—
建设强度	综合容积率（X2）	其他用地评价单元内的建筑总面积（万平方米）/评价单元面积（公顷），反映土地的建设强度	—
	建筑密度（X3）	其他用地评价单元内的建筑基底面积（万平方米）/评价单元面积（公顷），反映土地的建设强度	%
利用效益	空置率（X4）	科创载体用地评价单元空置物业面积（万平方米）/地块面积（万平方米），反映科创载体用地的有效利用程度	%
	地均税收（X5）	科创载体用地评价单元内的企业税收总额（万元）/评价单元面积（公顷），反映土地的产出效益	万元/公顷

2. 指标值评价结果

科创载体参与评价地块共 37 个，面积为 0.90 平方千米。

（1）规划符合度

科创载体用地的规划符合度基于规划用途一致性进行判别。

①判定标准

判定标准详见表 33。

表 33 科创载体用地规划用途一致性主要判定标准		
批量处理主要判定标准		
序号	具体情况	判定结果
1	规划用途与现状用途完全相同	一致
2	符合《江苏省控制性详细规划编制导则（2012 年修订版）》表 4.2 允许兼容情况以及不跨大类的有条件兼容情况	一致
3	其他规划用途与现状用途完全不相同的情况	不一致

②判定结果

依据表 33 所示判定标准进行判别，判定为用途配置低效型的仅有 1 个地块，面积为 0.02 平方千米，占参评用地面积的 2.22%。具体判定结果如表 34 所示。

表 34 科创载体用地规划用途一致性判定情况				
			单位：个，平方千米，%	
判定结果	数量	面积	占参评科创载体用地面积比	主要冲突类型
一致	36	0.88	97.78	—
不一致（用途配置低效型）	1	0.02	2.22	规划为商服用地
合计	37	0.90	100.00	

（2）建设强度

剔除用途配置低效型用地，基于综合容积率和建筑密度两项指标进行判别。

①判定标准

根据有关文件、技术规定与指标现状值的分布，分类确定科创载体用地建设强度判定标准，具体数值如表 35 所示。

表35　科创载体用地建设强度评价指标判定标准

类别	指标	低效	中度	集约	过度	依据
多层	综合容积率	< 0.8	0.8~1.0	1.0~3	> 3	低效标准：《江苏省科研机构建设用地指标》集约上限：《江苏省城市规划管理技术规定》（2011）集约下限：2011~2019年科研设计用地限高35米以下地块中出让容积率条件最低标准
	建筑密度（%）	< 10	10~45	45~55	> 55	低效标准：现状值后20%集约标准：2011~2019年科研设计用地限高35米以下地块中出让建筑密度条件最低标准
高层	综合容积率	< 0.8	0.8~3	3~6	> 6	低效标准：《江苏省科研机构建设用地指标》集约标准：《江苏省城市规划管理技术规定》（2011）
	建筑密度（%）	< 25	25~40	40~50	> 50	低效标准：现状值后20%集约标准：上限为《江苏省城市规划管理技术规定》（2011）集约标准：下限为2011~2019年科研设计用地高层及鼓励高层地块中出让建筑密度条件最低标准
混合型（低层+高层）	综合容积率	< 0.8	0.8~3	3~6	> 6	低效标准：取各类低效下限为对应的区间范围
	建筑密度（%）	< 10	10~50	50~55	> 55	集约标准：取各类区间上限为对应的区间范围

②判定结果

依据表35所示判定标准进行判别，判定为建设强度低效类型的共有6个地块，面积共计0.16平方千米；无建设强度过度用地。判定结果如表36所示。

表36　科创载体用地建设强度判定结果

单位：个，平方千米

指标	低效		中度		集约		过度	
	数量	面积	数量	面积	数量	面积	数量	面积
单项指标判定结果								
综合容积率评价结果	9	0.18	9	0.41	19	0.31	0	0.00
建筑密度评价结果	2	0.03	22	0.76	9	0.09	4	0.02
综合指标判定结果								
建设强度	6	0.16	11	0.42	20	0.32	0	0.00

（3）利用效益

①判定标准

依据指标现状值的分布，确定科创载体用地利用效益的单项指标判定标准，再通过判别矩阵确定综合指标判定标准。具体判定标准如表 37 所示。

表 37　科创载体用地利用效益评价指标判定标准				
单项指标判定标准				
指标	低效	中度	集约	依据
空置率（％）	＞ 80	25~80	＜ 25	
地均税收（万元/公顷）	＜ 14	14~1732	＞ 1732	低效标准：现状值后 20%　集约标准：现状值前 1/4
综合指标判定标准				
空置率/地均税收	集约	中度	低效	依据
集约	集约	集约	中度	参考指南
中度	集约	中度	低效	
低效	中度	低效	低效	

注：参考指南为《城市建设用地节约集约利用详细评价技术指南（试行）》。

②判定结果

依据表 37 所示判定标准进行判别，判定为利用效益低效类型的共有 6 个地块，面积共计 0.09 平方千米。具体判定结果如表 38 所示。

表 38　科创载体用地利用效益判定结果						
					单位：个，平方千米	
指标	低效		中度		集约	
	数量	面积	数量	面积	数量	面积
单项指标判定结果						
空置率	5	0.06	5	0.15	27	0.69
地均税收	8	0.13	15	0.37	14	0.40
综合指标判定结果						
用地效益	6	0.09	6	0.16	25	0.65

3. 土地节约集约利用状况评价结果

基于建设强度和利用效益两项准则，对于建设强度过大的直接判定为过度利用型，对于建设强度和利用效益均为低效用地类型，根据开发强度优先判定为开发强度低效型，利用效益低效的无论建设强度是否集约都判定为利用效益低效型。具体结果见图13、图14。各类型集约利用状况见图15。

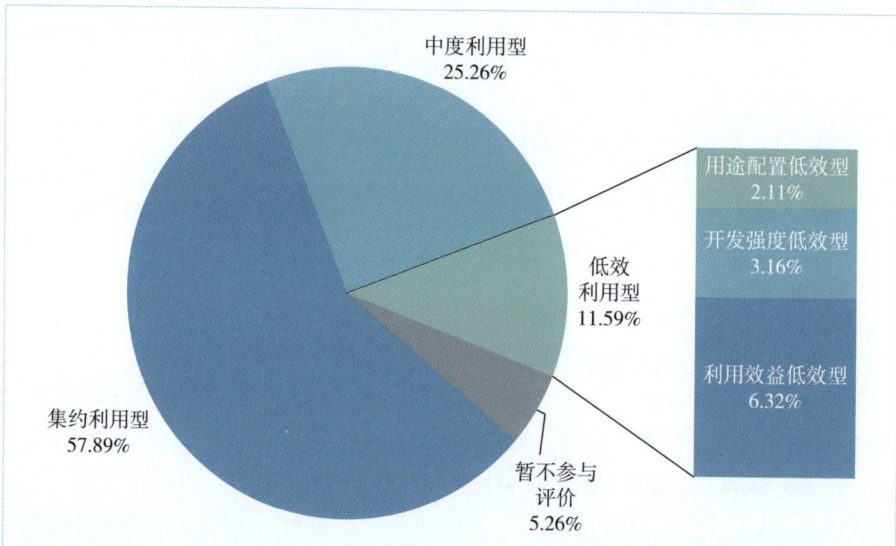

图 13　科创载体用地节约集约利用状况占比

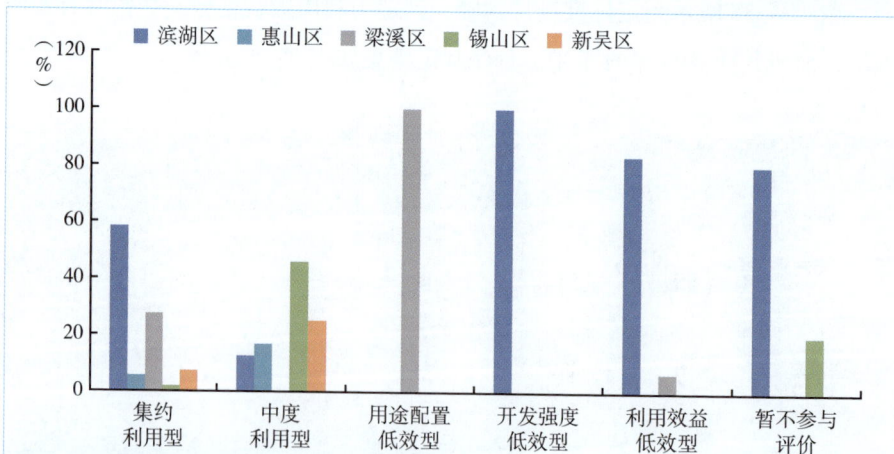

图 14　科创载体用地节约集约利用状况分区

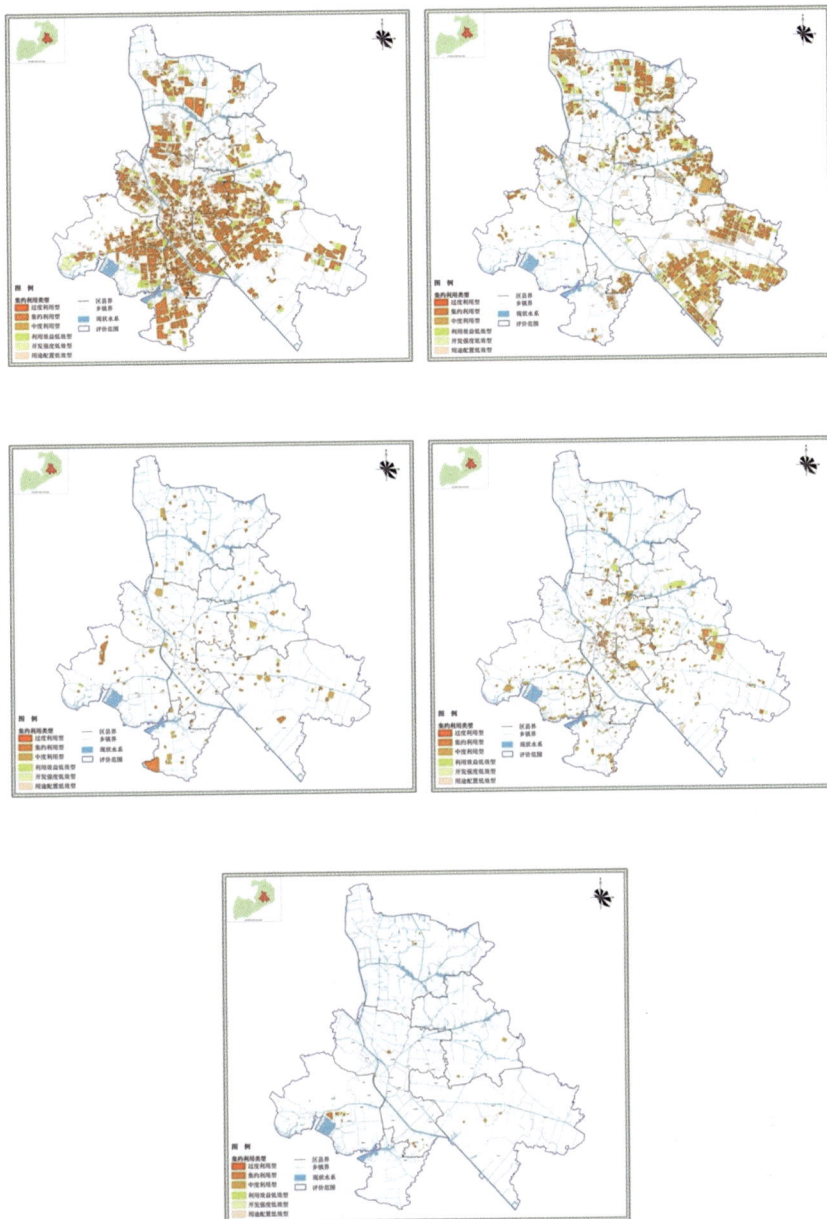

图 15　各类用地集约利用状况类型分布

评价结果如下。

总体来看，科创载体用地节约集约利用水平良好，集约利用型和中度利用型用地占参评的科创载体用地总面积的 83.15%，低效利用型用地仅占 11.59%。低效用地主要为利用效益低效型。从空间分布上看，滨湖区科创载体用地节约集约利用水平较高，其次为梁溪区。

三 潜力及挖潜收益测算

（一）存量改造用地土地收益潜力

1. 测算方法

（1）用途配置低效型用地

用途配置低效型用地按照土地收储再出让的方式进行土地收益潜力测算，测算思路为：估算可改造地块土地出让价格，扣减土地收储成本，计算地块改造后土地收益。按如下公式进行：

$$Ed = S \times (Jt - Ct)/10^8 \qquad (1)$$

式（1）中：

Ed——涉及地块的土地收益潜力，单位为亿元；

S——涉及地块的土地面积，单位为平方米；

Jt——涉及地块的单位面积土地出让金，单位为元/米^2；

Ct——涉及地块的单位面积收储成本，单位为元/米^2。

（2）开发强度低效型用地

开发强度低效型用地按照原土地使用权人自行加建扩建的方式进行土地收益潜力测算，此时土地收益潜力为原土地使用权人按照建筑面积所补缴的土地出让金（工业用地在满足规划用地性质的情况下，加建扩建以提升开发强度无须补缴土地出让金，故开发强度低效型工业用地土地收益潜力为零）。按如下公式进行：

$$Ed = S \times Jb \times (Rt - Rd) \times 10^{-8} \qquad (2)$$

式（2）中：

Ed——涉及地块的土地收益潜力，单位为亿元；

S——涉及地块土地面积，单位为平方米；

Jb——增加单位建筑面积补缴土地出让金，单位为元 / 米^2；

Rt——涉及地块规划允许容积率标准；

Rd——涉及地块现状容积率值。

2. 测算结果

依据上述公式（1）和公式（2），对所有存量改造地块，逐一测算土地收益潜力。通过计算，所有存量改造用地的土地收益潜力总和为 2231.19 亿元。存量居住用地存量改造面积较大，以用途配置低效的老旧小区、城中村为主，通过更新改造达到二类居住用地标准，出让价格高，故其收益潜力最高，为 1102.92 亿元，占比为 49.43%；工业用地存量改造面积最大，且大部分是用途配置低效型用地，一般经规划调整为居住、商住等用途，土地价格大幅提升，因此其土地收益潜力也较高，为 878.60 亿元，占总收益潜力的 39.38%。商服用地的收益潜力为 218.09 亿元，占比为 9.77%；教育和科创载体用地存量改造面积最小，且大多经规划调整为公共服务及商服用地，土地价格不高，因而其土地收益潜力最低，占比分别为 1.35% 和 0.07%。

分行政单元来看：梁溪区存量改造用地以居住、商服用地为主，且中心区土地出让价格高，故其土地收益潜力最大；惠山区、经开区存量改造用地规模较小，且存量改造用地中工业、居住用地占比较低，因此土地收益潜力较小。

（二）批而未供用地土地收益潜力

1. 测算方法

批而未供用地按照假设开发法进行土地收益测算，测算思路为：估算可改造地块土地出让价格，扣减土地收储成本，计算地块改造后土地收益。批而未供用地中，已具备供地条件的地块土地收储成本记为零，其中划拨核销地块土地出让价格也记为零。按如下公式计算：

$$Ed = S \times (Jt - Ct) / 10^8 \qquad (3)$$

式（3）中：

Ed——涉及地块的土地收益潜力，单位为亿元；

S——涉及地块的土地面积，单位为平方米；

Jt——涉及地块的单位面积土地出让金，单位为元 / 米^2；

Ct——涉及地块的单位面积收储成本，单位为元 / 米^2。

2. 测算结果

依据上述公式（3），针对所有批而未供潜力地块，逐一测算土地收益潜力。通过计算，批而未供用地的土地收益潜力共320.65亿元，其中已具备供地条件的地块土地收益潜力占比为45.73%，不具备供地条件的地块土地收益潜力占比为54.27%。分地区来看，锡山区土地收益潜力最大，占比达到34.05%。

（三）规划未利用地块土地收益潜力

1. 测算方法

规划未利用地块按照假设开发法进行土地收益测算，测算思路为：估算可改造地块土地出让价格，扣减土地收储成本，计算地块改造后土地收益。规划未利用地块中，现状为林地、水面，规划为绿地与广场用地的地块土地收储成本记为零。按如下公式计算：

$$Ed = S \times (Jt - Ct) / 10^8 \qquad (4)$$

式（4）中：

Ed——涉及地块的土地收益潜力，单位为亿元；

S——涉及地块的土地面积，单位为平方米；

Jt——涉及地块的单位面积土地出让金，单位为元 / 米 ^{2}；

Ct——涉及地块的单位面积收储成本，单位为元 / 米 ^{2}。

2. 测算结果

依据上述公式（4），针对所有规划未利用潜力地块，逐一测算土地收益潜力。通过计算，规划未利用地块的土地收益潜力共 225.9 亿元，其中农用地土地收益潜力占比为 86.65%，未利用地块土地收益潜力占比为 13.35%。分区来看，惠山区的规划未利用地块土地收益潜力最高。

（四）潜力测算汇总

评价地域范围内，所有可开发改造潜力用地共 68.16 平方千米，总共能够提供开发改造潜力共计 81.86 平方千米，土地收益潜力共计 2777.74 亿元。

从潜力用地类型上看：存量开发改造用地综合潜力规模最大，其开发改造潜力占总开发改造潜力的 63.56%，土地收益潜力占总收益潜力的 80.33%；批而未供用地和规划未利用地潜力规模相差不多，其中批而未供用地开发改造潜力占比为 17.69%，土地收益潜力占比为 11.54%；规划未利用地开发改造潜力占比为 18.74 %，土地收益潜力较低，占比为 8.13%。

从行政单元上看，新吴区的开发改造潜力最大，在开发改造潜力总量中占比为 32.34%，土地收益潜力也较高，可率先对区内集中连片的可开发改造用地进行改造。

四 小结

无锡市中心城区评价范围内现状建设用地整体集约利用水平较高，但仍有优化空间。无锡市评价对象范围面积为 176.35 平方千米，其中评价对象范围中整体集约利用型和中度利用型用地占比为 65.93%，低效利用型土地占比为 32.77%。评价对象中居住用地所占比例最大，达到 46.66%，其中低效利用型居住用地占居住用地总量的 27.06%；其次是工业用地，面积占总参评对象的 37.79%，其中低效利用型占工业用地总量的 41.72%；科创载体用地面积比例最小。

针对各类低效用地，应结合无锡市地方特点进行改造提升。针对低效利用型居住用地，锡山区、滨湖区、梁溪区存在规模比重较大的城中村和棚户区，应加快对其连片更新改造，以推进居住生活区功能转型。针对低效利用型工业用地，应稳步推进对产值小、同质化程度高、污染重的工业园区的清退整治工作，加快"退二优二""退二进三"升级转型步伐，促进无锡城区功能更新。针对低效利用型商服用地，其地块零碎，改造难度较大，可比照规划进行调整，减少区域内的商业同质化竞争，提升区域产业结构合理性。针对评价对象范围内的教育用地和科创载体用地在各区均相对集约，应合理配置教育资源，将服务半径存在重叠覆盖的教育用地调整为其他用途用地，同时，适当增加公园与绿地面积以提高人居环境质量。

无锡市中心城区建设用地集约利用应以内部挖潜为主。近几年主城区扩展呈现加速态势，同时主城区土地集约利用潜力没有充分发挥，存在一定比例可改造的存量土地。城市土地集约利用是城市发展的必然趋势，从优先挖潜对象上来看，无锡市建设用地土地利用率较高，后备建设用地空间较小，剩余未进行开发的土地主要为耕地和水域，开发的可能性不大，因此，未来的发展中应着眼于建设用地内部的挖潜，注重老城区的改造和边缘地区土地的再开发，提高土地利用的集约度与综合效益，走集约化发展之路。

详细评价的最终目的是锁定低效存量用地，实施精准盘活利用。无锡市深化成果应用，构建"锡地·存量资源智慧应用云平台"，并将详细评价成果数据库纳入存量资源数据库，通过"资源总览、盘活地图、智能选址、集约评价、盘活监管"五大核心功能，实现存量资源盘活的全链闭合管理，为存量盘活处置单元划定、盘活目标和计划制定、盘活成效监管提供有力支撑。

参考文献

薛东前、王传胜：《无锡城市用地扩展的时空特征与趋势分析》，《资源科学》

2003 年第 1 期。

汤君友、杨桂山:《基于 RS 与 GIS 的无锡市城镇建设用地扩展时空特征分析》，《长江流域资源与环境》2004 年第 5 期。

郑宇、刘彦随:《工业化城市化进程中土地利用类型转换驱动力研究——以无锡市为例》，《经济地理》2007 年第 5 期。

侍昊、薛建辉、马婉丽:《1991—2006 年无锡市土地利用变化动态度及转换参数分析》，《南京林业大学学报》（自然科学版）2012 年第 6 期。

田志强、沈春竹、卜心国:《经济发达地区土地利用总体规划实施评估研究——以江苏省无锡市为例》，《中国农学通报》2015 年第 14 期。

曹炳汝、汪逸群、周冲:《中国经济发达地区土地利用潜力评价——以无锡市惠山区为例》，《经济地理》2016 年第 12 期。

华文、彭补拙、张燕:《无锡市马山区城镇建设用地的经济价值评估》，《中国土地科学》2005 年第 6 期。

黄朝奎:《调节出一片新天地——江苏省无锡市锡山区创新节约集约用地模式的经验》，《国土资源通讯》2012 年第 16 期。

B.4
福建福州市仓山区 2019 年建设用地
节约集约利用状况详细评价报告

赵锦辉　林鹏浩　胡可可*

摘　要:　福州市仓山区积极落实开展建设用地节约集约利用状况详细评价，在仓山区城镇地籍宗地的基础上确定评价范围和评价单元，并量化分析其利用程度、利用效益、利用潜力。通过详细评价的开展，掌握福州市仓山区城市建设用地的空间布局与结构特点，分析建设用地利用过程中存在的问题，摸清城镇存量低效用地的开发潜力，进而指导城市建设用地节约集约高效利用的方向。

关键词:　建设用地　节约集约　福州市

一　区域概况

（一）评价范围

根据《自然资源部办公厅关于部署开展城市建设用地节约集约利用状况详细评价试点工作的通知》（自然资办函〔2019〕1421号），试点评价范围由城市人民政府确定，原则上为城市中心城区范围，也可以根据本地区实际将中心城区中工业用地比较集中的市辖区作为评价范围，但评价范围至少应涵

---

*　赵锦辉，福州市勘测院有限公司工程师，主要研究方向为土地调查、评价，地理信息系统；林鹏浩，福州市仓山区自然资源和规划局主任科员，主要研究方向为土地利用管理；胡可可，中国人民大学公共管理学院硕士研究生，主要研究方向为土地资源管理。

盖 1 个完整的市辖区。根据《福州市城市总体规划（2012—2020）》确定的中心城区范围，选择福州市仓山区行政区划范围作为本次试点评价范围。评价时点为 2018 年 12 月 31 日。

（二）福州市仓山区概况

仓山区位于北纬 25°15′~26°39′、东经 118°08′~120°31′，地处福州城区南部，辖整个南台岛，东西长 27.3 千米，南北宽 10.3 千米，区域面积 146.24 平方千米。仓山区四面临江，北隔闽江分别与鼓楼区、台江区、晋安区、马尾区隔江相望，东面与马尾港隔海相距 7.61 海里，南临乌龙江与闽侯县长乐区相连（见图 1）。2018 年，仓山区辖对湖、上渡、仓前、三叉街、下渡、临江、东升、金山共 8 个街道，建新、盖山、螺洲、城门、仓山共 5 个镇。全区共有 13 个乡级行政区，76 个社区、102 个村委会。

1. 自然资源情况

（1）土地利用情况

根据福建国土变更调查，仓山区耕地 449.24 公顷，园地 259.58 公顷，林地 816.82 公顷，城镇村及工矿用地 9003.98 公顷，交通运输用地 1136.56 公顷，

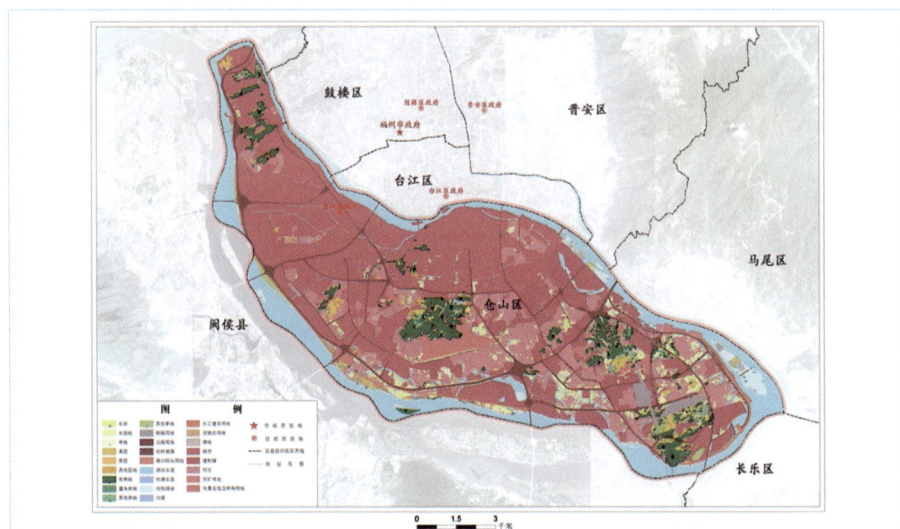

图 1　福州市仓山区土地利用现状

水域及水利设施用地 2726.75 公顷，其他土地 155.97 公顷。

（2）水资源情况

仓山区 2018 年平均降雨量为 1528.2 毫米，折合水量 2.17 亿立方米，比上一年增加 3%，比多年平均值高 3.5%。受气候影响，全区降水年内分布不均匀，4~9 月降水量约占全年降水量的 70%，最大连续 4 个月降水量约占全年降水量的 55%。地表水资源量为 0.82 亿立方米，比多年平均值少 33.3%，地下水资源量为 0.24 亿立方米。

（3）森林资源情况

2018 年，全区林地面积为 0.123 万公顷，森林面积为 0.12 万公顷，森林覆盖率为 8.16%。其中乔木林面积 0.115 万公顷，占 96.32%；非林地上片林面积 0.004 万公顷。活立木蓄积 7.924 万立方米，其中森林蓄积 7.583 万立方米，占 96.57%；疏林蓄积 0.072 万立方米，占 0.92%；散生木蓄积 0.139 万立方米，占 1.77%；非林地上片林 0.13 万立方米，占 1.66%。天然林面积 0.002 万公顷，其中乔木林面积 0.002 万公顷，占 100%。人工林面积 0.118 万公顷，其中乔木林面积 0.114 万公顷，占 96.61%；疏林地面积 0.004 万公顷，占 3.39%。

2. 经济和社会发展状况

（1）人口情况

2018 年，全区总户数 195795 户、户籍人口 599235 人，流动人口 453465 人。其中户籍人口比上年 575567 人增加 23668 人，净增率为 4.11%，平均每户约 3 人；流动人口比上年 440063 人增加 13402 人，同比上升 3.05%。人口年龄比例：0~17 岁人口为 139270 人，占 23.24%；18~34 岁人口为 127598 人，占 21.29%；35~59 岁人口为 223494 人，占 37.30%；60 岁及以上人口 108873 人，占 18.17%。男女比例为：男性 293339 人，占 48.95%；女性 305896 人，占 51.05%；男性比女性少 12557 人。自然变动全区出生人口为 10755 人，出生率为 18.31‰；死亡人口为 2802 人，死亡率为 4.77‰；人口自然增长 7953 人，人口自然增长率为 13.54‰。机械变动全区迁入 32765 人，比上年 31985 人增加 780 人，同比上升 2.44%；迁出 16967 人，比上年 16084 人增加 883 人，同比上升 5.49%。迁出少于迁入 15798 人，人口机械增长率为 26.89‰。

（2）经济总体情况

2018 年，仓山区全年实现地区生产总值 623.1 亿元，比上年增长 9.0%。其中：第一产业增加值 1.3 亿元，增长 0.4%；第二产业增加值 308.8 亿元，增长 8.5%；第三产业增加值 312.9 亿元，增长 9.6%。第一产业增加值占地区生产总值的比重为 0.2%，第二产业增加值比重为 49.6%，第三产业增加值比重为 50.2%。人均地区生产总值 75022 元，比上年增长 7.6%。

（3）工业与建筑业情况

全年全部工业增加值比上年增长 8.5%。规模以上工业增加值增长 8.5%。在规模以上工业中，分经济类型看，外商及港澳台商投资企业累计实现增加值可比增长 9.2%。分轻重工业看，轻工业增加值可比增长 6.2%，重工业增加值可比增长 12.2%。全年建筑业实现增加值 28.1 亿元，比上年增长 7.3%。全区具有资质等级的总承包和专业承包建筑业企业完成建筑业总产值 94.6 亿元，比上年增长 22.2%。全年工业投资比上年增长 23.4%；房地产开发投资 302.3 亿元，比上年下降 13.0%。房地产销售面积 258.7 万平方米，比上年增长 15.0%。年末商品房待售面积 11.4 万平方米，其中住宅待售面积 6.8 万平方米。

（4）商业情况

全年社会消费品零售总额 574.7 亿元，比上年增长 12.5%。根据消费品类型区分，石油及其制品类增长 79.6%，家用电器和音响器材类增长 52.1%，家具类增长 48.5%，服装鞋帽针纺织品类增长 23.4%，金银珠宝类增长 20.4%，日用品类增长 17.3%，粮油食品类增长 17.5%，汽车类增长 9.7%，化妆品类增长 -1.5%，体育、娱乐用品类增长 -44.0%，通信器材类零售额比上一年增长 -48.9%。全区年末个体商户 51080 个，个体从业人员 11.6 万人，分别增长 31.2%、27.3%。年末私营企业 4.3 万个，私营企业从业人员 23.5 万人，分别增长 22.8%、13.2%。

（5）教育情况

全年中等职业教育招生 15328 人，在校生 39369 人；普通高中招生 3980 人，在校生 11538 人；初中招生 9812 人，在校生 27125 人；普通小学招生 16110 人，在校生 80491 人。学前教育幼儿入园数为 18773 人，在园幼儿 44302 人。

二 城市建设用地集约利用状况评价

福州市仓山区城市建设用地集约利用状况评价对象选取当前最新关注节约集约的居住用地、商服用地、工业用地、教育用地、其他用地评价单元为评价对象，根据《城市建设用地节约集约利用详细评价技术指南（试行）》中详细评价对象用地分类对照表，将评价对象进行用地分类。未纳入商服用地、居住用地、工业用地、教育用地及其他用地评价对象的评价单元为未参与评价区，主要为城市道路与交通设施用地、广场用地、城市公园与绿地、文物古迹用地、旅游景点、大型市政公用设施用地，以及军事用地、农村居民点用地、河流水系、农林用地等，本类区域的评价单元暂不参与评价。

（一）居住用地

1. 节约集约利用状况评价指标

提取一类住宅用地、二类住宅用地、三类住宅用地作为居住用地评价的对象。福州市仓山区建设用地节约集约利用详细评价指标体系采用《城市建设用地节约集约利用详细评价技术指南（试行）》要求的所有必选指标和部分备选指标，评价指标体系见表1。

用地类型	准则层	指标层（代码）	指标含义与计算公式	计量单位	选择要求
居住用地	规划符合度	规划用途一致性（R1）	居住用地评价单元的现状土地用途与规划用途的一致性，反映按照规划可改造用地情况		必选
	建设强度	综合容积率（R2）	居住用地评价单元内的建筑总面积（万平方米）/评价单元面积（公顷），反映土地的建设强度		必选
		建筑密度（R3）	居住用地评价单元内的建筑基底面积（万平方米）/评价单元面积（公顷），反映土地的建设强度	%	必选
	利用效益	人口密度（R4）	居住用地评价单元内的居住人口（人）/评价单元面积（公顷），反映土地的人口承载能力	人/公顷	必选

表1　详细评价指标选取

2. 节约集约利用状况评价标准

（1）综合容积率和建筑密度判定

集约利用标准：参考《福州市城市规划管理技术规定（暂行）》中的居住用地容积率、建筑密度控制指标标准，详见表 2 所示居住用地地上容积率、建筑密度控制指标参考值。考虑土地集约利用要求以及国家对中心城区低层住宅用地建设的控制，结合仓山区居住用地建设强度实际情况综合分析，确定沿用"福州市中心城区建设用集约利用潜力评价"（评价时点为 2014 年 12 月，完成时间为 2017 年 5 月）的综合容积率集约利用标准值区间范围为 1.8~4.5，建筑密度集约利用标准区间范围为 28%~40%。

表 2 居住用地地上容积率、建筑密度控制指标参考值

单位：公顷，%

建筑类别	0.1 ≤ S < 0.2		0.2 ≤ S < 0.5		0.5 ≤ S < 1.0		1.0 ≤ S < 1.5		1.5 ≤ S < 2.0	
	FAR	D	FAR	D	FAR	D	FAR	D	FAR	D
低层	0.6	26	0.57	25	0.55	24	0.52	23	0.5	22
多层	2.2	36	2.1	34	2.0	32	1.9	30	1.8	28
中高层	2.9	36	2.8	34	2.7	32	2.6	30	2.5	28
高层			4.5	30	4.3	29	4.1	28	3.8	27

注：① FAR 为容积率，D 为建筑密度，S 为建设密度集约利用度；
②低层住宅建筑指层数是 1~3 层的住宅建筑，多层住宅建筑指层数为 4~6 层的住宅建筑，中高住宅建筑指层数为 7~9 层的住宅建筑，高层住宅建筑指层数等于或大于 10 层的住宅建筑。

低效利用标准：以国家管控要求为判定标准，根据国家《限制用地项目目录（2012 年本）》相关规定，居住用地容积率不得低于 1.0；参考《福州市城市规划管理技术规定（暂行）》中的居住用地建筑密度，确定低效利用标准为 0.22。

（2）人口密度判定

集约利用标准：依据《城市用地分类与规划建设用地标准》划分的建筑气候区，福州市的建筑气候区为Ⅲ级气候区，人口密度标准值建议区间

为 277~435 人 / 公顷，详见表 3 所示人口密度指标集约利用标准值建议。结合福州市仓山区参与评价单元人口密度的实际，采取人口密度指标值的前 1/4 位（指标值现状值从大到小排序），确定人口密度集约利用下限阈值为 724 人 / 公顷。

表 3　人口密度指标集约利用标准值建议

指标	建筑气候区划	
	Ⅰ、Ⅱ、Ⅵ、Ⅶ气候区	Ⅲ、Ⅳ、Ⅴ气候区
人均居住用地面积（米²/ 人）	28.0~38.0	23.0~36.0
人口密度（人 / 公顷）	263~357	277~435

低效利用标准：依据《城市用地分类与规划建设用地标准》中的人口密度指标，以集约利用标准值 277 人 / 公顷作为低效利用上限阈值。

（3）节约集约利用状况评价结果

居住用地主要分布于仓山区二环以内以及金山街道、建新镇，对比其他用地类型，居住用地集约利用情况最好。低效利用型土地主要为分布于建新镇、金山街道、城门镇内的 4 个用地面积较大的低密度住宅区。

居住用地的土地利用集约程度最高，评价为集约利用型与中度集约利用型的宗地数量、面积所占比重分别为 87.77% 和 91.76%，均为各个用地类型之首。

（二）商服用地

1. 节约集约利用状况评价指标

提取零售商服用地（B11）、批发市场用地（B12）、餐饮用地（B13）、旅馆用地（B14）等小类，以及商务用地（B2）、娱乐康体用地（B3）、公用设施营业网点用地（B4）及其他服务设施用地（B9）等中类作为商服用地评价的对象。商服用地评价指标见表 4。

表4　详细评价指标选取					
类型	准则层	指标层（代码）	指标含义与计算公式	计量单位	选择要求
商服用地	规划符合度	规划用途一致性（C1）	商服用地评价单元的现状土地用途与规划用途的一致性，反映按照规划可改造用地情况		必选
	建设强度	综合容积率（C3）	商服用地评价单元内的建筑总面积（万平方米）/评价单元面积（公顷），反映土地的建设强度		必选
		建筑密度（C4）	商服用地评价单元内的建筑基底面积（万平方米）/评价单元面积（公顷），反映土地的建设强度	%	必选
	利用效益	商业物业出租（营业）率（C5）	商服用地评价单元内已出租（营业）商业物业面积（万平方米）/总竣工面积（万平方米），反映商业物业的有效利用程度	%	必选
		地均税收（C6）	商服用地评价单元内的企业税收总额（万元）/评价单元面积（公顷），反映土地的产出效益	万元/公顷	必选

2. 节约集约利用状况评价标准

（1）综合容积率和建筑密度判定

集约利用标准：参考《福州市城市规划管理技术规定（暂行）》中的商服用地容积率、建筑密度控制指标标准，详见表5所示商服用地地上容积率、建筑密度控制指标参考值。将商服用地综合容积率分类设定，其中专业市场如汽车专业市场、农产品交易中心粮食批发市场、建材市场等的综合容积率集约利用标准值区间范围设定为 1.2~2.2，加油站、加气站等的综合容积率集约利用标准值区间范围设定为 0.2~0.5，其他类型的商服用地综合容积率集约利用标准区间范围设定为 2.2~6.5。加油站、加气站建设用地的建筑密度集约利用标准区间范围为 15%~30%，其他类型的商服用地建筑密度集约利用标准区间范围为 40%~80%。

低效利用标准：以建筑密度排名后 20% 的现状值设定，将商服用地综合容积率低效标准分类设定，其中专业市场如汽车专业市场、农产品交易中心粮食批发市场、建材市场等的综合容积率低效利用标准值设定为 0.5，加油站、加气站等的综合容积率低效利用标准值设定为 0.1，其他类型的商服用地综合容积率低效利用标准值设定为 1.1。加油站、加气站建设用地的建筑密度低效利用标准值为 5%，其他类型的商服用地建筑密度低效利用标准值设定为 30%。

125

表5　商服用地地上容积率、建筑密度控制指标参考值

单位：公顷，%

建筑类别		0.1≤S<0.2		0.2≤S<0.5		0.5≤S<1.0		1.0≤S<1.5		1.5≤S<2.0	
		FAR	D	FAR	D	FAR	D	FAR	D	FAR	D
公寓式办公建筑、旅馆	多层	2.6	38	2.5	37	2.4	36	2.3	35	2.2	34
	高层			6	35	5.7	34	5.3	33	5	32
商业建筑	多层	2.8	40	2.7	39	2.6	38	2.5	37	2.4	36
	高层			6.5	39	6.2	37	5.8	36	5.5	35
商业综合建筑	多层	2.5	37	2.4	36	2.3	35	2.2	34	2.1	33
	高层			5.5	34	5.2	33	4.8	32	4.5	31

注：①FAR为容积率，D为建筑密度，S为建筑密度集约利用度；

②低层住宅建筑指层数是1~3层的住宅建筑，多层住宅建筑指层数为4~6层的住宅建筑，中高住宅建筑指层数为7~9层的住宅建筑，高层住宅建筑指层数等于或大于10层的住宅建筑。

（2）商业物业出租（营业）率

集约利用标准：《城市建设用地节约集约利用评价操作手册》中推荐的集约利用标准值为95%。低效利用标准：以商业物业出租（营业）率排名后20%的现状值设定低效利用标准值为90%。

（3）地均税收

集约利用标准：结合福州市仓山区参与评价的商服用地地均税收的实际，采取地均税收的前1/4位（指标现状值从大到小排序），确定地均税收集约利用下限阈值为1600万元/公顷。低效利用标准：以商服用地地均税收排序（数值从大到小）后20%的现状值设定，地均税收低效利用标准上限阈值为300万元/公顷。

3. 节约集约利用状况评价结果

商服用地在节约集约利用评价结果中位列第三，评价为集约利用型与中度集约利用型的宗地数量、面积所占比重分别为62.32%和58.97%。商服用地以集约利用型为主，商业集中区主要为三个区域：分布于浦上大道上的万达广场、爱情海购物公园和红星美凯龙等商业综合体；分布于潘墩路两侧的以华夏汽车城为代表的汽贸销售市场；坐落于三环路北侧、齐安路东侧的利嘉国际商业城。

（三）工业用地

1. 节约集约利用状况评价指标

在评价单元中，提取一类工业用地（M1）、二类工业用地（M2）、三类工业用地（M3）等中类，以及物流仓储用地（W）作为工业用地评价对象。详细评价指标选取见表6。

表 6　详细评价指标选取

用地类型	准则层	指标层（代码）	指标含义与计算公式	计量单位	选择要求
工业用地	规划符合度	规划用途一致性（I1）	工业用地评价单元的现状土地用途与规划用途的一致性，反映按照规划可改造用地情况		必选
		产业导向符合性（I2）	工业用地评价单元内的现状产业类别与规划产业主导类型的一致性，反映工业用地按规划转型升级情况		必选
	建设强度	工业容积率（I3）	工业用地评价单元内的建筑总面积（万平方米）/评价单元面积（公顷），反映土地的建设强度		必选
		建筑密度（I4）	工业用地评价单元内的建筑基底面积（万平方米）/评价单元面积（公顷），反映土地的建设强度	%	必选
	利用效益	地均固定资产投资（I6）	工业用地评价单元内的工业（物流）企业固定资产原价（万元）/评价单元面积（公顷），反映土地的投入强度	万元/公顷	必选
		地均税收（I7）	工业用地评价单元内的工业（物流）企业税收总额（万元）/评价单元面积（公顷），反映土地的产出效益	万元/公顷	必选

2. 节约集约利用状况评价标准

（1）产业导向符合性判定

集约利用标准：依据国家发改委、自然资源部（原国土资源部）有关产业结构调整指导性文件、限制和禁止用地的有关目录，以及福建省和福州市的产业准入目录、产业发展规划和空间布局对主导产业类型的要求，将现状产业与规划产业一致的设定为集约利用。

低效利用标准：依据国家发改委、自然资源部（原国土资源部）有关产业结构调整指导性文件、限制和禁止用地的有关目录（《限制用地项目目录（2012 年本）》和《禁止用地项目目录（2012 年本）》），以及福建省和福州市相关的产业准入目录、产业发展规划和空间布局对主导产业类型的要求，将以上产业政策规定的禁止类、淘汰类产业用地，以及现状产业与地方规划产业不一致的判定为低效用地。

（2）综合容积率和建筑密度判定

集约利用标准：参考《福州市城市规划管理技术规定（暂行）》中的工业用地容积率、建筑密度控制指标标准，详见表 7 所示工业用地地上容积率、建筑密度控制指标参考值。结合工业用地综合容积率平均值为 1.3，设定工业用地集约利用标准下限阈值为 1.3，将福州市控制性详细规划数据中各个工业地块对应的容积率规划控制指标作为集约利用标准上限阈值。以建筑密度平均值 42% 作为建筑密度集约利用标准下限阈值，采取建筑密度的前 1/4 位（指标现状值从大到小排序），确定建筑密度集约利用上限阈值为 60%。

表 7　工业用地地上容积率、建筑密度控制指标参考值

单位：公顷，%

建筑类别		0.1 ≤ S < 0.2		0.2 ≤ S < 0.5		0.5 ≤ S < 1.0		1.0 ≤ S < 1.5		1.5 ≤ S < 2.0	
		FAR	D	FAR	D	FAR	D	FAR	D	FAR	D
工业建筑普通仓库	低层	0.8	39	0.7	38	0.7	37	0.7	36	0.7	35
	多层	2	37	1.9	36	1.8	35	1.7	34	1.6	33
	高层			3	33	2.8	32	2.6	31	2.4	30

注：①FAR 为容积率，D 为建筑密度，S 为建筑密度集约利用度；
②低层住宅建筑指层数是 1~3 层的住宅建筑，多层住宅建筑指层数为 4~6 层的住宅建筑，中高住宅建筑指层数为 7~9 层的住宅建筑，高层住宅建筑指层数等于或大于 10 层的住宅建筑。

低效利用标准：参考《工业项目建设用地控制指标》中的工业用地容积率规划控制指标标准，详见表 8 所示工业项目用地规划控制指标，工业容积率区间值最低为 0.5、最高为 1.0，建筑密度不低于 30%，结合福州市仓山区工业用地容积率现状值的实际情况，确定工业用地综合容积率低效利用标准上限阈值为 0.8，建筑密度低效利用标准上限阈值为 35%。

表 8　工业项目用地规划控制指标

行业分类		容积率	行业分类		容积率	行业分类		容积率
代码	名称		代码	名称		代码	名称	
13	农副食品加工业	≥ 1.0	23	印刷业、记录媒介复制业	≥ 0.8	33	有色金属冶炼及压延加工业	≥ 0.6
14	食品制造业	≥ 1.0	24	文教体育用品制造业	≥ 1.0	34	金属制品业	≥ 0.7
15	饮料制造业	≥ 1.0	25	石油加工、炼焦及核燃料加工业	≥ 0.5	35	通用设备制造业	≥ 0.7
16	烟草加工业	≥ 1.0	26	化学原料及化学制品制造业	≥ 0.6	36	专用设备制造业	≥ 0.7
17	纺织业	≥ 0.8	27	医药制造业	≥ 0.7	37	交通运输设备制造业	≥ 0.7
18	纺织服装鞋帽制造业	≥ 1.0	28	化学纤维制造业	≥ 0.8	39	电气机械及器材制造业	≥ 0.7
19	皮革、毛皮、羽绒及其制品业	≥ 1.0	29	橡胶制品业	≥ 0.8	40	通信设备、计算机及其他电子设备制造业	≥ 1.0
20	木材加工及竹、藤、棕、草制品业	≥ 0.8	30	塑料制品业	≥ 1.0	41	仪器仪表及文化、办公用机械制造业	≥ 1.0
21	家具制造业	≥ 0.8	31	非金属矿物制品业	≥ 0.7	42	工艺品及其他制造业	≥ 1.0
22	造纸及纸制品业	≥ 0.8	32	黑色金属冶炼及压延加工业	≥ 0.6	43	废弃资源和废旧材料回收加工业	≥ 0.7

（3）地均税收

集约利用标准：结合福州市仓山区参与评价的工业用地地均税收的实际，采取地均税收的前 1/4 位（指标现状值从大到小排序），确定地均税收集约利用下限阈值为 2000 万元 / 公顷。低效利用标准：依据《福州金山工业园区低效工业用地认定及处置实施细则（试行）》，确定仓山区工业用地地均税收低效利用标准上限阈值为 180 万元 / 公顷。

（4）固定资产投资

集约利用标准：结合福州市仓山区参与评价的工业用地地均固定资产投资的实际，采取地均固定资产投资的前 1/4 位（指标现状值从大到小排序），确定地均固定资产投资集约利用下限阈值为 52000 万元 / 公顷。低效利用标准：

以工业用地地均固定资产投资排序（数值从大到小）后 20% 的现状值设定，地均固定资产投资低效利用标准上限阈值为 7200 万元 / 公顷。

3. 节约集约利用状况评价结果

工业用地土地利用集约程度排序第四，评价为集约利用型与中度集约利用型的宗地数量、面积所占比重分别为 36.6% 和 33.3%。工业用地土地利用集约程度较低，仓山区主要包括了七大产业工业园区，其中包括以电子信息、生物医药、高端装备制造为主的橘园洲、金山片区，以黄金珠宝、机械制造、纺织服装为主的浦上、福湾片区，以生物医药、机械制造为主的高盛、高仕片区，以机械为主的叶厦片区。在七大产业园区范围外零星分布着各类工业用地，与福州市城市总体规划不符，是仓山区工业用地集约利用程度较低的主要原因。

（四）教育用地

1. 节约集约利用状况评价结果

在评价单元中，提取高等学校用地（A31）、中等专业学校用地（A32）、小学（A331）、中学（A332）、特殊教育用地（A34）作为教育用地评价的对象。详细评价指标选取见表 9。

表 9　详细评价指标选取					
用地类型	准则层	指标层（代码）	指标含义与计算公式	计量单位	选择要求
教育用地	规划符合度	规划用途一致性（E1）	教育用地评价单元的现状土地用途与规划用途的一致性，反映按照规划可改造用地情况		必选
	建设强度	综合容积率（E2）	教育用地评价单元内的建筑总面积（万平方米）/评价单元面积（公顷），反映土地的建设强度		必选
		建筑密度（E3）	教育用地评价单元内的建筑基底面积（万平方米）/评价单元面积（公顷），反映土地的建设强度	%	必选
	利用效益	地均服务学生数（E4）	教育用地评价单元内的学生总数（人）/评价单元面积（公顷），反映土地的教育人口承载水平	人/公顷	必选

2. 节约集约利用状况评价结果

（1）综合容积率和建筑密度判定

集约利用标准：根据《福建省教育用地控制指标（试行）》（闽国土资

综〔2007〕316 号）中规定，大学、专门学院、高职、高专容积率要求大于 0.8（其中体育院校要求大于 0.65），教室、图书馆、实验科研用房、教工宿舍、学生宿舍等项建筑的平均层数不低于 4.5 层，建筑密度≥ 25%；食堂、风雨操场、会堂、仓库及一些生活福利附属用房的平均层数不低于 1.5 层，建筑密度≥ 35%。结合福州市仓山区教育用地建设强度的实际情况，确定教育用地综合容积率集约利用标准为 0.8~1.5，建筑密度集约利用标准为 20%~35%。

低效利用标准：以教育用地综合容积率、建筑密度排序（数值从大到小）后 20% 的现状值设定，综合容积率低效利用标准阈值为 0.55，建筑密度低效利用标准阈值为 15%。

（2）地均学生数标准判定

根据《福建省教育用地控制指标（试行）》（闽国土资综〔2007〕316 号）中规定的初等（小学）教育用地指标、中等（中学、中职）教育用地指标和高等教育用地指标，结合仓山区教育用地在校学生数的现状值，仓山区地均学生数集约利用判定标准按照学校类别区分：高等教育用地集约利用下限阈值为 192 人 / 公顷，低效利用上限阈值为 112 人 / 公顷；中等教育用地集约利用下限阈值为 500 人 / 公顷，低效利用上限阈值为 161 人 / 公顷；初等教育用地集约利用下限阈值为 532 人 / 公顷，低效利用上限阈值为 388 人 / 公顷。

3. 节约集约利用状况评价结果

教育用地主要集中分布于仓山区二环以内，金山街道、建新镇、城门镇等其他乡镇也有零星分布，教育用地集约利用情况总体良好。教育用地的土地利用集约程度排名第二，评价为集约利用型与中度集约利用型的宗地数量、面积所占比重分别为 80.18% 和 79.04%。

（五）其他用地

1. 节约集约利用状况评价指标

在评价单元中，提取行政办公用地、文化设施用地、科研用地、体育用地、医疗卫生用地、社会福利设施用地、宗教用地等用地以及其他类用地中根据规划需要调整的用地作为其他用地评价的对象。

详细评价指标选取见表10。

用地类型	准则层	指标层（代码）	指标含义与计算公式	计量单位	选择要求
其他用地	规划符合度	规划用途一致性（X1）	其他用地评价单元的现状土地用途与规划用途的一致性，反映按照规划可改造用地情况		必选
	建设强度	综合容积率（X2）	其他用地评价单元内的建筑总面积（万平方米）/评价单元面积（公顷），反映土地的建设强度		必选
		建筑密度（X3）	其他用地评价单元内的建筑基底面积（万平方米）/评价单元面积（公顷），反映土地的建设强度	%	必选

表 10　详细评价指标选取

2. 节约集约利用状况评价标准

集约利用标准：根据其他用地现状容积率平均值为 1.6，综合容积率前 1/4 位（指标现状值从大到小排序）的现状值为 5.2，确定综合容积率集约利用标准值区间范围为 1.6~5.2。现状建筑密度平均值为 20%，建筑密度前 1/4 位（指标现状值从大到小排序）的现状值为 50%，确定建筑密度集约利用标准区间范围为 20%~50%。低效利用标准：以其他用地综合容积率、建筑密度排序（数值从大到小）后 20% 的现状值设定，综合容积率低效利用标准阈值为 0.5，建筑密度低效利用标准阈值为 15%。

3. 节约集约利用状况评价结果

其他用地集约利用程度最低，低效其他用地主要分布于盖山镇和城门镇，是仓山区近期城市开发的重要区域。其他用地低效利用主要为用途配置低效型，占其他用地低效用地类型的 93.88%。其他用地集约程度评价为集约利用型与中度集约利用型的宗地数量、面积所占比重分别仅为 20.31% 和 29.36%，详见表 11。

表 11 土地利用评价状况汇总（土地用途）

土地类型	过度利用型 面积（公顷）	过度利用型 比例（%）	集约利用型 面积（公顷）	集约利用型 比例（%）	中度利用型 面积（公顷）	中度利用型 比例（%）	低效利用型 小计 面积（公顷）	低效利用型 小计 比例（%）	其中：用途配置低效型 面积（公顷）	其中：用途配置低效型 比例（%）	其中：开发强度低效型 面积（公顷）	其中：开发强度低效型 比例（%）	其中：利用效益低效型 面积（公顷）	其中：利用效益低效型 比例（%）	合计 面积（公顷）	合计 比例（%）
住宅用地	14.3253	0.90	1041.4485	65.71	411.3778	25.95	117.8248	7.43	13.9892	0.88	103.0095	6.50	0.8261	0.05	1584.9764	48.26
商服用地	0	0.00	73.7582	39.92	30.1908	16.34	80.8218	43.74	38.3942	20.78	5.8145	3.15	36.6131	19.82	184.7708	5.63
工业用地	4.2606	0.69	170.7407	27.52	48.6535	7.84	396.6678	63.95	254.4861	41.02	41.1117	6.63	101.07	16.29	620.3226	18.89
教育用地	0	0.00	281.1941	67.09	50.1118	11.96	87.8365	20.96	6.8517	1.63	54.5962	13.03	26.3886	6.30	419.1424	12.76
其他用地	0	0.00	96.5152	20.31	29.3631	6.18	349.3545	73.51	327.9666	69.01	21.3879	4.50	0	0.00	475.2328	14.47
小计	18.5859	0.57	1663.6567	50.65	569.697	17.35	1032.5054	31.44	641.6878	19.54	225.9198	6.88	164.8978	5.02	3284.445	100

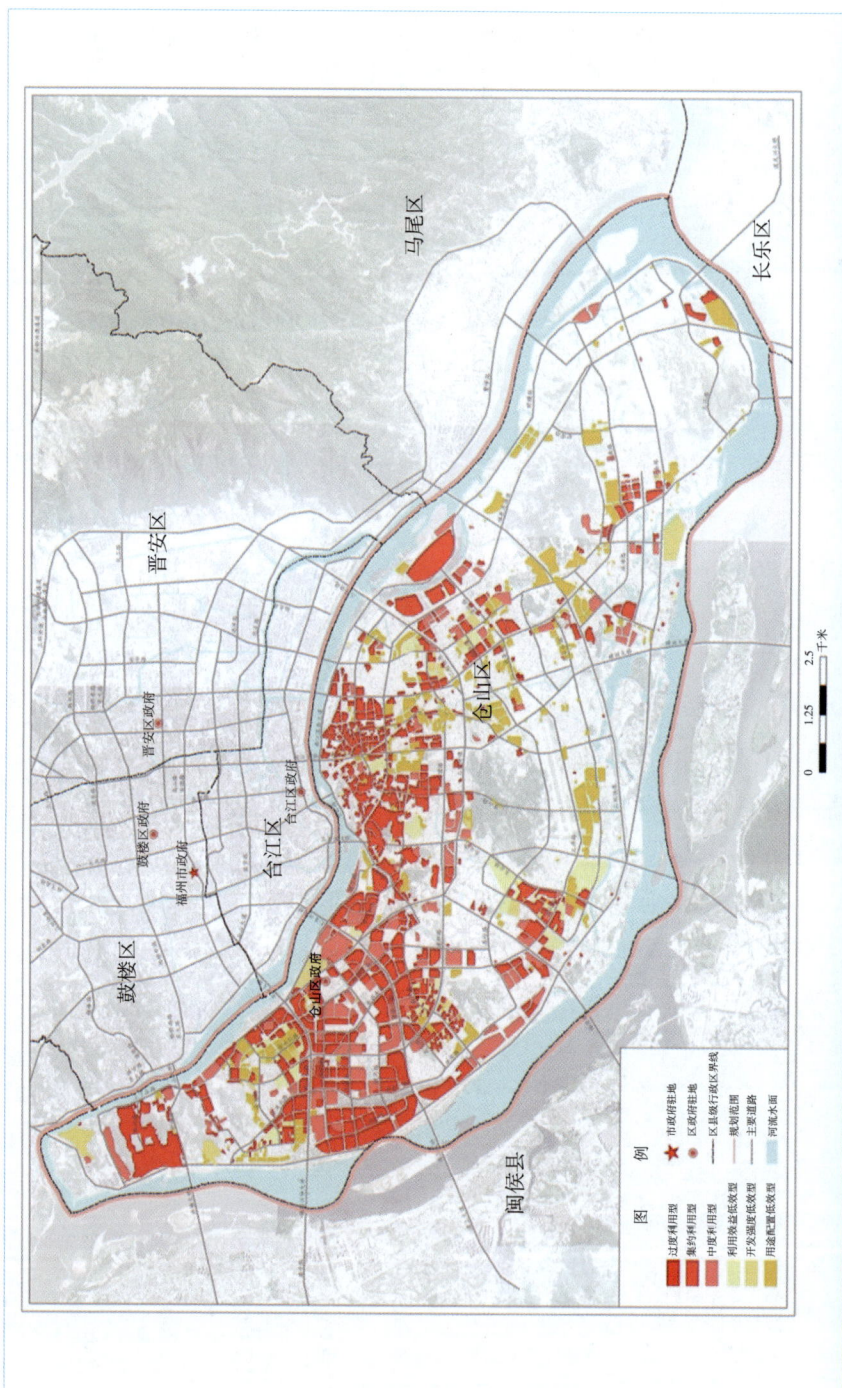

图 2 福州市仓山区详细评价土地利用状况类型分布

图
例

★ 市政府驻地
◉ 区政府驻地
── 区、县级行政界区界线
── 规划范围
── 主要道路
河流水面

过度利用型
集约利用型
中度利用型
利用效益低效型
开发强度低效型
用途配置低效型

0   1.25   2.5
千米

三　潜力及挖潜收益测算

可改造开发用地是指在现有技术、经济和制度条件下，通过拆迁、收储、回购、征收等方式可进行开发改造的土地，包括存量改造潜力用地、批而未供潜力用地和规划未利用潜力地块。本次仓山区建设用地详细评价共梳理出可改造开发用地 1446 宗，合计面积约为 2191 公顷。

存量改造潜力用地：以用途配置低效型、开发强度低效型用地为基础，纳入"三旧"改造、棚户区改造等存量用地改造计划地块。扣除正在开发建设的低效用地。

批而未供潜力用地：以建设用地报批、供应数据为基础，提取已经批准但尚未成交或未供地的土地。

规划未利用潜力地块：以现状图与规划图对比为基础，结合用地审批资料，提取已有明确规划用途但还尚未报批或未通过用地审批的地块。

（一）土地收益潜力测算

为掌握福州市仓山区地域内全部可开发改造用地类型，测算存量改造潜力地块、批而未供潜力地块和规划未利用潜力地块等全类型。潜力测算与改造策略制定流程详见图 3。

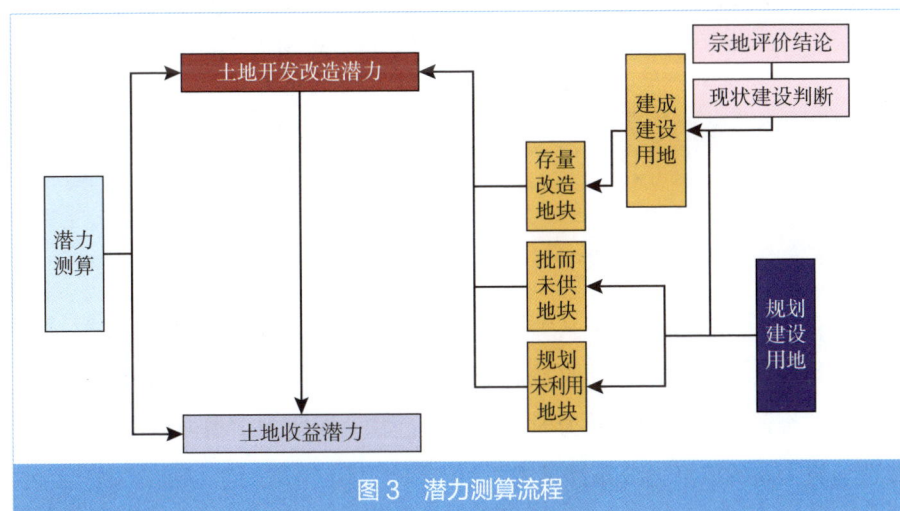

图 3　潜力测算流程

收集 2017~2018 年仓山区土地收储成本数据和 2016~2018 年土地出让成交价格数据清单，通过计算获取收储成本单价和土地出让成交均价，近两年收储建筑面积均价和 2016~2018 年出让地块成交单位面积均价分别见表 12、表 13。通过测算得到可开发改造地块的出让收入和收储成本，计算土地收益潜力。

表 12　2017~2018 年收储建筑面积均价

单位：万元 / 米^2

乡镇（街道）名称	收储建筑面积均价
螺洲镇、城门镇	0.7032
建新镇、金山街道	0.7009
其他乡镇（街道）	1.1633

表 13　2016~2018 年出让地块成交单位面积均价

单位：万元 / 米^2

乡镇（街道）名称	居住用地均价	工业用地均价	商服用地均价
金山街道	4.3963	0.7959	2.5991
螺洲镇	1.543	0.4287	2.1012
盖山镇	2.6032	0.7959	2.5991
建新镇	2.2698	0.7959	2.5991
城门镇	2.1188	0.4287	2.1012
仓山镇	2.8212	0.7959	2.5991
三叉街街道	3.6613	0.7959	2.5991
其他乡镇（街道）	3.24125	0.7959	2.5991

（二）土地收益潜力分区

根据潜力测算结果，定义土地出让收益前 20% 及收益金额大于 5 亿元为高潜力地块，定义土地出让收益后 25% 及收益金额大于 0.7 亿元为低潜力地块，收益金额小于等于 0 元为无潜力地块，其他地块为中潜力地块。可开发改造地块土地价值潜力分布详见图 4。

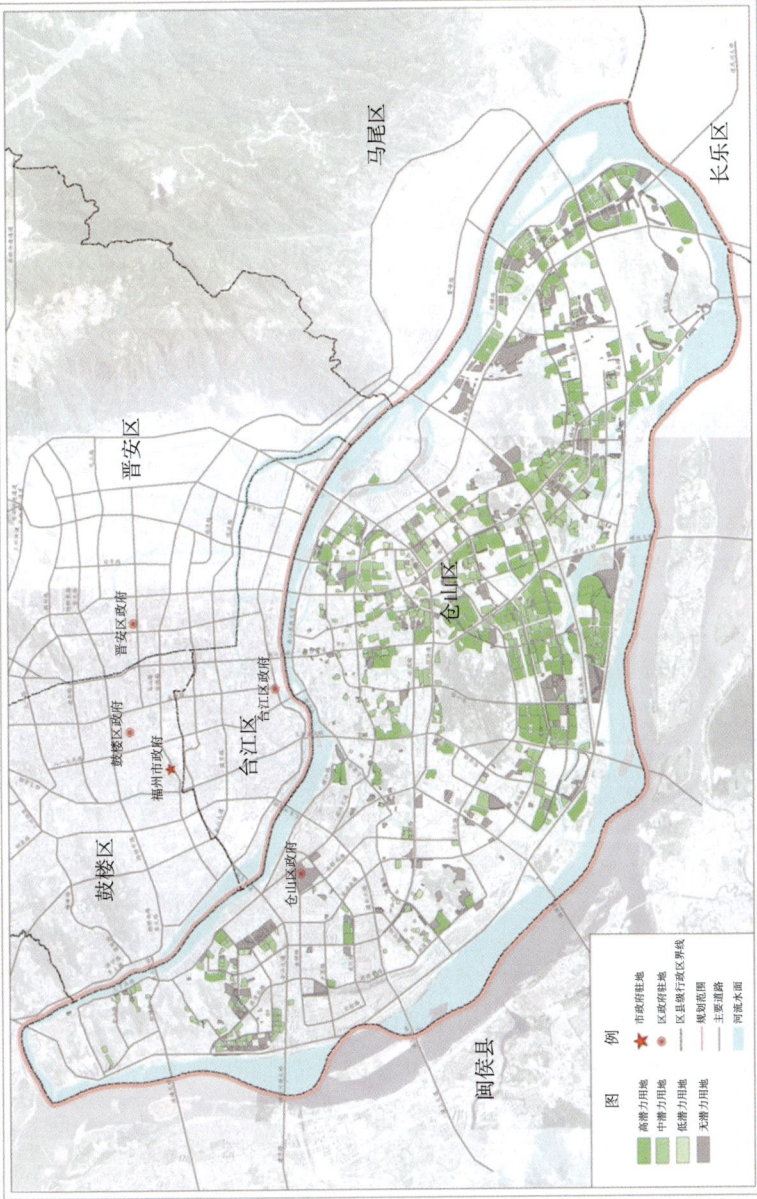

图 4　福州市仓山区详细评价可开发改造地块价值潜力分布

（三）土地收益潜力结果分析

通过本轮福州市仓山区建设用地集约利用详细评价，筛选出评价范围内可开发改造用地 1446 宗，合计面积约为 2191 公顷。对比各个可开发改造地块类型，其中存量改造潜力用地、批而未供潜力用地和规划未利用潜力地块数量分别占可开发改造用地的 30%、43% 和 27%，面积占比分别为 27.6%、33.8% 和 38.6%。其中，具有潜力地块 849 宗，合计面积约为 1556 公顷，数量与面积分别占可开发改造地块的 58.7% 和 71%。仓山区建设用地潜力主要以居住用地为主，其次是商服用地，工业用地潜力相对较低。居住用地、商服用地和工业用地潜力面积分别为 894.53 公顷、581.23 公顷和 79.92 公顷，土地收益预测分别为 1571.45 亿元、1096.16 亿元和 32.69 亿元。

分析潜力地块的空间分布，绝大部分的潜力地块分布在盖山镇与城门镇两个乡镇，其他乡镇也有部分潜力地块的分布。高潜力地块主要集中于盖山镇，规划主体类型为居住用地，城门镇分布的潜力地块以高潜力地块和中潜力地块为主，具有较大的开发利用潜力，与仓山区近期、中期土地开发计划相符。根据土地收益潜力测算结果，制定福州市仓山区建设用地可开发改造地块的开发计划（见图 5）。

四 小结

（一）评价结果分析

1. 仓山区建设用地土地利用状况及空间分布规律

福州市仓山区建设用地集约利用详细评价的总体结果呈现正态分布格局，但各个类型用地的评价情况略有差异。从参与评价地籍宗地的评价类型数量分布看，集约利用型与中度集约利用型宗地占总参评宗地数量的 59.06%，过度利用型与低效利用型宗地占总参评宗地数量比重分别为 3.18% 和 37.76%。从各评价类型宗地的面积分布看，集约利用型与中度集约利用型宗地面积占总参评宗地面积的 68%，过度利用型与低效利用型宗地面积占总参评宗地面

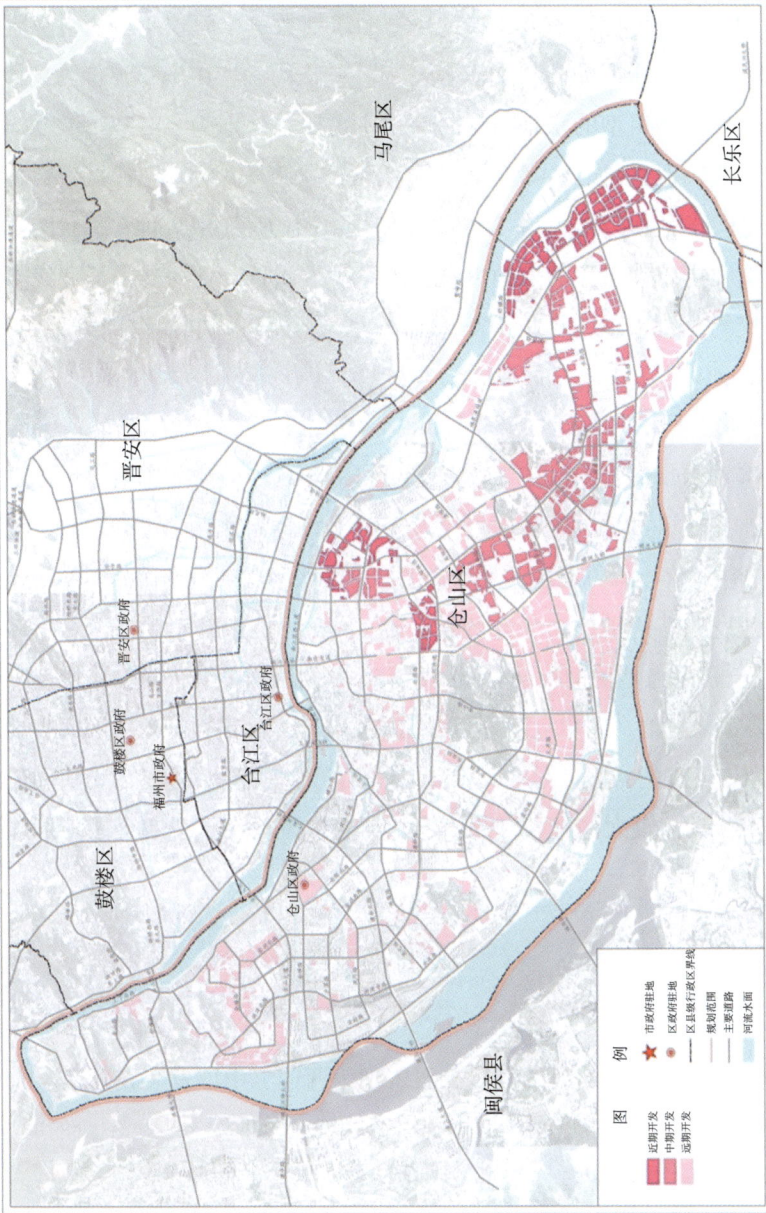

图 5　福州市仓山区详细评价可开发改造地块开发时序配置

积比重分别为 0.57% 和 31.44%。

对比各用地类型宗地的评价结果，居住用地的土地利用集约程度最高，评价为集约利用型与中度集约利用型的宗地数量、面积所占比重分别为 87.77% 和 91.76%，均为各个用地类型之首；其次为教育用地，评价为集约利用型与中度集约利用型的宗地数量、面积所占比重分别为 80.18% 和 79.04%；位列第三的是商服用地，评价为集约利用型与中度集约利用型的宗地数量、面积所占比重分别为 62.32% 和 58.97%；排序第四的是工业用地，评价为集约利用型与中度集约利用型的宗地数量、面积所占比重分别为 36.6% 和 33.3%；其他用地集约程度最低，评价为集约利用型与中度集约利用型的宗地数量、面积所占比重仅为 28.35% 和 26.57%。

2. 土地利用潜力状况及空间分布规律

通过本轮福州市仓山区建设用地集约利用详细评价，筛选出评价范围内可开发改造用地 1446 宗，合计面积约为 2191 公顷。对比各个可开发改造地块类型，其中存量改造潜力地块、批而未供潜力地块和规划未利用潜力地块数量分别占可开发改造用地的 30%、43% 和 27%，面积占比分别为 27.6%、33.8% 和 38.6%。分析潜力地块的空间分布，绝大部分的潜力地块分布在盖山镇与城门镇两个乡镇，其他乡镇也有部分潜力地块的分布。高潜力地块主要集中于盖山镇，规划主体类型为居住用地，城门镇分布的潜力地块以高潜力地块和中潜力地块为主，具有较大的开发利用潜力，与仓山区近期、中期土地开发计划相符。

（二）仓山区建设用地利用存在的问题

1. 新老城区居住用地问题不同

福州市仓山区城市建设的发展主要表现为西部、中部发展较为完善，东部发展相对滞后，所以不可避免地出现了新老城区土地发展程度不一的问题，从仓山区土地利用情况来看，新老城区存在各自不同的问题。

以上三路、三高路以北的老城区为代表，存在大部分小区开发时间长，建筑密度高，多以低、多层建筑为主，人口密度大，居住环境相对较差，城市交通用地不足，部分道路狭窄，停车位严重不足，交通拥堵等问题。

就胪雷新城、前景新城为代表的新城区而言，最大的问题在于利用率相对较低，社区周边的基础设施有待进一步完善。根据潜力评价与分析，盖山镇与城门镇的居住用地具有较大的提升空间。

2. 工业园区建设用地利用情况

仓山区工业园区总体呈现北强南弱，发展水平不均衡，在仓山区规划工业产业园区范围外，存在一些用途配置低效型工业用地。在金山工业片区、橘园洲工业片区等 7 个规划工业片区范围内，主要以中低层建筑为主，部分工业用地建设强度较低，具备一定的开发改造潜力。

参考文献

吴妍:《福州鼓励企业利用自有零星用地改造升级》,《福建轻纺》2020 年第 3 期。

魏澄荣:《国家级新区用地困境及破解路径——以福州新区为例》,《福建论坛》(人文社会科学版) 2019 年第 12 期。

杜张颖:《福建省城市土地利用效率的脱钩分析》, 福建师范大学硕士学位论文, 2019。

李宇:《基于先行先试理念的福州市中心城区建设用地集约利用研究》, 福建农林大学硕士学位论文, 2018。

李燕萍:《福州市建设用地集约利用水平的时空变化及其与经济发展的关系研究》, 福建师范大学硕士学位论文, 2017。

B.5
江西萍乡2019年建设用地节约集约利用状况详细评价报告

李资华 杨少敏 郭栋林*

摘 要： 萍乡市建设用地节约集约利用状况详细评价以土地集约利用为出发点和落脚点，探索宗地详细评价方法和路径。萍乡市在构建宗地详细评价体系时，重点突出当前最需关注节约集约的居住用地、商服用地、工业用地、教育用地等，通过单因素集成评价的方式，提高评价结论针对性。围绕土地利用状况监测和判别城镇低效可改造用地的目标，丰富和完善以宗地为单位的建设用地详细评价内涵和评价要求，从而强化评价结论分析，厘清低效用地类型和原因，总结低效利用土地的可改造策略，进而指导详细评价的开展。

关键词： 建设用地 节约集约 萍乡市

一 区域概况

（一）评价范围

根据《自然资源部办公厅关于部署开展城市建设用地节约集约利用状况详细评价试点工作的通知》（自然资办函〔2019〕1421号），此次评价萍乡市

---

* 李资华，江西省国土空间调查规划研究院土地资源管理专业高级工程师，主要研究方向为土地规划与利用、资产权益；杨少敏，江西省国土空间调查规划研究院土地资源管理专业高级工程师，主要研究方向为土地规划与利用；郭栋林，中国人民大学公共管理学院硕士研究生，主要研究方向为土地资源管理。

中心城区范围根据萍乡市土地利用总体规划要求确定。《萍乡市土地利用总体规划（2006—2020 年）》修编成果确定的中心城区控制范围涉及安源区和上栗县 2 个县区的 14 个乡、镇、街道、管委会（八一、凤凰、后埠、东大街办、白源街办、丹江街办、城郊管委会、安源镇、青山镇、五陂镇、高坑镇、赤山镇、福田镇和彭高镇）和 55 个行政村、农场、园艺场、林场等，控制范围总面积为 165.67 平方千米。

（二）社会经济状况

截至 2018 年末，萍乡市中心城区总人口达 43.02 万人，占萍乡市总人口的 22.16%，主要分布在安源区和萍乡经济技术开发区。地区生产总值接近 315.13 亿元 [①]，占萍乡市地区生产总值的 33.88%。

（三）交通区位

萍乡中心城市地理位置优越，交通便利，城区内有沪昆高速公路和萍洪高速公路以及国道的双十字交通结构，境内浙赣铁路和杭南长高速铁路横贯东西，使萍乡市 3 小时内到达上海、杭州，4 小时内到达武汉、广州，1 小时到达省会南昌，0.5 小时到达湖南长沙。城市周边主要机场有长沙黄花国际机场、武功山通用机场（规划）、宜春明月山机场（已开通北京、深圳、昆明、上海等多个城市的航线），具有优越的区位地理条件。

二　城市建设用地集约利用状况评价

在评价对象确定上，结合萍乡市评价工作实际与需要，以当前最需关注

---

① 14 个街道（管理局）人口资料来源于各街道、管委会、镇下辖的各社区、居委会、村函调上报数据。经济数据按萍乡市 2019 年度整体评价安源区（含萍乡经济技术开发区）数据的 65%、上栗县（含萍乡经济技术开发区）数据的 13% 核算。安源区全区建设用地 81.66 平方千米，工作地域内安源区建设用地（含萍乡经济技术开发区）52.75 平方千米，建设用地占比为 65%。上栗县全区建设用地 137.37 平方千米，工作地域内上栗县建设用地（含萍乡经济技术开发区）17.89 平方千米，建设用地占比为 13%。

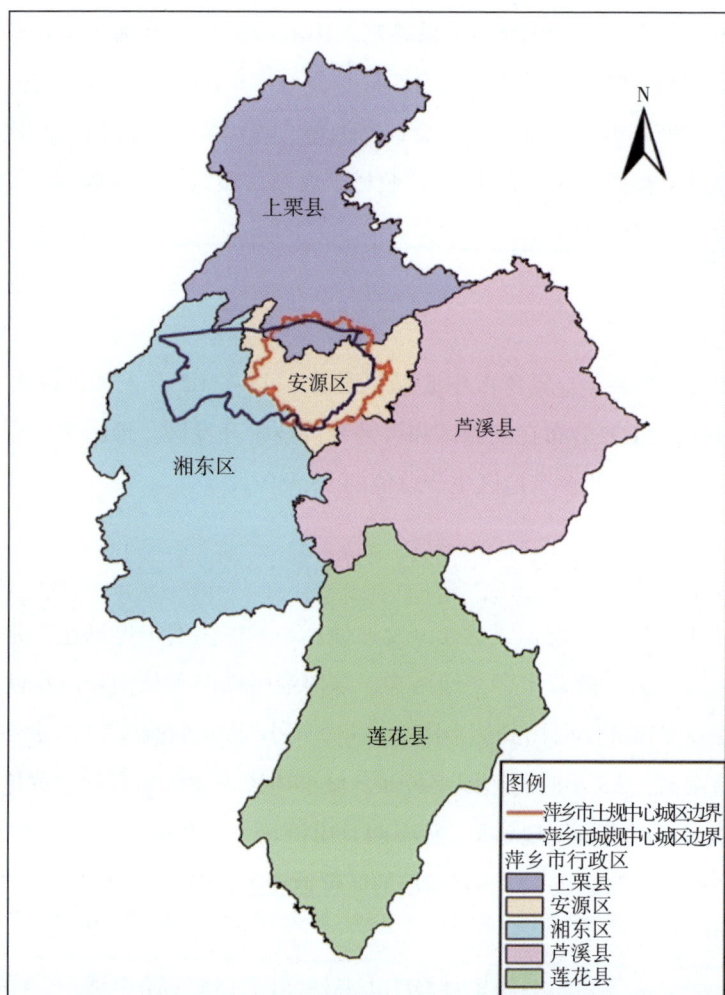

图 1　萍乡市中心城区位置

节约集约的居住用地、商服用地、工业用地、教育用地评价单元为主，根据棚户区改造资料，将明确已经列入改造计划、现状为其他用地类型但规划用途是居住、商业、工业等的评价单元纳入其他用地并作为本次评价对象。经调查统计，评价对象面积总计 4429.54 公顷，占评价单元总面积的

73.59%。评价对象用地详细情况见表 1。按照确定的评价对象，区分居住用地、商服用地、工业用地、教育用地和其他用地五类选取评价指标，依据《城市建设用地节约集约利用详细评价技术指标（试行）》要求，详细评价指标选取应围绕评价目标，侧重于规划符合性、土地建设强度、土地利用效益等三个方面，突出目标导向，重点突出，体现类型差异化，选用"详细评价指标选取建议一览表"中的所有必选指标。

（一）居住用地

在评价单元中，提取一类居住用地、二类居住用地、三类居住用地作为居住用地评价的对象。在本次评价中，萍乡市中心城区居住用地评价单元共计 507 个，总面积为 2492.36 公顷，占参评评价单元总面积的 56.26%。其中，二类居住用地为 438 个，面积为 2237.45 公顷，占比为 50.51%；三类居住用地为 69 个，面积为 254.91 公顷，占比为 5.75%。

1. 评价方法

基于评价单元对城市建设用地的利用状况进行调查、分析，通过设定规划符合度、建设强度、利用效益等指标判断标准，对建设用地节约集约利用程度水平进行评价，并将利用水平依次划分过度利用、集约利用、中度利用和低效利用等四类。居住用地集约利用状况划分按如下公式进行综合集成：

[集约利用状况] = f（[规划符合度]，[建设强度]，[利用效益]） （1）

[规划符合度] = f（[规划用途一致性]） （2）

[建设强度] = f（[综合容积率]，[建筑密度]） （3）

[利用效益] = f（[人口密度]） （4）

2. 评价指标选取

居住用地评价指标及指标含义具体见表 2。

是否参评	一级用地分类	详细评价用地分类	数量（个）	面积（公顷）	占比（%）
参评	居住用地	一类居住用地	0	0	0
		二类居住用地	438	2237.45	50.51
		三类居住用地	69	254.91	5.75
		总计	507	2492.36	56.26
	商服用地	零售商服用地（B11）	43	96.03	2.17
		批发市场用地（B12）	16	53.82	1.22
		餐饮用地（B13）	2	2.32	0.05
		旅馆用地（B14）	6	14.73	0.33
		商务用地（B2）	38	55.69	1.26
		娱乐康体用地（B3）	2	6.07	0.14
		公用设施营业网点用地（B4）	26	32.19	0.73
		其他服务设施用地（B9）	23	53.09	1.2
		总计	156	313.94	7.10
	工业用地	一类工业用地（M1）	241	892.53	20.15
		二类工业用地（M2）	8	207.85	4.69
		三类工业用地（M3）	5	58.65	1.32
		物流仓储用地（W）	21	116.85	2.63
		总计	275	1275.88	28.79
	教育用地	高等院校用地（A31）	5	102.66	2.32
		中等院校用地（A32）	8	65.06	1.47
		小学（A331）	36	36.45	0.82
		中学（A332）	29	126.92	2.87
		总计	78	331.09	7.48
	其他用地	公用设施用地（U）	2	3.24	0.07
		村庄建设用地（H14）	5	6.2	0.14
		交通设施用地（S）	2	2.73	0.06
		区域交通设施用地（H2）	1	2	0.05
		文化设施用地（A2）	1	0.27	0.01
		医疗卫生用地（A5）	1	1.83	0.04
		总计	12	16.27	0.37
		总计	1028	4429.54	100

表 1　参评评价单元用地情况统计

资料来源:《城市用地分类与规划建设用地标准》（GB 50137-2011）。

表 2 居住用地评价指标				
用地类型	准则层	指标层（代码）	指标含义与计算公式	计量单位
居住用地	规划符合度	规划用途一致性（R1）	居住用地评价单元的现状土地用途与规划用途的一致性，反映按照规划可改造用地情况	—
	建设强度	综合容积率（R2）	居住用地评价单元内的建筑总面积（万平方米）/评价单元面积（公顷），反映土地的建设强度	—
		建筑密度（R3）	居住用地评价单元内的建筑基底面积（万平方米）/评价单元面积（公顷），反映土地的建设强度	%
	利用效益	人口密度（R4）	居住用地评价单元内的居住人口（人）/评价单元面积（公顷），反映土地的人口承载能力	人/公顷

资料来源：《城市建设用地节约集约利用详细评价技术指南（试行）》。

3. 指标值评价结果

（1）评价指标现状值计算

居住用地评价指标包括规划用途一致性、综合容积率、建筑密度、人口密度四项。

规划用途一致性指标判别：评价单元现状用地分类细分到中级类，包括二类居住用地、三类居住用地，现状土地用途与规划用途进行对比分析，判别筛选出现状用途与规划用途一致的，判定结果为一致，否则是不一致。规划一致的评价单元 429 个，总面积为 2224.78 公顷。规划不一致的评价单元 78 个，总面积为 267.58 公顷，分布在主城区田中片区、城西片区、老城区及 F 片区。

综合容积率、建筑密度、人口密度指标现状值计算所需的基础数据是居住用地评价单元内的各类建筑总面积、建筑基底面积、常住人口、土地面积，数据是在前述制作形成的评价工作底图中，通过提取各个评价单元对应的数据得到。在此基础上，按指标含义计算得到指标现状值。各居住用地评价单元指标现状值计算结果见图 2、图 3、图 4。居住用地综合容积率最大值为 5.59，最小值为 0，平均值为 1.56。按现状值划分成 10 个区间，按分布个数统计，272 个评价单元集中分布在 1.12~2.24，个数占比为 53.5%。居

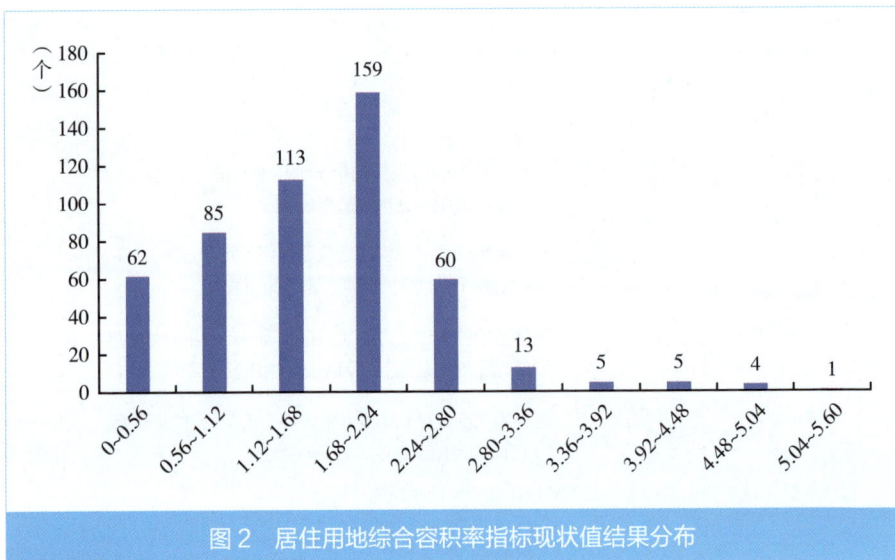

图2　居住用地综合容积率指标现状值结果分布

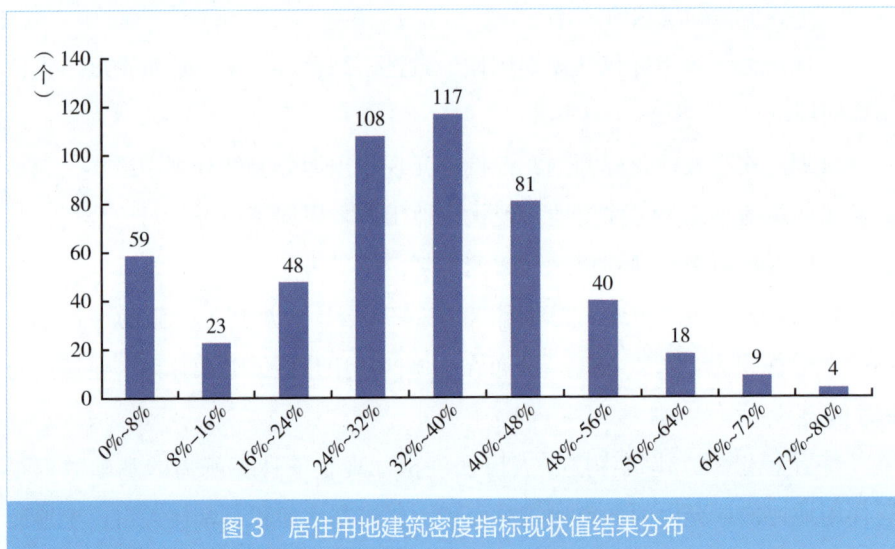

图3　居住用地建筑密度指标现状值结果分布

住用地建筑密度最大值为77%，最小值为0，平均值为32%。按现状值划分成10个区间，按分布个数统计，306个评价单元集中分布在24%~48%，占比为60.36%。居住用地人口密度最大值535.60人/公顷，最小值为0人/公

148

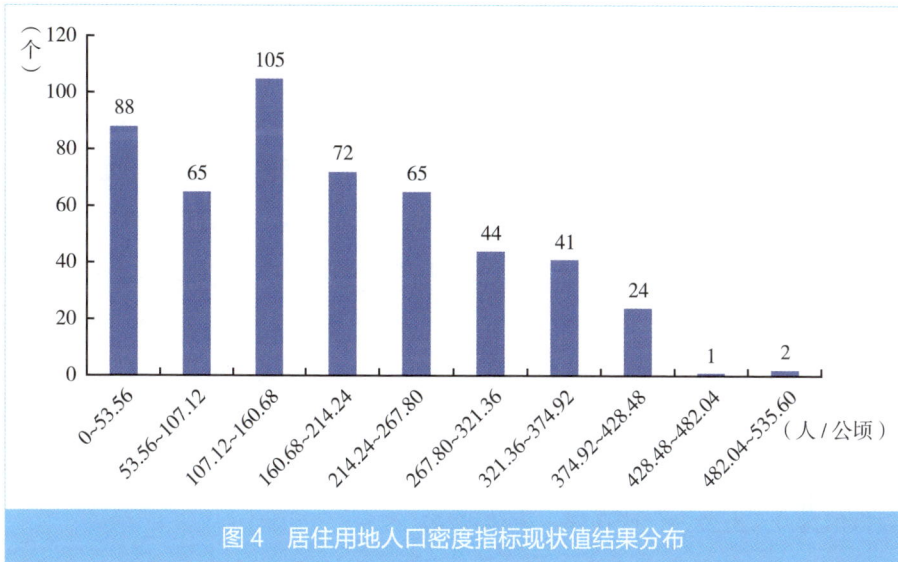

图 4 居住用地人口密度指标现状值结果分布

顷，平均值为 157 人 / 公顷，按现状值划分成 10 个区间，按分布个数统计，共 395 个评价单元集中分布在 0~267.80 人 / 公顷，占比为 77.9%，其中分布在 0~107.12 人 / 公顷之间的共有 153 个，占比 30.12%，因此居住区用地主要是中、低密度人口，高密度区人口相对较少。

（2）居住用地指标空间分布

居住用地受商服繁华程度、交通条件、公共设施条件、环境条件等多重因素的作用，居住用地以城市老城区为主核心，越接近城区经济繁华区，人口密度越大，容积率、建筑密度越高；远离核心区的地方，人口密度相对稀少，居住用地利用强度就相对较低。在城市中心区域，交通条件、公共设施条件最优，居住用地利用强度和人口密度也最高，越远离中心区域，居住用地利用水平也就逐渐降低；而且整体居住用地利用强度和效益变化趋势自南向北扩展延伸，萍乡经济技术开发区、福田镇属于工业园区，居住用地较少，工业企业对周围环境影响较大，因此人口密度较低。与 2015 年功能区评价指标比较，居住用地综合容积率有降低趋势，居住用地更多地向老城区以外的新城区和安源新区布局。

149

（3）单项指标数据对比分析

中心城区居住用地综合容积率为 1.56，二类居住用地综合容积率为 1.55，三类居住用地综合容积率为 1.58。最高值为 5.59，其次是 4.91 和 4.88，都位于老城区的 G1、G2 片区，分别是山下路、上滨河西路西面萍乡市建设开发有限公司、楚萍东路口的萍乡市恒意房地产有限公司、跃进南路和广场路交叉路口的城郊管委会长兴馆村，建筑主要为高层住宅；最低值为 0，主要为一些在建、未建地块。

居住用地建筑密度综合平均值为 31.58%，二类居住用地为 31.62%，三类居住用地为 31.18%。最高值为 77%，位于萍水南路以南的居住社区，超过 70% 的 4 个评价单元分布在老城区的 G1、G2 片区和新城区的 C 片区范围内；最低值为 0，主要为一些在建、未建地块。

居住用地平均人口密度为 157 人 / 公顷，排在前三位的值为 536 人 / 公顷、523 人 / 公顷、462 人 / 公顷，分别是位于洪山路的大星安置地小区、武功山中大道以北的嘉年华城、跃进北路和龙腾路交叉路口的萍乡市汽车工业贸易配件总公司的居住小区。

（4）单项指标数据分类分析

居住用地以二类居住用地为主，居住用地平均土地利用强度、人口密度受二类居住用地影响大。居住用地评价指标值详见表 3。

表 3　居住用地评价指标值

居住用地	面积（公顷）	综合容积率	建筑密度（%）	居住人口密度（人 / 公顷）
一类居住用地	0	0	0	0
二类居住用地	2237.45	1.55	31.62	161
三类居住用地	254.91	1.58	31.18	120
合计	2492.36	1.56	31.58	157

4. 节约集约利用状况评价结果

从各类功能区的土地集约利用状况类型分布来看（见表 4），居住用地土地集约利用程度良好，集约利用的土地占比达到 66%，但仍有一定量的低效利用土地，占比达到 31%，还需进一步深度开发，挖掘土地潜力，提高土地资源开发利用效率。

表4　参评评价单元土地集约利用状况汇总（按评价单元地类）														
评价单元分类	过度利用		集约利用		中度利用		低效利用								
							合计		用途配置		开发强度		利用效益	
	面积（公顷）	数量（个）	面积（公顷）	数量（个）	面积（公顷）	数量（个）	面积（公顷）	数量（个）	面积（公顷）	数量（个）	面积（公顷）	数量（个）	面积（公顷）	数量（个）
居住用地	1.13	1	1652.65	301	63.05	31	775.53	174	267.57	78	382.20	79	125.76	17

（二）商服用地

在评价单元中，提取零售商服用地（B11）、批发市场用地（B12）、餐饮用地（B13）、旅馆用地（B14）等小类，以及商务用地（B2）、娱乐康体用地（B3）、公用设施营业网点用地（B4）及其他服务设施用地（B9）等中类作为商服用地评价的对象。在本次评价中，萍乡市中心城区商服用地评价单元共计 156 个，总面积为 313.94 公顷，占参评评价单元总面积的 7.10%。其中，零售商服用地（B11）、商务用地（B2）、批发市场用地（B12）和其他服务设施用地（B9）所占面积较大，面积分别为 96.03 公顷、55.69 公顷、53.82公顷、53.09 公顷，占比分别为 2.17%、1.26%、1.22%、1.20%。

1. 评价方法

商服用地集约利用状况划分按如下公式进行综合集成：

[集约利用状况] = f（[规划符合度]，[建设强度]，[利用效益]）　（1）

[规划符合度] = f（[规划用途一致性]）　（2）

[建设强度] = f（[综合容积率]，[建筑密度]）　（3）

$$[利用效益] = f ([地均税收], [商业物业出租率]) \qquad (4)$$

2. 评价指标选取

商服用地评价指标及指标含义具体见表5。

用地类型	准则层	指标层（代码）	指标含义与计算公式	计量单位
商服用地	规划符合度	规划用途一致性（C1）	商服用地评价单元的现状土地用途与规划用途的一致性，反映按照规划可改造用地情况	—
	建设强度	综合容积率（C3）	商服用地评价单元内的建筑总面积（万平方千米）/评价单元面积（公顷），反映土地的建设强度	—
		建筑密度（C4）	商服用地评价单元内的建筑基底面积（万平方米）/评价单元面积（公顷），反映土地的建设强度	%
	利用效益	商业物业出租率（C5）	商服用地评价单元内已出租商业物业面积（万平方米）/总竣工面积（万平方米），反映商业物业的有效利用程度	%
		地均税收（C6）	商服用地评价单元内的企业税收总额（万元）/评价单元面积（公顷），反映土地的产出效益	万元/公顷

表5　商服用地评价指标

3. 指标值评价结果

（1）评价指标现状值计算

商服用地评价指标包括规划用途一致性、综合容积率、建筑密度、商业物业出租率、地均税收等5项。

规划用途一致性指标判别：评价单元现状用地分类细分到小类，包括零售商服用地（B11）、批发市场用地（B12）、餐饮用地（B13）、旅馆用地（B14）等小类，以及商务用地（B2）、娱乐康体用地（B3）、公用设施营业网点用地（B4）及其他服务设施用地（B9）等中类，将现状土地用途与规划用途进行对比分析，判别筛选出现状用途与规划用途一致的，判定结果为一致，否则是不一致。对于规划用途只有大类、现状用途为小类的情况，规划用途一致性直接根据现状用途和规划用途的大类进行判断，如法莱德国际生活馆所在地块规划用途为商业设施用地（B1），现状为零售商服用地（B11），大类同是商业设施用地（B1），判定规划用途与现状用途一致。规划一致的评价单元135个，总面积为264.07公顷。规划不一致的评价单元21

个，总面积为 49.87 公顷，分布在主城区洪山片区、主城区东北片区以及新城区。

综合容积率、建筑密度、商业物业出租（营业）率、地均税收指标现状值计算所需的基础数据是商服用地评价单元内的各类建筑总面积、建筑基底面积、出租（营业）率、年度纳税总额、土地面积，数据是在前述制作形成的评价工作底图中，通过提取各个评价单元对应的数据得到。在此基础上，按指标含义计算得到指标现状值。各商服用地评价单元指标现状值计算结果见图 5、图 6、图 7、图 8。综合容积率最大值为 11.30，最小值为 0。按现状值划分成 10 个区间，集中分布在 0~3.39 区间的有 140 个，占比为 89.7%。建筑密度最大值为 53%，最小值为 0，平均值为 33.74%，共 109 个集中分布在 30%~53%，占比为 69.9%。商业出租率最大值为 100%，最小值为 0，集中分布在 50% 以上的共 109 个，占比为 69.9%，其中分布在 90%~100% 的有40 个，占比为 25.6%。地均税收最大值为 1813.80 万元 / 公顷，最小值为 0，平均值为 37.01 万元 / 公顷，集中分布在 181.38 万元 / 公顷及以下，占比为91.0%。

（2）商服用地指标空间分布

商服用地受商服繁华程度条件影响非常大，与居住用地以城市老城区中心为主核心不同，商服用地随着客流量、交通流量越大，越接近经济繁华区，商业出租率越高，如文化路购物街及城市新城区；城市中心区域内其他商服中心区，人流相对稀少，商服用地出租率就相对较低。而且商服用地出租率对商服繁华程度的变化反应相对灵敏。从 2015 年与本次评价成果对比来看，商服用地利用的空间变化正反映了上述特征。此次经对商服中心、商服网点的调查，商服用地范围扩大了，主要是向萍安北大道延伸，东跨过万龙湾向金三角方向扩展，往安源中大道两侧扩大，用地变化情况反映了萍乡城区正在逐步按照城市规划的方向扩张和发展。

（3）单项指标数据对比分析

中心城区商服用地平均综合容积率为 1.84，最高值为 11.3，位于建设中路的润达国际，为高层城市商业综合体；其次是位于武功山中大道上的国力

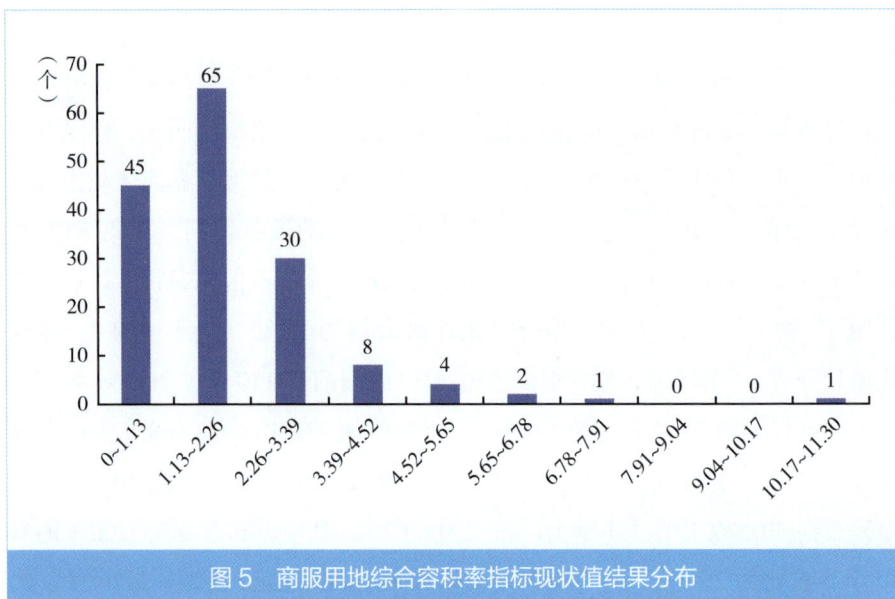

图 5　商服用地综合容积率指标现状值结果分布

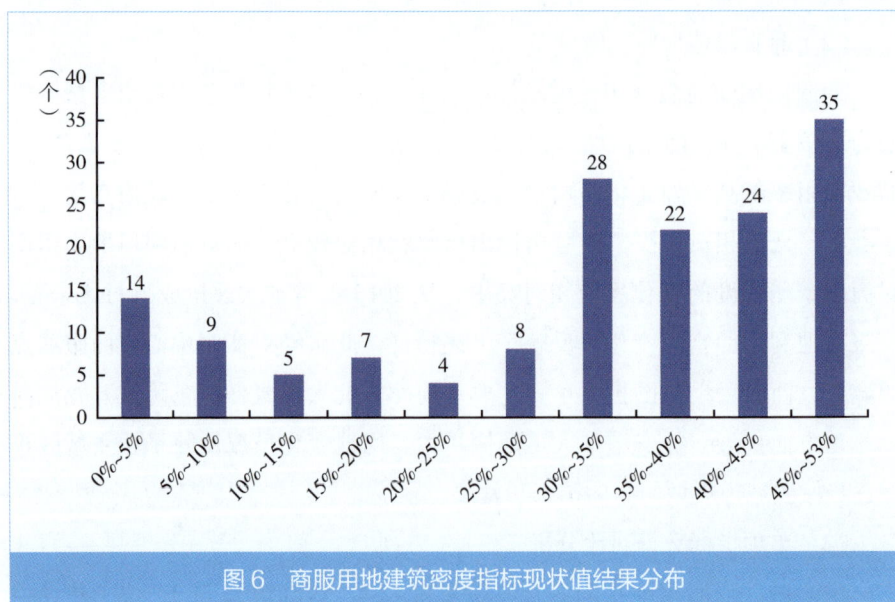

图 6　商服用地建筑密度指标现状值结果分布

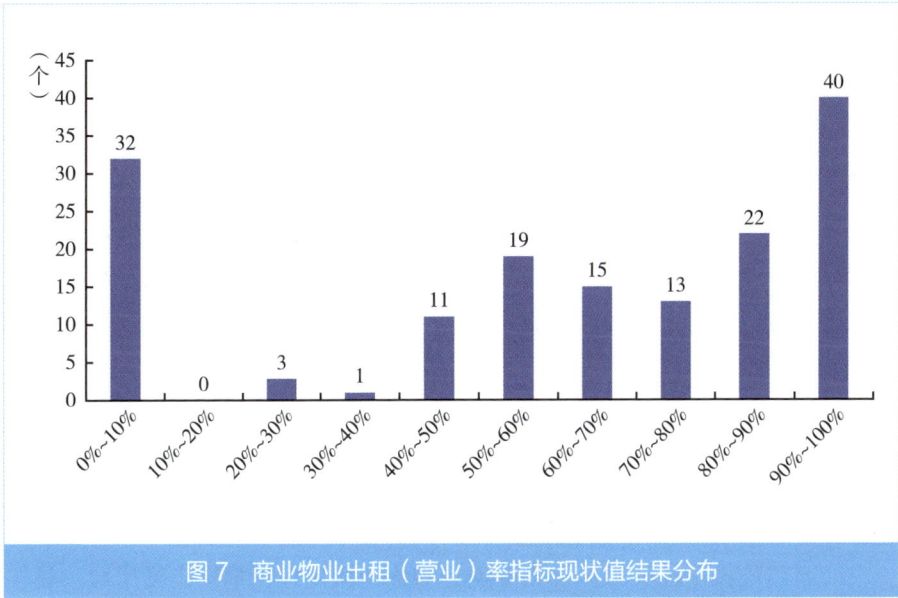

图 7　商业物业出租（营业）率指标现状值结果分布

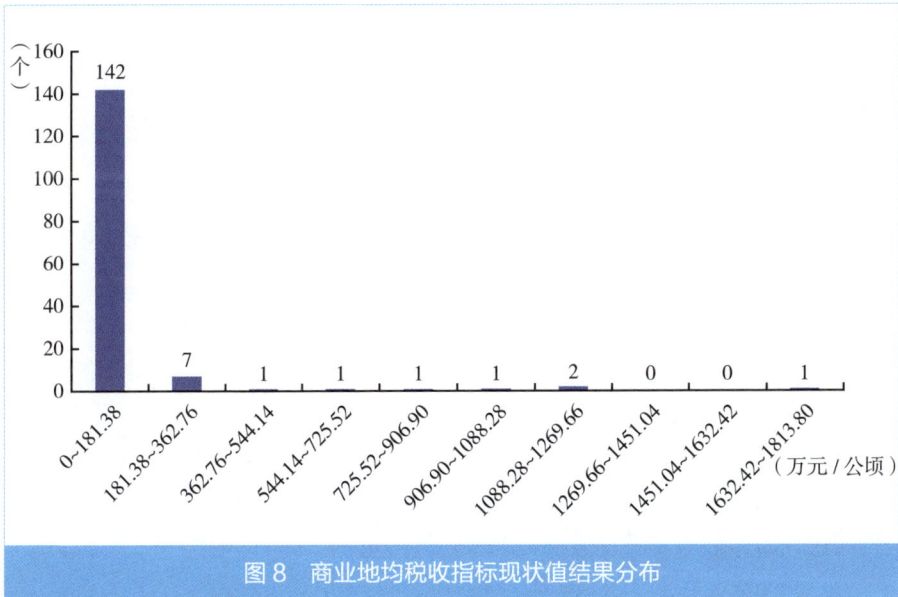

图 8　商业地均税收指标现状值结果分布

汽贸，位于萍安中大道和韶山东路口的世纪广场翡翠城，容积率达 7.01、6.33，均为高层建筑；最低值为 0，为未建地块。

商服用地平均建筑密度为 33.74%，最高值为 53%，分别位于跃进北路的商业街区和萍水河畔的南正街商业街区，其次为 52%，评价单元分别为位于文昌路和武功山中大道的餐饮及宾馆用地，最低值为 0，为未建地块。

商业平均地均税收为 37.01 万元 / 公顷，最高值为 1813.79 万元 / 公顷，位于公园中路上的一宗零售商服用地，其他依次为 1121.03 万元 / 公顷、1109.28 万元 / 公顷、1082.54 万元 / 公顷，分别是中国人民银行萍乡市分行、萍乡市宏基化工设备制造有限公司、中国工商银行萍乡市分行，均位于中心商务区，最低值为 0，为未建地块。商业出租率最大值为 100%，最小值为 0，平均值为 60%。

（4）单项指标数据分类分析

商服用地按功能类型区分为 8 类：零售商服用地、批发市场用地、餐饮用地、旅馆用地、商务用地、娱乐康体用地、公用设施营业网点用地、其他服务设施用地。用地强度方面，餐饮、商务和零售商服用地是高容积率、高建筑密度的行业，娱乐康体、其他服务设施和批发市场属于低容积率、高建筑密度行业，旅馆和公用设施营业网点则属于低容积率和低建筑密度行业。用地效益方面，餐饮行业税收贡献较大，其次是零售商业和商务，而旅馆和娱乐康体行业税收贡献较小。店铺出租和使用率方面，商铺出租主要是用于商务、公共设施营业网点和零售商业，餐饮和娱乐康体业需求较小。详见表 6。

表 6　商服用地评价指标值

商服用地	面积（公顷）	综合容积率	建筑密度（%）	地均税收（万元 / 公顷）	商业物业出租率（%）
零售商服用地	96.03	2.18	34.59	58.31	21.77
批发市场用地	53.82	1.29	36.63	23.62	7.82
餐饮用地	2.32	2.47	50.78	79.68	1.6

商服用地	面积（公顷）	综合容积率	建筑密度（%）	地均税收（万元 / 公顷）	商业物业出租率（%）
旅馆用地	14.73	1.86	25.65	9.51	5.68
商务用地	55.69	2.24	37.75	47.34	19.79
娱乐康体用地	6.07	1.96	41.52	7.58	1.24
公用设施营业网点用地	32.19	1.12	21.49	22.48	21.25
其他服务设施用地	53.09	1.78	33.12	19.17	14.33
合计	313.94	1.84	33.74	37.01	93.48

4. 节约集约利用状况评价结果

商服用地土地集约利用程度一般，集约利用的土地占比不足 30%，但低效利用土地占比达到 50% 以上，需进一步深度开发，挖掘土地潜力，提高土地资源开发利用效率。详见表 7。

表 7　参评评价单元土地集约利用状况汇总（按评价单元地类）

评价单元分类	过度利用		集约利用		中度利用		低效利用							
							合计		用途配置		开发强度		利用效益	
	面积（公顷）	数量（个）	面积（公顷）	数量（个）	面积（公顷）	数量（个）	面积（公顷）	数量（个）	面积（公顷）	数量（个）	面积（公顷）	数量（个）	面积（公顷）	数量（个）
商服用地	0	0	80.89	59	47.48	24	185.57	73	49.87	21	58.35	29	77.35	23

（三）工业用地

在评价单元中，提取一类工业用地（M1）、二类工业用地（M2）、三类工业用地（M3）等中类，以及物流仓储用地（W）作为工业用地评价的对象。在本次评价中，萍乡市中心城区工业用地评价单元共计 275 个，总面积为 1275.88 公顷，占参评评价单元面积的 28.79%。其中：一类工业用地（M1）为 241 个，面积为 892.53 公顷，占比为 20.15%；二类工业用地（M2）为 8 个，面积为 207.85 公顷，占比为 4.69%；三类工业用地（M3）为 5 个，面积为 58.65 公顷，占比为 1.32%；物流仓储用地（W）为 21 个，面积为 116.85 公顷，占比为 2.63%。

1. 评价方法

工业用地集约利用状况划分按如下公式进行综合集成：

[集约利用状况] = f ([规划符合度]，[建设强度]，[利用效益])　　（1）

[规划符合度] = f ([规划用途一致性]，[产业导向符合性])　　　　（2）

[建设强度] = f ([综合容积率]，[建筑密度])　　　　　　　　　　（3）

[利用效益]= f([地均工业产值][地均税收]，[地均固定资产投资])（4）

2. 评价指标选取

工业用地评价指标及指标含义具体见表 8。

			表 8　工业用地评价指标		
用地类型	准则层	指标层（代码）	指标含义与计算公式	计量单位
工业用地	规划符合度	规划用途一致性（I1）	工业用地评价单元的现状土地用途与规划用途的一致性，反映按照规划可改造用地情况	—
		产业导向符合性（I2）	工业用地评价单元内的现状产业类别与规划产业主导类型的一致性，反映工业用地按规划转型升级情况	—
	建设强度	工业容积率（I3）	工业用地评价单元内的建筑总面积（万平方米）/评价单元面积（公顷），反映土地的建设强度	—
		建筑密度（I4）	工业用地评价单元内的建筑基底面积（万平方米）/评价单元面积（公顷），反映土地的建设强度	%
	利用效益	地均固定资产投资（I6）	工业用地评价单元内的工业（物流）企业固定资产原价（万元）/评价单元面积（公顷），反映土地的投入强度	万元/公顷
		地均税收（I7）	工业用地评价单元内的工业（物流）企业税收总额（万元）/评价单元面积（公顷），反映土地的产出效益	万元/公顷

3. 指标值评价结果

（1）评价指标现状值计算

工业用地评价指标包括规划用途一致性、产业导向符合性、工业容积率、建筑密度、地均固定资产投资、地均税收 6 项。

规划用途一致性指标判别：评价单元现状用地分类细分到一类工业用地（M1）、二类工业用地（M2）、三类工业用地（M3）等中类，以及物流仓储用地（W）大类，将现状土地用途与规划用途进行对比分析，判别筛选出现状用途与规划用途一致的，判定结果为一致，否则是不一致。规划一致的评价单元 225 个，面积为 909.93 公顷；规划不一致的评价单元 50 个，面积为 365.95 公顷，分布在主城区田中片区、主城区洪山片区、安源转型工业园片区、安源组团。

产业导向符合性指标判别：根据《江西省市场准入清单》（2018 年版）《萍乡市市场准入清单》（2014 年版）《产业结构调整指导名录》（2019 年本）等相关资料规定的市场准入负面清单及产业结构调整指导目录进行对比分析，根据《萍乡市打赢蓝天保卫战三年行动方案》、《萍乡市建成区内重污染企业搬迁改造实施方案》（萍府办发〔2017〕57 号）所列整改名录，将符合上述名录的工业企业判定为不符合。产业导向符合性判定结果不符合的评价单元 34 个，面积为 372.14 公顷，其中属于"退二进三"地块的评价单元 22 个，面积为 99.05 公顷，"僵尸企业"及重污染搬迁改造的评价单元 12 个，面积为 273.09 公顷，包括浮法玻璃、中材水泥、飞虎化工、柯美纸业、萍安钢等已列入搬迁改造重污染企业名录的工业企业用地。

综合上述规划符合度判定指标规划用途一致性和产业导向符合性判定结果，将规划用途不一致或产业不符合的统一归并为用途不符合的用地，判定结果为不符合的评价单元共 80 个，面积为 536.17 公顷。

工业容积率、建筑密度、地均固定资产投资、地均税收指标现状值计算所需的基础数据是工业用地评价单元内的各类建筑（构筑物）总面积、建筑基底面积、固定资产投资额、工业年产值、年度纳税总额、土地面积，数据是在前述制作形成的评价工作底图中，通过提取各个评价单元对应的数据得到。在此基础上，按指标含义计算得到指标现状值。各工业用地评价单元指标现状值计算结果见图 9、图 10、图 11、图 12。综合容积率最大值为 2.95，最小值为 0。按现状值划分成 10 个区间，有 140 个集中分布在 0.6~1.2，占比为 50.9%，其中在 0.6~0.9 的共有 83 个，占比为 30.2%。建筑密度最大值为 53%，最小值为 0，平均值为 25%，集中分布在 20%~40%，共 168 个，占比 61.1%。地均固定资产投资最大值为 22150.4 万元 / 公顷，最小值为 0 万元 / 公顷，平均值为 2125.1 万元 / 公顷，分布在 0~2215.04 的评价单元有 180 个，占比 65.5%，分布在 2215.04~4430.08 的评价单元有 65 个，占比为 23.6%，总体固定资产投入水平偏低；地均税收最大值为 2645.80 万元 / 公顷，最小值为 0 万元 / 公顷，平均值为 118.61 万元 / 公顷，分布在 264.58 万元 / 公顷以上的仅占 9.1%。

（2）工业用地指标空间分布

工业用地级别空间分布：总的来说，萍乡市采取的是工业进园，工业主要分布在萍乡经济技术开发区、安源转型工业园、安源区组团东北片区中，并建设起了独立的居住社区和社会服务配套设施，便于资源的集中配置和利用。随着城市人口的进一步增长，特别是近年来经济的快速发展，城市中心区逐渐向萍乡经济技术开发区扩张，工业逐渐向萍乡经济技术开发区转移，有利于土地集约节约利用。随着交通条件、基础设施条件的变化，工业用地

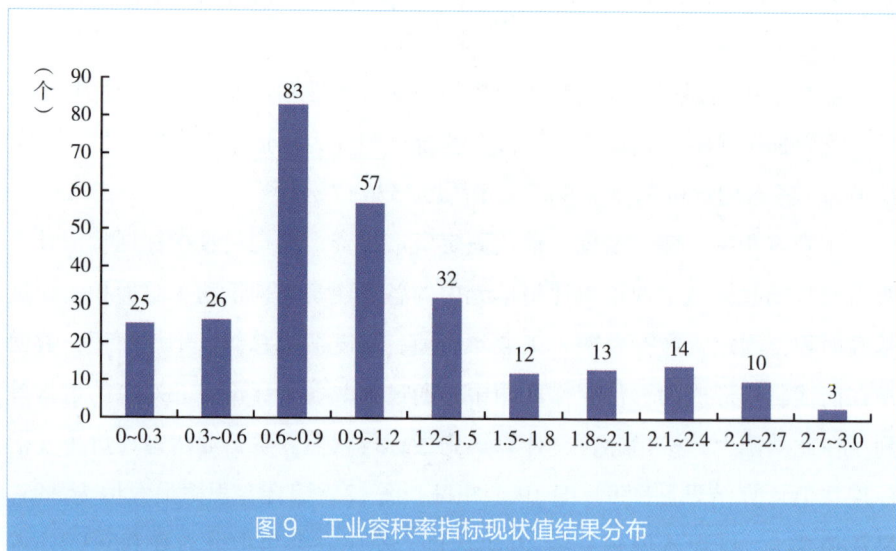

图 9 工业容积率指标现状值结果分布

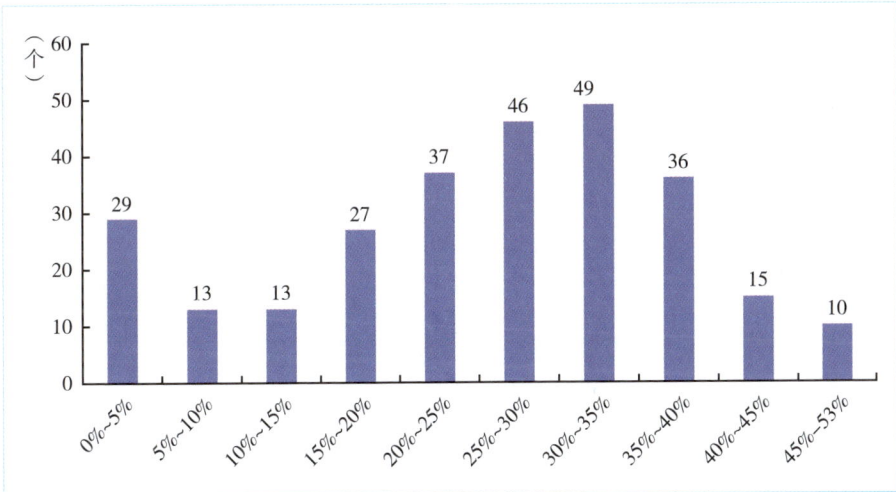

图 10　工业用地建筑密度指标现状值结果分布

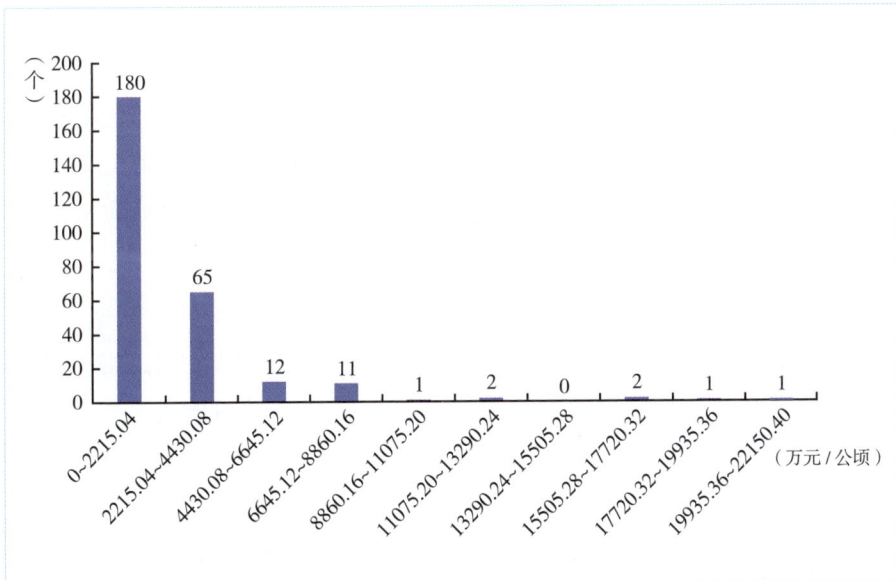

图 11　工业用地地均固定资产投资指标现状值结果分布

161

（个）300

250

200

150

100

50

0

- 250
- 15
- 6
- 2
- 0
- 0
- 0
- 0
- 1
- 1

0~264.58　264.58~529.16　529.16~793.74　793.74~1058.32　1058.32~1322.90　1322.90~1587.48　1587.48~1852.06　1852.06~2116.64　2116.64~2381.22　2381.22~2645.8（万元/公顷）

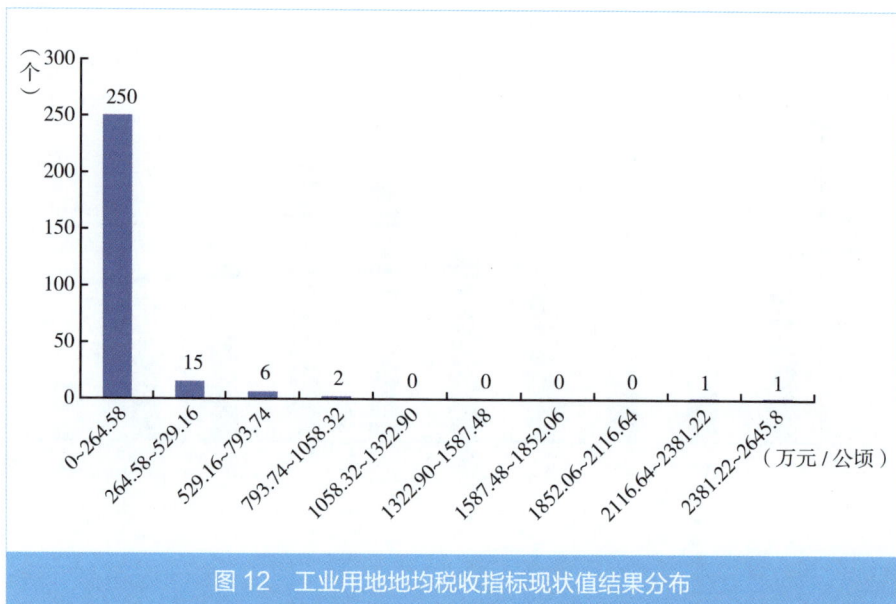

图 12　工业用地地均税收指标现状值结果分布

容积率、建筑密度等指标呈缓慢上升趋势。利用效益方面本轮评价新增了地均税收指标的考核，整体利用效益较上一轮有较大变化，是减少趋势。2015年工业功能区评价主要是已建成地块上的单位用地投入与产出指标，投入与产出基本呈正比关系，本次评价增加了在建、未建用地，经济效应不明显，工业用地效益水平不高。

工业用地利用强度和利用效益高的评价单元主要分布于中心城区东面的安源转型工业园区、北面的萍乡经济技术开发区和周江工业园。而另一处产业集聚区安源区组团东北片区内呈现利用强度低的情况，主要原因为空闲地较多，造成容积率和建筑密度比控制性详细规划指标值低。利用效益低的情况主要是由于该区域位于安源东北片区规划的居住及中央商务区，按照现状调查结果，大部分已停产、废弃，已确认是"僵尸企业"，目前遗留厂房等容积率及建筑密度及产能较低，如萍乡光伏玻璃厂、萍乡市化肥厂、萍乡市农用车制造总厂、萍乡市化工厂、安源钢铁厂、安源发电厂等。

（3）单项指标数据对比分析

中心城区平均综合容积率为 0.89，最高值为 2.95，其次为 2.78 和 2.73，位于萍乡经济技术开发区，分别是萍乡市圣峰填料有限公司、江西科帕克环保化工有限公司、萍乡市电控设备有限公司，最低值为 0，主要为一些未建设地块。

平均建筑密度是 26.64%，最大值是 53.00%，为萍乡中天化工填料有限公司用地，其次是 51.00%，为后埠物流仓储和轮胎翻新厂用地，都位于中心城区外围区域；最低值为 0，为未建地块。

平均地均固定资产投资总额为 1534.19 万元 / 公顷，排在前三位的值为 22150.36 万元 / 公顷、19354.55 万元 / 公顷、17687.62 万元 / 公顷，分别是位于萍乡经济技术开发区内的江西柯美纸业有限公司、萍乡德博科技股份有限公司、江西鑫陶科技股份有限公司，最低值为 0 万元 / 公顷，为未建或在建、新建未投产地块。

地均税收为 328.41 万元 / 公顷，排在前三位的值为 2645.78 万元 / 公顷、2231.75 元 / 公顷、1015.84 万元 / 公顷，分别是位于安源转型工业园区内江西萍钢实业股份有限公司，萍乡经济技术开发区内的江西鑫陶科技股份有限公司、萍乡德博科技股份有限公司，最低值为 0 万元 / 公顷，为未建或在建、新建未投产地块。

（4）单项指标数据分类分析

工业用地中的一类工业用地面积占主导，但二类工业用地的利用强度和利用效益较好，并不是二类工业用地运营较好的结果，相反调查确认的 8 宗二类工业用地中有 4 宗停产废弃，另有 2 宗被列为重污染搬迁改造对象，如江西萍钢实业股份有限公司，该企业用地的年度税收总额高达 326151 万元，占二类工业税收总额的 97.9%，将二类工业用地总体产出水平提高，不具有普遍性。从企业均衡发展来看，一类工业用地面积占比达 70%，土地利用情况整体上优于其他工业类型，也代表了萍乡市工业用地的利用方向。评价指标值详见表 9。

表9　工业用地评价指标值

工业用地	面积 （公顷）	综合容积率	建筑密度 （%）	地均税收 （万元/公顷）	地均固定资产投资 （万元/公顷）
一类工业用地	892.53	0.90	26	94.46	1738.4
二类工业用地	207.85	0.92	32.15	1603	1579.42
三类工业用地	58.65	0.81	31.63	0.17	895.54
物流仓储用地	116.85	0.86	19.26	12.97	214.49
合计	1275.88	0.89	26.64	328.41	1534.19

4. 节约集约利用状况评价结果

工业用地土地集约利用程度相对较差，集约利用土地的占比仅有11%，低效利用土地的占比超过70%，土地潜力挖掘空间较大。详见表10。

表10　参评评价单元土地集约利用状况汇总（按评价单元地类）

评价单元分类	过度利用		集约利用		中度利用		低效利用							
							合计		用途配置		开发强度		利用效益	
	面积 （公顷）	数量 （个）	面积 （公顷）	数量 （个）	面积 （公顷）	数量 （个）	面积 （公顷）	数量 （个）	面积 （公顷）	数量 （个）	面积 （公顷）	数量 （个）	面积 （公顷）	数量 （个）
工业用地	0	0	140.43	30	122.84	49	1012.61	196	536.19	80	377.38	89	99.04	27

（四）教育用地

在评价单元中，提取高等学校用地（A31）、中等专业学校用地（A32）、小学（A331）、中学（A332）等作为教育用地评价的对象。在本次评价中，教育用地评价单元共计78个，总面积为331.09公顷，占参评评价单元总面积的7.48%。其中，中学用地共计29个，总面积为126.92公顷，占比为2.87%，所占比例相比于其他三类教育用地大。

1. 评价方法

教育用地集约利用状况划分按如下公式进行综合集成：

$$[集约利用状况] = f([规划符合度]，[建设强度]，[利用效益]) \quad (1)$$

$$[规划符合度] = f([规划用途一致性]) \quad (2)$$

$$[建设强度] = f([综合容积率]，[建筑密度]) \quad (3)$$

$$[利用效益] = f([地均服务学生数]) \quad (4)$$

2. 评价指标选取

教育用地评价指标及指标含义具体见表 11。

表 11　教育用地评价指标

用地类型	准则层	指标层（代码）	指标含义与计算公式	计量单位
教育用地	规划符合度	规划用途一致性（E1）	教育用地评价单元的现状土地用途与规划用途的一致性，反映按照规划可改造用地情况	—
	建设强度	综合容积率（E2）	教育用地评价单元内的建筑总面积（万平方米）/评价单元面积（公顷），反映土地的建设强度	—
		建筑密度（E3）	教育用地评价单元内的建筑基底面积（万平方米）/评价单元面积（公顷），反映土地的建设强度	%
	利用效益	地均服务学生数（E4）	教育用地评价单元内的学生总数（人）/评价单元面积（公顷），反映土地的教育人口承载水平	人/公顷

3. 指标值评价结果

（1）评价指标现状值计算

教育用地评价指标包括规划用途一致性、综合容积率、建筑密度、地均服务学生数四项。

规划用途一致性指标判别：评价单元现状用地分类细分到高等学校用地（A31）、中等专业学校用地（A32）、小学（A331）、中学（A332）等小类，将现状土地用途与规划用途进行对比分析，判别筛选出现状用途与规划用途一致的，判定结果为一致，否则是不一致。规划一致的评价单元为 74 个，面积为 322.66 公顷。规划不一致的评价单元为 4 个，面积为 8.43 公顷，分布在主城区田中片区、老城区、安源组团。

综合容积率、建筑密度、地均服务学生数指标现状值计算所需的基础数据是教育用地评价单元内的各类建筑总面积、建筑基底面积、学生人数、土地面积，数据是在前述制作形成的评价工作底图中，通过提取各个评价单元对应的数据得到。在此基础上，按指标含义计算得到指标现状值。各教育用地评价单元指标现状值计算结果见图13、图14、图15。综合容积率最大值为2.34，最小值为0，按现状值划分成10个区间，集中分布在区间0.46~1.15，共47个，占比60.26%。建筑密度最大值为47%，最小值为0，平均值为23%，集中分布区间是15%~25%，个数为33个，占比42.3%。地均服务学生数最大值为3961.48人/公顷，最小值为0人/公顷，平均值为727.41人/公顷，集中分布在792.3人/公顷以下，占比为71.8%。

（2）教育用地指标空间分布

教育用地指标空间分布：教育用地分布较为零散，现状教育用地主要集中在白源街道、凤凰街道，有些学校夹在居民住宅、市场或其他建筑之间。利用强度和利用效益高的评价单元多为城区内的中小学用地和部分高等院校用地，如江西广播电视大学萍乡分校用地，容积率为2.34，建筑密度为37%，

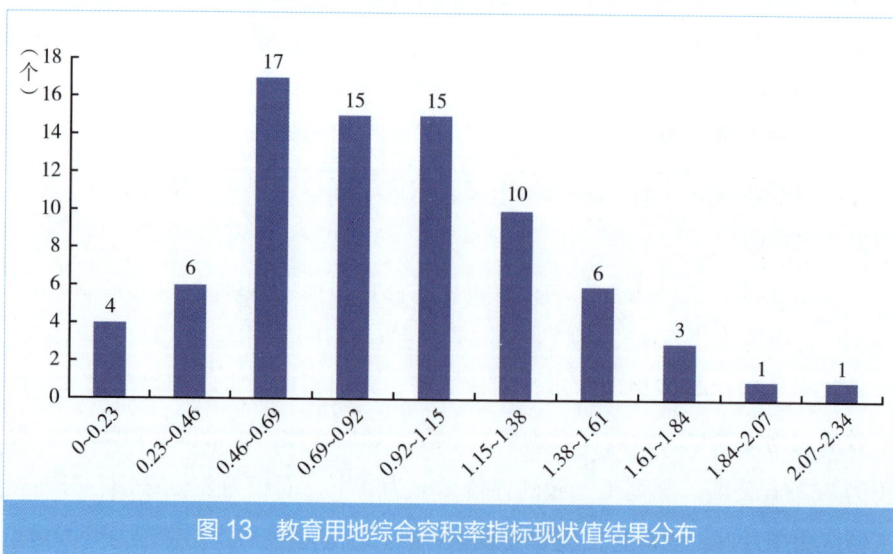

图13　教育用地综合容积率指标现状值结果分布

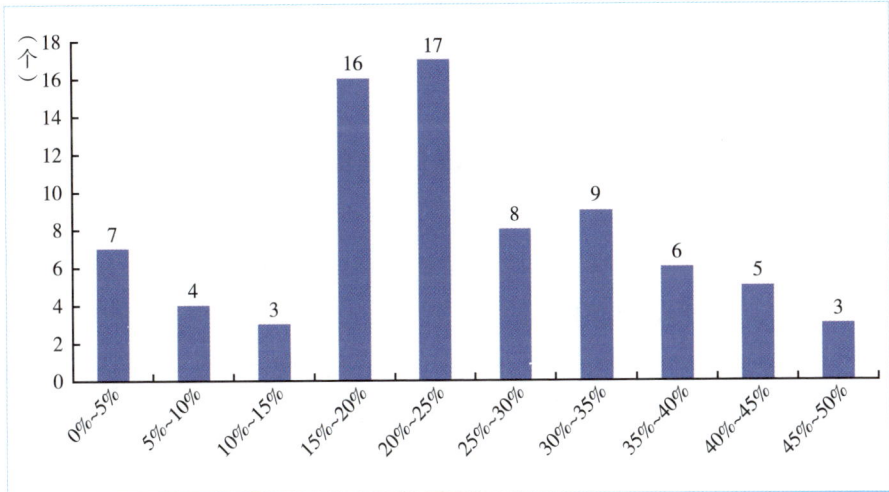

图 14 教育用地建筑密度指标现状值结果分布

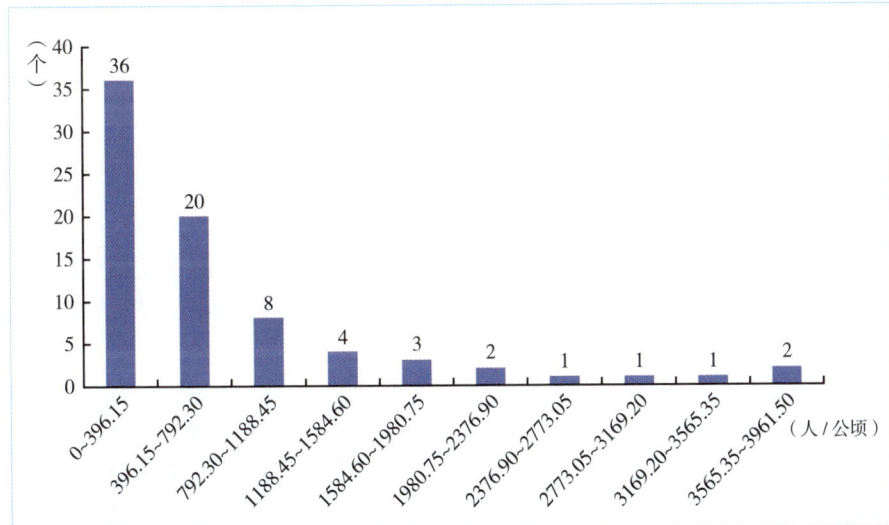

图 15 教育用地地均服务学生数指标现状值结果分布

在校学生人数为 3765.5 人 / 公顷。

（3）单项指标数据对比分析

中心城区教育功能区平均综合容积率为 0.69，高等院校用地为 0.49、中

167

等院校用地为 0.81、中学用地为 0.69、小学用地为 1.02。最高值为 2.34，为江西广播电视大学萍乡分校（高等院校用地），其次通济小学为 1.93、萍乡市中心幼儿园为 1.77，最低值为 0，为未建或在建地块。

教育功能区平均建筑密度为 17.58%，高等院校用地为 15.84%、中等院校用地为 18.46%、中学用地为 16.85%、小学用地为 23.43%。最高值为 47.1%，为萍乡市安源区白源中学，其次晨曦学校为 46.6%、安源区城区小学为 46%，最低值为 0，为未建或在建地块。

平均单位用地服务学生数为 363 人／公顷，高等院校用地为 238 人／公顷、中等院校用地为 488 人／公顷、中学用地为 284 人／公顷、小学用地为 764 人／公顷。小学用地最高为 3961 人／公顷，为登岸小学，最低值为 0，为万新小学在建地块；中学用地最高为 2003 人／公顷，为萍乡实验学校，最低值为 0，为乐源杜威国际学校、玉湖学校、田中实验学校等未建或在建地块；中等专业学校用地最高为 2483 人／公顷，为萍乡市公关中等职业专科学校，最低为 251 人／公顷，为萍乡市交通职业学校；高等院校用地最高为 3766 人／公顷，为江西广播电视大学萍乡分校，最低值为 0，萍乡学院综合大学扩建项目，未建。

（4）单项指标数据分类分析

教育用地按功能类型区分为 4 类：高等院校用地、中等院校用地、中学、小学。小学用地的利用强度较高于其他学校用地，地均服务学生数也较高，强度和效益相匹配。评价指标详见表 12。

表 12　教育用地评价指标值

教育用地	面积（公顷）	综合容积率	建筑密度（%）	地均服务学生数（人／公顷）
高等院校用地	102.66	0.49	15.84	238.12
中等院校用地	65.06	0.81	18.46	487.93
中学	126.52	0.69	16.85	283.84
小学	36.86	1.02	23.43	763.9
合计	331.09	0.69	17.58	363.21

4. 节约集约利用状况评价结果

教育用地土地集约利用程度良好，中度利用水平以上的土地面积占比达到 74%，但仍有一定量的低效利用土地，同样需进一步深度开发，挖掘土地潜力，提高土地资源开发利用效率（见表 13）。

表 13　参评评价单元土地集约利用状况汇总（按评价单元地类）

评价单元分类	过度利用		集约利用		中度利用		低效利用								
							合计		用途配置		开发强度		利用效益	
	面积（公顷）	数量（个）	面积（公顷）	数量（个）	面积（公顷）	数量（个）	面积（公顷）	数量（个）	面积（公顷）	数量（个）	面积（公顷）	数量（个）	面积（公顷）	数量（个）
教育用地	0	0	67.53	34	177.81	22	85.75	22	8.43	4	60.72	13	16.60	5

（五）其他用地

一是根据棚户区改造资料，将明确已经列入改造项目内的除居住、商业、工业、教育等用地类型以外的地块；二是将现状为公用设施用地、村庄建设用地、交通设施用地、文化设施用地、医疗卫生用地等其他用地，规划主导用途是居住、商业、工业的评价单元，一并纳入其他用地评价对象。其他用地评价单元共计 12 个，总面积为 16.27 公顷，占参评评价单元总面积的 0.37%。包含 2 个公用设施用地地块、5 个村庄建设用地地块、2 个交通设施用地地块、1 个区域交通设施用地地块、1 个文化设施用地地块、1 个医疗卫生用地地块。

1. 评价方法

其他用地集约利用状况划分按如下公式进行综合集成：

$$[集约利用状况] = f([规划符合度], [建设强度]) \qquad (1)$$

$$[规划符合度] = f([规划一致性]) \qquad (2)$$

$$[建设强度] = f([综合容积率], [建筑密度]) \qquad (3)$$

2. 评价指标选取

其他用地评价指标及指标含义具体见表 14。

表 14　商服用地评价指标

用地类型	准则层	指标层（代码）	指标含义与计算公式	计量单位
其他用地	规划符合度	规划用途一致性（X1）	其他用地评价单元的现状土地用途与规划用途的一致性，反映按照规划可改造情况	—
	建设强度	综合容积率（X2）	其他用地评价单元内的建筑总面积（万平方米）/评价单元面积（公顷），反映土地的建设强度	—
		建筑密度（X3）	其他用地评价单元内的建筑基底面积（万平方米）/评价单元面积（公顷），反映土地的建设强度	%

3. 指标值评价结果

（1）评价指标现状值计算

其他用地评价指标包括规划用途一致性、综合容积率、建筑密度三项。规划用途一致性指标判别：评价单元现状用地分类细分到公用设施用地（U）、交通设施用地（S）等大类，村庄建设用地（H14）、区域交通设施用地（H2）、文化设施用地（A2）、医疗卫生用地（A5）等中类，现状土地用途与规划用途进行对比分析，现状用途与规划用途都不一致，判定结果是不一致，分布在主城区洪山片区、新城区及万新轻工业产业基地、碳石片区、城西片区、老城区、安源组团。

综合容积率、建筑密度指标现状值计算所需的基础数据是其他用地评价单元内的各类建筑总面积、建筑基底面积、土地面积，数据是在前述制作形成的评价工作底图中，通过提取各个评价单元对应的数据得到。在此基础上，按指标含义计算得到指标现状值。各其他用地评价单元综合容积率、建筑密度指标现状值计算结果见图 16、图 17。综合容积率最大值为2.49，最小值为 0.47，平均值为 1.39。建筑密度最大值为 58%，最小值为3%，平均值为 35%。

（2）其他用地指标空间分布

其他公共服务用地指标空间分布：公共服务用地级别分布多沿主干道呈带状分布。

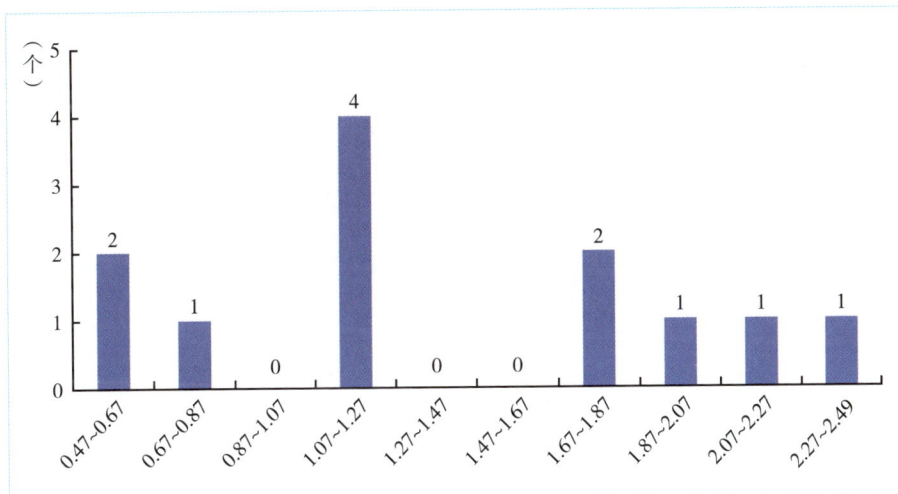

图 16　其他用地综合容积率指标现状值结果分布

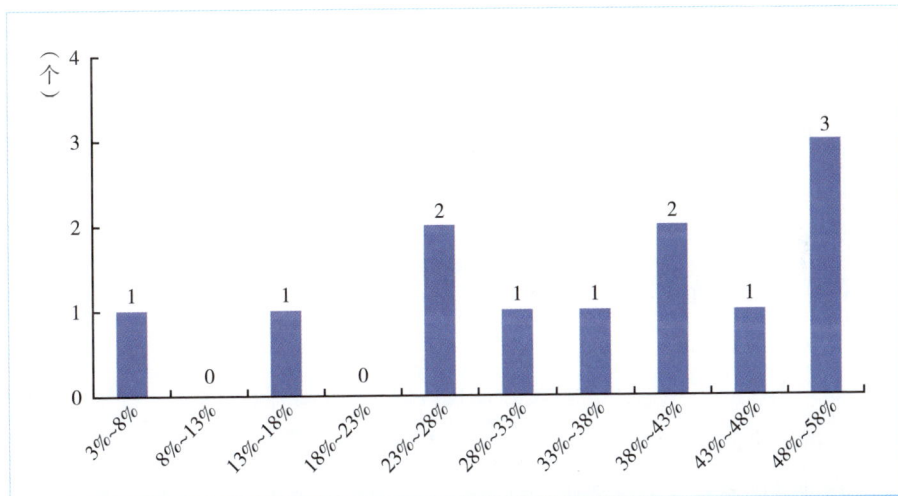

图 17　其他用地建筑密度指标现状值结果分布

4. 节约集约利用状况评价结果

其他用地土地集约利用程度较差，全部为低效利用土地，需要深度开发，提高土地资源开发利用效率（见表15）。

171

评价单元分类	过度利用		集约利用		中度利用		低效利用							
							合计		用途配置		开发强度		利用效益	
	面积（公顷）	数量（个）	面积（公顷）	数量（个）	面积（公顷）	数量（个）	面积（公顷）	数量（个）	面积（公顷）	数量（个）	面积（公顷）	数量（个）	面积（公顷）	数量（个）
其他用地	0	0	0	0	0	0	16.27	12	16.27	12	0	0	0	0

表 15　参评评价单元土地集约利用状况汇总（按评价单元地类）

三　潜力及挖潜收益测算

（一）土地开发改造潜力确定

首先，从低效用地数据库中筛选出规划期内可开发改造潜力地块或项目。从空间格局优化方面考虑，遵循成熟一片、开发一片的原则，从评价存量低效用地、批而未供土地数据库、规划未利用地块中筛选出 2020~2025 年可以开发的项目，初步确定潜力规模范围。其次，对初步确定的低效用地，确定项目是否可行。最后，结合市、区人民政府提供的意见与建议，确定萍乡市中心城区在规划期间需要开发的项目最终范围。

1. 存量改造潜力地块

（1）存量改造提取技术路线

存量改造提取技术路线如下。

规划不符合的地块中，确定是棚户区改造地块的低效用地，直接认定为存量改造地块。

产业导向不符合的地块中，确定是重污染搬迁企业用地、"僵尸企业"用地、"退二进三"产业用地等，直接认定为存量改造地块。

其他用途配置低效型、开发强度低效型用地中，扣除未开发建设、正在开发建设的低效用地，剩余地块认定为可改造开发的存量地块。

（2）存量改造潜力分类

存量改造潜力用地以用途配置低效型、开发强度低效型用地为基础，面积合计 1329.64 公顷，占参评对象面积的 30.02%，占低效用地总面积的 64.06%，潜力盘活空间巨大。

按低效类型划分，用途配置低效有 132 个评价单元，面积为 816.84 公顷，开发强度低效有 105 个评价单元，面积为 512.80 公顷。

从规划用途分布结果来看，存量潜力以工业用地利用为主，其次是居住、商业、教育和其他用地，面积分别为 679.83 公顷、491.10 公顷、117.20 公顷、29.68 公顷、11.83 公顷，占比分别为 51.13%、36.94%、8.81%、2.23%、0.89%（见图 18）。

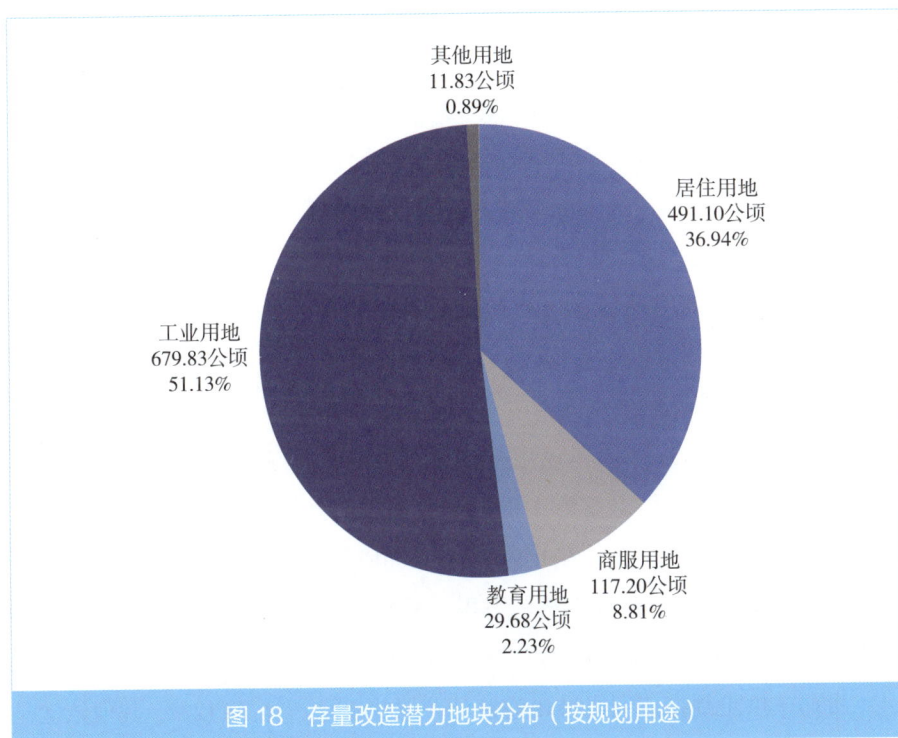

图 18　存量改造潜力地块分布（按规划用途）

（3）存量改造潜力特点

老城区内棚户区改造地块面积为 243.21 公顷，宗地为 53 个，主要是三类居住用地。该低效用地分布较为零散，且地块较小，不利于规模化集中实施再开发。老城区内对纳入棚户区改造的存量用地实施改造，统筹考虑老城保护、调整优化和新城发展，通过对老城区"做减法"，多拆少建、疏导不适合在老城区发展的城市功能和产业，集中拆迁一批老旧小区和商贸店铺，挖潜存量建设用地，严格控制老城内的建筑总量和建设项目规模，妥善解决老城存在的棚户区、城中村、交通拥堵、环境污染、消防隐患等问题。

产业导向不符合的低效产业用地，包括安源组团内的 7 宗"僵尸企业"用地，面积为 75.85 公顷；安源转型工业园区的江西萍钢实业用地面积为132.27 公顷；萍乡经济技术开发区 2 宗重污染搬迁改造企业和 18 宗"退二进三"产业用地，面积为 124.42 公顷；上栗县 1 宗重污染搬迁改造企业，面积为 35.64 公顷。从空间分布上来看，其位于几个主要产业园区范围内，比较集中连片，有利于实施规模化集中再开发。低效产业用地再开发是对城镇用地范围内利用强度较低、淘汰、落后、不符合安全生产和环保要求的产业用地进行开发，释放产业发展空间，推动城市规划、区域功能的落实，优化土地资源空间布局。

其他存量低效用地包含用途配置低效型 205.44 公顷和利用强度低效型512.80 公顷。

2. 批而未供潜力地块

批而未供潜力地块以建设用地报批、供应数据为基础，从"江西省土地利用动态监管系统"数据库中提取中心城区内批复年度为 2008~2018 年的已经批准的批次土地，初步确定范围为 2008~2018 年的批而未用土地。根据"江西省土地利用动态监管系统"数据，截至 2020 年 6 月，萍乡市中心城区2008~2018 年批而未供地块面积为 65.33 公顷。

批而未供土地按不同批准用途统计，居住用地占比 73.12%，其他依次是其他用地 12.31%、工业用地 10.53%、商服用地 4.04%。批而未供土地主要分布在萍乡经济技术开发区和安源区，其中萍乡经济技术开发区 37.53 公顷，安源区 27.8 公顷。

按照全省县（市、区）2008 年以来批而未供土地消化利用考核标准，如表 16 所示，萍乡经济技术开发区（市本级）、安源区近 5 年平均实际用地面

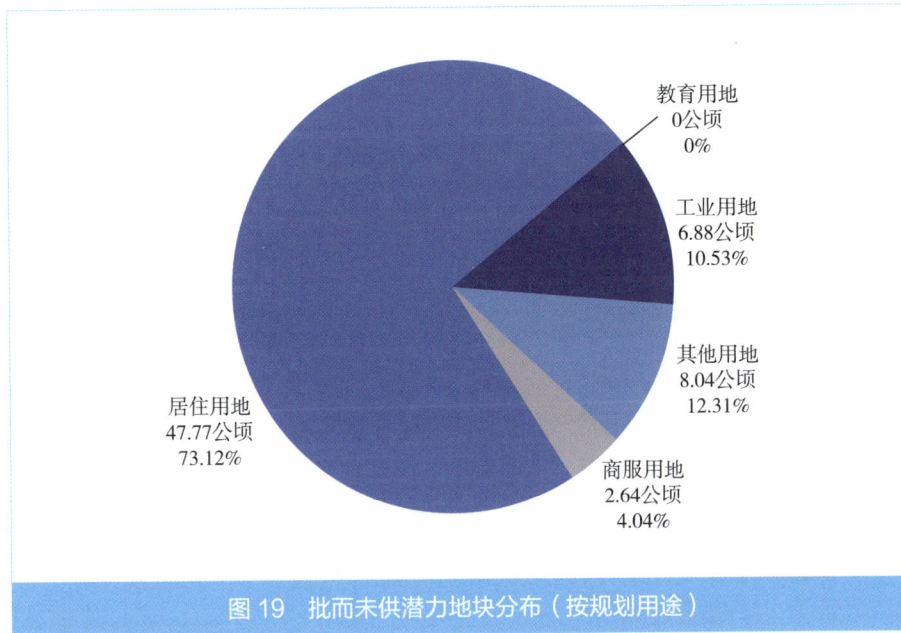

图 19　批而未供潜力地块分布（按规划用途）

积分别达到 154.59 公顷、108.21 公顷，因此，对应批而未供土地的消化周期分别是 0.5 年、0.6 年。

表 16　批而未供潜力地块消化周期情况

行政区	批而未供土地面积（公顷）	近 5 年平均实际用地面积（公顷）	批而未供土地消化周期（年）
萍乡经济技术开发（市本级）	73.58	154.59	0.5
安源区	68.01	108.21	0.6

3. 规划未利用潜力地块

（1）规划未利用地块提取技术路线

规划未利用潜力地块以现状图与规划图对比为基础，结合用地审批资料，提取已有明确规划用途但还尚未报批或未通过用地审批的地块。规划未利用数据提取过程和思路如下。

"中心城区允许建设区地类图斑"与"城总规"叠加，提取"城总规"中是建设用地、"中心城区允许建设区地类图斑"中是非建设用地的数据，形成"规划未利用全库数据"。

"规划未利用全库数据"擦除存量改造地块、批而未供数据，形成"规划未利用初步评价数据"。

删除"规划未利用初步评价数据"中的碎小图斑，形成最终的"规划未利用评价成果"。

（2）规划未利用地块分类

通过叠加萍乡市城市总体规划图，萍乡市中心城区规划未用地面积142.63公顷，规划用途以居住用地和其他用地为主，分别占比35.32%、34.55%，其他依次是工业用地（12.05%）、商服用地（11.35%）和教育用地（6.73%）（见图20）。

按行政区划分，分布在萍乡经济技术开发区内的规划未利用地块为71.21公顷，安源区为65.06公顷，上栗县为6.36公顷，占比分别为49.93%、45.61%、4.46%（见图21）。

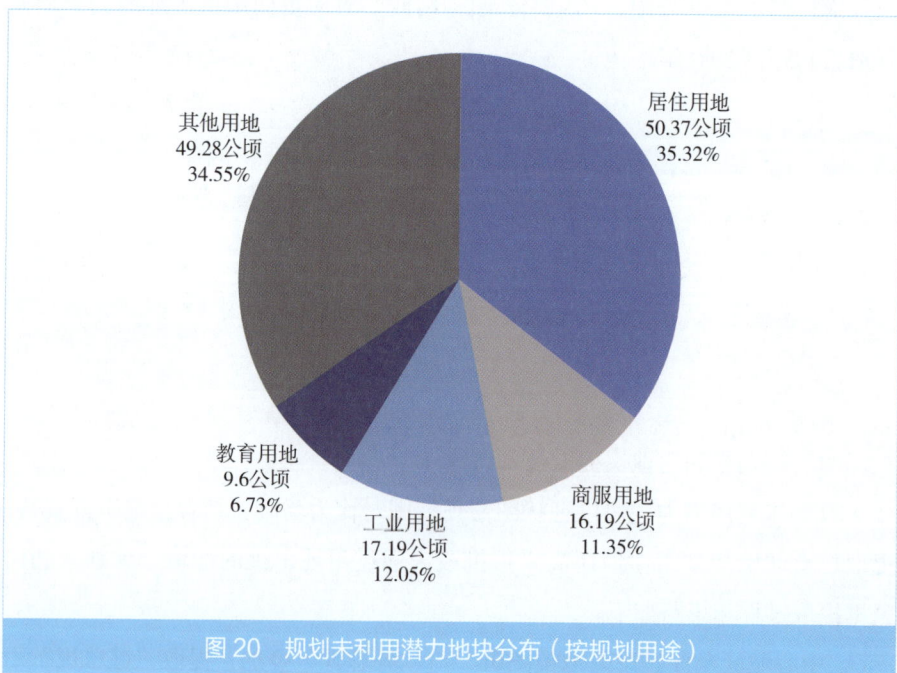

图20　规划未利用潜力地块分布（按规划用途）

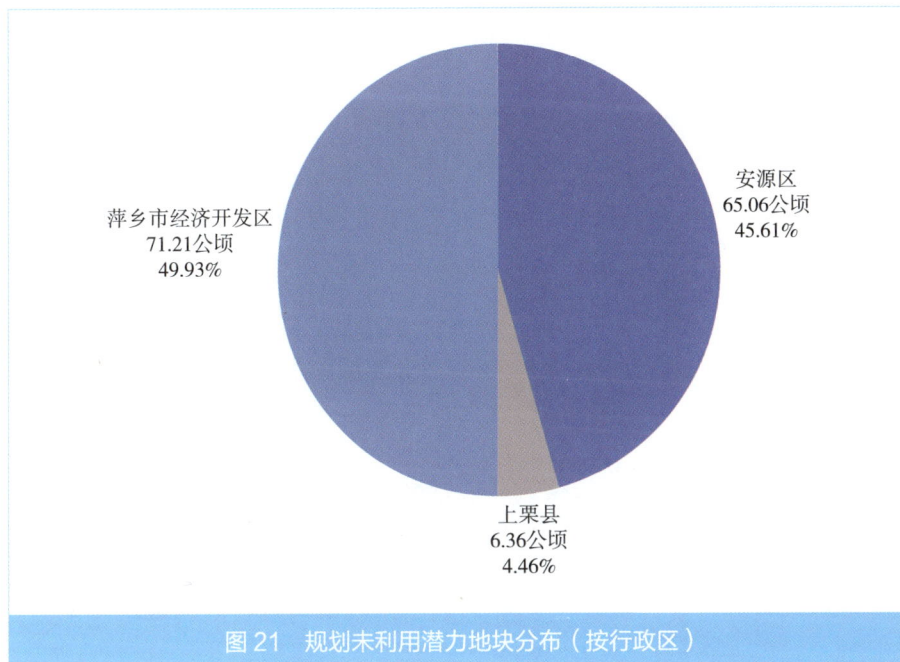

安源区
65.06公顷
45.61%

萍乡市经济开发区
71.21公顷
49.93%

上栗县
6.36公顷
4.46%

图 21　规划未利用潜力地块分布（按行政区）

4. 潜力用地汇总分析

综合上述分析，土地开发改造潜力地块总面积为 1537.60 公顷（见表 17），主要是存量改造地，其次是规划未利用地和批而未供地，占比分别为 86.47%、9.28%、4.25%（见图 22）。

表 17　土地开发改造潜力汇总（按规划用途）

规划用途	存量改造潜力用地（公顷）	批而未供用地（公顷）	规划未利用地（公顷）	合计（公顷）
居住用地	491.10	47.77	50.37	589.24
商服用地	117.20	2.64	16.19	136.03
工业用地	679.83	6.88	17.19	703.90
教育用地	29.68	0.00	9.60	39.28
其他用地	11.83	8.04	49.28	69.15
合计	1329.64	65.33	142.63	1537.60

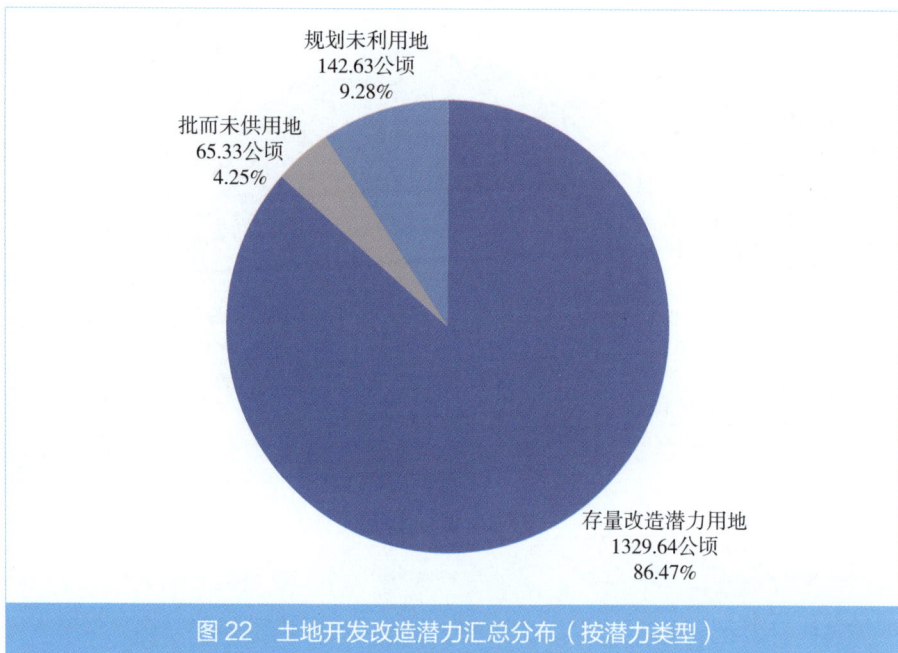

图 22　土地开发改造潜力汇总分布（按潜力类型）

按规划用途进行统计，工业用地较多，占比为 45.78%，其次是居住用地，占比为 38.32%，其他依次是商服用地、其他用地和教育用地，占比分别为 8.85%、4.50%、2.55%（见图 23）。

按行政区划分，分布在萍乡经济开发区内的潜力地块 562.80 公顷，安源区859.30 公顷，上栗县 115.50 公顷，占比分别为 36.60%、55.89%、7.51%（见图 24）。

（二）土地收益潜力测算

存量可改造地块以全部拆除或部分拆除现有物业改造的方式进行挖潜，批而未用、规划潜力地块按照假设开发法进行挖潜。

1. 土地开发成本测算

通过调查了解，根据萍乡市土地收购储备中心、安源区自然资源分局耕地保护股、安源区土地收购储备中心、萍乡经开区自然资源分局提供的相关资料，土地成本指从土地征收、前期开发，到完成供应整个过程中产生的各类取得成本与开发成本，包括但不限于征地和拆迁补偿费、土地前期开发费

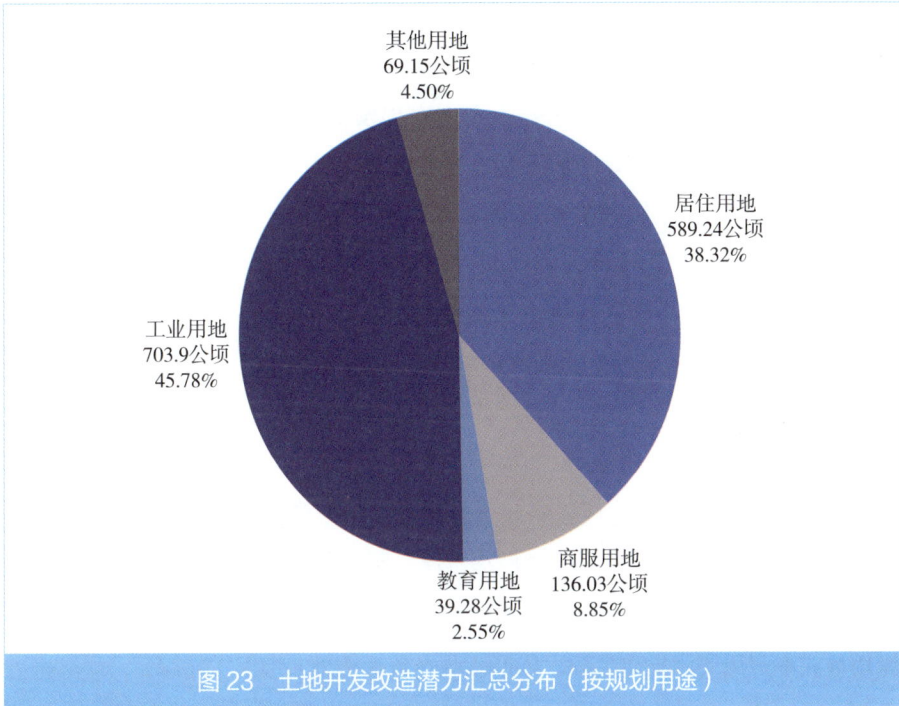

图 23 土地开发改造潜力汇总分布（按规划用途）

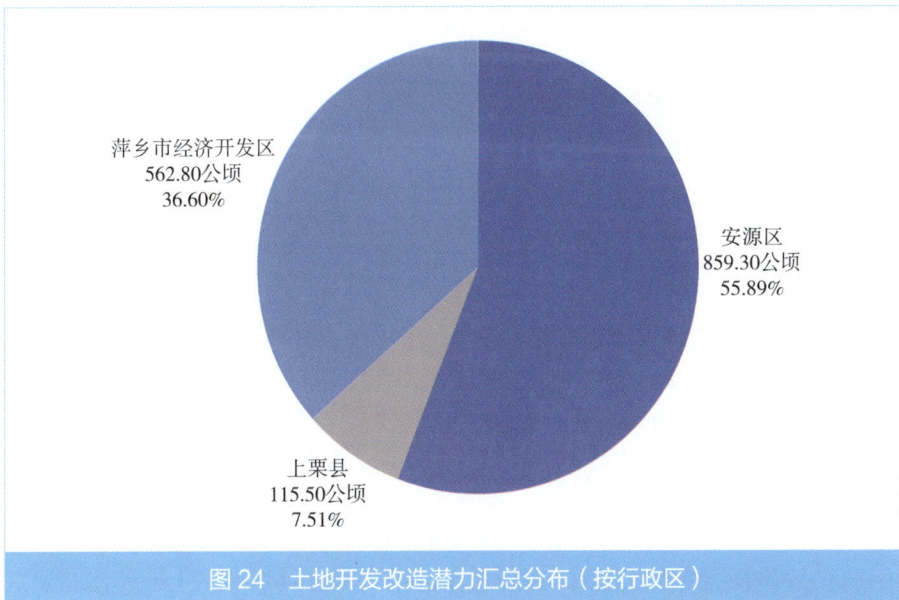

图 24 土地开发改造潜力汇总分布（按行政区）

179

用、补助被征地农民社会保障、业务费等，而且新增建设用地和存量建设用地的土地前期开发费用应分别测算。新增建设用地成本主要包含了土地征收和拆迁补偿安置费用（农转用征收专用支出及拆迁补偿支出）、相关税费合计、其他成本（新增建设用地土地有偿使用费、农业土地开发资金、国有土地收益基金、保障性安居工程资金等）、收储管护费用、土地一级开发成本（前期土地建设和土地整理开发达到"六通一平"）等；而存量建设用地成本包括拆迁房屋征收补偿安置成本（土地收回支出、土地收购支出、优先购买支出及其他有关支出）、收储管护费用、其他成本（国有土地收益基金、保障性安居工程资金等）、土地一级开发成本（前期土地建设和土地整理开发达到"六通一平"）等。

通过发放中心城区土地成本调查表，收集中心城区辖区内不同时期（2014年及以前批准批次、2015~2019年批准批次、2020年度批准批次）、不同管理区域（含安源区、安源工业园区、萍乡经开区、上栗县、新城区等）新增和存量建设用地成本费用实际支出金额。依据该调查数据结果，根据实际需要，测算出一个相对平均的土地成本价格供本次评价测算。具体测算结果见表18、表19。

表18 新增建设用地"土地成本"调查结果

年份	县（区）	征收前土地主要用途	土地征收和拆迁补偿安置费用（万元/亩）		相关税费合计（万元/亩）	其他成本（万元/亩）	收储管护费用（万元/亩）	土地建设开发成本（万元/亩）
			区片价标准平均值	实际确定值				
（1）	（2）	（3）	（4）	（5）	（6）	（7）	（8）	（9）
2014年及以前批次	安源区	农用地	4.43	20	2.60	3.45	1.4	43
	上栗县	农用地	3.29	20	2.60	1.06	1.4	44
2015~2019年批次	安源区	农用地	5.40	24	3.60	3.66	1.4	60
	经开区	农用地	5.46	25	3.60	3.66	1.4	60
	上栗县	农用地	3.91	24	3.70	2.21	1.4	60
2020年	安源区	农用地	5.56	25	3.60	4.04	1.4	70
	经开区	农用地	5.68	26	3.60	4.04	1.4	70
	上栗县	农用地	4.17	25	3.70	2.21	1.4	70

表 19　存量建设用地"土地成本"调查结果

征收前土地主要用途	土地征收补偿安置费用（万元/亩）		土地开发成本（万元/亩）	相关税费合计（万元/亩）	其他成本（万元/亩）	收储管护费用（万元/亩）
（1）	（2）	（3）	（4）	（5）	（6）	（7）
农村集体建设用地	2015 年及以前	16.2	90	3.3	5.23	1.4
	2016 年	17.4				
	2017 年	17.92				
	2018 年	20.15				
	2019 年	20.64				
	2020 年及以后	31.68				
住宅		99	90			1.4
商服		77.8	90			1.4
工业		60	90			1.4
教育		123	90			1.4
其他		69.54	90			1.4

注：收储管护费用先按评价单元潜力地块面积计算每年应支付的费用，再按年数（评价时点年份和土地实际征收年份之间的时间差）累计计算应支付的费用。

此外，针对评价范围内的棚户区改造项目，其成本单价是按照改造项目实际预算总投资、改造面积测算出改造单位面积投资强度为标准进行核算。评价范围内涉及相关棚户区改造项目的地块统一按照改造单位面积投资强度、实际建筑面积进行成本值核算平均成本单价。

2. 土地出让收入测算

潜力地块（存量、批而未用、规划未利用）按规划用途，以在相同用途、相同级别等相同土地条件内的区域平均样点地价为参考价格，测算不同潜力地块在不同土地条件均质区域内的出让收益。

样点地价评估参考了萍乡市中心城区基准地价成果和 2011~2019 年的土地供应市场价格。样点地价评估应按照同一市场供需圈内，土地使用价值相同、等级一致的土地应具有同样的市场价格的原理进行。首先，将潜力

181

地块按照影响土地使用价值优劣的土地条件和区位优劣，划分为土地条件均一或土地使用价值相等的若干个区域。其次，在同一类型区域中，从土地交易中成交的市场交易价入手，测算出不同行业用地在不同土地条件均质区域上形成的土地收益或地价，进而测算出区域平均样点地价，具体程序如下。

（1）确定样点地价评估区域

以划分潜力地块的"均质"片区作为样点地价评估区域。潜力地块地价评估工作量较大，资料收集较多，萍乡市也尚未形成相关地价动态监测成果资料。因此，参考了基准地价级别，结合地方意见，划分出不同用途潜力地块的"均质"片区。具体是在相同基准地价级别确定的区域内，相同用途的潜力地块其土地规划利用条件、区位优劣、基础设施、公共服务设施配套水平等条件基本相同，可能会使土地的使用价值相一致，综合考虑这些条件因素，结合实地调查，相同基准地价级别被细分出若干个"均质"区片，也就是样点地价评估区域。

（2）收集整理样点地价资料

萍乡市中心城区供地数据图层包含了 2019 年及其以前年份的供地地块信息。首先，对中心城区供地数据进行预处理，排除出让、划拨地价为 0 的供地数据（可能是供地信息缺失）。其次，考虑时间有效性，提取 2011 年以来的土地供地信息，即签订日期为 2011 年 1 月 1 日至 2019 年 12 月 31 日的供地数据，舍弃 2011 年之前年份的供地数据。

（3）样点地价时间修正

地价指数非专业较难测算，加上样点基础资料数据缺失，考虑用 2011~2015 年、2015~2019 年这两个时段的基准地价年均增长幅度替代地价指数。对样点地价进行时间修正，最后统一修正到 2018 年 12 月 31 日。其中 2015 年之前的样点地价分 2 个时间阶段进行修正，先参考 2011~2015 年基准地价年均增长幅度修正到 2015 年 12 月 31 日，再参考 2015~2019 年基准地价年均增长幅度修正到 2018 年 12 月 31 日。

（4）样点地价容积率修正

在一定容积率范围内，价格高低由容积率的高低决定。为了保持内涵一致，在样点地价时间修正的基础上，将样点地价容积率修正到潜力地块规划容积率。容积率修正系数参考 2011 年、2015 年、2019 年三个时点的基准地价容积率修正系数，继续样点地价容积率修正。对修正系数表里没有的系数，采取内插值法确定修正系数。

（5）测算区域平均样点地价

在相同样点地价评估区域内，选取相同土地用途的样点修正地价，取其平均值作为该区域平均样点地价，如果该区域平均样点地价比当前基准地价还低，就以当前基准地价替代。又如果该区域不在基准地价级别范围内，也就是分布在基准地价级别外围区域，参考潜力地块规划用途对应的该用途最低级别的基准地价确定出让收益单价。

3. 土地收益潜力测算

潜力地块土地出让收入，扣减土地收储成本或前期开发费用成本，计算地块改造后的单位面积土地收益潜力。将潜力测算对象区分为存量和非存量（批而未供、规划未利用），再按不同用地类型或批准（规划）用途分别进行单位面积土地收益情况汇总。

经测算，存量地块规划用途是居住、商业的土地收益潜力以正值为主，负值分布相对较少，规划用途是工业和其他用地的土地收益潜力都是负值。规划为居住、商业的土地收益潜力最高值分别为 9870 万元 / 公顷、17895 万元 / 公顷（见图 25）。

非存量地块规划用途是居住和商业的土地收益潜力是正值，规划用途是工业土地收益潜力以负值为主，正值分布相对较少，规划用途是其他用地的土地收益潜力都是负值。规划居住、商业、工业的土地收益潜力最高值分别为 7888.2 万元 / 公顷、10804.2 万元 / 公顷、41.58 万元 / 公顷（见图 26）。

（三）土地价值潜力分区

1. 潜力分区的方法

土地价值潜力分区主要依据所有潜力测算对象的单位土地经济潜力大小，

存量——居住

收益（万元/公顷）

- 正收益　◆ 负收益

成本（万元/公顷）

存量——商业

收益（万元/公顷）

- 正收益　◆ 负收益

成本（万元/公顷）

存量——工业

收益（万元/公顷）

- 正收益　◆ 负收益

成本（万元/公顷）

存量——其他

收益（万元/公顷）

- 正收益　◆ 负收益

成本（万元/公顷）

图 25　存量用地土地收益潜力测算结果分布

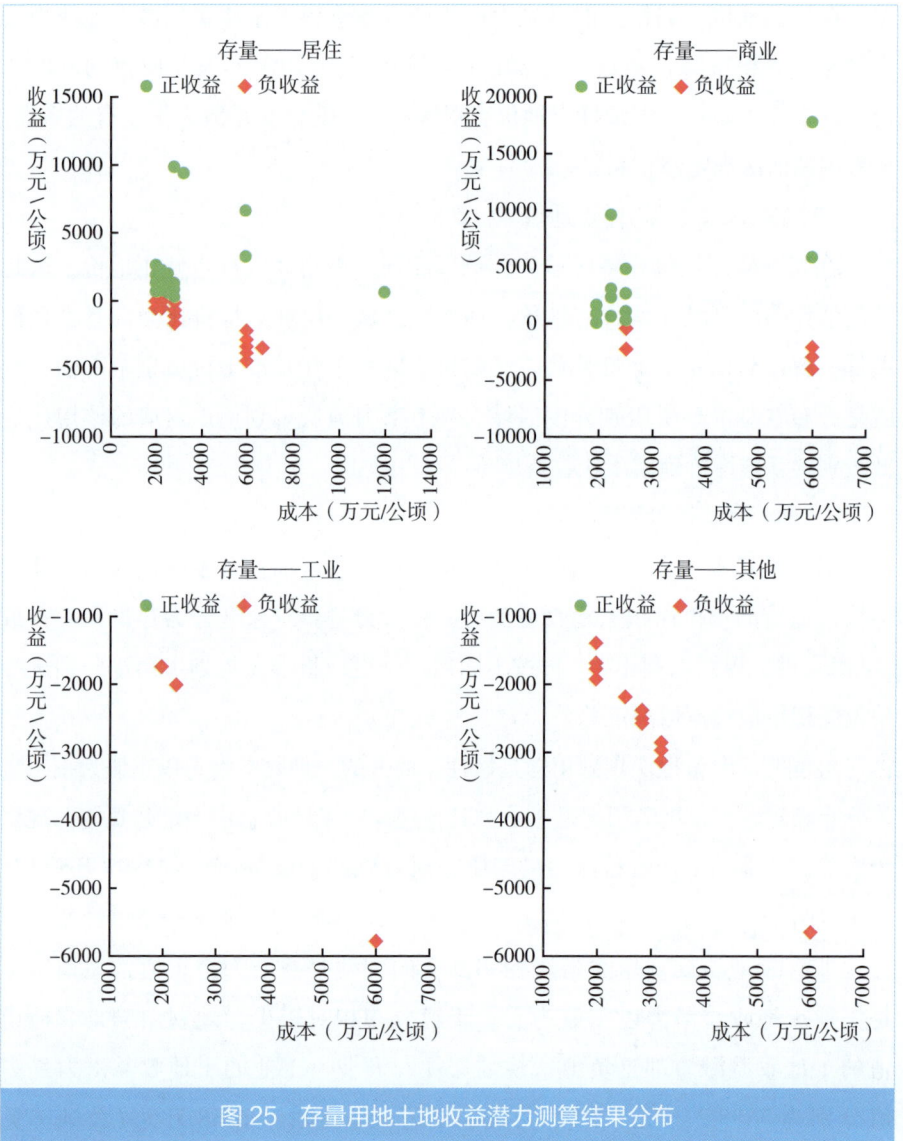

通过单因素的聚类分析进行归类，确定相应的分区数值标准，确定高潜力区、中潜力区、低潜力区、无潜力区。将潜力测算对象区分为存量和非存量（批

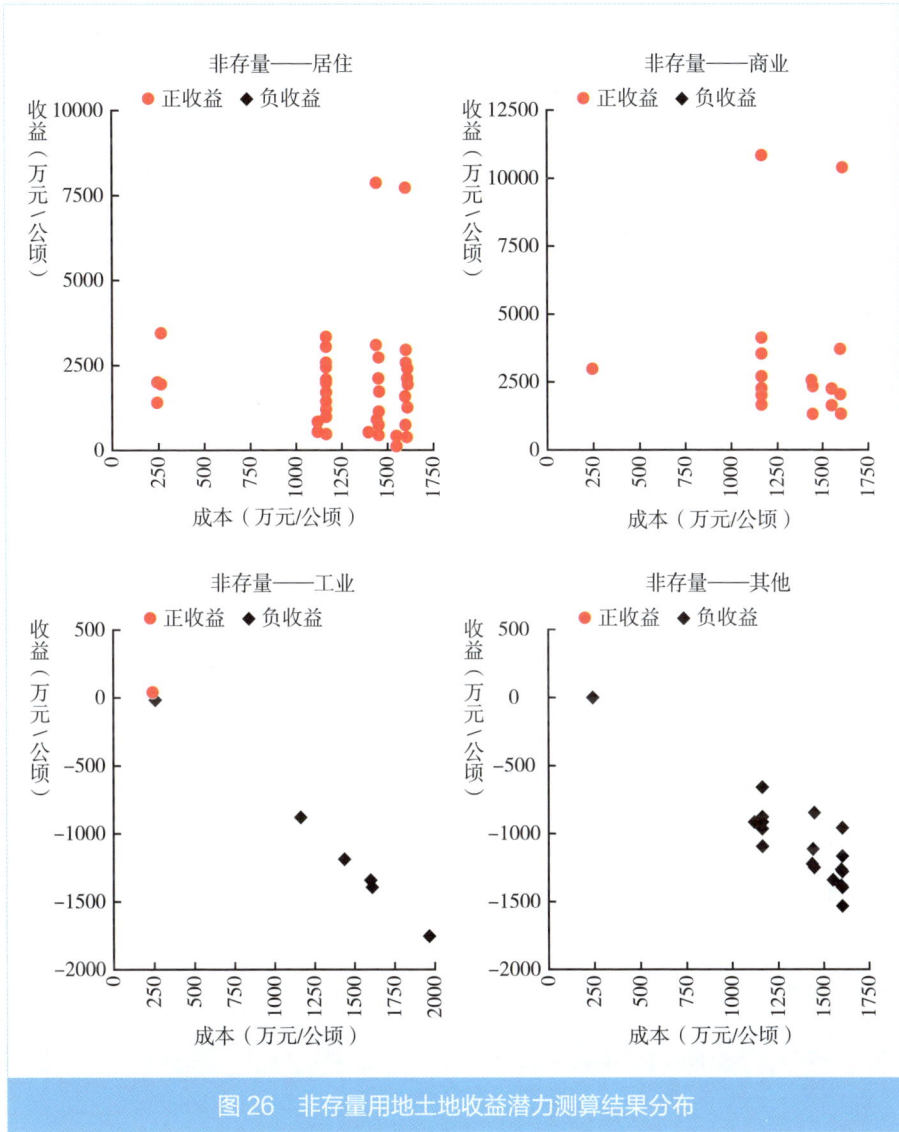

图 26 非存量用地土地收益潜力测算结果分布

而未供、规划未利用），再按不同用地类型或用途分别设置潜力分区值（见表 20），在此基础上开展潜力分区。

表20　可开发改造用地土地价值潜力区划分标准				
潜力类型		无潜力区 （万元 / 公顷）	低潜力区 （万元 / 公顷）	中潜力区 （万元 / 公顷）	高潜力区 （万元 / 公顷）
存量改造	居住	$(-\infty, 0]$	$(0, 2000)$	$[2000, 4000)$	$[4000, +\infty)$
	工业	$(-\infty, 0]$	$(0, 200)$	$[200, 300)$	$[300, +\infty)$
	商业	$(-\infty, 0]$	$(0, 3000)$	$[3000, 5000)$	$[5000, +\infty)$
	其他	$(-\infty, 0]$	$(0, 200)$	$[200, 350)$	$[350, +\infty)$
非存量改造	居住	$(-\infty, 0]$	$(0, 1500)$	$[1500, 3500)$	$[3500, +\infty)$
	工业	$(-\infty, 0]$	$(0, 200)$	$[200, 300)$	$[300, +\infty)$
	商业	$(-\infty, 0]$	$(0, 2500)$	$[2500, 4000)$	$[4000, +\infty)$
	其他	$(-\infty, 0]$	$(0, 200)$	$[200, 350)$	$[350, +\infty)$

2. 潜力分区结果

根据已确定的土地价值潜力分区数值标准，萍乡市中心城区可开发改造的用地潜力分区情况如表21所示。

表21　可开发改造用地土地价值潜力分区汇总								
潜力 类别	高潜力分区		中潜力分区		低潜力分区		无潜力分区	
	土地 面积 （公顷）	经济潜力 （万元）	土地 面积 （公顷）	经济潜力 （万元）	土地 面积 （公顷）	经济潜力 （万元）	土地面积 （公顷）	经济潜力 （万元）
存量 改造	88.73	665887.88	69.69	181212.58	252.37	261200.29	918.85	-1754414.41
批而 未供	2.64	10780.43	17.46	37597.41	30.31	23596.52	14.92	-13996.27
规划 未利 用	4.38	41378.14	27.78	69770.03	34.41	35837.2	76.06	-104636.9
合计	95.75	718046.45	114.93	288580.02	317.09	320634.01	1009.83	-1873047.58

开发改造地块价值潜力以无潜力区为主。从潜力分区用地规模来看，高、中潜力区分别仅占6.22%、7.46%，低潜力区占20.59%，无潜力区占65.73%。无潜力区内的非经营性的其他用地面积较大，单位面积土地收益为负值，经济潜力为负值。

存量改造地块高潜力区88.73公顷，经济潜力66.59亿元；中潜力区

69.69 公顷，占可开发存量改造面积的 5.24%，经济潜力为 18.12 亿元；低潜力区 252.37 公顷，占可开发存量改造面积的 18.98%，经济潜力为 26.12 亿元；无潜力区 918.85 公顷，占可开发存量改造面积的 69.11%，经济潜力为负值，绝对值为 175.44 亿元。因此，存量改造地块以无潜力区为主，总的经济潜力为负值（见图 27）。

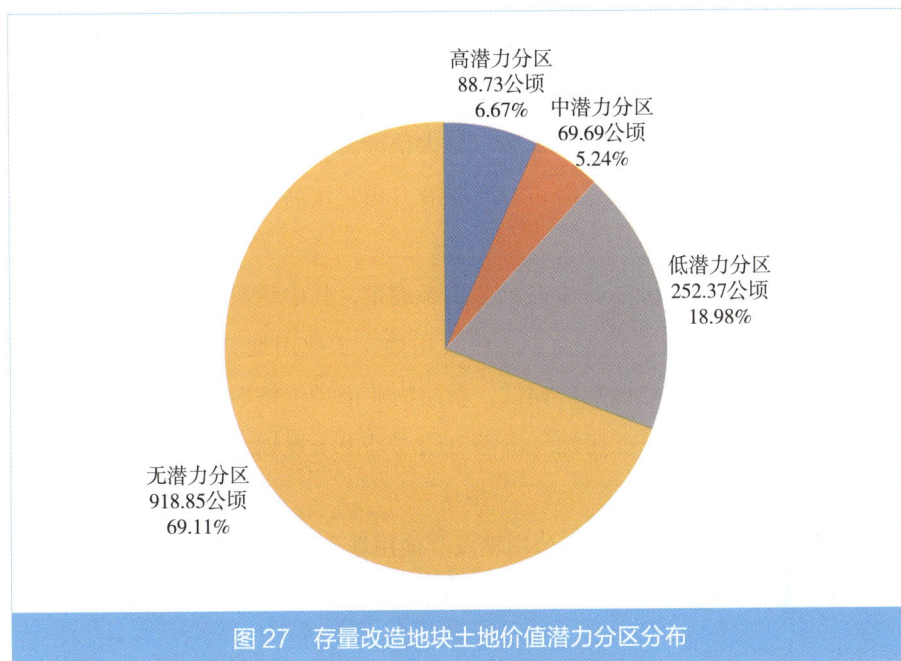

图 27　存量改造地块土地价值潜力分区分布

批而未供地块高潜力区仅 2.64 公顷，占可开发批而未供改造面积的 4.04%，经济潜力为 1.08 亿元；中潜力区 17.46 公顷，占可开发批而未供改造面积的 26.73%，经济潜力为 3.76 亿元；低潜力区 30.31 公顷，占可开发批而未供改造面积的 46.40%，经济潜力为 2.36 亿元；无潜力区 14.92 公顷，占可开发批而未供改造面积的 22.84%，经济潜力为负值，绝对值为 1.40 亿元。因此，批而未供地块以低潜力区为主，总的经济潜力为正值（见图 28）。

规划未利用地块高潜力区仅 4.38 公顷，占可开发规划未利用改造面积的 3.07%，经济潜力 4.14 亿元；中潜力区 27.78 公顷，占可开发规划未利用改造面积的 19.48%，经济潜力为 6.98 亿元；低潜力区 34.41 公顷，占可开发规划未利用改造面积的 24.12%，经济潜力为 3.58 亿元；无潜力区 76.06 公顷，占可开发规划未利用改造面积的 53.33%，经济潜力值为负值，绝对值为 10.46 亿元。因此，规划未利用地以无潜力区为主，但总的经济潜力值为正值（见图 29）。

3. 基于不同规划用途的潜力汇总分析

结合潜力地块规划用途来看，规划为居住用地的规模潜力、经济潜力均处于较高水平。

规划为商服用地分布较为零散，且大部分位于主城区外，规模潜力、经济潜力较小，商服用地规模潜力、经济潜力相对较高的地块普遍为待开发或在建大型综合商服用地。

工业功能区主要分布在中心城区边缘地带，其中绝对潜力规模较大的多集中于开发区园区内，且多为存量建设用地，工业用地整体经济潜力较低，这也是因为工业用地普遍地价偏低，新建物业市场价格偏低，所以整体经济潜力偏低。部分现状工业用地经济潜力较高是由于规划用途的改变（大部分为规划居住用地），如"退二进三"地块。

规划为教育用地、行政办公用地及其他用地分布较为零散，且地价较低，详见图 28、图 29、表 22。

（四）潜力评价结果

1. 潜力利用以存量土地挖潜为主，时序配置以长期为主

从潜力测算结果来看，本次功能区潜力测算，存量用地由于基数较大纳入潜力测算对象的面积最大，为 1329.64 公顷，占低效用地总面积的 64.06%，占全部可挖潜功能区面积的 86.47%，存量可改造地块潜力盘活空间巨大。因此，从潜力类型来看，中心城区土地集约利用潜力主要以存量挖潜为主。从潜力利用时序配置来看，中心城区潜力利用 64% 以上的改造地块为长期时序配置，仅 35.87% 的改造地块安排为近期和中期挖潜（见表 23）。

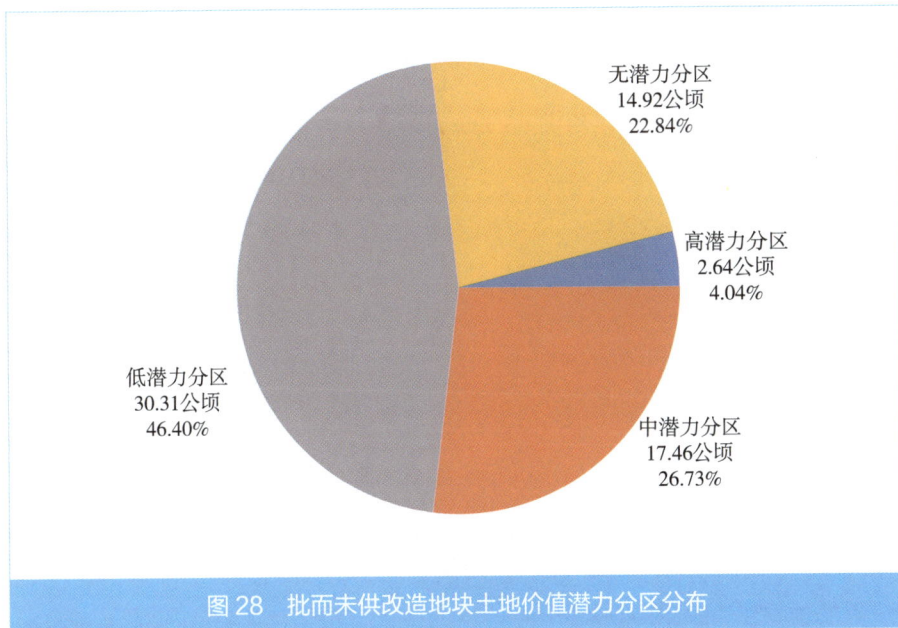

图 28　批而未供改造地块土地价值潜力分区分布

表 22　可开发改造地块土地价值潜力分区汇总

类别	高潜力分区		中潜力分区		低潜力分区		无潜力分区	
	土地面积（公顷）	经济潜力（万元）	土地面积（公顷）	经济潜力（万元）	土地面积（公顷）	经济潜力（万元）	土地面积（公顷）	经济潜力（万元）
居住用地	73.94	514624.24	107.6	258963.4	229.34	226364.06	178.37	−260997.85
商服用地	21.81	203422.21	7.32	29616.61	87.75	94269.95	19.14	−46772.36
教育用地	0	0	0	0	0	0	703.9	−1367869.25
工业用地	0	0	0	0	0	0	39.28	−98650.23
其他用地	0	0	0	0	0	0	69.15	−98757.89
合计	95.75	718046.45	114.92	288580.01	317.09	320634.01	1009.84	−1873047.58

189

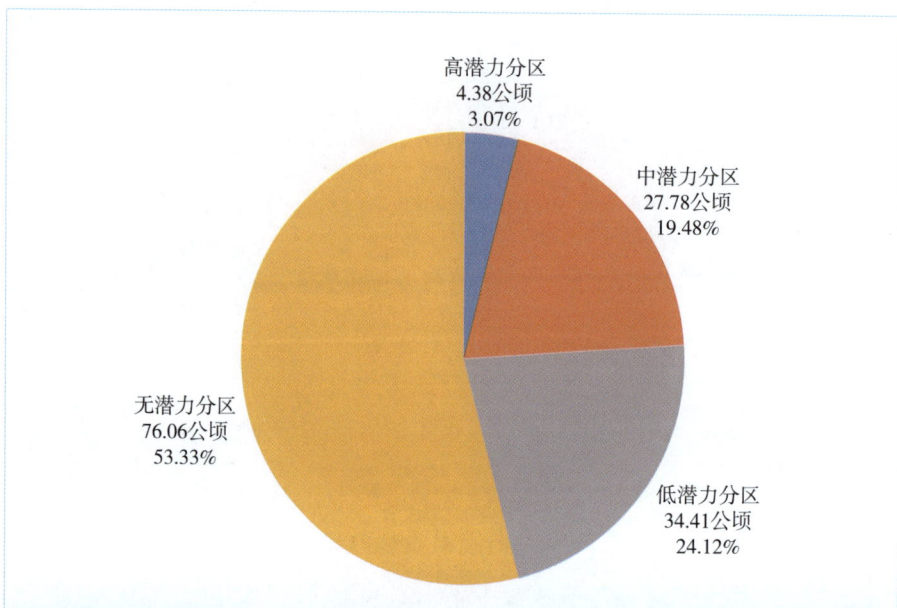

高潜力分区
4.38公顷
3.07%

中潜力分区
27.78公顷
19.48%

低潜力分区
34.41公顷
24.12%

无潜力分区
76.06公顷
53.33%

图29 规划未利用地块土地价值潜力分区分布

表23 潜力利用时序一览

类别	近期开发	中期开发	远期开发
	土地面积（公顷）	土地面积（公顷）	土地面积（公顷）
存量改造	386.36	128.48	814.8
批而未供	0	2.64	62.69
规划未利用	7.31	26.69	108.63
合计	393.67	157.81	986.12

近期内可改造地块面积393.67公顷，主要是存量地块，规划利用方向以居住和工业为主，还有配套商业、教育用地，主要分布在老城区和城市新区内，部分位于老城区中心区域向城郊过渡区间，跃进南路以西沿线及南外环沿线，还有部分位于城市新区安源北大道沿线；中期内可挖潜地块面积共计

157.81 公顷，包括存量地块、规划未利用地块和批而未供地块，规划利用方向是居住和商业，存量用地零星分布在城市中心区域内，其他用地零星分布在中心区域外围城郊结合地带；远期可挖潜地块面积 986.12 公顷，存量用地居多，规划利用方向以工业和居住用地为主，包括居住、商业、工业、公共服务设施、市政公用设施等多种利用类型，主要分布在萍乡经济开发区、安源转型工业园区以及环外环线一周的城市边缘地带等区域。

2. 规划工业功能区可挖潜空间最大，经济价值潜力较小

从规划功能分区来看，教育功能区和居住功能区规模占比较大，工业功能区和其他功能区规模较小，居住功能区和商业功能区经济潜力较高，工业功能区、教育功能区和其他功能区经济潜力较小。其中存量改造地块规划为工业用地的在五类功能区中经济潜力最大，占存量改造地块总面积的 61%，其次是规划居住用地，占改造地块总面积的 30%，其他依次是规划商服用地、教育用地和其他用地，占比分别为 5%、3%、1%。但实际由于工业地价远低于住宅和商业地价，可开发改造的工业用地的土地价值潜力相应也较低，因此，工业用地价值潜力较低。但部分现状工业用地由于规划用途的改变，大部分为规划居住用地、商业等经营性用地，经济潜力较高，如"退二进三"地块。

四　小结

（一）土地节约集约利用评价结果

整体而言，萍乡市中心城区城市建设用地集约利用状况以低效利用为主。依据评价认定结果，符合低效用地标准的建设用地共计 477 宗地，面积为 2075.72 公顷，占评价对象总面积的 46.86%。其中现状用途与规划用途不相符、制约城市功能发挥的用途配置低效型有 878.33 公顷，评价单元 195 宗，占低效用地面积比例 42.31%。主要是工业、居住用地，分布在安源转型工业园片区、安源组团（南环路和学院路以南的所有工作地域）和主城区田中片区（主城区北部）。符合相关规划，但开发利用强度水平低下，布局

散乱，用地粗放的利用强度低效型有 878.66 公顷，评价单元 210 宗，占低效用地面积比例 42.33%。主要是工业、居住用地，分布在新城区及万新轻工业产业基地、主城区田中片区（主城区北部）和 FK 片区。符合相关规划，开发利用强度合理，但用地效益水平低下的利用效益低效型有 318.75 公顷，评价单元 72 宗，占低效用地面积比例 15.36%。主要是工业、居住用地，分布在碳石片区、主城区洪山片区、主城区田中片区（主城区北部）。

（二）开发改造地块规划分区引导建议

根据萍乡市城市控制性详细规划对各城区、开发区的定位，结合低效地块现状基本情况，划分低效用地再开发规划分区，从市级统筹角度对各区域低效用地再开发进行引导和建议。

1. 主城区 - 拆除重建

拆除重建区内的低效用地现状为棚户区、危破房、建筑危旧存在安全隐患、布局散乱影响城市交通、环境的工业用地、商业住宅用地等，主要包括萍乡市安源区安源镇、主城区老旧工业企业、旧村庄用地，以及其他各区棚户区改造用地区域。未来再开发主要是通过整体拆除危旧的地上建筑物，由政府收储或者政企合作改造，整体供应，完成地块盘活改造。

2. 主城区 - 微改造

微改造是指在维持现状建设格局基本不变的前提下，通过建筑物功能置换、保留修缮。以及整治改善、保护、活化，完善基础设施等办法的更新方式。微改造区主要包括中心城区各个区域内一些零星分布、面积较小，不成规模无法成片开发或者具有历史保护价值的用地效率低、人居环境差的地块，不进行大拆大建，而是将空间改造与社区治理相结合、将物理提升和精神重塑相结合，通过开辟公共开敞空间、拆除违建缓解和消除安全隐患，对历史建筑进行活化利用，保存城市记忆。

3. 主城区 - 功能调整

功能调整区主要包括现状用途不适应现状城市发展阶段以及不符合城市规划用途且具备再开发条件即现状土地功能的低效用地，主要包括城市新区内的工业用地转变成其他用途用地情况。结合萍乡市中心城区控制性详细规划,按照现状实际用途,调整建设用地用途,完善相关审批手续,使得城市建设用地管理最大程度适应社会经济发展,提高土地利用效益。

4. 开发区 + 转型工业园区 – 产业升级

产业升级区主要包括低效用地现状建筑情况良好但停产或者现状经营情况不理想即土地经济产出效益低下,需要实施"退二进三""腾笼换鸟"的工业用地,工业用途不改变,主要包括安源转型工业园区、萍乡经开区内的工业用地,集中分布于园区内,未来主要通过企业自主改造模式,如"零增地"技改,企业通过在原有土地上实施技术改造完成发展转型,通过增资扩产提高产出效率,通过提高容积率和开发强度,增强土地使用效率。或者积极发挥市场主体配置作用,通过"退二进三"、企业兼并重组、土地使用者联合再开发、产业结构调整、土地用途转换、利用方式转变等,发挥土地的最佳使用效益,探索将收储土地出让或租赁给高端、高效、低碳产业,从而盘活了低效工业用地,有效解决高端项目用地难的问题。深入推进工业企业资源集约利用综合评价,把"亩产论英雄"和"创新论英雄"相结合,建立以提高土地、能源、排放等单位资源要素产出率和科技创新、技术改造等创新要素生产率为导向的企业综合评价体系,用科学的指标体系综合评价企业发展质量效益,通过正向激励和反向倒逼,引导企业绿色高效发展,促进落后产能淘汰退出,推动工业经济转型发展。

5. 主城区 + 转型工业园区 – 生态主导整治

生态主导整治区主要分布在安源转型工业园区内、安源组团片区等重点区域内、萍乡经济技术开发区内,包括现状利用粗放、停产、不符合环保及不符合安全生产要求的产业用地以及需要通过进行相关土壤、水、大气等环境评价后再进行重新开发的地块,从生态保护角度出发,把产业升级、城市更新作为再开发目标,采用拆除重建部分物业、腾退工业企业、整治修复低效地块相结合的方式进行改造开发。

参考文献

《萍乡市人民政府关于印发萍乡市节地增效行动实施方案的通知》，http://www.pingxiang.gov.cn/art/2020/3/20/art_250_113421.html。

《萍乡市工业和信息化局关于印发〈萍乡市开展 2020 年度工业企业亩产效益综合评价工作计划〉的通知》，http://www.pingxiang.gov.cn/art/2021/10/22/art_49_1065662.html。

《萍乡经济技术开发区管理委员会关于印发萍乡经济技术开发区城镇低效用地再开发试点工作实施方案的通知》，http://www.pxedz.gov.cn/art/2020/4/21/art_3769_840417.html。

刘定明：《加快转变土地利用方式　服务江西经济科学发展》，《中国矿业报》2014 年 7 月 15 日。

尤利东：《江西省开发区土地利用现状及集约利用模式研究》，江西农业大学硕士学位论文，2013。

黄熙锐：《浅析江西新型城镇化发展现状》，《全国流通经济》2018 年第 31 期。

卢力立：《上饶市中心城区建设用地集约利用评价与潜力测算研究》，江西农业大学硕士学位论文，2018。

顾岳汶、吕萍：《产权博弈视角下存量低效工业用地更新机制研究——以深圳市新型产业用地改革为例》，《城市发展研究》2021 年第 1 期。

B.6
山东淄博2019年建设用地节约集约利用状况详细评价报告

姜怀龙　张纯涛　刘　唱*

摘　要： 山东淄博市是一座现代工业城市，也是山东省区域性中心城市、山东半岛城市群核心城市之一。开展建设用地节约集约利用状况详细评价，是在地籍宗地的基础上确定评价单元，对土地利用程度、效益、潜力进行的量化评价。便于掌握城市建设用地利用状况，分析城市建设用地利用的问题，摸清存量低效用地的开发潜力、空间分布和结构，从而为科学用地管地提供重要依据，提高城市建设用地利用效率和效益，实现节约集约用地。

关键词： 建设用地　节约集约　淄博市

一　区域概况

（一）自然概况

淄博市位于北纬35°55′20″~37°17′14″，东经117°32′15″~118°31′00″，地处鲁中山区与华北平原的接合部，南依沂蒙山区与临沂接壤，北邻华北平原与东营、滨州相接，东接潍坊，西与省会济南接壤（见图1）。市域形态南北狭

---

* 姜怀龙，山东省国土空间规划院高级工程师，主要研究方向为土地利用与保护；张纯涛，山东德昀土地房地产评估咨询有限公司高级经济师、总经理，主要研究方向为自然资源评估评价；刘唱，中国人民大学硕士研究生，主要研究方向为土地资源管理。

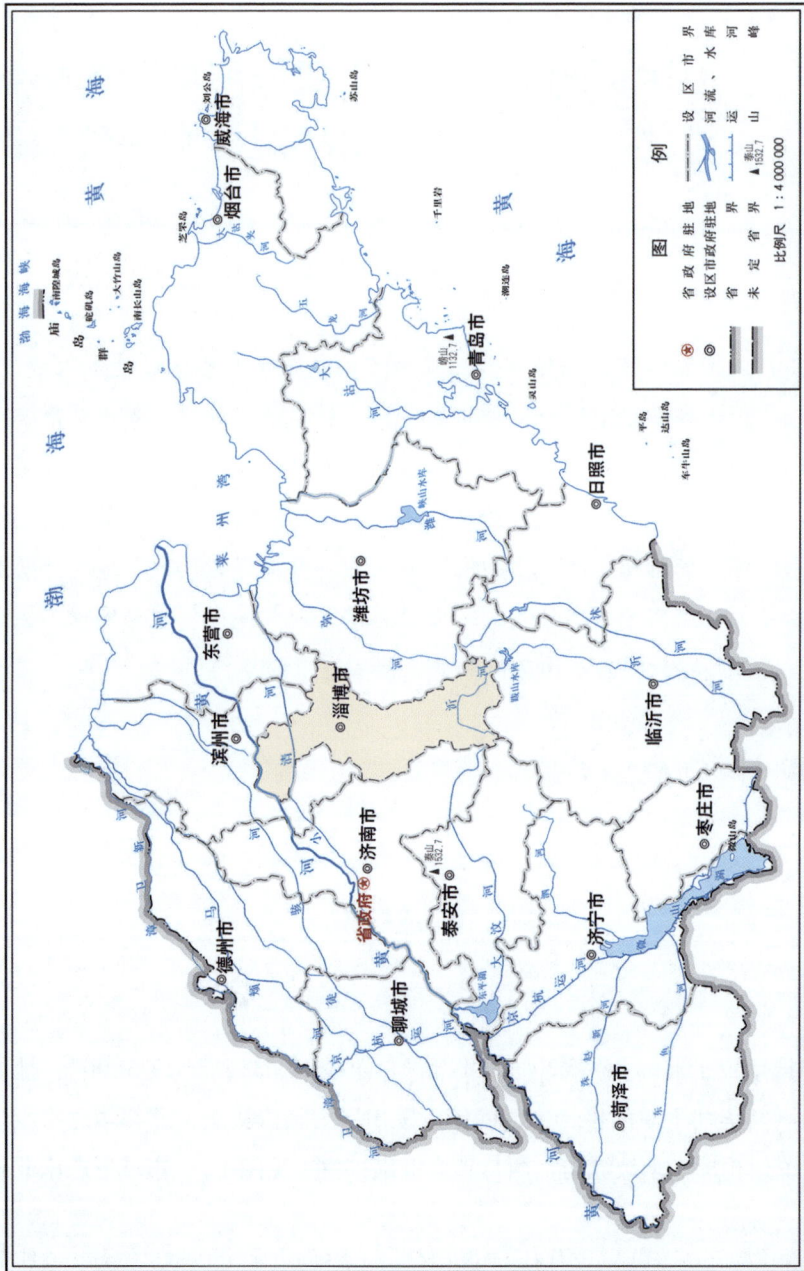

图 1　淄博市区位

长，南北最大纵距 151 千米，东西最大横距 87 千米。地理位置处于山东中部，交通发达，是沟通中原地区和山东半岛的咽喉要道，是山东省重要的交通枢纽城市。全市行政辖区总面积 5965 平方千米，占山东省总面积的 3.78%，其中市区面积 2989 平方千米。

淄博地势南高北低，南部及东西两翼山峦叠嶂，中部低陷向北倾伏，南北落差千余米。以胶济铁路为界，以南大部分为山区、丘陵，喀斯特地貌发达；以北大部分为山前冲积平原和黄泛平原，土地平坦肥沃。北部有黄河、小清河流经，发源于淄博的河流有沂河、淄河、孝妇河等。全市山区、丘陵、平原面积分别占全市总面积的 42.00%、29.90% 和 28.10%。

淄博市地处暖温带大陆性季风气候区，属半湿润气候。受季风影响，气候变化具有明显的季节性。冬季盛行偏北风，雨雪稀少，寒冷干燥；春季气温回升快，少雨多风，干旱发生频繁；夏季高温高湿，降水集中；秋季降水锐减，秋高气爽。全市年平均气温 12.5℃ ~14.2℃，年平均无霜期 190~210 天。

淄博市土壤类型主要分 5 个土类。其中，棕壤土类占土壤总面积的 13.60%，主要分布在南部山区，土壤肥力不一，适宜油松、赤松、栎等植物生长；褐土土类为境内主要土壤类型，占土壤总面积的 62.50%，域内均有分布，保水肥能力较强，适宜多种农作物生长；砂姜土类占土壤总面积的 7.50%，主要分布在北部平原，土层深厚，宜种多种作物；潮土土类占土壤总面积的 16.20%，主要分布在高青县、桓台县，沂源县沿河两岸也有少量分布，易涝；盐土土类占土壤总面积的 0.20%，主要分布在高青县黄河沿岸。

（二）社会、经济概况

淄博位于中国华东地区、山东省中部，地处黄河三角洲高效生态经济区、山东半岛蓝色经济区两大国家战略经济区与省会城市群经济圈的重要交会处。淄博为山东第三座省辖市，是齐文化的发祥地、中国历史文化名城、全国文明城市、中国城市 GDP 40 强，位列中国社会科学院 2018 年中国城市综合经济竞争力排行榜第 43 名，为国务院批准的"较大的市"和山东半岛经济开放区城市，是山东省区域性中心城市、山东半岛城市群核心城市之一和省会城市群经济圈次中心城市，淄博是一座现代工业城市，为全国首批科技兴市试点市和全国重要的石油化工基地。

淄博是一座独具特色的组群式城市，辖张店、淄川、博山、周村、临淄5个区，桓台、高青、沂源3个县和淄博国家高新技术产业开发区、淄博经济开发区、文昌湖旅游度假区（见图2），5个城区各相距20千米左右，城乡交错，布局舒展，共计设有88个乡镇办事处，485个居委会，3093个行政村。市政府驻地张店区是全市的中心城区。

图2　淄博市行政区划

淄博市人口保持平稳增长，2018年全市常住人口470.2万人，其中，市区常住人口325.8万人。户籍人口总户数152.9万户，总人口434万人。出生人口4.8万人，死亡人口2.8万人，人口自然增长率为4.6‰。

淄博是近代以来中国工矿业开发较早的地区之一，工业发展已有百年以上历史，是山东省及国内重要的工业城市。改革开放以来，淄博市经济实力日益增强。自1992年以来，连续进入中国城市综合实力50强行列，被评为中国投资环境50优城市，2011年，淄博市荣获中国城市的最高荣誉，成为第三批全国文明城市；同时成为全省第3个、全国第16个工业经济过万亿元的城市。2014 年淄博被列为全国战略性新兴产业区域集聚发展试点城市，跨入全国城市信息化 50 强。

作为工业发展已逾百年的重要工业城市，淄博市的主导产业为石油化工、精细化工、机电、医药、纺织、建材、轻工、冶金、信息产业及新材料，是全国重要的石油化工、医药生产基地和建材产区，为全国五大瓷都之一，被命名为中国陶瓷名城、新材料名都、国家级新材料成果转化及产业化基地、国家火炬计划生物医药产业基地、国家火炬计划功能玻璃特色产业基地、国家泵类产业基地和国家先进陶瓷产业基地。良好的区位优势、产业基础，使淄博成为山东省重要的陶瓷、建材、化工、机电、物流中心，其中淄川建材城、淄川服装城、临淄化工商城、周村纺织大世界、博山陶琉大观园、齐鲁汽车贸易城等一批大型专业批发市场辐射江北乃至全国。

2018 年淄博市地区生产总值（GDP）突破 5000 亿元大关，达到 5068.4 亿元，按可比价格计算，比上年增长 6.1%。人均 GDP 达到 107720 元，比上年增长 5.9%。粮食生产继续保持稳定，全年粮食作物播种面积 329.2 万亩，总产量 139.2 万吨。工业运行总体平稳，全市规模以上工业增加值比上年增长 6.9%。全市固定资产投资比上年增长 6.6%，社会消费品零售总额增长 7.3%，全年实现外贸进出口总额 952.4 亿元，比上年增长 35.7%。地方财政收入和城乡居民收入继续提高，全市公共财政预算收入 385.2 亿元，比上年增长 6.5%，2018 年全市居民人均可支配收入 34730 元，比上年增长 8.4%。城镇居民人均可支配收入 42277 元，增长 7.3%；农村居民人均可支配收入 18273 元，增长 7.8%。全市居民人均消费支出 22591 元，增长 8.0%。城镇居民人均消费支出 26973 元，增长 6.8%；农村居民人均消费支出 13035 元，增长 8.1%。

新旧动能转换与创新发展稳定，2018 年全市高技术工业增加值比上年增长 10.9%，占规模以上工业的比重达 11.8%，工业技改投资增长 27.8%。全市 36 家规模以上互联网和相关服务业、软件和信息技术服务业实现营业收入 31 亿元，增长 12.8%，71 家规模以上专业技术服务业单位营业收入 35.8 亿元，增长 7.6%，科技推广和应用服务业增长 32.8%，商业服务业增长 33.3%，科技服务业增长 11.2%。全市拥有省级及以上创新平台 323 家，其中国家级创新平台 18 家。拥有省级及以上重点实验室 10 个，省级及以上工程技术研究中心 128 家，院士工作站和博士后工作站（分站）分别达 92 家和 41 家，国家级科技企业孵化器 5 家，省级科技企业孵化器 2 家。

市政公用基础设施建设稳步推进，全年完成投资 78.1 亿元，建成区面积达 341.9 平方千米，新建城市道路 285.7 千米，改造道路 76.5 千米，雨水管道和污水管道分别新增 312.4 千米和 228.5 千米，累计开工地下综合管廊工程 32.1 千米，建成 22.9 千米。完成海绵城市建设 50.7 平方千米。城市生活垃圾无害化处理率达 100%，城市污水处理率达 96.9%。

村镇建设扎实推进，全市城镇化率达 71.49%，"三建三改"工程完成投资额 50.1 亿元，完成老旧小区项目 90 个，整治改造面积 490.8 万平方米，实施"户户通"道路硬化工程，全年共完成 325.1 万平方米道路硬化工作，完成投资 3.1 亿元，被山东省政府授予"山东省适宜人居环境奖"。

社会保障能力进一步提高，年末全市居民养老保险、城镇职工养老保险、城乡居民医疗保险、城镇职工医疗保险参保人数分别达 148.5 万人、123 万人、297.4 万人、131.3 万人。全年共收缴养老保险费 126.7 亿元，发放养老金 149.9 亿元。城镇居民月最低生活保障标准达 526 元，保障人数为 0.7 万人。农民年最低生活保障标准达 4200 元，保障人数为 4.2 万人。

（三）土地利用概况

1. 土地利用总体规划

根据淄博市人民政府 2017 年公布的《淄博市土地利用总体规划（2006~2020）调整完善方案》，淄博市对土地利用结构进行调整。

农用地结构调整。规划全市农用地规模从 2014 年的 418298.03 公顷调整为 2020 年的 422411.14 公顷，净增加面积 4113.11 公顷。调整后目标年农用地面积比调整前目标年农用地面积（432147.89 公顷）减少 9736.75 公顷。规划全市耕地面积从 2014 年的 210166.65 公顷调整为 2020 年的 206007.05 公顷，净减少 4159.60 公顷，调整后目标年耕地面积比调整前目标年耕地面积（204892.70 公顷）增加 1114.35 公顷；规划全市园地面积从 2014 年的

58734.66 公顷调整为 2020 年的 62789.87 公顷，净增加 4055.21 公顷，调整后目标年园地面积比调整前目标年园地面积（62630.22 公顷）增加 159.65 公顷；规划全市林地面积从 2014 年的 104416.76 公顷调整为 2020 年的 109845.90 公顷，净增加 5429.14 公顷，调整后目标年林地面积比调整前目标年林地面积（113709.51 公顷）减少 3863.61 公顷；规划全市其他农用地面积从 2014 年的 44979.96 公顷调整为 2020 年的 43768.32 公顷，净减少 1211.64 公顷，调整后目标年其他农用地面积比调整前目标年农用地面积（50915.46 公顷）减少 7147.14 公顷。

建设用地结构调整。规划全市建设用地规模从 2014 年的 119475.30 公顷调整为 2020 年的 128140.39 公顷（含省级及以上重点项目总规模），净增加 8665.09 公顷。调整后目标年建设用地面积比调整前目标年建设用地面积（114559.75 公顷）增加 13581.64 公顷。规划全市城乡建设用地规模从 2014 年的 100374.92 公顷调整为 2020 年的 104315.2 公顷，净增加 3940.28 公顷，调整后目标年城乡建设用地面积比调整前目标年城乡建设用地面积（97109.59 公顷）增加 7205.64 公顷；规划全市交通水利及其他建设用地规模从 2014 年的 19100.38 公顷调整为 2020 年的 23825.16 公顷，净增加 4724.78 公顷，调整后目标年交通水利及其他建设用地面积比调整前目标年交通水利及其他建设用地面积（17449.16 公顷）增加 6376.00 公顷。

其他土地结构调整。规划全市其他土地规模从 2014 年的 58718.68 公顷调整为 2020 年的 45940.47 公顷，净减少 12778.21 公顷，调整后目标年其他土地面积比调整前目标年其他土地面积（49785.37 公顷）减少 3844.90 公顷。

2. 土地利用现状

2018 年末，淄博市建成区面积达 341.9 平方千米，较 2017 年增加 9.8 平方千米。年末全市土地面积 5964.67 平方千米。其中，农用地 4142 平方千米，建设用地 1240 平方千米，未利用土地 582.67 平方千米。农业用地中，耕地面积 2073.33 平方千米。建设用地中，城镇村及工矿用地 1056.67 平方千米，交通运输及水利设施用地 183.33 平方千米。

淄博市是资源型工业城市，人口资源环境约束强度位于山东省前列，人地关系紧张，矛盾比较突出，总结土地利用特点与问题主要有以下方面。

首先，地貌类型多样，土地利用区域差异显著。全市地貌类型多样，低山、丘陵和平原呈南北带状空间分布，土地利用区域差异显著，全市地域南北狭长，区县经济发展水平不平衡，土地利用结构差异较大，协调和统筹区域总体利益难度较大。

其次，典型组群式城市布局模式，优势与不足并存。淄博五个城区呈"T"型分布，分散的布局使城区与农村相互交叉，联系密切，交流方便，有利于城乡优势互补，但目前各组群分工不够明确，导致城市布局分散，基础设施重复建设，整体功能效率较低，难以适应城市化发展的要求。

（四）评价范围

根据《城市建设用地节约集约利用详细评价技术指南》（试行）（以下简称《技术指南》）的具体要求，淄博市建设用地节约集约利用详细评价的工作地域为城市总体规划中的中心城区界线内的范围，评价对象为工作地域范围内的所有现状建设用地，涉及张店区、淄川区、博山区、临淄区、周村区和高新区、经开区、文昌湖区，评价范围面积为973.60平方千米，其中国有土地403.01平方千米，集体土地570.59平方千米。评价范围内建设用地面积525.61平方千米，其中国有建设用地351.60平方千米，集体建设用地174.01平方千米；农用地、未利用地面积共447.99平方千米。

二　城市建设用地集约利用状况评价

（一）居住用地

1. 评价指标体系

在《技术指南》指标体系的基础上，选取、完善并确定符合淄博市特点的指标体系。具体指标体系见表1。

表 1　淄博市居住用地详细评价指标体系

准则层	指标层（代码）	指标含义与计算公式	计量单位
规划符合度	规划用途一致性（R1）	居住用地评价单元的现状土地用途与规划用途的一致性，反映按照规划可改造用地情况	—
建设强度	综合容积率（R2）	居住用地评价单元内的建筑总面积（万/平方米）/评价单元面积（公顷），反映土地建设强度	—
建设强度	建筑密度（R3）	居住用地评价单元内的建筑基底面积（万/平方米）/评价单元面积（公顷），反映土地建设强度	%
利用效益	人口密度（R4）	居住用地评价单元内的居住人口（人）/评价单元面积（公顷），反映土地的人口承载能力	人/公顷

2. 评价过程与结果

（1）规划符合度

基于评价单元现状土地用途与规划用途进行对比分析，判别筛选出现状用途与规划用途不一致导致利用低效的地块，将不符合规划的信息及类型记入相应的评价单元，直接判定为用途配置低效型。详见表 2。

表 2　居住用地评价单元规划符合度

规划符合度	符合	不符合	合计
评价单元数（个）	2488	575	3063
面积（公顷）	8345.86	568.34	8914.20
面积占比（%）	93.62	6.38	100

从表 2 中可以看出：居住用地评价单元中，符合规划的有 2488 个评价单元，面积为 8345.86 公顷，占居住用地面积的 93.62%；不符合规划的有 575 个评价单元，面积为 568.34 公顷，占居住用地面积的 6.38%。

（2）建设强度

根据居住用地综合容积率理想值，对居住用地评价单元的容积率与指标理想值进行对比判断，确定综合容积率指标的集约利用类型。详见表 3。

203

表 3　居住用地评价单元容积率集约利用情况

类型	低效	中度	集约	过度	合计
评价单元数（个）	1175	204	1339	345	3063
面积（公顷）	2812.45	839.55	4674.44	587.76	8914.20
面积占比（%）	31.55	9.42	52.44	6.59	100

从表 3 中可以看出：居住用地评价单元中，综合容积率为低效的有 1175 个评价单元，面积为 2812.45 公顷，占居住用地面积的 31.55%；综合容积率为中度的有 204 个评价单元，面积为 839.55 公顷，占居住用地面积的 9.42%；综合容积率为集约的有 1339 个评价单元，面积为 4674.77 公顷，占居住用地面积的 52.44%；综合容积率为过度的有 345 个评价单元，面积为 587.76 公顷，占居住用地面积的 6.59%。

根据居住用地建筑密度理想值，对居住用地评价单元的建筑密度与指标理想值进行对比判断，确定建筑密度指标的集约利用类型。详见表 4。

表 4　居住用地评价单元建筑密度集约利用情况

类型	低效	中度	集约	过度	合计
评价单元数（个）	620	107	1424	912	3063
面积（公顷）	1776.34	581.18	5728.53	828.15	8914.20
面积占比（%）	19.93	6.52	64.26	9.29	100

从表 4 中可以看出：居住用地评价单元中，建筑密度为低效的有 620 个评价单元，面积为 1776.34 公顷，占居住用地面积的 19.93%；建筑密度为中度的有 107 个评价单元，面积为 581.18 公顷，占居住用地面积的 6.52%；建筑密度为集约的有 1424 个评价单元，面积为 5728.53 公顷，占居住用地面积的 64.26%；建筑密度为过度的有 912 个评价单元，面积为 828.15 公顷，占居住用地面积的 9.29%。

将建筑密度和容积率均高于集约利用的建设强度判定为过度；建筑密度和容积率均不为低效，且其中一项满足集约的将建设强度判定为集约；建筑密度和容积率均低于集约，且其中一项属于低效的将建设强度判定为低效；其他的为中度。居住用地评价单元建设强度集约利用状况详见表5。

表5　居住用地评价单元建设强度集约利用情况

类型	低效	中度	集约	过度	总计
评价单元数（个）	660	537	1652	214	3063
面积（公顷）	1850.67	1143.29	5819.20	101.04	8914.20
面积占比（％）	20.76	12.83	65.28	1.13	100

从表5可以看出：居住用地评价单元中，建设强度为低效的有660个评价单元，面积为1850.67公顷，占居住用地面积的20.76%；建设强度为中度的有537个评价单元，面积为1143.29公顷，占居住用地面积的12.83%；建设强度为集约的有1652个评价单元，面积为5819.20公顷，占居住用地面积的65.28%；建设强度为过度的有214个评价单元，面积为101.04公顷，占居住用地面积的1.13%。

（3）利用效益

根据居住用地人口密度指标，对居住用地评价单元的人口密度与指标理想值进行对比判断，确定人口密度指标的集约利用类型。详见表6。

表6　居住用地评价单元人口密度集约利用情况

类型	低效	中度	集约	总计
评价单元数（个）	894	642	1527	3063
面积（公顷）	2449.21	2205.89	4259.10	8914.20
面积占比（％）	27.48	24.75	47.78	100

从表6中可以看出：居住用地评价单元中，人口密度为低效的有894个评价单元，面积为2449.21公顷，占居住用地面积的27.48%；人口密度为中度的有642个评价单元，面积为2205.89公顷，占居住用地面积的24.75%；人口密度为集约的有1527个评价单元，面积为4259.10公顷，占居住用地面积的47.78%。

基于建设强度和利用效益两项准则，对于建设强度过度的直接判定为过度利用型；对于建设强度和利用效益均为低效用地类型，根据开发强度优先判定为开发强度低效型，利用效益低效的无论建设强度是否集约都判定为利用效益低效型；建设强度和利用效益均高于低效，且其中一项满足集约的将土地利用状况判定为集约利用型；其他的判定为中度利用型。居住用地评价单元集约利用状况详见表 7 和图 3。

表 7　居住用地评价单元集约利用状况分类						
类型	用途配置低效型	开发强度低效型	利用效益低效型	中度利用型	集约利用型	过度利用型	合计
评价单元数（个）	575	599	199	229	1327	134	3063
面积（公顷）	568.33	1697.24	602.15	613.77	5345.27	87.44	8914.20
面积占比（%）	6.38	19.04	6.75	6.89	59.96	0.98	100

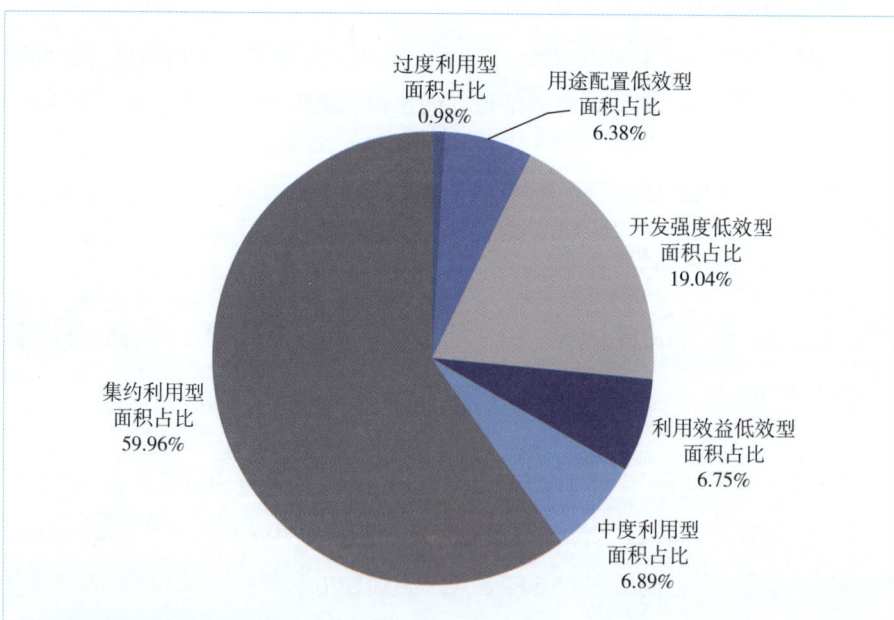

图 3　居住用地集约利用状况

206

从表 7 和图 3 中可以看出：居住用地评价单元中，用途配置低效型评价单元有 575 个，面积为 568.33 公顷，占居住用地面积的 6.38%；开发强度低效型评价单元有 599 个，面积为 1697.24 公顷，占居住用地面积的 19.04%；利用效益低效型评价单元有 199 个，面积为 602.15 公顷，占居住用地面积的 6.75%；中度利用型评价单元有 229 个，面积为 613.77 公顷，占居住用地面积的 6.89%；集约利用型评价单元有 1327 个，面积为 5345.27 公顷，占居住用地面积的 59.96%；过度利用型评价单元有 134 个，面积为 87.44 公顷，占居住用地面积的 0.98%。

（二）商服用地

1. 评价指标体系

在《技术指南》指标体系的基础上，选取、完善并确定符合淄博市特点的指标体系。具体指标体系见表 8。

表 8　淄博市商服用地详细评价指标体系			
准则层	指标层（代码）	指标含义与计算公式	计量单位
规划符合度	规划用途一致性（C1）	商服用地评价单元的现状土地用途与规划用途的一致性，反映按照规划可改造用地情况	—
建设强度	综合容积率（C3）	商服用地评价单元内的建筑总面积（万/平方米）/评价单元面积（公顷），反映土地建设强度	—
	建筑密度（C4）	商服用地评价单元内的建筑基底面积（万/平方米）/评价单元面积（公顷），反映土地建设强度	%
利用效益	商业物业出租（营业）率（C5）	商服用地评价单元内已出租（营业）商业物业面积（万平方米）/总竣工面积（万平方米），反映商业物业的有效利用程度	%
	地均税收（C6）	商服用地评价单元内的企业税收总额（万元）/评价单元面积（公顷），反映土地的产出效益	万元/公顷

2. 评价过程与结果

第一步，依据规划用途一致性判定标准，商服用地规划符合度具体情况如表9所示。

表9　商服用地规划符合度统计

单位：宗，公顷

规划符合度	国有		集体		合计	
	宗地数	面积	宗地数	面积	宗地数	面积
用途配置低效型	448	172.36	326	134.65	774	307.01
其他	4643	2506.89	2096	847.13	6739	3354.02
合计	5091	2679.25	2422	981.78	7513	3661.03

如表9所示：国有商服用地用途配置低效型用地448宗，面积为172.36公顷，占国有商服用地总面积的6.43%；集体商服用地用途配置低效型用地326宗，面积为134.65公顷，占集体商服用地总面积的13.71%。

第二步，依据商服用地建设强度判定标准，对国有、集体商服用地建设强度分别进行判别，具体情况详见表10和图4。

表10　商服用地建设强度统计

单位：宗，公顷

类型	国有		集体		合计	
	宗地数	面积	宗地数	面积	宗地数	面积
过度	93	11.31	1	0.13	94	11.44
集约	3341	1314.72	591	281.87	3932	1596.59
中度	708	435.53	382	121.28	1090	556.81
低效	949	917.69	1448	578.50	2397	1496.19
总计	5091	2679.25	2422	981.78	7513	3661.03

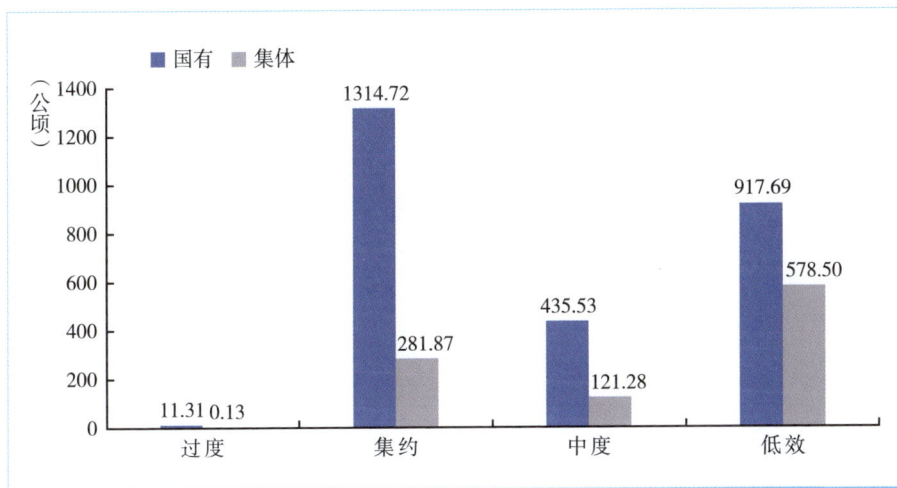

图 4　商服用地建设强度分布

第三步，依据商服用地利用效益判定标准，对国有、集体商服用地利用效益分别进行判别，具体情况详见表 11 和图 5。

表 11　商服用地利用效益统计

单位：宗，公顷

类型	国有		集体		合计	
	宗地数	面积	宗地数	面积	宗地数	面积
集约	2314	976.88	971	490.29	3285	1467.17
中度	1688	790.01	683	240.83	2371	1030.84
低效	1089	912.36	768	250.66	1857	1163.02
总计	5091	2679.25	2422	981.78	7513	3661.03

第四步，土地集约利用状况评价。基于建设强度和利用效益两项准则，对于建设强度过度的直接判定为过度利用型；对于建设强度和利用效益均为低效用地类型，根据开发强度优先判定为开发强度低效型，利用效益低效的无论建设强度是否集约都判定为利用效益低效型；建设强度和利用效益均高

209

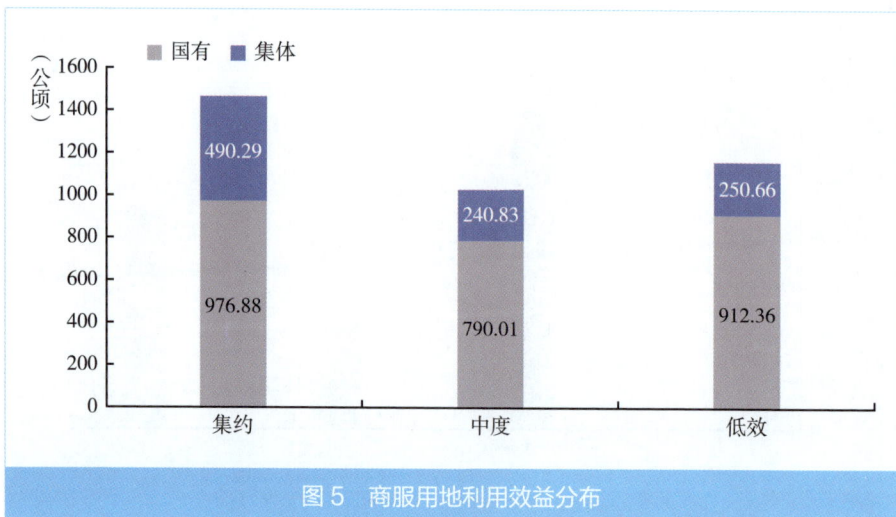

图 5　商服用地利用效益分布

于低效，且其中一项满足集约的将土地利用状况判定为集约利用型；其他的判定为中度利用型。商服用地集约利用状况详见图 6 和表 12。

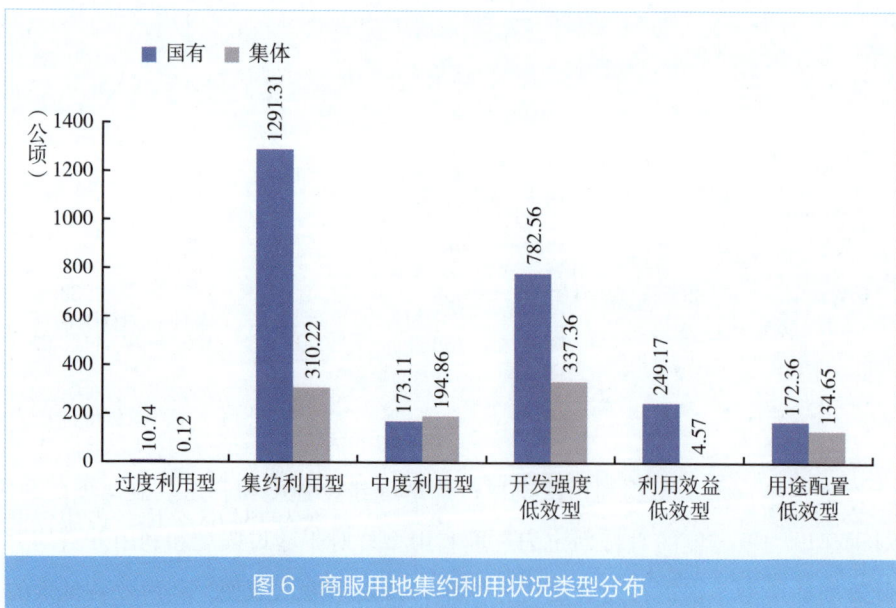

图 6　商服用地集约利用状况类型分布

表 12　商服用地集约利用状况类型统计

单位：宗，公顷

集约利用状况类型	国有		集体		合计	
	宗地数	面积	宗地数	面积	宗地数	面积
过度利用型	82	10.74	1	0.12	83	10.86
集约利用型	3016	1291.31	703	310.22	3719	1601.53
中度利用型	348	173.11	394	194.86	742	367.97
开发强度低效型	717	782.56	974	337.36	1691	1119.92
利用效益低效型	480	249.17	24	4.57	504	253.74
用途配置低效型	448	172.36	326	134.65	774	307.01
总计	5091	2679.25	2422	981.78	7513	3661.03

　　如图 6 和表 12 所示：国有商服用地过度利用型 82 宗，面积为 10.74 公顷，占国有商服用地总面积的 0.40%；集约利用型 3016 宗，面积为 1291.31 公顷，占国有商服用地总面积的 48.20%；中度利用型 348 宗，面积为 173.11 公顷，占国有商服用地总面积的 6.46%；开发强度低效型 717 宗，面积为 782.56 公顷，占国有商服用地总面积的 29.21%；利用效益低效型 480 宗，面积为 249.17 公顷，占国有商服用地总面积的 9.30%；用途配置低效型 448 宗，面积为 172.36 公顷，占国有商服用地总面积的 6.43%。

　　集体商服用地过度利用型 1 宗，面积为 0.12 公顷，占集体商服用地总面积的 0.01%；集约利用型 703 宗，面积为 310.22 公顷，占集体商服用地总面积的 31.60%；中度利用型 394 宗，面积为 194.86 公顷，占集体商服用地总面积的 19.85%；开发强度低效型 974 宗，面积为 337.36 公顷，占集体商服用地总面积的 34.36%；利用效益低效型 24 宗，面积为 4.57 公顷，占集体商服用地总面积的 0.47%；用途配置低效型 326 宗，面积为 134.65 公顷，占集体商服用地总面积的 13.71%。

（三）工业用地

1. 评价指标体系

在《技术指南》指标体系的基础上，选取、完善并确定符合淄博市特点的指标体系。具体指标体系见表13。

用地类型	准则层	指标层（代码）	指标含义与计算公式	计量单位
工业用地	规划符合度	规划用途一致性（I1）	工业用地评价单元的现状土地用途与规划用途的一致性，反映按照规划可改造用地情况	—
		产业导向符合性（I2）	工业用地评价单元内的现状产业类别与规划产业主导类型的一致性，反映工业用地按规划转型升级情况	—
	建设强度	综合容积率（I3）	工业用地评价单元内的建筑总面积（万/平方米）/评价单元面积（公顷），反映土地建设强度	—
		建筑密度（I4）	工业用地评价单元内的建筑基底面积（万/平方米）/评价单元面积（公顷），反映土地建设强度	%
	利用效益	工业基准地价（I5）	工业用地基准地价，反映土地的投入强度	万元/公顷
		地均税收（I7）	工业用地评价单元内的工业（物流）企业税收总额（万元）/评价单元面积（公顷），反映土地的产出效益	万元/公顷

表 13 淄博市工业用地详细评价指标体系

2. 评价过程与结果

工业用地集约利用状况按照规划符合度、建设强度和利用效益三项指标综合判定。根据规划用途一致性和产业导向符合性综合判定工业用地的规划符合度状况，根据综合容积率和建筑密度综合判定工业用地建设强度状况，根据地均税收和地价综合判定工业用地利用效益状况。

（1）规划符合度

根据规划用途一致且符合产业导向的判定规划符合度为"是"，将规划用途不一致或不符合产业导向的判定为用途配置低效型。详见表14、图7、图8。

表 14　工业用地规划符合度状况统计

权属	类型	图斑数（个）	面积（公顷）	占比（%）
国有	规划用途不一致或不符合产业导向	2968	3250.43	28.29
	规划用途一致且符合产业导向	3360	8239.55	71.71
集体	规划用途不一致或不符合产业导向	1621	1554.58	27.67
	规划用途一致且符合产业导向	3220	4063.99	72.33

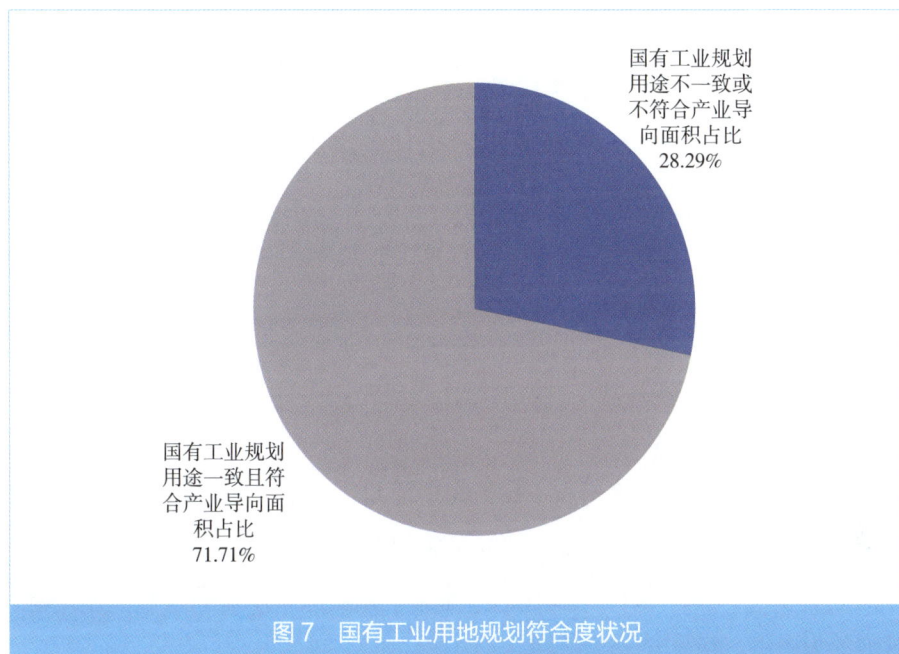

国有工业规划用途不一致或不符合产业导向面积占比 28.29%

国有工业规划用途一致且符合产业导向面积占比 71.71%

图 7　国有工业用地规划符合度状况

　　国有工业用地规划用途不一致或不符合产业导向的图斑有 2968 个，土地面积为 3250.43 公顷，占国有工业用地面积的 28.29%；规划用途一致且符合产业导向的图斑 3360 个，土地面积为 8239.55 公顷，占国有工业用地面积的 71.71%。

　　集体工业用地规划用途不一致或不符合产业导向的图斑有 1621 个，土地面积为 1554.58 公顷，占国有工业用地面积的 27.67%；规划用途一致且符合产业导向图斑 3220 个，土地面积为 4063.99 公顷，占国有工业用地面积的 72.33%。

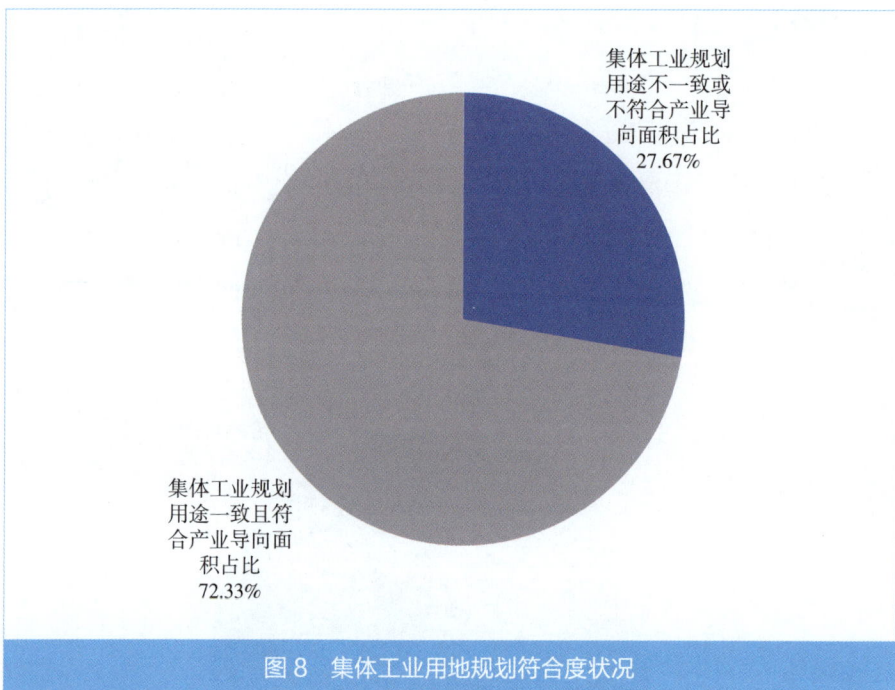

集体工业规划用途不一致或不符合产业导向面积占比 27.67%

集体工业规划用途一致且符合产业导向面积占比 72.33%

图 8　集体工业用地规划符合度状况

（2）建设强度

将建筑密度和容积率均高于集约利用的判定建设强度为过度，建筑密度和容积率均不为低效，且其中一项满足集约的将建设强度判定为集约，建筑密度和容积率均低于集约，且其中一项低于低效的将建设强度判定为低效，其他的为中度。详见表 15 和图 9。

表 15　工业用地建设强度状况统计

类型	国有		集体	
	面积（公顷）	占比（%）	面积（公顷）	占比（%）
过度	4.61	0.04	0.07	0.001
集约	3542.44	30.83	2850.62	50.74
中度	1284.96	11.18	747.16	13.30
低效	6657.97	57.95	2020.71	35.96

图 9　工业用地建设强度状况

国有工业用地建设强度过度面积为 4.61 公顷，占国有工业用地的 0.04%；建设强度集约面积为 3542.44 公顷，占国有工业用地的 30.83%；建设强度中度面积为 1284.96 公顷，占国有工业用地的 11.18%；建设强度低效面积为 6657.97 公顷，占国有工业用地的 57.95%。

集体工业用地建设强度过度面积为 0.07 公顷，占集体工业用地的 0.001%；建设强度集约面积为 2850.62 公顷，占集体工业用地的 50.74%；建设强度中度面积为 747.16 公顷，占集体工业用地的 13.30%；建设强度低效面积为 2020.71 公顷，占集体工业用地的 35.96%。

（3）利用效益

地均税收和地价均高于低效，且其中一项满足集约的将利用效益判定为集约，地均税收和地价均低于集约，且其中一项低于低效的将利用效益判定为低效，其他的判定为中度。详见表 16 和图 10。

215

表 16 工业用地利用效益状况统计

类型	国有		集体	
	面积（公顷）	占比（%）	面积（公顷）	占比（%）
集约	7466.30	64.98	3399.50	60.50
中度	3738.33	32.54	1841.05	32.77
低效	285.35	2.48	378.01	6.73

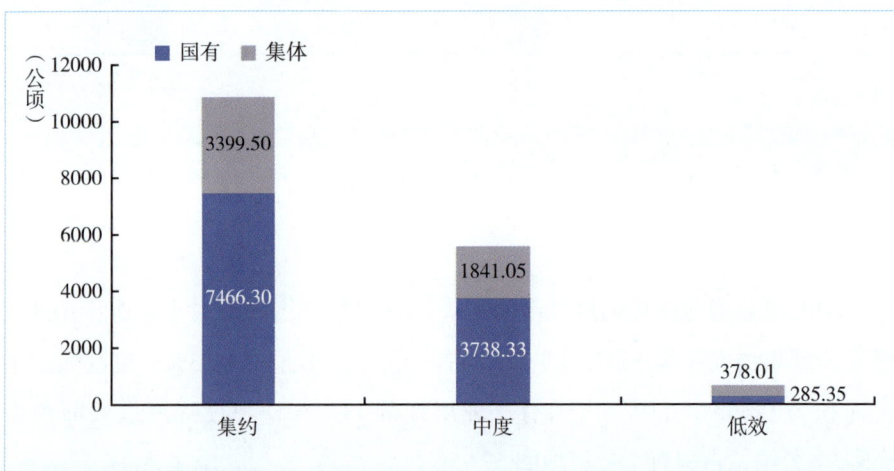

图 10 工业用地利用效益状况

国有工业用地利用效益集约面积为 7466.30 公顷，占国有工业用地的 64.98%；利用效益中度面积为 3738.33 公顷，占国有工业用地的 32.54%；利用效益低效面积为 285.35 公顷，占国有工业用地的 2.48%。

集体工业用地利用效益集约面积为 3399.50 公顷，占集体工业用地的 60.50%；利用效益中度面积为 1841.05 公顷，占集体工业用地的 32.77%；利用效益低效面积为 378.01 公顷，占集体工业用地的 6.73%。

（4）土地集约利用状况

基于建设强度和利用效益综合判定工业用地的集约利用状况，建设强度为过度的直接判定为过度利用型，建设强度和利用效益均为低效的，根据建设强度优先判定为开发强度低效型，利用效益低效的无论建设强度是否集约都判定为利用效益低效型，建设强度和利用效益均高于低效，且其中一项满足集约的将土地利用状况判定为集约利用型，其他的判定为中度利用型。工业用地集约利用状况详见表 17 和图 11。

表 17　工业用地集约利用状况统计

利用类型	国有			集体		
	图斑数（个）	面积（公顷）	占比（%）	图斑数（个）	面积（公顷）	占比（%）
过度利用型	10	2.21	0.02	1	0.07	0.001
集约利用型	1562	2981.04	25.94	1151	2313.92	41.18
中度利用型	833	3372.91	29.36	552	883.73	15.73
开发强度低效型	882	1821.16	15.85	1173	730.58	13.00
利用效益低效型	73	62.23	0.54	343	135.68	2.41
用途配置低效型	2968	3250.43	28.29	1621	1554.58	27.67
共计	6328	11489.98	100.00	4841	5618.57	100.00

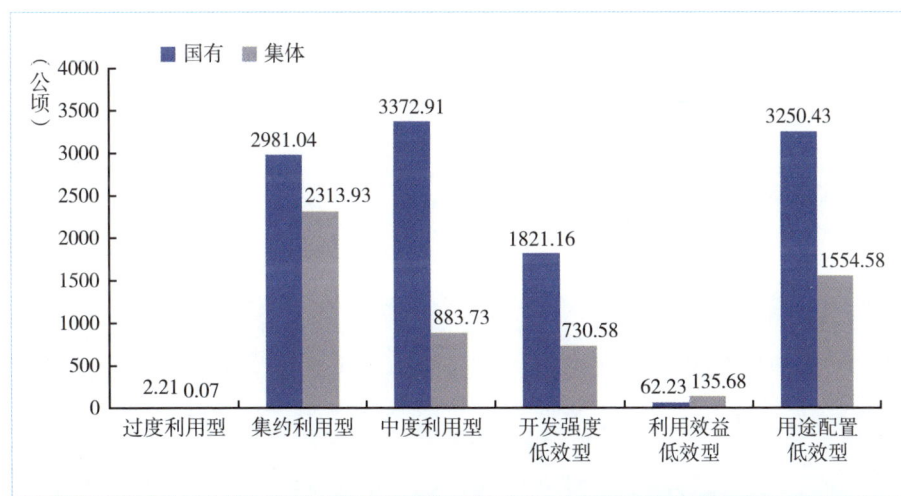

图 11　工业用地集约利用状况

国有工业用地过度利用型图斑 10 个，土地面积为 2.21 公顷，占国有工业用地土地面积 0.02%；集约利用型图斑 1562 个，土地面积为 2981.04 公顷，占国有工业用地土地面积 25.94%；中度利用型图斑 833 个，土地面积为 3372.91 公顷，占国有工业用地土地面积 29.36%；开发强度低效型图斑 882 个，土地面积为 1821.16 公顷，占国有工业用地土地面积 15.85%；利用效益低效型图斑 73 个，土地面积为 62.23 公顷，占国有工业用地土地面积 0.54%；用途配置低效型图斑 2968 个，土地面积为 3250.43 公顷，占国有工业用地土地面积 28.29%。

集体工业用地过度利用型图斑 1 个，土地面积为 0.07 公顷，占集体工业用地土地面积 0.001%；集约利用型图斑 1151 个，土地面积为 2313.92 公顷，占集体工业用地土地面积 41.18%；中度利用型 552 个，土地面积为 883.73 公顷，占集体工业用地土地面积的 15.73%；开发强度低效型图斑 1173 个，土地面积为 730.58 公顷，占集体工业用地土地面积 13%；利用效益低效型图斑 343 个，土地面积为 135.68 公顷，占集体工业用地土地面积 2.41%；用途配置低效型图斑 1621 个，土地面积为 1554.58 公顷，占集体工业用地土地面积 27.67%。

（四）教育用地

1. 评价指标体系

在《技术指南》指标体系的基础上，选取、完善并确定符合淄博市特点的指标体系。具体指标体系见表 18。

表 18　淄博市教育用地详细评价指标体系

准则层	指标层（代码）	指标含义与计算公式	计量单位
规划符合度	规划用途一致性（E1）	教育用地评价单元的现状土地用途与规划用途的一致性，反映按照规划可改造用地情况	—
建设强度	综合容积率（E2）	教育用地评价单元内的建筑总面积（万/平方米）/评价单元面积（公顷），反映土地建设强度	—
	建筑密度（E3）	教育用地评价单元内的建筑基底面积（万/平方米）/评价单元面积（公顷），反映土地建设强度	%
利用效益	地均服务学生数（E4）	教育用地评价单元内的学生总数（人）/评价单元面积（公顷），反映土地的教育人口承载水平	人/公顷

2. 评价过程与结果

（1）规划符合度

依据规划用途一致性判定标准，将评价单元现状用途与规划用途进行对比分析、逐宗核查，将不符规划的评价单元直接判定为用途配置低效型。教育用地规划符合度情况见表 19。

表 19　教育用地规划符合度统计

单位：个，公顷

规划符合度	国有		集体		合计	
	图斑数	面积	图斑数	面积	图斑数	面积
用途配置低效型	7	6.20	2	1.45	9	7.65
符合	271	1406.17	42	81.91	313	1488.08
总计	278	1412.37	44	83.36	322	1495.73

教育用地共计 322 宗，面积为 1495.73 公顷，其中，313 宗教育用地符合规划，面积为 1488.08 公顷，占教育用地面积的 99.49%；9 宗教育用地为用途配置低效型宗地，即不符合规划，面积为 7.65 公顷，占教育用地面积的 0.51%。其中国有用地 94.01% 符合规划（见图 12）。

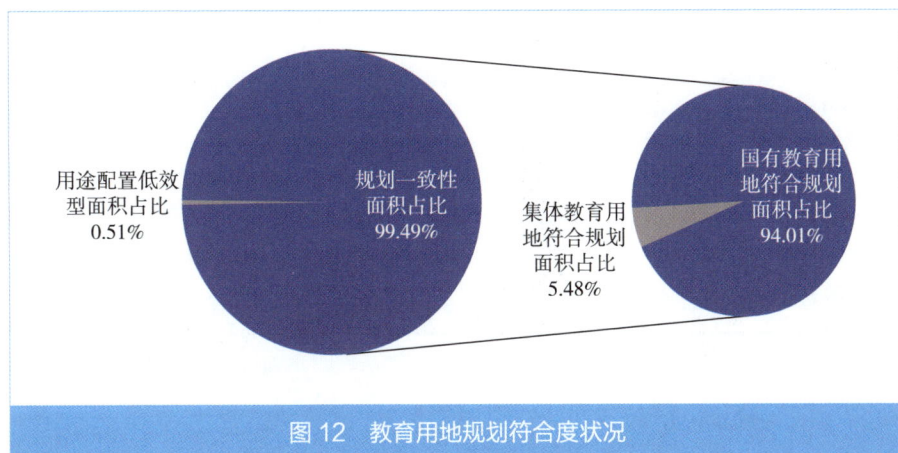

用途配置低效型面积占比 0.51%

规划一致性面积占比 99.49%

集体教育用地符合规划面积占比 5.48%

国有教育用地符合规划面积占比 94.01%

图 12　教育用地规划符合度状况

（2）建设强度

依据教育用地建设强度判定标准，对其进行判别，具体情况详见表 20 和图 13。

表 20　教育用地建设强度统计

单位：个，公顷

类型	国有		集体		合计	
	图斑数	面积	图斑数	面积	图斑数	面积
过度	3	0.80	0	0	3	0.80
集约	179	788.25	13	27.38	192	815.63
中度	62	254.75	27	50.83	89	305.58
低效	34	368.57	4	5.15	38	373.72
总计	278	1412.37	44	83.36	322	1495.73

教育用地建设强度中集约型宗地 192 宗，面积为 815.63 公顷，占教育用地面积的 54.53%。其中，国有教育用地中面积由大到小依次为集约、低效、

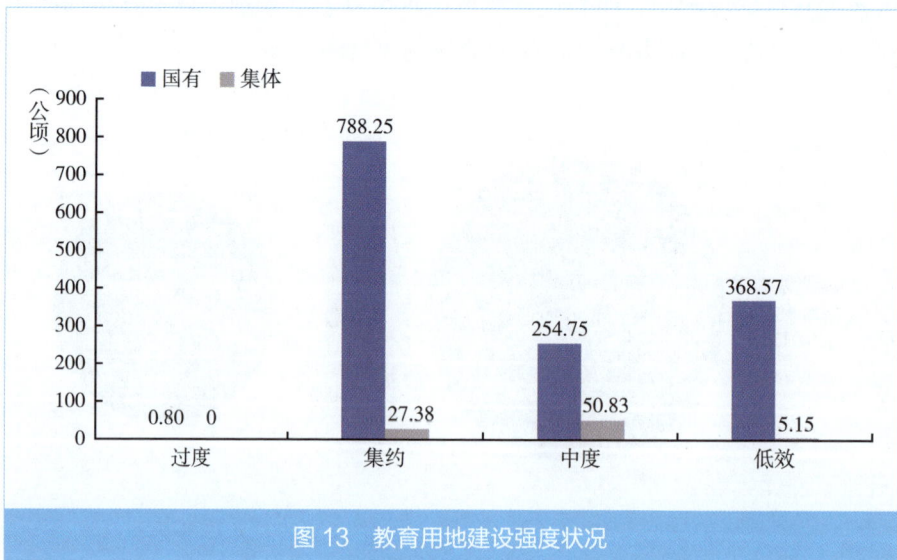

图 13　教育用地建设强度状况

中度、过度，面积分别占国有教育用地的 55.81%、26.10%、18.04% 和 0.06%；集体教育用地中面积由大到小依次为中度、集约、低效，面积分别占集体教育用地的 60.98%、32.84%、6.18%。

（3）利用效益

教育用地中利用效益指标为地均服务学生数，通过教育用地利用效益标准进行判定，具体情况见表 21。

表 21　教育用地利用效益统计

单位：个，公顷

类型 （地均服务学生数）	国有		集体		合计	
	图斑数	面积	图斑数	面积	图斑数	面积
集约	144	653.40	7	9.59	151	662.99
中度	79	532.07	17	43.14	96	575.21
低效	55	226.90	20	30.63	75	257.53
总计	278	1412.37	44	83.36	322	1495.73

教育用地利用效益中集约型 151 宗，面积占教育用地的 44.33%，中度型次之，面积占比为 38.46%，低效型面积占比为 17.22%。其中，国有教育用地低效型面积占国有教育用地的 16.07%，集体教育低效型用地占集体教育用地的 36.75%，说明在集体教育用地中，利用效益低效型面积占比较大，主要是集体教育用地坐落于经济发展较缓慢的乡村，生源较少。

基于建设强度和利用效益两项准则：对于建设强度过度的直接判定为过度利用型；对于建设强度和利用效益均为低效用地类型，根据建设强度优先判定为开发强度低效型，利用效益低效的无论建设强度是否集约都判定为利用效益低效型；建设强度和利用效益均高于低效，且其中一项满足集约的将土地利用状况判定为集约利用型；其他的判定为中度利用型。教育用地利用效益状况详见表 22 和图 14。

表 22 教育用地集约利用状况统计

单位：个，公顷

类型	国有		集体		合计	
	图斑数	面积	图斑数	面积	图斑数	面积
过度利用型	3	0.80	0	0	3	0.80
集约利用型	184	802.63	12	24.94	196	827.57
中度利用型	36	340.00	12	27.79	48	367.79
开发强度低效型	20	147.03	4	5.14	24	152.17
利用效益低效型	28	115.71	14	24.03	42	139.74
用途配置低效型	7	6.20	2	1.46	9	7.66
总计	278	1412.37	44	83.36	322	1495.73

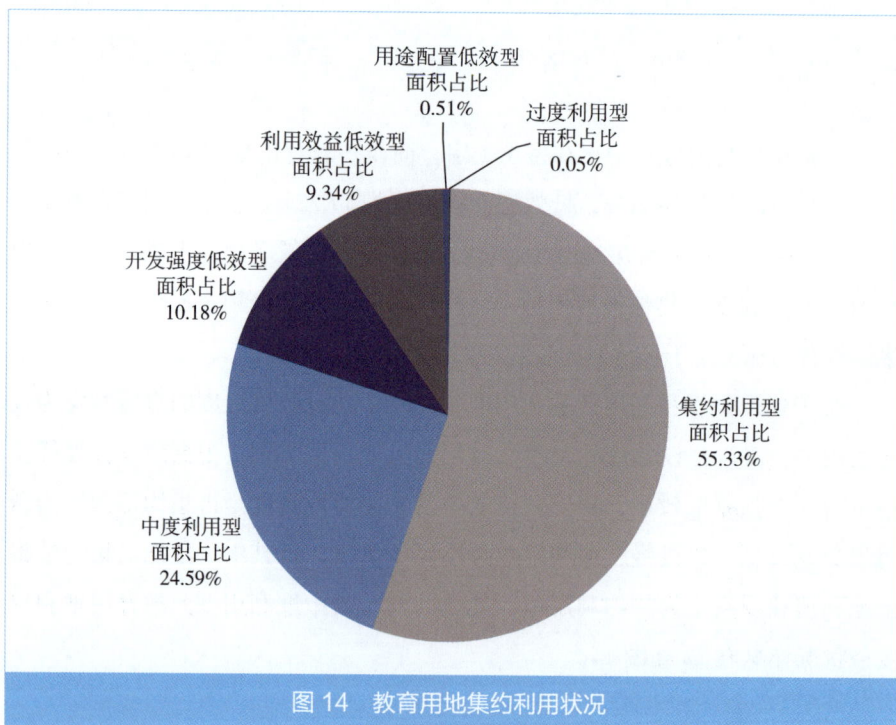

图 14 教育用地集约利用状况

由表 22 和图 14 可知：教育用地中过度利用型图斑 3 个，面积为 0.80 公顷，占工作地域内教育用地总面积的 0.05%，其中两宗地是由于地籍库发证宗地面积较小、割楼座，一宗地是由于学校占地及规模均较小，位于住宅区内且周边有同类型小学；集约利用型图斑 196 个，面积为 827.57 公顷，占工作地域内教育用地面积的 55.33%，如淄博市张店区公园新村小学、淄博柳泉中学、山东淄博新元学校、山东省淄博市工业学校等；中度利用型图斑 48 个，面积为 367.79 公顷，占工作地域内教育用地面积 24.59%，如淄博市张店区第十二中学、淄博市淄川区实验小学（南校区）、淄川区双沟镇中心小学等；开发强度低效型图斑 24 个，面积为 152.17 公顷，占工作地域内教育用地面积的 10.18%，大部分为正在建设学校，如淄博新区普通高级中学、淄博市张店区第七中学（科技苑中学）、山东省淄博人民警察训练基地等；利用效益低效型图斑 42 个，面积为 139.74 公顷，占工作地域内教育用地面积的 9.34%，大部分为村级小学及在建新建学校；用途配置低效型图斑 9 个，面积为 7.66 公顷，占工作地域内教育用地面积的 0.51%，如商家实验小学、张钢小学、王庄小学等，主要为废弃小学。

从权属上来看，国有教育用地 278 宗，面积为 1412.37 公顷，占工作地域内教育用地的 94.43%，涉及各类集约利用状况类型。其中，过度利用型均为国有教育用地，主要是由地籍库发证宗地面积较小、割楼座引起，占国有教育用地的 0.06%；集约利用型国有教育用地面积为 802.63 公顷，共计 184 宗，占国有教育用地的 56.83%；中度利用型 36 宗，面积占国有教育用地的 24.07%；利用效益低效型 28 宗，面积占国有教育用地的 8.19%；开发强度低效型 20 宗，面积占国有教育用地的 10.41%；用途配置低效型 7 宗，面积占国有教育用地的 0.44%。集体教育用地 44 宗，面积为 83.36 公顷，占工作地域内教育用地的 5.58%。其中，中度利用型面积最大，占集体教育用地的 33.34%；其次为集约利用型，共计 12 宗，占集体教育用地的 29.92%。其余类型面积大小依次为利用效益低效型、开发强度低效型、用途配置低效型，面积分别占集体教育用地的 28.83%、6.16% 和 1.75%。由表 22 可见，国有教育用地中集约利用型面积占比远大于集体教育用地中的集约利用型面积占比，说明国有教育用地集约利用状况好于集体教育用地，这主要是由于集体教育用地大部分位于村镇不发达区域，区域经济条件较差，人口较少，教育投入小于国有教育用地（特别说明，集体教育用地是指学校完全为集体土地，国有教育用地则包括取得部分国有土地证学校及全部国有土地学校的现状用地范围）。

整体来看，淄博市工作地域内教育用地集约利用型程度较高，面积占比为 55.33%，中度利用型面积占比为 24.59%，低效型用地面积占比为 20.03%，过度利用型面积占比为 0.05%，说明淄博市教育用地利用较为合理。

（五）其他用地

1. 评价指标体系

在《技术指南》指标体系的基础上，选取、完善并确定符合淄博市特点的指标体系。具体指标体系见表 23。

表 23　淄博市其他用地详细评价指标体系

准则层	指标层（代码）	指标含义与计算公式	计量单位
规划符合度	规划用途一致性（X1）	其他用地评价单元的现状土地用途与规划用途的一致性，反映按照规划可改造用地情况	—
建设强度	综合容积率（X2）	其他用地评价单元内的建筑总面积（万/平方米）/评价单元面积（公顷），反映土地建设强度	—
	建筑密度（X3）	其他用地评价单元内的建筑基底面积（万/平方米）/评价单元面积（公顷），反映土地建设强度	%

2. 评价过程与结果

（1）规划符合度

规划用途一致性指标计算：基于评价单元现状土地用途与规划用途进行

对比分析，判别筛选出现状用途与规划用途不一致导致利用低效的评价单元，将不符合规划的信息及类型记入相应的评价单元。其他用地评价单元规划符合度具体情况统计见表 24。

表 24　其他用地规划符合度统计

单位：宗，公顷

规划符合度	用途	国有		集体		合计	
		宗地数	面积	宗地数	面积	宗地数	面积
符合规划	行政办公用地	573	354.26	304	81.94	877	436.20
	其他用途用地	610	752.76	15	9.94	625	762.70
	共计	1183	1107.02	319	91.88	1502	1198.90
不符合规划（用途配置低效型）	行政办公用地	50	38.05	84	22.64	134	60.69
	其他用途用地	51	147.19	5	2.52	56	149.71
	共计	101	185.24	89	25.16	190	210.40
合计		1284	1292.26	408	117.04	1692	1409.30

如表 24 所示：国有其他用地用途配置低效型用地（不符合规划）101 宗，面积为 185.24 公顷，占国有其他用地总面积的 14.33%，其中行政办公用地 50 宗，面积为 38.05 公顷，其他用途用地 51 宗，面积为 147.19 公顷；集体其他用地用途配置低效型用地 89 宗，面积为 25.16 公顷，占集体其他用地总面积的 21.50%，其中行政办公用地 84 宗，面积为 22.64 公顷，其他用途用地 5 宗，面积为 2.52 公顷。

（2）建设强度

依据其他用地建设强度的判定标准，对符合规划的其他用地评价单元分权属、分类别进行建设强度判定，具体过程如下。

第一，容积率标准划分：根据其他用地综合容积率集约分类指标值表，对其他用地评价单元的容积率与指标理想值进行对比判断，确定综合容积率指标的集约利用类型。

第二，建筑密度标准划分：根据其他用地建筑密度集约分类指标值表，对其他用地评价单元的建筑密度与指标理想值进行对比判断，确定建筑密度指标的集约利用类型。

剔除用途配置低效型土地，基于综合容积率和建筑密度两项指标进行判别，对于容积率和建筑密度均高于集约利用标准值区间上限的直接判定为过度利用型，对于容积率和建筑密度均低于集约利用标准值区间下限，且有一项低于低效利用标准值下限的直接判定为低效利用型，具体参考表25判别矩阵进行判定。

表25　各类用地建设强度参考判别矩阵

建筑密度	容积率			
	过度	集约	中度	低效
过度	过度	集约	集约	中度
集约	集约	集约	集约	中度
中度	集约	集约	中度	低效
低效	中度	中度	低效	低效

根据其他用地建设强度判定标准，对其他用地进行建设强度判定，统计结果见表26。

其他用地只选取了规划符合度和建设强度两个判断准则，其集约利用状况参照以下思路评定：当其他用地评价单元不符合规划时，直接判定为用途配置低效型；当符合规划时，根据评价单元的建设强度为低效、中度、集约还是过度，最终判定其他用地的集约利用状况，判定准则见表27。

表 26　其他用地建设强度分类统计

单位：宗，公顷

用途	类型	国有		集体		合计	
		宗地数	面积	宗地数	面积	宗地数	面积
行政办公用地	低效	98	109.23	65	21.59	163	130.82
	中度	84	81.31	71	26.55	155	107.86
	集约	389	191.89	227	54.11	616	246.00
	过度	52	9.88	25	2.32	77	12.20
其他用途用地	低效	191	366.38	8	6.17	199	372.55
	中度	71	76.28	1	0.44	72	76.72
	集约	355	444.39	11	5.86	366	450.25
	过度	44	12.90	0	0	44	12.90
总计		1284	1292.26	408	117.04	1692	1409.30

表 27　其他用地集约利用状况判定

规划符合度	建设强度			
	过度	集约	中度	低效
符合规划	过度利用型	集约利用型	中度利用型	开发强度低效型
不符合规划	用途配置低效型			

通过规划符合度和建设强度两个判断准则对其他用地集约利用类型进行判定，最终得到的其他用地集约利用状况如表 28、图 15 所示。

国有行政办公用地中用途配置低效型用地 50 宗，面积为 38.05 公顷；开发强度低效型用地 84 宗，面积为 102.82 公顷；中度利用型用地 74 宗，面积为 64.27 公顷；集约利用型用地 364 宗，面积为 177.33 公顷；过度利用型用地 51 宗，面积为 9.84 公顷。国有其他用途用地中用途配置低效型用地 51 宗，面积为 147.19 公顷；开发强度低效型用地 165 宗，面积为 243.15 公顷；中度利用型用地 62 宗，面积为 58.81 公顷；集约利用型用地 340 宗，面积为 438.03 公顷；过度利用型用地 43 宗，面积为 12.77 公顷。

表 28　其他用地集约利用类型分类统计

单位：宗，公顷

用途	类型	国有		集体		合计	
		宗地数	面积	宗地数	面积	宗地数	面积
行政办公用地	用途配置低效型	50	38.05	84	22.64	134	60.69
	开发强度低效型	84	102.82	50	17.65	134	120.47
	中度利用型	74	64.27	55	22.22	129	86.49
	集约利用型	364	177.33	177	40.14	541	217.47
	过度利用型	51	9.84	22	1.93	73	11.77
其他用途用地	用途配置低效型	51	147.19	5	2.52	56	149.71
	开发强度低效型	165	243.15	7	4.90	172	248.05
	中度利用型	62	58.81	0	0	62	58.81
	集约利用型	340	438.03	8	5.04	348	443.07
	过度利用型	43	12.77	0	0	43	12.77
总计		1284	1292.26	408	117.04	1692	1409.30

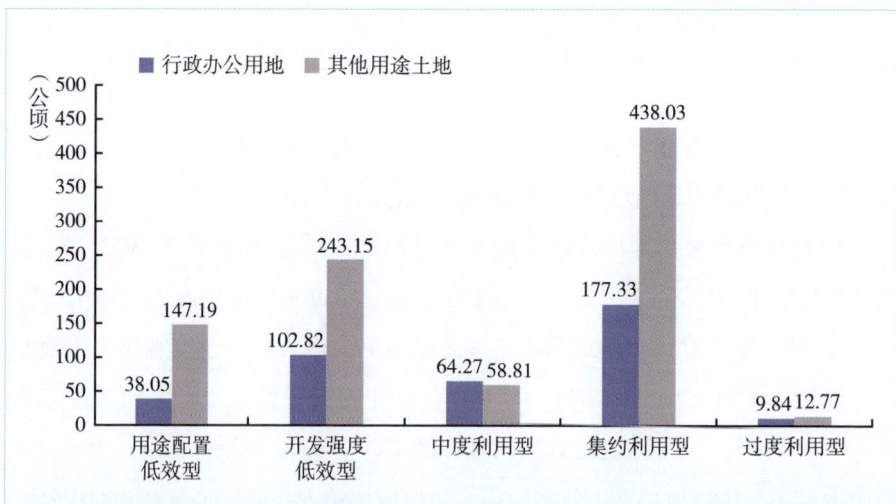

图 15　国有行政办公用地和国有其他用途用地状况

集体行政办公用地中用途配置低效型用地 84 宗，面积为 22.64 公顷；开发强度低效型用地 50 宗，面积为 17.65 公顷；中度利用型用地 55 宗，面积为 22.22 公顷；集约利用型用地 177 宗，面积为 40.14 公顷；过度利用型用地 22 宗，面积为 1.93 公顷。集体其他用途用地中用途配置低效型用地 5 宗，面积为 2.52 公顷；开发强度低效型用地 7 宗，面积为 4.90 公顷；集约利用型用地 8 宗，面积为 5.04 公顷；没有中度利用型和过度利用型用地。

三　潜力及挖潜收益测算

（一）土地收益潜力测算

1. 土地收益潜力测算方法

根据《城镇土地估价规程》，通行的估价方法有市场比较法、收益还原法、剩余法、成本逼近法、基准地价系数修正法等。估价方法的选择应按照地价评估的技术规程以及估价对象的具体条件、用地性质、估价目的，结合估价师收集的有关资料，考虑到当地产市场发育程度，选择适当的估价方法。

（1）市场比较法

是根据市场中的替代原理，将估价对象与具有替代性的，且在估价期日近期市场上交易的类似地产进行比较，并对类似地产的成交价格做适当修正，以此估算待估宗地客观合理价格的方法。公式如下：

$$P=P_B \times A \times B \times C \times D \times E \tag{1}$$

式（1）中：

P——估价对象价格；

P_B——比较实例价格；

A——估价对象交易情况指数 / 比较实例交易情况指数；

B——估价对象估价期日地价指数 / 比较实例交易期日地价指数；

C——估价对象区域因素条件指数 / 比较实例区域因素条件指数；

D——估价对象个别因素条件指数／比较实例个别因素条件指数；

E——估价对象年期修正指数／比较实例年期修正指数。

（2）收益还原法

收益还原法是通过预测未来宗地的年净收益，选用一定的土地还原利率求取现值，从而得到估价对象的评估值的方法。计算公式如下：

$$估价对象总地价 = 土地年纯收益 \div r \times [1-(1+r)^{-n}] \qquad （2）$$

式（2）中，r 为土地还原利率，n 为收益年限。

土地纯收益 = 房地年净收益 – 房屋净收益

房屋年收益 = 房屋现值 × 房屋还原利率

房屋现值 = 房屋重置价值 – 房屋折旧额

（3）剩余法（评估待开发土地价格）

将估价对象房地产的预期开发后的价格，扣除预期的正常开发费用、销售费用、销售税金及开发利润，根据剩余之数来确定估价对象房地产价格的一种方法，其基本公式为：

空地及在建工程用地地价 = 预计开发完成后不动产总价 – 开发成本 – 投资利息 – 销售利润 – 销售税费 　　　　　　　　　　　　　　　　　　　（3）

（4）剩余法（评估现有不动产中所含土地价格）

利用客观交易不动产价格，扣除房屋现值和交易税费，综合确定土地价格的一种方法。其计算公式如下：

$$P = P_r - P_h - T \qquad （4）$$

式（4）中：

P——土地价格；

P_r——不动产交易价格；

P_h——房屋现值；

T——交易税费。

（5）成本逼近法

成本逼近法是以开发土地所耗费的各项费用之和为主要依据，再加上一定的利润、利息、应缴纳的税金和土地增值收益来确定土地价格的估价方法。其基本计算公式为：

土地价格 = 土地取得费 + 有关税费 + 土地开发费 + 投资利息 + 投资利润 +
土地增值收益 　　　　　　　　　　　　　　　　　　　　　　　（5）

（6）基准地价系数修正法

是指在求取估价对象价格时，根据当地基准地价水平，依据估价对象相同土地级别或均质区域内该类用地基准地价标准和各种修正因素说明表及修正系数表，确定修正系数，修正基准地价从而得出估价对象地价的一种方法。其基本公式为：

$$P = P_0 \times (1 \pm \sum K) \times K_1 \times K_2 \times K_3 \pm D \qquad (6)$$

式（6）中 P 为估价对象地价，P_0 为宗地所在级别基准地价，$\sum K$ 为宗地所有影响因素修正值之和，K_1 为期日修正系数，K_2 为年期修正系数，K_3 为容积率修正系数，D 为开发程度修正值。

2. 土地收益潜力测算过程

针对存量改造地块、批而未供土地和规划潜力地块的权属、用途等，按下列评估方法选择其合适的方法测算价格，评估采用方法详见表29~表31。

表 29 存量改造地块潜力测算评估方法			
用地类型	土地成本	土地供应价格	土地收益
商服用地	市场比较法、剩余法、收益还原法	市场比较法、剩余法、收益还原法	土地供应价格－土地成本
居住用地	市场比较法、剩余法	市场比较法、剩余法	土地供应价格－土地成本
工业用地	市场比较法、成本逼近法	市场比较法、成本逼近法	土地供应价格－土地成本
其他用地	市场比较法、成本逼近法	市场比较法、成本逼近法	土地供应价格－土地成本

表30 批而未供地块潜力测算评估方法

用地类型	土地成本	土地供应价格	土地收益
商服用地	市场比较法、剩余法、收益还原法	市场比较法、剩余法、收益还原法	土地供应价格－土地成本
居住用地	市场比较法、剩余法	市场比较法、剩余法	土地供应价格－土地成本
工业用地	市场比较法、成本逼近法	市场比较法、成本逼近法	土地供应价格－土地成本
其他用地	市场比较法、成本逼近法	市场比较法、成本逼近法	土地供应价格－土地成本

表31 规划未利用地块潜力测算评估方法

用地类型	土地成本	土地供应价格	土地收益
商服用地	成本逼近法	市场比较法、剩余法、收益还原法	土地供应价格－土地成本
居住用地	成本逼近法	市场比较法、剩余法	土地供应价格－土地成本
工业用地	成本逼近法	市场比较法、成本逼近法	土地供应价格－土地成本
其他用地	成本逼近法	市场比较法、成本逼近法	土地供应价格－土地成本

3. 土地收益潜力测算结果

根据不同用地类型按照存量可改造、批而未供、规划未利用潜力地块分别测算土地收益潜力，详见表32～表34。

表32 存量改造地块土地收益潜力统计

单位：公顷，万元

用地类型	面积	土地收储成本	土地出让收入	土地收益
工业用地	1176.44	566114.93	1633557.99	1067443.06
教育用地	6.20	3445.77	21655.96	18210.09
居住用地	602.03	1467198.16	2004617.17	537419.01
其他用地	221.38	114018.20	304277.56	190259.36
商服用地	429.53	750425.23	1442767.42	644012.63
合计	2435.58	2901202.29	5406876.10	2457344.15

表 33　批而未供用地地块收益潜力统计（按规划用途）

单位：公顷，万元

规划用途	面积	土地征收成本	土地出让收入	土地收益
道路与交通设施用地	0.67	253.30	0	−253.30
工业用地	342.99	128307.76	136927.93	8620.17
公共管理与公共服务设施用地	46.32	20133.47	71.43	−20062.04
公用设施用地	4.94	1880.97	0	−1880.97
区域交通设施用地	2.31	890.26	0	−890.26
居住用地	732.65	299327.98	3262851.10	2963523.12
绿地与广场用地	89.94	35369.90	0	−35369.90
商业服务业设施用地	148.23	60445.57	473041.31	412595.73
物流仓储用地	14.18	5614.58	6366.81	752.23
合计	1382.23	552223.79	3879258.58	3327034.78

表 34　规划未利用潜力地块土地收益统计

单位：公顷，万元

用地类型	面积	土地征收成本	土地出让收入	土地收益
工业用地	91.06	33999.24	90516.79	56293.46
教育用地	0.67	804.12	3197.54	2393.42
其他用地	15.09	6532.08	4542.80	−1989.28
商服用地	71.72	43527.13	263030.47	219503.35
合计	178.54	84862.57	361287.60	276200.95

　　工业用地存量改造土地面积多，共改造 1176.44 公顷，土地收益 1067443.06 万元；教育用地存量改造土地面积 6.20 公顷，土地收益 18210.09 万元，主要是现状为废弃闲置的教育用地规划为居住用地、工业用地和商服用地；居住用地存量改造土地面积 602.03 公顷，土地收益 537419.01 万元；其他用地存

量改造土地面积 221.38 公顷，土地收益 190259.36 万元；商服用地存量改造土地面积 429.53 公顷，土地收益 644012.63 万元。

批而未供地块潜力测算中：道路与交通设施用地、公共管理与公共服务设施用地、公用设施用地、区域交通设施用地、绿地与广场用地土地征收成本合计为 58527.90 万元，由于该类用地多以划拨方式供地，无土地出让收入，土地收益为负值；工业用地面积 342.99 公顷，土地收益 8620.17 万元；居住用地面积 732.65 公顷，土地收益 2963523.12 万元；商业服务业设施用地面积 148.23 公顷，土地收益 412595.73 万元；物流仓储用地面积 14.18 公顷，土地收益 752.23 万元。

工业用地规划未利用土地开发改造潜力面积 91.06 公顷，土地收益 56293.46 万元；教育用地规划未利用土地开发改造潜力面积 0.67 公顷，土地收益 2393.42 万元，主要是集体土地上小学用地规划为二类居住用地；其他用地规划未利用土地开发改造潜力面积 15.09 公顷，仅规划为商服、居住用地取得部分收益，其他规划用途土地收益均为负值，所以整体土地收益为 -1989.28 万元；商服用地规划未利用土地开发改造（潜力）面积 71.72 公顷，土地收益 219503.35 万元。

（二）土地收益潜力分区

1. 土地收益潜力分区方法

根据可开发改造用地的单位土地收益潜力大小，通过单因素聚类分析，确定土地价值高潜力区、中潜力区、低潜力区和无潜力区。

2. 土地收益潜力分区结果

（1）按不同用地类型分类

存量改造土地价值潜力分区。按照不同用地类型，分别统计存量土地开发改造无潜力区、低潜力区、中潜力区、高潜力区面积（见表 35、图 16）。

存量改造潜力用地中工业用地无潜力区面积最多，为 441.79 公顷，高潜力区 425.13 公顷，低潜力区 157.95 公顷，中潜力区 151.57 公顷；教育用地无潜力区 0.51 公顷，中潜力区 0.29 公顷，高潜力区 5.41 公顷；居住用地无

表 35　不同用地类型存量改造土地潜力分区统计

单位：公顷

用地类型	无潜力区	低潜力区	中潜力区	高潜力区	合计
工业用地	441.79	157.95	151.57	425.13	1176.44
教育用地	0.51	0	0.29	5.41	6.21
居住用地	232.76	129.10	81.64	158.52	602.02
其他用地	83.15	4.77	16.87	116.59	221.38
商服用地	62.64	50.45	164.67	151.77	429.53
合计	820.85	342.27	415.04	857.42	2435.58

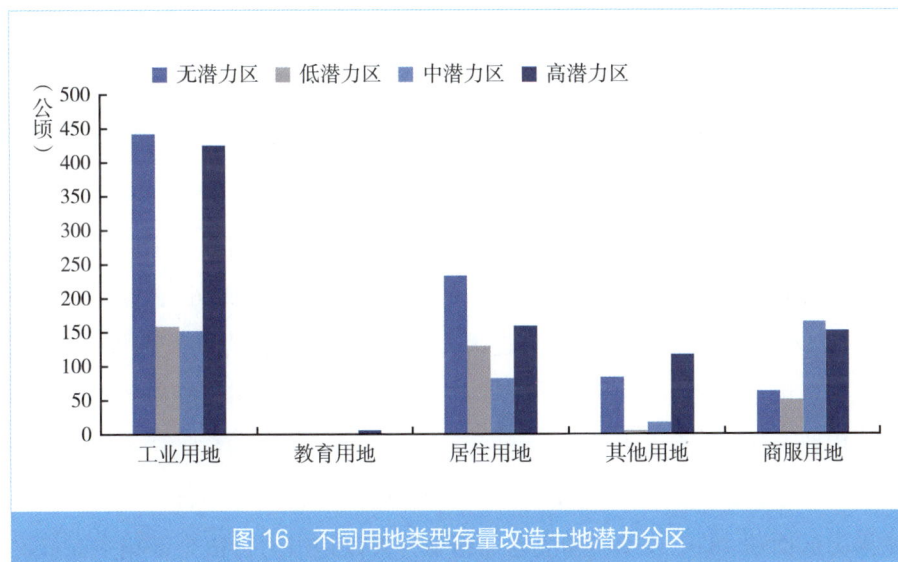

图 16　不同用地类型存量改造土地潜力分区

潜力区 232.76 公顷，低潜力区 129.10 公顷，中潜力区 81.64 公顷，高潜力区 158.52 公顷；其他用地无潜力区 83.15 公顷，低潜力区 4.77 公顷，中潜力区 16.87 公顷，高潜力区 116.59 公顷；商服用地无潜力区 62.64 公顷，低潜力区 50.45 公顷，中潜力区 164.67 公顷，高潜力区 151.77 公顷。

批而未供土地开发改造价值潜力分区。按照不同用地类型，分别统计批而未供土地开发改造无潜力区、低潜力区、中潜力区、高潜力区面积，详见表 36。

235

表 36　批而未供土地改造潜力分区统计（按规划用途）

单位：公顷

用地类型	无潜力区	低潜力区	中潜力区	高潜力区	合计
道路与交通设施用地	0.67	0	0	0	0.67
区域交通设施用地	2.31	0	0	0	2.31
物流仓储用地	0	14.18	0	0	14.18
工业用地	14.87	310.11	18.01	0	342.99
公共管理与公共服务设施用地	46.25	0.07	0	0	46.32
公用设施用地	4.94	0	0	0	4.94
居住用地	0	3.08	124.69	604.89	732.66
商业服务业设施用地	0	1.23	37.58	109.43	148.24
绿地与广场用地	89.94	0	0	0	89.94
合计	158.98	328.67	180.28	714.32	1382.25

批而未供土地开发改造潜力区主要集中在高潜力区，高潜力区面积714.32 公顷，无潜力区面积 158.98 公顷，低潜力区面积 328.67 公顷，中潜力区面积 180.28 公顷。土地开发改造潜力价值分区中，道路与交通设施用地、区域交通设施用地、公共管理与公共服务设施用地、公用设施用地和绿地与广场用地无开发改造潜力价值。

工业用地开发改造无潜力区面积 14.87 公顷，低潜力区面积 310.11 公顷，中潜力区面积 18.01 公顷；物流仓储用地开发改造潜力价值全部集中在低潜力区；居住用地和商业服务业设施用地开发改造潜力价值主要集中在高潜力区，面积分别为 604.89 公顷、109.43 公顷，中潜力区面积分别为 124.69 公顷、37.58 公顷，低潜力区面积分别为 3.08 公顷、1.23 公顷。

规划未利用土地开发改造价值潜力分区。按照不同用地类型，分别统计规划未利用土地开发改造无潜力区、低潜力区、中潜力区、高潜力区面积（见表 37、图 17）。

表 37　规划未利用土地改造潜力分区统计

单位：公顷

用地类型	无潜力区	低潜力区	中潜力区	高潜力区	合计
工业用地	20.99	28.03	21.34	20.71	91.07
教育用地	0	0	0	0.67	0.67
其他用地	11.53	0.87	0.94	1.75	15.09
商服用地	7.44	7.21	23.12	33.94	71.71
合计	39.96	36.11	45.40	57.07	178.54

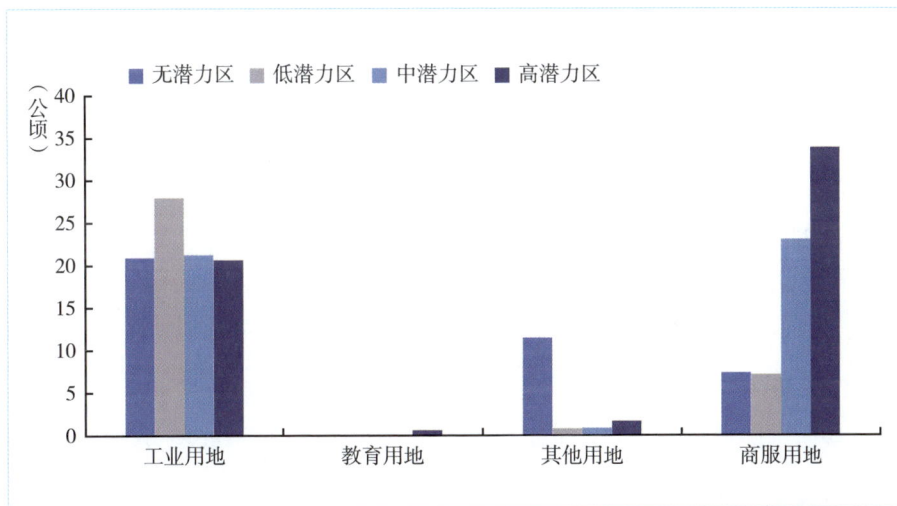

图 17　不同用地类型规划未利用土地潜力分区

规划未利用潜力用地中工业用地无潜力区面积 20.99 公顷，低潜力区面积 28.03 公顷，中潜力区面积 21.34 公顷，高潜力区面积 20.71 公顷；教育用地全部集中在高潜力区，面积为 0.67 公顷；其他用地无潜力区面积 11.53 公顷，低潜力区面积 0.87 公顷，中潜力区面积 0.94 公顷，高潜力区面积 1.75 公顷；商服用地无潜力区面积 7.44 公顷，低潜力区面积 7.21 公顷，中潜力区面积 23.12 公顷，高潜力区面积 33.94 公顷。

（2）按不同挖潜情形分类

按照不同挖潜情形，分别统计存量改造、规划未利用土地中无潜力区、低潜力区、中潜力区和高潜力区的土地面积（见表38）。

表38 不同挖潜情形土地价值潜力分区统计

单位：公顷

用地类型	部分改造挖潜			整体改造挖潜		
	存量改造	规划未利用	合计	存量改造	规划未利用	合计
无潜力区	84.69	4.04	88.73	736.16	35.92	772.08
低潜力区	37.89	0	37.89	304.38	36.11	340.49
中潜力区	75.64	0	75.64	339.40	45.40	384.80
高潜力区	58.95	0.62	59.57	798.47	56.45	854.92
合计	257.17	4.66	261.83	2178.41	173.88	2352.29

按照不同挖潜情形，无潜力区部分改造挖潜面积88.73公顷，整体改造挖潜面积772.08公顷；低潜力区部分改造挖潜面积37.89公顷，整体改造挖潜面积340.49公顷；中潜力区部分改造挖潜面积75.64公顷，整体改造挖潜面积384.80公顷；高潜力区部分改造挖潜面积59.57公顷，整体改造挖潜面积854.92公顷。

（3）按不同区域分类

按照不同行政区，分别统计开发改造土地无潜力区、低潜力区、中潜力区和高潜力区的土地面积（见表39和图18）。

表39 不同行政区土地价值潜力分区统计

单位：公顷

行政区	无潜力区	低潜力区	中潜力区	高潜力区	合计
张店区	477.64	261.04	211.11	868.63	1818.42
淄川区	172.42	78.11	82.34	211.09	543.96
博山区	177.88	82.43	76.18	79.83	416.32
临淄区	132.18	173.64	124.51	235.65	665.98
周村区	59.67	111.83	146.58	233.61	551.69
合计	1019.79	707.05	640.72	1628.81	3996.37

图 18　不同行政区土地开发改造价值潜力分区

博山区土地开发改造潜力价值分区中，无潜力区面积为 177.88 公顷，占博山区可开发改造土地总规模的 42.73%，其次是低潜力区，面积为 82.43 公顷，占比为 19.80%，中潜力区和高潜力区土地开发改造规模相当；张店区、淄川区、临淄区和周村区土地开发改造潜力均以高潜力为主，占比分别为 47.77%、38.81%、35.38%、42.34%；张店区土地开发改造地块中中潜力区和低潜力区规模相当，无潜力区规模为 477.64 公顷，占比为 26.27%；淄川区土地开发改造地块中无潜力区规模为 172.42 公顷，占比为 31.70%，低潜力区和中潜力区规模相当，占比均为 15% 左右；临淄区土地开发改造地块中低潜力区面积为 173.64 公顷，占比为 26.07%，中潜力区和无潜力区占比分别为 18.70%、19.85%；周村区土地开发改造地块中中潜力区、低潜力区、无潜力区面积依次递减。

（三）土地收益潜力结果分析

汇总工作地域范围内存量改造潜力用地规模、批而未供潜力用地规模和规划未利用潜力用地规模，见表 40。

239

表 40　详细评价工作地域土地潜力改造统计

单位：公顷，万元

改造方式	改造面积	改造成本	改造土地收入	改造后收益
存量改造	2435.57	2901202.30	5406876.10	2457344.15
批而未供	1382.23	552223.79	3879258.60	3327034.79
规划未利用	178.55	84862.57	361287.59	276200.94

如表 40 所示，存量改造潜力地块挖潜改造面积为 2435.57 公顷，改造后收益为 2457344.15 万元，批而未供潜力地块挖潜改造面积为 1382.23 公顷，改造后收益为 3327034.79 万元，规划未利用潜力地块挖潜改造面积为 178.55 公顷，改造后收益为 276200.94 万元。

张店区挖潜的地块集中分布在淄博国家高新技术产业开发区，大部分位于东四路以东及济青高速以北地块，主要是由于张店区中心城区外围区域土地开发利用集约度不高，待开发建设地块较多。部分改造挖潜地块集中分布在淄博新区及旧城区，数量较多且分布分散。淄博新区部分改造挖潜地块主要为旧村改造，旧城区部分改造挖潜地块主要为棚户区改造及旧厂房拆旧区。整体改造挖潜的地块主要是现状用途与规划不一致的区域及整体利用水平较差地块，分布零散，主要位于东四路以西新村东路以南、东四路以西鲁泰大道两侧区域。

淄川区挖潜的地块大部分为经济开发区及胶王路以北的工业地块，主要是由于开发区内尚存在一定的土地开发利用空间，部分改造挖潜地块主要分布于淄川老城区，淄川城区内旧村庄、旧城镇分布较广，城张社区等多个社区亟待改造，存在一定的潜力挖潜空间。整体改造地块分布较为零散，主要是现状用途与规划不一致的区域及整体利用水平较差地块。

博山区挖潜的地块基本分布在工作地域边缘，由此可见，城区中心的土地利用比较充分。挖潜地块分布相对较为集中，主要分布在四个片区，一片在体育路以南、凤凰山路以北，一片在北山路以南、珑山路以北，一片在颜北路两侧，还有一片分布在城东街道，部分改造挖潜的地块大多是旧村庄、旧城镇、旧厂房等"三旧"低效用地，挖潜的潜力较大；整体改造挖潜的地块分布比较分散，整体改造挖潜的地块主要是现状用途与规划不一致的区域。

周村区挖潜的地块基本分布在工作地域北侧，城区南侧的土地利用比较充分。部分改造挖潜地块分布相对较为集中，主要分布在城区中心，即恒星路以南周隆路以北、西环路以东及正阳路以西，部分改造挖潜的地块大多是旧村庄、旧城镇、旧厂房等"三旧"低效用地，挖潜的潜力较大。整体改造挖潜的地块分布比较分散，整体改造挖潜的地块主要是现状用途与规划不一致的区域。

临淄区挖潜的地块集中分布在闻韶路以东。部分改造挖潜地块大部分位于中心城区的东部、中部和南部，主要为旧村改造及棚户区改造区，中部片区分布有旧厂房拆旧区。整体改造挖潜的地块分布比较分散，整体改造挖潜的地块主要是现状用途与规划不一致的区域，包含区内"退二进三"战略实施项目，例如齐兴路以北的永流化工厂。

综上所述，淄博市潜力挖潜地块大多分布在城市新区、各类经济开发区及中心城区外围。建成区内的空闲土地分布较为分散，多是早年建成的旧工矿用地，因建成年代早，规划建设标准低，土地利用率低。

四　小结

（一）建设用地节约集约利用状况

分别对不同类型用地进行节约集约利用评价。居住用地规划符合度为93.62%，建设强度集约利用为低效、中度、集约、过度的面积占比分别为20.76%、12.83%、65.28%、1.13%，利用效益为低效、中度、集约的面积占比分别为27.48%、24.75%、47.78%，无利用效益为过度的地块，整体上以集约利用型为主。商服用地规划符合度为91.61%，建设强度集约利用为低效、中度、集约、过度的面积占比分别为40.87%、15.21%、43.61%、0.31%，利用效益为低效、中度、集约的面积占比分别为31.77%、28.16%、40.08%，整体上以集约利用型为主。工业用地规划符合度为71.91%，建设强度集约利用为低效、中度、集约、过度的面积占比分别为50.73%、11.88%、37.37%、0.03%，利用效益为低效、中度、集约的面积占比分别为 3.88%、32.61%、63.51%，整体上以集约利用型为主。教育用地规划符合度为 99.49%，建设强度集约利用为低效、中度、集约、过度的面积占比分别为 24.99%、20.43%、54.53%、0.05%，利用效益为低效、中度、集约的面积占比分别为 17.22%、38.46%、44.33%，整体上以集约利用型为主。其他用地规划符合度为 85.07%，建设强度集约利用为低效、中度、集约、过度的面积占比分别为 35.72%、13.10%、49.40%、1.78%，利用效益为低效、中度、集约、过度的面积占比分别为 41.08%、10.31%、46.87%、1.74%，整体上以集约利用型为主。

（二）建设用地潜力挖潜分析

根据不同用地类型，按照存量可改造、批而未供、规划潜力地块分别测算土地收益潜力并进行分区。存量可改造土地面积合计为 2435.58 公顷，土地收益为 2457344.15 万元，其中工业用地土地收益潜力最高，达 1067443.06 万元；无潜力区、低潜力区、中潜力区、高潜力区面积分别为 820.85 公顷、342.27 公顷、415.04 公顷、857.42 公顷。批而未供土地面积合计为 1382.23 公顷，土地收益为 3327034.78 万元，其中居住用地土地收益潜力最高，达 2963523.12 万元；无潜力区、低潜力区、中潜力区、高潜力区面积分别为 158.98 公顷、328.67 公顷、180.28 公顷、714.32 公顷。规划未利用土地面积合计为 178.54 公顷，土地收益为 276200.95 万元，其中商服用地土地收益潜力最高，达 219503.35 万元；无潜力区、低潜力区、中潜力区、高潜力区面积分别为 39.96 公顷、36.11 公顷、45.40 公顷、57.07 公顷。此外根据不同行政区划，张店区、淄川区、临淄区和周村区土地开发改造潜力均以高潜力为主。

参考文献

《淄博市土地利用总体规划（2006~2020 年）调整完善方案》，http://gtj. zibo.gov.cn/gongkai/channel_c_5f9fa491ab327f36e4c1305c _n_1605682679.0526/

doc_5fb498c5189809a28f0e03fc.html。

Qiao L., Liu Y., Cong C., "Study on Evaluation and Pattern of Urban and Rural Construction Land Intensive Use of Hainan Province," *Areal Research and Development*, 2015.

Xun Q.Y., "Research on Construction Land Saving and Intensive Use of Dalian," *Territory & Natural Resources Study*, 2016.

Zhu Q., He R., "An Empirical Study on the Evaluation of Regional Construction Land Saving and Intensive Use—Taking Daoxian of Hunan as an Example," *Land & Resources Herald*, 2016.

祖健、郝晋珉、艾东等:《基于要素视角的建设用地集约利用内生动力及评价研究》,《北京大学学报》(自然科学版)2020 年第 4 期。

谭勇、徐文海、韩啸等:《新时代区域建设用地节约集约利用评价——以长沙梅溪湖国际新城为例》,《经济地理》2018 年第 9 期。

张转、卫新东、郭树延等:《城市建设用地集约度测评及空间分异特性研究》,《水土保持研究》2017 年第 5 期。

曲衍波、张勇、李慧燕等:《基于"五量"协同模型的山东省建设用地集约利用评价及障碍调控》,《资源科学》2017 年第 6 期。

智刚、李秀霞、孙占海:《中国城市建设用地集约利用评价研究综述》,《水土保持通报》2016 年第 5 期。

石岩、于雷、万军等:《基于环境安全格局的威海市土地承载力评估》,《中国人口·资源与环境》2015 年第 2 期。

杨志恒:《基于 PDCA 循环的建设用地节约集约利用评价考核研究》,《中国人口·资源与环境》2015 年第 1 期。

荀文会、王雨晴、李洪涛:《城乡结合部土地集约利用评价方法探讨与实证研究》,《经济地理》2014 年第 10 期。

梁思源、吴克宁:《郑州地区公路用地集约评价》,《中国土地科学》2011 年第 9 期。

陈颖、吴柏清、邹卓阳:《基于信息熵的资阳市建设用地节约集约利用评价研究》,《国土与自然资源研究》2010 年第 4 期。

B.7
河南商丘 2019 年建设用地节约集约利用状况详细评价报告

刘庆中　刘宝方　鲁平贞[*]

摘　要： 商丘市城市建设用地节约集约利用状况详细评价工作通过对商丘市评价工作地域建设用地集约利用潜力进行分析，在时间和空间两个维度给出了土地挖潜的对策建议，为商丘市盘活存量土地、施行内涵挖潜，推进低效用地的二次开发利用等提供重要的参考依据。此外，通过分析研判商丘市城市用地结构等方面存在的突出问题，为商丘市落实更严格的节约用地制度，进一步科学管理和合理利用建设用地，提高土地利用效率，以土地利用方式的转变促进经济结构调整和经济发展方式的加快转变等提供科学依据。

关键词： 建设用地　节约集约　商丘市

一　区域概况

商丘市详细评价工作地域由中心城区范围内的梁园区和睢阳区组成。评价地域面积为 6082.58 公顷（扣除未参评地块面积）。

---

* 刘庆中，河南省国土空间调查规划院工程师，主要研究方向为土地利用和管理；刘宝方，河南省国土空间调查规划院工程师，主要研究方向为土地利用和管理；鲁平贞，中国人民大学公共管理学院博士研究生，主要研究方向为土地资源管理。

（一）评价工作地域经济社会状况

商丘市详细评价工作地域常住人口为 149.23 万人。规模以上企业工业总产值为 499.44 万元，营业收入为 485.78 亿元，利润总额为 20.68 亿元，规模以上企业就业人数为 64886 人。

（二）评价工作地域基础设施条件

商丘市道路网基本呈方格网状布局，中心城区形成以轨道交通为骨干、快速公交为支撑、常规公交为基础的多层级一体化公交系统。中心城区规划设置 4 条城市轨道交通线路，发展形成"环形＋放射"轨道交通线网结构。规划形成"八横七纵"的快速公交走廊，"八横"指汇聚十七路、生态大道、朱台路、建设路—胜利路、文化路、南京路、宋城路、华商大道，"七纵"指梁园路、君台路、神火大道、归德南路、商均路、富商大道、陆港三路。

二 城市建设用地集约利用状况评价

（一）居住用地

1. 评价指标与标准值确定

（1）规划用途一致性

集约利用标准：依据商丘市总体规划及详细规划确定的用途要求，将现状用途与规划用途一致设定为集约利用标准。

低效利用标准：依据商丘市总体规划及详细规划确定的用途要求，将现状用途与规划用途不一致设定为低效利用标准。同时对于规划确定改造的老城区、城中村、棚户区、老工业区等用地及现状为闲置土地的直接判定为低效用地。

（2）综合容积率

集约利用标准：依据商丘市详细规划确定的容积率，评价工作地域内居住用地综合容积率现状值，结合《城市居住区设计规范（2018）》《建筑气候区划标准》，将评价工作地域内居住用地按照低层（1~3层）、多层Ⅰ类（4~6层）、多层Ⅱ类（7~9层）、高层Ⅰ类（10~18层）和高层Ⅱ类（>18层）进行划分，确定综合容积率区间值，分别为：低层区间值为1.0~1.2，多层Ⅰ类区间值为1.3~1.6，多层Ⅱ类区间值为1.7~2.1，高层Ⅰ类区间值为2.2~2.8，高层Ⅱ类区间值为2.9~3.1。

低效利用标准：依据商丘市详细规划确定的综合容积率，结合《限制用地项目目录（2012年本）》要求的居住用地综合容积率不得低于1.0，将1.0确定为综合容积率低效利用标准值。

（3）建筑密度

集约利用标准：依据商丘市详细规划确定的建筑密度，评价工作地域内居住用地建筑密度现状值，结合《城市居住区设计规范（2018年版）》《建筑气候区划标准》，将评价工作地域内居住用地按照低层（1~3层）、多层Ⅰ类（4~6层）、多层Ⅱ类（7~9层）、高层Ⅰ类（10~18层）和高层Ⅱ类（>18层）进行划分，确定建筑密度区间值，分别为：低层区间值为33%~40%，多层Ⅰ类区间值为30%~32%，多层Ⅱ类区间值为22%~30%，高层区间值为20%~22%。

低效利用标准：依据集约利用标准确定的建筑密度区间值，将区间最小值确定为低效利用标准值。

（4）人口密度

依据《城市居住区设计规范（2018年版）》《建筑气候区划标准》，将评价工作地域内居住用地按照低层（1~3层）、多层Ⅰ类（4~6层）、多层Ⅱ类（7~9层）、高层Ⅰ类（10~18层）和高层Ⅱ类（>18层）进行划分，确定人口密度区间值，分别为：低层区间值为212~256人/公顷，多层Ⅰ类区间值为270~344人/公顷，多层Ⅱ类区间值为357~434人/公顷，高层区间值为434~555人/公顷。

低效利用标准：依据集约利用标准和现状值的一定比例确定，将现状值进行排序后确定排名后20%的现状值为低效利用标准值。详见表1、表2。

表 1　详细评价工作地域用地状况指标体系

准则层	指标层（代码）
规划符合度	规划用途一致性（R1）
建设强度	综合容积率（R2）
	建筑密度（R3）
利用效益	人口密度（R4）

表 2　居住用地标准值

指标（代码）	单位	集约利用标准值	低效利用标准值
规划用途一致性（R1）	—	符合规划	不符合规划
综合容积率（R2）	—	低层（1.0~1.2）；多层Ⅰ类（1.3~1.6）；多层Ⅱ类（1.7~2.1）；高层Ⅰ类（2.2~2.8）；高层Ⅱ类（2.9~3.1）	依据商丘市详细规划确定的综合容积率，结合《限制用地项目目录（2012 年本）》要求的居住用地综合容积率不得低于 1.0
建筑密度（R3）	%	低层（33~40）；多层Ⅰ类（30~32）；多层Ⅱ类（22~30）；高层（20~22）	依据集约利用标准确定的建筑密度区间值，将区间最小值确定为低效利用标准值
人口密度（R4）	人/公顷	低层（212~256 人/公顷）；多层Ⅰ类（270~344 人/公顷）；多层Ⅱ类（357~434 人/公顷）；高层（434~555 人/公顷）	依据集约利用标准和现状值的一定比例确定，将现状值进行排序后确定排名后 20% 的现状值为低效利用标准值

2. 评价过程与结果

居住用地共 488 个评价单元，总面积为 3684.61 公顷。其中：过度利用型土地共计 135 个评价单元，面积为 719.07 公顷，占居住用地总面积的 19.52%；集约利用型土地共计 92 个评价单元，面积为 649.88 公顷，占居住用地总面积的 17.64%；中度利用型土地共计 76 个评价单元，面积为 623.84 公顷，占居住用地总面积的 16.93%；低效利用型土地共计 85 个评价单元，面积为 856.44 公顷，占居住用地总面积的 23.24%；在建/未建共计 100 个评价单元，面积为 835.38 公顷，占居住用地总面积的 22.67%（见表 3）。低效利用型土地中，开发强度低效型共计 72 个评价单元，面积为 738.96 公顷，占低效利用型土地总面积的 86.28%；利用效益低效型共计 13 个评价单元，面积为 117.48 公顷，占低效利用型土地总面积的 13.72%；无用途配置低效型土地（见表 4）。

表 3　居住用地土地利用状况

土地利用状况类型	评价单元数（个）	评价单元面积（公顷）	占居住用地总面积比例（%）
过度利用型	135	719.07	19.52
集约利用型	92	649.88	17.64
中度利用型	76	623.84	16.93
低效利用型	85	856.44	23.24
在建／未建	100	835.38	22.67
总计	488	3684.61	100.00

表 4　居住用地土地低效利用状况

低效土地利用状况类型	评价单元数（个）	评价单元面积（公顷）	占低效利用型土地总面积比例（%）
用途配置低效型	0	0.00	0.00
开发强度低效型	72	738.96	86.28
利用效益低效型	13	117.48	13.72
总计	85	856.44	100.00

商丘市评价工作地域内居住用地的过度利用型评价单元数量最多，共计 135 个，主要分布在陇海铁路北侧和中心区域。陇海铁路北侧的过度利用型评价单元以城中村和老小区为主，占地面积较大，多为低层和中层住房，建筑密度较高，人口密度较大；中心区域的过度利用型评价单元同样以城中村和老小区为主，其建设特点主要为社区内部楼栋数较多，楼层数较低，绿化用地较少，人口密度较大，在较小的土地面积上承载了较多的人口，虽然周边配套设施比较完善，但是居住环境特别是社区内部环境较差。南部区域的过度利用型评价单元基本分布在商丘古城的北部，多为城中村，处在商丘古城辐射范围内。集约利用型和中度利用型评价单元均匀分布在除评价工作地

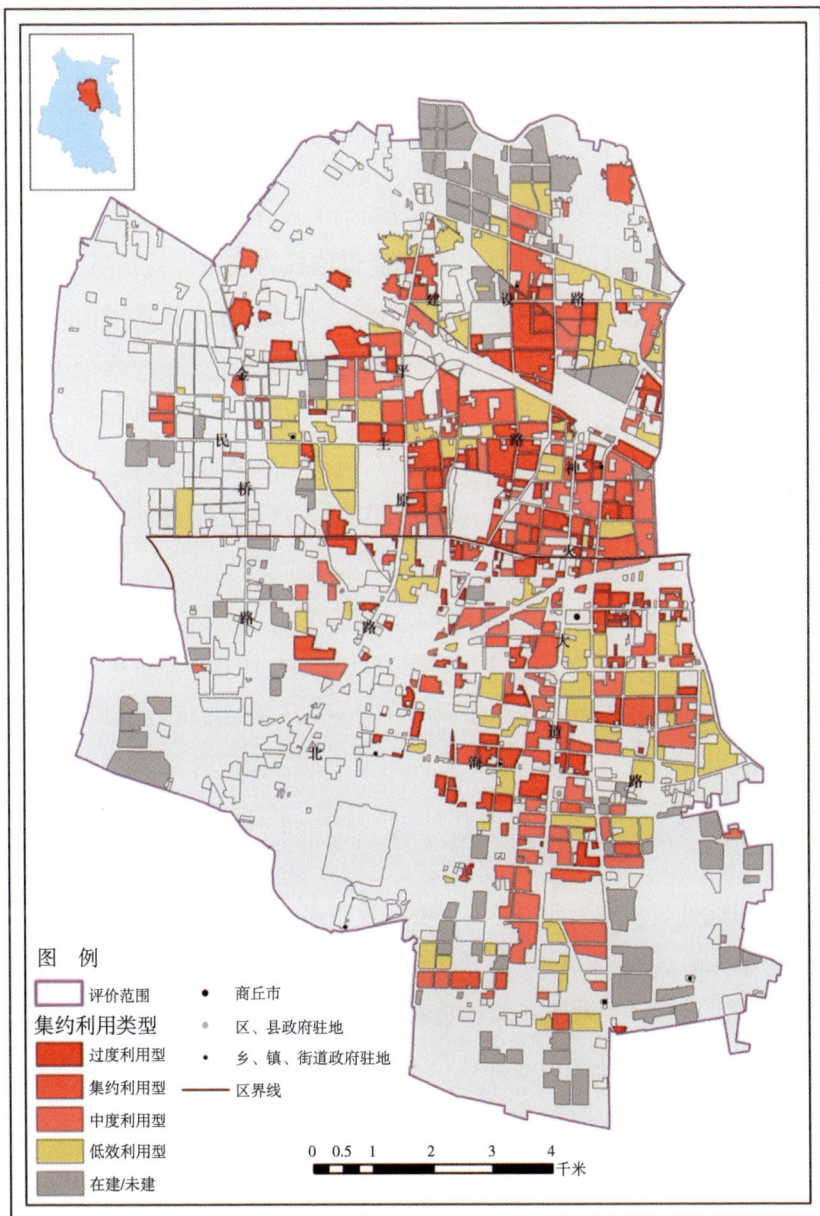

图 1　居住用地集约利用状况类型分布

域西部以外的地区，两类评价单元的数量比较接近，集约利用型在评价工作地域的中部和东部分布较多，多为规划条件较好的社区，虽然社区内主要是中低层住房，但由于建设初期就在社区内规划出分布较为集中的绿化、公共用地，其综合容积率和建筑密度都较为合理，人口密度适中，评价工作地域南部多为中度利用型，多为新建社区，社区内部主要是中高层住房，且有集中绿化用地，虽然居住人口较多，但由于综合容积率和建筑密度都较为合理，人口密度也得到了较好的控制。周边配套设施较为完善，幼儿园、中小学、医院和超市等分布其间，社区内部规划合理，环境较新，社区居住人口数量适宜，是一种较为理想的居住环境。低效利用型评价单元主要分布在陇海铁路以北，评价工作地域西部及东部的部分区域，大部分评价单元由于社区周边有空地存在，作为一个评价单元的综合容积率和建筑密度较低，还有部分新建社区，居民没有全部入住，人口密度较低，这都是低效利用型评价单元产生的因素（见图1）。

居住用地低效利用型土地共计85个评价单元，面积为856.44公顷，占居住用地总面积的23.24%。其中用途配置低效型共计0个评价单元，面积为0.00公顷，占低效利用型土地总面积的0.00%；开发强度低效型共计72个评价单元，面积为738.96公顷，占低效利用型土地总面积的86.28%；利用效益低效型共计13个评价单元，面积为117.48公顷，占低效利用型土地总面积的13.72%。

居住用地低效利用土地中开发强度低效型评价单元共计72个，占低效利用型评价单元总数的84.71%，评价工作地域内各个方向均有分布，既有以中低层住房为主的城中村和老小区，也有低密度、低容积率的新建社区（见图2）。城中村和老小区主要分布在评价工作地域的北部和中心区域，陇海铁路南北两侧虽然已经纳入商丘市中心城区范围，但对比核心区，仍属于边缘区域，开发程度方面稍显滞后，存在较多的城中村，中心区域主要是商丘市的老城区，城区内建筑密集，建筑年代相对久远，多为老旧小区。低密度、低容积率的新建社区更多地分布在评价工作地域的南部和东部，受到商丘古城建设的辐射影响，该区域处在持续改造过程中，涌现出大片新建社区，这些

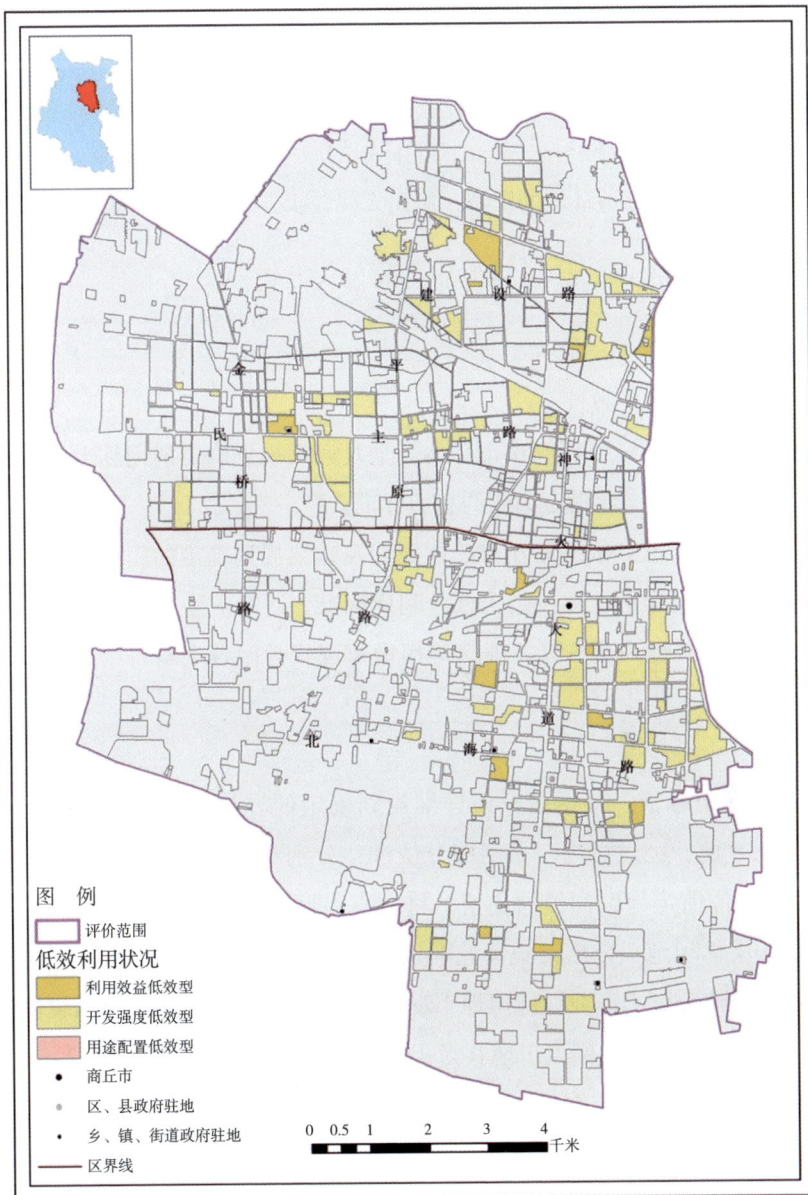

图 2　居住用地低效利用状况类型分布

新建社区内部或周边往往存在大片尚未建设的空地，主要是受开发商开发计划或资金影响，新建社区的一期或是二期已经完工并交付使用，三期或者四期还没有动工建设。利用效益低效型评价单元共计 13 个，占低效利用型评价单元总数的 15%，零星分布在整个评价工作地域内，主要是已经纳入城中村改造的区域和部分新建社区，进入改造计划的城中村人口持续外流，部分新建社区受所处位置或周边环境的影响，居民入住较少。

（二）商服用地

1. 评价指标与标准值确定

（1）规划用途一致性

集约利用标准：依据商丘市总体规划及详细规划确定的用途要求，将现状用途与规划用途一致设定为集约利用标准。

低效利用标准：依据商丘市总体规划及详细规划确定的用途要求，将现状用途与规划用途不一致设定为低效利用标准。同时对于规划确定改造的老城区、城中村、棚户区、老工业区等用地及现状为闲置土地直接判定为低效用地。

（2）综合容积率

集约利用标准：依据商丘市详细规划确定的容积率，参考土地出让合同中容积率值，经过排序，采用四分位法，分别将 1/4 位值定为区间值的低值，将 3/4 位值定为区间值的高值。将商服用地分为商业设施用地、商务用地、娱乐康体用地、公用设施营业网点用地、其他服务设施用地。确定综合容积率区间值分别为商业设施用地 1.2~2.5、商务用地 1.9~3.0、娱乐康体用地 1.0~2.0、公用设施营业网点用地 0.45~0.8、其他服务设施用地 1.3~2.2。

低效利用标准：依据集约利用标准确定的综合容积率区间值，将区间最小值确定为低效利用标准值。

（3）建筑密度

集约利用标准：依据商丘市详细规划确定的建筑密度，参考土地出让合同中建筑密度，对现状值排序，采用四分位法，将 1/4 位值定为区间值的低值，将 3/4 位值定为区间值的高值。商服用地分为商业设施用地、商务用地、娱乐康体用地、公用设施营业网点用地、其他服务设施用地。建筑密度区间值分别为，商业设施用地 35%~45%、商务用地 40%~47%、娱乐康体用地 35%~40%、公用设施营业网点用地 22.5%~45%、其他服务设施用地 37.5%~45%。

低效利用标准：依据集约利用标准确定的建筑密度区间值，将区间最小值确定为低效利用标准值。

（4）商业物业出租（营业）率

集约利用标准：依据现状值确定，采用指标现状值的前 1/4 位（指标现状值从大到小排列）确定。

低效利用标准：依据集约利用标准和现状值的一定比例确定，将现状值进行排序后确定排名后 20% 的现状值为低效利用标准值。

（5）地均税收

集约利用标准：依据现状值确定，采用指标现状值的前 1/4 位（指标现状值从大到小排列）确定。

低效利用标准：依据集约利用标准和现状值的一定比例确定，将现状值进行排序后确定排名后 20% 的现状值为低效利用标准值。

评价指标体系和标准见表 5、表 6。

表 5　详细评价工作地域用地状况指标体系	
准则层	指标层（代码）
规划符合度	规划用途一致性（C1）
建设强度	综合容积率（C3）
	建筑密度（C4）
利用效益	商业物业出租（营业）率（C5）
	地均税收（C6）

253

表6　商服用地标准值

指标 （代码）	单位	集约利用标准值	低效利用标准值
规划用途一致性（C1）	—	符合规划	不符合规划
综合容积率（C3）	—	商业设施用地（1.2~2.5）；商务用地（1.9~3.0）；娱乐康体用地（1.0~2.0）；公用设施营业网点用地（0.45~0.8）；其他服务设施用地（1.3~2.2）	依据集约利用标准确定的综合容积率区间值，将区间最小值确定为低效利用标准值
建筑密度（C4）	%	商业设施用地（35~45）；商务用地（40~47）；娱乐康体用地（35~40）；公用设施营业网点用地（22.5~45）；其他服务设施用地（37.5~45）	依据集约利用标准确定的建筑密度区间值，将区间最小值确定为低效利用标准值
商业物业出租（营业）率（C5）	%	依据现状值确定，采用指标现状值的前1/4位（指标现状值从大到小排列）确定。	依据集约利用标准和现状值的一定比例确定，将现状值进行排序后确定排名后20%的现状值为低效利用标准值
地均税收（C6）	万元/公顷	依据现状值确定，采用指标现状值的前1/4位（指标现状值从大到小排列）确定	依据集约利用标准和现状值的一定比例确定，将现状值进行排序后确定排名后20%的现状值为低效利用标准值

2. 评价过程与结果

商服用地共 216 个评价单元，总面积为 509.66 公顷。其中：过度利用型土地共计 3 个评价单元，面积为 3.29 公顷，占商服用地总面积的 0.65%；集约利用型土地共计 139 个评价单元，面积为 302.65 公顷，占商服用地总面积的 59.38%；中度利用型土地共计 56 个评价单元，面积为 166.18 公顷，占商服用地总面积的 32.61%；低效利用型土地共计 14 个评价单元，面积为 27.34 公顷，占商服用地总面积的 5.36%；在建/未建共计 4 个评价单元，面积为 10.20 公顷，占商服用地总面积的 2.00%（见表 7）。低效利用型土地中：用途配置低效型共计 1 个评价单元，面积为 0.65 公顷，占低效利用型土地总面积的 2.38%；开发强度低效型共计 9 个评价单元，面积为 24.00 公顷，占低效利用型土地总面积的 87.78%；利用效益低效型共计 4 个评价单元，面积为 2.69 公顷，占低效利用型土地总面积的 9.84%（见表 8）。

表 7　商服用地土地利用状况

土地利用状况类型	评价单元数（个）	评价单元面积（公顷）	占商服用地总面积比例（%）
过度利用型	3	3.29	0.65
集约利用型	139	302.65	59.38
中度利用型	56	166.18	32.61
低效利用型	14	27.34	5.36
在建 / 未建	4	10.20	2.00
总计	216	509.66	100.00

表 8　商服用地土地低效利用状况

低效土地利用状况类型	评价单元数（个）	评价单元面积（公顷）	占低效利用型土地总面积比例（%）
用途配置低效型	1	0.65	2.38
开发强度低效型	9	24.00	87.78
利用效益低效型	4	2.69	9.84
总计	14	27.34	100.00

　　商丘市评价工作地域内商服用地的集约利用型评价单元数量最多，共计 139 个，主要分布在评价工作地域内的中心区域、西部区域和东南区域，其中规模较大的有以商丘钢构市场、中意建材城为代表的批发市场，以万达广场、丹尼斯为代表的零售商业和以信华建国饭店为代表的酒店旅馆等。过度利用型评价单元有 3 个，分别是旺角步行街、喜来登国际广场和新城国际酒店。中度利用型评价单元有 56 个，主要分布在评价工作地域的西部和南部，以国贸 360 为代表的零售商业，以商丘鑫祥汽车城为代表的汽车销售业等低效利用型评价单元有 14 个，主要分布在评价工作地域内的中心区域和东部，主要是餐饮业和零售业（见图 3）。

　　商服用地低效利用型土地共计 14 个评价单元，面积为 27.34 公顷，占商服用地总面积的 5.36%。其中：用途配置低效型共计 1 个评价单元，面积为 0.65 公顷，占低效利用型土地总面积的 2.38%；开发强度低效型共计 9 个评价单元，面积为 24.00 公顷，占低效利用型土地总面积的 87.78%；利用效

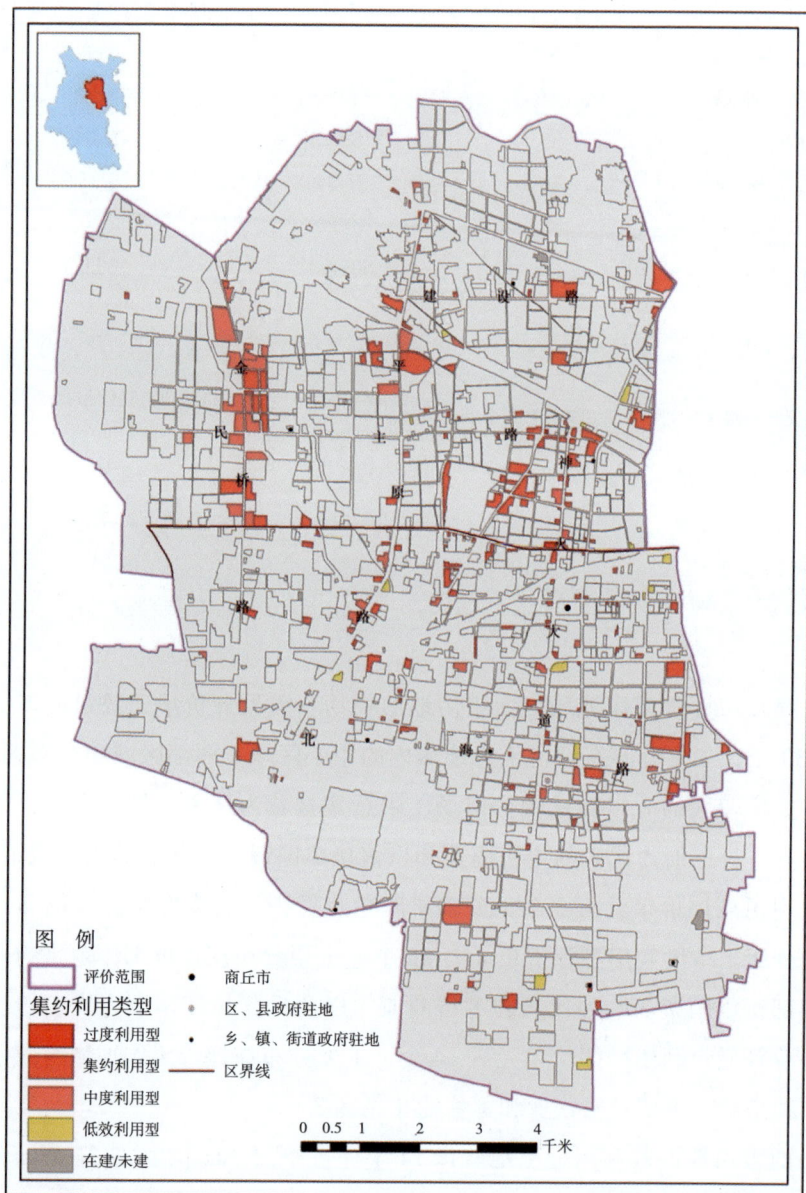

图3 商服用地集约利用状况类型分布

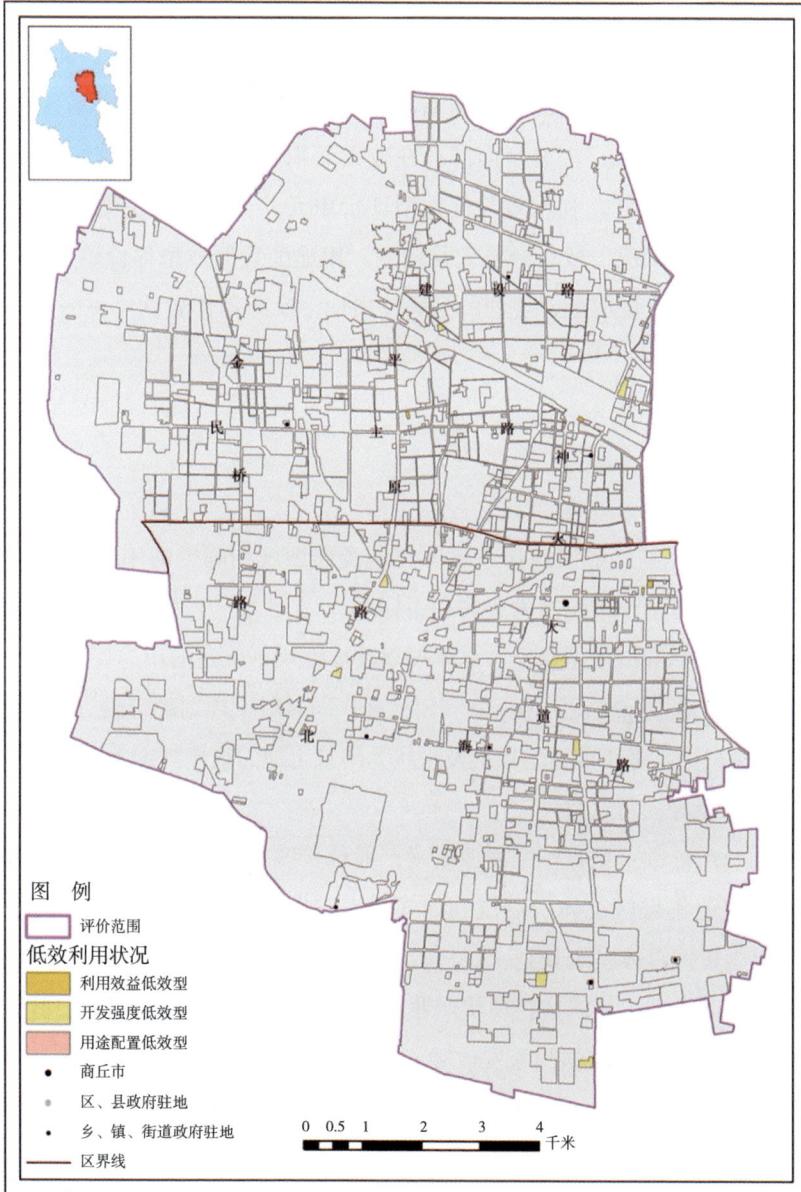

图 4　商服用地低效利用状况类型分布

257

益低效型共计 4 个评价单元，面积为 2.69 公顷，占低效利用型土地总面积的 9.84%。

商服用地低效利用型土地中开发强度低效型评价单元最多，共计 9 个，主要分布在评价工作地域的东部和南部，以商丘广电会展博览广场、商丘通信大厦占地规模较大，主要是内部存在较大面积的空地，导致其综合容积率和建筑密度相对较低。利用效益低效型评价单元共计 4 个，主要是小规模的餐饮酒店，经营状况一般，经济效益较差。用途配置低效型评价单元有 1 个，属于不符合规划建设用地，规划的是居住用地，实际用作餐饮（见图 4）。

（三）工业用地

1. 评价指标与标准值确定

（1）规划用途一致性

集约利用标准：依据商丘市总体规划及详细规划确定的用途要求，将现状用途与规划用途一致设定为集约利用标准。

低效利用标准：依据商丘市总体规划及详细规划确定的用途要求，将现状用途与规划用途不一致设定为低效利用标准。同时对于规划确定改造的老城区、城中村、棚户区、老工业区等用地及现状为闲置土地的直接判定为低效用地。

（2）产业导向符合性

集约利用标准：依据国家发改委《产业结构调整指导目录（2019 年本）》，商丘市各产业集聚区总体发展规划如《河南省发展和改革委员会关于商丘市睢阳产业集聚区总体发展规划（2017~2020）的批复》（豫发改〔2017〕959 号）等对主导产业类型的要求，将现状产业与规划产业一致的设定为集约利用。

低效利用标准：依据国家发改委《产业结构调整指导目录（2019 年本）》，将以上产业政策规定的禁止类、淘汰类产业用地，及现状产业与地方规划产业不一致的判定为低效用地。

（3）工业容积率

集约利用标准：依据《河南省人民政府办公厅关于转发河南省创建节约集约利用土地示范产业集聚区实施意见的通知》（豫政办〔2011〕43 号）、《河南省工业项目建设用地控制指标》，商丘市各产业集聚区控制性详细规划，参考《山东省建设用地控制指标（2019 年版）》，商丘属于五类地区，将评价地域内所有工业用地按照农副食品加工业、食品制造业等进行行业分类，每一行业分类选择对应的容积率。

低效利用标准：将低于每一行业对应容积率的设定为低效利用标准值。例如农副食品加工业容积率为 1，小于 1 的即为低效利用。

（4）建筑系数

集约利用标准：依据《河南省人民政府办公厅关于转发河南省创建节约集约利用土地示范产业集聚区实施意见的通知》（豫政办〔2011〕43 号）、《河南省工业项目建设用地控制指标》，商丘市各产业集聚区控制性详细规划，参考《山东省建设用地控制指标（2019 年版）》，各行业指标中只有建筑系数的指标值，因此，将工业用地建设强度准则层中的建筑密度替换为建筑系数，将评价地域内所有工业用地按照农副食品加工业、食品制造业等进行行业分类，每一行业分类选择对应的建筑系数。

低效利用标准：将低于每一行业对应建筑系数的设定为低效利用标准值。例如农副食品加工业建筑系数为 40%，小于 40% 的即为低效利用。

（5）地均固定资产投资

集约利用标准：依据《河南省人民政府办公厅关于转发河南省创建节约集约利用土地示范产业集聚区实施意见的通知》（豫政办〔2011〕43 号）、《河南省工业项目建设用地控制指标》，商丘市各产业集聚区控制性详细规划，参考《山东省建设用地控制指标（2019 年版）》，商丘属于五类地区，将评价地域内所有工业用地按照农副食品加工业、食品制造业等进行行业分类，每一行业分类选择对应的地均固定资产投资。

低效利用标准：将低于每一行业对应固定资产投资的设定为低效利用标准值。例如农副食品加工业地均固定资产投资为 100 万元／亩，小于 100 万元／亩的即为低效利用。

（6）地均税收

集约利用标准：依据《河南省人民政府办公厅关于转发河南省创建节约集

约利用土地示范产业集聚区实施意见的通知》（豫政办〔2011〕43号）、《河南省工业项目建设用地控制指标》，商丘市各产业集聚区控制性详细规划，参考《山东省建设用地控制指标（2019年版）》，将评价地域内所有工业用地按照农副食品加工业、食品制造业等进行行业分类，每一行业分类选择对应的地均税收。

低效利用标准：将低于每一行业对应地均税收的设定为低效利用标准值。例如农副食品加工业地均税收为7.5万元/亩，小于7.5万元/亩的即为低效利用。

评价指标体系及标准值见表9、表10。

表9　详细评价工作地域工业用地状况指标体系

准则层	指标层（代码）
规划符合度	规划用途一致性（I1）
	产业导向符合性（I2）
建设强度	工业容积率（I3）
	建筑系数（I4）
利用效益	地均固定资产投资（I6）
	地均税收（I7）

表10　工业用地标准值

指标（代码）	单位	集约利用标准值	低效利用标准值
规划用途一致性（I1）	—	符合规划	不符合规划
产业导向符合性（I2）	—	符合规划产业	不符合规划产业
工业容积率（I3）	—	食品制造业；医药制造业；农副产品加工业	将低于每一行业对应容积率的设定为低效利用标准值
建筑系数（I4）	%	食品制造业；医药制造业；农副产品加工业	将低于每一行业对应建筑系数的设定为低效利用标准值
地均固定资产投资（I6）	万元/公顷	食品制造业；医药制造业；农副产品加工业	将低于每一行业对应固定资产投资的设定为低效利用标准值
地均税收（I7）	万元/公顷	食品制造业；医药制造业；农副产品加工业	将低于每一行业对应地均税收的设定为低效利用标准值

2. 评价过程与结果

工业用地共 181 个评价单元，总面积为 1070.15 公顷。其中：过度利用型土地共计 3 个评价单元，面积为 9.36 公顷，占工业用地总面积的 0.87%；集约利用型土地共计 69 个评价单元，面积为 275.62 公顷，占工业用地总面积的 25.76%；中度利用型土地共计 45 个评价单元，面积为 360.47 公顷，占工业用地总面积的 33.68%；低效利用型土地共计 46 个评价单元，面积为 353.33 公顷，占工业用地总面积的 33.02%；在建 / 未建共计 18 个评价单元，面积为 71.37 公顷，占工业用地总面积的 6.67%（见表 11）。低效利用型土地中，用途配置低效型共计 5 个评价单元，面积为 8.63 公顷，占低效利用型土地总面积的 2.44%；开发强度低效型共计 29 个评价单元，面积为 278.78 公顷，占低效利用型土地总面积的 78.90%；利用效益低效型共计 12 个评价单元，面积为 65.92 公顷，占低效利用型土地总面积的 18.66%（见表 12、图 5）。

表 11　工业用地土地利用状况

土地利用状况类型	评价单元数（个）	评价单元面积（公顷）	占工业用地总面积比例（%）
过度利用型	3	9.36	0.87
集约利用型	69	275.62	25.76
中度利用型	45	360.47	33.68
低效利用型	46	353.33	33.02
在建 / 未建	18	71.37	6.67
总计	181	1070.15	100.00

表 12　工业用地土地低效利用状况

低效土地利用状况类型	评价单元数（个）	评价单元面积（公顷）	占低效利用型土地总面积比例（%）
用途配置低效型	5	8.63	2.44
开发强度低效型	29	278.78	78.90
利用效益低效型	12	65.92	18.66
总计	46	353.33	100.00

商丘市评价工作地域内工业用地的集约利用型评价单元数量最多，共计 69 个，主要分布在商丘市梁园产业集聚区内及周边区域，以商丘海通物流园、商丘五得利面粉集团有限公司、河南阿凡提食品有限公司、河南好老婆商贸有限公司等企业为代表。中度利用型评价单元和低效利用型评价单元的个数接近，分别为 45 个和 46 个，除了分布在梁园产业集聚区内，还有部分分布在陇海铁路以北。中度利用型以商丘天瑞水泥有限公司、商丘市中联生物科技有限公司、河南中联玻璃有限责任公司和河南北坡科技有限公司等企业为代表，低效利用型以思凯林国际皮革制品产业园、上海现代哈森药业有限公司、安踏集团河南商丘鞋业有限公司等企业为代表，还包含一些已经停产、拆建的企业，其中，规模较大、效益较好的如上海现代哈森药业有限公司、安踏集团河南商丘鞋业有限公司等企业园区内存在一定面积的空地，工业容积率和建筑系数均较低，停产及拆建的企业零星分布在市区内，占地面积相对较小，与周边的居住用地、商服用地混杂在一起，对周边环境造成一定影响。过度利用型评价单元只有 3 个，其中规模最大的是紧邻陇海铁路的陇南国家粮食储备库（见图 5）。

工业用地低效利用土地中开发强度低效型评价单元共计 29 个，占低效利用型评价单元总数的 63.04%，主要分布在梁园产业集聚区内，以上海现代哈森药业有限公司、安踏集团河南商丘鞋业有限公司、商丘同源食品有限公司等企业为代表，这些企业园区往往占地面积较大，园区内部有一部分集中绿化用地和空地，其中的空地往往作为今后厂房建设的预留用地使用，导致其工业容积率和建筑系数均相对较低。利用效益低效型评价单元共计 12 个，占低效利用型评价单元总数的 26.09%，主要是停产、拆建企业，没有对应的固定资产投资和税收等数据，还有一些是生产经营状况不好、效益较差的企业，其中占地面积最大的是陇海铁路北侧的恒兴制造有限公司，其已经停产，处于拆建过程中。用途配置低效型共计 5 个评价单元，占低效利用型评价单元总数的 10.87%，主要有两种情况。一种是原有土地用途规划为工业用地，企业已经停产，但是厂房没有进行拆建，在对原有厂房进行改造后，改变为商服或其他用地；另一种是原有土地用途规划为商服用地，现在土地的使用者是工业企业（见图 6）。

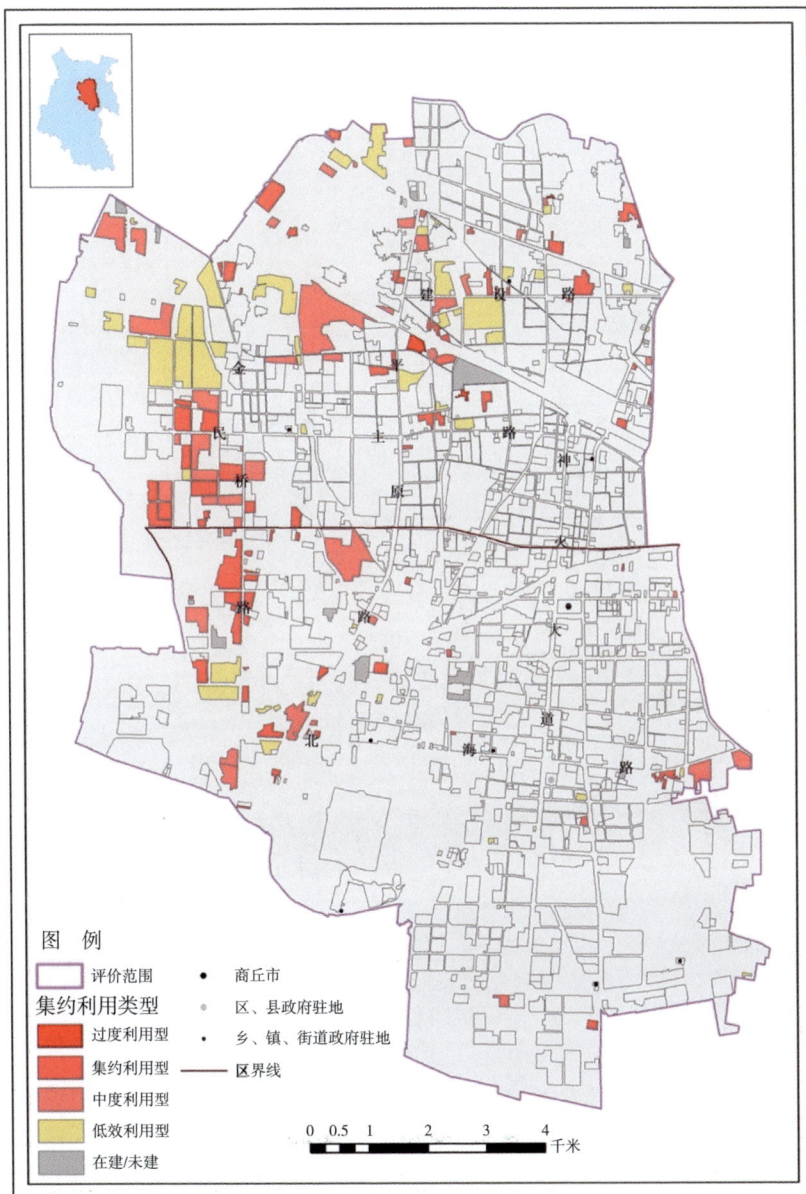

图 5　工业用地集约利用状况类型分布

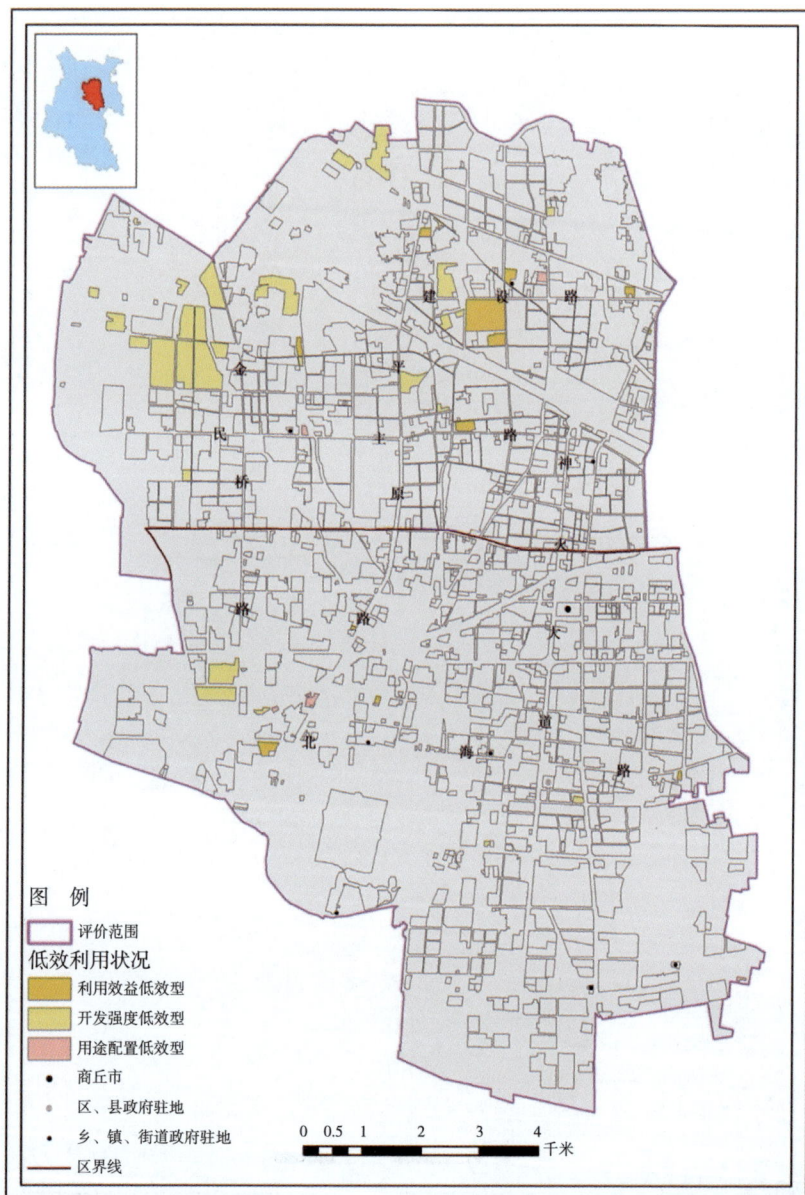

图6　工业用地低效利用状况类型分布

物流仓储用地共计 39 个评价单元，总面积为 139.88 公顷。其中：过度利用型土地共计 3 个评价单元，面积为 9.36 公顷，占物流仓储用地总面积的 6.69%；集约利用型土地共计 24 个评价单元，面积为 99.43 公顷，占物流仓储用地总面积的 71.08%；中度利用型土地共计 8 个评价单元，面积为 25.20 公顷，占物流仓储用地总面积的 18.02%；低效利用型土地共计 4 个评价单元，面积为 5.89 公顷，占物流仓储用地总面积的 4.21%；在建 / 未建共计 0 个评价单元，面积为 0.00 公顷，占物流仓储用地总面积的 0.00%。低效利用型土地中，用途配置低效型共计 1 个评价单元，面积为 0.70 公顷，占低效利用型土地总面积的 11.88%；开发强度低效型共计 3 个评价单元，面积为 5.19 公顷，占低效利用型土地总面积的 88.12%；利用效益低效型共计 0 个评价单元，面积为 0.00 公顷，占低效利用型土地总面积的 0.00%（见表 13、表 14）。

表 13　物流仓储用地土地利用状况

土地利用状况类型	评价单元数（个）	评价单元面积（公顷）	占物流仓储用地总面积比例（%）
过度利用型	3	9.36	6.69
集约利用型	24	99.43	71.08
中度利用型	8	25.20	18.02
低效利用型	4	5.89	4.21
在建 / 未建	0	0.00	0.00
总计	39	139.88	100.00

表 14　物流仓储用地土地低效利用状况

低效土地利用状况类型	评价单元数（个）	评价单元面积（公顷）	占低效利用型土地总面积比例（%）
用途配置低效型	1	0.70	11.88
开发强度低效型	3	5.19	88.12
利用效益低效型	0	0.00	0.00
总计	4	5.89	100.00

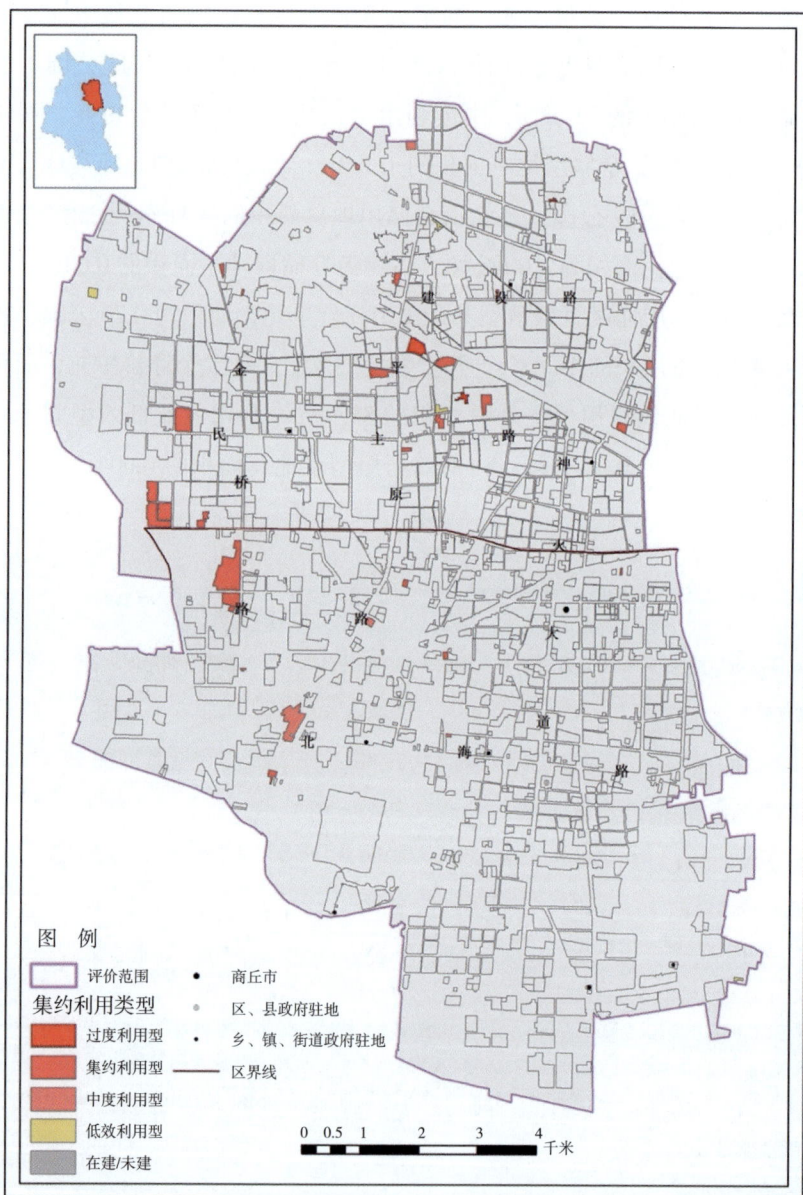

图 7　物流仓储用地集约利用状况类型分布

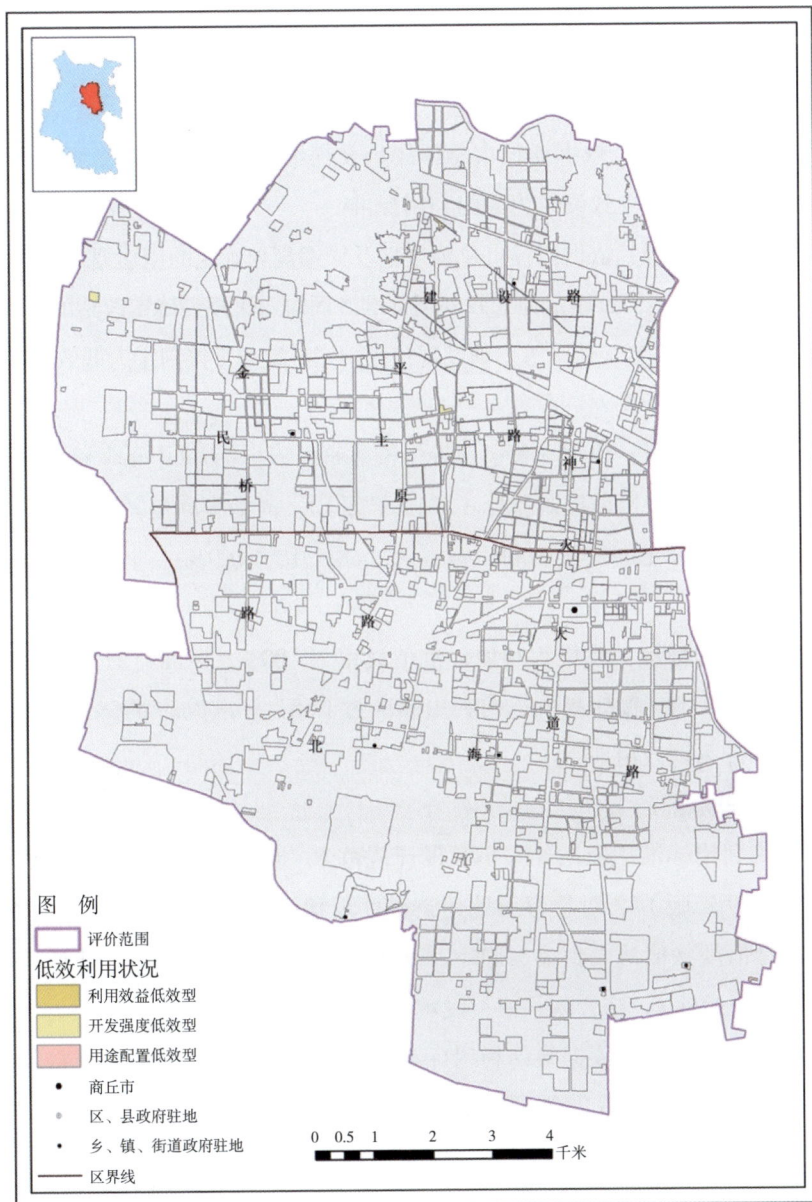

图例

评价范围

低效利用状况

利用效益低效型

开发强度低效型

用途配置低效型

● 商丘市

● 区、县政府驻地

· 乡、镇、街道政府驻地

—— 区界线

0 0.5 1 2 3 4 千米

图 8　物流仓储用地低效利用状况类型分布

（四）教育用地

1. 评价指标与标准值确定

（1）规划用途一致性

集约利用标准：依据商丘市总体规划及详细规划确定的用途要求，将现状用途与规划用途一致设定为集约利用标准。

低效利用标准：依据商丘市总体规划及详细规划确定的用途要求，将现状用途与规划用途不一致设定为低效利用标准。同时对于规划确定改造的老城区、城中村、棚户区、老工业区等用地及现状为闲置土地的直接判定为低效用地。

（2）综合容积率

集约利用标准：依据《普通高等学校建筑面积指标》《中小学设计规范》，参考《山东省建设用地控制指标（2019年版）》，河南省高校教育用地集约利用评价成果，设定高校集约利用标准为1.68、中学为0.90，小学为0.80，中师幼师为0.70。

低效利用标准：将集约利用标准值设定为100%，标准值的60%设定为低效利用标准值。例如高校集约利用标准为1.68，标准值的60%为1.01，低于1.01的即为低效用地。

（3）建筑密度

集约利用标准：依据《中小学设计规范》，参考《山东省建设用地控制指标（2019年版）》，对教育用地建筑密度现状值排序，采用现状值的前1/4位（指标值现状值从大到小）确定。其中，高校建筑密度依据《普通高等学校建筑面积指标》，结合现状值，设定建筑密度标准值。

低效利用标准：依据集约利用标准和现状值的一定比例确定，将现状值进行排序后确定排名后20%的现状值为低效利用标准值。

（4）地均服务学生数

集约利用标准：依据《普通高等学校建筑面积指标》《中小学建设标准》，参考《河南省建设用地控制指标（2019年版）》，设定标准值。

低效利用标准：依据集约利用标准和现状值的一定比例确定，将现状值进行排序后确定排名后 20% 的现状值为低效利用标准值。

评价指标体系及标准值见表 15、表 16。

表 15 详细评价工作地域教育用地状况指标体系	
准则层	指标层（代码）
规划符合度	规划用途一致性（E1）
建设强度	综合容积率（E2）
	建筑密度（E3）
利用效益	地均服务学生数（E4）

表 16 教育用地标准值			
指标（代码）	单位	集约利用标准值	低效利用标准值
规划用途一致性（E1）	—	符合规划	不符合规划
综合容积率（E2）	—	高校（1.68）；中学（0.90）；小学（0.80）；中师幼师（0.70）	将集约利用标准值设定为 100%，标准值的 60% 设定为低效利用标准值
建筑密度（E3）	%	高校（26%）；中学（32%）；小学（40%）；中师幼师（24%）	依据集约利用标准和现状值的一定比例确定，将现状值进行排序后确定排名后 20% 的现状值为低效利用标准值
地均服务学生数（E4）	人/公顷	高校（352）；中学（1039）；小学（993）；中师幼师（1198）	依据集约利用标准和现状值的一定比例确定，将现状值进行排序后确定排名后 20% 的现状值为低效利用标准值

2. 评价过程与结果

如表 17 所示，教育用地共 79 个评价单元，总面积为 383.08 公顷。其中：过度利用型土地共计 2 个评价单元，面积为 0.58 公顷，占教育用地总面积的 0.15%；集约利用型土地共计 38 个评价单元，面积为 88.13 公顷，占教育用地总面积的 23.01%；中度利用型土地共计 9 个评价单元，面积为 33.44 公顷，占教育用地总面积的 8.73%；低效利用型土地共计 29 个评价单元，面积为 250.80 公顷，占教育用地总面积的 65.47%；在建/未建共计 1 个评价单元，面积为 10.13 公顷，占工业用地总面积的 2.64%。低效利用型土地中：用途配置低效型共计 0 个评价单元，面积为 0.00 公顷，占低效利用型土地总面积的 0.00%；开发强度低效型共计 10 个评价单元，面积为 180.24 公顷，占低效利用型土地总面积的 71.87%；利用效益低效型共计 19 个评价单元，面积为 70.56 公顷，占低效利用型土地总面积的 28.13%（见表 18）。

表 17　教育用地土地利用状况

土地利用状况类型	评价单元数（个）	评价单元面积（公顷）	占教育用地总面积比例（%）
过度利用型	2	0.58	0.15
集约利用型	38	88.13	23.01
中度利用型	9	33.44	8.73
低效利用型	29	250.80	65.47
在建 / 未建	1	10.13	2.64
总计	79	383.08	100.00

表 18　教育用地土地低效利用状况

低效土地利用状况类型	评价单元数（个）	评价单元面积（公顷）	占低效利用型土地总面积比例（%）
用途配置低效型	0	0.00	0.00
开发强度低效型	10	180.24	71.87
利用效益低效型	19	70.56	28.13
总计	29	250.80	100.00

商丘市评价工作地域内教育用地的集约利用型评价单元数量最多，共计 38 个，分布于评价工作地域各个方向，除商丘师范学院南校区以外，其余多为中小学校，校区占地面积适中，校区内部建筑分布合理，有一定比例的绿化和操场用地。中度利用型评价单元主要分布在评价工作地域的东部和南部，占地面积最大的三个分别是商丘市幼儿师范学校、商丘市第一中学和商丘市第四高级中学。低效利用型评价单元共计 29 个，分布于评价工作地域各个方向，占地面积最大的是商丘师范学院北校区和商丘职业技术学院，这两个学校占地面积较大，校区内部存在一定比例的空地。过度利用型评价单元只有 2 个，分别是商丘电视台职业技校和尚博小学（见图 9）。

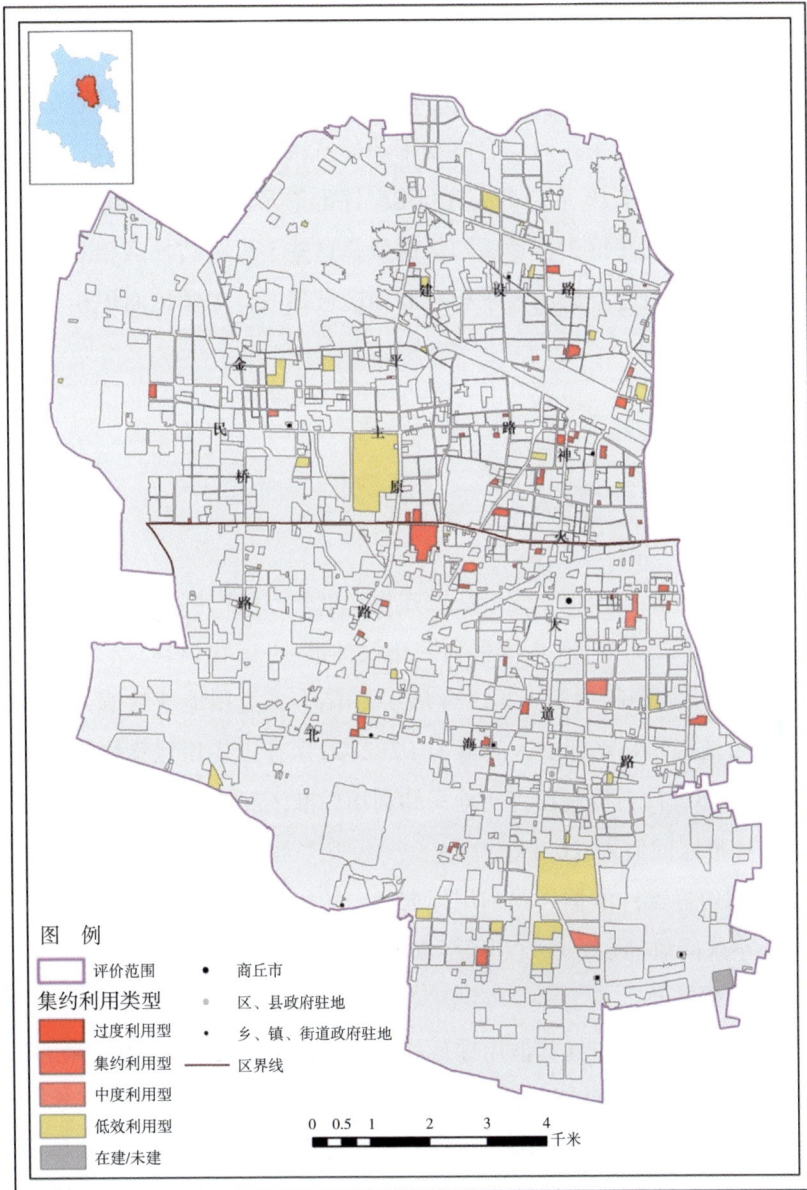

图 9　教育用地集约利用状况类型分布

271

教育用地低效利用土地中开发强度低效型评价单元共计 10 个，占低效利用型评价单元总数的 34.48%，主要以商丘师范学院北校区和商丘职业技术学院为代表，学校占地面积较大，校区存在集中绿化用地和部分空地，学校除了已投入使用的各类教学设施外，还有部分教学行政办公、宿舍等尚未建设，造成校区内空地的产生，对综合容积率和建筑密度产生一定影响。利用效益低效型评价单元共计 19 个，占低效利用型评价单元总数的 65.52%，主要以中小学为主，分布在评价工作地域边缘区域，这些学校周边社区相对较少，适龄学生不多，对教育资源的需求相较其他区域不高，与学校面积相比在校学生数较少（见图 10）。

（五）其他用地

1. 评价指标与标准值确定

（1）综合容积率

集约利用标准：依据《综合医院建设标准》《综合社会福利院建设标准》《老年养护院建设标准》《儿童福利院建设标准》《文化馆建设标准》，参考《河南省建设用地控制指标（2019 年版）》，结合各类用地现状值，分别设定行政办公用地集约利用标准区间值为 1.2~2.4，医疗卫生用地集约利用标准区间值为 1.0~2.5，社会福利设施用地集约利用标准区间值为 0.6~1.0，宗教用地集约利用标准区间值为 0.6~2.0。

低效利用标准：依据集约利用标准确定的标准区间值及现状值的排名情况，将最小区间值确定为低效利用标准值。

（2）建筑密度

集约利用标准：依据其他用地现状值，对建筑密度现状值排序，采用现状值的前 1/4 位（指标值现状值从大到小）确定。

低效利用标准：依据集约利用标准和现状值的一定比例确定，将现状值进行排序后确定排名后 20% 的现状值作为低效利用标准值。

评价指标体系及标准值见表 19、表 20。

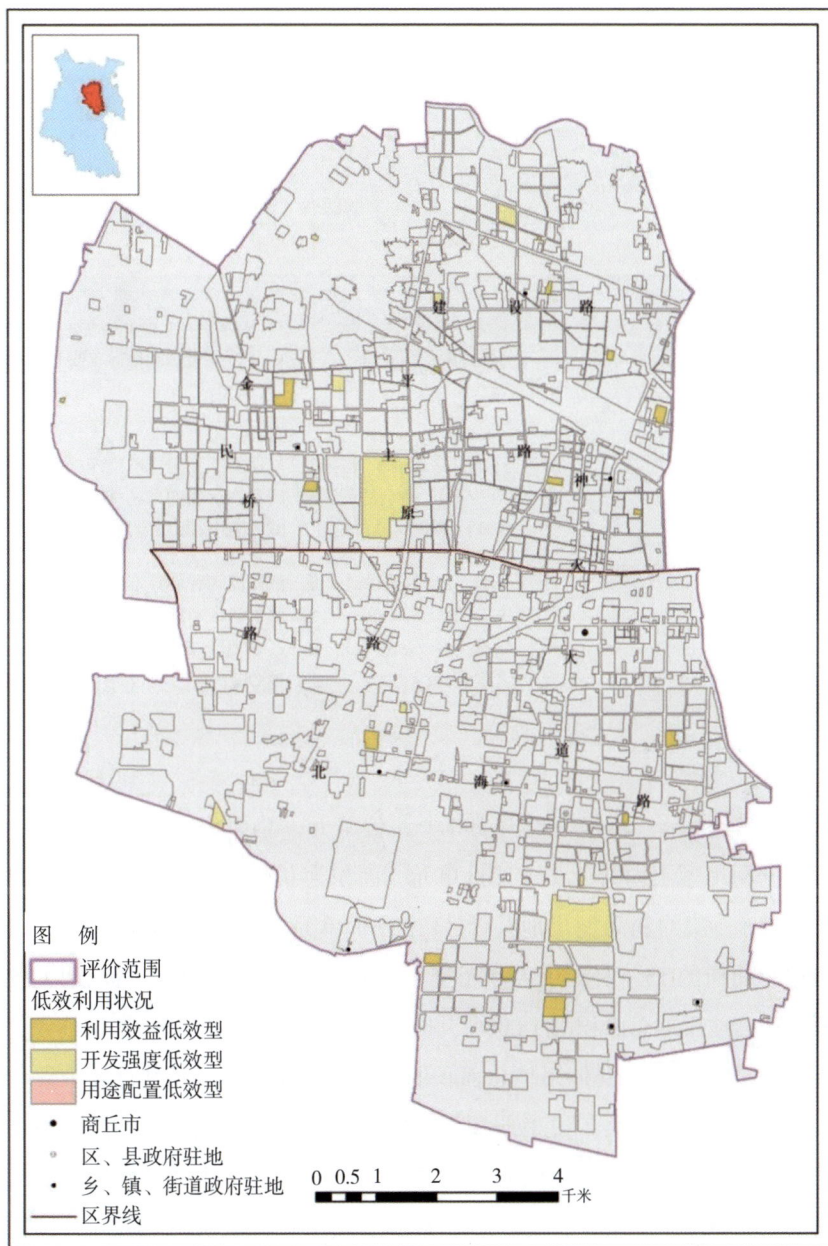

图 10　教育用地低效利用状况类型分布

表 19　详细评价工作地域其他用地状况指标体系

准则层	指标层（代码）
规划符合度	规划用途一致性（X1）
建设强度	综合容积率（X2）
	建筑密度（X3）

表 20　其他用地标准值

指标（代码）	单位	集约利用标准值	低效利用标准值
规划用途一致性（XI）	—	符合规划	不符合规划
综合容积率（X2）	—	行政办公（1.2~2.4）；医疗卫生（1.0~2.5）；社会福利设施（0.6~1.0）；宗教（0.6~2.0）	依据集约利用标准确定的标准值区间及现状值的排名情况，将最小区间值确定为低效利用标准值
建筑密度（X3）	%	行政办公（22%~44%）；医疗卫生（28%~57%）；社会福利设施（18%~36%）；宗教（22%~44%）	依据集约利用标准和现状值的一定比例确定，将现状值排序后确定排名后 20% 的现状值确定为低效利用标准值

2. 评价过程与结果

如表 21 所示，其他用地共 190 个评价单元，总面积为 435.08 公顷。其中：过度利用型土地共计 2 个评价单元，面积为 0.72 公顷，占其他用地总面积的 0.17%；集约利用型土地共计 83 个评价单元，面积为 68.73 公顷，占其他用地总面积的 15.80%；中度利用型土地共计 52 个评价单元，面积为 78.58 公顷，占其他用地总面积的 18.06%；低效利用型土地共计 47 个评价单元，面积为 237.94 公顷，占其他用地总面积的 54.69%；在建 / 未建共计 6 个评价单元，面积为 49.11 公顷，占工业用地总面积的 11.29%。低效利用型土地中，用途配置低效型共计 0 个评价单元，面积为 0.00 公顷，占低效利用型土地总面积的 0.00%；开发强度低效型共计 47 个评价单元，面积为 237.94 公顷，占低效利用型土地总面积的 100.00%；利用效益低效型共计 0 个评价单元，面积为 0.00 公顷，占低效利用型土地总面积的 0.00%（见表 22）。

表 21　其他用地土地利用状况

土地利用状况类型	评价单元数（个）	评价单元面积 （公顷）	占其他用地总面积比例 （%）
过度利用型	2	0.72	0.16
集约利用型	83	68.73	15.80
中度利用型	52	78.58	18.06
低效利用型	47	237.94	54.69
在建 / 未建	6	49.11	11.29
总计	190	435.08	100.00

表 22　其他用地土地低效利用状况

低效土地利用状况类型	评价单元数 （个）	评价单元面积 （公顷）	占低效利用型土地总面积比例 （%）
用途配置低效型	0	0.00	0.00
开发强度低效型	47	237.94	100.00
利用效益低效型	0	0.00	0.00
总计	47	237.94	100.00

　　商丘市评价工作地域内其他用地的集约利用型评价单元数量最多，共计 83 个，评价工作地域东部和南部分布较多，以行政办公用地、医疗卫生用地和宗教用地为主，其中占地面积较大的有商丘市第三人民医院、商丘市体育中心、商丘市文化艺术中心等。中度利用型评价单元主要分布在评价工作地域的南部，主要是行政办公用地和医疗卫生用地，其中占地面积较大的有商丘市人民政府、商丘市公安局、商丘市第一人民医院等（见图 11）。

　　其他用地低效利用型评价单元主要分布在评价工作地域南部，低效利用土地中开发强度低效型评价单元共计 47 个，占低效利用型评价单元总数的 100.00%，主要以行政办公和医疗卫生用地为主，其中占地面积较大的有商丘市司法局武装看守大队、商丘市青少年活动中心、商丘市电业局等，占地面积最大的是商丘古城，主要原因是古城正处在开发建设过程中，包含有大片的在建和未建土地（见图 12）。

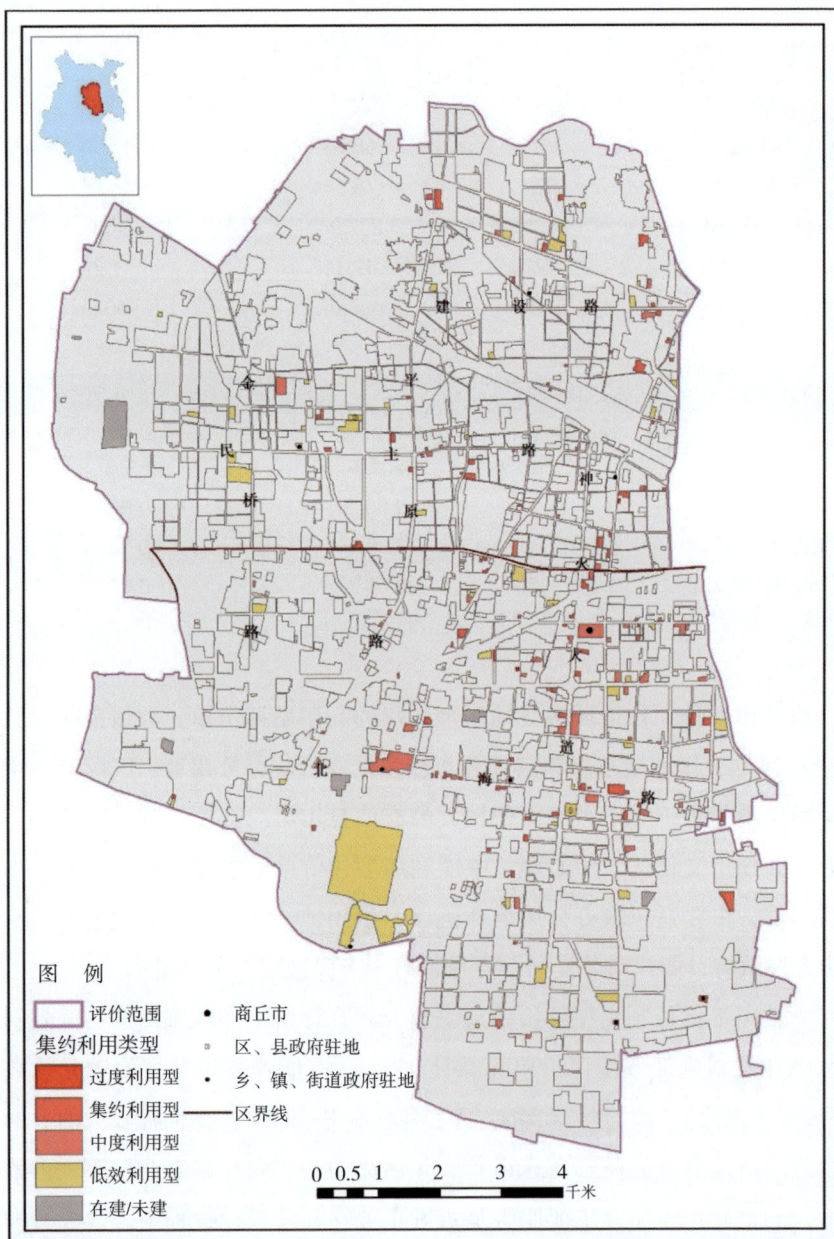

图 11　其他用地集约利用状况类型分布

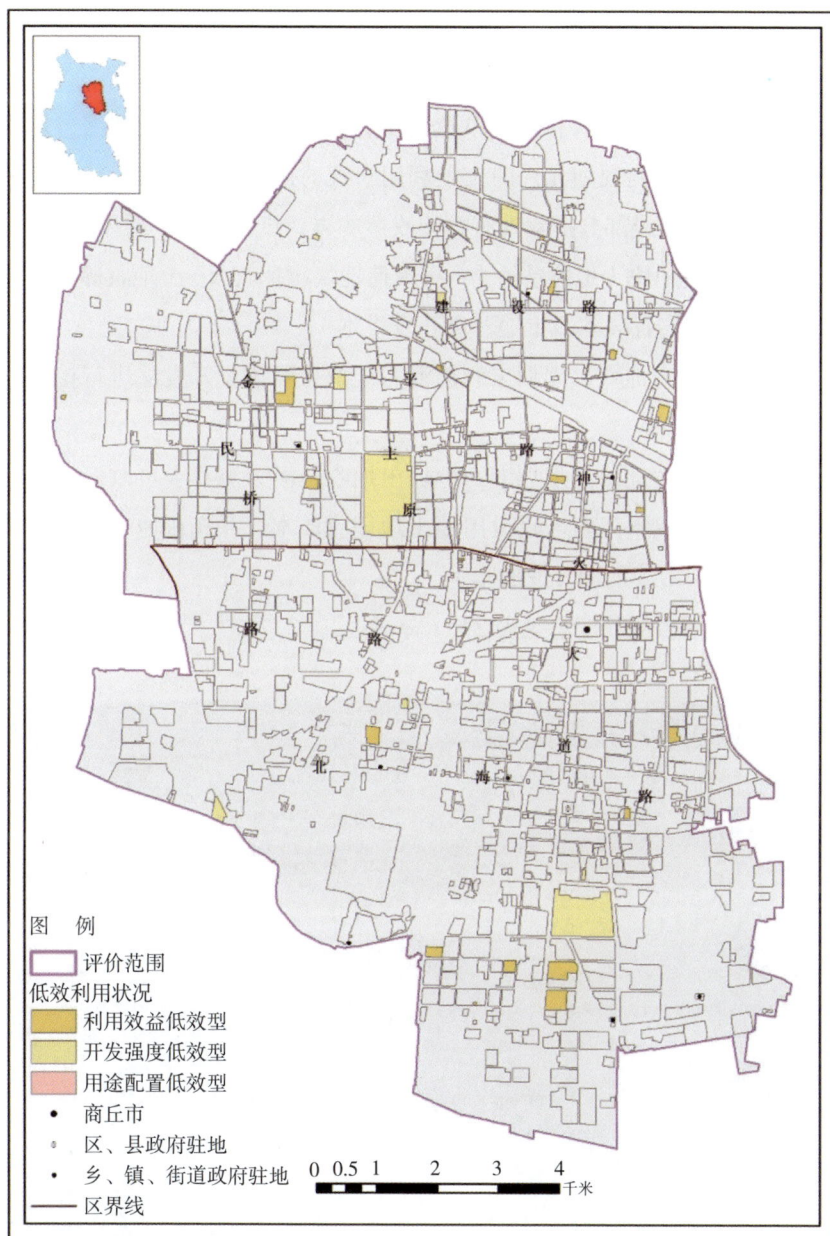

图 12 其他用地低效利用状况类型分布

三　潜力及挖潜收益测算

（一）土地收益潜力测算

土地收益潜力是指将存量可改造地块、批而未供地块、规划潜力地块进行开发改造，并达到规划允许的土地利用状况时产生的土地收益。存量可改造地块以全部拆除或部分拆除现有物业改造的方式进行挖潜，测算思路为：

存量可改造地块土地收益潜力＝可改造地块出让收入－土地收储成本（拆迁房屋征收补偿安置成本、土地一级开发成本）

批而未供潜力地块、规划未利用潜力地块按照假设开发法进行挖潜，测算思路为：

批而未供潜力地块、规划潜力地块土地收益潜力测算＝可改造地块出让收入－土地征收成本（新增建设用地土地征收成本、补充耕地成本、新增建设用地有偿使用费、前期开发成本）。

土地收益潜力测算汇总见表23。

表23　土地收益潜力测算汇总

潜力地块类型	用地类型	面积（公顷）	潜力（万元）
存量改造潜力地块	居住用地	19.95	1785.02
		13.96	2037.75
		21.15	−842.75
		4.48	1061.63
		1.37	2157.06
		11.34	639.25
		3.34	1696.85
		18.98	123.65
	工业用地	5.64	−4515.95
		1.08	−4578.25
		2.55	−4719.91
		5.71	−4899.65

潜力地块类型	用地类型	面积（公顷）	潜力（万元）
存量改造潜力地块	工业用地	2.48	−4950.37
		2.68	−4894.23
		2.52	−4685.04
		0.76	−4814.95
		1.70	−4734.91
		0.77	4739.14
		3.26	−4710.95
		13.99	−4719.05
		20.83	4903.04
		0.70	−4741.04
		1.38	4736.04
	商服用地	0.65	304.85
规划未利用潜力地块	居住用地	11.48	−370.93
		10.63	686.05
		3.17	1860.75
		3.27	1507.05
		4.57	2006.05
		2.34	1872.05
		1.47	1638.09
		3.69	1724.05
		5.33	−515.95
		1.46	1357.05
		1.90	1645.75
		6.35	1017.97
		5.03	619.04
		23.82	−1375.95

潜力地块类型	用地类型	面积（公顷）	潜力（万元）
规划未利用潜力地块	居住用地	9.01	1090.85
		8.36	−854.25
		15.53	1332.15
	工业用地	1.48	−4734.91
		4.71	4515.22
		8.36	−4571.65
		9.09	4568.67
		3.19	4693.95
		1.04	−4884.96
		1.93	4193.92
		1.85	−4710.90
	商服用地	1.60	508.98
	其他用地	7.48	−3828.93
批而未供潜力地块	居住用地	7.76	162.13
		4.57	1868.33
		46.29	990.81
		12.61	−1340.81
		11.12	−1248.85
		9.28	−1044.14
		6.42	−960.85
		2.13	−1246.26
		34.95	1733.85
		31.46	2038.86
		2.72	155.15
		6.28	−174.18
		9.59	−252.23

续表

潜力地块类型	用地类型	面积（公顷）	潜力（万元）
批而未供潜力地块	居住用地	24.00	−1044.84
		7.30	−940.84
		6.04	−1355.28
		4.40	−1445.28
		8.12	−1180.98
		4.84	−915.83
	工业用地	3.19	−4840.87
	其他用地	3.65	−3851.95
		3.62	−4608.75
		27.76	−4734.13

（二）土地收益潜力分区

经济潜力分区，主要依据所有潜力测算对象功能区的单位土地经济潜力大小，通过单因素的聚类分析进行归类，确定相应的分区数值标准，确定高潜力区、中潜力区、低潜力区、无潜力区，详见表 24 和图 13。

表 24　土地收益潜力分区汇总						
功能区类型		居住用地	商服用地	工业用地	教育用地	其他用地	合计
高潜力区	存量可改造地块数（个）	0	0	0	0	0	0
	存量可改造地块面积（公顷）	0	0	0	0	0	0
	批而未供潜力地块数（个）	0	0	0	0	0	0
	批而未供潜力地块面积（公顷）	0	0	0	0	0	0
	规划未利用潜力地块数（个）	0	0	0	0	0	0
	规划未利用潜力地块面积（公顷）	0	0	0	0	0	0

续表

功能区类型		居住用地	商服用地	工业用地	教育用地	其他用地	合计
中潜力区	存量可改造地块数（个）	2	0	0	0	0	2
	存量可改造地块面积（公顷）	15.32	0	0	0	0	15.32
	批而未供潜力地块数（个）	1	0	0	0	0	1
	批而未供潜力地块面积（公顷）	31.46	0	0	0	0	31.46
	规划未利用潜力地块数（个）	1	0	0	0	0	1
	规划未利用潜力地块面积（公顷）	4.57	0	0	0	0	4.57
低潜力区	存量可改造地块数（个）	4	0	0	0	0	4
	存量可改造地块面积（公顷）	39.1	0	0	0	0	39.1
	批而未供潜力地块数（个）	2	0	0	0	0	2
	批而未供潜力地块面积（公顷）	39.52	0	0	0	0	39.52
	规划未利用潜力地块数（个）	10	0	0	0	0	10
	规划未利用潜力地块面积（公顷）	39.3	0	0	0	0	39.3
无潜力区	存量可改造地块数（个）	2	1	15	0	0	18
	存量可改造地块面积（公顷）	40.12	0.65	66.07	0	0	106.84
	批而未供潜力地块数（个）	16	0	1	0	3	20
	批而未供潜力地块面积（公顷）	168.90	0	3.19	0	35.03	207.1
	规划未利用潜力地块数（个）	6	1	8	0	1	16
	规划未利用潜力地块面积（公顷）	73.55	1.60	31.64	0	7.48	114.27
合计	数量（个）	44	2	24	0	4	74
	面积（公顷）	451.80	2.25	100.90	0	42.51	597.46
划分标准	高潜力区（元）	[5000，13000]					
	中潜力区（元）	[2000，5000)					
	低潜力区（元）	[500，2000)					
	无潜力区（元）	(0，500)					

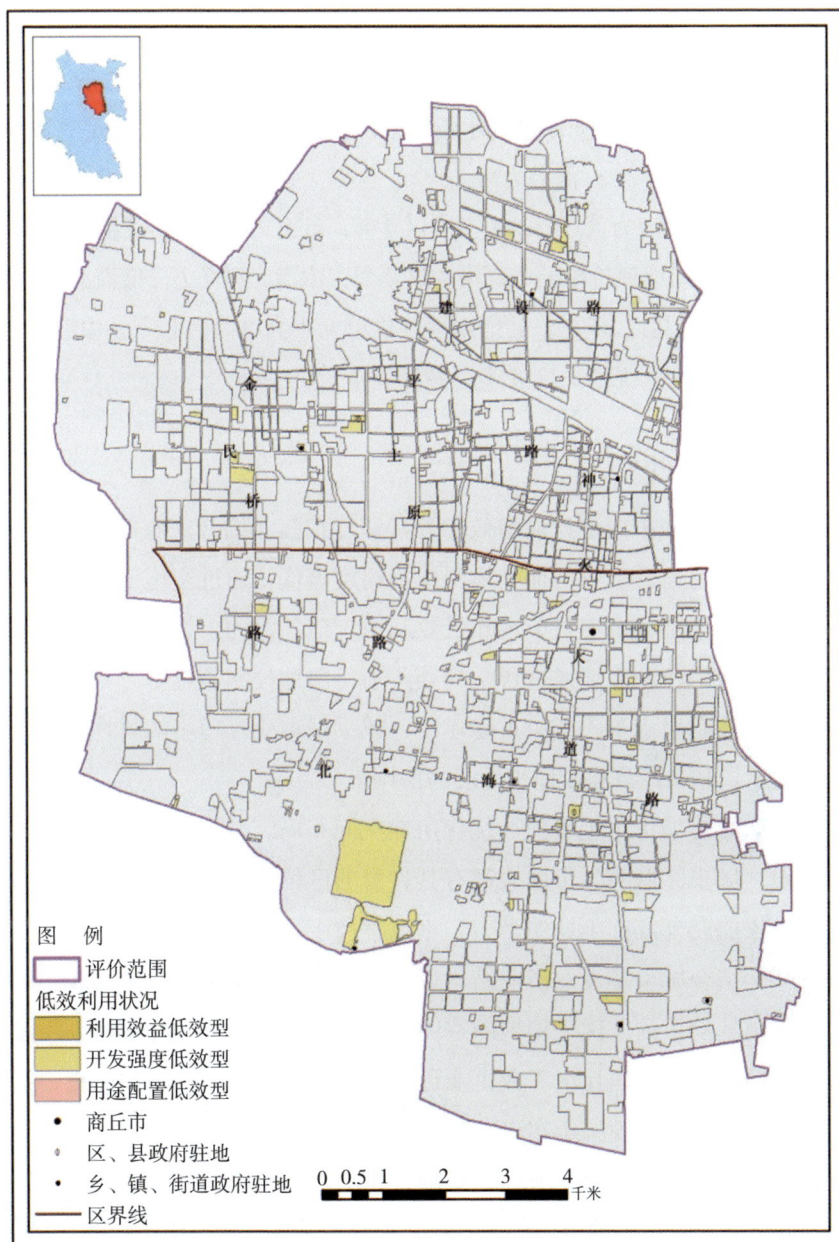

图 例
▢ 评价范围
低效利用状况
■ 利用效益低效型
■ 开发强度低效型
■ 用途配置低效型
• 商丘市
• 区、县政府驻地
• 乡、镇、街道政府驻地
— 区界线

0 0.5 1　　2　　3　　4 千米

图 13　低效利用状况分布

283

商丘市城市建设用地节约集约利用状况详细评价工作地域内的土地价值潜力分区中：高潜力区共计 0 个，占所有潜力分区的 0%；中潜力区共计 4 个，占所有潜力分区的 5.41%；低潜力区共计 16 个，占所有潜力分区的 21.62%；无潜力区共计 54 个，占所有潜力分区的 72.97%。居住用地评价单元中高潜力区 0 个，中潜力区 4 个，低潜力区 16 个，无潜力区 24 个，共计 44 个；商服用地评价单元中高潜力区 0 个，中潜力区 0 个，低潜力区 0 个，无潜力区 2 个，共计 2 个；工业用地评价单元中高潜力区 0 个，中潜力区 0 个，低潜力区 0 个，无潜力区 24 个，共计 24 个；其他用地评价单元中高潜力区 0 个，中潜力区 0 个，低潜力区 0 个，无潜力区 4 个，共计 4 个。

（三）土地收益潜力结果分析

第一，坚持城市内部挖潜增效和外延适度扩张相结合。商丘市评价工作地域内的居住用地、工业用地土地利用集约度偏低，通过实施旧城改造和土地整理，充分挖掘城市存量土地和低效利用土地的潜力，提高城区土地利用集约度；对新增建设用地通过科学规划、项目用地控制制度等方式，提高新增建设用地的利用水平，避免重复建设，减少城市化过程中的耕地占用，实现外延适度扩张和经济建设稳步发展的协调统一。

第二，推进城市用地置换、优化用地空间布局。城市用地置换主要针对存量土地，城市区域的各个地块都有其自身的区位优势，只有合理布局，优地优用，才能充分发挥土地的潜力。土地置换中，应充分借助级差地租这一经济杠杆，结合城市建设及产业结构调整，推进城市用地置换，实现集约用地和高效用地的目的。优化用地的空间布局是更大程度地发挥土地利用效益的有效途径，近几年商丘市工业企业逐渐向各个工业园区进驻和靠拢，通过开展用地置换工作，为城市建设和经济社会发展提供大量用地。通过土地利用置换，进一步盘活利用企业存量土地，再从用地规划、土地供应量上加强调控，促进企业老厂土地市场价值显化，更好地发挥土地的整体经济效益。

第三，开展城市土地整理，提高土地利用综合效益。通过城市土地整理可以消除土地利用中对进一步发展起限制作用的因素，形成合理、有效、集约的土地利用方式，提高土地利用综合效益。商丘市评价工作地域内存在一定数量的城中村，针对城中村问题进行集中整理，既增加城市土地数量，缓解城市土地紧张的局面，提高城市土地经济效益，同时居民生活环境得到改善，带来较好的社会效益，美化城市环境，改造城市生态系统，达到经济效益、社会效益、生态效益的高度统一。

第四，充分引入市场竞争机制，盘活城市存量土地，提高土地集约利用水平。良好的土地利用机制，可以调动各级政府和用地单位对存量土地开发建设的积极性。土地作为一种生产要素，应自发地参与市场经济的流转，通过市场竞争机制实现土地资源的合理配置与调整和调节城市发展中供给与需求的关系。市场竞争机制通过调整高效率用途用地和低效率用途用地之间的位置关系，提高土地的整体使用效率，从而达到消化闲置土地的目的。要盘活城市存量土地，也必须加强对项目供地的管理。对于限制性的供地项目不供地，对投资不到位的土地不供地，对不符合供地要求、不符合产业政策的项目意向性的供地一律解除协议，重新安排使用；对投资密度小、用地规模过大的项目，收回其多余部分的土地；加大对闲置土地的处置力度。

四　小结

（一）城市建设用地集约利用状况

商丘市评价工作地域建设用地集约利用型评价单元和中度利用型评价单元数量相对较多，占所有评价单元的一半，过度利用型评价单元占所有评价单元的 12% 左右，低效利用评价单元占所有评价单元的 20% 左右，居住用地的过度利用型评价单元无论是数量还是面积都是最多的，主要分布在城市中心区域及评价工作地域的北部，多为城中村和老旧小区，要在城市发展过程中，着力改善过度利用型评价单元居民的生活环境和生活质量。居住用地的低效利用型评价单元数量和面积对比其他用地类型也是最多的，部分未建和在建社区，主要分布在评价工作地域的北部、西部和南部，多是新建社区，在城市下一步的建设过程中，居住用地是建设用地的挖潜重点。集约利用型评价单元在除居住用地外的其他用地类型中数量都是最多的，这表明商丘市评价工作地域建设用地集约利用程度较高（见图14）。

居住用地　　　　　　　　商服用地　　　　　　　　工业用地

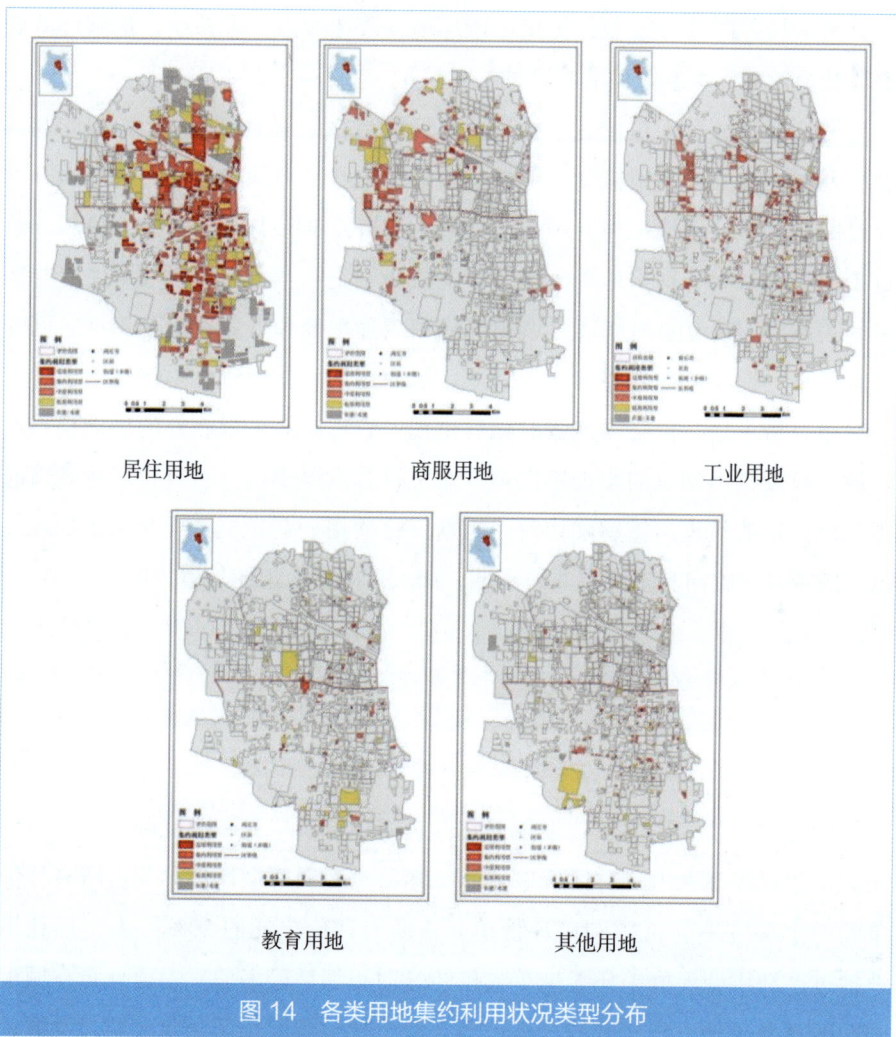

教育用地　　　　　　　　　　　其他用地

图14　各类用地集约利用状况类型分布

（二）潜力及挖潜收益测算

依据所有潜力测算对象功能区的单位土地经济潜力大小，通过单因素的

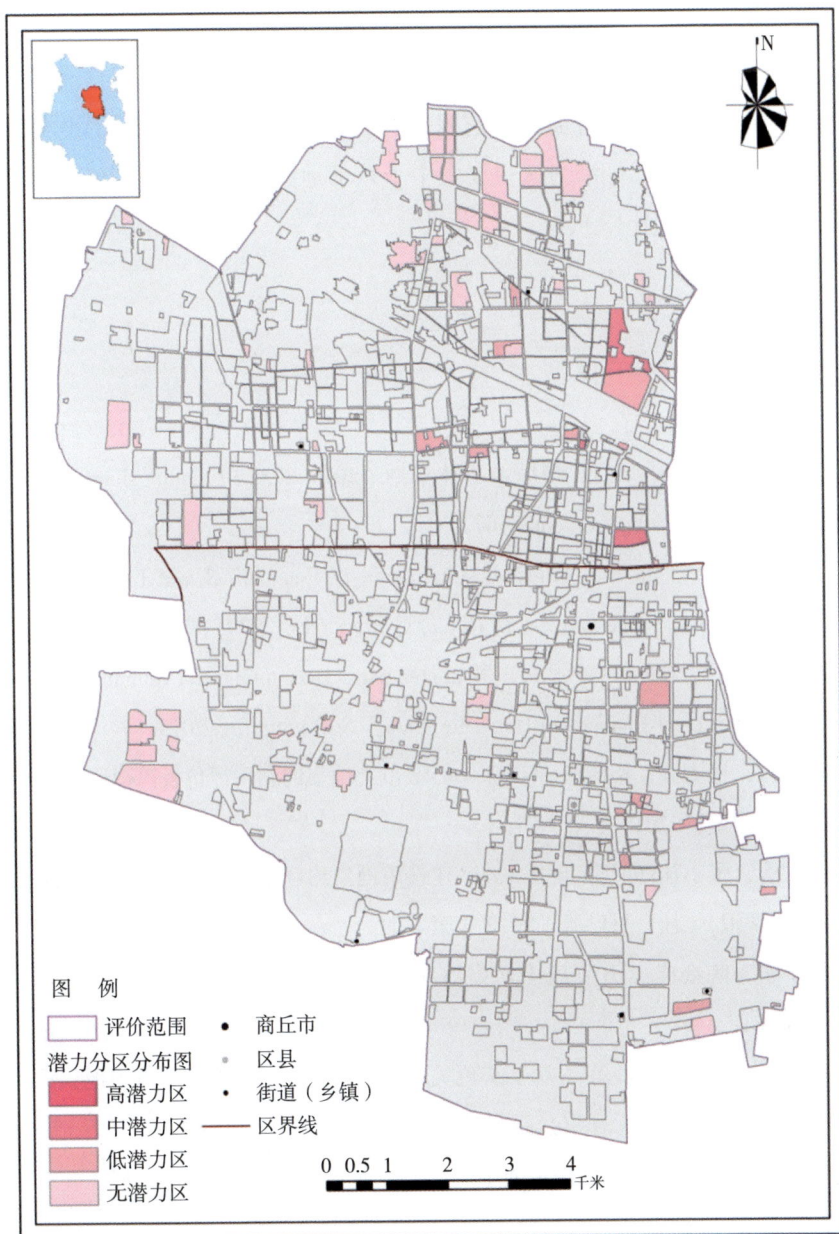

图 例

☐ 评价范围　　● 商丘市

潜力分区分布图　　◦ 区县

🟥 高潜力区　　• 街道（乡镇）

🟥 中潜力区　　—— 区界线

🟥 低潜力区

🟥 无潜力区

0　0.5　1　　2　　3　　4　千米

图 15　土地经济潜力

聚类分析进行归类，确定相应的分区发现，商丘市评价工作地域评价单元中不存在高潜力区，居住用地主要是中、低潜力区，商服用地主要是无潜力区、工业用地全部为无潜力区，居住用地的土地价值潜力占三大类用地类型的主导地位，在对城市土地价值潜力挖掘中重点对居住用地进行挖掘。此外，就空间分布而言，中、低潜力区主要集中于东部地区，无潜力区主要集中于西部与北部地区（见图 15）。

参考文献

商丘市人民政府：《商丘市城乡总体规划（2015~2035）》，http://shangqiu.gov.cn/zwgk/zc47szfbgs/qt47szfbgs/content_8667。

Liu H., Su Y., Ma J., "Study on Evaluation of Economical and Intensive Use of Construction Land in Shahe City," *E3S Web of Conferences,* 2020.

Li M., Shi Y., Duan W., et al., "Spatiotemporal Decoupling of Population, Economy and Construction Land Changes in Hebei Province," *Sustainability*, 2019.

陈维肖、毕雪薇、梁流涛：《国家中心城市土地集约利用评价及障碍因素诊断》，《地域研究与开发》2019 年第 3 期。

吕玉珍、张小林：《南京市中心城区建设用地集约利用评价及空间相关性研究》，《南京师大学报》（社会科学版）2018 年第 4 期。

魏宁宁、陈会广：《开发区土地集约利用评价与潜力分析》，《城市发展研究》2017 年第 4 期。

陈会广、夏红、肖毅等：《基于灰色关联和主成分分析的农村建设用地集约利用评价——以江苏省为例》，《长江流域资源与环境》2015 年第 8 期。

刘力、邱道持：《农村社区化对农村建设用地变化的影响研究综述》，《生态经济》2014 年第 12 期。

虎陈霞、郭旭东、连纲：《村镇非居住建设用地集约利用评价研究——以四川省葛仙山镇为例》，《经济地理》2011 年第 3 期。

曹银贵、郑新奇、胡业翠:《区域建设用地集约利用评价研究——以济南市为例》,《经济地理》2010 年第 6 期。

李丽、廖和平:《重庆市都市区城市土地集约利用评价》,《资源开发与市场》2010 年第 6 期。

许五军、谢建军:《城市工业用地从扩张转向"深耕"的空间治理路径与赣州实践》,《规划师》2021 年第 23 期。

张俊平、胡月明、田原等:《广东省县级建设用地集约利用综合评价——以紫金县为例》,《应用生态学报》2010 年第 2 期。

林坚、张沛、刘诗毅:《论建设用地节约集约利用评价的技术体系与思路》,《中国土地科学》2009 年第 4 期。

B.8
广东佛山2019年建设用地节约集约利用状况详细评价报告

程时勇 易 璐 朱宇捷[*]

摘 要： 佛山市是建设用地节约集约利用状况详细评价的试点城市之一，通过开展详细评价，掌握建设用地利用状况，分析佛山市建设用地利用的问题、摸清存量低效用地的开发潜力。此外，佛山市在结合本地实际情况的基础上，将进一步完善城市建设用地节约集约利用详细评价的指标体系、评价标准、工作流程、成果应用方式和信息系统支持条件等，提出修改完善城市建设用地节约集约利用详细评价技术指南的意见建议，为国家下一步全面开展城市建设用地节约集约利用详细评价工作提供经验借鉴和技术支撑。

关键词： 建设用地 节约集约 佛山市

一 区域概况

佛山市地处广东省中部、珠三角腹地，毗邻港澳、东接广州、南邻中山，与广州共同构成"广佛都市圈"。佛山位于北纬23°02′，东经113°06′。行政区划面积为3797.72平方千米，现辖禅城区、南海区、顺德区、高明区和三水区5区（见图1）。与香港、澳门分别相距231千米和143千米。佛山气候

---

* 程时勇，佛山市自然资源局副局长，研究方向为建设用地节约集约利用评价、土地利用、评价等；易璐，广东省土地调查规划院工程师，研究方向为建设用地节约集约利用评价、自然资源资产权益等；朱宇捷，中国人民大学硕士研究生，研究方向为土地资源管理。

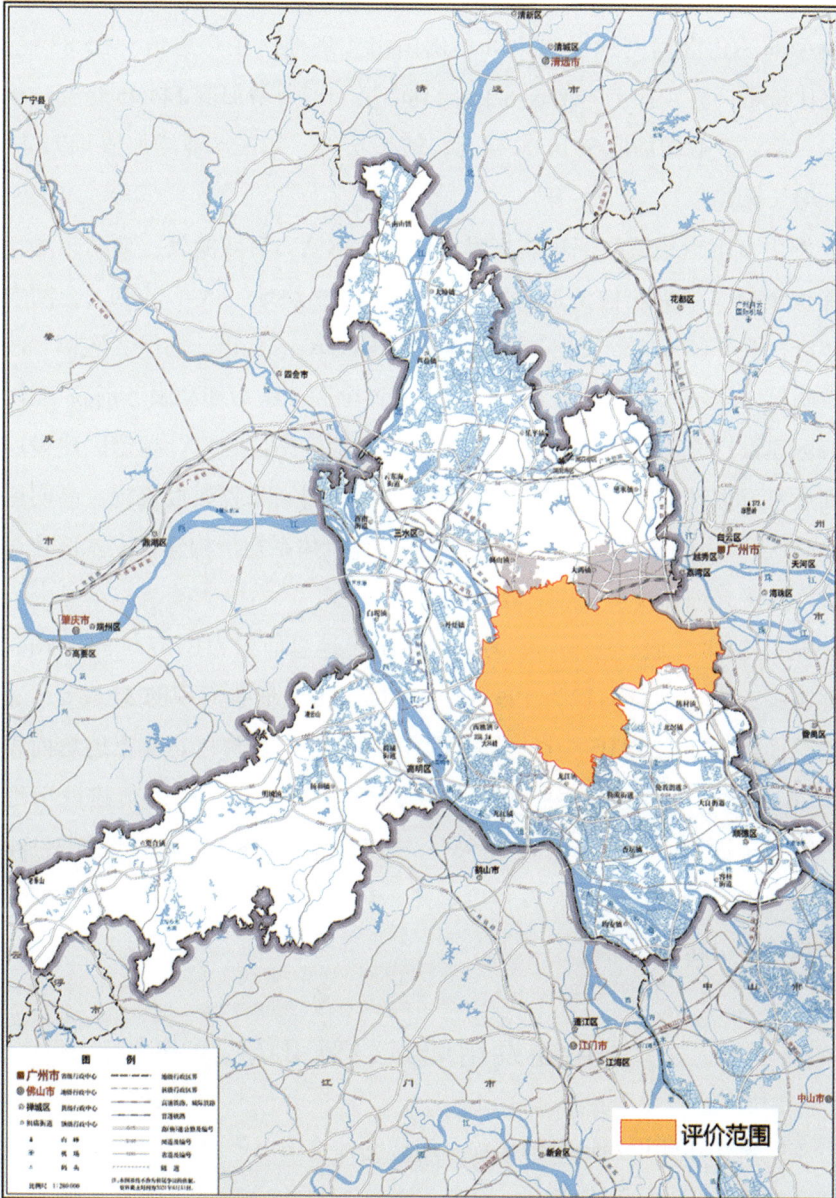

图 1　佛山市行政区划

温和，雨量充沛，四季如春，属亚热带季风性湿润气候，年平均气温 23.2℃，自古就是富饶的鱼米之乡。珠江水系中的西江、北江及其支流贯穿佛山全境，属典型的三角洲河网地区。2018 年佛山市实现地区生产总值 9935.88 亿元，按可比价格计算，比上年增长 6.3%。其中第一产业增加值 144.45 亿元，增长 5.8%；第二产业增加值 5614.00 亿元，增长 6.1%；第三产业增加值 4177.43 亿元，增长 6.6%。

佛山市重点领域改革攻坚克难，市场主体活力有效激发。要素市场化改革蹄疾步稳，中央农村土地制度改革试点、"三块地"改革试点、全国农村集体产权改革试点成效突出。完成地方机构改革，"强市、活区、实镇"改革成效明显。基层改革勇闯新路，禅城区获评全国社区治理和服务创新实验区，南海区建设广东省城乡融合发展改革创新实验区高位起步，顺德区建设广东省高质量发展体制机制改革创新实验区经验获国家和省通报表扬，高明区以"亩均效益"为核心的企业高质量发展综合评价体系初步构建，三水区建设广东省乡村振兴综合改革试点成效显著。

截至 2018 年底，佛山市行政辖区内的土地总面积为 379772.38 公顷。三大地类中：农用地总面积为 196251.71 公顷，占土地总面积的 51.68%；建设用地总面积为 149393.05 公顷，占土地总面积的 39.34%；其他土地总面积为 34127.62 公顷，占土地总面积的 8.99%。2014~2018 年，佛山市建设用地面积占土地总面积的比例分别为 36.93%、37.58%、38.18%、38.81% 和 39.34%，呈现不断上升趋势，土地开发强度过高，对城市生存环境和生态景观产生不利影响，应引起重视。

二 城市建设用地集约利用状况评价

本次佛山市建设用地节约集约利用详细评价采用单因素层次递进评价法，以划定的居住用地、商服用地、工业用地、行政办公用地、教育用地、其他用地等不同类型评价单元为基础，根据各评价指标现状值，通过设定规划符合度、建设强度、利用效益三大类的指标判断标准，对建设用地节约集约利用程度进行评价，并将利用水平划分为过度利用、集约利用、中度利用和低效利用四种类型。

过度利用型土地：指土地建设强度过高、建筑物过于密集等造成的交通拥挤、停车不便、环境恶化、消防隐患问题突出的土地。

集约利用型土地：指符合用地、产业规划导向，且开发利用水平高、用地效益高效的土地。

中度利用型土地：指符合用地、产业规划导向，开发利用和用地效益水平适中的土地。

低效利用型土地：基于土地低效利用的主导成因，可将低效利用型土地划分为用途配置低效型、开发强度低效型、利用效益低效型三类。其中：用途配置低效型土地是指不符合用地规划或产业规划的各类土地；开发强度低效型土地是指符合相关规划，但开发利用强度水平低下，布局散乱，用地粗放的各类土地；利用效益低效型土地是指符合相关规划，开发利用强度合理，但用地效益水平低下的各类土地。

（一）评价范围

截至 2019 年佛山市各级国土空间规划尚在编制中，为按时完成本次试点工作任务，确定本次佛山市 2019 年度建设用地节约集约利用状况详细评价试点的工作范围为《佛山市土地利用总体规划（2006~2020 年）》确定的中心城区范围，包括禅城区行政辖区、南海区桂城街道和狮山镇罗村社会管理处（原罗村街道，2013 年因行政区划调整并入狮山镇）行政辖区、顺德区乐从镇行政辖区，总面积约 361.66 平方千米。

（二）评价指标体系

本次佛山市详细评价指标选取围绕评价目标，侧重于规划符合度、建设强度、利用效益等三个方面，具体评价指标体系见表 1。

用地类型	准则层	指标层（代码）	指标含义与计算公式	计量单位
居住用地	规划符合度	规划用途一致性（R1）	居住用地评价单元的现状土地用途与规划用途的一致性，反映按照规划可改造用地情况	—
	建设强度	综合容积率（R2）	居住用地评价单元内的建筑总面积（万平方米）/评价单元面积（公顷），反映土地的建设强度	—
		建筑密度（R3）	居住用地评价单元内的建筑基底面积（万平方米）/评价单元面积（公顷），反映土地的建设强度	%
	利用效益	人口密度（R4）	居住用地评价单元内的居住人口（人）/评价单元面积（公顷），反映土地的人口承载能力	人/公顷
商服用地	规划符合度	规划用途一致性（C1）	商服用地评价单元的现状土地用途与规划用途的一致性，反映按照规划可改造用地情况	—
	建设强度	综合容积率（C3）	商服用地评价单元内的建筑总面积（万平方米）/评价单元面积（公顷），反映土地的建设强度	—
		建筑密度（C4）	商服用地评价单元内的建筑基底面积（万平方米）/评价单元面积（公顷），反映土地的建设强度	%
	利用效益	商业物业出租（营业）率（C5）	商服用地评价单元内已出租（营业）商业物业面积（万平方米）/总竣工面积（万平方米），反映商业物业的有效利用程度	%
		地均税收（C6）	商服用地评价单元内的企业税收总额（万元）/评价单元面积（公顷），反映土地的产出效益	万元/公顷
工业用地	规划符合度	规划用途一致性（I1）	工业用地评价单元的现状土地用途与规划用途的一致性，反映按照规划可改造用地情况	—
		产业导向符合性（I2）	工业用地评价单元内的现状产业类别与规划产业主导类型的一致性，反映工业用地按规划转型升级情况	—
	建设强度	综合容积率（I3）	工业用地评价单元内的建筑总面积（万平方米）/评价单元面积（公顷），反映土地的建设强度	—
		建筑密度（I4）	工业用地评价单元内的建筑基底面积（万平方米）/评价单元面积（公顷），反映土地的建设强度	%
	利用效益	地均税收（I7）	工业用地评价单元内的工业（物流）企业税收总额（万元）/评价单元面积（公顷），反映土地的产出效益	万元/公顷
		单位建筑租金（I8）	工业用地评价单元内地上建筑物单位平均月租金，反映地上建筑的市场价值	元/(米^2·月)

表 1　佛山市详细评价指标体系一览

续表

用地类型	准则层	指标层（代码）	指标含义与计算公式	计量单位
教育用地	规划符合度	规划用途一致性（E1）	教育用地评价单元的现状土地用途与规划用途的一致性，反映按照规划可改造用地情况	—
	建设强度	综合容积率（E2）	教育用地评价单元内的建筑总面积（万平方米）/评价单元面积（公顷），反映土地的建设强度	—
		建筑密度（E3）	教育用地评价单元内的建筑基底面积（万平方米）/评价单元面积（公顷），反映土地的建设强度	%
	利用效益	地均服务学生数（E4）	教育用地评价单元内的学生总数（人）/评价单元面积（公顷），反映土地的教育人口承载水平	人/公顷
行政办公用地	规划符合度	规划用途一致性（G1）	行政办公用地评价单元的现状土地用途与规划用途的一致性，反映按照规划可改造用地情况	—
	建设强度	综合容积率（G2）	行政办公用地评价单元内的建筑总面积（万平方米）/评价单元面积（公顷），反映土地的建设强度	—
		建筑密度（G3）	行政办公用地评价单元内的建筑基底面积（万平方米）/评价单元面积（公顷），反映土地的建设强度	%
	利用效益	地均服务行政办公人员数（G4）	行政办公用地评价单元内的行政办公人员（人）/评价单元面积（公顷），反映土地的行政办公人口承载水平	人/公顷
其他用地	规划符合度	规划用途一致性（X1）	其他用地评价单元的现状土地用途与规划用途的一致性，反映按照规划可改造用地情况	—
	建设强度	综合容积率（X2）	其他用地评价单元内的建筑总面积（万平方米）/评价单元面积（公顷），反映土地的建设强度	—
		建筑密度（X3）	其他用地评价单元内的建筑基底面积（万平方米）/评价单元面积（公顷），反映土地的建设强度	%

　　本次佛山市详细评价所选取的评价指标，是在《城市建设用地节约集约利用详细评价技术指南（试行）》（以下简称《技术指南》）建议指标的基础上，结合指标数据资料收集情况对工业用地利用效益指标做了适当调整。工业用地利用效益指标包括固定资产投资、地均工业产值和地均税收三个，按《技术指南》，地均工业产值和地均税收两个指标可二选一。经咨询工信、统计、园区管委会等部门，目前政府部门掌握的工业固定资产投资、工业企业的产值数据，一般是规模以上企业或园区开发区内的企业数据，大量的中小

企业，尤其是集体工业用地上的中小企业，并未掌握。同时，因涉及企业商业机密，统计部门按照《中华人民共和国统计法》的规定不对外提供单个企业的经济数据，以实地调查的方式同样难以获取。

为保障本次试点工作能够按期完成，结合广东省开展同类评价工作中因资料获取困难已删除固定资产投资指标的做法，经咨询广东省土地调查规划院的有关专家，本次佛山市详细评价暂将地均固定资产投资指标删除。工业用地产出指标选取数据资料获取性较强的地均税收。

此外，考虑佛山市评价工作地域内集体工业用地众多，大多数为村集体出租给企业使用，政府或村集体均不掌握企业的投入数据，土地收益水平更能表征节约集约用地水平，从资料数据获取性考虑，拟增加工业用地租价作为反映土地市场价值的指标。经调查分析，目前佛山地区国有工业用地出让（一级出让）时政府基于招商、税收考虑，会在地价上给予优惠，出让地价一般低于市场价格，而集体工业用地土地一级出让的案例较少，售价获取较难；国有工业用地出租的案例也较少。经综合分析考虑，国有、集体工业用地上工业厂房的租金调查获取性较强，且能够真实反映同一片区内工业厂房的市场租金水平，同时可侧面反映工业用地的区位条件、地上建筑成新度等因素，因此，选用工业用地上单位建筑租金水平作为工业用地评价单元的利用效益评价指标。

（三）集约利用状况评价方法

1. 评价思路

各类用地集约利用状况划分按如下公式进行综合集成：

［集约利用状况］= f（［规划符合度］，［建设强度］，［利用效益］）

其中，［规划符合度］$_{工业}$= f（［规划用途一致性］，［产业导向符合性］），［规划符合度］$_{（商业、居住、教育、行政办公、其他）}$= f（［规划用途一致性］）

［建设强度］$_{（商业、居住、工业、教育、行政办公、其他）}$= f（［综合容积率］，［建筑密度］）

［利用效益］$_{居住}$= f（［人口密度］）

［利用效益］$_{商服}$= f（［地均税收］，［商业物业出租（营业）率］）

［利用效益］$_{工业}$= f（［地均税收］，［工业建筑单位平均租金］）

[利用效益]$_{教育}$ = f（[地均服务学生数]）

[利用效益]$_{行政办公}$ = f（[地均服务行政办公人员数]）

2. 评价步骤

第一步，规划符合度准则评价。

商服、居住、教育、行政办公和其他用地五类评价单元的规划用途一致性指标直接依据标准值进行判定，工业用地评价单元依据表 2 所示判别矩阵进行判定，将规划用途不一致的评价单元，直接纳入低效利用型，统一归并为用途配置低效型。

表 2　各类用地规划符合度参考判别矩阵

规划用途一致性	产业导向符合性	
	符合	不符合
一致	—	用途配置低效型
不一致	用途配置低效型	用途配置低效型

第二步，建设强度准则评价。

剔除用途配置低效型土地，基于综合容积率和建筑密度两项指标进行判别，对于容积率和建筑密度均高于集约利用标准值区间上限的直接判定为过度利用类型，对于容积率和建筑密度均低于集约利用标准值区间下限，且有一项低于低效利用标准值下限的直接判定为低效利用型，具体参考表 3 所示判别矩阵进行判定。

表 3　各类用地建设强度参考判别矩阵

建筑密度	容积率			
	过度	集约	中度	低效
过度	过度	集约	集约	中度
集约	集约	集约	集约	中度
中度	集约	集约	中度	低效
低效	中度	中度	低效	低效

第三步，利用效益准则评价。

采用一项利用效益指标进行评价的，包括居住、教育、行政办公用地三类评价单元，直接依据标准值进行判定；采用两项利用效益指标进行评价的，包括商服、工业用地两类评价单元，对于两项指标现状值均高于低效利用标准值，且有一项高于集约利用标准值的，判定为集约利用类型，反之，对于两项指标现状值均低于集约利用标准值，且有一项低于低效利用标准值的，判定为低效利用型。具体参考表4所示判别矩阵进行判定。

表4　各类用地利用效益参考判别矩阵

指标2	指标1		
	集约	中度	低效
集约	集约	集约	中度
中度	集约	中度	低效
低效	中度	低效	低效

注：居住用地指标为人口密度（R4）；商服用地指标1为商业物业出租（营业）率（C5），指标2为地均税收（C6）；工业用地指标1为地均税收（I7），指标2为单位建筑租金（I8）；教育用地指标为地均服务学生数（E4）。

第四步，土地集约利用状况评价。基于建设强度和利用效益两项准则，对于建设强度过度的直接判定为过度利用型，对于建设强度和利用效益均为低效用地类型，根据开发强度优先判定为开发强度低效型，利用效益低效的无论建设强度是否集约都判定为利用效益低效型，具体参考表5所示判别矩阵确定各类用地集约利用状况。

表5　各类用地集约利用状况参考判别矩阵

利用效益	建设强度			
	过度	集约	中度	低效
集约		集约利用型	集约利用型	中度利用型
中度	过度利用型	集约利用型	中度利用型	开发强度低效型
低效		利用效益低效型	利用效益低效型	开发强度低效型

3. 评价结果

从利用水平看，土地利用类型为过度利用型的评价对象面积为 1173.98 公顷，规模较小，仅占各类评价对象总面积的 9.15%。土地利用类型为集约利用型的评价对象面积为 2920.26 公顷，规模较大，占各类评价对象总面积的 22.76%。土地利用类型为用途配置低效型的评价对象面积为 4477.71 公顷，在各土地利用类型中规模最大，占各类评价对象总面积的 34.91%，其中工业用地评价单元规模最大，高达 3311.78 公顷。土地利用类型为开发强度低效型的评价对象面积为 1468.61 公顷，占各类评价对象总面积的 11.45%，其中工业用地评价单元规模最大，高达 708.51 公顷。土地利用类型为利用效益低效型的评价对象面积为 1530.99 公顷，占各类评价对象总面积的 11.93%，其中工业用地评价单元规模最大，高达 656.76 公顷。各类评价对象土地节约集约利用情况如表 6 所示。

表 6　各类评价对象土地节约集约利用评价结果汇总

单位：公顷，%

统计项		过度利用型	集约利用型	中度利用型	低效利用型			合计	
					用途配置低效型	开发强度低效型	利用效益低效型	面积	占比
居住用地	面积	744.48	1130.50	95.93	182.90	390.80	469.39	3014.00	23.50
	占比	24.70	37.51	3.18	6.07	12.97	15.57		
商业用地	面积	332.13	739.57	154.30	894.86	295.87	234.99	2651.72	20.67
	占比	12.53	27.89	5.82	33.75	11.16	8.86		
工业用地	面积	37.43	605.42	837.31	3311.78	708.51	656.76	6157.21	48.00
	占比	0.61	9.83	13.60	53.79	11.51	10.67		
教育用地	面积	3.37	251.36	125.96	46.10	41.63	134.49	602.91	4.70
	占比	0.56	41.69	20.89	7.65	6.90	22.31		

续表

| 统计项 | | 过度利用型 | 集约利用型 | 中度利用型 | 低效利用型 | | | 合计 | |
					用途配置低效型	开发强度低效型	利用效益低效型	面积	占比
行政办公用地	面积	29.97	84.45	8.86	28.73	12.25	35.36	199.62	1.56
	占比	15.01	42.31	4.44	14.39	6.14	17.71		
其他用地	面积	26.60	108.96	34.34	13.34	19.55	0.00	202.79	1.58
	占比	13.12	53.73	16.93	6.58	9.64	0.00		
合计	面积	1173.98	2920.26	1256.70	4477.71	1468.61	1530.99	12828.25	100.00
	占比	9.15	22.76	9.80	34.91	11.45	11.93		

三　潜力及挖潜收益测算

（一）土地收益潜力测算

1. 土地收益潜力测算方法

（1）存量可改造地块土地收益潜力测算

存量可改造地块土地以全部拆除或部分拆除现有物业改造的方式进行挖潜，土地收益潜力测算思路为：按照城镇土地估价规程，结合地块规划用途选用合适的评估方法测算可改造地块土地出让收入，扣减土地收储成本，包括拆迁房屋征收补偿安置成本、土地一级开发成本等，计算地块改造后土地收益，并对土地收益为负值、规划为经营性的可开发改造用地进行土地经济平衡容积率（土地成本支出和土地出让收入平衡时需要的最低容积率）测算，以有效支撑政府土地开发收储决策。具体计算公式如下：

$$E = P - C \tag{1}$$

式（1）中：

E——地块的土地收益潜力，单位为万元；

P——地块的土地出让收入，单位为万元；

C——地块的收储成本，单位为万元。

（2）批而未供、规划潜力地块土地收益潜力测算

批而未供地块、规划潜力地块按照假设开发法进行挖潜，土地收益潜力测算思路为：按照城镇土地估价规程，结合地块规划用途选用合适的评估方法测算可改造地块土地出让收入，扣减土地征收成本，其中批而未供地块为实际收储成本，规划潜力地块为新增建设用地土地征收成本、补充耕地成本、新增建设用地有偿使用费、前期开发成本等，计算地块开发后土地收益。计算公式如下：

$$E = P - C \qquad\qquad (2)$$

式（2）中：E——地块的土地收益潜力，单位为万元；

P——地块的土地出让收入，单位为万元；

C——地块的收储或征收成本，单位为万元。

2. 土地开发成本测算方法和过程

存量可改造地块的土地开发成本包括拆迁房屋征收补偿安置成本、土地一级开发成本等；批而未供地块、规划潜力地块的土地征收成本包括新增建设用地土地征收成本、补充耕地成本、新增建设用地有偿使用费、前期开发成本等。

（1）拆迁房屋征收补偿安置成本

根据佛山市中心城区内近 5 年发生的拆迁房屋征收实施顺利、补偿安置已经到位、群众满意度高的拆迁房屋征收案例，如《佛山市南海区人民政府关于海五路西延线（南海段）用地范围国有土地上房屋（住宅）征收补偿方案》等，结合《佛山市禅城区人民政府办公室关于印发禅城区土地和房屋征收补偿及安置指导意见的通知》（佛禅府办函〔2017〕31 号）等政策文件，以及 2018 年佛山市建筑工程造价指标、房屋成新率和佛山市中心城区实际，综合确定拆迁房屋征收补偿安置成本。详见表 7。

表7　各现状用途拆迁房屋征收补偿安置成本

单位：元/米²

现状用途	拆迁房屋征收补偿安置成本
居住用地	8300~13000
商服用地	4000~9000
工业用地	900~1500
教育用地	1300~1800
行政办公用地	1300~2000
其他用地	1200~1500

（2）建设用地土地征收成本

根据佛山市中心城区内近5年发生的征地实施顺利、补偿安置已经到位、群众满意度高的征地案例，结合《广东省国土资源厅关于印发广东省征地补偿保护标准（2016年修订调整）的通知》（粤国土资规字〔2016〕1号）、《佛山市南海区人民政府办公室关于印发佛山市南海区农村土地征收补偿安置试行办法的通知》（南府办〔2019〕3号）、《佛山市禅城区人民政府办公室关于印发禅城区土地和房屋征收补偿及安置指导意见的通知》（佛禅府办函〔2017〕31号）等土地征收政策文件，结合实际征地案例的其他奖励、补助、安置费用，以及即将公布实施的征收农用地区片综合地价，综合确定佛山市中心城区批而未供地块、规划潜力地块土地的新增建设用地土地征收成本在150元/米²至650元/米²。

（3）土地收储成本

根据佛山市及禅城区、南海区、顺德区土地储备中心提供的中心城区范围内已经完成收储的土地资料，经空间叠加分析，标识已完成土地收储的批而未供地块，并以其实际的收储成本作为该地块的土地收储成本，部分未掌握实际收储成本的地块，则参考周边已收储地块的实际收储成本确定。详见表8。

表 8　中心城区范围已完成收储的宗地信息表（部分）

位置	面积（公顷）	收储价格（万元）	收储单价（元／米²）	收储时间
佛山市禅城区张槎街道海口村	5.42	5019.29	926	2017/10/24
佛山市禅城区南庄镇湖涌村委会	1.58	3156.89	1998	2017/9/7
佛山市禅城区南庄镇紫洞村委会	2.90	1435.8	495	2017/9/6
佛山市禅城区南庄镇紫洞村	0.98	484.87	495	2016/5/20
佛山市禅城区南庄镇紫洞村委会	7.87	3888.77	494	2017/9/6
佛山市禅城区东平河以东、水厂以南	11.06	9759.40	882	2016/5/12
南海区桂城街石石肯村民委员会"民海围"地段	135.06	3439.00	25	2018/3/21
南海区桂城街道三山储备地 3 号地块地段	55.25	7440.10	135	2018/9/14
桂城街南港路北侧 C22 街区地段	25.23	1893.19	75	2018/9/14
南海区桂城街石石肯三村地段	46.92	3808.28	81	2018/3/21
南海区桂城街石石肯村民委员会"民海围"地段	135.06	3439.00	25	2018/3/21
佛山市顺德区乐从南区工业区征租地项目	6.31	2574.09	408	2018/1/19
……	……	……	……	

注：收储单价＝收储价格／面积，取整。

（4）土地一级开发成本

通过汇总近年来佛山市中心城区土地开发案例，结合各区基准地价的土地开发成本、宗地所在土地级别，以及存量可改造地块土地以全部拆除或部分拆除现有物业的改造方式，确定佛山市中心城区土地一级开发成本在 130 元／米² 至 750 元／米²。

（5）其他成本测算

除新增建设用地土地征收成本以外的其他成本，包括补充耕地成本、新增建设用地有偿使用费、前期开发成本等。根据有关政策规定，结合批而未供地块、规划潜力地块和佛山市实际，确定补充耕地成本、新增建设用地有偿使用费、前期开发成本等合计在 150 元／米² 至 450 元／米²。

3. 土地出让收入测算方法和过程

（1）地价定义

①确定估价时点

根据《佛山市 2019 年度建设用地节约集约利用状况详细评价试点工作方

303

案》的要求，确定本次佛山市详细评价可改造开发地块出让收益测算的估价时点为 2018 年 12 月 31 日。

②确定测算对象

本次详细评价土地收益潜力测算对象为可改造开发用地中规划主导用途为居住用地、商服用地、工业用地、教育用地、行政办公用地、其他用地（文化设施用地、科研用地、体育用地、医疗卫生用地、社会福利设施用地、宗教用地）的地块。将可改造开发用地，根据地块规划主导用途，按照存量可改造地块、批而未供地块、规划潜力地块分别测算土地收益潜力。其中：存量可改造用地 1877 宗，面积为 5105.45 公顷；批而未供用地 122 宗，面积为 278.81 公顷；规划潜力用地 324 宗，面积为 665.62 公顷。

③确定规划容积率

经咨询了解，佛山中心城区范围公布的整合后控制性详细规划成果未明确每个宗地的规划容积率、规划建筑面积信息，需在编制宗地规划设计条件时才明确。因此，本次可改造开发地块潜力测算时宗地规划容积率确定主要通过以下两种方法确定。

一是通过分析城市总体规划、原公布实施的控制性详细规划、土地出让资料，分析各功能片区的用地结构布局特点，通过选择周边有规划容积率信息，且用地结构和布局相似的地块，参考其规划容积率最大值作为潜力地块的规划容积率；二是周边无规划容积率信息的地块，依据《佛山市城市规划管理技术规定（2015 年修订版）》中确定的各类型用地的最高容积率控制指标，结合各个可改造开发地块的区位条件、土地级别、地价状况等资料进行综合分析，做适当修正后确定其规划容积率。

④确定土地使用权年限

按照土地收益潜力测算的要求，可改造开发地块土地使用权类型设定为出让，土地使用年期按照规划主导用途法定最高出让使用年期进行设定，即居住用地 70 年，商服用地 40 年，工业用地 50 年，教育用地 50 年，行政办公用地 50 年，其他用地（文化设施用地、科研用地、体育用地、医疗卫生用地、社会福利设施用地、宗教用地）50 年。

⑤确定土地开发程度

按照土地收益潜力测算的要求，需按达到土地出让条件时测算开发地块土地出让收入，故土地出让收入评估中设定的土地开发程度为宗地红线外"五通"（通上水、通下水、通电、通讯、通路）及红线内"场地平整"。

（2）测算方法

①选用的方法

规划主导用途为居住用地、商服用地的可改造开发地块，根据设定的规划控制指标，地块拟开发完成后的房价可预测，开发过程中的建造成本等数据较易获取，故采用剩余法测算土地出让收入。

规划主导用途为工业用地、教育用地、行政办公用地、其他用地的可改造开发地块，存在一定的经营收益性，但从佛山市近年土地供应的实际情况看，其出让更多考虑的是招商引资或城市发展需要，地价受市场影响较小，更多受政府的宏观指导管理，故采用基准地价系数修正法测算其土地出让收入。

②测算方法简介

剩余法：是从开发者的角度出发，在一定的假设条件下，开发者愿意为购买估价对象而出的价格。剩余法适用于待开发的土地和在建工程，或装修、可建、扩建的物业评估。估价对象为待开发土地，故本次评估的技术线路为：在估算估价对象开发完成后价值的基础上，扣除未来估价对象正常的开发项目整体的开发成本及客观开发利润等费用后，以剩余之数来确定估价对象的价格。

公式为：估价对象价格 = 不动产总价 - 开发项目整体的开发成本 - 客观开发利润 　　　　　　　　　　　　　　　　　　　　　（3）

计算步骤为：

开发完成后价值 = 商品房单位面积售价 × 建筑面积；

开发费用 = 前期费用 + 建造成本 + 专业费 + 不可预见费 + 城市基础设施配套费；

专业费用 =（前期费用 + 建造成本）× 专业费率；

不可预见费 =（前期费用 + 建造成本）× 不可预见费率；

管理费用 = 开发费用 × 管理费率；

投资利息 = （待开发土地价值 + 取得税费） × [（1+ 贷款利率）^{n}−1] + （开发费用 + 管理费用 + 销售费用） × [（1+ 贷款利率）$^{n/2}$−1]，n 为开发建设年期，假设在开发期内，各项费用均匀投入；

开发利润 = 开发完成后价值 × 开发利润率；

销售费用 = 开发完成后价值 × 销售费率；

销售税费 = 开发完成后价值 × 税率；

土地取得税费 = 地价 × 3.05%，其中印花税为地价的 0.05%，契税为地价的 3%；

总地价 = 商品房售价 − 建安成本 − 管理费 − 专业费用 − 不可预见费用 − 利息 − 利润 − 销售费用 − 销售税费 − 城市基础设施配套费 − 土地取得税费；

平均楼面地价 = 总地价 ÷ 建筑面积；

地面地价 = 样点平均楼面地价 × 现状容积率；

基准地价系数修正法：基准地价系数修正法是利用城镇基准地价和基准地价修正系数表等评估成果，按照替代原则，对估价对象的区域条件和个别条件等与其所处区域的平均条件相比较，并对照修正系数表选取相应的修正系数对基准地价进行修正，进而求取估价对象在估价期日价格的方法。

公式为：$Pzz = [(Psz - F/R) × Ad × Ar × Aq × Ay] × Sj$ （4）

式（4）中：

Pzz——估价对象总地价；

R——宗地综合容积率；

Aq——其他个别因素修正系数；

Sj——宗地总建筑面积；

Psz——估价对象所在位置的基准地价；

F——开发程度修正；

Ar——容积率修正系数；

Ad——日期修正；

Ay——使用年期修正系数。

（3）存量可改造地块土地收益潜力测算结果

①土地出让收入测算结果

经测算，存量可改造用地 5105.45 公顷，土地出让收入共 8744.95 亿元，单位面积土地出让收入为 17129 元 / 米^2，具体如表 9、表 10 所示。[①]

表 9　存量可改造用地按现状用地分类统计的土地出让收入汇总

单位：亿元

镇街	居住用地	商服用地	工业用地	教育用地	行政办公用地	其他用地	未参与评价用地	总计
祖庙街道	49.83	220.62	326.79	29.68	8.52	22.84	165.29	823.57
石湾镇街道	275.10	399.51	474.83	19.60	18.20	2.29	224.89	1414.42
张槎街道	40.39	175.43	1023.92	23.39	8.85	1.35	10.06	1283.39
南庄镇	26.32	127.10	1388.91	1.55	0.99	1.34	0.00	1546.21
桂城街道	135.44	730.48	1022.57	4.20	5.86	3.84	409.23	2311.62
罗村社会管理处	2.39	36.29	488.73	0.37	0.00	0.00	0.00	527.78
乐从镇	20.83	277.12	403.98	0.75	2.22	0.00	133.06	837.96
总计	550.30	1966.55	5129.73	79.54	44.64	31.66	942.53	8744.95

表 10　存量可改造用地按规划用地分类统计的土地出让收入汇总

单位：亿元

镇街	居住用地	商服用地	工业用地	教育用地	行政办公用地	其他用地	总计
祖庙街道	584.05	210.63	0.53	2.14	1.19	25.03	823.57
石湾镇街道	1275.24	129.99	0	0.17	0	9.02	1414.42
张槎街道	1112.44	153.67	8.07	0	2.1	7.11	1283.39
南庄镇	1222.35	298.04	18.04	0	1.09	6.69	1546.21
桂城街道	1667.34	603.2	19.53	0.92	3.06	17.57	2311.62
罗村社会管理处	367.53	134.85	19.47	0.72	0.39	4.82	527.78
乐从镇	536.7	281.51	9.07	0	2.58	8.1	837.96
总计	6765.65	1811.89	74.71	3.95	10.41	78.34	8744.95

[①]　单位面积土地出让收入是通过计算取整后所得。

②土地收储成本测算结果

土地收储成本包括拆迁房屋征收补偿安置成本、土地一级开发成本。经测算，存量可改造用地 5105.45 公顷，土地收储成本共 1851.07 亿元，单位面积土地收储成本约为 3626 元 / 米^2，具体如表 11、表 12 所示。

表 11　存量可改造用地按现状用地分类统计的土地收储成本汇总

单位：亿元

镇街	居住用地	商服用地	工业用地	教育用地	行政办公用地	其他用地	未参与评价用地	总计
祖庙街道	143.35	73.78	30.98	2.88	1.67	3.94	5.41	262.01
石湾镇街道	143.13	84.72	21.95	2.57	5.25	0.38	5.51	263.51
张槎街道	40.69	70.54	72.13	4.13	1.80	0.72	0.35	190.36
南庄镇	22.16	43.81	117.42	1.04	0.47	0.41	0.00	185.31
桂城街道	229.39	334.26	91.82	1.44	0.98	0.26	9.40	667.55
罗村社会管理处	6.68	17.25	73.01	0.28	0.00	0.00	0.00	97.22
乐从镇	37.23	106.56	36.26	0.28	0.82	0.00	3.96	185.11
总计	622.63	730.92	443.57	12.62	10.99	5.71	24.63	1851.07

表 12　存量可改造用地按规划用地分类统计的土地收储成本汇总

单位：亿元

镇街	居住用地	商服用地	工业用地	教育用地	行政办公用地	其他用地	总计
祖庙街道	59.65	167.79	0.37	0.39	3.37	30.44	262.01
石湾镇街道	202.72	45.66	0	0.02	0	15.11	263.51
张槎街道	92.96	80.54	10.54	0	1.17	5.15	190.36
南庄镇	75.16	82.52	21.19	0	1.38	5.06	185.31
桂城街道	171.24	375.35	94.92	0.17	10.51	15.36	667.55
罗村社会管理处	26.57	30.45	30.85	0.29	4.89	4.17	97.22
乐从镇	37.47	126.43	14.79	0	1.56	4.86	185.11
总计	665.77	908.74	172.66	0.87	22.88	80.15	1851.07

③土地收益测算结果

经测算，存量可改造用地 5105.45 公顷，土地收益共 6893.88 亿元，单位面积土地收益为 13503 元 / 米^2，具体如表 13、表 14 所示。

表 13　存量可改造用地按现状用地分类统计的土地收益汇总

单位：亿元

镇街	居住用地	商业用地	工业用地	教育用地	行政办公用地	其他用地	未参与评价用地	总计
祖庙街道	−93.53	146.84	295.81	26.79	6.85	18.90	159.88	561.54
石湾镇街道	131.98	314.79	452.87	17.03	12.95	1.91	219.38	1150.91
张槎街道	−0.30	104.90	951.79	19.26	7.05	0.63	9.71	1093.04
南庄镇	4.16	83.28	1271.49	0.51	0.53	0.93	0.00	1360.90
桂城街道	−93.96	396.22	930.75	2.76	4.89	3.57	399.83	1644.06
罗村社会管理处	−4.29	19.04	415.73	0.10	0.00	0.00	0.00	430.58
乐从镇	−16.40	170.56	367.72	0.47	1.40	0.00	129.10	652.85
总计	−72.34	1235.63	4686.16	66.92	33.67	25.94	917.90	6893.88

表 14　存量可改造用地按规划用地分类统计的土地收益汇总

单位：亿元

镇街	居住用地	商服用地	工业用地	教育用地	行政办公用地	其他用地	总计
祖庙街道	524.38	42.83	0.16	1.75	−2.18	−5.4	561.54
石湾镇街道	1072.52	84.34	0	0.14	0	−6.09	1150.91
张槎街道	1019.49	73.13	−2.47	0	0.93	1.96	1093.04
南庄镇	1147.18	215.53	−3.15	0	−0.29	1.63	1360.9
桂城街道	1496.09	227.85	−75.39	0.75	−7.46	2.22	1644.06
罗村社会管理处	340.96	104.4	−11.36	0.43	−4.5	0.65	430.58
乐从镇	499.23	155.09	−5.72	0	1.01	3.24	652.85
总计	6099.85	903.17	−97.93	3.07	−12.49	−1.79	6893.88

④确定土地经济平衡容积率

对存量可改造用地中土地收益为负值，且规划为居住用地或商服用地的可开发改造用地进行土地经济平衡容积测算。测算思路为：按照城镇土地估价规程，在土地收储成本不变的情况下，提高地块的规划容积率，重新测算土地出让收入，使得土地成本支出和土地出让收入达到平衡，新规划容积率即为土地经济平衡容积率。

经统计，需进行土地经济平衡测算的存量可改造用地共124宗，面积为224.85公顷，现状容积率平均为3.76，土地经济平衡容积率平均为6.66（见表15）。

表15　存量可改造用地土地经济平衡容积率分析

现状用途	宗地数量（宗）	土地面积（公顷）	现状容积率平均值	土地经济平衡容积率平均值
居住用地	56	101.83	3.04	9.03
商服用地	67	122.92	4.28	4.73
行政办公用地	1	0.10	9.38	3.09
总计	124	224.85	3.76	6.66

⑤测算结果分析

测算结果显示，佛山市中心城区基于全面改造的存量可改造用地收益潜力规模较大，达6893.88亿元，单位面积土地收益为13503元/米^2。

从可改造开发用地的现状用地分类看：现状居住用地的收益潜力规模为-72.34亿元，其原因主要是现状居住用地土地收储成本高；现状工业用地的收益潜力规模高达4686.16亿元，开发改造潜力巨大，其原因主要是现状工业用地规模大，且开发改造后的主导用途以居住用地、商服用地为主，土地出让收入高，产生的经济效益高。

从可改造开发用地的规划用地分类看：改造为居住用地的收益潜力规模最大，高达6099.85亿元，其原因主要是土地规模大，且居住用地土地出让收入高；改造为工业用地的收益潜力规模最小，为 −97.93 亿元，其原因主要是工业用地土地出让收入低，且有一部分是现状商服用地改造成工业用地，土地收储成本较高。

从行政区域看，桂城街道的土地收益潜力规模最大，高达 1644.06 亿元，占土地总收益的 23.85%，之后是南庄镇、石湾镇街道、张槎街道、乐从镇、祖庙街道，罗村社会管理处的土地收益潜力最小。一方面是由于各镇街存量可改造用地的规模不同，其中桂城街道规模最大；另一方面是由于改造后为居住用地、商服用地的规模不同，其中桂城街道规模最大，罗村社会管理处规模最小。

（4）批而未供地块土地收益潜力测算结果

①土地出让收入测算结果

经测算，批而未供用地 278.81 公顷，土地出让收入共 457.21 亿元，单位面积土地出让收入为 16399 元 / 米 ^{2}，具体如表 16 所示。

表 16　批而未供用地土地出让收入汇总

单位：亿元

镇街	居住用地	商服用地	工业用地	教育用地	行政办公用地	其他用地	总计
祖庙街道	2.47	0.00	0.00	0.00	0.00	0.00	2.47
石湾镇街道	18.37	11.34	0.00	2.23	0.00	0.18	32.12
张槎街道	20.14	5.37	0.10	0.00	0.09	1.26	26.96
南庄镇	100.03	15.09	1.00	1.04	0.06	1.76	118.98
桂城街道	98.50	8.61	0.00	0.00	0.00	0.00	107.11
罗村社会管理处	19.03	2.00	0.26	0.17	0.00	0.35	21.81
乐从镇	75.62	70.86	0.20	0.44	0.50	0.14	147.76
总计	334.16	113.27	1.56	3.88	0.65	3.69	457.21

②土地收储成本测算结果

经测算，批而未供用地 278.81 公顷，土地收储成本共 32.90 亿元，单位面积土地收储成本为 1180 元 / 米 ^{2}，具体如表 17 所示。

表 17　批而未供用地土地收储成本汇总

单位：亿元

镇街	居住用地	商服用地	工业用地	教育用地	行政办公用地	其他用地	总计
祖庙街道	0.09	0.00	0.00	0.00	0.00	0.00	0.09
石湾镇街道	0.69	1.33	0.00	0.82	0.00	0.08	2.92
张槎街道	0.89	1.18	0.08	0.00	0.03	0.45	2.63
南庄镇	3.26	2.48	0.83	0.35	0.01	0.58	7.51
桂城街道	3.59	1.25	0.00	0.00	0.00	0.00	4.84
罗村社会管理处	1.02	0.35	0.20	0.06	0.00	0.17	1.80
乐从镇	4.45	8.15	0.15	0.19	0.12	0.05	13.11
总计	13.99	14.74	1.26	1.42	0.16	1.33	32.90

③土地收益测算结果

经测算，批而未供用地 278.81 公顷，土地收益共 424.35 亿元，单位面积土地收益为 15220 元／米^2，具体如表 18 所示。

表 18　批而未供用地土地收益汇总

单位：亿元

镇街	居住用地	商服用地	工业用地	教育用地	行政办公用地	其他用地	总计
祖庙街道	2.39	0.00	0.00	0.00	0.00	0.00	2.39
石湾镇街道	17.68	10.01	0.00	1.41	0.00	0.11	29.21
张槎街道	19.25	4.19	0.03	0.00	0.06	0.81	24.34
南庄镇	96.77	12.61	0.18	0.68	0.05	1.18	111.47
桂城街道	94.91	7.36	0.00	0.00	0.00	0.00	102.27
罗村社会管理处	18.01	1.65	0.06	0.11	0.00	0.18	20.01
乐从镇	71.17	62.72	0.05	0.25	0.38	0.09	134.66
总计	320.18	98.54	0.32	2.45	0.49	2.37	424.35

④测算结果分析

批而未供用地均为未参与评价用地，面积为 278.81 公顷。测算结果显示，批而未供用地土地收益规模为 424.35 亿元，单位土地收益潜力为 15220 元／米^2，单位土地收益潜力较大。

从规划主导用地分类看：规划为居住用地的收益潜力规模最大，为320.18 亿元，其原因主要是土地规模大，且居住用地土地出让收入高；规划为工业用地的收益潜力最小，仅 0.32 亿元，其原因主要是土地规模小，工业用地单位土地面积出让收入低。

从行政区域看，桂城街道、南庄镇和乐从镇的土地收益规模合计达到384.40 亿元，占土地总收益的 82.10%。一方面是这些镇街的批而未供用地规模大，占批而未供用地面积的 78.71%；另一方面是这些镇街的批而未供用地主导规划用地多为商服用地。祖庙街道的土地收益潜力最小，占土地总收益的 0.56%，主要原因是祖庙街道批而未供用地规模最小。

（5）规划潜力地块土地收益潜力测算结果

①土地出让收入测算结果

经测算，规划潜力用地 665.62 公顷，土地出让收入共 896.61 亿元，单位面积土地出让收入为 13470 元 / 米^2，具体如表 19 所示。

表 19 规划潜力用地土地出让收入汇总

单位：亿元

镇街	居住用地	商服用地	工业用地	教育用地	行政办公用地	其他用地	总计
祖庙街道	0.00	0.00	0.00	0.00	0.00	0.00	0.00
石湾镇街道	0.00	0.00	0.00	0.00	0.00	0.00	0.00
张槎街道	1.76	0.00	0.00	0.00	0.00	0.00	1.76
南庄镇	145.14	28.68	8.66	3.39	0.00	1.31	187.18
桂城街道	265.14	66.56	0.98	4.49	0.13	1.21	338.51
罗村社会管理处	29.71	17.40	0.66	1.15	0.00	0.76	49.68
乐从镇	244.89	68.58	0.99	4.26	0.00	0.77	319.48
总计	686.64	181.21	11.29	13.29	0.13	4.05	896.61

②土地征收成本测算结果

经测算，规划潜力用地 665.62 公顷，土地征收成本共 34.09 亿元，单位土地面积征收成本为 512 元 / 米^2，具体如表 20 所示。

表 20　规划潜力用地土地收储成本汇总

单位：亿元

镇街	居住用地	商服用地	工业用地	教育用地	行政办公用地	其他用地	总计
祖庙街道	0.00	0.00	0.00	0.00	0.00	0.00	0.00
石湾镇街道	0.00	0.00	0.00	0.00	0.00	0.00	0.00
张槎街道	0.04	0.00	0.00	0.00	0.00	0.00	0.04
南庄镇	3.37	1.84	4.83	0.73	0.00	0.32	11.09
桂城街道	3.95	4.47	0.67	0.95	0.04	0.35	10.43
罗村社会管理处	0.64	1.19	0.48	0.27	0.00	0.22	2.80
乐从镇	5.36	2.89	0.6	0.75		0.13	9.73
总计	13.36	10.39	6.58	2.70	0.04	1.02	34.09

③土地收益测算结果

经测算，规划潜力用地 665.62 公顷，土地收益共 862.52 亿元，平均土地收益为 12958 元 / 米^2，具体如表 21 所示。

表 21　规划潜力用地土地收益汇总

单位：亿元

镇街	居住用地	商业用地	工业用地	教育用地	行政办公用地	其他用地	总计
祖庙街道	0.00	0.00	0.00	0.00	0.00	0.00	0.00
石湾镇街道	0.00	0.00	0.00	0.00	0.00	0.00	0.00
张槎街道	1.72	0.00	0.00	0.00	0.00	0.00	1.72
南庄镇	141.78	26.84	3.82	2.66	0.00	0.99	176.09
桂城街道	261.20	62.09	0.31	3.53	0.09	0.86	328.08
罗村社会管理处	29.07	16.21	0.18	0.89	0.00	0.53	46.88
乐从镇	239.51	65.68	0.40	3.51	0.00	0.65	309.75
总计	673.28	170.82	4.71	10.59	0.09	3.03	862.52

④测算结果分析

规划潜力用地均为未参与评价用地，面积为 665.62 公顷。测算结果显示，规划潜力用地土地收益规模为 862.52 亿元，单位面积土地收益为 12958 元 / 米^2。

从规划主导用地分类看，规划为居住用地的收益潜力规模最大，为 673.28 亿元，规划为行政办公用地的收益潜力规模最小，仅 0.09 亿元。从行政区域看，桂城街道、南庄镇和乐从镇的土地收益规模合计达到 813.92 亿元，占土地总收益的 94.37%。一方面是这些镇街的规划潜力用地规模大，占规划潜力用地面积的 91.59%；另一方面是这些镇街的批而未供用地的规划用地分类多为商服用地。祖庙街道和石湾镇街道的土地收益为 0，原因是祖庙街道和石湾镇街道无规划潜力用地分布。

（二）土地收益潜力分区

土地收益潜力分区主要是依据所有可开发改造用地的单位面积土地收益潜力大小，通过单因素的聚类分析进行归类，确定高潜力区、中潜力区、低潜力区、无潜力区。

通过运用 ArcMap 空间统计中的"分组分析"工具，选择"单位土地经济潜力"作为分析因素，以因素的大小特征作为分类指标进行聚类分析，确定土地收益潜力分区的划分标准：

无潜力区：单位土地经济潜力 ≤ 0 元 / 米^2；

低潜力区：0 元 / 米^2＜单位土地经济潜力 ≤ 17000 元 / 米^2；

中潜力区：17000 元 / 米^2＜单位土地经济潜力 ≤ 27000 元 / 米^2；

高潜力区：单位土地经济潜力 ＞ 27000 元 / 米^2。

土地收益潜力分区划分标准如图 2 所示。

经统计，高潜力区有 492 宗地块，面积为 1081.02 公顷，单位面积土地收益潜力为 34264 元 / 米^2；中潜力区有 436 宗地块，面积为 1424.81 公顷，单位面积土地收益潜力为 22924 元 / 米^2；低潜力区有 1088 宗地块，面积为 1711.80 公顷，单位面积土地收益潜力为 6541 元 / 米^2；无潜力区有 307 宗

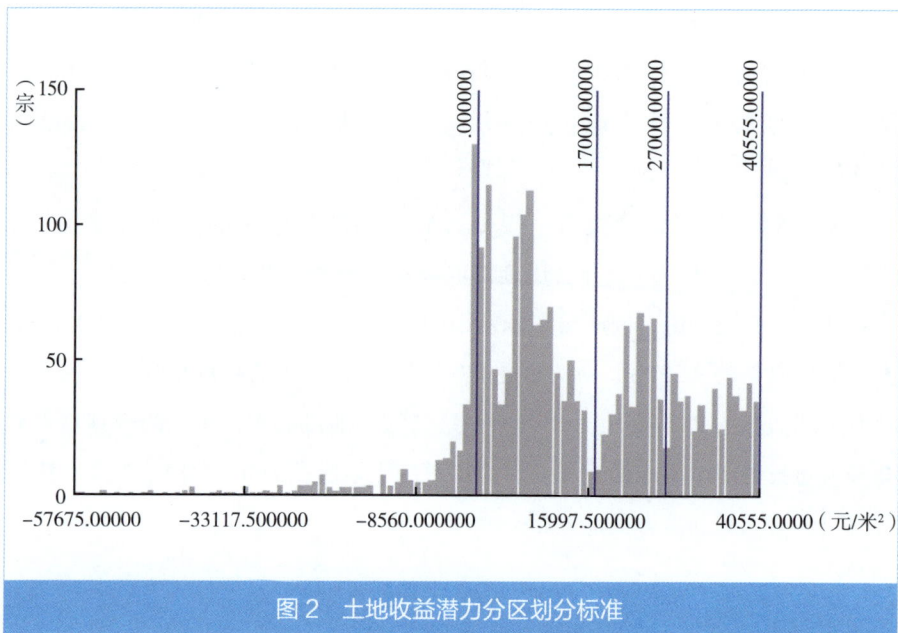

图2 土地收益潜力分区划分标准

地块，面积为 927.09 公顷，单位面积土地收益潜力为 -5407 元 / 米 ^{2}。具体见表22。

表 22 土地价值经济潜力分区汇总

统计项	高潜力区	中潜力区	低潜力区	无潜力区	合计
宗地数量（宗）	492	436	1088	307	2323
土地面积（公顷）	1081.02	1424.81	2616.96	927.09	6049.88
收益潜力（亿元）	3703.99	3266.19	1711.80	-501.24	8180.74
单位面积土地收益潜力（元 / 米 ^{2}）	34264	22924	6541	-5407	13522
潜力区划分标准（元 / 米 ^{2}）	> 27000	17000~27000	0~17000	≤ 0	—

从图 3 可以看出：可改造开发地块的土地收益潜力大部分为低潜力区，集中分布在东华里片区、城北片区、禅西新兴产业片区、海八路车城片区、乐从家具城片区；桂城南部片区、佛山机场片区、罗村务庄片区多为无潜力区。高潜力区分布特征分两种情况：一种是分布在尚未开发建造或正在改造的地区，如深村片区、澜石片区、绿岛湖片区、三龙湾片区、石硝片区和佛山新城的西北部；另一种则是分布在现状条件下土地利用现状较为粗放，而规划条件较好，新建物业单位建筑面积平均市场价格较高的区域，如佛山一环东部片区。

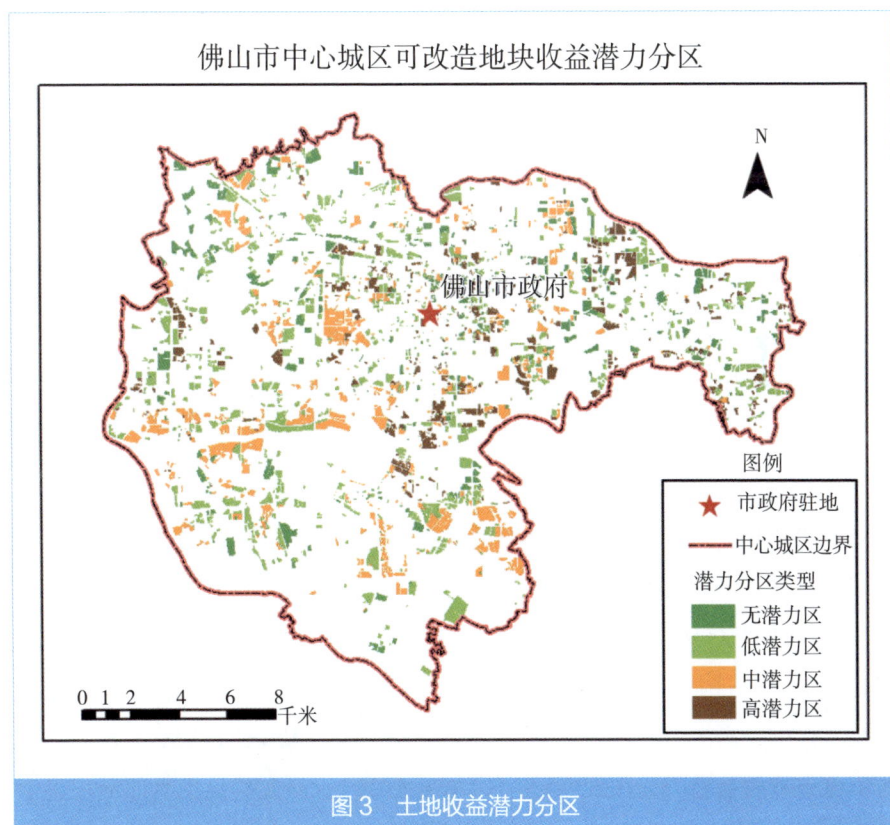

图 3　土地收益潜力分区

（三）土地收益潜力结果分析

1. 不同用地类型收益潜力汇总分析

从现状用地分类看，不同现状用地的收益潜力有着明显的差异。其中：现状工业用地收益潜力规模最大，共有 4686.16 亿元；现状居住用地的收益潜力规模最小，低至 -72.34 亿元，是唯一收益潜力规模为负值的现状用地（见表 23）。

现状工业用地收益潜力规模巨大，高潜力区中现状工业用地规模最大，单位土地收益潜力排第二，是未来改造挖潜的重点对象，可通过引入新型企业，以"腾笼换鸟"的方式淘汰效益差、耗能大、占地多的低效企业的方向将是未来佛山市中心城区城市升级改造的主要方向，应对收益潜力大、改造开发难度小的现状工业优先进行挖潜。

规划未利用土地也蕴含较大的潜力规模和单位收益潜力，且没有无潜力区，同样也是未来挖潜的重点对象，可通过征收报批的方式供应一级土地市场。

从规划主导用地分类看，仅有规划为居住用地的可改造开发地块分布在高潜力区和中潜力区，收益潜力规模高达 6970.18 亿元，其原因主要是土地规模大，且居住用地土地出让收入高；改造为商服用地、教育用地、行政办公用地、其他用地的多在低潜力区；改造为工业用地的多为无潜力区（见表 24）。

2. 不同挖潜情形收益潜力汇总分析

根据可改造开发用地类型的不同，分为存量可改造用地、批而未供用地、规划潜力用地，其中存量可改造用地采用整体改造挖潜，批而未供用地、规划潜力用地属于开发建设挖潜。

从挖潜情形来看，开发建设挖潜的面积为 944.43 公顷，占可改造开发用地面积的 15.61%；收益潜力规模为 1286.85 亿元，占总收益潜力规模的 15.73%；中、高潜力区面积占开发建设总面积的 41.42%；开发建设挖潜用地的单位土地收益潜力为 13626 元 / 米 ^{2}（见表 25）。开发建设挖潜的地块集中分布在中心城区外围，包括佛山西站枢纽片区、绿岛湖片区、禅西新兴产业片区、佛山新城以南区域，主要为评价时点尚未开发建设的土地。

表 23　基于现状用地分类统计的土地收益潜力分区汇总

单位：公顷、亿元、元/米²

现状用途	高潜力区		中潜力区		低潜力区		无潜力区		合计		单位土地收益潜力
	土地面积	收益潜力	土地面积	收益潜力	土地面积	收益潜力	土地面积	收益潜力	土地面积	收益潜力	
居住用地	12.24	35.60	61.96	153.75	40.24	45.69	119.19	-307.37	233.63	-72.34	-3096
商服用地	217.53	710.32	190.40	444.84	324.84	256.06	252.84	-175.58	985.62	1235.64	12537
工业用地	508.59	1733.94	906.92	2071.96	1444.69	898.26	552.21	-17.99	3412.42	4686.16	13733
教育用地	10.78	33.29	4.40	10.60	56.58	23.21	1.81	-0.19	73.57	66.92	9096
行政办公用地	4.61	14.93	0.93	2.25	31.80	16.48	0.10	0.00	37.43	33.66	8992
其他用地	6.16	20.23	0.29	0.69	14.49	5.13	0.93	-0.11	21.87	25.94	11860
未参与评价用地	321.10	1155.67	259.92	582.11	704.32	466.97	0.00	0.00	1285.34	2204.75	17153
合计	1081.02	3703.99	1424.81	3266.19	2616.96	1711.80	927.09	-501.24	6049.88	8180.74	13522

表 24　基于规划主导用地分类统计的土地收益潜力分区汇总

单位：公顷、亿元、元/米²

规划主导用途	高潜力区		中潜力区		低潜力区		无潜力区		合计		单位土地收益潜力
	土地面积	收益潜力	土地面积	收益潜力	土地面积	收益潜力	土地面积	收益潜力	土地面积	收益潜力	
居住用地	1081.02	3703.99	1424.81	3266.19	96.43	125.93	3.07	-2.75	2605.33	7093.36	27226
商服用地	0.00	0.00	0.00	0.00	1826.91	1515.96	221.79	-343.46	2048.70	1172.50	5723
工业用地	0.00	0.00	0.00	0.00	360.16	8.02	652.86	-100.93	1013.02	-92.91	-917
教育用地	0.00	0.00	0.00	0.00	77.80	16.11	0.00	0.00	77.80	16.11	2071
行政办公用地	0.00	0.00	0.00	0.00	19.15	4.09	11.47	-16.01	30.62	-11.92	-3892
其他用地	0.00	0.00	0.00	0.00	236.51	41.69	37.90	-38.09	274.41	3.60	131
合计	1081.02	3703.99	1424.81	3266.19	2616.96	1711.80	927.09	-501.24	6049.88	8180.74	13522

整体改造挖潜的面积为 5105.45 公顷，占可改造开发用地面积的 84.39%；收益潜力规模为 6893.89 亿元，占总收益潜力规模的 84.27%；中、高潜力区面积占存量可改造用地面积的 42.06%；单位土地收益潜力为 13503 元 / 米^2；整体改造挖潜的地块主要是规划与现状用途不一致或建设强度低的地块，需进行土地用途和容积率的调整。

整体改造挖潜的改造潜力规模最大，改造面积、收益潜力规模的比重均超过 80%，但这部分用地改造挖潜的难度相对较大，因此政府应加快推进城市更新改造计划，加大土地建设的投入力度，以更快享有土地挖潜改造产生的土地规模和经济效益。开发建设挖潜的改造面积、收益潜力规模占比小，佛山中心城区未来改造挖潜方式将主要通过整体改造挖潜，提升存量土地的集约利用水平。

3. 不同区域收益潜力汇总分析

从行政区划看（见表 26）：桂城街道收益潜力规模最大，达 2074.42 亿元，地块多分布在低潜力区；罗村社会管理处收益潜力规模最小，仅 497.47 亿元，地块多分布在低潜力区。石湾镇街道单位土地收益潜力最大，达 22771 元 / 米^2，地块多分布在高潜力区；罗村社会管理处单位土地收益潜力最小，仅 6872 元 / 米^2，地块多分布在低潜力区。

祖庙街道是佛山老城区，随着城市的发展和规划定位的改变，原有的土地利用现状已不符合城市的发展方向，急需通过改造挖潜，提升土地集约利用水平，为城市发展提供充足的载体。祖庙街道可改造开发用地规模潜力有 408.71 公顷，收益潜力规模有 563.93 亿元，单位土地收益潜力一般，仅 13798 元 / 米^2。其中鲤鱼沙村片区、果房片区主要为高潜力区，作为早期工业集聚区，产业发展相对较早，但土地利用效率和效益偏低，迫切需要提升改造，提升土地利用效率。东华里片区为低潜力区，是建成较早的商住区，因此现状城市容貌较旧，需要逐步通过更新改造来提升其土地利用集约度。

石湾镇街道是以陶瓷、不锈钢为主导的制造业基地。可改造开发用地规模潜力有 518.26 公顷，收益潜力规模有 1180.12 亿元，单位土地收益潜力高达 22771 元 / 米^2。其中东部鄱阳奇槎片区主要为中潜力区，地块位置优越，

表 25 不同可改造开发用地的土地收益潜力分区汇总

单位：公顷、亿元、元/米²

挖潜情形	可改造开发用地类型	高潜力区		中潜力区		低潜力区		无潜力区		合计		单位土地收益潜力
		土地面积	收益潜力	土地面积	收益潜力	土地面积	收益潜力	土地面积	收益潜力	土地面积	收益潜力	
整体改造挖潜	存量可改造用地	939.04	3225.19	1208.30	2791.44	2031.02	1378.49	927.09	-501.24	5105.45	6893.89	13503
开发建设挖潜	批而未供用地	55.21	179.53	45.78	111.67	177.82	133.13	0.00	0.00	278.81	424.33	15219
	规划潜力用地	86.77	299.27	170.73	363.07	408.12	200.18	0.00	0.00	665.62	862.52	12958
	小计	141.98	478.79	216.51	474.75	585.94	333.31	0.00	0.00	944.43	1286.85	13626
合计		1081.02	3703.99	1424.81	3266.19	2616.96	1711.80	927.09	-501.24	6049.88	8180.74	13522

表 26 各镇街土地收益潜力分区汇总

单位：公顷、亿元、元/米²

镇街	高潜力区		中潜力区		低潜力区		无潜力区		合计		单位土地收益潜力
	土地面积	收益潜力	土地面积	收益潜力	土地面积	收益潜力	土地面积	收益潜力	土地面积	收益潜力	
祖庙街道	147.80	509.01	7.15	15.60	200.21	151.47	53.55	-112.14	408.71	563.93	13798
石湾镇街道	240.98	796.08	102.55	258.46	160.75	148.03	13.98	-22.45	518.26	1180.12	22771
张槎街道	105.68	319.38	276.36	704.10	231.63	124.68	79.99	-29.09	693.66	1119.07	16133
南庄镇	65.77	188.77	542.82	1181.49	646.36	300.49	138.67	-22.30	1393.62	1648.46	11829
桂城街道	481.47	1777.52	27.66	66.98	626.31	498.80	299.80	-268.89	1435.23	2074.42	14454
罗村社会管理处	0.00	0.00	170.88	381.23	279.20	134.26	273.83	-18.03	723.91	497.47	6872
乐从镇	39.32	113.22	297.39	658.33	472.49	354.06	67.28	-28.34	876.49	1097.27	12519
合计	1081.02	3703.99	1424.81	3266.19	2616.96	1711.80	927.09	-501.24	6049.88	8180.74	13522

是禅城区的东大门，宜整合打造临江高端生活区，经济潜力巨大；中部居住区为低潜力区，高楼林立，大部分城中村已纳入"三旧"改造；西部主要为中潜力区，着力推动传统产业转型升级，将废旧厂房改造成文化产业园区，提升土地利用价值。

张槎街道是中心城区制造业核心区，目前正结合主题产业园区建设和发展的优势，打造佛山最具影响力的创新创业基地。可改造开发用地规模潜力有693.66公顷，收益潜力规模有1119.07亿元，单位土地收益潜力16133元/米^2。东北部为高潜力区，现状主要是工业旧区，产业效能不高，宜改造成居住区，经济潜力巨大。中部中心区为中低潜力区，工业和居住用地混杂，需要逐步整合改造为大范围居住片区。东南部为中潜力区，利用佛山市科学技术学院、创意产业园两个支点，打造成张槎的文化旅游产业集中片区。西部主要为低潜力区，智慧新城、欧洲工业园、华南创谷、新媒体产业园、火炬园、创意产业园等一批都市型主题产业园区近年来迅速崛起，逐步形成高端产业区。

南庄镇是以建陶业为主导的重要的制造业基地和高新技术产业起步区。可改造开发用地规模潜力有1393.62公顷，收益潜力规模有1648.46亿元，单位土地收益潜力11829元/米^2。其中北部主要为中潜力区，定位为绿岛湖都市产业区和绿岛湖智造产业区，目前片区内已建设有高端居住区和新兴产业区，其余大部分地块也已平整，规模潜力较大。中部南庄大道商业带主要为中潜力区，通过南庄大道提升带动沿线土地、物业的整合、改造和提升，形成高端商住商贸产业带。南部主要为中、高潜力区，宜通过现有产业升级改造，提升土地利用效益。

桂城街道是南海区的政治、经济和文化中心，临近广州，是广佛同城的前沿阵地，其城市功能定位为具有高品质生活环境的城市生活区。可改造开发用地规模潜力有1435.23公顷，土地收益潜力规模有2074.42亿元，单位土地收益潜力14454元/米^2。其中东部平洲、三山片区主要是中、高潜力区，该片区定位为休闲居住区，原有的工业用地和部分新开发地块都有较高的规模潜力和经济潜力。中部佛山一环以东主要为中潜力区，此片区城中村、旧厂房较多，宜通过整合改造提升其土地价值。中部夏西村夏北村发展定位为高端商务区，经济潜力最大。南部东二村和石硝村主要为中、低潜力区，西部为中、低潜力区，原有旧住宅、旧商铺将逐步进行升级改造。

罗村社会管理处是制造业基地。可改造开发用地规模潜力有 723.91 公顷，土地收益潜力规模有 497.47 亿元，单位土地收益潜力 6872 元 / 米^2。其中东部以中潜力区为主，北部主要为低潜力区，原有工业产业利用效益和效率低，宜通过产业升级改造，提升产业水平和土地利用效率。西部佛山西站片区主要为中、低潜力区，可充分利用佛山西站辐射，着重改造其周边地块，发展地产和商业，提升该区域人气。

乐从镇是著名的商业贸易集散地，拥有全国最大的家具市场、全国最大的钢铁市场、排名全国前列的塑胶原料市场。可改造开发用地规模潜力有 876.49 公顷，土地收益潜力规模有 1097.27 亿元，单位土地收益潜力 12519 元 / 米^2。其中北部佛山新城和乐从钢铁市场主要为中、低潜力区，佛山新城内目前仍有较多在建和未建项目，建成后土地集约利用水平将有较大的提升空间。南部主要为低潜力区，该片区开发地较广，规划开发成钢铁专业市场，规模潜力较高。

四　结论

（一）土地集约利用总体状况

1. 用途配置低效型土地比重大

佛山市中心城区范围土地面积共 361.66 平方千米，本次详细评价范围（工作地域）面积为 249.72 平方千米，其中参与评价的居住、商服、工业、教育、行政办公、其他用地六类评价对象共 128.28 平方千米，未参与评价的用地共 121.44 平方千米。评价结果显示，参评的六类用地中过度利用型（指过度开发建设，容积率高、建筑密度大的各类用地）占评价对象总面积的 9.15%、集约利用型（指符合用地规划、产业导向，且土地开发利用水平高、用地效益高的土地）占评价对象总面积的 22.76%、中度利用型（指符合用地规划、产业导向，开发利用和用地效益水平适中的土地）占评价对象总面积的 9.8%，低效利用型占评价对象总面积的 58.29%。根据用地低效的主导成因进一步细分，低效利用型土地细分为用途配置低效型（指不符合控制性详细规划或产业导向的各类土地）、开发强度低效型（指符合相关规划，但开发利用强度低、布局散乱、用地粗放的各类用地）、利用效益低效型（指符合相关规划或产业导向，开发利用强度合理，但用地效益水平低的各类用地）三类。其中用途配置低效型占评价对象总面积的 34.91%，开发强度低效型占评价对象总面积的 11.45%，利用效益低效型占评价对象总面积的 11.93%，建设用地节约集约利用整体水平不高。导致这一结果的主要因素是用途配置低效型，即现状用地分类与规划用地分类不一致的土地比重大，不符合规划用地分类的土地占评价对象总面积的 34.91%（见表 27），其中现状工业用地规划为非工业用地的面积高达 3311.78 公顷，占评价对象总面积的 25.82%。

表 27　各类评价对象土地节约集约利用评价结果汇总

单位：公顷，%

统计项	过度利用型	集约利用型	中度利用型	低效利用型			合计	
				用途配置低效型	开发强度低效型	利用效益低效型	面积	占比
面积	1173.98	2920.26	1256.70	4477.71	1468.61	1530.99	12828.25	100.00
占比	9.15	22.76	9.80	34.91	11.45	11.93		

当前佛山市中心城区的工业用地（含物流仓储用地和采矿用地）规模较大，占本次评价工作地域内建设用地的比重高达 30.66%，大量现状工业用地规划为非工业用地，这与城市总体规划提出的降低中心城区工业用地比例的用地结构调整目标相一致，但离规划目标"2020 年中心城区工业用地（含物流仓储用地）比例控制标准下降至 11.28%"仍有较大的差距。作为佛山市集改革创新引领、开放集聚、生产生活服务和窗口形象四大功能于一体的中心城区，一方面金融业和现代服务业的发展需要更多的空间资源，另一方面大量工业用地长期低效利用，未来的发展需不断提升城市功能，优化产业结构，调整土地利用格局，走产业转型升级的路径。

2. 不同用地集约利用状况差异大

评价结果显示，本次详细评价确定的六类评价对象，其集约利用状况存在较大差异。

从各类用地集约利用型土地所占比重看，能满足集约利用条件的土地占该类评价对象总面积的比重分别为居住用地 37.51%、商服用地 27.89%、工业用地 9.83%、教育用地 41.69%、行政办公用地 42.31%、其他用地 53.73%（见表 28）。

表 28　各类评价对象土地节约集约利用评价结果汇总

单位：公顷，%

统计项		过度利用型	集约利用型	中度利用型	低效利用型			合计	
					用途配置低效型	开发强度低效型	利用效益低效型	面积	占比
居住用地	面积	744.48	1130.50	95.93	182.90	390.80	469.39	3014.00	23.49
	占比	24.70	37.51	3.18	6.07	12.97	15.57		
商服用地	面积	332.13	739.57	154.30	894.86	295.87	234.99	2651.72	20.67
	占比	12.53	27.89	5.82	33.75	11.16	8.86		
工业用地	面积	37.43	605.42	837.31	3311.78	708.51	656.76	6157.21	48.00
	占比	0.61	9.83	13.60	53.79	11.51	10.67		
教育用地	面积	3.37	251.36	125.96	46.10	41.63	134.49	602.91	4.70
	占比	0.56	41.69	20.89	7.65	6.90	22.31		
行政办公用地	面积	29.97	84.45	8.86	28.73	12.25	35.36	199.62	1.56
	占比	15.01	42.31	4.44	14.39	6.14	17.71		
其他用地	面积	26.60	108.96	34.34	13.34	19.55	0.00	202.79	1.58
	占比	13.12	53.73	16.93	6.58	9.64	0.00		
合计	面积	1173.98	2920.26	1256.70	4477.71	1468.61	1530.99	12828.25	100.00
	占比	9.15	22.76	9.80	34.91	11.45	11.93		

各类用地中，居住用地过度利用型土地比重最大，高达 24.70%，集中分布在祖庙街道和桂城街道，主要为早期开发建设的单体住宅楼或居住小区，

容积率和建筑密度均较高，绿化率低，建筑物之间间距小，分布过于密集，所临道路较窄，停车不便；其次为行政办公用地，过度利用型土地占15.01%，集中分布在祖庙街道和桂城街道，多为市级和区级政府机关单位，占地面积较小，容积率较高；其他用地过度利用型土地占13.12%，主要为分布在老城区的社会福利用地和医疗卫生用地，如佛山市中医院、佛山市妇幼保健院、佛山市社会福利院、南海儿童福利会等，建筑容积率和建筑密度均较高；商服用地过度利用型土地占12.53%，主要分布在祖庙街道、季华路沿线、桂城主城区、乐从佛山大道南沿线等，主要包括两类，一类是商务办公用地，建成时间较早，建筑楼层高、建筑密度大，另一类是商业设施用地，以专业市场、零售商服用地为主，楼层不高，但建筑密度大。工业用地和教育用地过度利用型土地较少，比重分别仅为0.61%和0.56%。

各类用地中，中度利用型土地所占比重差异较小，比重最大的为教育用地20.89%，其次为其他用地16.93%、工业用地13.60%、商服用地5.82%、行政办公用地4.44%，居住用地最少，比重仅为3.18%。

各类用地低效利用型土地所占比重差异较大，其中比重最大的为工业用地，比重高达75.97%，包括用途配置低效的53.79%、开发强度低效的11.51%、利用效益低效的10.67%，中心城区超过一半的工业用地用途配置低效，集中分布在禅城区，规划已调整为居住、商服或公共管理与公共服务用地等非工业用地。商服用地低效利用土地比重为53.77%，包括用途配置低效的33.75%、开发强度低效的11.16%、利用效益低效的8.86%，中心城区约1/3的商服用地用途配置低效，主要集中在祖庙街道、桂城街道和石湾镇街道，这类商服用地大部分分布在老城区，以临街商业为主，建成年代较早，建筑成新度低，容积率和建筑密度均较高，规划已调整为居住或公共管理与公共服务用地等非商服用地。居住用地低效利用土地比重为34.61%，包括用途配置低效的6.07%，其主要集中在祖庙街道，这类居住用地大部分为建成年代较早的临街单体楼，建筑成新度低，容积率和建筑密度均较高，居住环境较差，规划已调整为商服或公共管理与公共服务用地等非居住用地；开发强度低效的占比为12.97%，利用效益低效的占比为15.57%，开发强度低效土地占比较高，主要是截至评价时点有较多的居住用地属于在建或未建设状态。教育用地和行政办公用地低效利用土地所占比重相当，分别为 36.86% 和 38.24%，其他用地低效利用型的占比最低，仅为 16.22%。

3. 建设用地潜力挖掘空间大

潜力测算结果显示，佛山市中心城区评价工作地域内可改造开发用地的潜力规模高达 6049.88 公顷，土地收益潜力规模 8180.74 亿元，单位土地收益潜力为 13522 元 / 米^2。其中：通过整体改造挖潜的存量可改造用地规模 5105.45 公顷，收益潜力规模 6893.89 亿元，单位土地收益潜力为 13503 元 / 米^2，整体改造挖潜的地块主要是规划与现状用途不一致或开发强度低效的地块，需通过"三旧"改造盘活利用；通过开发建设挖潜的批而未供用地、规划潜力用地规模为 944.43 公顷，收益潜力规模为 1286.85 亿元，单位土地收益潜力为 13626 元 / 米^2，开发建设挖潜的地块集中分布在中心城区外围，包括佛山西站枢纽片区、绿岛湖片区、禅西新兴产业片区，需加快推进批而未供用地的供地计划，筹划规划潜力地块的用地报批和收储计划。

（二）土地利用存在的问题分析

佛山市中心城区土地利用面临的最主要问题：一是土地开发强度大，新增建设用地指标有限，建设用地增长需求缺口大；二是土地利用总体上仍显示粗放与低效利用的特征。

1. 土地的供需矛盾日益突出

随着经济持续稳定增长，佛山市工业化、城市化仍处于快速发展阶段，尤其在佛山市中心城区范围，城市人口不断集聚，城市规模不断扩张，土地开发强度已高达 72.2%（中心城区范围国土调查和变更调查现状建设用地比例），土地资源的经济社会保障能力下降，保障经济高速增长所需土地承载量与广东省每年下达的新增建设用地指标量之间的差距逐年增大，建设用地供需矛盾日益突出，过去依靠增加新增建设用地面积的外延式发展已经难以为继，缺少发展用地成为佛山城市发展的主要瓶颈。

2. 城市用地布局和风貌与经济地位不匹配

佛山在经济总量上占据广东省第三的位置，但是在城市空间发展上并未形成与第三大城市地位相匹配的城市形象，城市空间的品质长期以来并未受到重视，近年来虽然打造出了千灯湖、岭南天地等城市精品空间，但整体上的用地布局和城市风貌仍存在较大欠缺。

一是城乡形态趋同，开发边界模糊。城市中心地区与外围郊野地区开发边界模糊，城市与乡村相连，因此在城市建设品质不高以及近郊乡村建设管控的情况下，中心城区边缘与外围村庄地区形态非常趋同；同时，在城市发展过程中被纳入中心城区范围内的村庄、村级工业园景观杂乱，长期得不到改造或整治，成为城市风貌建设中的短板。因此整体上，中心城区呈现"走了一村又一村，村村像城镇；走了一城又一城，城城像农村"的风貌现象。

二是功能不够突出，空间不够集聚。由于行政管理体制以及自下而上的发展特质，中心城区城市功能长期以城镇为重要单元，中心城区的功能不够集聚。一方面是整个中心城区的辐射影响能力不足，除了行政影响力外，中心城区的文化、商业服务对城市的辐射影响能力不足，尤其是在当前粤港澳大湾区、广佛同城深化发展的背景下，中心城区的区域影响力有待强化。另一方面是"一老三新"的功能节点发育不足，祖庙老城中心随着岭南天地项目在功能上得到提升，千灯湖片区品质也在不断提升，但是佛山新城、禅西新城的功能还有待进一步完善，特别是随着发展形势、发展思路的改变，广佛同城、融入湾区、创新发展等成为城市发展的重要旋律，使这两个地区的进一步发展受到严峻挑战。

三是缺乏标志景观，整体形象无感。中心城区城市景观品质低，设计感弱，这与长期忽视城市设计和建筑设计有关。城市形态问题在品质化需求的冲击下呈现，城市形态亟待提升，与省内的广州、深圳相比，佛山城市标志性景观的问题更为凸显。

3. 产业结构及用地结构需进一步优化调整

经过改革开放40多年的发展，佛山地区生产总值从1978年的12.96亿元增长到2018年的9935.88亿元，经济总量位居广东省第三。但与国内大多数城市进入"三二一"产业结构不同，佛山在城市化、工业化、现代化进程中并未表现出像全省乃至全国所呈现的"三二一"产业结构状态，佛山的第二产业占比在 1978 年已达到 50%，并且随后一直维持在 50% 以上。佛山中心城区乃至全市的产业结构长期以来的核心特点是以制造业为主导，坚持制造业立市是佛山经济、产业发展的根基。佛山市在近年已经大力开展产业结构调整转型，对传统产业进行优化提质，并取得了较好的成效，第二产业比重近年有所下降，2018 年佛山市第二产业占当年地区生产总值的比重为 56.5%，而同期广州为 27.27%，深圳为 41.1%。

佛山市中心城区土地利用结构与其产业结构有着密切关系，通过对土地利用结构的分析，评价工作地域现状建设用地范围内工业用地的比例高达24.63%，远高于《佛山市城市总体规划（2010~2020 年）》确定的比例控制标准 9.97%。发达国家城市建设用地中，工业用地占比一般不会超过 8%，相比之下，佛山市中心城区的工业用地比重明显偏高。如此巨量的工业用地，其中有相当大一部分位于村级工业园。

改革开放以来的佛山经济发展经历了一个"村村点火、镇镇冒烟"的大时代，村级工业园作为佛山经济起飞和兴旺的历史见证，曾经是改革开放初期"珠江模式"的典型代表，也贡献了广东经济"四小虎"中的南海、顺德经验，更为佛山市创造和培育了一大批优势产业和知名企业。村级工业园曾经创造和集聚的财富使大批农民"洗脚上田"，摆脱了贫困，实现了富裕，成为城市的一分子。但随着城市和经济转型加快，村级工业园也已越来越不适应现代化发展的要求，区内生产、生活设施混杂，环境污染严重，违法用地违建遍布，安全消防隐患突出，监督监管缺失，有些区域甚至成为城市监督管理的死角，严重威胁和挑战城市发展和人民安全的底线，村级工业园整治提升工作刻不容缓。

4. 商服地产过剩，利用效益不高

近年来，佛山各区大力发展商业服务业，建设了一大批商服综合体和办公楼，特别是季华商务带、广东金融高新区、顺德北部片区等区域，商业地产已经趋于饱和，去库存周期长、压力大。在 2016 年 3 月广东省政府印发的

《广东省供给侧结构性改革总体方案（2016~2018年）》中，佛山市去库存的重点落在了商业地产，3年内商业地产的去库存任务要达到110万平方米，而这巨量的商业库存，大部分都在中心城区范围。据戴德梁行发布的《2019年上半年佛山甲级写字楼市场概况》，截至2019年第四季度，佛山甲级写字楼市场存量约为190万平方米，其中2018年新增供应高达45.5万平方米，2019年新增供应亦有21万平方米，但市场需求未能同步释放，使空置率提升至40%左右，平均租金下降至61.5元/米²·月。

与此同时，中心城区的商业地产同质化竞争激烈。禅城区季华商务带作为佛山传统的商务中心区，服务业占比较高，近几年商服载体建设更是迅猛，商业、商务体量呈现爆发式增长的态势，整个区域已经形成较大的招商压力，以万科广场、绿地中心、智慧新城为代表的商务楼宇大多是面向金融、总部经济、商务服务进行招商，进一步加剧了招商竞争。广东省金融高新区目前所能辐射的区域产业规模，以及招商引资项目，还不足以消化现有商服载体的供应，总体来看，金融高新区门槛相对较高，方向比较单一，招商引资缺乏灵活的操作空间，对广告策划、新媒体、互联网、文化创意、中介咨询等细分行业挖掘不够深入。而区域内的商业综合体大多定位于常见的中高端零售品牌，众多购物中心业态的差异化不足，容易形成同质化竞争。以佛山新城为核心的顺德北部片区以中德工业服务区为龙头，将打造成广佛都市圈核心区和佛山中心城区的龙头标杆。为了更好地承接和发展现代服务业，顺德北部片区加大了载体建设力度，已经建成以中欧中心为代表的近30个商服载体，另外，近几年新增投资商服项目十几个，投资额超过千亿元，也可能形成供应量井喷的态势，进一步加大了中心城区商业地产的竞争压力。

另外，受2020年初新冠疫情影响，佛山中心城区实体零售商业遭受重大打击。疫情期间，大多数商业综合体和商铺缩短了营业时间或暂停营业，客流量下降明显、零售商服用地物业出租（营业）率显著下降。疫情冲击下，实体零售业短中期前景依然不乐观，大型购物中心空置率将提高、零售商业出租营业率将下降，商业地产竞争趋于激烈，租金存在下调趋势。而疫情期间，线上渠道的生鲜超市和零售得到了爆发式发展，线上平台的受众也得到快速增长，线上零售的加速发展，预计将会对实体商铺造成进一步冲击。

在经济增速放缓、商业地产库存大、市场需求小、同质产品竞争激烈、电商冲击、疫情影响等多重因素影响下，佛山中心城区的商业地产空置率走高，商业物业出租（营业）率下降，整体利用效益不高。

5. 城市更新工作仍面临诸多问题

潜力测算结果显示，评价工作地域内存量可改造用地潜力规模高达 5105.45 公顷，收益潜力规模为 6893.89 亿元，单位土地收益潜力为 13503 元/米^2，如此巨大的存量建设用地潜力规模将主要通过城市更新的方式盘活，但当前佛山市城市更新工作仍面临诸多问题。

首先，城市更新政策有待完善，扶持力度有待加大。随着"三旧"改造的深入推进，前期政策红利一定程度上已经释放，留下很多"硬骨头"项目，比如旧城镇和城中村项目、工业提升项目、公益类项目，由于利益驱动力不足，停滞不前。《佛山市人民政府办公室关于深入推进城市更新（"三旧"改造）工作的实施意见（试行）》（佛府办〔2018〕27 号）虽然从政策层面较为系统地提出了"四阶段"管理，但仍然存在一些问题：一是仍面临着政策体系和机制不完善问题，比如公益用地供给机制、容积率转移与奖补机制等未成型；二是针对一些难点、堵点政策创新和扶持力度不足，比如连片开发、混合开发、联动开发、微改造、旧城镇旧村改造等；三是政策操作指引等方面有待于细化明确，如单元规划地位及其与控规的关系、单元划定和实施方案编制指引等。

其次，城市更新的重点方向有待于进一步明确和强化。从改造项目结构来看，不充分、不平衡问题比较突出。地域上主要集中在禅城、南海、顺德三区；类型上旧城镇、旧村居项目较少，特别是连片化、规模化的项目基本没有，中心城区整体形态改善不明显，市民获得感不强。因此，从全市角度看，有待于对城市更新的重要区域、重要方向进行明确，配合政策支撑，出台专项规划指导，突出政府导向、宏观统筹作用。

最后，城市更新管理流程有待优化。佛山一直在探索"三旧"改造工作，前期的政策和管理要求相对宽松，虽然"佛府办〔2018〕27 号"文件明确了全市城市更新政策、明晰了城市更新流程、规范了全市更新管理要求，但仍然需要进一步优化相关管理流程。比如"四阶段"串联管理流程长、场地土壤调查作为单元规划前置要求问题、建筑物拆除作为完善用地报批前置要求与实际操作衔接难问题等。

6. 土地节约集约管理尚未形成合力

土地资源节约集约利用管理仍然存在各部门各自为政的现象，缺乏管理政策系统性与协同性，各部门齐抓共管的局面尚未真实形成。

一是缺乏多部门协同管理联动机制。自然资源、发改、工商、环保、消防、安监、税收等部门缺乏制度、政策、决策等方面的组合与协调，无法形成建设用地监管合力。

二是尚未建立多部门统一的信息共享平台，社会、经济、人口、土地、投入、产出等数据无法实现利用共享，一方面造成不同部门大量工作的低效与重复，另一方面也不利于充分掌握真实情况和开展统一执法与监管，导致管理效率低下。

（三）完善评价技术的建议

1. 完善评价指标体系

一是建议建设强度准则层考虑建筑成新率指标，一方面反映建设强度集约但建筑建成年份较早、建筑破旧需更新改造的情况，另一方面可辨别开发利用低效但纳入改造挖潜意义不大的评价单元，如新建设的低密度住宅小区或因建筑限高开发强度较低的建筑。

二是工业用地产业导向符合性指标在具体量化评价时较难，现有的产业准入政策对行业的类型划分较抽象，鼓励、限制或淘汰的产业往往与具体的生产工艺、产能规模相关，而政府部门的产业规划亦未落到具体的空间层面，通过调查仅能确定现有工业评价单元地上企业的行业类别，无法调查掌握其生产工艺、产能规模，因此无法精准判别其是否符合地方产业发展导向。因此，在评价产业导向符合性指标时，建议联合相关部门如消防、安监、环保等，确定评价工作地域内哪些工业用地是不符合其部门职责管辖要求的，再综合确定其是否符合地方产业导向。

三是考虑数据获取难度，建议简化工业用地的利用效益评价指标，参考 2020 年整体评价工作的做法，删除工业用地地均固定资产投资指标，并以地均就业人数或单位建筑租金水平作为工业用地的利用效益指标。

四是简化部分利用效益指标数据的获取。针对部分数据获取难的利用效益指标，如商服用地的商业物业出租（营业）率，建议采用抽样调查的方法，在功能片区范围内按城市用地小类或中类选取具有代表性的评价单元，调查获取其现状指标数据作为该功能片区内该类用地的指标现状值。

2. 细化评价单元规划一致性判断标准

《技术指南》对规划一致性指标的判断是基于评价单元内规划用地分类只有一种的情况，但从本次佛山市详细评价实施来看，存在较多一个评价单元对应两种或两种以上规划用途且无法根据现状建筑做进一步细分评价单元的情况，或者规划用地分类有兼容多种用途的情况。因此，建议《技术指南》进一步细化规划一致性指标的判断标准，如以评价单元内面积占比最大的规划用途作为该评价单元的规划用途；在一个评价单元内，规划用途有多种的，如"居住用地 / 商业服务业设施用地"，以规划主导用途作为该评价单元的规划用途，无法确定规划主导用途的，现状用地分类符合规划用途其中之一的，即视为规划一致。

3. 简化评价类型分类

各类评价指标的集约利用标准、低效利用标准大部分均有国家、地方的相关政策规定，在确定指标集约利用上限阈值、低效利用上限阈值时有充分的依据，但集约利用下限阈值较少有相关的规定，如容积率、建筑密度、居住人口密度、地均服务学生数等指标，相关政策或规范只规定了其区间值，正常理解指标现状值在这区间值范围内即视为集约利用，超过区间值即为过度利用，低于区间值则为低效利用，在区间值内设定集约利用下限阈值以判别中度利用型土地没有充足的依据，较难确定。同时，考虑集约利用型与中度利用型土地在管理和利用上并无太大区别，建议评价类型仅划分为过度利用、集约利用、低效利用三种。

4. 优化用地类型的判断逻辑

按《技术指南》中的评价步骤，先进行规划符合度准则评价，判断出用途配置低效型的土地，随后剔除用途配置低效型用地再开展建设强度和利用效益准则评价，相当于规划符合度准则为"一票否决"指标。但判断为用途配置低效型的用地，有相当一部分是属于开发强度集约或中度的，按现有评价步骤需统一纳入存量改造潜力地块，通过拆除改造挖潜，但在制定潜力地块改造策略时未能考虑其现实拆除改造的可行性。建议评价步骤先开展建设强度和利用效益准则评价，判断出基于建设强度和利用效益两项准则下的土地利用类型，随后再开展规划符合度准则评价，可掌握用途配置低效型用地中建设强度和利用效益集约的用地，在确定改造方式、制定改造策略和确定开发时序时更有针对性，提高挖潜的可行性。

5. 制定数据库标准

本次佛山市详细评价数据库成果参考《城市建设用地解压集约利用评价数据库标准》（2015 年）的有关要求，制定了土地利用现状图层、用地规划图层、详细评价图层、可改造用地图层等不同空间图层数据的字段名称、字段代码、字段类型、字段长度、小数位数、值域、约束条件等，后续若全面铺开详细评价工作，建议由自然资源部统一制定相应的数据库标准，规范数据库成果，方便数据审核和汇总。

参考文献

符彦、王剑辉、张亚:《基于多源数据的城市建设用地扩张时空特征分析——以佛山市顺德区为例》，《测绘通报》2019 年第 8 期。

李汉飞、彭建德、何云:《城市治理价值塑型导向下的佛山近期建设规划创新》，《规划师》2018 年第 6 期。

陈昌勇、陈静:《存量型控规的精细化编制方法探索——以佛山市控规编制实践为例》，《规划师》2018 年第 1 期。

B.9
四川遂宁 2019 年建设用地节约集约利用状况详细评价报告

邹佳岑　赵予爽　许　愿　蔡大伟*

摘　要： 遂宁市开展城市建设用地节约集约利用详细评价工作，确定以宗地为基础的评价单元，通过量化土地利用效率、效益及再开发改造潜力的方式，全面掌握遂宁市中心城区城市建设用地现状数量、质量及空间分布。摸清现状、剖析问题、探明方向，为充分发挥节约集约用地评价考核机制的导向作用、完善详细评价工作体系积累和提供遂宁经验。

关键词： 建设用地　节约集约　遂宁市

一　区域概况

（一）地理位置

遂宁市位于四川盆地中部，涪江中游，地理坐标为北纬 30°10′50″~31°10′50″，东经 105°03′26″~106°59′49″，东邻重庆市、广安市、南充市，西连成都市，南接资阳市，北靠德阳市、绵阳市，与成都、重庆呈等距三角。随着成都东进，重

---

* 邹佳岑，遂宁市自然资源和规划局高级经济师，研究方向为土地利用、房地产经济；赵予爽，四川大成房地产土地评估有限公司工程师，研究方向为自然资源开发利用；许愿，四川省国土科学技术研究院工程师，研究方向为自然资源开发利用；蔡大伟，中国人民大学公共管理学院博士研究生，研究方向为土地资源管理。

庆西拓，成渝呈相向发展、双核引领、同频共振态势，遂宁市作为联动成渝毗邻地区先行区，处于成渝地区双城经济圈腹心地带，成渝发展主轴的中心节点，具有接受成都重庆"双核"共同辐射带动的空间优势。

（二）自然概况

遂宁市属四川盆地中部丘陵低山地区，地势西北高、东南低，最高海拔为 674.4 米，最低海拔为 250 米，气候为亚热带季风性湿润气候，年平均气温为 17.2℃~17.8℃，霜期平均为 66.2~81.6 天，年平均降水量为 1039.2~1163.5 毫米，年平均日照时数为 997.9~1074.6 小时。境内河流众多，流域面积在 100 平方千米以上的河流有涪江、琼江、郪江、梓江等 15 条，因丘陵低山地貌形成的较大落差，众多河流为遂宁提供了充足的水能资源。非金属矿产资源较丰富，其中储藏量较多的矿产资源主要有石油、天然气、盐、沙金、石灰石等，以天然气和盐卤资源最为丰富，遂宁磨溪气田是四川省大型气田之一。生物资源门类繁多，达 1500 多个品种或品系，其中植物资源 1000 余种，农作物栽培品种 300 余个。森林覆盖率达 31.6%，拥有水杉、银杏、名苏铁、红豆杉、马桂木等国家保护植物和珍惜树木。

（三）社会经济概况

截至 2018 年底，遂宁市面积 5322 平方千米，辖船山区、安居区 2 个区以及射洪县（2019 年 8 月已撤县设市）、蓬溪县、大英县 3 个县，共 105 个乡镇、19 个街道办事处。遂宁市 2018 年末全市户籍总人口为 365.35 万人，其中城镇人口 100.57 万人，乡村人口 264.78 万人；常住人口 320.18 万人，其中常住城镇人口 160.15 万人，常住乡村人口 160.03 万人，常住人口城镇化率为 50.02%，船山区城镇化水平最高，达到 82.23%。

近年来，面对区域发展外部环境，遂宁市立足区位优势和本市特色，积极融入成渝地区双城经济圈，联动成都重庆"双核"，深化与绵阳、内江、潼南、铜梁等周边城市区域合作，逐步形成成渝地区双城经济圈高质量发展动力源、成渝中部地区崛起的中坚力量，逐步打造成为成都平原经济区辐射带动川东北地区和对接重庆方向的重要战略支点。为提高在区域间的经济影响力，遂宁市加快调整产业结构和产业转型升级步伐，优化产业布局，打造优势产业集群，建设以电子信息、锂电及新材料、机械与装备制造、油气盐化工、食品饮料、旅游、现代物流、数字经济"5+2+1"产业为主的"成渝发展主轴绿色经济强市"。

2018 年遂宁市经济运行总体平稳，地区生产总值（GDP）1221.39 亿元，按可比价格计算较上年增长 8.8%，高于全国（6.6%）2.2 个百分点，高于全省（8.0%）0.8 个百分点，地区生产总值总量居全省第 14 位，增速居全省第 6 位。其中：第一产业增加值 165.64 亿元，增长 3.5%；第二产业增加值 565.22 亿元，增长 9.2%；第三产业增加值 490.53 亿元，增长 10.3%。三次产业对经济增长的贡献率分别为 5.6%、53.2%、41.2%，且三次产业结构不断优化，发展协调性显著增强，由 2016 年的 15.2∶52.6∶32.2 调整为 2018 年的 13.6∶46.3∶40.1。

（四）交通设施建设情况

遂宁市作为成渝综合性交通枢纽，现逐步形成层次分明、布局合理、网络完善的公路（高速公路"1 环 8 射"、干线公路"4 环 4 射"）、铁路（"3 向 7 线"）、水路、航空并举的立体交通格局，实现了公铁联运交通网络，东西南北四向的高速连接，构建了至成渝及周边城市 90 分钟交通圈。

（五）土地利用情况

根据遂宁市 2019 年度建设用地节约集约利用状况整体评价成果表格，2018 年遂宁市土地总面积 532218.17 公顷。其中：农用地面积（444637.28 公顷）最大，占土地总面积的 83.54%；建设用地 71593.79 公顷，占土地总面积的 13.45%；其他土地 15987.10 公顷，占土地总面积的 3.00%。

从农用地和建设用地内部结构来看：农用地中耕地面积 270181.89 公顷，占农用地总面积的 60.76%；其次是林地，面积为 116966.97 公顷，占农用地总面积的 26.31%；其他农用地和园地相对较少，分别占农用地面积的 11.74%、1.19%，无牧草地。建设用地中以村庄用地为主，其面积为

45727.86 公顷，占建设用地总面积的 63.87%；其次是城镇用地，面积为 15287 公顷，占建设用地总面积的 21.35%；交通水利用地 9392.26 公顷，占建设用地总面积的 13.12%；采矿用地和其他建设用地面积较小，分别为 883.8 公顷、302.87 公顷。

（六）评价范围

本次详细评价以遂宁市土地利用总体规划确定的中心城区建设用地扩展边界、剔除不集中连片且独立分散的图斑后作为评价工作地域范围，总面积 9764.17 公顷（遂宁市国土空间规划尚在编制过程中，城镇开发边界尚未完成划定）。

根据行政区划，评价工作地域涉及 15 个街道、3 个乡、3 个镇，包括九莲街道、嘉禾街道、介福路街道、育才路街道、高升街街道、镇江寺街道、凯旋路街道、南津路街道、富源路街道、南强街道、龙坪街道、金家沟街道、灵泉街道、慈音街道全部区域，广德街道、北固乡、西宁乡、保升乡、龙凤镇、仁里镇、永兴镇的部分区域。

根据中心城区集中集成规划中的各片区控制性详细规划，评价工作地域范围涉及 6 个城市片区，包括老城区、遂宁经济技术开发区（以下简称"经开区"，包括经开区西宁片区、经开区南强片区、经开区凤台片区）、圣莲岛的全部区域，遂宁高新技术产业园区（以下简称"高新区"）、河东新区（包括河东一期、河东二期、河东仁里、养生谷）、龙凤组团的部分区域。

二 城市建设用地集约利用状况评价

本次详细评价并不是对所有评价单元进行评价。根据本次评价工作需要，选择遂宁市当前最需关注的居住用地、商服用地、工业用地、教育用地和其他用地（含行政办公用地、医疗卫生用地、文化设施用地、体育用地、公用设施用地、宗教用地、社会福利设施用地）评价单元作为评价对象，其总面积为 3499.16 公顷，占评价工作地域总面积的 35.84%。

（一）评价对象

1. 居住用地

共涉及 1476 个居住用地评价单元，其中已建成居住用地评价单元 1424 个，在建（含未建）居住用地评价单元 52 个。居住用地评价单元广泛分布于本次评价工作地域内，是主要的评价对象类型。

2. 商服用地

共涉及 619 个商服用地评价单元，其中已建成商服用地评价单元 573 个，在建（含未建）商服用地评价单元 46 个。商服用地评价单元相对集中分布在老城商业中心、河东万达商业中心和高新区商贸中心。

3. 工业用地

共涉及 369 个工业用地评价单元，其中已建成工业用地评价单元 330 个，在建（含未建）39 个。工业用地评价单元集中分布在经开区和高新区，园区外工业用地零散分布。

4. 教育用地

共涉及 63 个教育用地评价单元，其中已建成教育用地评价单元 55 个，在建（含未建）8 个。教育用地评价单元在老城区分布较为集中。

5. 其他用地

共涉及 171 个其他用地评价单元，其中已建成其他用地评价单元 161 个，在建（未建）10 个。其他用地评价单元以行政办公用地和医疗卫生用地评价单元为主，还包括文化设施、社会福利设施、公用设施用地等评价单元，其分布较为零散。

（二）定量评价

1. 指标评判标准

（1）评判标准确定的方法

本次各指标评判标准（包括集约利用下限阈值、低效利用上限阈值）是在不同用地类型、各自分区（分类）的基础上，依据国家或地方相关规定标准、地方规划指标、现状值排序等不同情况合理确定的。主要采用了以下方法。

目标值法：采用相关文件、政策规定和规划中相同指标的规划预期值，作为评判标准。

现状值排序法：对于无相关政策规定、规划预期值的指标，可依据评价单元指标现状值的一定比例综合确定，原则上允许采用前 1/4 位（指标现状值从大到小）确定集约利用判定标准（集约利用下限阈值），采用不低于后 1/5 位（指标现状值从大到小）确定低效利用判定标准（低效利用上限阈值）。

（2）评判标准确定的过程

①分区分类

所有评价指标中仅规划用途一致性、产业导向符合性、商业物业出租（营业）率三项指标，在指标判别时未分区（分类），对相应评价单元进行统一评判。

容积率指标判定时，居住用地、商服用地评价单元依据城市空间形态进行分区，工业用地评价单元依据行业类别及其对应评价单元个数多少进行分类，教育用地评价单元依据学校类型进行分类，其他用地评价单元依据用地类型进行分类。

建筑密度指标判定时，各类用地分区（分类）方法与容积率指标基本相同，仅工业用地因各行业类型之间建筑密度差异不大而未进行分区（分类），对全部工业用地评价单元选取统一评判阈值。

人口密度指标判定时，居住用地评价单元依据遂宁市中心城区控规片区进行分区。

地均商业税收指标判定时，商服用地评价单元依据商业类型进行分类。

地均工业税收、地均固定资产投资指标判定时，分类情况与容积率指标相同。

地均服务学生数指标判定时，教育用地评价单元依据学校类型进行分类。

②标准确定

建设强度指标：在分区（分类）的基础上，结合国家技术标准、遂宁市城市规划控制指标及管理技术规定、评价指标现状值排序结果，综合确定集约及低效判定标准。

利用效益指标：在分区（分类）的基础上，结合遂宁市城市规划控制指标、评价指标现状值排序结果，综合确定集约及低效判定标准。

规划用途一致性指标：以法定的遂宁市城市规划为判定标准。依据评价单元规划用途，将现状用途与规划用途一致设定为集约利用标准，将现状用途与规划用途不一致设定为低效利用标准（以《城市用地分类与规划建设用地标准》中类标准进行判定）。

产业导向符合性指标：仅针对工业用地评价单元进行判定，以国家、遂宁市相关产业政策规定为判定标准。遂宁经开区、遂宁高新区范围内，依据园区管委会提供的禁止类及淘汰类企业名单、现状产业与规划产业不一致的企业名单，将禁止类、淘汰类、现状产业与规划产业不一致的工业用地评价单元判定为低效用地，此外其他工业用地评价单元判定为集约利用。园外工业用地评价单元依据《遂宁市"5+2+1"产业发展 2019 年实施方案》，将现状产业与遂宁市规划产业不一致的判定为低效用地，此外其他工业用地评价单元判定为集约利用。

2. 评价过程

（1）评价思路

利用判别矩阵，根据用地类型的不同，分别对评价单元进行定量评价。具体如下。

住宅用地集约利用状况划分按如下公式进行综合集成：

［集约利用状况］＝ f（［规划符合度］，［建设强度］，［利用效益］）；

［规划符合度］＝ f（［规划用途一致性］）；

［建设强度］＝ f（［综合容积率］，［建筑密度］）；

［利用效益］＝ f（［人口密度］）。

商服用地集约利用状况划分按如下公式进行综合集成：

［集约利用状况］＝ f（［规划符合度］，［建设强度］，［利用效益］）；

［规划符合度］＝ f（［规划用途一致性］）；

［建设强度］＝ f（［综合容积率］，［建筑密度］）；

341

[利用效益] = f {[商业物业出租（营业）率], [地均税收] }。

工业用地集约利用状况划分按如下公式进行综合集成：

[集约利用状况] = f ([规划符合度], [建设强度], [利用效益])；

[规划符合度] = f ([规划用途一致性], [产业导向符合性])；

[建设强度] = f ([综合容积率], [建筑密度])；

[利用效益] = f ([地均税收], [地均固定资产投资])。

教育用地集约利用状况划分按如下公式进行综合集成：

[集约利用状况] = f ([规划符合度], [建设强度], [利用效益])；

[规划符合度] = f ([规划用途一致性])；

[建设强度] = f ([综合容积率], [建筑密度])；

[利用效益] = f ([地均服务学生数])。

其他用地集约利用状况划分按如下公式进行综合集成：

[集约利用状况] = f ([规划符合度], [建设强度])；

[规划符合度] = f ([规划用途一致性])；

[建设强度] = f ([综合容积率], [建筑密度])。

（2）评价过程

①规划符合度准则判别

规划符合度判别方法：采用判别矩阵，将规划用途不一致或产业不符合的，直接纳入低效利用类型，同时现状为闲置土地、已确定改造的棚户区等用地直接判定为低效利用类型，统一认定为用途配置低效型（见表1）。

表1 各类用地规划符合度的判别矩阵

规划用途一致性	产业导向符合性	
	符合	不符合
一致	—	用途配置低效型
不一致	用途配置低效型	用途配置低效型

规划符合度判别结果：根据指标现状值计算结果与指标评判标准，规划用途不一致的评价单元共 609 个；产业导向不符合的评价单元共 15 个；经相关管理部门认定的闲置土地共涉及 10 个评价单元；已确定改造的棚户区用地共涉及 2 个评价单元。通过判别矩阵，扣除重复后，得到用途配置低效型评价单元共 623 个。

从规划符合度评价结果来看，因规划用途不一致而判定为低效用地的评价单元面积最大，用途配置低效型以工业用地为主。

②开发强度准则判别

开发强度判别方法：剔除上一步判别出的用途配置低效型评价单元后，利用建设强度判别矩阵，基于综合容积率和建筑密度两项指标判别各类用地建设强度集约度（见表 2）。

建筑密度	容积率			
	过度	集约	中度	低效
过度	过度	集约	集约	中度
集约	集约	集约	集约	中度
中度	集约	集约	中度	低效
低效	中度	中度	低效	低效

表 2 各类用地建设强度判别矩阵

开发强度判别结果：扣除用途配置低效型用地后，对剩余评价单元进一步评判。根据指标现状值计算结果与指标评判标准，容积率、建筑密度评判结果如表 2 所示；通过建设强度判别矩阵，得到判别结果如图 1、图 2、图 3 所示。

从判别结果来看，建设强度状况较好，集约利用面积占比超过 50%。从单项指标来看，容积率、建筑密度的各类型之间差别不大，其中，容积率指标评判结果以中度利用、集约利用面积略大，建筑密度指标评判结果以中度利用、低效利用面积略大。

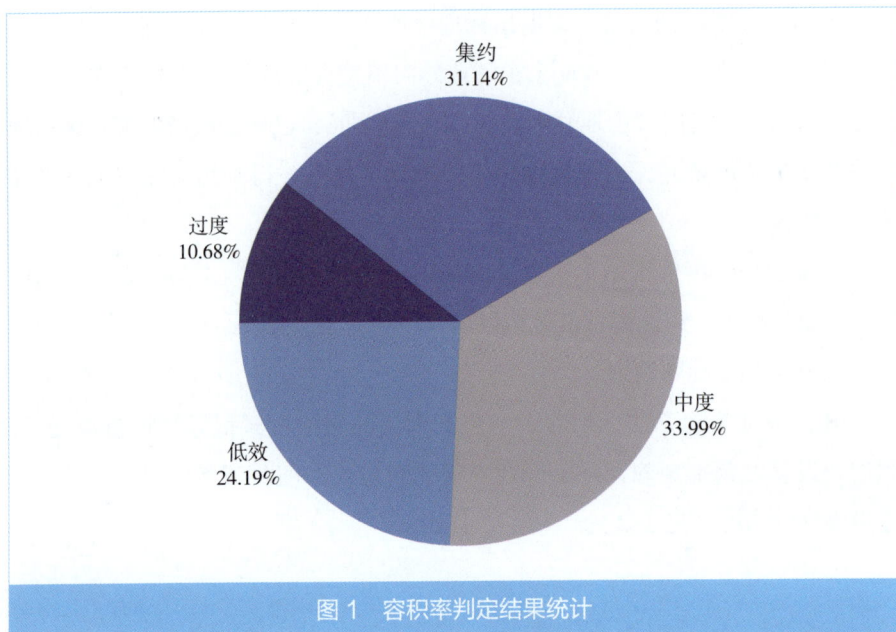

图 1　容积率判定结果统计

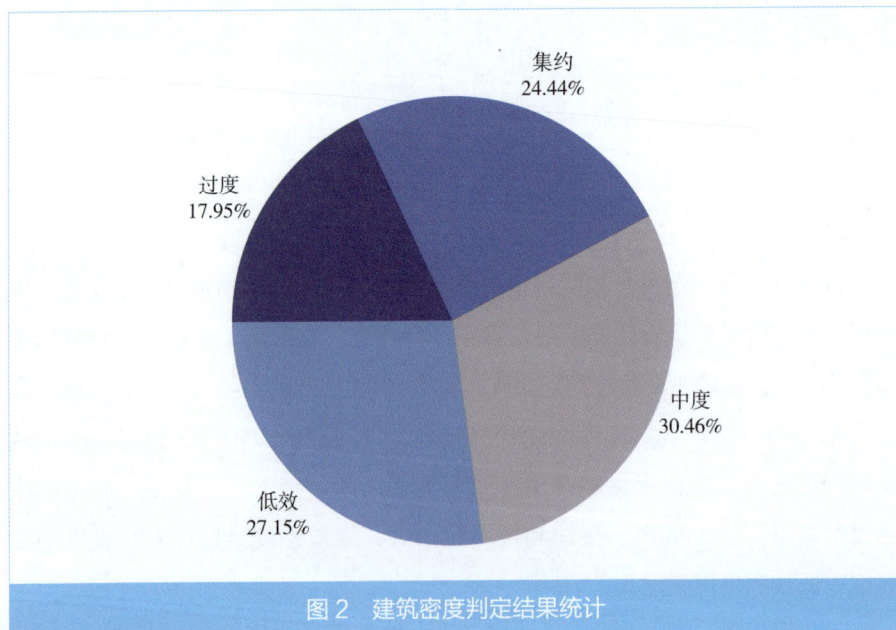

图 2　建筑密度判定结果统计

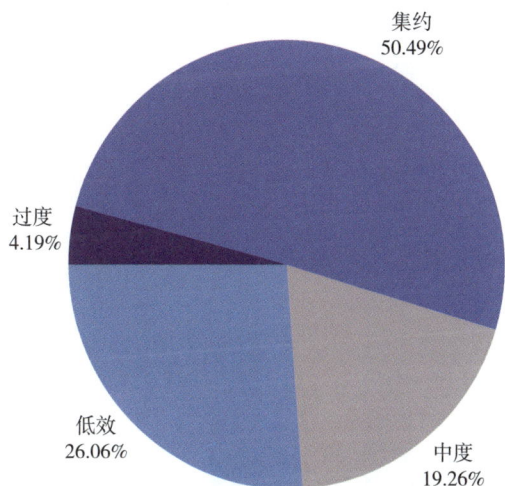

图 3　建设强度判定结果统计

③利用效益准则判别

利用效益判别方法：与建设强度准则评价相同，针对剔除用途配置低效型后的评价单元，利用判别矩阵（见表 3），基于各类用地对应的利用效益指标，判别利用效益集约度。仅采用一项利用效益指标进行评价的直接依据评判标准值进行判定。

表 3　各类用地利用效益判别矩阵

指标 2	指标 1		
	集约	中度	低效
集约	集约	集约	中度
中度	集约	中度	低效
低效	中度	低效	低效

利用效益判别结果：对扣除用途配置低效型、扣除其他用地后的评价单元进一步评判。根据指标现状值计算结果与指标评判标准，各个效益

345

指标评判结果如表 3 所示；通过判别矩阵，得到利用效益判别结果如图 4 所示。

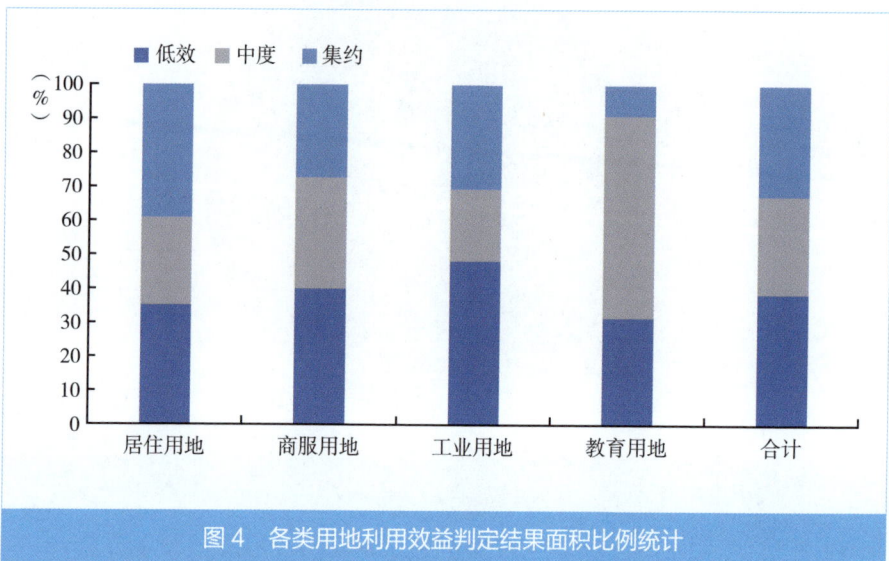

图 4　各类用地利用效益判定结果面积比例统计

居住用地评价单元：仅采用单项指标，人口密度评判结果即利用效益结果。以集约利用为主，面积占比接近 40%。

商服用地评价单元：从利用效益判别结果来看，低效利用面积略大、中度利用次之。从单项指标来看，二者均以中度利用为主，其中，地均税收指标评判结果中，中度利用面积占比超过 43%；商业物业出租（营业）率指标评判结果中，中度利用面积占比超过 50%。

工业用地评价单元：从利用效益判别结果来看，低效利用面积占比接近半数。从单项指标来看：地均税收指标以低效利用为主，面积占比超过 46%；地均固定资产投资指标的低效利用、中度利用面积相当，占比均约 39%。

教育用地评价单元：仅采用单项指标，地均服务学生数评判结果即利用效益结果，大多为中度利用型，面积占比接近 60%。

其他用地评价单元：未考虑利用效益指标。

汇总各类用地评价单元的利用效益判别结果：低效利用、集约利用面积占比分别为 38.68%、43.31%。

④土地集约利用状况评价

土地集约利用状况评价方法：依据判别矩阵（见表4），基于建设强度和利用效益两项准则，判定过度利用型土地、集约利用型土地、中度利用型土地、开发强度低效型土地、利用效益低效型土地，加上已判别出的用途配置低效型土地，即为最终评价结果。

表 4　各类用地集约利用状况判别矩阵

利用效益	建设强度			
	过度	集约	中度	低效
集约	过度利用型	集约利用型	集约利用型	中度利用型
中度		集约利用型	中度利用型	开发强度低效型
低效		利用效益低效型	利用效益低效型	开发强度低效型

土地集约利用状况评价结果，如图 5 所示。

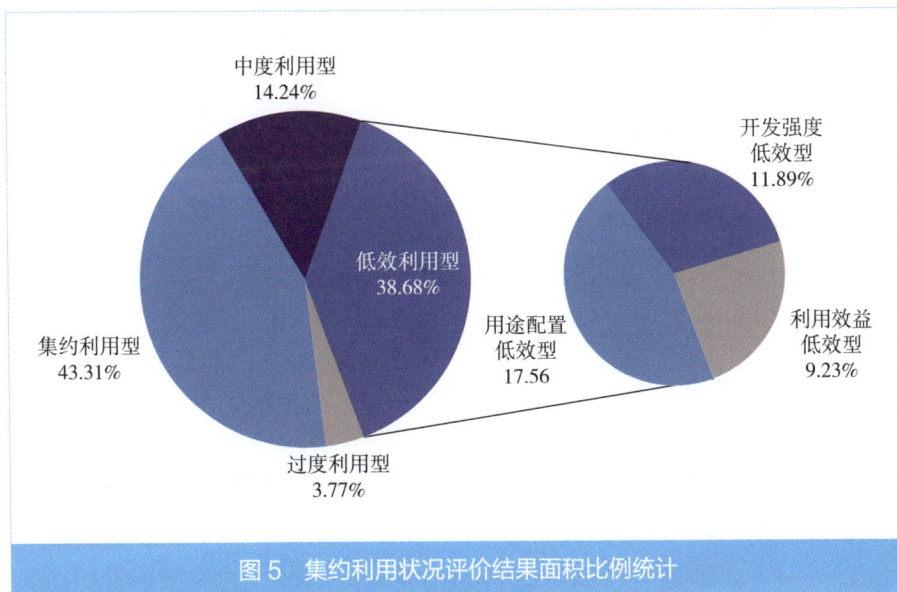

图 5　集约利用状况评价结果面积比例统计

（三）评价结果分析

1. 总体水平

本次评价工作地域范围内，集约利用型总面积占参评评价单元总面积的比重超过 43%，共 1066 个评价单元，略高于低效利用类型面积比重（比重接近 40%，共 864 个评价单元），中度利用型面积占比次之，过度利用型面积占比相对较小，评价单元个数分别为 204 个、508 个。

低效利用类型中大多为用途配置低效型，共 623 个评价单元，约占低效利用型总面积的 45%；其次为开发强度低效型、利用效益低效型，分别为 111 个评价单元、130 个评价单元，分别约占低效利用型总面积的 30%、25%。

2. 不同城市片区情况

老城区土地集约利用水平相对较高，且过度利用型评价单元大多集中于老城区。老城区历史悠久，城市开发建设成熟，土地集约利用程度相对较高，集约利用型评价单元面积占片区参评评价单元总面积的比例接近 60%。同时老城区因人口稠密、建筑密度较大，老城区约 18% 的评价单元存在过度利用现象，占评价工作地域过度利用型总面积的比例接近 80%。

河东新区集约利用程度在工作地域中处于中等水平，其集约利用型评价单元总面积约占片区评价单元总面积的 46%，略高于低效利用型评价单元总面积占比（约为 42%）。

经开区、高新区土地集约利用水平相对偏低，低效利用型面积占比均高于其集约利用型，且中度利用型占一定比例。

龙凤组团、圣莲岛片区土地集约利用程度较差。相较其他片区，圣莲岛、龙凤组团土地集约利用水平最低，两片区低效利用型评价单元面积占比达到 75% 左右（见图 6）。

3. 不同用地类型情况

居住用地、教育用地评价单元集约利用程度较好，以集约利用型面积占比较大，占比分别在 50%、45% 以上，均高于其低效利用型面积比例（分别约为 30%、38%）；同时，从评价过程来看，居住用地评价单元规划符合度、建设强度、利用

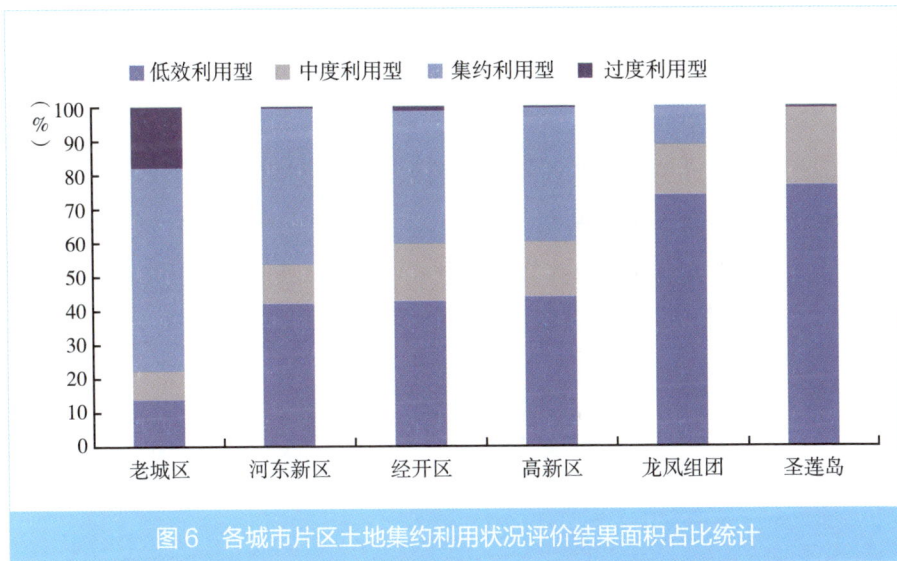

图 6　各城市片区土地集约利用状况评价结果面积占比统计

效益判别结果均以集约（符合）占比较大，教育用地评价单元规划符合度、建设强度、利用效益判别结果以集约（符合）、中度为主，综合可见，居住用地、教育用地评价单元集约利用水平较高（见图 7）。同时，相较其他地类，居住用地评价单元过度利用现象较为突出，其面积占过度利用型总面积的比例达到 85% 以上。

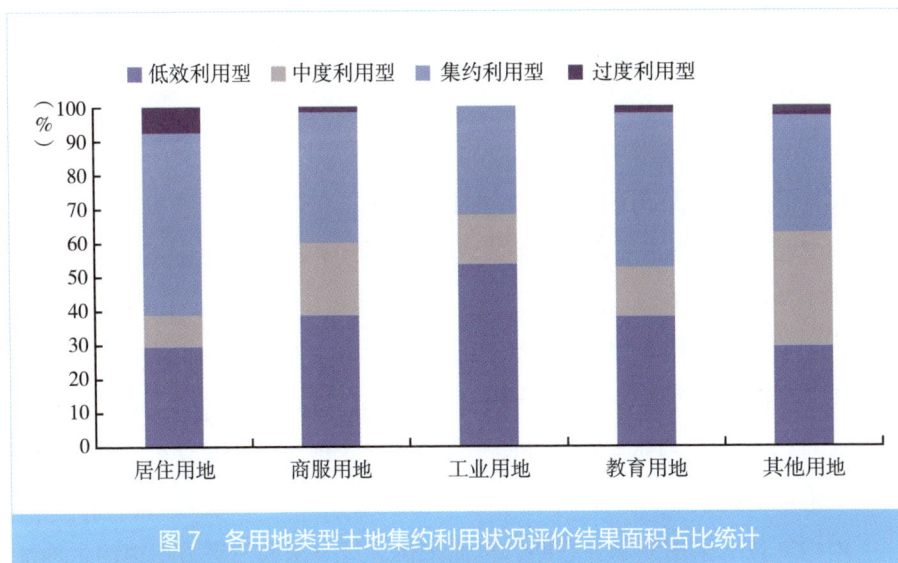

图 7　各用地类型土地集约利用状况评价结果面积占比统计

349

商服及其他用地评价单元集约利用程度中等，其集约利用型面积占比均略高于低效利用型，同时中度利用型占据一定比例，接近半数的评价单元得到了合理利用。

工业用地评价单元集约利用程度较低，低效利用型面积较大，面积占比超过 53%，远高于集约利用型、中度利用型（面积占比分别约为 30%、15%），无过度利用类型，整体集约利用水平较差。其低效利用类型大多为用途配置低效型、利用效益低效型。

三 潜力及挖潜收益测算

（一）土地收益潜力测算

1. 土地收益潜力测算方法及过程

（1）土地收益潜力测算

根据《城市建设用地节约集约利用详细评价技术指南（试行）》（以下简称《技术指南》）测算思路，存量改造潜力用地以全部拆除或部分拆除现有物业改造方式进行挖潜，批而未供、规划未利用潜力用地按照假设开发法进行挖潜，其土地收益潜力测算按照以下公式进行：

$$土地收益潜力 = 土地出让收入 - 土地开发成本 \qquad （1）$$

（2）土地开发成本测算

根据可开发改造用地的类型，结合《技术指南》的测算思路，存量改造潜力用地的土地开发成本主要为土地收储成本，批而未供、规划未利用潜力用地的土地开发成本主要为土地征收成本，具体测算方法如下。

①土地收储成本

根据《技术指南》测算思路，存量改造潜力用地的土地收储成本主要包括拆迁房屋补偿安置成本和土地一级开发成本，测算方法按照以下公式进行：

$$土地收储成本 = 拆迁补偿安置成本 + 土地一级开发成本 \qquad （2）$$

②土地征收成本

根据《技术指南》测算思路，批而未供、规划未利用潜力用地的土地征收成本主要包括征地拆迁补偿安置成本和前期开发成本，测算方法按照以下公式进行：

$$土地征收成本 = 征地拆迁补偿安置成本 + 前期开发成本 \qquad （3）$$

（3）土地出让收入测算

土地出让收入按照《技术指南》的测算思路，在可开发改造用地于评价时点的规划条件下，依据《城镇土地估价规程（GB/T 18508—2014）》，主要选取市场比较法或剩余法，结合基准地价系数修正法进行评估，通过综合分析，采用简单算术平均或加权算术平均的方式确定。

①市场比较法

根据《城镇土地估价规程（GB/T 18508—2014）》，采用市场比较法测算土地出让收入按照以下公式进行：

$$P = P_B \times A \times B \times C \times D \times E \qquad （4）$$

式（4）中：

P——待估土地出让收入；

P_B——比较实例出让收入；

A——待估土地交易情况指数除以比较实例宗地交易情况指数；

B——待估土地估价期日地价指数除以比较实例宗地交易日期地价指数；

C——待估土地区域因素条件指数除以比较实例宗地区域因素条件指数；

D——待估土地个别因素条件指数除以比较实例宗地个别因素条件指数；

E——待估土地年期修正指数除以比较实例年期修正指数。

②剩余法

根据《城镇土地估价规程（GB/T 18508—2014）》，采用剩余法测算土地出让收入按照以下公式进行：

$$P = A–B–C \qquad （5）$$

式（5）中：

P——待估土地出让收入；

A——开发完成后的不动产总价；

B——项目整体的开发成本；

C——客观开发利润。

③基准地价系数修正法

根据《城镇土地估价规程（GB/T 18508—2014）》，采用基准地价系数修正法测算土地出让收入按照以下公式进行：

$$P=P_{1b} \times (1 \pm \sum K_i) \times K_j + D \tag{6}$$

式（6）中：

P——待估土地出让收入；

P_{1b}——某一用途、某级别（均质区域）的基准地价；

$\sum K_i$——宗地地价修正系数；

K_j——估价期日、容积率、土地使用年期等其他修正系数；

D——土地开发程度修正值。

根据以上测算方法，分别计算得到可开发改造用地的土地开发成本、土地出让收入和土地收益潜力，进而得到其单位土地收益潜力、划分潜力分区。

2. 测算结果

从土地收益潜力汇总（见表5）来看，评价工作地域开发改造需投入的土地开发成本为756400.93万元，其中，存量改造潜力用地开发成本较高（535402.39万元）。土地出让收入总计为1929777.81万元，因批而未供潜力用地面积最大，其土地出让收入也最高（1345992.30万元）。

评价工作地域可开发改造用地的土地收益潜力为1173376.88万元，其中，批而未供和规划未利用潜力用地土地收益潜力较大，分别为1164523.45万元、178954.92万元；存量改造潜力用地中的现状居住用地改造涉及的拆迁安置成本较高，且有较大面积的用地改造后土地规划用途为公园绿地及交通设施用地，没有直接的土地出让收入，导致其土地收益潜力为负。

表5　土地收益潜力测算汇总			
可开发改造用地类型		土地开发成本（万元）	土地出让收入（万元）	土地收益潜力（万元）
批而未供潜力用地		181468.85	1345992.30	1164523.45
规划未利用潜力用地		39529.69	218484.61	178954.92
存量改造潜力用地（按现状用途划分）	小计	535402.39	365300.90	−170101.49
	居住用地	397336.15	148584.82	−248751.33
	商服用地	64839.86	75631.13	10791.27
	工业用地	56121.84	92811.34	36689.50
	其他用地	17104.54	48273.61	31169.07
合计		756400.93	1929777.81	1173376.88

（二）土地收益潜力分区

1. 潜力分区的方法及过程

土地价值潜力分区主要依据所有可开发改造用地的单位土地收益潜力大小，通过单因素的聚类分析进行归类，并结合 1/4 分位数法（剔除单位土地经济潜力小于或等于零的评价单元后，从大到小排列），得到相应的分区数值标准，由此确定高潜力区、中潜力区、低潜力区和无潜力区。最终确定土地收益潜力的分区标准见表6。

表6　土地价值潜力分区标准				
				单位：元/米^2
指标	高潜力区	中潜力区	低潜力区	无潜力区
土地价值潜力分区	>2500	（1000，2500］	（0，1000］	≤0

2. 潜力分区的结果分析

潜力分区结果详见表7。

表7 可开发改造用地土地价值潜力分区汇总

可开发改造用地类型		高潜力区		中潜力区		低潜力区		无潜力区		合计	
		土地收益潜力（万元）	占比	土地收益潜力（万元）	占比	土地收益潜力（万元）	占比	土地收益潜力（万元）	占比	土地收益潜力（万元）	占比
批而未供潜力用地		773879.49	81.02%	299996.75	71.20%	97945.58	81.44%	-7298.37	2.26%	1164523.45	99.25%
规划未利用潜力用地		100785.80	10.55%	68330.15	16.22%	10889.97	9.06%	-1051.00	0.32%	178954.92	15.25%
存量改造潜力用地（按现状用途划分）	小计	80548.41	8.43%	53019.63	12.58%	11426.26	9.50%	-315095.79	97.42%	-170101.49	-14.50%
	居住用地	7548.35	0.79%	29761.00	7.06%	381.56	0.32%	-286442.24	88.56%	-248751.33	-21.20%
	商服用地	13594.25	1.42%	0.00	0.00%	1483.87	1.23%	-4286.85	1.33%	10791.27	0.92%
	工业用地	28727.93	3.01%	22834.55	5.42%	7295.19	6.07%	-22168.17	6.85%	36689.50	3.13%
	其他用地	30677.88	3.21%	424.08	0.10%	2265.64	1.88%	-2198.53	0.68%	31169.07	2.65%
合计		955213.70	100.00%	421346.53	100.00%	120261.81	100.00%	-323445.16	100.00%	1173376.88	100.00%
潜力区划分标准（元/米²）		>2500		(1000, 2500]		(0, 1000]		≤0		—	

（1）低潜力区面积最大，土地收益潜力较低

低潜力区可开发改造用地面积最大，约占可开发改造用地总面积的 38%，以规划为工矿仓储用地的批而未供潜力用地为主，需投入的开发成本和土地出让收入均较低，土地收益潜力较低。主要分布在经开区南强片区，西宁片区卧龙路、云龙路两侧，以及高新区物流大道两侧。

（2）高潜力区面积适中，土地收益潜力大

高潜力区可开发改造用地面积约占可开发改造用地总面积的 23%，以规划为居住用地的批而未供和规划未利用潜力用地为主，土地收益潜力大。主要集中分布在经开区西宁大道两侧，龙凤组团龙凤大道以北、景观大道以西的区域，经开区南强片区机场南路与机场东路交会口西北侧、善水路南侧，河东新区仁里片区南海路南侧、五彩缤纷南路北侧，以及老城区北端。

（3）无潜力区面积最小，各类型可开发改造用地土地收益潜力均为负

无潜力区可开发改造用地面积最小，约占可开发改造用地总面积的 15%，以现状为居住用地的存量改造潜力用地为主，改造涉及的拆迁安置成本较高。无潜力区主要分布在经开区西宁片区石溪村一带，广泛分布在南强片区（见图8）。

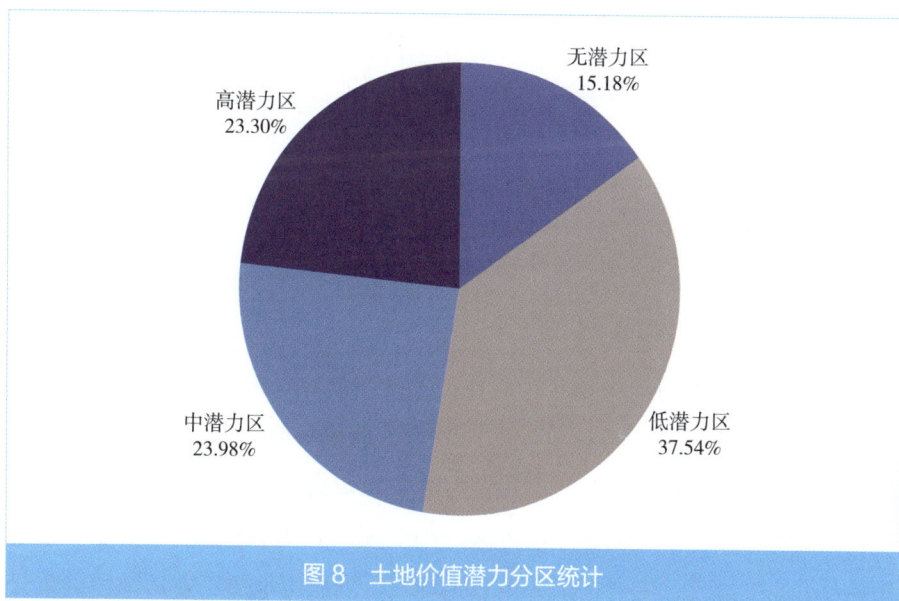

图 8　土地价值潜力分区统计

（三）土地收益潜力结果分析

1. 潜力汇总

（1）按不同可开发改造用地类型汇总

遂宁市中心城区土地收益潜力主要集中在批而未供潜力用地和规划未利用潜力用地，存量改造潜力用地的土地收益潜力为负。

①批而未供潜力用地的土地收益潜力最大

批而未供潜力用地土地收益潜力最大，其土地价值潜力分区以高潜力区为主。主要原因：一是批而未供潜力用地面积较大，且以已达到供地条件的国有空地为主，只需要投入较低的土地开发成本即可进入土地一级市场进行交易；二是批而未供潜力用地中规划为居住、商服用地的评价单元面积占比超过50%，能够获得较高的土地出让收入，开发后可以释放较高的土地收益潜力。

②规划未利用潜力用地具有一定的土地收益潜力

规划未利用潜力用地具有一定的土地收益潜力，主要集中在高、中潜力区，其规划用途以居住用地和商业服务业设施用地为主，占规划未利用潜力用地面积的比例超过65%，能获得的土地出让收入较高，但规划未利用潜力用地规模有限，面积远远低于批而未供潜力用地，扣减土地征收成本后，具有一定的土地收益潜力。

③存量改造潜力用地土地收益潜力为负

存量改造潜力用地以无潜力区为主，土地收益潜力为负。其中，商服、工业及其他用地评价单元具有一定的土地收益潜力，仅现状为居住用地的评价单元土地收益潜力为负。

存量改造潜力用地中现状为居住、工业用地评价单元的面积占比较大，均在35%以上。居住用地评价单元无潜力区面积最大，土地收益潜力为负，主要为三类居住用地改造，其建筑密度大，人口密集，征地拆迁安置费用较高；工业用地评价单元也是无潜力区面积最大，但其土地收益潜力在存量改造潜力用地中最大，主要是因为规划为居住、商服用地的工业用地评价单元潜力较大，为老城区、河东新区以及经开区南强片区需要"退二进三"的工业用地，改造后能够释放较大的土地收益潜力。

（2）分城市片区汇总

经开区的土地收益潜力最大，其次为高新区、河东新区，龙凤组团土地收益潜力也较大，老城区具有一定的土地收益潜力，圣莲岛可开发改造潜力用地最少，土地收益潜力也最小。

①经开区的土地收益潜力最大

经开区的土地收益潜力最大，主要是因为其可开发改造用地面积最大，占可开发改造用地总面积的比例超过 50%，并且以批而未供潜力用地为主，土地开发成本普遍较低；另外，其规划用途为居住用地和商业服务业设施用地的比例较大，能获得较高的土地出让收入。

其中，经开区南强片区批而未供潜力用地占绝对主导，占该片区可开发改造用地总面积的比例超过 70%；并且其土地规划用途为居住用地、商业服务业设施用地的比重较大（接近 44%），能获得较高的土地出让收入，土地收益潜力较大。

经开区西宁片区同样以批而未供潜力用地为主，但该片区的石溪村一带还涉及大量的三类居住用地改造地块，建筑密度大，人口密集，征地拆迁成本非常高，且土地规划用途全部为滨水绿地，导致其存量改造潜力用地的土地收益潜力为负值。整体来看，经开区西宁片区仍具有一定的土地收益潜力。

②高新区和河东新区的土地收益潜力仅次于经开区

高新区和河东新区土地收益潜力也较大，仅次于经开区，主要原因仍然是可开发改造用地以批而未供潜力用地为主，占各自片区的可开发改造潜力用地总面积比例均超过 80%。

高新区可开发改造用地面积也较大，作为遂宁市近年来重点发展的区域之一，高新区基础设施已经相对完善，土地价值也在不断提升，特别是沿西宁大道分布的批而未供潜力用地，规划用途以居住用地、商服用地为主，区位条件良好，地价水平较高，可以获得较高的土地出让收入，释放较大的土地收益潜力。

河东新区亦是遂宁市中心城区近年来打造的重点区域，并且已经非常成熟，虽然河东新区可开发改造用地面积相对较小，但区位条件较好，地价水平较高，特别是目前河东一期还未进入土地一级市场的建设用地已经非常稀缺，其单位土地经济价值极高，能够体现较高的土地收益潜力。

③老城区具有一定的土地收益潜力

老城区可开发改造用地类型以存量改造潜力用地为主，除集中分布在老城区北端的用地以外，其他用地零散分布在老城区中心，其现状用途以居住用地为主，需投入的征地拆迁安置成本较高。但老城区区位条件好，地价水平高，工业用地"退二进三"，其他用地调整为居住、商服用地等经营性用地，可以获取较高的土地出让收入。再加上批而未供和规划未利用潜力用地的开发收益，老城区具有一定的土地收益潜力。

2. 存在的问题

（1）存量改造潜力用地改造难度较大

存量改造潜力用地特别是居住用地的挖潜难度较大，比如经开区石溪村一带的三类居住用地。这些地方建筑密度大，人口密集，拆迁安置成本较高，并且其改造后土地规划用途为滨江绿地，体现为生态环境效益的提升，并不直接体现经济效益，投入成本较高；拆迁还涉及众多居民搬迁意愿等问题，易导致社会矛盾，改造难度较大。

本次定量评价中判定为用途配置低效型、开发强度低效型的用地面积共计 1520.01 公顷，但最终确定的存量改造潜力用地仅有 185.31 公顷，也正是低效用地改造投入成本高、难度较大，直接土地收益潜力较低，导致土地利用中"重增量、轻存量"的观念难以转变。

（2）低效用地再开发配套政策还不完善

四川省的城镇低效用地再开发工作还处于试点探索阶段，试点城市目前主要完成再开发专项规划的编制工作，还未进入再开发项目的具体实施阶段。从省级层面来看，还没有正式出台城镇低效用地再开发实施细则，各项政策措施还有待细化，提出探索建立再开发激励机制但还不健全，目前还不能为深入推进低效用地再开发提供有效的机制保障。如何准确把握历史遗留建设用地范围和处理适用政策，协调多方利益主体，妥善处理各类历史遗留问题，也成为低效用地再开发需要面对的问题。

（3）部分地块面积较小，整合开发难度较大

根据《遂宁市城市规划管理技术规定》（2020 年修订版），除公共服务设施用地及政府拍卖土地外，用地面积小于 3000 平方米的独立地块不进行单独开发。本次评价确定的可开发改造用地中有一定比例的评价单元面积小于 3000 平方米，规划用途除公共服务设施用地以外还有部分居住、商服等经营性用地，面积较小的经营性用地不利于独立开发改造，可以与周边地块整合开发，但譬如老城区等城市建设比较成熟的区域，整合开发难度较大。

四 结论

（一）建设用地结构与空间布局分析

1. 建设用地总规模

遂宁市中心城区工作地域范围内建设用地总规模情况如表 8 所示。截至评价时点，遂宁市中心城区工作地域范围内，建设用地总面积为 6736.16 公顷，占评价工作地域总面积的 68.99%；非建设用地总面积占评价工作地域的 31.01%，为农林用地、水域及其他非建设用地。

表 8 遂宁市中心城区建设用地现状规模统计		
指标	面积（公顷）	依据
评价工作地域范围内的现状建设用地总面积	6736.16	本次工作底图
遂宁市中心城区允许建设区面积	6441.42	《遂宁市土地利用总体规划（2006~2020 年）》
遂宁市中心城区主城区建设用地控制规模（2020 年）	7460	《遂宁市城市总体规划（2013~2030 年）2017 局部调整》
遂宁市中心城区主城区建设用地控制规模（2030 年）	9480	《遂宁市城市总体规划（2013~2030 年）2017 局部调整》

对比城市总体规划，评价工作地域范围内建设用地占遂宁市中心城区主城区建设用地控制规模（2020年）的90.30%，占主城区建设用地控制规模（2030年）的71.06%，可见中心城区建设用地现状规模已十分接近近期（2020年）控制规模，但距远期（2030年）控制规模仍有发展空间。

2. 土地开发利用状况分析

从土地开发情况来看，截至评价时点，遂宁市中心城区评价工作地域内国有建设用地占绝对比重，面积占比超过95%，其中绝大多数为已达到供地条件的土地，土地开发率（已达到供地条件的土地占评价工作地域内除不可建设土地以外的其他土地总面积）达61.08%。

从土地利用情况来看，遂宁市中心城区工作地域内大多为已建成的建设用地，面积占比达到75%，在建建设用地面积占比为6%，此外，供而未用、国有空地及未达到供地条件的土地面积相对较小，面积占比均低于10%（见图9）。

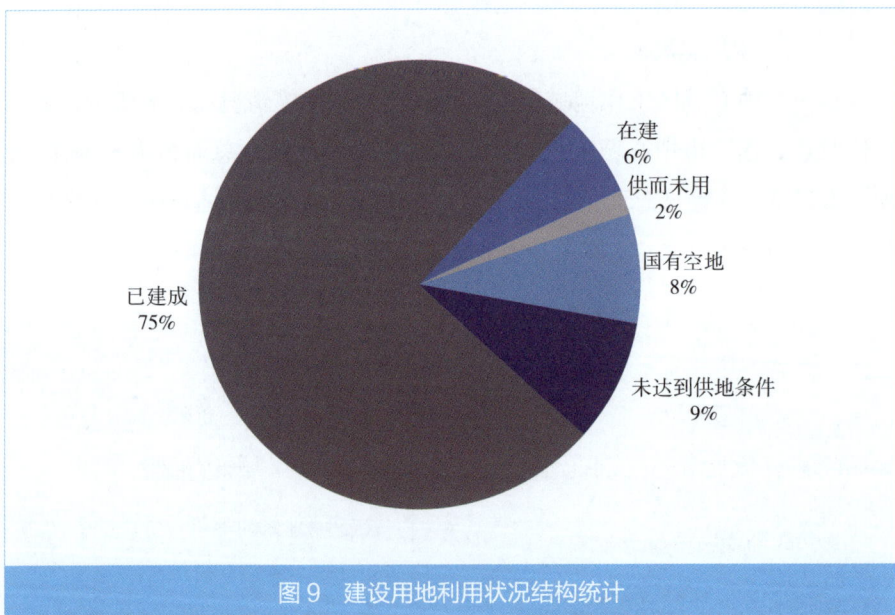

图9　建设用地利用状况结构统计

总体而言，遂宁市中心城区评价工作地域土地开发率较高，大部分土地已经得到开发利用。

3. 后备建设用地保障能力分析

按照 2016~2018 年遂宁市中心城区建设用地年平均增长速度计算，评价工作地域后备建设用地资源能够保障未来 4.33 年的用地需求，后备建设用地资源量适中。随着"一带一路"倡议推进、成渝相向发展、环成都经济圈网格加快形成，遂宁市迎来了全面开放、绿色发展的新机遇，进行了一系列重大设施建设资源的投放，同时公园城市建设理念将吸引更多城市人口、带动旅游产业快速发展，城市建设用地需求将更加旺盛。

4. 现状建设用地结构与规划用地结构对比分析

评价工作地域现状建设用地以居住用地为主，其次为交通设施用地、工业用地，再次为商业服务业设施用地、绿地与广场用地、公共管理与公共服务服用地，其余各类用地面积均较小。对比评价工作地域现状建设用地结构与规划目标、规划控制标准（见表9、表10），各类建设用地现状比例均与规划十分接近，且基本符合《城市用地分类与规划建设用地标准》的规定，可见现状用地的规划吻合度较好、结构合理。

表9　遂宁市中心城区评价工作地域现状建设用地结构与规划目标对比

用地代号	用地类型	现状	规划
R	居住用地	28.34%	28.12%
B	商业服务业设施用地	10.76%	9.06%
M	工业用地	18.56%	19.53%
W	物流仓储用地	2.09%	2.87%
A	公共管理与公共服务用地	8.01%	8.57%
S	交通设施用地	20.16%	18.51%
U	公用设施用地	1.55%	1.18%
G	绿地与广场用地	10.44%	12.16%
	合计	100%	100.00%

表 10　规划城市建设用地比例控制标准	
用地类型	占城市建设用地比例
居住用地	25%~40%
公共管理与公共服务用地	5%~8%
工业用地	15%~30%
道路与交通设施用地	10%~25%
绿地与广场用地	10%~15%

5. 建设用地现状布局与规划用地布局对比分析

对比评价工作地域建设用地现状布局与规划用地布局，可见二者之间仍有一定差距。

现状居住用地大多密集分布于老城区，其次较为集中分布在河东一期、河东仁里以及南强片区南环路以北区域。对比规划，老城区居住用地需实施疏解外迁，缓解老城区人口压力；集中于老城区、仁里古镇区域的三类居住用地需进行改造提升，改善区域居住环境；西宁片区、高新区内规划居住生活区尚未建设成型，有待进一步引导各类住房的有序开发；龙凤组团以及南强片区内开善河以南、南津路及银河路以东、滨江南路以西区域需新增布局大量居住用地，打造全新居住片区。

现状商服用地主要分布于老城区的中央商务区步行街、明月路—遂州北路交叉口、遂州干道两侧，河东新区的万达广场、鼎盛国际商业中心、五彩缤纷路商业休闲带，高新区的健坤城、西部汽车交易城、西部铁路物流园周边。现状商服用地布局与规划发展方向较为吻合，但存在结构体系不合理、空间发展不均衡的问题。老城区商服设施类型混杂，需逐步外迁零散分布的批发市场，提升传统商圈品质；河东一期、高新区商业发展动力有所欠缺，需加强经营打造；西宁片区的站前商业中心需增加商服用地布局、优化商业品质；规划位于南强片区东部、龙凤古镇区域的商业中心尚未开发建设，有待逐步推进、有序开发。

现状工业用地大多已完成退城入园、集中分布在经开区与高新区，少量散布在河东仁里、老城区最北端区域。对比规划，因城市扩大发展、片区功能调整的需要，南强片区现状工业布局与规划居住用地发展方向有所重叠，南环路、开善河以北区域工业用地需"退二进三"。西宁片区、高新区工业用地大多布局合理、与规划发展方向一致，有待继续引导工业用地布局、扩大产业规模、增强集聚效应。

现状公服用地主要分布在老城区、河东一期，其他片区公服设施配套较为欠缺，与规划相比差距较大。老城区虽公服设施较为集中，但设施老旧、人均占比不足，有待更新改造、疏解外迁；城市新区优质医疗卫生、教育资源覆盖不足，需适当增加布局，以满足居民基本生活需要。

现有大型绿地主要分布在城市边缘地区，沿水系、自然山体带状分布，城市片区内部规模较大的绿地空间较为缺乏，仅散布有零星绿地，造成居民使用不便以及城市避灾绿地空间缺乏。因此需在每个片区内安排大型城市公园、增加绿色开敞空间，以满足居民就近的游憩需求。

6. 存在的问题

首先，公服用地内部结构不合理。现状公共管理与公共服务设施用地存在内部结构不均衡的问题，行政办公用地所占比例较高，且大多单宗规模较小、布局松散；文化设施、体育、医疗卫生、社会福利设施等用地比例偏低，需要加强建设。

其次，主要功能用地仍集中分布于老城区，导致城市病问题突出。遂宁市老城区历史悠久，自古以来就是遂宁市政治、经济、文化中心，随着城市的快速扩张，老城区承担的中心职能却始终没有改变，居住、商业、教育等主要功能用地仍集中于老城，这导致老城区基础设施和公共服务负担日益加重，显现了人口密集、交通拥堵、市政基础设施和公共服务设施配置不足等诸多城市问题，老城区压力急需疏解分散。

最后，产业用地布局与生活空间协调性有待进一步提高。中心城区产业用地大多集中在经开区南强片区及高新区，城市产业布局呈现向西向南发展态势，但随着老城住宅用地趋于饱和，生活空间布局呈现向河东拓展趋势，出现产业布局与生活空间的反向发展，带来通勤交通压力，有待协调优化。

（二）建设用地利用强度分析

1. 总体水平

评价工作地域范围内，已建成建设用地利用强度较好，综合容积率为1.1、建筑密度为 24.05%。其中：居住用地利用强度偏高，现状建筑密度已超过遂宁市城市总体规划中的开发强度控制标准；商服用地建筑密度适中，但容积率较低，未达到规划要求；工业和物流仓储用地虽现状容积率低于规划要求，但建筑密度已达到规划控制指标；教育用地现状利用强度较好，基本符合规划要求（见表11）。

表 11 已建成建设用地利用强度分类汇总

用地类型	规划		
	容积率	建筑密度	依据来源
居住用地	1.0~4.5	≤ 35%	遂宁市城市总体规划
商业服务业设施用地	2.0~4.0	≤ 60%	
工业和物流仓储用地	> 1.2	≥ 40%	
教育用地	0.3~1.3	10%~40%	宗地规划指标汇总得到

2. 存在的问题

居住用地建筑密度过大，导致老城区、河东仁里土地利用强度过高。老城区居住用地容积率高、建筑密度高，引发城市空间拥挤、采光不足、消防安全隐患等问题，同时导致老城区公共空间缺乏、绿地指标不达标，人居环境较差。河东仁里片区内仁里古镇、国道 318 沿线的居民自建住宅大多建筑密度过高、容积率偏低，土地集约利用程度低，且对城市风貌造成一定影响。

商服用地容积率偏低，土地利用强度有待提高。商服用地建筑密度相对较高，但现状容积率水平低于城市总体规划中的控制指标，整体来看利用强度不高。主要因为批发市场、专业市场及其他服务设施用地面积占比较大且普遍建设强度偏低。

最后，受早期规划指标宽松、机场布局的影响，老工业用地利用强度偏低。工业用地平均容积率略低于城市总体规划中的控制指标，利用强度不高。主要因为早期工业用地开发强度控制指标宽松，同时南强片区机场布局使工业建筑高度受到限制，老工业用地利用强度普遍不高；新建工业项目建设强度相对较好。

（三）建设用地利用效益分析

1. 总体水平及特征

建设用地人口承载水平较高。本次评价工作地域作为船山区核心区域，城市化水平较高，集聚了船山区超 90% 的人口，居住用地人口密度已高于规划目标值；区域内商业氛围浓厚，吸纳的服务业就业人数较多，商服用地地均从业职工数超过 350 人 / 公顷；同时区域内部分学校尚在建设中，实际已建成并投入使用的教育用地地均服务学生数与规划目标值还有较大的差距。整体来看，建设用地承载人口总量的水平较高。

建设用地产出效益较好。从建设用地经济效益指标来看，工作地域范围内建设用地承载经济总量的能力较强，单位建设用地地区生产总值远高于2020 年船山区规划目标。同时以电子商务、文化旅游、健康养老为核心，以商贸、餐饮、住宿、娱乐、金融、商务为支撑的服务业呈良好发展态势，商服用地地均三产增加值高于规划目标值。工作地域范围内虽拥有国家级遂宁经开区和省级遂宁高新区两大平台，但 2018 年工业用地地均固定资产投资和工业用地地均工业总产值与规划目标值仍有一定的差距。

总体来看，除工业用地地均固定资产投资和地均总产值还有待提高外，评价工作地域范围内建设用地产出效益较好。

2. 存在的问题

居住用地人口密度高于规划目标值。评价工作地域范围内居住用地人口密度现状值已超过规划目标值，尤其是老城区居住用地人口密度高，带来了一系列城市问题，人口集聚与用地紧张的矛盾较为突出，影响了人居环境舒适度。

教育用地人口承载水平还有待提高。评价工作地域范围内较多教育用地处于在建或新建成状态，其地均服务学生数与规划目标值存在一定差距，教育用地人口承载水平还有待提高。

工业用地投入强度和产出效益还有待提高。受传统产业发展动力不足、新兴产业集聚程度不高、规模效应不强的影响，工业用地地均固定资产投资、地均工业总产值与规划目标值还有较大差距，工业用地投入强度和产出效益还有待提高。

（四）建设用地潜力挖潜分析

1. 建设用地有一定程度的可开发改造潜力

工作地域范围内可开发改造用地面积占土地总面积的比重约为10%，包括存量改造潜力用地、批而未供潜力用地以及规划未利用潜力用地。可见，工作地域范围内建设用地尚有一定的可开发改造潜力。

2. 建设用地供应以增量供应为主，存量盘活力度有待加大

从遂宁市2019年度建设用地节约集约利用状况整体评价成果中的船山区土地供应基础数据来看，船山区土地供应以新增建设用地为主，存量建设用地供应较少。但受到招商引资项目未落实、"两规"不统一、规划需调整、拆迁未落实、航空限高及正在开展供地程序等因素影响，遂宁市中心城区尚存一定规模的批而未供土地，随着国家土地宏观调控转向、新型城镇化推进、"增存挂钩"机制健全，遂宁市有待逐步加大存量土地盘活力度、有待进一步提高批次土地供应率。

参考文献

周广宇、程小文、金欣、任福龙、莫瞿、朱玲、常魁、江瑞、唐磊:《新常态语境下法定规划与海绵城市建设的关系——以遂宁市海绵城市规划为例》,《建设科

技》2016 年第 10 期。

王海航:《浅析现代生态园林城市理念在遂宁森林生态区总体规划中的应用》,《林业科技情报》2018 年第 1 期。

易青松:《空间治理变革时期国土空间总体规划探析——以遂宁市国土空间总体规划为例》,《城市建筑》2020 年第 7 期。

冯荣志:《遂宁市土地利用现状分析与评价》,《居业》2020 年第 12 期。

邓坤粼、曹文亚、潘洪义:《基于 STIRPAT 模型的城市建设用地结构差异对用地效率的影响研究——以四川省为例》,《资源开发与市场》2020 年第 1 期。

赵崇阳、向筱:《城乡建设用地增减挂钩试点项目开展的成效与问题——以四川地区为例》,《住宅与房地产》2019 年第 5 期。

淳阳、潘洪义、吴佳俣、周介铭:《基于基尼系数的四川省城乡建设用地优化配置》,《江苏农业科学》2018 年第 23 期。

杨静:《基于熵值法的四川省城市土地集约利用评价》,《西昌学院学报》(自然科学版)2015 年第 3 期。

慕智玉、吴涛:《四川省城市土地集约利用空间差异研究》,《湖北农业科学》2015 年第 3 期。

B.10
宁夏吴忠市利通区 2019 年建设用地节约集约利用状况详细评价报告

张 薇　马国庆　聂钜洛*

摘　要： 评价工作本身不能直接提高节约集约用地水平，但能通过后续的政策、措施、技术手段和具体开发利用行为等提高城市建设用地节约集约用地水平。吴忠市利通区以"宗地"为基本评价单元开展详细评价工作，摸清城市中心城区建设用地利用绩效和问题，存量建设用地开发潜力规模、空间分布和结构，针对城市建设用地利用存在的问题，提出吴忠市利通区城市建设用地节约集约高效利用的方向，为建设用地监管、低效用地再开发等相关政策制定提供参考依据。

关键词： 建设用地　节约集约　吴忠市

一　区域概况

（一）自然地理概况

利通区隶属于宁夏回族自治区吴忠市，地处中国西北内陆，位于宁

---

* 张薇，宁夏吴忠市自然资源局开发利用与权益科科长，高级工程师，主要研究方向为土地规划、利用及自然资源权益等；马国庆，宁夏自然资源勘测调查院国土调查科副科长，工程师，主要研究方向为自然资源评价；聂钜洛，中国人民大学公共管理学院硕士研究生，主要研究方向为土地资源管理。

夏平原中部，黄河中上游，西临黄河，与青铜峡市毗连，南与中宁、红寺堡两县交界，东北部与灵武市接壤，地理坐标为北纬 37°24′~38°04′，东经 106°03′~106°21′。利通区历史悠久，距首府银川市 59 千米，是古丝绸之路的重要通道，是吴忠市政治、经济、文化中心，也是宁夏沿黄生态经济带发展的核心区之一，全区总面积 1384 平方千米，辖 8 镇 4 乡 106 个行政村，3 个农场（办），21 个社区。

利通区属温带半干旱气候区，冬无严寒，夏无酷暑，兼具江南水乡之秀丽和塞北大漠之雄浑。年降水量在 260 毫米，年均蒸发量 2067 毫米，平均气温 11.2℃，全年日照 3000 小时，无霜期 171 天，是全国太阳辐射最充足的地区之一，四季分明，气候宜人。

利通区河流水系主要以黄河水系为主，由黄河及引黄灌溉渠道及河沟组成，起点为利通区金积镇秦坝关村，终点为利通区古城镇党家河湾村，由南向北贯穿而过，河流流程为 25.8 千米，多年平均径流量为 315 亿立方米，多年平均流量为 990 米³/秒，多年平均输沙量为 1.36 亿吨，行水期（1~12 月）在严寒季时有封冻。其中主要沟道水系有清水沟、南干沟、拱碑沟、扁担沟、双吉沟、黄羊沟、苦水河等，主要渠道水系有秦渠、波浪渠、马莲渠、汉渠、东干渠等，主要湿地湖泊有玉带湖、回乐湖、古城北湖、党家河湾湖、罗家湖北湖、乃光湖、湿地公园湖、神农岛等。

利通区土壤类型分为 9 大类 28 个亚类 48 个土属及 500 多个土种或变种。贺兰山至西干渠之间主要为山地灰钙土、草甸土和灰褐土，东部冲积平原主要为长期引黄灌溉淤积和耕作交替而形成的灌淤土，局部低洼地区有湖土和盐土分布；土壤硒元素含量高，富硒耕地约 13.5 万亩，是当之无愧的"中国塞上硒都"核心区。利通区矿产资源较为匮乏，尚未发现矿产地，主要矿产资源以石灰岩、沙砾石、红胶泥为主。

（二）社会经济发展概况

1. 人口与城镇化

人口结构：2018 年底，利通区常住人口为 41.82 万人，其中常住城镇人口为 26.97 万人，常住农村人口为 14.85 万人。区内有汉族人口 15.30 万人，占总人口的 36.87%，回族人口 26 万人，占总人口的 62.67%，其他民族人口 1893 人，占总人口的 0.46%。

城镇化趋势：2010~2018 年，利通区常住人口呈平稳增加趋势，常住人口由 38.03 万人增长至 41.82 万人，其中常住城镇人口由 19.08 万人增长至 26.97 万人，城镇化率由 2010 年的 50.17% 上升到 2018 年的 64.49%，提高了 14.32 个百分点，详见图 1。常住城镇人口增加除城镇化进程带动的自然增长外，主要是近年来吴忠市取消了农业户口和非农业户口的区分，统一登记为居民户口，全面放开县（市）城区及建制镇落户限制，实行"零门槛"落户政策，使得人口的空间分布逐渐向城镇聚集。总体来看，利通区城镇化率呈逐年增长趋势，全区城镇人口稳步提升，城镇化进程不断加快。

图 1 利通区 2010~2018 年人口变化情况

2. 社会经济水平

地区生产总值：2010~2018 年，利通区作为银—吴核心区 [①] 和沿黄生态经济带的重要组成部分，经济总量逐年攀升，经济总量在自治区排名由第

---

① 宁夏回族自治区主体功能区规划。

10 位上升至第 6 位 ①，经济实力明显提升。同时，在宏观经济形势的大环境下，利通区经济增速逐渐放缓，各年呈波动式增长，2018 年增长速度仅为6.11%（见图 2）。

图 2　利通区 2010~2018 年地区生产总值与年增长率
注：年增长率为可比价数据计算。

全社会固定资产投资：2010~2018 年，利通区充分发挥回族集聚的民族优势、丝绸之路的地缘优势、内陆开放和黄河自留灌溉的自然优势，抢抓重要战略机遇期，依托工业强区战略的深入推进，全社会固定资产投资总额总量逐年增长（见图 3），2016 年达到峰值（260.33 亿元），2017~2018 年出现小幅回落。同时，受经济下行压力影响，全社会固定资产投资年度增速从2012 年开始逐年收窄，2018 年为 -14.41%。

（三）土地利用概况

1. 建设用地情况

随着利通区逐步融入"银川都市群"，城镇化进程加快，利通区建设用

---

① 利通区 2016 年政府工作报告。

图 3　利通区 2010~2018 年固定资产投资情况

地面积呈稳步增加态势，并以城乡建设用地为主。2010~2018 年，利通区国土开发强度从 8.90% 增长至 11.71%，建设用地增幅达到 31.49%。建设用地中以交通水利用地增长较快，增长幅度达到 86.87%，其次是城乡建设用地中的城镇用地，增长幅度为 60.01%（见表 1、图 4、图 5）。

表 1　利通区 2010 年与 2018 年建设用地变化

单位：公顷，%

项目	年份	辖区总面积	建设用地						
			城乡建设用地				交通水利用地	其他建设用地	建设用地合计
			小计	城镇	村庄	采矿			
面积	2010 年	110666.84	8426.52	2678.29	5542.83	205.40	1060.70	367.59	9854.81
	2018 年	110666.84	10602.72	4285.47	6089.58	227.67	1982.09	373.32	12958.13
	变化	0	2176.20	1607.18	546.75	22.27	921.39	5.73	3103.32
比例	2010 年	100.00	7.61	2.42	5.01	0.19	0.96	0.33	8.90
	2018 年	100.00	9.58	3.87	5.50	0.21	1.79	0.34	11.71
	变化	—	1.97	1.45	0.49	0.02	0.83	0.01	2.81
	增长幅度	—	25.83	60.01	9.86	10.84	86.87	1.56	31.49

图 4　利通区 2010~2018 年建设用地面积

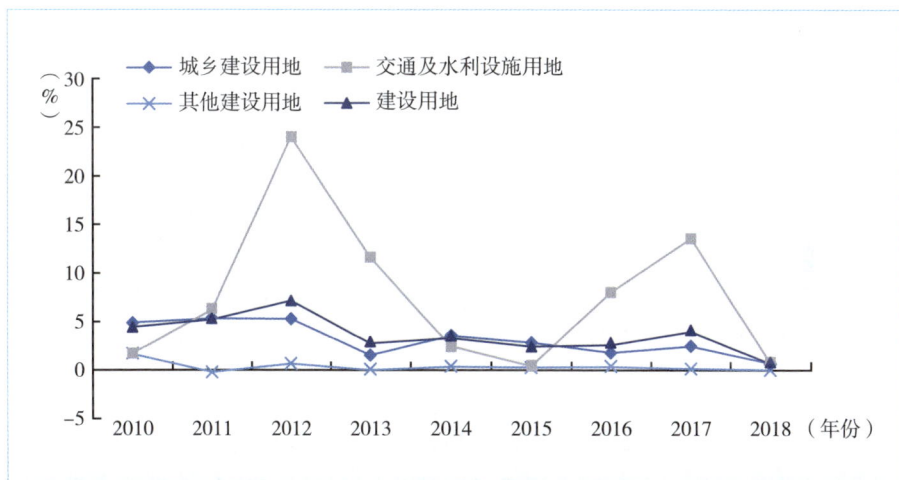

图 5　利通区 2010~2018 年各类建设用地面积变化率

2010~2018 年，随着经济增速放缓和节约集约用地、盘活存量用地理念的深入贯彻，利通区新增建设用地面积和新增城乡建设用地面积增速放缓，呈波动式下降特征。截至 2018 年底，利通区新增建设用地面积 149.16 公顷、新增城乡建设用地面积 134.83 公顷，分别比 2010 年减少了 74.89% 和 58.93%（见图 6）。

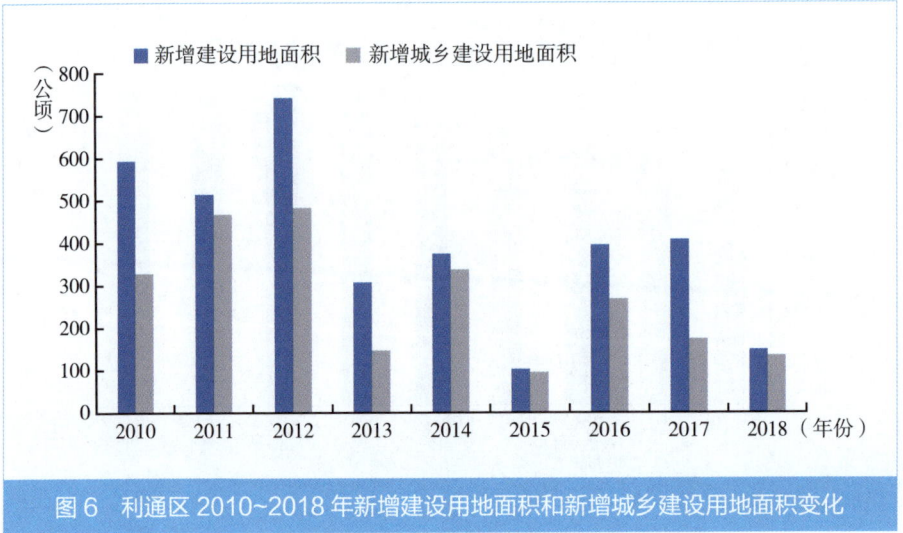

图6 利通区 2010~2018 年新增建设用地面积和新增城乡建设用地面积变化

2. 批准供应情况

受经济下行压力和近年来存量建设用地挖潜力度不断加大影响，利通区批准批次土地面积呈先上升后下降的趋势。2010~2018 年，批准批次土地总规模为 4180.85 公顷，其中 2011 年批准规模最大，达到了 775.54 公顷，2018 年最少为 141.71 公顷。土地供应总规模为 4016.46 公顷，整体呈先上升后下降的趋势，其中 2011 年供应规模最大，达到了 775.23 公顷，2018 年供应规模最小，为 138.55 公顷（见图 7）。

3. 存量用地盘活情况

2010~2018 年，利通区存量用地土地供应量呈波动增长趋势。2014 年以来，自治区以提高国土资源供给质量和效益为中心，不断加大批而未供和闲置土地处理力度，存量用地盘活利用率不断提高。利通区立足实际，在节约集约用地上取得明显效果，2014~2018 年存量用地供应面积和比例明显高于 2010~2013 年，特别是 2015 年，供应存量土地达到了 59.87 公顷（见图 8）。

（四）评价范围

评价工作地域为经法定程序批准的中心城区国土空间规划确定的城镇开

374

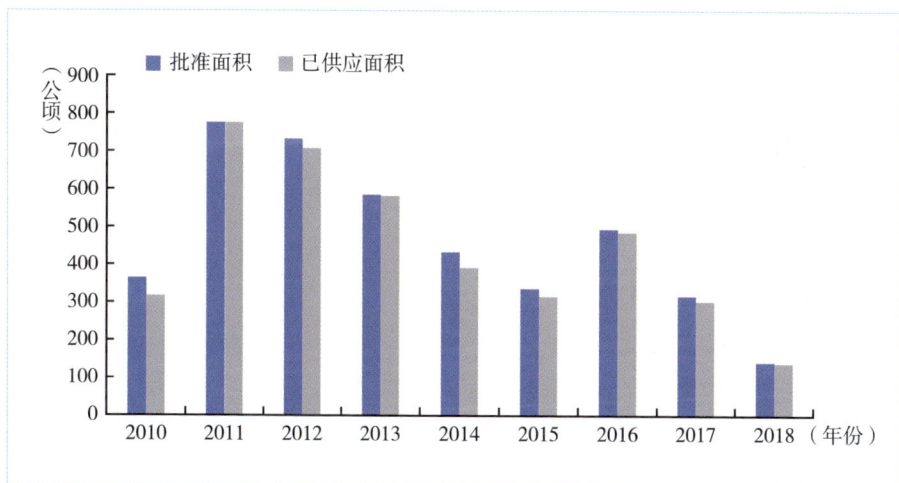

图 7　利通区 2010~2018 年建设用地审批变化情况

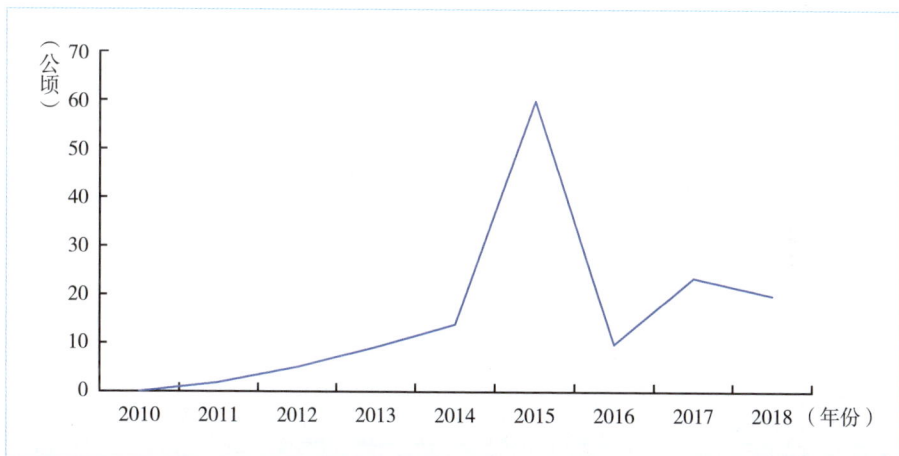

图 8　2010~2018 年利通区存量土地供应情况

发边界内的范围（见图 9），以工作地域范围内商服、居住、教育、工业等现状建设用地为主要评价对象。由于吴忠市利通区城镇开发边界尚未划定，本次采用吴忠市利通区土地利用总体规划的中心城区建设用地扩展边界为试点评价地域范围，共 80.89 平方千米。

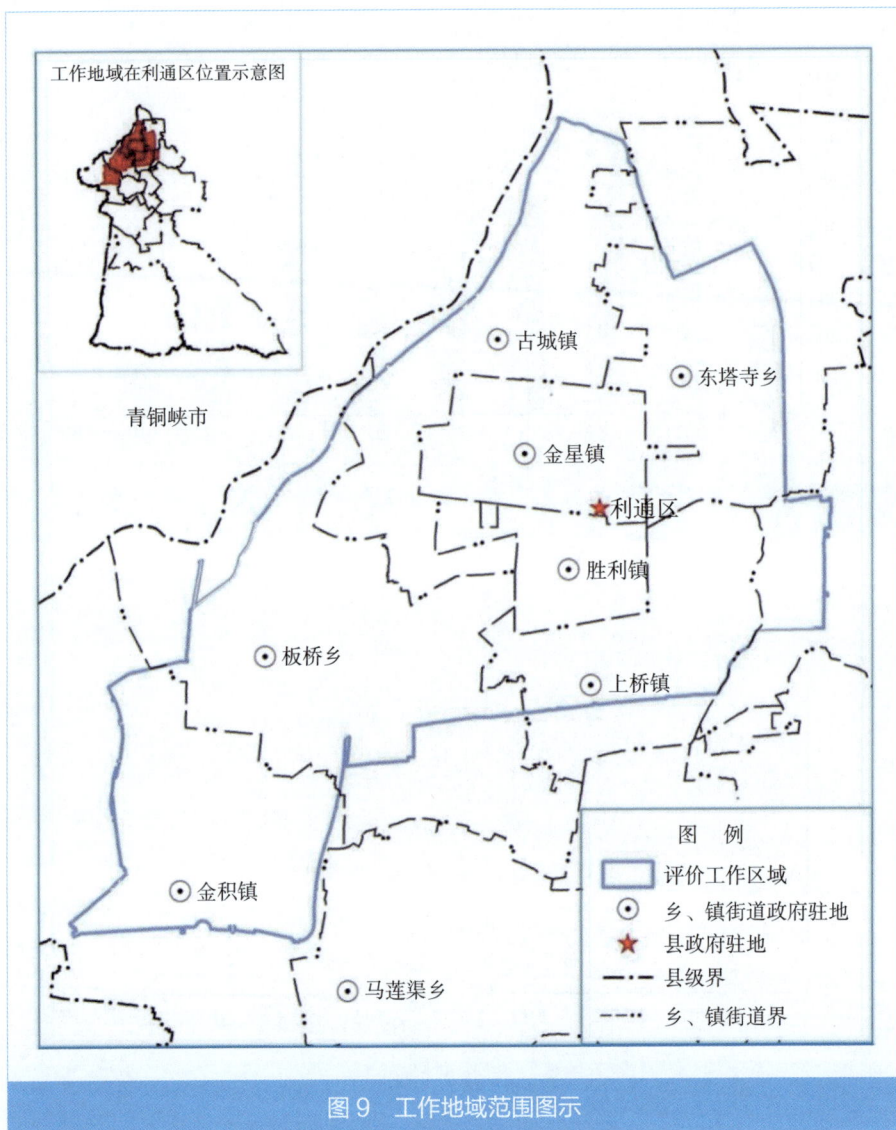

图 9　工作地域范围图示

二　城市建设用地集约利用状况评价

本次详细评价分别按照未建成用地和已建成用地进行评价。已建成用地不同地类选取不同指标体系，不同地类确定不同评价标准；未建成用地不分地类，按照建设状态进行评价。未建成土地分闲置土地、超期未竣工土地和正常建设土地，其中闲置土地评价为配置低效型土地、超期未竣工土地评价为开发强度低效型土地、正常建设土地评价为集约利用土地。

（一）居住用地

1. 评价指标选取

居住用地评价指标选取围绕评价目标，侧重于规划符合度、建设强度、利用效益三个方面。具体指标体系如表 2 所示。

表 2 居住用地评价指标选取			
准则层	指标层（代码）	指标含义与计算公式	计量单位
规划符合度	规划用途一致性（R1）	居住用地地块的现状土地用途与规划用途的一致性，反映按照规划可改造用地情况	—
建设强度	综合容积率（R2）	居住用地地块内的建筑总面积（万平方米）/地块面积（公顷），反映土地的建设强度	—
	建筑密度（R3）	居住用地地块内的建筑基底面积（万平方米）/地块面积（公顷），反映土地的建设强度	%
利用效益	人口密度（R4）	居住用地地块内的居住人口（人）/地块面积（公顷），反映土地的人口承载能力	人/公顷

2. 指标值评价结果

（1）规划符合度

集约利用标准：以《吴忠市城市总体规划（2011~2030）》为依据，将现状用途和规划用途一致的设定为符合规划。需要特别说明的是：一是现状为居住用地，规划为行政办公用地、教育科研用地、医疗卫生用地或者工业用地的，实地确实是单位配套住宅的视为符合规划；二是现状为居住用地，规划为商业服务设施用地，但实地是商住混用的视为符合规划。

低效利用标准：一是现状用途和规划用途不一致，除了上述需要特别说明的情况视为符合规划外，现状为居住，规划为商服或者科研教育用地的，视为不符合规划；二是纳入棚户区改造或者需要拆除重建的"三旧"改造范围的居住用地，视为不符合规划。

（2）综合容积率

过度利用、集约利用标准：根据《吴忠市城市总体规划（2011~2030）》和《吴忠市空间规划（利通区及青铜峡市）（2016~2030）》（征求意见稿）（以下分别简称《城总规》和《空间规划》）土地使用强度管制要求居住用地容积率最高不应超过 3.5，同时根据国家《限制性用地项目目录（2012 年本）》中规定，居住用地容积率最低不应低于 1.0，最终确定居住用地容积率集约利用标准为大于或等于 1.0，小于或等于 3.5；过度利用标准为大于 3.5。

中度利用、低效利用标准：按照《空间规划》居住用地容积率控制标准最低为 0.8，确定住宅用地容积率中度利用标准为大于或等于 0.8，小于 1.0；低效利用标准为小于 0.8（见表 3）。

表 3　居住用地容积率集约利用控制标准

类型	标准
过度利用标准	> 3.5
集约利用标准	1.0 ≤ 容积率 ≤ 3.5
中度利用标准	0.8 ≤ 容积率 < 1.0
低效利用标准	< 0.8

（3）建筑密度

过度利用、集约利用标准：根据《城总规》和《空间规划》土地使用强度管制要求居住用地建筑密度最高不应超过 45%，最低不应低于 20%，最终确定居住用地建筑密度集约利用标准为大于或等于 20%，小于或等于 45%；过度利用标准为大于 45%。

中度利用、低效利用标准：根据《城总规》和《空间规划》要求，居住用地建筑密度最低标准为 20%，同时借鉴《银川市经济开发区土地做除法实施方案》要求，低于控制标准 80% 的视为低效用地，故确定居住用地建筑密度低效用地标准为小于 16%，中度集约利用标准为大于或等于 16%，小于 20%（见表 4）。

表 4　居住用地建筑密度集约利用控制标准

类型	标准
过度利用标准	> 45%
集约利用标准	20% ≤ 建筑密度 ≤ 45%
中度利用标准	16% ≤ 建筑密度 < 20%
低效利用标准	< 16%

（4）人口密度

集约利用标准：依据《城市用地分类标准与规划建设用地标准》，吴忠市利通区为 Ⅱ 类气候区，人均居住用地面积为 28~38 米^2/ 人，人口密度为 263~357 人 / 公顷，因此确定居住用地人口密度集约利用标准为大于或等于 263 人 / 公顷。

中度利用、低效利用标准：借鉴《银川市经济开发区土地做除法实施方案》要求，低于控制标准 80% 的视为低效用地（下同），因此居住用地人口密度小于 210 人 / 公顷的为低效利用标准，大于或等于 210 人 / 公顷，小于 263 人 / 公顷的为中度利用标准（见表 5）。

表 5　居住用地人口密度集约利用控制标准

类型	标准
集约利用标准	≥ 263 人 / 公顷
中度利用标准	210 人 / 公顷 ≤ 人口密度 < 263 人 / 公顷
低效利用标准	< 210 人 / 公顷

3. 土地集约利用状况评价结果

居住用地集约利用评价结果：吴忠市利通区中心城区共有居住用地 511 宗，面积为 1329.30 公顷，其中，已建成 485 宗，面积为 1162.65 公顷，占总面积的 87.46%，未建成 26 宗，面积为 166.65 公顷，占总面积的 12.54%。按照单因素综合评价法，居住用地过度利用 23 宗，面积为 2.58 公顷，占总面积的 0.19%；集约利用 383 宗，面积为 1274.69 公顷，占总面积的 95.89%；中度利用 3 宗，面积为 2.54 公顷，占总面积的 0.19%；低效用地 102 宗，面积为 49.49 公顷，占总面积的 3.72%，其中用途配置低效型 25 宗，面积为 11.83 公顷，开发强度低效型 4 宗，面积为 2.66 公顷，利用效益低效型 73 宗，面积为 35.00 公顷，分别占总面积的 0.89%、0.20% 和 2.63%（见表 6）。

表 6 居住用地评价结果

单位：公顷，%，宗

评价结果		小计				已建成		未建成	
		面积	占比	宗数	占比	面积	宗数	面积	宗数
过度利用型		2.58	0.19	23	4.50	2.58	23	0.00	0
集约利用型		1274.69	95.89	383	74.95	1110.65	360	164.04	23
中度利用型		2.54	0.19	3	0.59	2.54	3	0.00	0
低效利用型	小计	49.49	3.72	102	19.96	46.88	99	2.61	3
	用途配置低效型	11.83	0.89	25	4.89	11.83	25	0.00	0
	开发强度低效型	2.66	0.20	4	0.78	0.05	1	2.61	3
	利用效益低效型	35.00	2.63	73	14.29	35.00	73	0.00	0
合计		1329.30	100.00	511	100.00	1162.65	485	166.65	26

从居住用地评价结果来看，利通区居住用地以集约利用型为主，存在过度利用型和低效利用型土地，主要分布在老城区。其中，过度利用型用地主要为 20 世纪 90 年代为厂区或者行政单位配套的独栋居住用地，随着房改房政策的实施从工业用地或者行政办公用地变为居住用地，由于其建筑时间较早，建筑物比较密集，居住环境一般，利用过度。低效利用型用地主要分布在老城区，其中用途配置低效型主要为棚户区改造和"三旧"改造拆除区，只有个别宗地不符合城市总体规划；开发强度低效型用地主要为未建成中的超期未竣工土地，已建成的仅有一宗住宅为开发强度低效型用地；利用效益

低效型用地主要为分布在老城区的一些居民私宅、早期安置失地农民的小康村、金积开发区中较少人居住的厂区配套小区以及用地部分竣工超过 30 年的住宅（见图 10）。

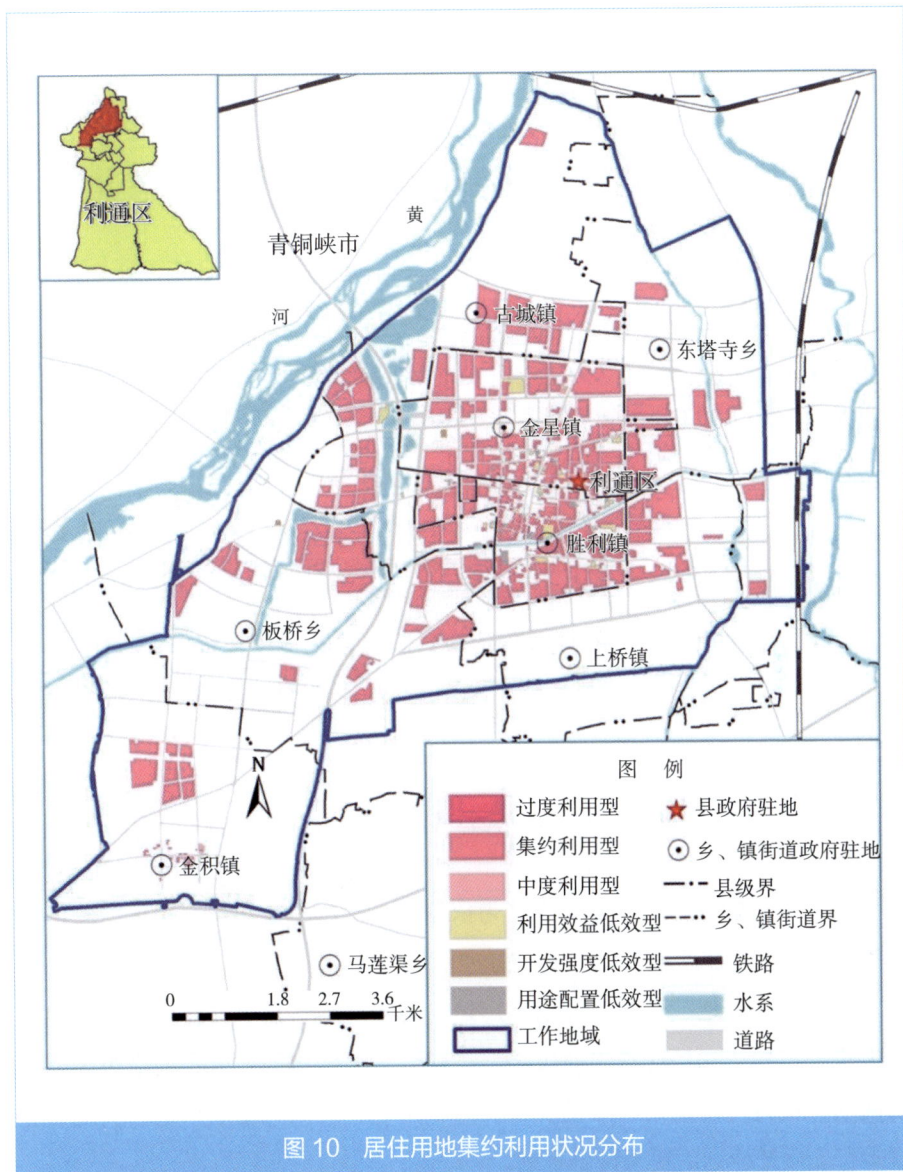

图 10　居住用地集约利用状况分布

下一步，针对现有的过度和低效利用土地，在后期城市土地的监管和城市更新中要逐渐将部分过度利用型和利用效益低效型土地纳入棚户区改造和"三旧"改造拆除计划中，加快改造进度，在日常土地巡查中督促超期未竣工的土地加快建设速度，逐步消化低效土地，改善居住环境，提高群众满意度。

（二）商服用地

1. 评价指标选取

商服用地评价指标选取侧重于规划符合度、建设强度、利用效益三个方面。具体指标体系如表 7 所示。

表 7　商服用地评价指标选取

准则层	指标层（代码）	指标含义与计算公式	计量单位
规划符合度	规划用途一致性（C1）	商服用地地块的现状土地用途与规划用途的一致性，反映按照规划可改造用地情况	—
建设强度	综合容积率（C3）	商服用地地块内的建筑总面积（万平方米）/地块面积（公顷），反映土地的建设强度	—
	建筑密度（C4）	商服用地地块内的建筑基底面积（万平方米）/地块面积（公顷），反映土地的建设强度	%
利用效益	商业物业出租（营业）率（C5）	商服用地地块内已出租（营业）商业物业面积（万平方米）/总竣工面积（万平方米），反映商业物业的有效利用程度	%
	地均税收（C6）	商服用地地块税收	万元/公顷

2. 指标值评价结果

（1）规划符合度

集约利用标准：以《城总规》为依据，将现状用途和规划用途一致的设定为符合规划。需要特别说明的是：一是现状商服用地，规划为行政办公用地、教育科研用地、公共服务设施用地，但实地确实是单位商业配套用地的视为符合规划；二是现状为商服用地，规划为居住用地，但实地是小区周边商网的，视为符合规划；三是现状为商服用地，规划为工业用地，实地为正常运行无搬迁计划的视为符合规划。

低效利用标准：现状用途和规划用途不一致，除了上述需要特别说明的情况视为符合规划外，其余均为不符合规划。

（2）综合容积率

过度利用、集约利用标准：根据《城总规》和《空间规划》土地使用强度管制要求一般商服容积率最高不应超过 6.5，最低应不小于 1.2，确定一般商服容积率集约利用标准为大于或等于 1.2，小于或等于 6.5，过度利用标准为大于 6.5；小区配套商网，一般为 1~3 层建筑，根据《城总规》和《空间规划》对商服用地容积率的最低要求，确定小区配套商网集约利用标准为大于或等于 1.2，小于或等于 3.0，过度利用标准为大于 3.0；对于加油加气站及驾校，容积率比一般商服的低，《城总规》和《空间规划》对城市各项设施要求的最低容积率标准为 0.2，参考同类型项目，加油加气站按照最新设计要求和安全要求应不超过 1.0，确定加油加气站、驾校容积率集约利用标准为大于或等于 0.2，小于或等于 1.0，过度利用标准为大于 1.0。

中度利用、低效利用标准：按照《城总规》和《空间规划》对容积率的要求，一般商服如在山体边缘地质条件不好的地方，可以放宽至 0.5，故确定一般商服和小区配套商网中度利用标准为大于或等于 0.5，小于 1.2，低效利用标准为小于 0.5；对于加油加气站、驾校类型商服，小于控制标准 80% 的视为低效用地，确定加油加气站、驾校类型商服容积率中度利用标准为大于或等于 0.16，小于 0.2，低效利用标准为小于 0.16（见表 8）。

表 8 商服用地容积率集约利用控制标准

类型	过度利用标准	集约利用标准	中度利用标准	低效利用标准
一般商服	> 6.5	1.2 ≤ 容积率 ≤ 6.5	0.5 ≤ 容积率 < 1.2	< 0.5
小区周边配套商网	> 3.0	1.2 ≤ 容积率 ≤ 3.0	0.5 ≤ 容积率 < 1.2	< 0.5
加油加气站及驾校	> 1.0	0.2 ≤ 容积率 ≤ 1.0	0.16 ≤ 容积率 < 0.2	< 0.16

（3）建筑密度

过度利用、集约利用标准：根据《城总规》和《空间规划》土地使用强度管制要求一般商服建筑密度最高不应超过 60%，最低应不小于 30%，确定一般商服建筑密度集约利用标准为大于或等于 30%，小于或等于 60%；过度利用标准为大于 60%；小区周边配套商网，设计时一般与居住小区同步设计共同计算建筑密度，参考相关规范按照单独商网设计，建筑密度集约利用标准应大于或等于 40%，无过度利用情况；对于加油加气站、驾校类型商服用地，对城市各项设施要求的最低建筑密度为大于或等于 20%，无过度利用情况。

中度利用、低效利用标准：按照《城总规》和《空间规划》对建筑密度的要求，一般商服如在山体边缘地质条件不好的地方，可以放宽至 20%，故确定一般商服和小区周边配套商网中度利用标准分别为大于或等于 20%，小于 30%，及大于或等于 20%，小于 40%，低效利用标准均为小于 20%；对于加油加气站、驾校类型商服，小于控制标准 80% 的视为低效用地，确定加油加气站、驾校类型商服建筑密度中度利用标准为大于或等于 16%，小于 20%，低效利用标准为小于 16%（见表 9）。

表 9　商服用地建筑密度集约利用控制标准

类型	过度利用标准	集约利用标准	中度利用标准	低效利用标准
一般商服	> 60%	30% ≤建筑密度≤ 60%	20% ≤建筑密度< 30%	< 20%
小区周边配套商网	—	≥ 40%	20% ≤建筑密度< 40%	< 20%
加油加气站、驾校	—	≥ 20%	16% ≤建筑密度< 20%	< 16%

（4）商业物业出租（营业）率

针对出租（营业）率这项指标，并没有相关文件规定具体数据为集约利用标准，按照《技术指南》推荐方法，将现状值排名前 25% 的数据设置为集约利用标准，排名后 20% 的数据设置为低效利用标准，一般商服、小区周边配套商网排名前 25%、排名后 20% 的数据分别为 100% 和 50%，加油加气站、驾校出租（营业）率排名前 25%、排名后 20% 均为 100%，考虑到商铺招租的空窗期，确定三类商服用地，大于或等于 90% 的为出租（营业）率集约利用标准，小于 50% 的为低效利用标准，介于两者之间的为中度集约利用标准（见表 10）。

表 10 商服用地物业出租（营业）率集约利用控制标准			
类型	集约利用标准	中度利用标准	低效利用标准
一般商服	≥ 90%	50% ≤出租率＜ 90%	＜ 50%
小区周边配套商网	≥ 90%	50% ≤出租率＜ 90%	＜ 50%
加油加气站、驾校	≥ 90%	50% ≤出租率＜ 90%	＜ 50%

（5）地均税收

针对地均税收这项指标，并没有相关文件规定具体数据为集约利用标准，按照《技术指南》推荐，推荐排名前 25% 的数据为集约利用标准，排名后 20% 的数据为低效利用标准，故确定一般商服用地地均税收集约利用标准为大于或等于 60 万元 / 公顷，中度利用标准为大于 0 万元 / 公顷，小于 60 万元 / 公顷，低效税收为小于或等于 0 万元 / 公顷；加油加气站、驾校用地地均税收集约利用标准为大于或等于 3 万元 / 公顷，中度利用标准为大于 0 万元 / 公顷，小于 3 万元 / 公顷，低效税收为小于或等于 0 万元 / 公顷（见表 11）。

表 11 商服用地地均税收集约利用控制标准			
			单位：万元 / 公顷
类型	集约利用标准	中度利用标准	低效利用标准
一般商服	≥ 60	0 ＜地均税收＜ 60	≤ 0
加油加气站、驾校	≥ 3	0 ＜地均税收＜ 3	≤ 0

3. 土地集约利用状况评价结果

商服用地集约利用评价结果：吴忠市利通区中心城区共有商服用地 425 宗，面积为 440.00 公顷。其中：已建成 411 宗，面积为 420.17 公顷，占总面积的 95.49%；未建成 14 宗，面积为 19.84 公顷，占总面积的 4.51%。按照单因素综合评价法，商服用地无过度利用型土地；集约利用型 342 宗，面积为 286.68 公顷，占总面积的 65.15%；中度利用型 15 宗，面积为 43.06 公顷，占总面积的 9.79%；低效利用型 68 宗，面积为 110.26 公顷，占总面积的

25.06%，其中用途配置低效型 4 宗，面积为 16.42 公顷，开发强度低效型 12
宗，面积为 30.31 公顷，利用效益低效型 52 宗，面积为 63.53 公顷，分别占
总面积的 3.73%、6.89% 和 14.44%（见表 12）。

表 12　商服用地评价结果

单位：公顷，%，宗

地类		小计				已建成		未建成	
		面积	占比	宗数	占比	面积	宗数	面积	宗数
过度利用型		0.00	0.00	0	0.00	0.00	0	0.00	0
集约利用型		286.68	65.15	342	80.47	277.32	335	9.36	7
中度利用型		43.06	9.79	15	3.53	43.06	15	0.00	0
低效利用型	小计	110.26	25.06	68	16.00	99.79	61	10.48	7
	用途配置低效型	16.42	3.73	4	0.94	16.42	4	0.00	0
	开发强度低效型	30.31	6.89	12	2.82	19.84	5	10.48	7
	利用效益低效型	63.53	14.44	52	12.24	63.53	52	0.00	0
合计		440.00	100.00	425	100.00	420.17	411	19.84	14

从商服用地评价结果来看，利通区商服用地集约利用状况整体以集约利
用型为主，无过度利用型土地，存在 25.06% 的低效用地，主要分布在利通区
中心城区外围。其中用途配置低效型主要为现状已经废弃、政府责令搬迁的
宗地，如宁夏贺兰山开发有限公司、旧金积农贸市场、吴忠市聚源再生资源
公司等；开发强度低效型主要为利通区郊区的几个专业市场和超期未竣工的
商服用地，包括先锋国际商贸城、吴忠市花卉市场、宁夏汽车大世界销售服
务有限公司、金屋商业文化广场、中阿国际商贸城等；利用效益低效型主要
为关停、空置及建成正在招商的用地，在利通区中心城区均有分布，其中关
停和空置的商用地包括永昌装饰材料批发市场，中达国际广场，永昌汇金
时代购物中心，六六新能源汽车体验中心、汽车 4S 店等，正在招商的商服用
地主要为金龙广场、红星大厦、福林商业广场、宏泰牛街等（见图 11）。

下一步，针对用途配置低效型和开发强度低效型土地，在日常土地巡查

图 11　商服用地集约利用状况分布

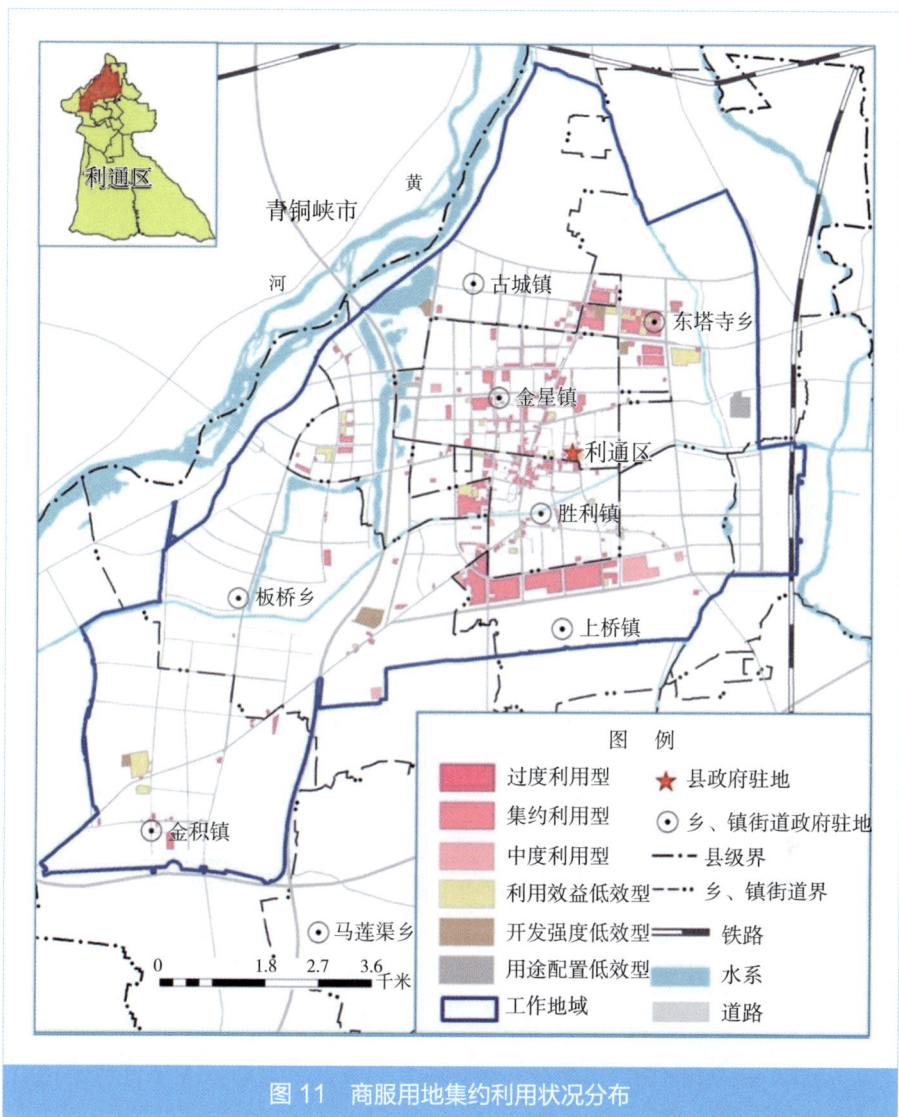

中要督促超期未竣工的土地加快建设速度，同时对于废弃、企业无力建设的用地要在符合国家法律法规的基础上通过协商转让、收回、限期开发、联合开发等方式盘活低效用地；针对利用效益低效型用地，关停的商服用地要通过企业自主升级和政府扶持的方式，提高利用效益，正在招商的商服用地要加大招商力度避免再次成为低效用地。

（三）工业用地

1. 评价指标选取

工业用地评价指标选取围绕评价目标，侧重于规划符合度、建设强度、利用效益三个方面。具体指标体系如表13所示。

准则层	指标层（代码）	指标含义与计算公式	计量单位
规划符合度	规划用途一致性（I1）	工业用地评价单元的现状土地用途与规划用途的一致性，反映按照规划可改造用地情况	—
	产业导向符合性（I2）	工业用地评价单元内的现状产业类型与规划产业主导类型的一致性，反映工业用地按规划转型升级情况	—
建设强度	工业容积率（I3）	工业用地评价单元内的建筑总面积（万平方米）/评价单元面积（公顷），反映土地的建设强度	—
	建筑密度（I4）	工业用地评价单元内的建筑基底面积（万平方米）/评价单元面积（公顷），反映土地的建设强度	%
利用效益	地均工业产值（I5）	工业用地评价单元内的工业（物流）企业总产值（万元）/评价单元面积（公顷），反映土地的产出效益	万元/公顷
	地均固定资产投资强度（I6）	工业用地评价单元内的工业（物流）企业总固定资产投资额（万元）/评价单元面积（公顷），反映土地的产出效益	万元/公顷
	地均税收（I7）	工业用地评价单元内的工业（物流）企业税收总额（万元）/评价单元面积（公顷），反映土地的产出效益	万元/公顷

表 13　工业用地评价指标选取

2. 指标值评价结果

（1）规划符合度

集约利用标准：以《城总规》为依据将现状用途和规划用途一致的设定为符合规划，此次需要特别说明的是，只要在吴忠市金积工业园区范围内的工业用地，规划用途不为工业用地的视为符合规划。

低效利用标准：以《城总规》为依据将现状用途和规划用途不一致的设定为低效用地，主要为，一是城区内已经被政府搬离，但旧厂废弃还未重新利用的地块，二是在中心城区北面农村零散分布，不聚集的工业用地。

（2）产业导向符合性

低效利用标准：一是将城区中的重污染行业，包括火电、钢铁、水泥、电解铝、煤炭、冶金、化工、石化、建材、造纸、酿造、制药、发酵、纺织、制革和采矿业视为不符合产业导向[①]；二是根据《自治区开发区名录及主导产业指导目录》规定，宁夏吴忠金积工业园区限制发展产业为煤炭、电力、化工、冶金、建材、有色金属产业，经过与吴忠金积工业园区管委会沟通，考虑到吴忠市城市建设和供暖要求，建材和电力产业不在园区近期搬迁整治范围内，近期只对化工产业进行改造和搬迁（园区暂无煤炭、冶金和有色产业），故本次评价将吴忠市金积工业园区中煤炭、化工、冶金、有色金属产业的视为不符合产业导向。

（3）工业容积率

过度利用、集约利用标准：根据《空间规划》和《宁夏工业项目建设用地控制标准》（DB64/T 1700-2020）要求，吴忠市利通区工业用地容积率不应大于 2.5，集约利用容积率下限值应符合《宁夏工业项目建设用地控制标准》（DB64/T 1700-2020）和《物流中心分类与基本要求》（GBT 24358-2009）对各工业行业和物流仓储行业最低要求。

中度利用、低效利用标准：按照《技术指南》要求，工业用地容积率原则上不得小于 0.5，即低效利用标准为小于 0.5，中度利用标准为 0.5 与各行业的容积率最低要求的中间值（见表 14）。

（4）建筑密度

过度利用、集约利用标准：根据《空间规划》要求，吴忠市利通区工业用地建筑密度应不大于 50%，不小于 40%；确定工业用地建筑密度过度利用标准为大于 50%，集约利用标准为大于或等于 40%，小于或等于 50%。

[①] 资料来源:《上市公司环境信息披露指南》。

表 14　工业用地容积率集约利用控制标准				
类型	过度利用标准	集约利用标准	中度利用标准	低效利用标准
农副食品加工业、食品制造业、饮料制造业、塑料制造业	> 2.5	1.0 ≤容积率 ≤ 2.5	0.5 ≤容积率 < 1.0	< 0.5
家具、木材、橡胶、印刷、纺织业等制造业、造纸及纸制品业	> 2.5	0.8 ≤容积率 ≤ 2.5	0.5 ≤容积率 < 0.8	< 0.5
仓储、金属、非金属矿物制品业、通用设备、医药、机械等制造业	> 2.5	0.7 ≤容积率 ≤ 2.5	0.5 ≤容积率 < 0.7	< 0.5
化学制品制造业、其他	> 2.5	0.6 ≤容积率 ≤ 2.5	0.5 ≤容积率 < 0.6	< 0.5

中度利用、低效利用标准：按照《技术指南》和《宁夏工业项目建设用地控制标准》（DB64/T 1700-2020）要求，工业用地容积率原则上不得小于30%，即低效利用标准为小于30%，中度利用标准为大于或等于30%，小于40%（见表15）。

表 15　工业用地建筑密度集约利用控制标准				
类型	过度利用标准	集约利用标准	中度利用标准	低效利用标准
工业用地	> 50%	40% ≤建筑密度≤ 50%	30% ≤建筑密度< 40%	< 30%

（5）地均工业总产值

针对地均工业总产值这项指标，宁夏仅对新产业新业态工业项目有控制标准，通过对《湖南省建设用地指标》（2020年版）《山东省建设用地控制标准》（2019年版）等地区地均工业总产值的规定对比，发现各地差异较大，不适用利通区确定地均工业总产值标准，故按照《技术指南》推荐方法，将排名前25%的数据设置为集约利用标准，排名后20%的数据设置为低效利用标准，介于两者之间的为中度集约利用标准（见表16）。

（6）地均固定资产投资强度

按照《宁夏工业项目建设用地控制标准》（DB64/T 1700-2020）和《物流中心分类与基本要求》（GBT 24358-2009），确定了各行业的固定资产投资强度，大于控制标准的为集约利用，低于控制标准80%的视为低效利用，介于两者之间的为中度利用（见表17）。

390

表 16　地均工业总产值集约利用控制标准

单位：万元／公顷

类型	集约利用标准	中度利用标准	低效利用标准
农副食品加工业、食品制造业、饮料制造业、纺织业、造纸及纸制品业	≥ 2100	0 ＜地均工业总产值＜ 2100	≤ 0
非金属矿物制品业、木材等制造业、其他	≥ 1000	0 ＜地均工业总产值＜ 1000	≤ 0
家具	≥ 1000	0 ＜地均工业总产值＜ 1000	≤ 0
塑料制造业	≥ 2079	0 ＜地均工业总产值＜ 2079	≤ 0
橡胶、印刷制造业、化学制品制造、金属制造业	≥ 2062	0 ＜地均工业总产值＜ 2062	≤ 0
医药制造业	≥ 1000	0 ＜地均工业总产值＜ 65	≤ 0
通用设备、机械制造业	≥ 1505	0 ＜地均工业总产值＜ 1505	≤ 0

表 17　工业用地地均固定资产投资强度集约利用控制标准

单位：万元／公顷

类型	集约利用标准	中度利用标准	低效利用标准
农副食品加工业、食品制造业、饮料制造业、纺织业、造纸及纸制品业	≥ 590	472 ≤地均固定资产投资＜ 590	＜ 472
非金属矿物制品业、木材等制造业、其他	≥ 470	376 ≤地均固定资产投资＜ 470	＜ 376
家具	≥ 555	444 ≤地均固定资产投资＜ 555	＜ 444
塑料制造业	≥ 625	500 ≤地均固定资产投资＜ 625	＜ 500
橡胶、印刷制造业、化学制品制造、金属制造业	≥ 780	624 ≤地均固定资产投资＜ 780	＜ 624
医药制造业	≥ 1175	940 ≤地均固定资产投资＜ 1175	＜ 940
通用设备、机械制造业	≥ 935	748 ≤地均固定资产投资＜ 935	＜ 748
仓储	≥ 700	560 ≤地均固定资产投资＜ 700	＜ 560

（7）地均税收

针对地均税收这项指标，并没有相关文件规定具体数据为集约利用标准，此次针对仓储用地，用工业用地地均税收替代工业用地地均总产值，按照《技术指南》，推荐排名前 25% 的数据为集约利用标准，排名后 20% 的数据为低效利用标准，故确定仓储用地地均税收集约利用标准为大于或等于 6 万元 / 公顷，中度为大于 0 万元 / 公顷，小于 6 万元 / 公顷，低效税收为小于或等于 0 万元 / 公顷（见表 18）。

表 18　工业用地地均税收集约利用控制标准

单位：万元 / 公顷

类型	集约利用标准	中度利用标准	低效利用标准
仓储用地	≥ 6	0 < 工业用地地均税收 < 6	≤ 0

3. 土地集约利用状况评价结果

工业用地集约利用评价结果：吴忠市利通区中心城区共有工业用地 282 宗，面积为 858.83 公顷，其中，已建成 255 宗，面积为 724.26 公顷，占总面积的 84.33%，未建成 27 宗，面积为 134.57 公顷，占总面积的 15.67%。按照单因素综合评价法，工业用地无过度利用型土地；集约利用型 133 宗，面积为 470.72 公顷，占总面积的 54.81%；中度利用型 18 宗，面积为 51.90 公顷，占总面积的 6.04%；低效利用型 131 宗，面积为 336.21 公顷，占总面积的 39.15%，其中用途配置低效型 32 宗，面积为 36.17 公顷，开发强度低效型 39 宗，面积为 179.09 公顷，利用效益低效型 60 宗，面积为 120.95 公顷，分别占总面积的 4.21%、20.85% 和 14.08%（见表 19）。

从工业用地评价结果来看，利通区工业用地以集约利用为主，但存在较多低效利用型土地（336.21 公顷）。其中，用途配置低效型工业用地主要为老城区需要外迁和金积工业园不符合园区产业要求的用地。随着城市发展，主城区散落分布的工业用地需逐步外迁，向工业园区集聚，以提高城区的生态和人文环境质量。同时为了避免吴忠市金积工业园区产业定位与自治

表 19　工业用地评价结果

单位：公顷，%，宗

地类		小计				已建成		未建成	
		面积	占比	宗数	占比	面积	宗数	面积	宗数
过度利用型		0.00	0.00	0	0.00	0.00	0	0.00	0
集约利用型		470.72	54.81	133	47.16	380.09	120	90.63	13
中度利用型		51.90	6.04	18	6.38	51.90	18	0.00	0
低效利用型	小计	336.21	39.15	131	46.45	292.27	117	43.94	14
	用途配置低效	36.17	4.21	32	11.35	36.17	32	0.00	0
	开发强度低效	179.09	20.85	39	13.83	135.14	25	43.94	14
	利用效益低效	120.95	14.08	60	21.28	120.95	60	0.00	0
合计		858.83	100.00	282	100.00	724.26	255	134.57	27

区其他开发区趋同，形成空间布局具有相对优势的主导产业成为利通区经济社会发展的主引擎和增长极。限制了不符合金积工业园区产业发展方向的产业，不符合产业需求的用地需逐步退出园区。开发强度低效型用地主要为超期未竣工和分期开发企业，开发程度较低，导致土地开发强度较低。利用效益低效型工业用地，主要是停产半停产企业，主要分布在毛纺织园（见图 12）。

　　下一步，针对用途配置低效型土地，要按照城市规划和开发区总体规划将其逐步搬离或自主升级，使其进一步符合城市规划和开发区总体规划；针对开发强度低效型和利用效益低效型土地，在日常土地巡查中要加大超期未竣工企业的巡查力度，督促分期建设企业按照合同约定开发建设，同时针对停产半停产企业要通过企业自行转型、升级改造、政府"腾龙换鸟"以及在符合国家法律法规的基础上进行分割转让、协商收回等多种方式盘活低效工业用地。

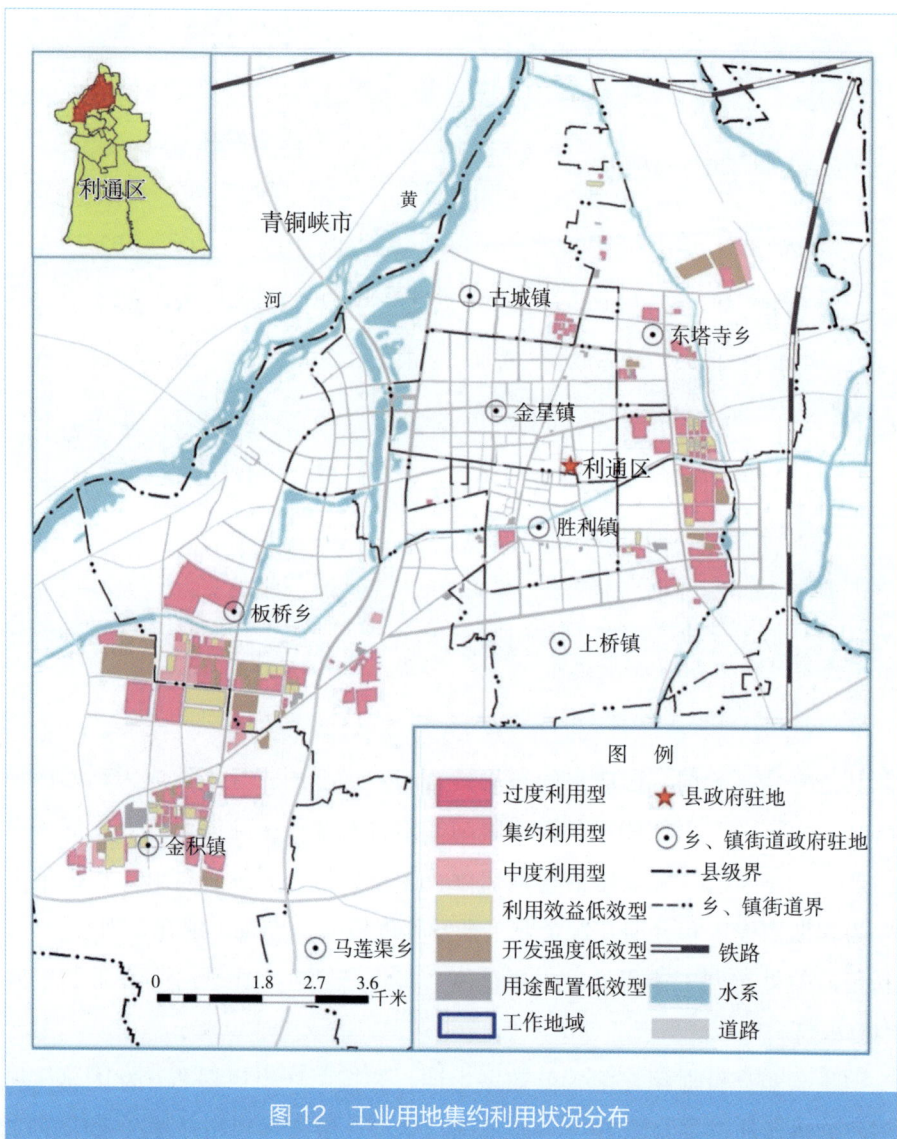

图 12　工业用地集约利用状况分布

（四）教育用地

1. 评价指标选取

教育用地评价指标选取围绕评价目标，侧重于规划符合度、建设强度、利用效益三个方面。具体指标体系如表 20 所示。

表20	教育用地评价指标选取		
准则层	指标层（代码）	指标含义与计算公式	计量单位
规划符合度	规划用途一致性（E1）	教育用地地块的现状土地用途与规划用途的一致性，反映按照规划可改造用地情况	—
建设强度	综合容积率（E2）	教育用地地块内的建筑总面积（万平方米）/地块面积（公顷），反映土地的建设强度	—
	建筑密度（E3）	教育用地地块内的建筑基底面积（万平方米）/地块面积（公顷），反映土地的建设强度	%
利用效益	地均服务学生数（E4）	教育用地地块内的学生总数（人）/地块面积（公顷），反映土地的教育人口承载水平	人/公顷

2. 指标值评价结果

（1）规划符合度

集约利用标准：以《城总规》为依据，将现状用途和规划用途一致的设定为符合规划，需要特别说明的是，现状为教育用地，规划为行政办公用地、居住用地或者其他服务设施用地的视为符合规划。

低效利用标准：现状用途和规划用途不一致，除了上述需要特别说明的情况视为符合规划外，其余视为不符合规划。

（2）综合容积率

过度利用、集约利用标准：《中小学校设计规范》（GB 50099-2011）中没有规定中小学容积率的控制标准，通过比较收集到的各地建设用地标准，《广西壮族自治区建设用地控制指标》（2015年版）同为西部地区，比较适宜利通区，故借鉴《广西壮族自治区建设用地控制指标》（2015年版）中中学、小学、特殊教育用地的容积率确定判定标准。其中：中学过度利用标准为大于0.9，集约利用标准为大于或等于0.4，小于或等于0.9；小学过度利用标准为大于0.8，集约利用标准为大于或等于0.2，小于或等于0.8；特殊教育用地过度利用标准为大于0.85，集约利用标准为大于或等于0.2，小于或等于0.85。

幼儿园按照《幼儿园建设标准》（建标175-2016）第十三条规定，确定过度利用标准为大于0.65，集约利用标准为大于或等于0.55，小于或等于 0.65。

高等教育用地按照《普通高等学校建筑面积指标》（建标 191-2018）第二十九条规定过度利用标准为大于 0.6，集约利用标准为大于或等于 0.45，小于或等于 0.6。

中度利用、低效利用标准：按照小于集约控制标准 80% 的视为低效用地，介于集约和低效两者之间的为中度用地标准的设定，确定中学中度利用标准为大于或等于 0.32，小于 0.4，低效用地标准为小于 0.32；小学中度利用标准为大于或等于 0.16，小于 0.2，低效用地标准为小于 0.16；特殊教育用地中度利用标准为大于或等于 0.16，小于 0.2，低效用地标准为小于 0.16；幼儿园中度利用标准为大于或等于 0.44，小于 0.55，低效用地标准为小于 0.44；高等教育用地中度利用标准为大于或等于 0.36，小于 0.45，低效用地标准为小于 0.36（见表 21）。

表 21　教育用地容积率集约利用控制标准

类型	过度利用标准	集约利用标准	中度利用标准	低效利用标准
中学	> 0.9	0.4 ≤容积率≤ 0.9	0.32 ≤容积率< 0.4	< 0.32
小学	> 0.8	0.2 ≤容积率≤ 0.8	0.16 ≤容积率< 0.2	< 0.16
幼儿园	> 0.65	0.55 ≤容积率≤ 0.65	0.44 ≤容积率< 0.55	< 0.44
特殊教育用地	> 0.85	0.2 ≤容积率≤ 0.85	0.16 ≤容积率< 0.2	< 0.16
高等教育用地	> 0.6	0.45 ≤容积率≤ 0.6	0.36 ≤容积率< 0.45	< 0.36

（3）建筑密度

《中小学校设计规范》（GB 50099-2011）、《幼儿园建设标准》（建标 175-2016）和《普通高等学校建筑面积指标》（建标 191-2018）均未对建筑密度做出规定，因此建筑密度均借鉴《广西壮族自治区建设用地控制指标》（2015版），以小于集约利用标准的 80% 为低效用地标准，故过度利用标准为大于 35%，集约利用标准为大于或等于 20%，小于或等于 35%；中度利用标准为大于或等于 16%，小于 20%；低效利用标准为小于 16%（见表 22）。

表 22　教育用地建筑密度集约利用控制标准

类型	过度利用标准	集约利用标准	中度利用标准	低效利用标准
教育用地	> 35%	20% ≤建筑密度≤ 35%	16% ≤建筑密度< 20%	< 16%

（4）地均服务学生数

集约利用标准：根据《幼儿园建设标准》（建标 175-2016）、《普通高等学校建筑面积指标》（建标 191-2018）和《广西壮族自治区建设用地控制指标》（2015 版）规定，幼儿园生均建筑面积最大为 15.25 米^2/人，小学生均用地面积最大为 29 米^2/人，中学生均用地面积最大为 37 米^2/人，特殊教育用地生均用地面积最大为 88 米^2/人，高等教育用地生均建筑面积最大为 42.8 米^2/人，通过将生均建筑面积（米^2/人）和生均用地面积（米^2/人），换算成地均服务学生数（人/公顷），算出地均服务学生数集约利用标准为幼儿园大于或等于 360 人/公顷，中学为大于或等于 270 人/公顷，小学为大于或等于 344 人/公顷，特殊教育用地为大于或等于 113 人/公顷，高等教育用地为大于或等于 105 人/公顷。

中度利用、低效利用标准：按照小于集约控制标准 80% 的视为低效用地标准，介于集约和低效两者之间的为中度用地标准的设定小于 360 人/公顷，大于或等于 288 人/公顷，低效利用标准为小于 288 人/公顷；中学中度利用标准为小于 270 人/公顷，大于或等于 216 人/公顷，低效利用标准为小于 216 人/公顷；小学中度利用标准为小于 344 人/公顷，大于或等于 275 人/公顷，低效利用标准为小于 275 人/公顷；高等教育用地中度利用标准为小于 105 人/公顷，大于或等于 84 人/公顷，低效利用标准为小于 84 人/公顷；特殊教育用地中度利用标准为小于 113 人/公顷，大于或等于 90 人/公顷，低效利用标准为小于 90 人/公顷（见表 23）。

3. 土地集约利用状况评价结果

教育用地集约利用评价结果：吴忠市利通区中心城区共有教育用地 45 宗，面积为 205.79 公顷，其中，已建成 41 宗，面积为 201.11 公顷，占总面积的

表 23　教育用地地均服务学生数集约利用控制标准

单位：人 / 公顷

类型	集约利用标准	中度利用标准	低效利用标准
幼儿园	≥ 360	288 ≤地均服务学生数＜ 360	＜ 288
小学	≥ 344	275 ≤地均服务学生数＜ 344	＜ 275
中学	≥ 270	216 ≤地均服务学生数＜ 270	＜ 216
高等教育用地	≥ 105	84 ≤地均服务学生数＜ 105	＜ 84
特殊教育用地	≥ 113	90 ≤地均服务学生数＜ 113	＜ 90

97.73%，未建成 4 宗，面积为 4.67 公顷，占总面积的 2.27%。按照单因素综合评价法：教育用地无过度利用土地；集约利用 35 宗，面积为 77.86 公顷，占总面积的 37.83%；中度利用 4 宗，面积为 22.88 公顷，占总面积的 11.12%；低效利用型 6 宗，面积为 105.05 公顷，占总面积的 51.05%，其中开发强度低效型 3 宗，面积为 94.99 公顷，利用效益低效 3 宗，面积为 10.05 公顷，分别占总面积的 46.16% 和 4.88%（见表 24）。

表 24　教育用地评价结果

单位：公顷，%，宗

地类		小计				已建成		未建成	
		面积	占比	宗数	占比	面积	宗数	面积	宗数
过度利用型		0.00	0.00	0	0.00	0.00	0	0.00	0
集约利用型		77.86	37.83	35	77.78	73.19	31	4.67	4
中度利用型		22.88	11.12	4	8.89	22.88	4	0.00	0
低效利用型	小计	105.05	51.05	6	13.33	105.05	6	0.00	0
	用途配置低效	0.00	0.00	0	0.00	0.00	0	0.00	0
	开发强度低效	94.99	46.16	3	6.67	94.99	3	0.00	0
	利用效益低效	10.05	4.88	3	6.67	10.05	3	0.00	0
合计		205.79	100.00	45	100.00	201.11	41	4.67	4

从教育用地评价结果来看，利通区教育用地集约利用状况整体有待提高，存在 105.05 公顷低效利用土地，占教育用地总面积的 51.05%。低效利用土地主要为中心城区外围新建的中小学和高等教育用地。其中：利用强度低效型用地分别为宁夏民族职业技术学院、吴忠市第二中学和吴忠市回民中学，这三所学校均为新建、迁建学校，学校为后续长远发展预留了发展用地，导致土地利用强度较低；利用效益低效型用地分别为吴忠市利通区板桥早元小学、吴忠市利通区第十四小学和吴忠市利通区第十六小学，主要为新建居住小区配套的小学，附近小区还未完全入住，生源不足，导致土地利用效益低效（见图 13）。

教育用地低效利用主要由客观原因造成，下一步，针对利用强度低效教育用地，应按照学校的设计规划逐步完成学校的全部建设，提高土地利用强度；针对利用效益低效型用地，随着附近小区入住率的提高，服务的学生数会进一步提高，利用效益也会逐步提高。

（五）医疗卫生用地

1. 评价指标选取

医疗卫生用地评价指标选取围绕评价目标，侧重于规划符合度、建设强度、利用效益三个方面。具体指标体系如表 25 所示。

表 25　医疗卫生用地评价指标选取			
准则层	指标层（代码）	指标含义与计算公式	计量单位
规划符合度	规划用途一致性	医疗卫生用地地块的现状土地用途与规划用途的一致性，反映按照规划可改造用地情况	—
建设强度	综合容积率	医疗卫生用地地块内的建筑总面积（万平方米）/地块面积（公顷），反映土地的建设强度	—
	建筑密度	医疗卫生用地地块内的建筑基底面积（万平方米）/地块面积（公顷），反映土地的建设强度	%
利用效益	地均床位数	医疗卫生用地评价单元内的床位数/评价单元面积（公顷），反映土地的医疗床位承载能力	床/公顷

399

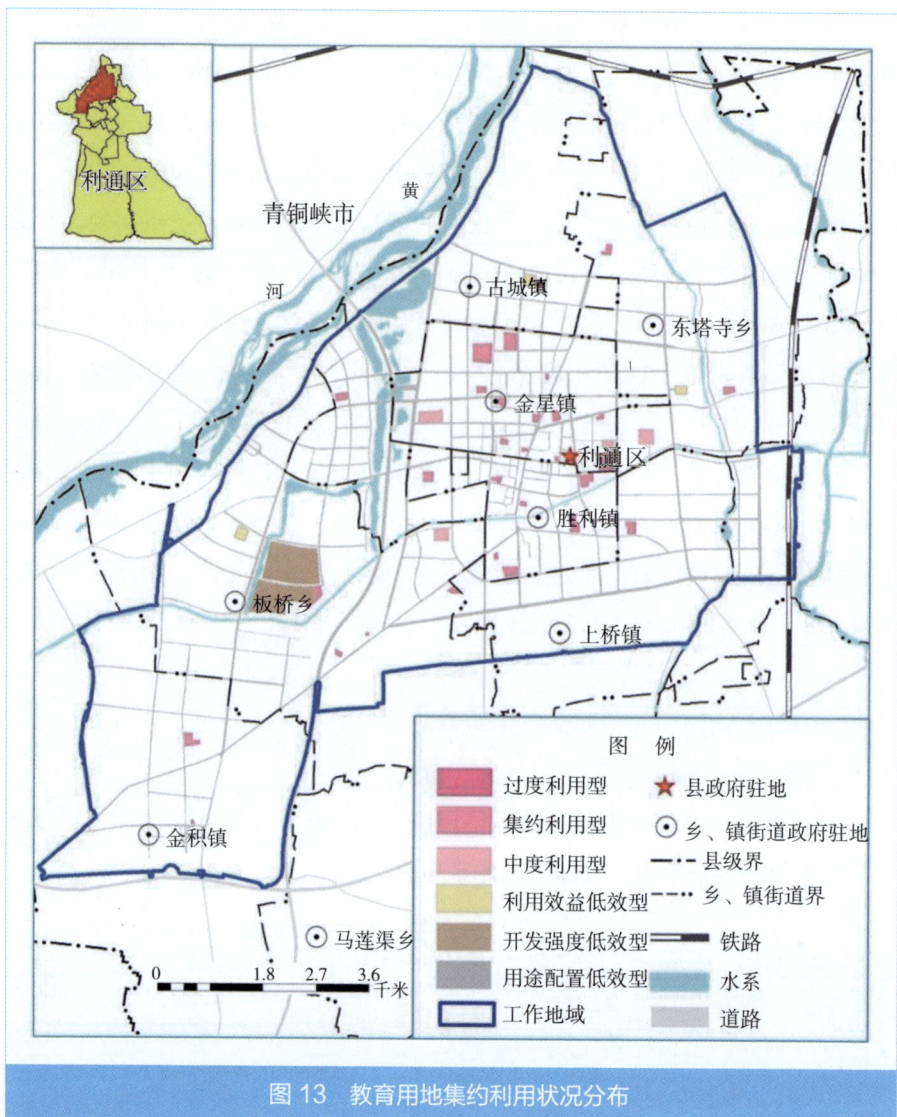

图 13　教育用地集约利用状况分布

2. 指标值评价结果

（1）规划符合度

集约利用标准：以《城总规》为依据，将现状用途和规划用途一致的设定为符合规划，需要说明的是，若现状用途和规划用途不一致，但实际却为独立宗地且正常运营的医疗卫生用地，视为符合规划。

低效利用标准：现状用途和规划用途不一致，除了需要特别说明的情况视为符合规划外，其余视为不符合规划。

（2）综合容积率

过度利用、集约利用标准：按照《综合医院建设标准》（2018 年版）第十九条规定，综合医院容积率宜为 1.0~1.5，改扩建项目可根据实际情况及当地规划要求调整，但容积率不宜超过 2.5，确定综合医院容积率过度利用标准为大于 2.5，集约利用标准为大于 1.0，小于 2.5。

按照《中医医院建设标准（修订）》（2014 年版）第四十六规定，新建中医医院的容积率为 0.6~1.5，改扩建用地紧张时，可以适当提高容积率，但不宜超过 2.5，确定中医医院容积率过度利用标准为大于 2.5，集约利用标准为大于 0.6，小于或等于 2.5。

按照《社区卫生服务中心站建设标准》（建标 163-2013）第十九条规定，新建独立式社区卫生服务中心容积率宜为 0.7~1.2，但并未确定改扩建时容积率的大小，借鉴《综合医院建设标准》（2018 年版）容积率不宜超过 2.5 的规定，确定社区卫生服务中心容积率过度利用标准为大于 2.5，集约利用标准为大于 0.7，小于或等于 2.5。

截至评价时点，妇幼保健院并未有最新的相关建设标准，借鉴《广西壮族自治区建设用地控制指标》（2015 年版）中对妇幼保健院容积率下限大于 0.7 和《综合医院建设标准》（2018 年版）容积率不宜超过 2.5 的规定，确定妇幼保健院容积率过度利用标准为大于 2.5，集约利用标准为大于 0.7，小于或等于 2.5。

其他医疗卫生用地承担的与行政办公用地职能一致，故与行政办公用地集约利用标准一致，为大于 0.3。

中度利用、低效利用标准：按照小于集约控制标准 80% 的视为低效用地，介于集约和低效两者之间的为中度用地标准的设定，确定综合医院容积率中度利用标准为大于或等于 0.8，小于或等于 1.0，低效用地标准为小于 0.8；中医医院容积率中度利用标准为大于或等于 0.48，小于或等于 0.6，低效用地标准为小于 0.48；社区卫生服务中心站中度利用标准为大于或等于 0.56，小于或等于 0.7，低效用地标准为小于 0.56；妇幼保健院中度利用标准为大于或等于 0.56，小于或等于 0.7，低效用地标准为小于 0.56；其他中度利用标准为大于或等于 0.24，小于或等于 0.3，低效用地标准为小于 0.24。

（3）建筑密度

过度利用、集约利用标准：按照《综合医院建设标准》（2018 年版）第十九条规定，综合医院建筑密度不宜超过 35%，同时借鉴《中医医院建设标准（修订）》（2014 年版）中建筑密度宜为 25%~30% 的规定，确定综合医院建筑密度过度利用标准为大于 35%，集约利用标准为大于或等于 25%，小于或等于 35%。

按照《中医医院建设标准（修订）》（2014 年版）第四十六规定，中医医院的建筑密度宜为 25%~30%，确定中医医院建筑密度过度利用标准为大于 30%，集约利用标准为大于或等于 25%，小于或等于 30%。

按照《社区卫生服务中心站建设标准》（建标 163-2013）第十九条规定，社区卫生服务中心建筑密度不宜超过 45%，同时借鉴《中医医院建设标准（修订）》（2014 年版）中建筑密度宜为 25%~30% 的规定，确定社区卫生服务中心建筑密度过度利用标准为大于 45%，集约利用标准为大于或等于 25%，小于或等于 45%。

妇幼保健院并未有最新的相关建设标准，借鉴综合医院建筑密度的标准，确定妇幼保健院建筑密度过度利用标准为大于 35%，集约利用标准为大于或等于 25%，小于或等于 35%。

其他医疗卫生用地承担的职能与行政办公用地职能一致，故与行政办公用地集约利用标准一致，为大于或等于 20%。

中度利用、低效利用标准：按照小于集约控制标准80%的视为低效用地，介于集约和低效两者之间的为中度用地标准的约定，确定综合医院、中医医院、社区卫生服务中心、妇幼保健院的建筑密度中度利用标准均为大于或等于 20%，小于 25%，低效用地标准均为小于 20%，其他中度利用标准为大于或等于 16%，小于 20%，低效用地标准为小于 16%（见表 26）。

表 26　医疗卫生用地建筑密度集约利用控制标准

类型	过度利用标准	集约利用标准	中度利用标准	低效利用标准
综合医院	> 35%	25% ≤建筑密度≤ 35%	20% ≤建筑密度< 25%	< 20%
中医医院	> 30%	25% ≤建筑密度≤ 30%	20% ≤建筑密度< 25%	< 20%
社区卫生服务中心	> 45%	25% ≤建筑密度≤ 45%	20% ≤建筑密度< 25%	< 20%
妇幼保健院	> 35%	25% ≤建筑密度≤ 35%	20% ≤建筑密度< 25%	< 20%
其他	—	≥ 20%	16% ≤建筑密度< 20%	< 16%

（4）地均床位数

集约利用标准：按照《综合医院建设标准》（2018 年版）第二十一条规定，综合医院每床最高建筑面积为 115 平方米，将床均建筑面积（米²/床），换算成地均床位数（床/公顷），得到综合医院集约利用值为大于或等于 87 床/公顷。

根据《中医医院建设标准（修订）》（2014 年版）第三章第十七条规定，"中医医院的每床最大建筑面积值 98 平方米"，将床均建筑面积（米²/床），换算成地均床位数（床/公顷），得到中医医院集约利用值为大于或等于 61 床/公顷。

根据《广西壮族自治区建设用地控制指标》（2015 年版）规定，妇幼保健院的每床建筑面积最大值为 100 平方米，将床均建筑面积（米²/床），换算成地均床位数（床/公顷），得到妇幼保健院集约利用值为大于或等于 70 床/公顷。

由于《社区卫生服务中心站建设标准》（建标 163-2013）并未对每床建筑面积做出规定，通过比对《广西壮族自治区建设用地控制指标》（2015 年版）、《山东省建设用地控制标准》（2019 年版）、《湖南省建设用地指标》（2020 年版），各地对社区卫生服务站每床建筑面积标准大小不一，主要在 90~190 平方米，考虑到利通区实际利用情况，按照每床建筑面积最大值 190 平方米控制，将床均建筑面积（米²/床），换算成地均床位数（床/公顷），得到社区卫生服务中心集约利用值为大于或等于 37 床 / 公顷。

中度利用、低效利用标准：按照小于集约控制标准80%的视为低效用地，介于集约和低效两者之间的为中度用地标准的设定，确定综合医院地均床位数中度利用标准为大于或等于 70 床 / 公顷，小于 87 床 / 公顷，低效用地标准为小于 70 床 / 公顷；中医医院地均床位数中度利用标准为大于或等于 49 床 / 公顷，小于 61 床 / 公顷，低效用地标准为小于 49 床 / 公顷；社区卫生服务中心地均床位数中度利用标准为大于或等于 30 床 / 公顷，小于 37 床 / 公顷，低效用地标准为小于 30 床 / 公顷；妇幼保健院地均床位数中度利用标准为大于或等于 56 床 / 公顷，小于 70 床 / 公顷，低效用地标准为小于 56 床 / 公顷（见表 27）。

表 27　医疗卫生用地地均床位数集约利用控制标准

单位：床 / 公顷

类型	集约利用标准	中度利用标准	低效利用标准
综合医院	≥ 87	70 ≤地均床位数< 87	< 70
中医医院	≥ 61	49 ≤地均床位数< 61	< 49
社区卫生服务中心	≥ 37	30 ≤地均床位数< 37	< 30
妇幼保健院	≥ 70	56 ≤地均床位数< 70	< 56

3. 土地集约利用状况评价结果

吴忠市利通区中心城区共有医疗卫生用地 21 宗，面积为 43.90 公顷，其中，已建成 17 宗，面积为 36.25 公顷，占总面积的 82.57%，未建成 4 宗，面积为 7.65 公顷，占总面积的 17.43%。按照单因素综合评价法：医疗卫生用地中过度利用 2 宗，面积为 1.34 公顷，占总面积的 3.05%；集约利用 14 宗，面积为 10.98 公顷，占总面积的 25.02%；中度利用 1 宗，面积为 0.64 公顷，占总面积的 1.46%；低效用地 4 宗，面积为 30.94 公顷，占总面积的 70.48%，其中开发强度低效型 2 宗，面积为 5.37 公顷，利用效益低效型 2 宗，面积为 25.57 公顷，分别占总面积的 12.23% 和 58.25%（见表 28）。

表 28　医疗卫生用地评价结果

单位：公顷，％，宗

地类		小计				已建成		未建成	
		面积	占比	宗数	占比	面积	宗数	面积	宗数
过度利用型		1.34	3.05	2	9.52	1.34	2	0.00	0
集约利用型		10.98	25.02	14	66.67	3.33	10	7.65	4
中度利用型		0.64	1.46	1	4.76	0.64	1	0.00	0
低效利用型	小计	30.94	70.48	4	19.05	30.94	4	0.00	0
	用途配置低效	0.00	0.00	0	0.00	0.00	0	0.00	0
	开发强度低效	5.37	12.23	2	9.52	5.37	2	0.00	0
	利用效益低效	25.57	58.25	2	9.52	25.57	2	0.00	0
合计		43.90	100.00	21	100.00	36.25	17	7.65	4

从医疗卫生用地评价结果来看（见图 14），利通区医疗卫生用地集约利用状况整体有待提高，存在 1.34 公顷过度利用和 30.94 公顷低效利用土地，占医疗卫生用地总面积的 73.53%。其中过度利用主要为吴忠市新区医院和吴忠市妇幼保健院，建筑密度和容积率分别超过 35% 和 2.5；低效利用土地主要为搬迁后空置和分期新建的医院，其中，开发强度低效用地为宁夏医科大学附属回医中医医院（新址）和赵兴忠中西医结合诊所，实地建设中，只完成一期建设还存在大量的空地导致土地低效；利用效益低效用地为吴忠市人民医院旧址和新址，由于吴忠市人民医院搬迁，旧址空置造成土地低效，新址部分住院楼还未建成，地均床位数低于国家标准造成利用效益低效。

医疗卫生用地过度利用和低效利用主要由客观原因造成，目前，考虑到吴忠市妇幼保健院过度利用情况，吴忠市人民政府已经选址新建妇幼保健院；分期建设的宁夏医科大学附属回医中医医院（新址）和吴忠市人民医院（新址）应按照建设规划分批建设，进一步提高土地的利用强度和利用效益，同时，吴忠市人民医院（新址）的建成，住院床位数的增加，会缓解吴忠市新区医院就诊的压力，随后根据实际情况进一步改造新区医院，为患者提供良好的就医条件。

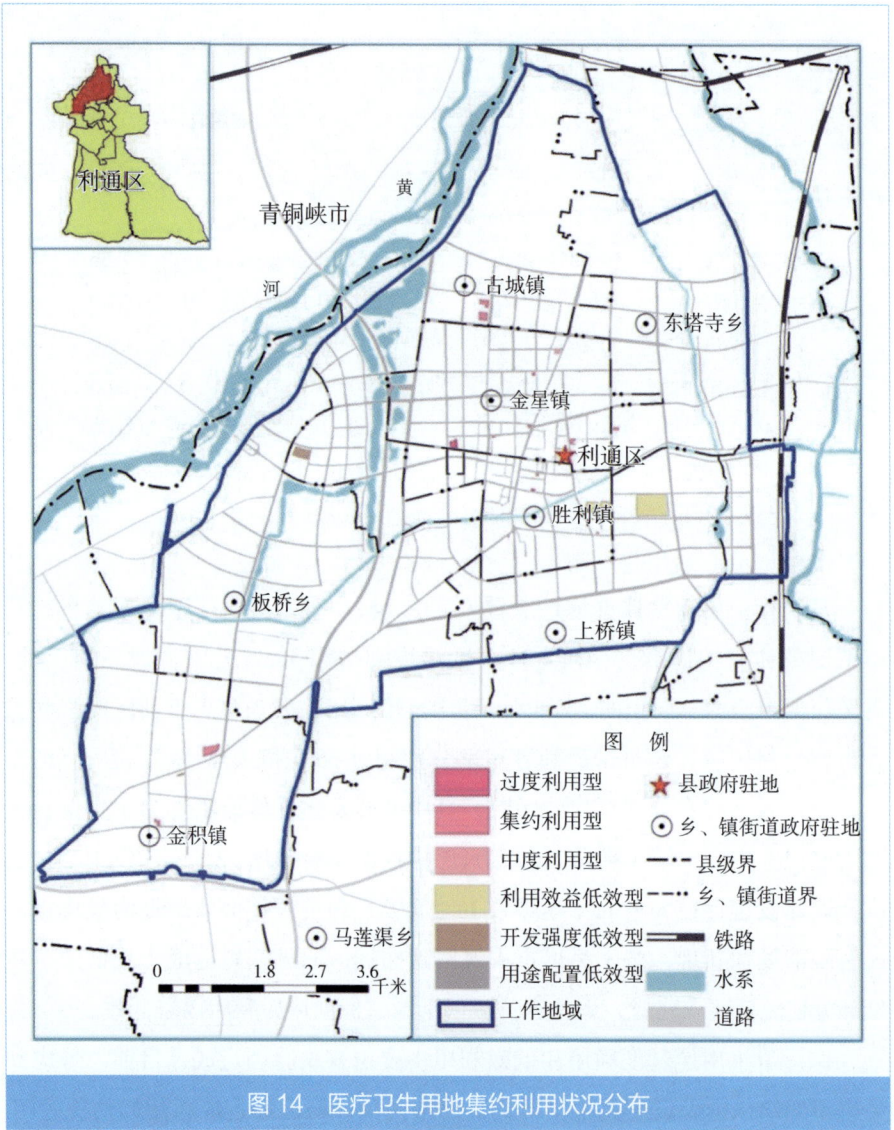

图 14　医疗卫生用地集约利用状况分布

（六）其他用地

1. 评价指标选取

其他用地评价指标选取围绕评价目标，侧重于规划符合度、建设强度两个方面。具体指标体系如表 29 所示。

表 29　其他用地评价指标选取			
准则层	指标层（代码）	指标含义与计算公式	计量单位
规划符合度	规划用途一致性	其他用地地块的现状土地用途与规划用途的一致性，反映按照规划可改造用地情况	—
建设强度	综合容积率	其他用地地块内的建筑总面积（万平方米）/地块面积（公顷），反映土地的建设强度	—
	建筑密度	其他用地地块内的建筑基底面积（万平方米）/地块面积（公顷），反映土地的建设强度	%

2. 指标值评价结果

（1）规划符合度

集约利用标准：以《城总规》为依据，将现状用途和规划用途一致的设定为符合规划，需要特殊说明的是现状为行政办公用地、文化设施用地、科研用地、体育用地、社会福利设施用地，规划为居住用地、商业服务设施用地的视为符合规划。

低效利用标准：现状用途和规划用途不一致，除了需要特别说明的情况视为符合规划外，其余视为不符合规划。

（2）综合容积率

集约利用标准：行政办公用地包含党政办公用地，社会团体、事业单位等用地，其中《党政机关办公用房建设标准》（2014 版）第三章第二十三条规定：党政机关中中央机关及省级机关办公用房的建筑容积率不应小于 2.0；市级机关办公用房的建筑容积率不应小于 1.2；县级机关办公用房的建筑容积率不应小于 1.0；乡级机关办公用房的建筑容积率由省级人民政府按照中央规定和精神自行做出规定，由于利通区大多数行政办公用地在 2014 年前已批准建设完成，本次按照吴忠市利通区土地供应合同约定中的数据进行制定，供应的容积率最低为 0.3，集约利用标准为大于或等于 0.3。

文化设施用地国家仅对图书馆有容积率的相关规定，在实际中文化设施用地不仅包含图书馆，还包括博物展览设施、表演艺术馆、群众文化活动中心等类型用地，参照《山东省建设用地控制标准》（2019年版）对文化设施用地的规定，集约利用标准应大于0.45。

科研用地参照《山东省建设用地控制标准》（2019年版）中的规定，集约利用标准应大于或等于0.8。

体育用地按照《空间规划》中的规定，集约利用标准应大于或等于0.2。

社会福利设施用地参照《山东省建设用地控制标准》（2019年版），集约利用标准应大于或等于0.5。

中度利用、低效利用标准：按照小于集约控制标准80%的视为低效用地，介于集约和低效两者之间的为中度用地标准的设定，确定行政办公用地中度利用标准为大于或等于0.24，小于0.3，低效用地标准为小于0.24；文化设施用地中度利用标准为大于或等于0.36，小于0.45，低效用地标准为小于0.36；科研用地中度利用标准为大于或等于0.64，小于0.8，低效用地标准为小于0.64；体育用地中度利用标准为大于或等于0.16，小于0.2，低效用地标准为小于0.16；社会福利设施用地中度利用标准为大于或等于0.4，小于0.5，低效用地标准为小于0.4（见表30）。

表30 其他用地容积率判定标准

类型	集约利用标准	中度利用标准	低效利用标准
行政办公用地	≥0.3	0.24≤容积率<0.3	<0.24
文化设施用地	≥0.45	0.36≤容积率<0.45	<0.36
科研用地	≥0.8	0.64≤容积率<0.8	<0.64
体育用地	≥0.2	0.16≤容积率<0.2	<0.16
社会福利设施用地	≥0.5	0.4≤容积率<0.5	<0.4

（3）建筑密度

集约利用标准：按照《山东省建设用地控制标准》（2019年版）和《空间规划》中对建筑密度的规定，确定其他用地的建筑密度集约利用标准为大于 20%。

中度利用、低效利用标准：按照小于集约控制标准的 80% 的视为低效用地，介于集约和低效两者之间的为中度用地标准的设定，确定其他用地中度利用标准为大于或等于 16%，小于或等于 20%，低效用地标准为小于 16%。

3. 土地集约利用状况评价结果

其他用地评价结果：吴忠市利通区中心城区参与评价的行政办公用地、文化设施用地、科研用地、体育用地、社会福利设施用地等其他用地有 136 宗，面积为 124.32 公顷，其中，已建成 129 宗，面积为 120.49 公顷，占总面积的 96.92%，未建成 7 宗，面积为 3.83 公顷，占总面积的 3.08%。按照单因素综合评价法：其他用地无过度利用型土地；集约利用型 122 宗，面积为 93.01 公顷，占总面积的 74.82%；中度利用型 10 宗，面积为 19.73 公顷，占总面积的 15.87%；低效利用型 4 宗，面积为 11.58 公顷，占总面积的 9.31%，全部为开发强度低效型（见表 31）。

表 31 其他用地评价结果

单位：公顷，%，宗

地类		小计				已建成		未建成	
		面积	占比	宗数	占比	面积	宗数	面积	宗数
过度利用型		0.00	0.00	0	0.00	0.00	0	0.00	0
集约利用型		93.01	74.82	122	89.71	89.19	115	3.83	7
中度利用型		19.73	15.87	10	7.35	19.73	10	0.00	0
低效利用型	小计	11.58	9.31	4	2.94	11.58	4	0.00	0
	用途配置低效型	0.00	0.00	0	0.00	0.00	0	0.00	0
	开发强度低效	11.58	9.31	4	2.94	11.58	4	0.00	0
	利用效益低效	0.00	0.00	0	0.00	0.00	0	0.00	0
合计		124.32	100.00	136	100.00	120.49	129	3.83	7

从其他用地评价结果来看，吴忠市利通区其他用地集约利用状况较好，仅存在 9.31% 的低效用地，全部为开发强度低效型土地，主要为分批建设存在较多空地导致土地低效（见图 15）。

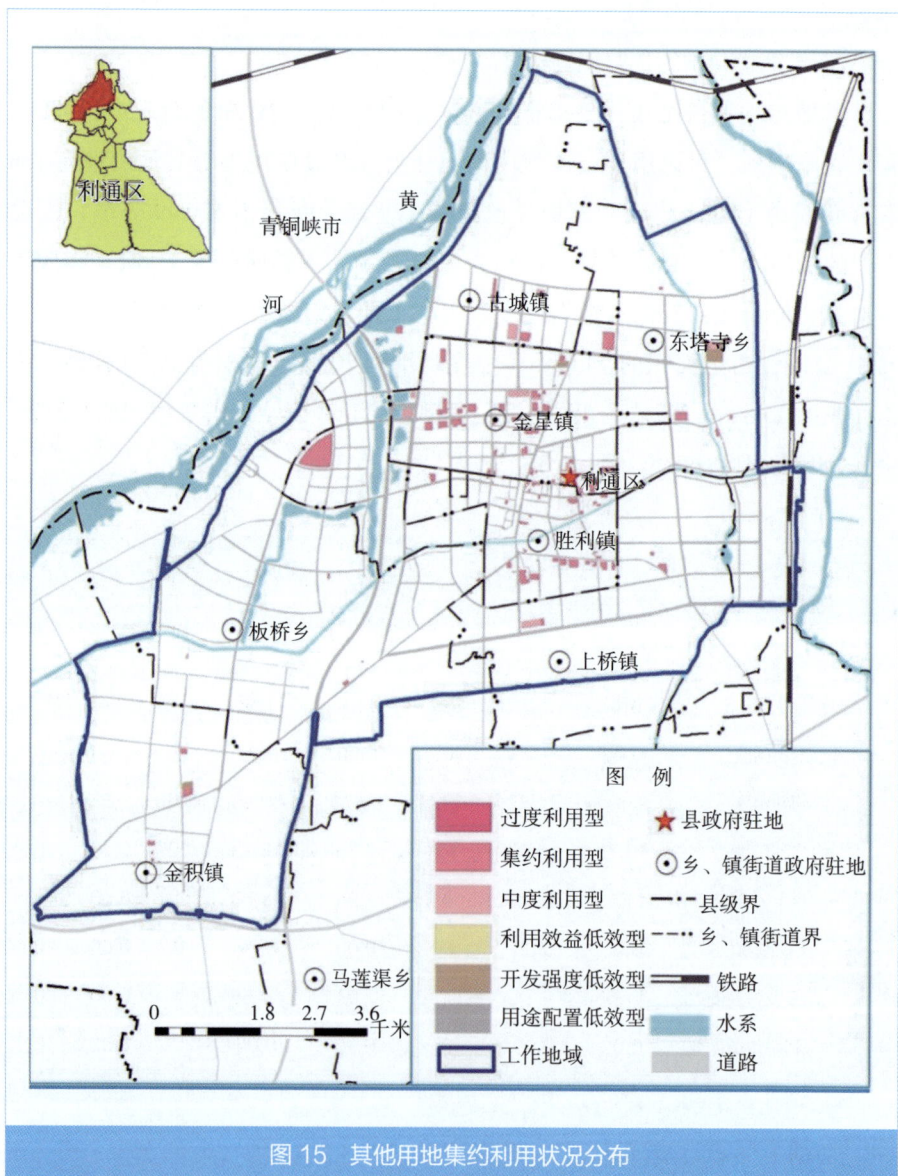

图 15 其他用地集约利用状况分布

三　潜力及挖潜收益测算

（一）土地收益潜力测算

1. 潜力测算的内涵与工作内容

城市建设用地集约利用潜力是指在现有技术、经济和制度条件下，通过提高土地集约利用程度，而提升建设用地利用效率和经济效益的空间。根据《技术指南》规定，吴忠市潜力测算内容包括土地开发改造潜力地块确定、土地收益潜力测算、潜力分区和潜力改造策略制定等方面，为科学管理和合理利用建设用地，促进城市建设用地内涵挖潜提供依据。

土地开发改造潜力确定是指在现有技术、经济和制度条件下，通过拆迁、收储、回购、征收等各种方式可进行开发改造的土地。包括存量改造潜力、批而未供潜力、规划未利用潜力和已收储存量建设用地潜力。

土地收益潜力是指将存量可改造、批而未供、规划潜力、已收储的存量建设用地进行开发改造，并达到规划允许的土地利用状况时所产生的土地收益。按照存量可改造、批而未供、规划潜力、已收储存量建设用地分别测算土地收益潜力。

土地潜力分区主要依据所有可开发改造用地的单位土地收益潜力大小，通过单因素的聚类分析进行归类，确定高潜力区、中潜力区、低潜力区、无潜力区，并绘制土地价值潜力分区图，分析城市用地经济潜力的空间分布特征。

潜力改造策略制定包括明确开发方式和确定开发时序两方面。其中，开发方式需结合土地收益承载潜力大小确定，根据自身实际按照开发规模、经济平衡、规划要求等明确单宗开发、整合开发、先期储备等不同开发方式。结合土地收益潜力大小和近期建设重点片区、开发建设难度，将开发改造建设时序进行分类，分为近期开发、中期开发和远期开发。

本次潜力测算时点为 2018 年 12 月 31 日，相应的土地潜力汇总结果仅反映吴忠市利通区中心城区该评价时点的土地利用潜力状况。

2. 潜力测算的技术方法

根据《技术指南》规定，中心城区用地潜力测算主要遵循定性分析与定量测算相结合、统计分析与空间分析相结合的技术方法，综合运用市场比较法、成本逼近法、聚类分析法以及 ArcGIS10.2 空间分析软件等进行土地收益潜力测算和潜力分区。具体测算主要按照"土地开发改造潜力确定→潜力测算相关资料调查与整理→土地收益潜力测算→土地价值潜力分区→潜力开发方式确定→潜力开发时序制定"等几个步骤实施，技术路线如图 16 所示。

第一步，土地开发改造潜力确定。土地开发改造潜力包括存量改造潜力、批而未供潜力、规划未利用潜力和已收储存量建设用地四种类型。按照《技术指南》对各类型潜力内涵的规定，以土地利用状况调查和宗地集约利用评价的结果为基础，分别确定。

第二步，潜力测算相关资料调查与整理。在分析整理城市建设用地节约集约利用状况详细评价工作所收集的资料基础上，针对潜力测算工作涉及土地出让、开发、补充耕地、房屋征收拆迁补偿安置、房屋建设成本和土地房地产市场状况资料等做补充调查。

第三步，土地收益潜力测算。土地收益潜力测算分两种，第一种是存量可改造土地收益潜力测算，第二种是批而未供、规划潜力、已收储存量建设用地土地收益潜力测算。存量可改造用地以全部拆除、部分拆除现有物业改造和协商收回的方式进行挖潜。批而未供、规划未利用潜力、已收储存量建设用地按照假设开发法进行挖潜。

第四步，土地价值潜力分区。主要依据所有可开发改造用地的单位土地收益潜力大小，通过单因素的聚类分析进行归类，确定高潜力区、中潜力区、低潜力区、无潜力区等四种不同潜力分区类型。

第五步，潜力开发方式确定。结合土地收益承载潜力大小明确开发方式，根据吴忠市利通区建设用地使用情况，按照开发规模、经济平衡、规划要求等明确单宗开发、整合开发、先期储备等不同开发方式。

第六步，潜力开发时序制定。结合土地收益潜力大小和近期建设重点片区、开发建设难度，综合分析吴忠市相关发展规划及其城市规划建设实施时序方案等，将开发改造建设时序进行分类，分为近期开发、中期开发和远期开发。

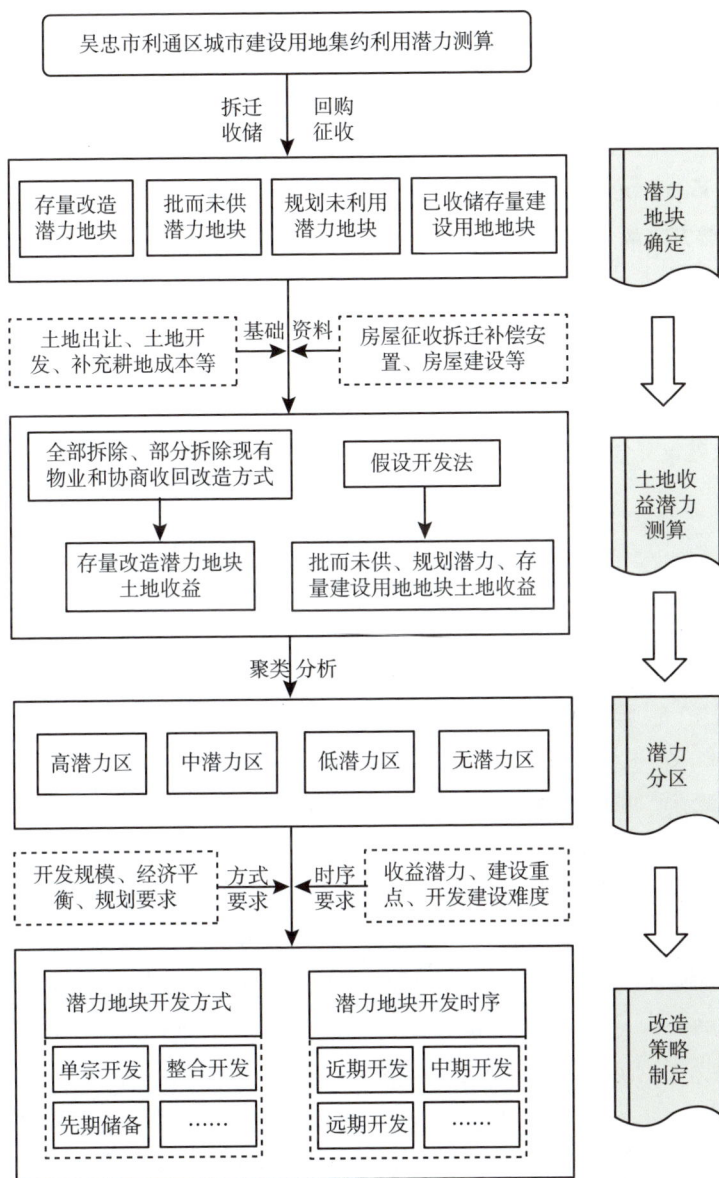

图 16 吴忠市利通区城市建设用地集约利用潜力测算技术路线

（二）土地收益潜力分区

土地价值潜力分区依据所有可开发改造用地的单位土地收益潜力大小，通过 SPSS 软件中的单因素的聚类分析（K- 均值聚类法）进行归类，确定高潜力区、中潜力区、低潜力区、无潜力区。其中，高潜力区的单位土地经济潜力大于 1350.68 元 / 米 ^{2}，中潜力区的单位土地经济潜力在 748.40~1350.68 元 / 米 ^{2}，低潜力区的单位土地经济潜力为 0~748.40 元 / 米 ^{2}，无潜力区的单位土地经济潜力小于 0 元 / 米 ^{2}。

从表 32 中可以看出，土地开发区改造收益从经济潜力规模来看，高潜力区和中潜力区主要以居住和商服用地为主，收益潜力分别为 2.27 亿元和 28.04 亿元；低潜力区和无潜力区各地类均有，收益潜力分别为 21.57 亿元和 -4.98 亿元。

表 32　土地价值潜力分区统计

单位：公顷，亿元

类别	高潜力区		中潜力区		低潜力区		无潜力区		合计	
	土地面积	经济潜力	土地面积	经济潜力	土地面积	经济潜力	土地面积	经济潜力	土地面积	经济潜力
居住用地	5.15	0.73	271.95	22.14	156.01	9.02	0	0	433.12	31.89
商服用地	10.11	1.54	59.81	5.84	175.68	10.70	0	0	245.60	18.08
工业用地	0	0	0	0	69.62	0.23	140.43	-4.33	210.05	-4.11
教育用地	0	0	0	0	13.48	0.34	18.93	-0.34	32.42	-0.01
行政办公用地	0	0	0	0	8.05	0.08	1.38	-0.05	9.43	0.02
医疗卫生用地	0	0	0	0	19.09	0.34	0	0	19.09	0.34
对外交通用地	0	0	0	0	10.19	0.13	1.61	-0.01	11.80	0.12
绿地与广场用地	0	0	0.69	0.06	12.92	0.26	1.57	-0.21	15.17	0.11
体育用地	0	0	0	0	8.93	0.07	0	0	8.93	0.07
市政公用设施用地	0	0	0	0	31.49	0.40	1.55	-0.04	33.04	0.35
潜力区划分标准（元 / 米²）	≥ 1350.68		[748.40, 1350.68)		[0，748.40)		<0		—	
合计	15.26	2.27	332.45	28.04	505.46	21.57	165.47	-4.98	1018.63	46.86

从空间分布来看：高潜力区面积为 15.26 公顷，占潜力总面积的 1.5%，主要分布在老城区和滨河新区；中潜力区面积为 332.45 公顷，占潜力总面积的 32.64%，主要集中连片分布在利通北组团、滨河新区黄河路—开元大道北侧、金积组团内；低潜力区面积为 505.46 公顷，占潜力总面积的 49.62%，主要分布在利通北组团、金积大道以南、滨河新区开元大道两侧；无潜力区规模较小，面积为 165.47 公顷，占潜力总面积的 16.24%，主要分布在金积组团和老城区内。

（三）土地收益潜力结果分析

土地开发改造潜力以规划未利用为主，潜力收益较高。本次吴忠市利通区城市建设用地节约集约利用状况详细评价共确定土地开发改造潜力的总规模为 1018.63 公顷，收益潜力经济价值为 46.86 亿元，其中规划未利用潜力规模为 803.29 公顷、收益潜力经济价值为 42.99 亿元，分别占开发潜力总规模和收益潜力经济价值的 78.86% 和 90.54%，可以看出，不管是从规模还是收益来看，规划未利用潜力均为利通区未来释放潜力的主体。有一定存量可改造潜力用地规模，但开发难度大，潜力收益低。本次存量可改造潜力用地规模共 119.68 公顷，主要为棚户区改造、"三旧"改造中需要拆除的居住用地以及金积工业园区内破产、停产多年的老厂房，这些用地建筑破旧，用地效率不高，急需改造，但在实际挖潜时，面临老厂搬迁、地上房屋补偿安置等一系列问题，开发难度大。从经济效益来看，潜力收益为 −4.11 亿元，收益为负；但从社会效益来看，这些地方改造挖潜后能提高居民生活水平、改善生态环境、提升土地集约利用水平，对缓解建设用地供需矛盾具有现实意义。潜力用地以单宗开发为主，近期、中期可实施开发规模大。基于对潜力开发方式和开发时序分析，本次潜力用地单宗开发的面积为 858.10 公顷，占总规模的 84.24%，全部为近期和中期开发用地；整合开发的面积为 10.02 公顷，近期开发面积为 7.74 公顷，远期开发面积为 2.28 公顷；先期储备面积为 151.51 公顷，全部为远期开发。可以看出，潜力用地单宗开发面积最大，近期、中期可实施开发规模较大（见图 17）。

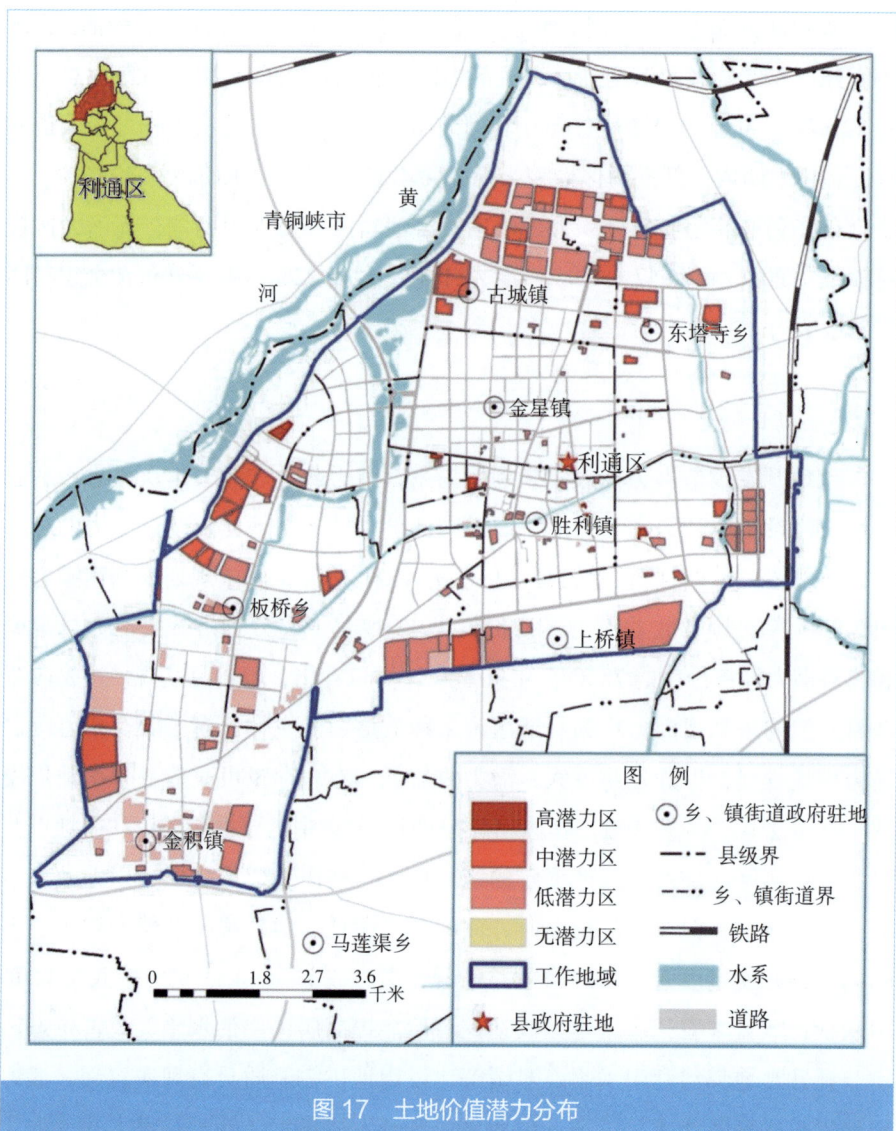

图 17　土地价值潜力分布

四　小结

综合吴忠市利通区中心城区土地利用状况分析、宗地集约利用评价及潜力测算结果可以看出，当前吴忠市利通区中心城区建设用地总体趋于集约利用，也存在一定的挖潜空间。综合分析当前利通区中心城区建设用地集约利用的总体状况、主要特征、成效及存在的主要问题，主要如下。

（一）中心城区建设用地利用状况分析

建设用地结构整体合理，老城区绿地和广场用地面积偏小。本次吴忠市利通区详细评价结果表明，利通区建设用地利用结构和用地布局效益明显。整体来看，各类现状建设用地比例结构符合国家相关标准，且与城市总体规划的用地比例结构基本一致，存在部分不符合城市规划的建设用地，面积较小，不足建设用地总面积的 2%；从各功能区来看，各功能区用地结构较为合理，但位于老城区的居住功能区绿地和广场用地面积明显偏小，人均绿地和广场用地面积不足 5 米^2/ 人。

土地建成情况良好，但仍存在部分超期未竣工土地。吴忠市利通区建设用地建成率达到了 89.05%，土地建成情况良好，但未建成土地中（337.14 公顷），除了正常建设的土地，还存在 57.03 公顷超期未竣工土地，占未建成土地的 16.92%，以工业用地居多。主要由于部分企业对市场预估不足，建设过程中市场需求已发生较大变化，未来发展空间有限，建设进度缓慢，项目超期未竣工，土地利用效率低下。

（二）中心城区建设用地利用强度分析

土地利用强度相对合理，呈现"中心—外围"递减的特征。根据本次详细评价结果，评价工作地域内的综合容积率与全国 30 个重点城市[①] 数据相当，土地利用强度相对合理。同时，不管从整体还是从功能区来看，均呈现"中心—外围"递减的特征，主要由于城市外围是工业集中区、专业市场区和城市新区。一方面工业集中区和专业市场区土地利用强度标准本身较低，同时部分工业用地和专业市场建设情况一般，还留有较多发展用地，使得容积率和建筑密度更低；另一方面城市外围的利通区滨河新区，配套设施较多，居

---

① 《关于部署开展全国城市建设用地节约集约利用评价工作的通知》（国土资函〔2014〕210 号）。

住环境较好，土地利用强度与中心城区相比较低。但也要看出，土地利用强度并非越高越好，老城区部分宗地建筑过密，停车不便，存在安全隐患，影响居住品质。

各地类差异明显，工业、教育用地利用强度有待进一步提高。根据本次评价结果可知，居住用地、商服用地、工业用地、教育用地、医疗卫生用地的容积率和建筑密度各不相同，类型间差异显著。其中，居住用地容积率最高、商服用地次之，工业用地和教育用地容积率较低，虽然符合城市规划对各类用地的控制指标规律，但也看出教育用地平均容积率低于30个重点城市的，工业用地容积率还低于空间规划控制在1.0~2.5的标准，还有较大的提升空间。

（三）中心城区建设用地利用效益分析

中心城区集聚效应明显，用地效益还有较大提升空间。本次评价发现，利通区中心城区城市建设用地集聚效益明显，单位建设用地承载的人口、经济强度明显高于市域平均水平，城市化的不断推进有利于提升全市建设用地的集约利用水平。分各用途用地来看，与宁夏自治区其他城市相比，利通区中心城区居住用地人口密度较高，工业用地固定投资强度符合《宁夏工业项目建设用地控制指标》（2019年版），商服用地的物业出租（营业）率和地均税收还需进一步提高。虽然工业用地固定资产投资强度符合《宁夏工业项目建设用地控制指标》（2019年版），但也要看出，工业用地投资强度整体较好，是由于深耕于利通区较好的多个规上企业带来的衍生效果，还有较多企业的工业用地投资强度有待提升。

（四）中心城区建设用地集约利用状况分析

建设用地主要以集约利用为主，工业用地低效情况突出。本次评价结果显示，参评的1420宗面积为3002.13公顷用地中，共有1029宗面积为2213.94公顷集约利用土地，315宗面积为643.52公顷低效利用土地。整体来看，利通区建设用地总体趋于集约利用，集约利用面积占比达到参评用地总面积的 73.75%，但也看出，存在部分低效用地，占参评总面积的 21.44%。分地类来看，低效用地面积占比最大的为工业，其次是医疗卫生、教育、商服、居住。

（五）中心城区建设用地集约利用潜力分析

有较大规模开发改造潜力，以规划未利用潜力为主。本次确定土地开发改造潜力的总规模为 1018.63 公顷，其中存量改造潜力 119.68 公顷、批而未供潜力 68.14 公顷、规划未利用潜力 803.29 公顷和已收储存量建设用地潜力 27.52 公顷，分别占潜力规模的 11.75%、6.69%、78.86% 和 2.70%，可以看出规划未利用潜力为利通区未来释放潜力的主体。

存在一定规模存量改造潜力，改造困难较大。本次存量可改造潜力用地规模共 119.68 公顷，主要为棚户区改造、"三旧"改造中需要拆除的居住用地以及金积工业园区内破产、停产多年的老厂房，这些用地建筑破旧、闲置废弃，用地效率不高，急需改造，但在实际挖潜时，面临老厂搬迁、地上房屋补偿安置等一系列问题，开发难度大。但从社会效益来看，这些地方改造挖潜后能提高居民生活水平、改善生态环境、提升土地集约利用水平，对缓解建设用地供需矛盾具有现实意义。

参考文献

单菁菁：《推进城市更新 实现高质量发展》，《经济日报》2020 年 11 月 27 日。

马国庆、赵金梅、冯丽媛、宋文泽：《基于宗地尺度的建设用地节约集约利用评价和潜力规模测算——以宁夏吴忠市利通区为例》，《宁夏大学学报》（自然科学版）2021 年第 3 期。

邵永东、周群、刘刊：《城市建设用地集约利用评价区域评价和中心城区评价差异性探析》，《国土资源》2018 年第 6 期。

《城市建设用地节约集约利用详细评价技术指南（试行）》，自然资源部，2019。

郑新奇、王筱明、王爱萍等:《城市宗地集约利用潜力评价方法研究——以济南市城区为例》,《资源科学》2005 年第 6 期。

杨树海:《城市土地集约利用的内涵及其评价指标体系构建》,《经济问题探索》2007 年第 1 期。

曹飞:《城市存量建设用地低效利用问题的解决途径——以工业用地为例》,《城市问题》2017 年第 11 期。

冯丽媛、米文宝、赵金梅:《基于空间自相关的宁夏县域建设用地集约利用水平空间分异特征研究》,《中国农学通报》2019 年第 29 期。

专 题 篇

Special Reports

B.11
存量建设用地再开发状况分析

中国国土勘测规划院　中国人民大学　课题组

摘　要： 分析存量建设用地再开发状况，是适应经济结构变化和产业转型升级的内在要求，是促进新型城镇化建设的迫切需要，是充分保护资源、统筹协调发展的必然选择，更是实现共同富裕的重要路径。通过探索存量建设用地再开发调查路径和方法，聚焦建设强度、利用效益等目标，综合提升土地利用现状、空间规划、土地批供、土地利用效益等方面数据获取的可行性，建立多路径指标数据获取方法，增强基础数据的可获性、权威性、可靠性；通过探索城市存量低效建设用地再开发机制，以土地集约利用为出发点和落脚点，突出当前最需关注居住用地、商服用地、工业用地、教育用地等类型的低效用地情况，通过单因素集成评价，提高评价结论针对性，厘清低效用地类型和原因，总结低效利用土地的可改造策略；研究梳理城市建设用地再开发典型案例，分析相应的开发方式及开发时序配置，为老城区有机更新、存量土地潜力挖掘、新增指标合理安排等工作提供指导依据，有助于制定有针对性的政策措施，达到有效提高土地利用效率和社会、经济效益的目的。

关键词： 存量建设用地　再开发　建设强度　土地集约利用

一　研究基础

（一）研究背景与意义

1. 研究背景

土地节约集约利用是生态文明建设的根本之策，是新型城镇化的战略选择。[①] 节约集约用地是深入贯彻习近平新时代中国特色社会主义思想，落实新发展理念，推进生态文明建设，转变国民经济增长方式，走新型工业化道路的客观要求，从宏观方面看节约集约用地是国家战略政策，开展建设用地节约集约利用详细评价工作是贯彻落实国家战略的重要措施，节约集约用地是缓解土地供求矛盾，解决"保护与保障"关系的必然选择，节约用地，少占耕地，集约用地，提高土地使用效率。[②] 随着现代化城市的崛起，城镇用地的结构与布局不断优化，土地利用效率不断提高，同时，城镇外延式扩张与存量土地低效利用的现象一并凸显。一方面，城镇的快速扩张占用了大量品质优良的耕地，土地开发强度激剧，与资源环境承载力

---

① 黄康康:《现代渔业用地规划实施背景下的水产健康养殖综合效益评价——以浠水县为实证》，华中农业大学硕士学位论文，2016。
② 马彪:《关于开展建设用地节约集约利用调查与评价工作的建议》，《国土资源》2019年第7期。

不相匹配，以牺牲农用地为代价的城镇化模式已经无法长久维持。另一方面，城镇内部尚有可供盘活的低效用地，其特征集中表现为：第一，零散分布、格局混乱，容积率低、建筑密度低、投入产出率低；第二，产业用地布局不合理，大量工业用地仍在黄金地段，有些仍延续了作坊式的淘汰类或禁止类产业[1]；第三，旧城、旧村、旧厂房建筑老化、设施落后、环境脏乱，与新时代追求的高质量发展背道而驰，与人民对美好生活的愿望互不相容；第四，闲置浪费现象存在，部分地块多年未被充分利用，呈空闲浪费状态。因此，分析存量建设用地再开发状况，是适应经济结构变化和产业转型升级的内在要求，是促进新型城镇化建设的迫切需要，是充分保护资源、统筹协调发展的必然选择，更是实现共同富裕的重要路径。

2. 研究意义

（1）弥补城市建设用地利用绩效监管的空白，为土地利用供后监管提供翔实的基础数据

在目前的建设用地监管工作中，缺乏针对中心城区建设用地使用质量的评价及监管环节。对存量建设用地再开发状况的分析，将有助于促进城市存量建设用地的再度开发利用，有助于优化城市土地利用的结构和布局，有助于推动新型城镇化和区域整体发展，有助于以土地利用方式的转变激发经济结构的合理调整和经济发展方式的加速转变，能够为土地利用供后监管工作提供翔实的基础数据。

（2）填补当前城市低效建设用地数据的空缺，为国土空间规划中城市建设用地再开发状况提供数据支持

通过存量建设用地再开发状况分析研究，将过去只测算存量潜力规模扩大到批而未供潜力用地、规划潜力用地等全类型。从自然资源部门已有的土地利用现状数据资料来看，主要包括年度土地利用变更调查成果、国土变更调查成果、城镇地籍数据库、不动产登记数据库以及城市规划用地分类现状

---

① 赵慧宇：《低效工业用地评价与转型策略研究》，天津工业大学硕士学位论文，2020。

图，但以上数据存在图斑尺度较大、现势性不足、覆盖范围不完整等问题。本研究按照不同规划用途、不同行政区单元分别进行存量改造用地、批而未供用地、规划未利用再开发用地规模汇总，分析土地开发改造地块的规模与分布等，为国土空间规划编制提供参考依据。

（3）为政府制订土地储备计划、存量开发计划，编制国土空间规划等提供决策支撑

通过存量建设用地再开发状况分析研究判断试点城市建设用地利用绩效和存在的问题、梳理存量建设用地再开发改造策略，探明城市建设用地节约集约利用的改进方向和挖潜路径，为制定科学开发土地集约利用潜力、强化城市土地供应与用地管理、促进节约集约用地的对策提供依据，特别为城镇低效用地再开发规划、土地储备计划提供决策基础，以期为全国城市土地节约集约利用水平提高提供现实路径。

（4）为西部欠发达地区城市存量建设用地再开发探索路径与方法

与东部沿海发达地区不同，西部城市经济发展水平较低、资料信息化程度不高、部分基础资料缺失，导致城市存量建设用地再开发分析工作开展较为困难，发达地区大型城市探索出的方法路径不完全适用。本专题将西部地区遂宁市纳入研究范畴，通过探索出一条因地制宜的存量建设用地再开发路径，对相似城市开展工作具有关键的借鉴意义。

（二）研究目标

1. 探索存量建设用地再开发调查路径和方法

聚焦建设用地审批——竣工全过程状况以及建设强度、利用效益等目标，综合提升土地利用现状、空间规划、土地批供、土地利用效益等方面数据获取的可行性，建立多路径指标数据获取方法，增强基础数据的可获性、权威性、可靠性。

2. 探索城市存量低效建设用地再开发机制

坚持问题导向与目标导向相结合，以土地集约利用为出发点和落脚点，突出当前最需关注居住用地、商服用地、工业用地、教育用地等类型的低效

用地情况[①]，通过单因素集成评价，提高评价结论针对性，厘清低效用地类型和原因，总结低效利用土地的可改造策略。

3. 探索城市存量低效建设用地再开发典型案例

研究梳理城市建设用地再开发典型案例，分析相应的开发方式及开发时序配置，为老城区有机更新、存量土地潜力挖掘、新增指标合理安排等工作提供指导依据，有助于制定有针对性的政策措施，达到有效提高土地利用效率和社会、经济效益的目的。

（三）基础数据与方法

1. 基础数据说明

（1）基础空间地理数据

基础空间地理数据主要用于工作底图制作、图件成果制作等。数据由试点城市自然资源部门提供，包括区界线、镇（街道）界线、地名注记、城市道路交通、河流水系、政府驻地、高程特征点、重要地物等矢量图层。

（2）土地利用现状数据

城市用地分类现状图：从试点城市总体规划成果中提取，主要用于确定评价单元现状用地分类。

城镇地籍数据库：包括地表宗地红线图、地上建筑图，主要用于划定评价单元范围、确定评价单元城镇地籍用途等。

最新的卫星影像图：主要用于工作底图制作、评价单元现状用地分类核实判断、评价单元建筑基底范围勾划等。

（3）空间规划数据

各试点城市土地利用总体规划成果：主要用于确定评价工作地域，数据库成果包含试点城市中心城区范围线，以及 JSYDGZQ（建设用地管制区）、QMDLTB（期末地类图斑）、TDYT（土地用途）三个图层。

城市总体规划成果：主要辅助用于确定评价工作地域内控制性详细规划

---

① 马国庆、赵金梅、冯丽媛、宋文泽：《基于宗地尺度的建设用地节约集约利用评价和潜力规模测算——以宁夏吴忠市利通区为例》，《宁夏大学学报》（自然科学版）2021 年第 9 期。

未覆盖区域的土地规划用途，包含中心城区用地规划图层、中心城区空间管制规划图层。

控制性详细规划成果：主要用于评价单元规划用途确定。

（4）土地批供数据

建设用地审批数据：主要用于确定批而未供潜力地块、规划未利用潜力地块，数据由各试点城市自然资源部门提供。

土地市场交易数据：主要用于用地判定标准确定、潜力测算、评价结论分析，数据由各试点城市自然资源部门提供。

土地供应数据：主要用于确定批而未供潜力地块，辅助用于划定评价单元，数据由各试点城市自然资源部门提供。

（5）建筑状况数据

城镇地籍数据库（地上建筑图）：主要用于确定评价单元地上建筑物基底面积、建筑面积、容积率等信息，数据由各试点城市自然资源部门提供。

对于地籍数据库未覆盖区域或缺失建筑物基底信息的评价单元，通过两种方法对其建筑信息进行补全。一是通过自然资源部门提供的土地出让资料，查找地上建筑的规划设计条件，确定规划容积率、建筑密度等信息；二是根据各区房屋管理部门提供的部分工程竣工验收报告、测绘报告等资料直接获取建筑基底面积和建筑面积信息。

对于地籍图未覆盖区域，根据遥感影像图勾画地上建筑物的基底面积，再通过网络地图或到实地补充调查建筑物层数，根据勾画的建筑基底面积，计算宗地建筑物的建筑面积以及建筑密度。

（6）社会经济数据

①行政区统计范围内GDP、固定资产投资、税收

主要来源试点城市2018年度的统计年鉴、统计公报和政府工作报告。

②单个工业企业行业类别、利税、固定资产投资、总产值

单个工业企业行业类别通过网络地图或实地调查，获取工业用地评价单元地上企业的名称和产业信息，并按《国民经济行业分类》（GB/T 4754—2017）确定现状行业类别。

经咨询工信、统计、园区管委会等部门，目前政府部门掌握的工业固定资产投资、工业企业的产值数据，一般是规模以上企业或园区开发区内的企业数据，大量的中小企业，尤其是集体工业用地上的中小企业，并未掌握。同时，因涉及企业商业机密，统计部门按照《中华人民共和国统计法》的规定不对外提供单个企业的经济数据，实地调查的方式同样难以获取。为保障本次试点工作能够按期完成，结合广东省开展同类研究工作中因资料获取困难已删除固定资产投资指标的做法，本研究暂将地均固定资产投资指标删除。

③学校学生数

根据划定的教育用地评价单元，通过学校名称和座落信息，将台账清单中各学校的学生人数逐一匹配到对应的教育用地评价单元，并对清单中多出的学校，核实其是否在工作地域内，若在工作地域内，核实调查对应评价单元后补全。对于个别有分校区的学校，根据各分校区的建筑面积比例对该学校的学生总数进行分摊，得到各分校区的学生数。

④行政办公在职办公人员数

根据划定的行政办公评价单元，通过行政办公单位名称和座落信息，将台账清单中各行政办公的在职人员数逐一匹配到对应的行政办公评价单元，并对清单中多出的行政办公单位，核实其是否在工作地域内，若在工作地域内，核实调查对应评价单元后补全。对于一个行政办公评价单元上有多个行政办公单位的，则对应汇总各行政办公单位的在职人数作为该行政办公评价单元在职行政办公人员数。

（7）土地开发成本及出让价格数据

①房屋征收拆迁

收集中心城区内近五年发生的拆迁房屋征收案例，各区印发的土地和房屋征收补偿标准，主要通过互联网收集。

②土地储备成本数据

土地储备成本数据为试点城市土地储备中心提供的储备用地分布图，包括储备土地的基本情况、储备成本、规划用途等信息。

③土地级别与基准地价更新成果

土地级别与基准地价更新成果从各区政府网站获取，包括土地级别图、基准地价图、成果应用指南等。

2. 研究方法

城市存量建设用地分析研究主要的研究方法为资料收集与实地调查相结合、定量评价与定性分析相结合、统计分析与空间分析相结合、整体评价与典型分析相结合和综合分析与探讨性研究相结合的方法。

（1）资料收集与实地调查相结合的方法

开展资料收集。按照《技术指南》梳理本项目涉及国土、税务、发改、住建、教育、工信、统计等多个部门数据的资料清单。通过网络、介绍函件形式与所涉及的单位一一对接，收集各试点城市土地利用总体规划、城市总体规划、土地批供数据，企业选址数据、不动产登记发证、地籍数据、基准地价数据等相关资料。

开展内业处理。根据收集的不动产资料、地籍资料和土地变更调查资料，确定宗地边界、权属、地类等信息，标注不确定宗地信息，制作工作底图；同时针对地籍图没有覆盖到的建设用地，套和遥感影像图进行建筑情况的判读和解析，勾绘城市建构筑物基底、露天操作场和露天堆场；最后根据收集到的税收、人口、工业总产值数据与宗地进行衔接，明确外业调查对象和数据。根据资料收集和内业处理情况梳理土地利用状况调查工作步骤和技术路线，准备实地调查所需表格。

（2）定量评价和定性分析相结合的方法

以《技术指南》为技术指导，一是依据相关规划标准及有关政策，分类、分级设置集约用地及低效用地标准；二是采用单因素集成评价法通过单项评价指标内部逻辑关联逐层筛选出低效利用类型用地。[1] 在此基础上，通过深入分析研究，分析土地利用状况、土地管理水平、产业发展和经济状况，总结存量建设用地再开发的特点和存在问题。通过定量评价和定性分析相结合的方法，提出存量建设用地再开发策略。

---

[1] 马国庆、赵金梅、冯丽媛、宋文泽:《基于宗地尺度的建设用地节约集约利用评价和潜力规模测算——以宁夏吴忠市利通区为例》,《宁夏大学学报》(自然科学版) 2021 年第 9 期。

（3）统计分析与空间分析相结合的方法

在汇总分析数据的同时，利用 GIS 空间分析法，掌握建设用地的空间布局、结构、节约集约利用情况、潜力分布情况、土地收益分布情况[1]，对各宗地的不同评价指标的总体水平、空间分布及特征进行分析，从而客观、清晰地掌握存量建设用地的空间分异特征和规律。

（4）整体评价与典型分析相结合的方法

本研究为深化研究结果，分析各项评价指标现状的最大、最小、均值水平以及不同用地类型间的差异，并选取邻近市（县、区）或邻近省同一等别市（县、区）等典型案例进行比较，提出存量建设用地再开发管理的措施和建议。整体评价与典型分析相结合，多角度充实评价成果。

（5）综合分析与探讨性研究相结合的方法

研究采用综合分析与探讨研究相结合的方法，总结存量建设用地再开发的特点和管理存在的问题，结合其他地区的优良经验，提出有针对性并且切实可行的对策和建议，对下一步提高城市存量建设用地再开发管理水平和土地的集约利用水平具有借鉴作用。

二　存量低效建设用地再开发判定

（一）存量再开发建设用地划定基础

1. 再开发建设用地划分准则

基于土地利用效率低下的主要原因，从规划导向、开发利用强度导向、用地效益导向三个层级递推而来，可将低效利用的土地类型划分为三种：用途配置低效型、开发强度低效型和利用效益低效型。[2]

（1）规划符合度准则评价标准

采用规划用途一致性单项指标进行评价的，直接依据标准值进行判定。

---

[1] 李丽娟、樊林京：《驻马店市土地利用总体规划实施评价》，《安徽农业科学》2019 年第 1 期。

[2] 曾凡彬：《萍乡市中心城区城镇低效用地评价与空间格局研究》，江西师范大学硕士学位论文，2020。

采用规划用途一致性和产业导向符合性两项指标进行评价的，参考表1所示判别矩阵进行判定。将规划用途不一致或产业不符合的，直接纳入低效利用类型，统一归并为用途配置低效型。

表1 各类用地规划符合度的参考判别矩阵		
规划用途一致性	产业导向符合性	
	符合	不符合
一致	—	用途配置低效型
不一致	用途配置低效型	用途配置低效型

（2）建设强度准则评价标准

剔除用途配置低效型土地，基于综合容积率和建筑密度进行判别，对于二者均高于集约利用标准值区间上限的直接判定为过度利用类型，对于容积率和建筑密度均低于集约利用标准值区间下限，且有一项低于低效利用标准值下限的直接判定为低效利用类型，具体参考表2所示判别矩阵进行判定。

表2 各类用地建设强度参考判别矩阵				
建筑密度	容积率			
	过度	集约	中度	低效
过度	过度	集约	集约	中度
集约	集约	集约	集约	中度
中度	集约	集约	中度	低效
低效	中度	中度	低效	低效

（3）利用效益准则评价标准

采用一项利用效益指标进行评价的，直接依据标准值进行判定，采用两项利用效益指标进行评价的，对于两项指标现状值均高于低效利用标准值，且有一项高于集约利用标准值的，判断为集约利用类型，反之，对于两项指标现状值均低于集约利用标准值，且有一项低于低效利用标准值的，判断为低效利用类型，具体参考表3所示判别矩阵进行判定。

表3　各类用地利用效益的参考判别矩阵			
指标2	指标1		
	集约	中度	低效
集约	集约	集约	中度
中度	集约	中度	低效
低效	中度	低效	低效

注：住宅用地指标为人口密度（R4）；商服用地指标1为商业物业出租（营业）率（C5），指标2为地均税收（C6）；工业用地指标1为地均固定资产投资（I6），指标2为地均税收（I8）；教育用地指标为地均服务学生数（E4）。

（4）土地集约利用状况评价标准

基于建设强度和利用效益两项准则，对于建设强度过度的直接判定为过度利用型，对于建设强度和利用效益均为低效用地类型，根据开发强度优先判定为开发强度低效型，利用效益低效的无论建设强度是否集约都判定为利用效益低效型，具体参考表4所示判别矩阵确定各类用地集约利用状况。

表4　各类用地集约利用状况的参考判别矩阵				
利用效益	建设强度			
	过度	集约	中度	低效
集约	过度利用型	集约利用型	集约利用型	中度利用型
中度		集约利用型	中度利用型	开发强度低效型
低效		利用效益低效型	利用效益低效型	开发强度低效型

2. 低效存量建设用地评价标准值设定依据

低效存量建设用地评价标准值设定依据主要来自三个方面。第一，试点城市控制性详细规划确定的容积率最高控制区间，结合相关建设用地控制指标确定[①]；第二，地方近三年出让合同约定（或划拨决定书）的宗地容积率、

---

① 翁磊：《基于蚁群算法的县域土地利用结构优化研究——以岑溪市为例》，广西师范学院硕士学位论文，2016。

建筑密度、投资强度等实际出让宗地指标值的平均值、最大值区间，结合相关建设用地控制指标确定[①]；第三，国家和地方制定的法律、法规、制度及各类土地使用的技术标准[②]。当缺乏上述依据和标准时，可选择依据现状值进行排序，按照一定比例进行确定。

不同用地类型的标准值确定详见表5。

指标层	标准值	确定的依据和方法思路
表5　详细评价用地状况定量评价标准值		
规划用途一致性	低效利用	依据总体规划或详细规划确定的用途要求，现状用途与规划用途一致为集约，现状用途与规划用途不一致，规划确定改造的老城区、棚户区等为低效
产业导向符合性	低效利用	依据各类产业发展规划等要求，现状产业与规划产业用途一致为集约，现状产业与规划产业用途不一致，禁止类、淘汰类等为低效
综合容积率	低效利用	依据控制性详细规划确定的容积率最高控制区间确定，根据《城市居住区规划设计规范》《工业项目建设用地控制指标》《普通高等学校建设用地指标》《中小学校设计规范》《文化馆建设标准》《综合社会福利院建设标准》《综合医院建设标准》等综合确定
建筑密度建筑系数	低效利用	依据地方编制的城市建设相关规定、技术标准、控制性详细规划指标，根据《城市居住区规划设计规范》《工业项目建设用地控制指标》《普通高等学校建设用地指标》《中小学校设计规范》《文化馆建设标准》《综合社会福利院建设标准》《综合医院建设标准》等综合确定
人口密度	低效利用	根据《城市居住区规划设计规范》，按照其中划分的建筑气候区划及相应的低层、多层、高层人均居住区用地指标，得到不同规划住宅类型的人口密度
商业物业出租（营业）率	低效利用	依据集约利用标准和现状值的一定比例综合确定
地均税收	低效利用	依据商丘市产业园区准入标准，根据《工业项目建设用地控制指标》，集约利用标准和现状值的一定比例等综合确定

3. 再开发建设用地划分类型

再开发建设用地是指在现有技术、经济和制度条件下，通过拆迁、收储、

[①] 许志伟：《即墨市中心城区建设用地集约利用状况评价研究》，山东师范大学硕士学位论文，2015。

[②] 兰晓华：《新型城镇化进程中城市土地集约利用评价研究——以昆山市为例》，南京师范大学硕士学位论文，2014。

回购、征收等各种方式可进行开发改造的土地。规划不符合的地块中，确定是棚户区改造地块的低效用地，直接认定为存量改造地块。产业导向不符合的地块中，确定是重污染搬迁企业用地、"僵尸企业"用地、"退二进三"产业用地等，直接认定为存量改造地块。其他用途配置低效型、开发强度低效型用地中，扣除未开发建设、正在开发建设的低效用地，剩余地块认定为可改造开发的存量地块。

（1）存量改造潜力地块

提取评价单元中的用途配置低效型和开发强度低效型用地，以此数据为基础。另外，对于居住用地，根据棚户区改造计划，提取项目涉及地块，纳入存量改造地块中。在上述数据的基础上，扣除正在建设的低效用地，得到最终存量改造潜力地块。

（2）批而未供潜力地块

批而未供潜力地块以建设用地报批、供应数据为基础，从收集到的批而未供数据图层中提取已经批准但尚未成交或未供地的土地。

（3）规划未利用潜力地块

从工作地域中选取权属为集体的地块，对比现状用途与规划用途，结合用地审批资料，提取已有明确规划用途但还未报批或未通过用地审批的地块。

（二）再开发建设用地划定方法

1. 指标评判阈值确定

按照"依规依法、因地制宜、区位差异、政策导向"的原则，在对各用地类型进行分区（分类）的基础上，依据国家、城市相关规定标准、规划指标制定、各指标现状值计算结果等多方内容，采用目标值法、现状值排序法合理确定各项评价指标的集约、低效评判标准。具体确定时存在以下特殊情况。第一，现状值排序是在剔除未建、在建、新建成地块的基础上进行的，分类（分区）排序时根据现状值情况采取不同的排序位数，且当排序位数现状值低于拉通排序位，则依据拉通排序位现状值确定评判标准。第二，建设强度指标判定时，个别地块参照其控规规划指标进行判定调整，而未完全按照分区评判标准执行。

2. 可开发改造用地综合识别

以定量评价结果为依据，将集约利用状况为用途配置低效型、开发强度低效型的评价单元作为存量改造潜力地块。根据城市更新部门提供的"三旧"改造计划、棚户区改造计划等资料，将未参评区范围内纳入"三旧"改造和棚户区改造计划的地块也作为存量改造潜力地块；叠加 2018 年遥感影像图，核实上述存量改造潜力地块的利用现状，将空地或正在开发建设但判定为低效用地的地块剔除，形成最终的存量改造潜力地块。

（三）再开发建设用地划定实例

1. 案例区概况

佛山市地处广东省中南部，位于中国最具经济发展活力地区之一，是粤港澳大湾区的重要节点城市之一（见图 1）。

佛山市东接广州，南邻中山、江门，西临肇庆、云浮，毗邻港澳，全境位于北纬 22°38′~23°34′，东经 112°22′~113°23′，东距西、南距北均约 103 千

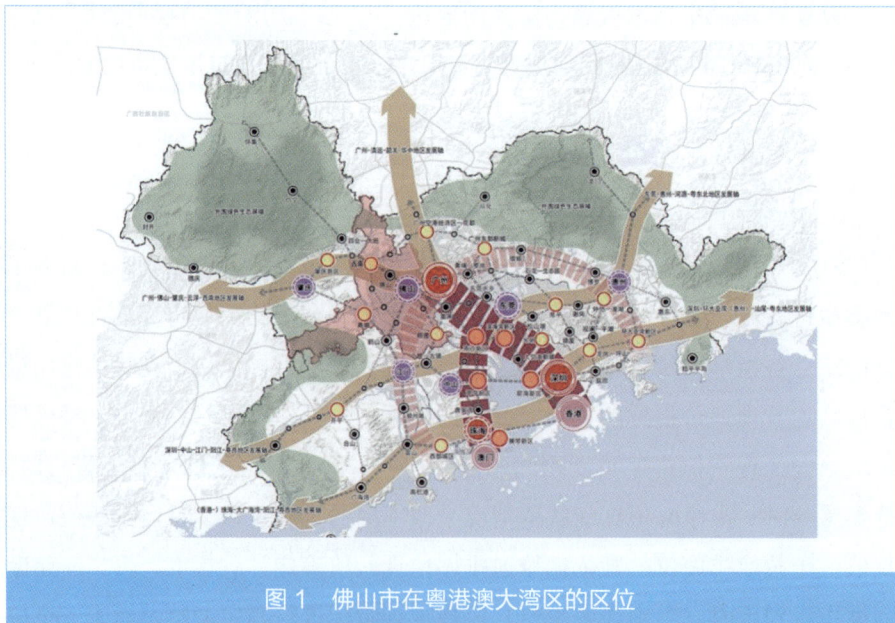

图 1 佛山市在粤港澳大湾区的区位

米，大致呈"人"字形，现辖南海区、高明区、顺德区、三水区和禅城区，全市面积共 3797.72 平方千米（见图 2）。[①]

2019 年 2 月，《粤港澳大湾区发展规划纲要》（以下简称《规划纲要》）正式出台，提出大湾区将建设成为充满活力的世界级城市群、具有全球影响力的国际科技创新中心、"一带一路"建设的重要支撑、内地与港澳深度合作示范区和宜居、宜业、宜游的优质生活圈，凸显创新协同、国际交往、粤港澳合作、活力宜居等发展方向。其中，《规划纲要》提出构建香港—深圳、广州—佛山、澳门—珠海三大极点，发挥强—强联合的引领带动作用。[②] 佛山作为极点城之一，代表其比重要节点城市更加突出的作用。即应通过"广佛极点"提升整体实力和全球影响力，进而深度参与国际合作，同时辐射带动泛珠三角区域发展。此外，《规划纲要》还提到佛港合作，"支持香港与佛山开展离岸贸易合作"；突出佛山的制造业特色，提出"以珠海、佛山为龙头建设珠江西岸先进装备制造产业带"，这些无疑对佛山未来城市空间发展提出了新的要求。[③] 同时，随着粤港澳大湾区战略的实施，湾区的创新驱动产业升级和交通建设也为佛山带来了全新的发展机会，进一步对城市用地提出新的需求，给当下用地空间日益趋紧的佛山市带来更大的用地空间压力，这就需要佛山市全面健全资源高效利用制度，将资源要素的外延扩张转为节约集约，重点推进城市更新行动。而开展建设用地节约集约利用详细评价工作，核心目的就是摸清存量低效地的空间分布、结构和开发潜力，可为城市更新工作低效用地的认定提供依据，评价中罗列的可开发改造成本、收益等将成为安排城市更新改造地块、改造方式和改造时序的基本依据。

2. 存量改造潜力地块判别路径及结果

第一步，将各类评价对象中集约利用状况为用途配置低效型、开发强度

① 邱飞宇：《论流入地区方言对外来农民工语言的影响——以广东省佛山市为例》，汕头大学硕士学位论文，2021。
② 张颖：《珠江三角港口空间结构演化研究》，大连海事大学硕士学位论文，2020；孙园园：《粤港澳大湾区银行业集聚溢出效应研究》，深圳大学硕士学位论文，2019。
③ 陈芷君：《粤港澳大湾区高校技术转移网络变化特征及其动力》，广州大学硕士学位论文，2020。

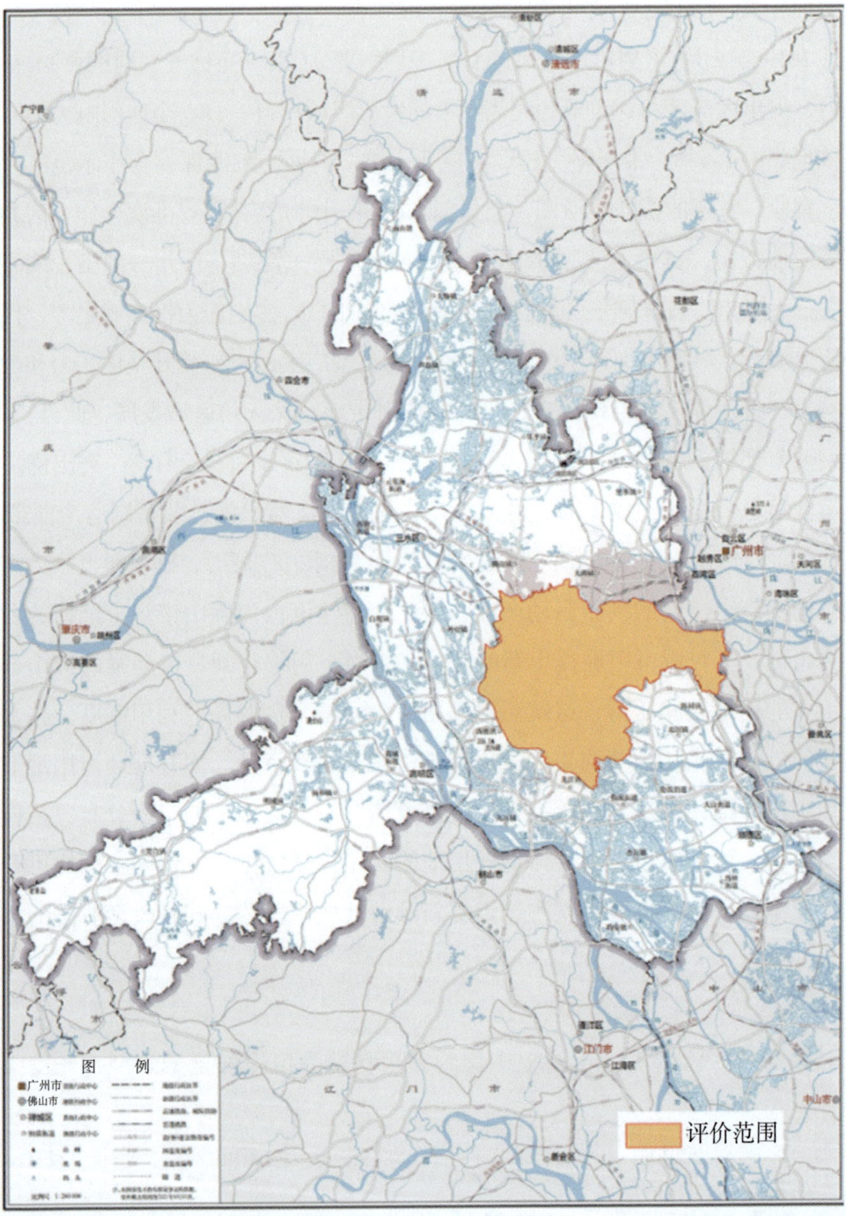

图2　佛山市行政区划

低效型的评价单元筛选出来。

　　集约利用状况为用途配置低效型的各类评价单元共有 1910 个，面积为 4477.71 公顷。其中居住用地 123 个，面积为 182.90 公顷；商服用地 658 个，面积为 894.86 公顷；工业用地 1026 个，面积为 3311.78 公顷；教育用地 29 个，面积为 46.10 公顷；行政办公用地 51 个，面积为 28.73 公顷；其他用地 23 个，面积为 13.34 公顷。详见表 6 和图 3。

表 6　用途配置低效型评价单元统计

统计项	居住	商业	工业	教育	行政办公	其他	合计
数量（个）	123	658	1026	29	51	23	1910
面积（公顷）	182.90	894.86	3311.78	46.10	28.73	13.34	4477.71

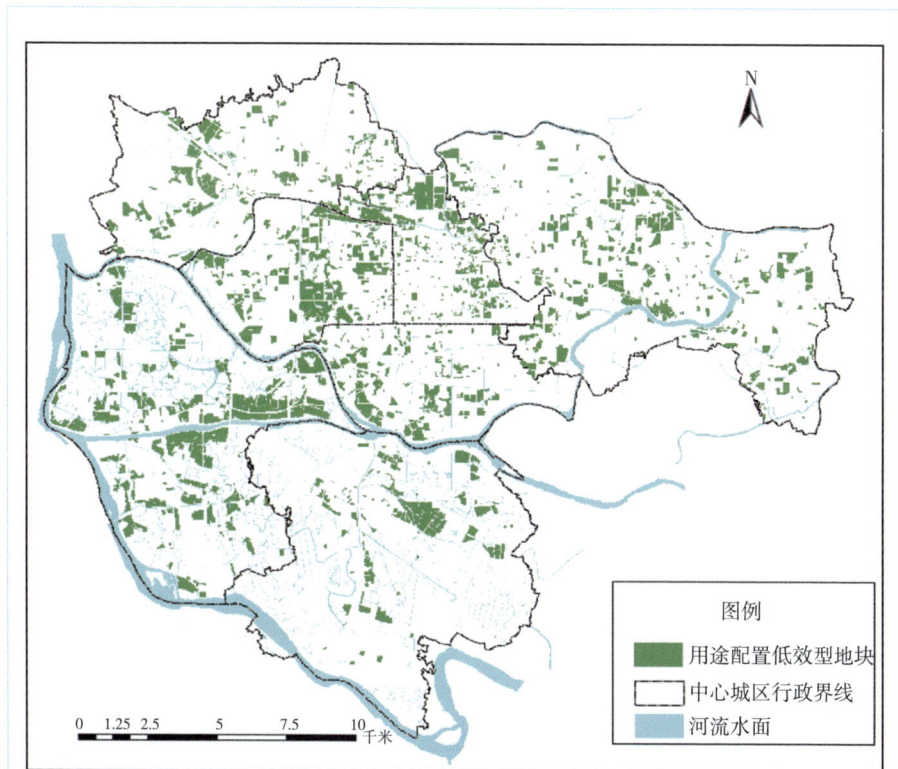

图 3　用途配置低效型地块分布

集约利用状况为开发强度低效型的各类评价单元共有 317 个，面积为 1468.61 公顷。其中居住用地 66 个，面积为 390.80 公顷；商服用地 117 个，面积为 295.87 公顷；工业用地 100 个，面积为 708.51 公顷；教育用地 17 个，面积为 41.63 公顷；行政办公用地 9 个，面积为 12.25 公顷；其他用地 8 个，面积为 19.55 公顷。详见表 7 和图 4。

表 7　开发强度低效型评价单元统计

统计项	居住	商业	工业	教育	行政办公	其他	合计
数量（个）	66	117	100	17	9	8	317
面积（公顷）	390.80	295.87	708.51	41.63	12.25	19.55	1468.61

图 4　开发强度低效型地块分布

第二步，根据佛山市城市更新部门提供的佛山市城市更新专项规划（2016~2035年）成果、《佛山市人民政府办公室关于印发佛山市深入推进城市更新（"三旧"改造）三年行动方案（2019~2021年）的通知》（佛府办函〔2019〕428号）、中心城区"三旧"标图建库成果、佛山市2018年棚户区改造进度计划等资料，确定纳入"三旧"改造和棚户区改造计划的地块。其中，在评价工作地域内的棚户区改造项目只有两个，分别为"普君南路C地块安置房项目"和"佛科院同济西项目"；"三旧"改造计划地块则主要根据《佛山市城市更新（"三旧"改造）三年行动方案（2019~2021年）》中确定在2019~2021年改造的地块。详见表8和图5。

表8　评价工作地域内"三旧"改造计划（2019~2021年）

序号	项目	主要建设内容	改造类型	改造规模（亩）	进度安排
1	上元二期地块改造	推动片区旧厂房的整体拆除改造，提升东平水道沿线城市空间品质	旧厂房拆除重建	118	2020年启动
2	石头村改造	推动石头村整体改造，重点提升岭南大道沿线区域环境品质，与佛山城市中轴线的整体定位更为协调统一	旧村居拆除重建	1093	2021年启动
3	石头村新力中心地块改造	推动片区旧厂房整体拆除重建，提升沿岭南大道沿线区域环境品质	旧厂房拆除重建	22	2021年完成
4	澜石港改造	加快推进澜石港关闭，并推进澜石港改造，充分利用港区、作业区现有的建（构）筑物、设施，打造品质滨江	旧厂房拆除重建	849	2019年启动
5	佛山新港改造	推进佛山新港改造，充分利用港区、作业区现有的建（构）筑物、设施，打造品质滨江	旧厂房拆除重建	196	2021年完成
6	石湾陶瓷批发市场改造	推动批发市场片区旧厂房整体拆除重建，提升东平水道沿线城市空间品质	旧厂房拆除重建	782	2021年启动
7	石湾陶瓷仓库片区改造	推动陶瓷仓库片区旧厂房整体拆除重建，提升东平水道沿线城市空间品质	旧厂房拆除重建	489	2021年启动
8	东平河西段改造	推动东平河西段旧厂房整体拆除提升，打造东平水道沿线城市空间	旧厂房拆除重建	332	2020年启动

续表

序号	项目	主要建设内容	改造类型	改造规模（亩）	进度安排
9	深村改造（一期）	先期开展岭南大道东侧沿线50米的拆除提升，具备条件时推动深村城中村改造	旧村居拆除重建	719	2021年启动
10	深村改造（二期）	先期开展岭南大道西侧沿线50米的拆除提升，具备条件时推动深村城中村改造	旧村居拆除重建	482	2021年启动
11	深村改造（三期）	先期开展绿景路沿线的综合整治，具备条件时推动片区整体拆除改造	旧村居拆除重建	75	2021年启动
12	深村经联大厦项目	推动深村城中村改造，提升文华公园南侧、亚艺公园西侧城市空间品质	旧村居拆除重建	66	2020年启动
13	深湾一号	推动旧厂房整体拆除重建	旧厂房拆除重建	22	2020年启动
14	深村仁和仁五改造项目	推动深村城中村改造，提升文华公园南侧、亚艺公园西侧城市空间品质	旧村居拆除重建	44	2020年启动
15	深村南东南西股份合作经济社改造项目	推动旧厂房整体拆除重建	旧厂房拆除重建	33	2020年启动
16	塘头村改造	先期对佛山大道、魁奇路沿线进行综合整治，具备条件后进行拆除重建	旧村居综合整治、拆除重建	792	2020年启动
17	湾华村改造	推动旧村居整体拆除重建，提升轨道站点周边城市环境品质	旧村居拆除重建	714	2021年启动
18	番村改造	先期对佛山大道、魁奇路沿线进行综合整治，具备条件后进行拆除重建	旧村居综合整治、拆除重建	614	2021年启动
19	外沙工业区改造	推动旧厂房整体拆除重建，提升佛山水道及王借岗公园周边的环境品质	旧厂房拆除重建	408	2021年启动
20	莲塘工业区改造	沿季华路、沈海高速、东平水道沿线进行综合整治，具备条件后进行拆除重建	旧厂房综合整治、拆除重建	595	2020年启动
21	果房新村改造项目	推动片区旧村居整体拆除重建	旧村居拆除重建	376	2020年启动

序号	项目	主要建设内容	改造类型	改造规模（亩）	进度安排
22	化纤厂地块（二期）改造项目	推动旧厂房整体拆除重建，提升中轴线北门户片区的整体城市品质	旧厂房拆除重建	199	2021年启动
23	海天酱油厂改造	推动旧厂房整体拆除重建，提升中轴线北门户片区的整体城市品质	旧厂房拆除重建	189	2021年启动
24	原一针厂地块改造项目	推动旧厂房整体拆除重建，提升中轴线北门户片区的整体城市品质	旧厂房拆除重建	26	2021年启动
25	诚通纸业地块改造项目	推动旧厂房整体拆除重建，提升中轴线北门户片区的整体城市品质	旧厂房拆除重建	115	2020年启动
26	东升厚安旧村改造项目（水泵厂二期改造项目）	推动旧村居整体拆除重建，提升中轴线北门户片区的整体城市品质	旧村居拆除重建	41	2021年启动
27	原山湖地块改造	推动旧厂房整体拆除重建，打造城市地标，提升季华路沿线的整体城市品质	旧厂房拆除重建	100	2020年启动
28	原周记地块改造	推动旧厂房整体拆除重建，打造城市地标，提升季华路沿线的整体城市品质	旧厂房拆除重建	130	2019年启动
29	砂轮厂周边地块改造项目	推动旧厂房整体拆除重建	旧厂房拆除重建	121	2021年启动
30	人民公园改造项目	推动整体拆除，改造为公园	旧城镇拆除重建	42	2019年启动
31	朝东1号地块改造项目	推动旧厂房整体拆除重建	旧厂房拆除重建	253	2021年启动
32	永新南沙旧村改造项目	推动南沙村城中村改造，提升文华公园北侧城市空间品质	旧村居拆除重建	72	2021年启动
33	永新南沙工业区改造	先期对同济路沿线进行综合整治，具备条件后进行拆除重建	旧厂房综合整治、拆除重建	109	2021年启动
34	绿地中心北侧改造项目	先期对同济路沿线进行综合整治，具备条件后进行拆除重建	旧厂房综合整治、拆除重建	38	2021年启动
35	通济大院东侧镇安厂房区改造项目	先期对同济路沿线进行综合整治，具备条件后进行拆除重建	旧厂房综合整治、拆除重建	35	2020年启动

续表

序号	项目	主要建设内容	改造类型	改造规模（亩）	进度安排
36	广东金融高新技术服务区C区夏北片改造区	推动旧村居整体拆除重建，提升广东金融高新区的城市品质	旧村居拆除重建	2859	2019年启动
37	平南平洲工业园区改造	推动旧厂房整体拆除重建，提升三龙湾片区的城市品质	旧厂房拆除重建	2792	2021年启动
38	三山立交东侧工业地块改造	推动旧厂房整体拆除重建，提升三龙湾片区的城市品质	旧厂房拆除重建	143	2021年启动
39	平南"合记围""五福围上间"村级工业园改造项目	推动旧厂房整体拆除重建，提升三龙湾片区的城市品质	旧厂房拆除重建	222	2019年启动
40	平胜工业区改造	推动旧厂房整体拆除重建，提升三龙湾片区的城市品质	旧厂房拆除重建	889	2021年启动
41	石硝一村改造	推动石硝一村的整体拆迁改造，重点推进季华路、桂澜路界面片区的改造	旧村居拆除重建	512	2020年启动
42	石硝四村股份合作经济社旧村居整村改造项目	推动石硝一村旧村居与村级工业园整体拆迁改造，重点推进季华路、桂澜路界面片区的改造	旧村居拆除重建	1076	2020年启动
43	石硝钢铁市场住宅项目（桂澜路西侧）	推动片区旧厂房的整体拆迁改造，重点推进桂澜路界面片区的改造	旧厂房拆除重建	242	2020年启动
44	石硝"六亩围""黄柏围"工业区改造项目	推动片区旧厂房的整体拆迁改造，重点推进桂澜路界面片区的改造	旧厂房拆除重建	195	2020年启动
45	叠北经济联合社华南汽车城升级改造	结合佛山水道和海八路的景观提升，推动海八路北侧南海车城（爱车小镇）区域整体拆迁改造	旧厂房拆除重建	831	2019年启动
46	映月湖产业社区改造	改造为产业社区，优化提升片区办公环境及社区服务	旧城镇拆除重建	224	2020年启动
47	北约村	推动虫雷岗公园周边的北约村旧村居整体拆除改造，促进该区域的整体环境品质与南海中轴线的整体定位更为和谐统一，打造富有特色和品质的城市空间	旧村居拆除重建	457	2020年启动

序号	项目	主要建设内容	改造类型	改造规模（亩）	进度安排
48	高田工业区改造	推动旧厂房整体拆除重建，重点推进桂澜路界面片区的改造	旧厂房拆除重建	437	2020年启动
49	钢铁市场改造（桂澜路东侧）	推动旧厂房整体拆除重建，重点推进桂澜路界面片区的改造	旧厂房拆除重建	31	2021年启动
50	聚贤村改造	推动旧村居整体拆除重建，重点推进平洲水道沿线界面片区的改造	旧村居拆除重建	199	2021年启动
51	联星旧村改造项目	推动旧村居整体拆除重建	旧村居拆除重建	1550	2020年启动
52	联和村改造	推动旧村居整体拆除重建	旧村居拆除重建	992	2021年启动
53	街边货场片区改造	推动旧厂房整体拆除重建	旧厂房拆除重建	298	2020年启动
54	下沙沙田工业区改造	推动旧厂房整体拆除重建，提升东平水道沿线城市空间品质	旧厂房拆除重建	297	2020年启动
55	朗沙上朗工业区改造项目	推动旧厂房整体拆除重建，提升东平水道沿线城市空间品质	旧厂房拆除重建	202	2020年完成
56	上沙里围工业区改造项目	推动旧厂房整体拆除重建，提升东平水道沿线城市空间品质	旧厂房拆除重建	171	2020年完成
57	小布村改造	推动小布村整体连片拆迁改造，打造具备南国水乡、生态宜居特色的居住区和商业商务功能区	旧村居拆除重建	1509	2020年启动
58	大墩村改造	推动大墩村的旧村居及周边村级工业园整体拆除改造，推动佛山新城核心区功能完善	旧村居拆除重建	1847	2020年启动
59	小涌村改造项目一期	推动小涌村周边村级工业园整体拆除改造，推动佛山新城核心区功能完善	旧厂房拆除重建	289	2020年启动
60	小涌村改造项目二期	推动小涌村的旧村居整体拆除改造，推动佛山新城核心区功能完善	旧村居拆除重建	654	2021年启动

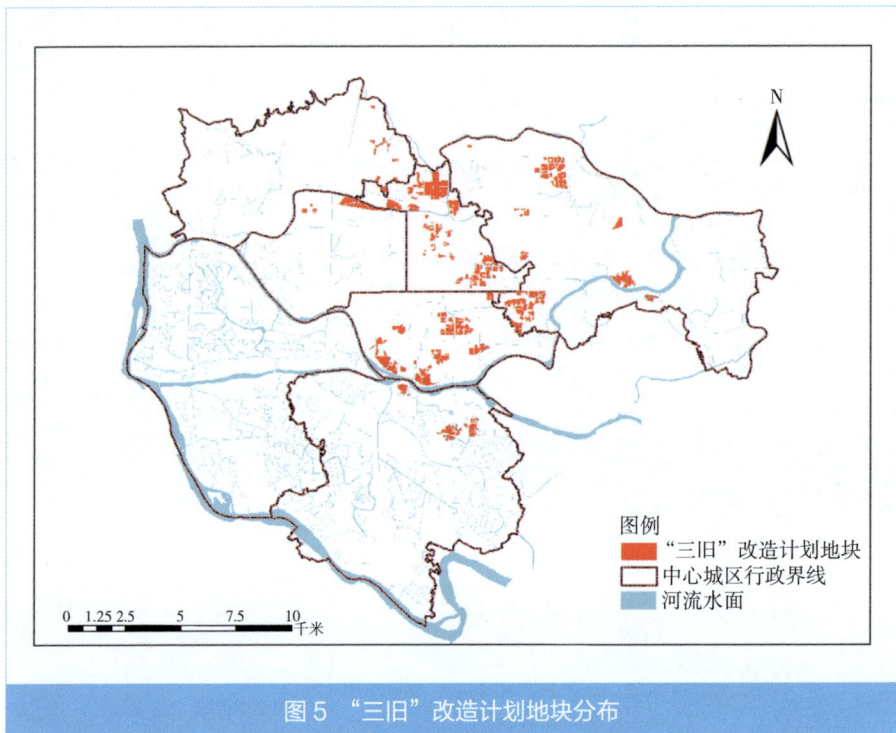

图5 "三旧"改造计划地块分布

第三步，本次纳入"三旧"改造计划的地块共394宗，其中分布在评价对象范围内的共有227宗，分布在未参评区的共有167宗。根据汇总的"三旧"改造计划地块图层，分别与各类评价对象图层叠加分析，检验评价对象范围内的"三旧"改造计划地块是否属于低效用地。经对比分析，在评价对象范围内的227宗"三旧"改造计划地块，其集约利用评价结果均为用途配置低效型用地，反映在评价对象范围内已纳入"三旧"改造计划的地块均为不符合规划的用地。具体分布详见图6。

然后基于用途配置低效型、开发强度低效型用地，将评价对象范围外，即未参与评价区范围内的"三旧"改造地块、棚户区改造地块也作为存量用地改造计划地块，初步作为存量改造潜力地块。[1]

---

① 马国庆、赵金梅、冯丽媛、宋文泽：《基于宗地尺度的建设用地节约集约利用评价和潜力规模测算——以宁夏吴忠市利通区为例》，《宁夏大学学报》（自然科学版）2021年第9期。

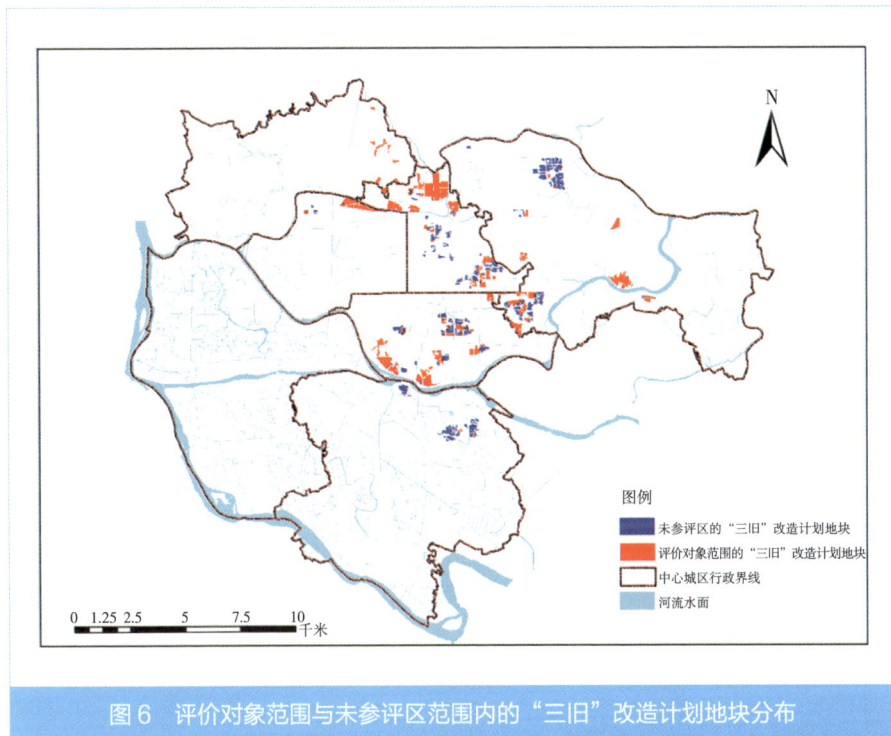

图 6　评价对象范围与未参评区范围内的"三旧"改造计划地块分布

第四步，对初步确定为存量改造潜力地块的利用现状进行核实调查，剔除空地和正在开发建设的低效用地，剩余部分作为最终确定的存量改造潜力地块。确定的存量改造潜力地块共 2394 宗，面积为 6286.49 公顷，其中评价对象范围内共 2227 宗，面积为 5946.02 公顷，占评价对象总面积的 46.35%；未参评区范围内的"三旧"改造计划地块 167 宗，面积为 340.47 公顷。具体分布详见图 7。

3. 批而未供潜力地块判别路径及结果

批而未供潜力地块以建设用地报批、供应数据为基础，提取评价时点已经批准但尚未成交或未供地的地块，具体采用用地报批图层与供地图层进行叠加分析。考虑历史原因导致各区提供的用地报批数据库存在部分缺失历史批文或批文红线，但实际已经供地的情况，因此供地图层中小部分有红线但用地报批图层缺失红线的，不作为批而未供潜力地块。此外本次详细评价不考虑未批先建的情况，对于往年批而未用，评价时点当年建设的，只要已经纳入供地图层的，均不作为批而未供潜力地块。具体的确定过程如下。

第一步，整理评价工作地域内禅城、南海、顺德三个区截至 2018 年 12 月 31 日的历年建设用地报批数据库，结合评价工作开展时各区正在开展的历史建设用地批准文件清理工作成果，形成截至评价时点评价工作地域内的建设用地报批范围。

第二步，整理评价工作地域内禅城、南海、顺德三个区截至 2018 年 12 月 31 日的历年供地数据库，包括划拨、出让用地，形成截至评价时点评价工作地域内的建设用地供应范围图。

第三步，以评价工作地域内建设用地报批范围图为基础进行图层叠加分析，扣除已供应的建设用地，以及各类评价对象范围和存量改造潜力地块范围；然后结合城镇地籍宗地图，分析用地报批范围图中剩余的宗地是否已经在城镇地籍宗地图中，若已经在城镇地籍宗地图中，经核实为已供地后剔除，

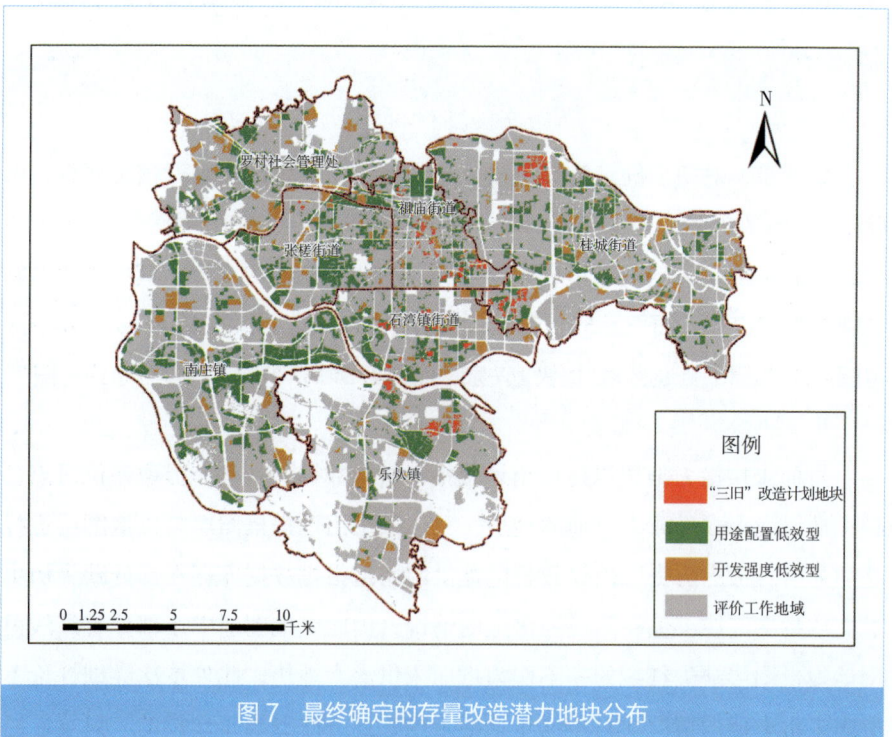

图 7　最终确定的存量改造潜力地块分布

剩余的建设用地报批范围则为批而未供范围；最后结合遥感影像图，核实土地利用情况，剔除已建设的地块。最终确定的批而未供潜力地块共 122 宗，面积为 278.81 公顷，具体分布详见图 8。

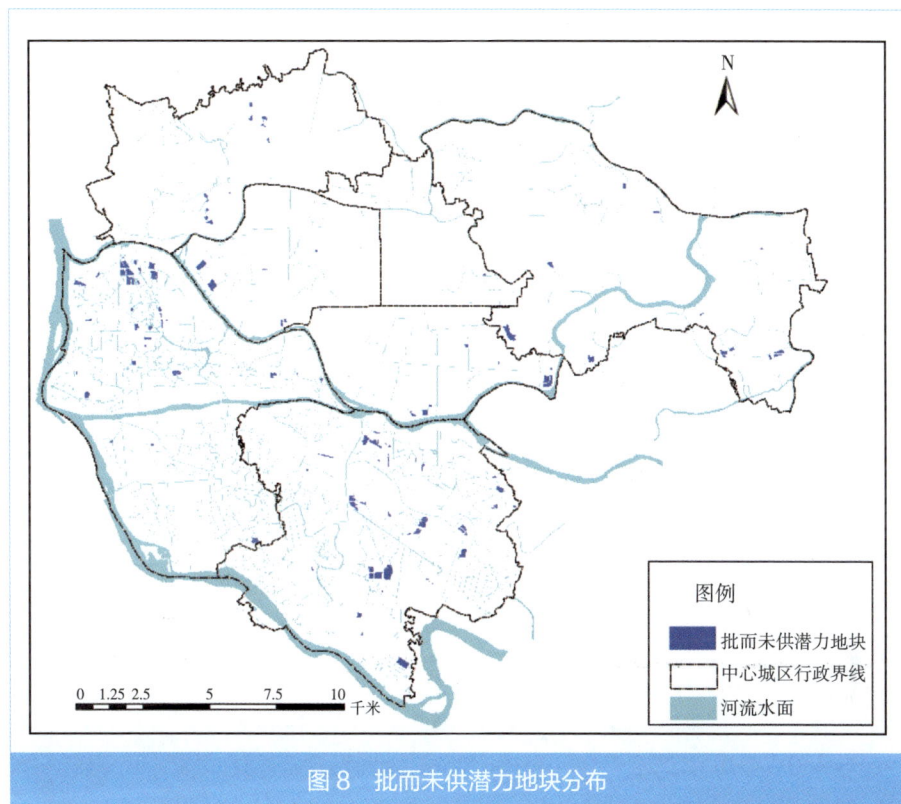

图 8　批而未供潜力地块分布

4. 规划未利用潜力地块判别路径及结果

规划未利用潜力地块以现状图与规划图对比为基础，结合用地审批资料，提取已有明确规划用途但还尚未报批或未通过用地审批的地块。

以佛山市详细评价工作地域范围图为基础，分别扣除各类评价对象范围、存量改造潜力地块范围、批而未供潜力地块范围，再叠加评价工作地域内现状用地分类图、控制性详细规划图进行分析，结合用地审批资料，提取已有明确规划用途但尚未报批或未通过用地审批的地块作为规划未利用潜力地块。

最终确定为规划未利用潜力地块共 324 宗，面积为 665.62 公顷，具体分布详见图 9。

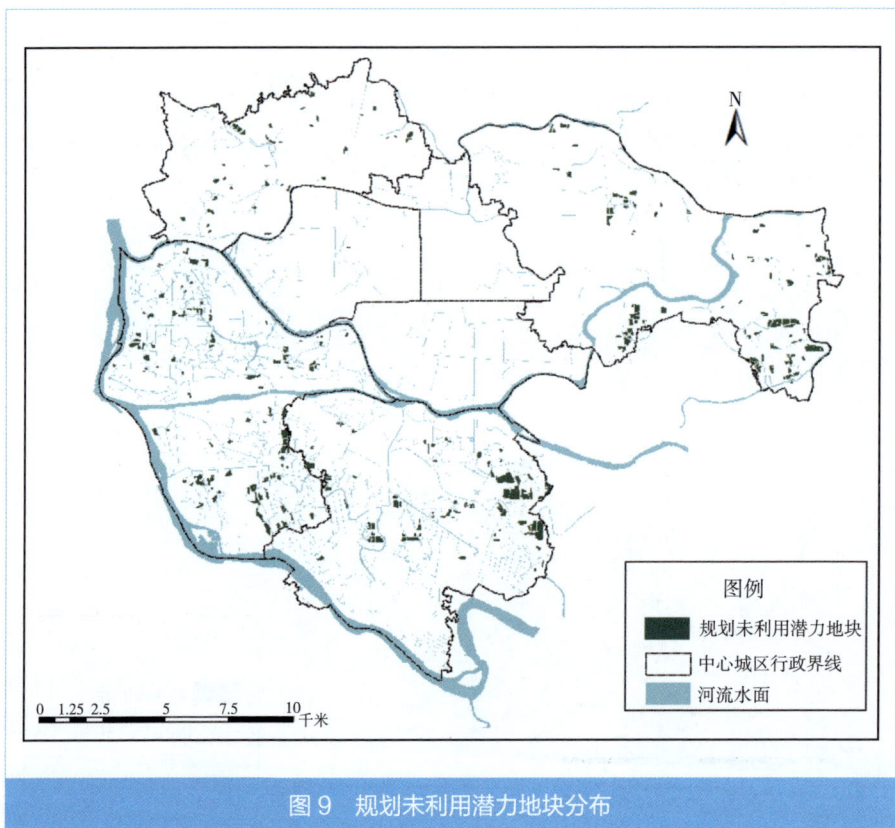

图 9　规划未利用潜力地块分布

三　城市存量低效建设用地现状特征及成因分析

（一）存量低效再开发建设用地总体特征

1. 老城区内分布较为零散，且地块较小，不利于规模化集中再开发

控制性规划单元片区内部低效用地分布较为集中，呈片状分布，且散乱无序，集中在交通枢纽及交通核心路径围合的区域内，多为小区内部的棚户区、危房等，房屋以多层或低层为主，布局混乱，卫生状况不佳，总

体土地利用效率较低，地块面积较小，平均面积不足 3 公顷，单独再开发实施困难，产生的经济效益低，其改造的用途主要是优化人居环境和城市面貌。

2. 开发区地块较为集中连片，便于规模化再开发

以城市工业园区为主的产业集聚区内的低效用地地块相对较为集中，平均地块面积 5 公顷以上，可以集中开发，避免形成新的边角夹心地、低效用地。

3. 权属清晰明了，有利于支撑再开发顺利实施

清晰的土地权利关系是促进再开发顺利实施的基础，目前城市低效用地权属关系较为明晰。[①]

4. 低效类型较为一致，有利于统一规划、统一实施

城市存量建设用地低效类型较为一致，如试点城市（萍乡市）其中因现状用途与规划用途不相符、制约城市功能发挥的占低效用地总面积的42.35%。布局散乱的地块 262.98 公顷，占低效用地总面积的 12.68%；列入棚改计划的地块 243.21 公顷，占低效用地总面积的 11.73%；列入"退二进三"的地块 99.05 公顷，占低效用地总面积的 4.78%；列入"僵尸企业"及重污染搬迁改造的地块 273.09 公顷，占低效用地总面积的 13.17%。此外，规划用途科学，但开发利用强度不足，布局零散混杂，用地粗放的占低效用地总面积的 41.30%；开发利用强度合理，但用地效益低下的占低效用地总面积的 16.35%。因此，低效用地类型较为统一，有利于规划的编制，统一规划、统一实施。

（二）存量建设用地低效分类特征

1. 居住用地低效典型区

（1）用途配置低效型

该地块为山西刘庄跃进平房，位于唐山市劳动和社会保障监察支队东部，占地面积为 0.38 公顷，现状为低矮平房，综合现状容积率为 0.65，建筑密度为53%，建筑较密集。常住人口仅 40 人，常住人口密度为 95 人/公顷，周边基础

---

① 李国亮：《高质量发展导向下城市工业低效用地盘活路径研究——以长春为例》，《城市建筑》2020 年第 14 期。

和公共设施较为齐全，北部为商铺，南部为幸福摇篮双语幼儿园，东部为唐山福明养老院，西部是华北煤炭医学院附属医院，规划为二类居住用地和文化设施用地。总体上，房屋较破旧，环境较差，卫生欠佳，街道狭窄（见图10）。

图 10 "用途配置低效型"遥感影像与实地照片信息

（2）开发强度低效型

该地块为电厂工房，东南侧为商贸公司，地籍用途为 071，位于唐山市建华东道与河西路区域，占地面积 1.53 公顷。现状综合容积率为 0.4，建筑密度为 18%，建筑楼层多为 4 层，楼间距较大，人口密度为 122 人／公顷。整体区位条件较好，土地开发强度偏低（见图 11）。

图 11 "开发强度低效型"遥感影像与实地照片信息

（3）利用效益低效型

该地块为锦绣苑，位于建华东道与建设路区域，沿街为门脸，占地面积为1.20公顷，现状综合容积率为3.99，建筑密度为40%，常住人口密度不足60人/公顷。东侧为富丁大厦，西侧为首大医院，北侧为迎春里，南侧是逸翠园小区。该小区2004年建设，常住人口较少，应注重提升小区居住生活环境（见图12）。

图12 "利用效益低效型"遥感影像与实地照片信息

2. 商服用地低效典型区

（1）用途配置低效型

该地块为原集贸市场，位于唐山兴华新型石膏建材厂以西，北部为荒废家具厂，南部为空地，西部为农村居住平房，东部为新华石膏粉厂。占地面积2.04公顷，截至评价时点现状综合容积率为0.3，现已拆除，周边环境较差（见图13）。

（2）开发强度低效型

该地块为厚德仁松商贸有限公司，位于河北省唐山市路北区龙富南道108号附近，北部为空地，南部为唐山市燃气集团第一分公司及沿街汽修，东部为龙泉北里新景楼，西部为艺术学校。占地面积为0.50公顷，楼层为3层，容积率为0.58，建筑密度为22%，商业税收为16.89万元，商业出租率为50%，商业地均税收为33.52万元/公顷。该地块沿街，房屋较旧，车流量较大，附近都是些老旧平房，环境较差（见图14）。

图 13 "用途配置低效型"遥感影像与实地照片信息

图 14 "开发强度低效型"遥感影像与实地照片信息

（3）利用效益低效型

该地块为东汇生活广场，位于唐山市路北区唐丰路东侧，北侧东侧均为空地，南侧为批发市场，西侧为工厂，总占地面积为 16.30 公顷。容积率为 0.99，建筑密度为 31%，商业税收为 55.86 万元，商业地均税收仅为 3.42 万元，商业出租率仅为 40%，利用效益不高。东汇生活广场是中国首席城市生活综合体，位于唐山市政府重点规划建设新城区——南湖西片区西外环核心地段，是集商贸居住、文化娱乐等功能于一体，具有现代风貌特色的高生态品质建设示范区、商业娱乐中心、中高档居住区，东汇生活广场实体经济较为不景气（见图 15）。

图 15 "利用效益低效型"遥感影像与实地照片信息

3. 工业用地低效典型区

（1）用途配置低效型

该地块为唐山化工机械有限公司，位于唐山市路南区友谊街道西电路甲16 号，唐山化工机械有限公司于 2001 年 1 月 3 日在唐山市工商行政管理局海港经济开发区分局注册成立，公司主要经营压力容器设计、制造，石油制品制造（易燃、易爆及有毒有害危险化学品除外），钢结构制造及安装（取得资质后凭资质经营），等等，属于老旧工业企业，占地面积为 3.35 公顷，容积率为 0.85，建筑密度为 35%，工业税收为 24.3 万元，工业地均税收为 7.33 万元 / 公顷。该地块所在区域主导功能为居住生活型，临近生活次干道和支路，车流量大，人流多，周边基础设施一般（见图 16）。

（2）开发强度低效型

该地块为唐山华拓塑胶制品有限公司，位于唐山市路北区荣华东道与开三路交叉路口往西北约 50 米，集设计、生产、销售为一体。公司固定资产1500 余万元，实行股份制，所属行业为橡胶和塑料制品业，经营范围包括建筑用塑料管材加工、销售，食品用塑料包装、销售，塑料制品、建材（不含木材和石灰）、陶瓷制品批发零售，管道和设备安装。占地面积为 0.98 公顷，容积率为 0.35，建筑密度为 31%，工业税收为 12.7 万元，工业地均税收为16.24 万元 / 公顷。该地块空地较多，开发强度有待提高（见图 17）。

图 16 "用途配置低效型"遥感影像与实地照片信息

图 17 "开发强度低效型"遥感影像与实地照片信息

（3）利用效益低效型

该地块为唐山市路桥建设有限公司，公司成立于 1998 年 10 月 14 日，经营范围包括公路工程施工总承包壹级、市政公用工程施工总承包壹级、房屋建筑工程施工（叁级）、承包国外工程项目。该地块位于火炬路 128 号，北侧是唐山保安防火设备制造公司，南面是海科实业有限公司，西侧是陆凯科技有限公司，东侧是大坤元红水厂、中世缘建设工程有限公司。占地面积为 2.29 公顷，容积率为 1.08，建筑密度为 31%，工业税收为 9.4 万元，工业地均税收为 4.1 万元 / 公顷（见图 18）。

图 18 "利用效益低效型"遥感影像与实地照片信息

4. 教育用地低效典型区

（1）用途配置低效型

该地块为唐山二十六中分校，位于河北省唐山市路南区南新西道 78 号，北侧是双新星、双新楼，南侧是凤城天鹅湖庄园，西侧是燕京小区，东侧是唐山市公安局赵庄派出所。占地面积为 0.76 公顷，现状综合容积率为 0.57，建筑密度为 19%。截至目前，学校已搬迁，地块闲置待开发（见图 19）。

图 19 "用途配置低效型"遥感影像与实地照片信息

（2）开发强度低效型

该地块为唐山金名学校（衡水一中唐山分校），成立于 2017 年 8 月 22

455

日，经营范围包括高中、初中学历教育。是一所全封闭、寄宿制、半军事化管理的初、高中学校。校园环境优美、办学实施完善，在校生 500 余人，百余名教师。位于河北省唐山市路北区缸窑路 114 号，北侧为荣华楼，南侧是唐山陶瓷集团有限公司，西侧是环城水系，东侧是市嘉恒实业有限公司。占地面积为 9.71 公顷，现状综合容积率为 0.56，建筑密度为 14%，南侧有部分地块未利用（见图 20）。

图 20 "开发强度低效型"遥感影像与实地照片信息

（3）利用效益低效型

该地块为唐山市第五十二中学，位于路北区谊园道南，占地面积为 2.07 公顷，综合现状容积率为 1.6，建筑密度为 40%，现有在校学生 700 余名，地均服务学生数为 342 人。学校四周正处于开发建设状态，目前，学生人数较少（见图 21）。

5. 其他用地低效典型区

（1）用途配置低效型

该地块为唐山市殡葬管理处，位于钢厂道 20 号，北部是棉北西街，南部是东新村街道新立庄社区，西部是新立庄北楼，东部是新立庄。占地面积为 1.72 公顷，综合现状容积率为 0.25，建筑密度为 22%，规划为其他服务设施用地和二类居住用地（见图 22）。

图 21 "利用效益低效型"遥感影像与实地照片信息

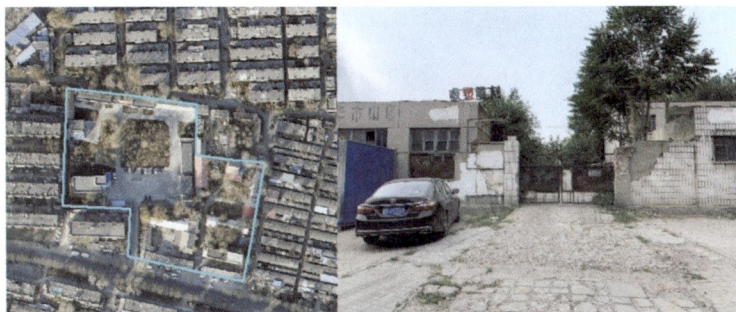

图 22 "用途配置低效型"遥感影像与实地照片信息

（2）开发强度低效型

该地块为路北区果园乡政府，位于西山道 119 号，北侧是河北能源职业技术学院，东侧、南侧均为商铺，西侧是唐山市路北区工商行政管理局。占地面积为 0.52 公顷，楼层为 3 层，现状综合容积率为 0.45，建筑密度为 29%。地块内部停车场用地占比较大，导致开发强度低效（见图 23）。

（三）城市存量低效建设用地成因分析

1. 地块现状用途与规划不一致是主因

低效利用类型土地中，现状用途与规划不一致的面积占比最大，说明中

图 23 "开发强度低效型"遥感影像与实地照片信息

心城区现状用地情况与规划用地结构存在较大差距。结合城市发展实际情况综合分析，发现造成此种情况的主要因素为以下三点。一是城市规划理念较为超前，但未充分考虑到作为一个西部地区中小型城市的经济发展实力，对地块用途的调整变动较大，导致规划与现实脱节，且在规划编制时存在部分地块现实状况掌握不充分的情况。二是旧城区改造存在较大难度，老城区控规在老城区城市问题凸显、亟须疏解更新的背景下编制形成，但由于涉及土地使用权人利益、再开发激励机制不足等多方原因，规划实施难度较大，老城改造较为缓慢。三是城市片区定位的改变导致土地用途的较大变动。中心城区最早形成工业集中发展区，集中布局了大量工业用地，但随着城市发展的需要，南强片区的功能定位变化，规划用地结构与空间布局调整，因此出现了较多现状用途与规划不一致的情况。四是根据本次《技术指南》，规划一致性以《城市用地分类与规划建设用地标准》中类标准进行判定，这对所依据的城市规划的科学性要求极高，使城市规划对评价结果的影响增大。

2. 城市中心城区正处于快速扩张中，已供待建、在建地块较多

除老城区、经开区等土地开发建设较为成熟外，高新区、城市新区均为城市发展新区，正处于快速开发建设中，因此片区内已供待建、在建地块较多，从而导致了评价结果中开发强度低效型用地较多。

3. 早期工业用地规划控制标准较为宽松，老工业用地开发强度普遍不高

除正在开发建设导致现状建设强度低效的用地外，中心城区开发强度低

效型用地以工业用地面积占比最大。主要是因为：一方面，城市发展早期，工业用地开发强度规划指标普遍较为宽松，加上外部市场环境恶化导致企业经营不善或企业自身存在囤地炒地想法等因素，导致了部分工业用地存在开发强度低、圈大建小等现象；另一方面，受机场等交通枢纽布局的影响，早期工业厂房建筑高度受到限制，工业用地建设强度普遍不高。

4. 工业企业经济效益两极化严重，老旧企业发展动力不足，传统产业有待转型升级

中心城区工业企业发展水平不均衡，企业之间土地利用经济效益相差较大，两极化现象严重，特别是地均税收低的工业用地占比较大。从产业类型来看，除电子信息、机械与装备制造等成长型产业发展势头较好外，部分医药制造、农副食品加工等传统产业企业发展动力不足，其他中低端制造业企业、老旧企业数量多、占地面积大，但地均税收普遍较低，甚至无税收，产业结构有待优化调整。

5. 城市发展新区吸引力有待加强，土地利用效益未得到充分发挥

高新区等城市发展新区虽在土地开发建设方面发展迅速，建成许多优质居住楼盘，提升了商业业态，建设状况良好，但因通勤压力、交通不便、就业岗位不足、公共服务设施配套不足等因素，仍部分存在人口密度不足、商业人气欠佳、学校生源规模有待提高等问题。虽然近年来城市新区因人民政府的搬迁入驻，积累了一定的人气，但据规划目标仍有一定差距，人口集聚度有待增强。此外新区内部分低效用地属新建成地块，仍处于效益产出的起步时期，有待日后继续发展提升。

四　存量建设用地再开发机制

通过开展存量低效用地、批而未供土地和规划未利用地块的调查认定，根据城市实际发展需求、土地市场情况、协调难易程度、开发周期、开发成本等，结合潜力测算以及对未来土地供需关系的判断，总结分析再开发条件的存量建设用地再开发目标、方式及时序。

（一）确定改造目标

1. 加快旧城更新改造，提高城市品质

通过城镇存量用地再开发，优化空间布局，更新城市形象，集中拆迁一批老旧小区和商贸店铺，挖潜存量建设用地，增加设立开发强度适中、配套设施完善的住宅区和商贸服务用地，多设休闲娱乐用地，改善城市居住环境并组织较高水平的公共服务设施建设，促进土地资源合理配置和统筹安排。对基础设施条件落后、人居环境脏乱差的旧城镇进行改造，推动城市服务功能的完善和环境品质的提高，充分迎合人们的多样化需求，如居住、休闲、消费等，以调动城市活力，提高城市品质。

2. 加快产业转型升级，推进产业结构优化

充分利用低效城镇用地的再开发潜力，对城镇用地区域内的破旧落后、不满足安全生产和环保要求的产业用地进行腾退，多方式、多渠道地引导"退二进三"[①]，制定配套政策与制度，鼓励企业工业自主淘汰落后生产工艺和生产方式，整合土地资源，合作进行规模"三产"，大力支持其在现代服务业和科教文卫等社会事业的发展。优化土地资源空间布局，促进城市产业结构协调合理，加快产业转型升级。

3. 强化公共服务设施，改善人居环境

通过再开发城镇低效用地，可以释放一定的公共生活空间，补充和完善城市配套设施，健全公共服务体系，增加绿地和公共开敞空间面积，构建功能清晰、等级分明的道路交通系统，改善人居环境。

4. 引导产业转移，改善生态环境

通过城镇低效用地再开发，将位于城市内部不符合安全生产条件、存在安全隐患及容易造成环境污染的工业企业转移至城市外围，降低生态治理成本，同时优化完善城市配套设施及景观绿地，改善城市内部生态环境。

---

① 杨捷:《常州市武进区低效用地再开发研究》，中国矿业大学硕士学位论文，2020。

（二）明确开发方式

基于对土地开发改造潜力地块用地现实情况的综合分析，考虑到再开发规划用途、再开发条件以及再开发主体，土地再开发方式选择主要有单宗开发、整合开发、先期储备和综合整治。其中单宗开发和整合开发是从空间维度明确开发方式，先期储备和综合整治是从时间维度明确开发方式。从"规模扩张"的旧思路转至"存量优化发展"的新模式，简单的改造重建不再能概括存量空间利用，而是通过空间和时间两个维度的区分，深化对可开发改造的潜力地块的有序开发。

1. 空间维度开发方式确定

从空间维度来看，随着城市范围的不断扩张，房地产等综合开发对土地的需求强烈，为了节约土地资源，促进土地集约利用，有必要明确城镇低效用地的开发方式。一是避免开发商圈地，规定居住用地单宗开发面积；二是将城市存量土地进行资源整合，即政府或授权开发商应对城市区域内被多个权属单位占据而无法独立规划开发的零星或分散地块加以整理合并，最后统筹规划或依附某一大项目协同开发的过程。[①] 如规划为公共管理与公共服务设施用地的（如医疗卫生用地、教育科研用地、文化设施用地），由政府采取现金补偿或房屋置换的方式进行盘整收回，因涉及公共利益需要，原则上采取现金补偿方式收回。建设用地各业主联合整合开发的，应按照相关规定成立合作企业或者股份公司进行开发建设，这是考虑为避免行政纠纷，整合土地权属必须为单一主体。基于上述考虑，潜力地块改造可以区分为单宗开发和整合开发。

单宗开发。一方面，面积小于 14 公顷，且规划用途是一类居住用地、二类居住用地的，宜按照单宗开发设置，一旦实施开发，其开发时间不能超过 3 年。另一方面，工业企业用地是以单个企业用地作为评价单元，法人相对独立且清晰，宜实施单宗开发。

[①] 李华忠：《土地整合中相关问题分析》，"估价专业的地方化与全球化"国际估价论坛论文集，2007。

整合开发。扣除单宗开发的地块后，其他潜力地块统一按整合开发进行安排。

2. 时间维度开发方式确定

从时间维度来看，城市低效用地再开发应强化政府部门引导，在对城镇低效用地进行再开发过程中，相关政府部门需要科学把控工作方向，确保能够实现开发经济效益、社会效益和生态效益的有效提升。[①] 在此过程中，政府部门需要确保积极发挥自身主导价值，确保高效利用土地资源，保证对低效用地进行再开发过程中能够获取更大的经济效益。[②] 一方面，应发挥政府土地储备作用，土地收储后再出让。在政府确定的重要特定区域内，市、区土地储备机构根据城市规划和年度储备计划，组织存量低效用地使用权收储，存量低效用地的土地权利人也可以向市、区土地储备机构申请土地使用权收储。[③] 土地储备机构按照相关程序收储土地并进行重新出让的方式。另一方面，除明确需要纳入土地收储范围外，位于完整的规划单元或整个功能区内，区域发展方向、主要功能较为明确，具备统筹规划开发建设条件，可形成相对完整的城市功能的区域，可按照整体转型方式实施低效用地综合整治盘活。或者零星低效改造地块的权利人，按照相关程序对依法取得的土地进行再开发的模式。基于上述考虑，潜力地块改造可以区分为先期储备和综合整治。

先期储备。对政府因城市基础设施和公共设施建设需要调整使用土地的，或城市规划实施后的土地用于商品住宅、商品写字楼等经营性房地产开发以及部分用于经营性房地产开发的，或工业用地等，应由政府依法收回、收购土地使用权后，纳入政府土地储备。[④] 如棚户区改造地块、"僵尸企业"、列入下年度储备计划地块、批而未供地块等可实施先期储备，又如原土地使用权人改变经营内容，土地实际用途与发证用途不符，但与城市规划用途一致，

---

① 肖雄峰:《谈控制性详细规划对城市发展的影响》,《智能城市》2018 年第 4 期。

② 郇宇:《城镇低效用地再开发的相关问题分析》,《中国高新区》2018 年第 9 期。

③ 张健、王博、吕元:《存量视角下城市中心区工业用地更新利用研究》,2020 年工业建筑学术交流会。

④ 潘银浩:《推进土地节约集约利用的实践和思考》,《宁波经济》(三江论坛) 2015 年第 5 期。

亟须享受相关用地政策，完善土地手续。

综合整治。主要针对除先期储备地块外的地块，不宜进行大规模拆建，以综合整治为主，融合辅助性设施加建、功能改变、局部拆建等方式的城市更新[1]，是以提高土地利用效益为目的的开发模式。综合整治通过微改造的形式，增加城市必要的公共空间与配套设施，提升空间品质，改善人居环境，加强住房保障。[2]其他低效、空地或者重污染搬迁改造的地块为综合整治地块。具体又可以分为以下一些方式。

局部拆建。在符合城乡规划和产业发展规划，且没有改变用途的基础上，通过政府引导，对开发地块的性质、功能、格局、建设强度和配套设施等进行部分调整和改造，完善开发模式，以实现土地利用价值和集约程度的提升。例如，企业利用低效建设用地建造标准化厂房，若因此实施改造和提升楼层而提高容积率，则不增收地价。

功能改变。在符合相关规划并经市、县人民政府批准的情况下，鼓励利用现有房屋和土地创建科技研发、工业旅游、文化创意等新产业、新业态。如需要实施"退二进三"的产业用地。

土地转让。对企业依法取得土地使用权后，已投入一定的资金进行土地开发，用地已经满足转让条件，但因项目、资金、预期效益等因素，短期内难以继续开发或达到预期目标的，鼓励企业依法流转土地使用权。[3]

完善用地手续。对于规划未利用地，涉及报批用地审批手续，不能按照上述方式进行开发，需要完善相关用地程序才能继续实施。

（三）确定开发时序

按照"先易后难、突出重点、分期推进、分类指导"的标准，有序实行

---

[1] 仝德、顾春霞:《城中村综合整治对租客居住满意度的影响研究——以深圳为例》，《城市规划》2021 年第 12 期。

[2] 罗富元:《存量规划背景下江西省万安县中心城区城中村改造研究》，江西师范大学硕士学位论文，2021。

[3] 穆静、叶青、王轩:《天津市城市建设用地节约集约利用政策与策略研究》，《中国房地产业》2020 年第 28 期。

城镇低效用地的再开发工作。以单位土地经济潜力为基础，结合再开发利用方式、城市规划实施计划、相关开发建设或改造计划安排和近期建设重点片区、开发建设难度等实际情况进行修正，将已列入政府改造计划的高潜力地块优先配置，划分各开发改造潜力地块利用时序的配置，将潜力利用时序分为近期（3年期）开发地块、中期（5年期）开发地块和远期（5年期以上）开发地块。其具体配置技术方案如下。

考虑中心城区内市、县（区）重点项目以及具备再开发条件的低效用地地块进行重点开发，宜优先按近、短期配置，具体规模视土地市场及项目实施情况予以确定。主要是依据城市社会经济发展规划、城市规划实施计划、相关开发建设或改造计划安排等因素。如存量改造地块中的棚户区改造地块、"退二进三"实施计划等地块已经列入政府改造计划，其改造后的土地经济价值较高，宜以近期时序配置为主。如列入不符合产业政策的搬迁改造计划、"僵尸企业"用地改造计划的实施挖潜，实施较困难，经济潜力较低，不宜优先，宜按中远期时序配置。

考虑开发改造地块挖潜利用方式。利用批而未供地块中规划用途为经营性的用地，经济和技术潜力较高，近、短期挖潜利用可行，可以实施先期收储再出让的方式进行改造，宜优先按近期配置。

考虑单位土地经济潜力大小。单位面积土地经济潜力越大，相对规模潜力越高，近期挖潜利用的可行性越高，潜力利用时序宜按近期配置；反之，则宜按中长期时序配置。[①]

剔除近期开发的地块后，高潜力的地块，宜按中期开发时序配置。剔除近、中期开发的地块后，中潜力、低潜力和无潜力地块则按照远期开发时序配置。

---

① 姚静林、全坚：《宾阳县城镇低效用地再开发潜力测算及建议》，《南方国土资源》2019年第5期。

五 结论与建议

（一）结论

1. 城市存量建设用地再开发政策有待完善，扶持力度有待加大

随着城市更新改造的深入推进，前期政策红利一定程度上已经释放，留下很多"硬骨头"项目，比如旧城镇和城中村项目、工业提升项目、公益类项目，由于利益驱动力不足，停滞不前。虽然从政策层面较为系统地提出了"四阶段"管理，但仍然存在一些问题：一是仍面临着政策体系和机制不完善问题，比如公益用地供给机制、容积率转移与奖补机制等未成型；二是针对一些难点、堵点政策创新和扶持力度不足，比如连片开发、混合开发、联动开发、微改造、旧城镇旧村改造等；三是政策操作指引等方面有待于细化明确，如单元规划地位及与控规的关系、单元划定和实施方案编制指引等。

2. 城市存量建设用地再开发的重点方向有待于进一步明确和强化

从再开发项目结构来看，不充分、不平衡问题比较突出。地域上主要集中在局部区域；类型上旧城镇、旧村居项目较少，特别是连片化、规模化的项目基本没有，中心城区整体形态改善不明显，市民获得感不强。因此，从全国角度看，有待于明确城市存量建设用地再开发的重要区域、重要方向，配合政策支撑，出台专项规划指导，突出政府导向、宏观统筹作用。

3. 城市存量建设用地再开发管理流程有待优化

虽然城市存量建设用地再开发政策、明晰了城市存量建设用地再开发流程、规范了城市存量建设用地再开发管理要求，但仍然需要进一步优化相关管理流程。

（二）各类型城镇低效建设用地再开发建议

分类处置利用强度低效型土地，从存量可改造、批而未供、规划未利

用三种类型来看，对未来城市存量土地供应及新增用地供应控制相关建议如下。

1. 存量可改造用地适度增加城镇建设用地规模，引导土地集中

在一些区位条件占优的地区仍然存在不少的传统工业用地、棚户区、城中村等粗放型利用的土地，占用土地数量大，土地利用的效益却较低，也对城市整体风貌带来不良影响，应根据调整后的产业结构，优化土地利用结构。针对主城区的老旧小区以及低效粗放式工业用地，严格控制建设项目准入，鼓励企业入驻工业园区，弹性出让工业用地、租售并行，开发工业地产，利用工业园区现有设施，促进产业集聚，形成以开发区和特色产业园区为主体的产业集聚区。[1]

2. 动态评估存量可改造地用地更新计划，注重城镇一体化发展

加快"留二优二"，短期内保留工业用地属性，预设企业升级改造事宜，严格遵守相应的规划和环境要求，长期遵循经济社会的发展需要，深入实施更新改造工作。同时，部分地区还存在较为显著的城乡二元结构，农村居住用地、农用地浪费现象同时存在，通过城中村改造、棚户区改造、"三旧"改造、居住用地功能复合等形式，提高土地利用综合效益，促进经济效益提升，推动城镇一体化发展和区域经济整体提升。

3. 以提高利用综合效益为导向，多渠道盘活闲置规划未利用地

基于提高土地利用的整体效益、挖掘土地利用和收入潜力的目的，对相关地块随产业结构调整进行相应的改造、改制、改组。对位置较好、综合效益较差的土地进行产业置换，充足其他产业和城市基础设施建设所需的土地资源[2]，尤其促进第三产业的发展，实现土地利用结构优化以及存量土地利用功能的改善。批而未供土地应尽快盘活后置换使用；供而未用土地，如产业用地的使用权人自愿退地并按原出让价格由政府收回的，给予奖励；新供的

---

① 李婷、刘震宇：《长沙市区域建设用地节约集约利用评价及动态变化研究》，《安徽农业科学》2019 年第 20 期。

② 谢伟利：《基于多目标综合评价的城市土地集约利用研究》，天津大学硕士学位论文，2007。

工业用地，若提前开竣工的给予奖励；已供在建未竣工土地，若企业自愿退出、转让低效用地的，按比例给予再次出让后部分增值净收益的奖励，从行政手段鼓励盘活零散存量土地置换。

参考文献

刘新平、严金明、王庆日：《中国城镇低效用地再开发的现实困境与理性选择》，《中国土地科学》2015 年第 1 期。

林坚、叶子君、杨红：《存量规划时代城镇低效用地再开发的思考》，《中国土地科学》2019 年第 9 期。

罗遥、吴群：《城市低效工业用地研究进展——基于供给侧结构性改革的思考》，《资源科学》2018 年第 6 期。

何鹤鸣、张京祥：《产权交易的政策干预：城市存量用地再开发的新制度经济学解析》，《经济地理》2017 年第 2 期。

徐梦瑶、张正峰、谷晓坤、刘静、卢照地、邱莎莎：《低效建设用地减量化对乡村转型发展的影响研究——基于上海市的扎根理论分析》，《中国土地科学》2021 年第 6 期。

王权典、陈利根：《存量土地整理再开发的调控与规制》，《中州学刊》2014 年第 1 期。

卢宗亮、王红梅、刘光盛、梁宇哲、易璐、杨丽英、蔡城锋：《生态—经济竞合下低效建设用地再开发空间重构——以湛江市中心城区为例》，《中国土地科学》2018 年第 12 期。

顾岳汶、吕萍：《产权博弈视角下存量低效工业用地更新机制研究——以深圳市新型产业用地改革为例》，《城市发展研究》2021 年第 1 期。

岳鹏、杜惠梅：《建设用地节约集约利用评价实践》，《华北国土资源》2018 年第 6 期。

B.12
产业用地节约集约利用状况分析

中国国土勘测规划院 中国人民大学 课题组

摘 要： 产业用地节约集约利用评价是建设用地评价考核体系的重要组成部分，是对中心城区产业用地集约利用潜力评价工作更细化的研究分析。开展产业用地节约集约利用评价工作，发挥考核评价机制的激励和导向作用，有利于推进城市存量产业用地再开发利用，有利于优化城市产业用地的利用结构和空间布局，有利于促进新型城镇化和区域统筹发展，有利用以土地利用方式的转变促进经济结构调整和经济发展方式的加快转变。因此，针对评价工作地域适时开展产业用地节约集约利用详细评价，分析产业用地节约集约利用及存量挖潜状况，是适应经济结构调整和产业转型升级的内在要求，是推进新型城镇化建设的迫切需要，是统筹保护资源保障发展的必然选择，更是城市从高速度转向高质量发展的必然选择。

关键词： 产业用地 节约集约利用潜力评价 存量挖潜

一 研究基础

（一）研究背景与意义

1. 研究背景

近年来，城镇化建设取得突飞猛进的发展，在城镇用地结构布局不断优化、土地利用效率不断提升的同时，也存在城镇外延式扩张与存量土地低效利用状况并存现象。城市产业用地低效利用集中表现在：一是布局散乱，容积率低、建筑密度低、投入产出率低；二是产业用地配置不合理，大量工业用地仍处于黄金地段，有的还是作坊式的淘汰类或禁止类产业；三是旧城镇、旧村庄、旧厂房建筑危旧、设施落后、环境脏乱，与新时代高质量发展背道而驰，与人民对美好生活的追求格格不入；四是闲置浪费现象存在，部分地块多年未被充分利用，呈空闲浪费状态。

土地节约集约利用是生态文明建设的根本之策，是新型城镇化的战略选择。节约集约用地是深入贯彻习近平新时代中国特色社会主义思想，落实新发展理念，推进生态文明建设，转变国民经济增长方式，走新型工业化道路的客观要求。根据《自然资源部办公厅关于部署开展城市建设用地节约集约利用状况详细评价试点工作的通知》（自然资办函〔2019〕1421号），全国共有10个城市确定为建设用地节约集约利用状况详细评价试点城市，分别是河北唐山、江苏无锡、福建福州、江西萍乡、山东淄博、河南商丘、湖北武汉（武汉市因疫情未开展详细评价工作）、广东佛山、四川遂宁、宁夏吴忠。各省积极响应国家要求，调查摸底本市中心城区建设用地节约集约利用状况、优化城市建设用地结构，推动低效用地再开发，完善城市建设用地节约集约利用状况详细评价的技术方法和成果应用方式，由市自然资源局牵头，组织开展建设用地节约集约利用状况详细评价工作，包括产业用地节约集约利用状况评价工作。

2. 研究意义

近年来，我国积极推进土地保护和节约集约利用。一方面是基于我国基本国情的国家土地政策，另一方面是由严峻的土地使用条件决定的。节约集约利用建设用地可以促进经济建设和经济结构的重大调整，优化产业结构，实现耕地保护和经济效益提高双赢。通过促进优化和加强城市土地利用结构，既能保证当前经济发展的需要，又能确保耕地保护责任目标的实现。

产业用地节约集约利用评价是建设用地评价考核体系的重要组成部分，是对中心城区产业用地集约利用潜力评价工作更细化的研究分析。部署开展产业用地节约集约利用评价工作是贯彻落实节约优先战略和最严格的节约集约用地制度的重大举措，是全面掌握城市产业用地利用现状的有效途径，是衡量城市产业用地利用成效的重要依据，是改进城市产业用地利用管理工作的根本遵循。开展产业用地节约集约利用评价工作，发挥考核评价机制的激励和导向作用，有利于推进城市存量产业用地再开发利用，有利于优化城市产业用地的利用结构和空间布局，有利于促进新型城镇化和区域统筹发展，有利于以土地利用方式的转变促进经济结构调整和经济发展方式的加快转变，意义重大，影响深远。

因此，针对评价工作地域适时开展产业用地节约集约利用详细评价，分析产业用地节约集约利用及存量挖潜状况，是适应经济结构调整和产业转型升级的内在要求，是推进新型城镇化建设的迫切需要，是统筹保护资源保障发展的必然选择，更是城市从高速发展转向高质量发展的必然选择。

（二）研究目标和内容

1. 研究目标

通过对中心城区宗地单元的利用程度、效益、潜力量化评价，旨在掌握城市产业用地利用状况，分析城市产业用地节约集约利用的问题，提出城市建设用地节约集约高效利用的方向。为低效利用地块开发建设和改造提供指引，支撑产业集聚和创新发展，促进宜居宜业宜游的城市高质量发展建设。

2. 研究内容

从规划符合度、建设强度、利用效益三方面建立详细评价指标体系，根据相关政策文件、指标现状值分布设定指标判断标准，对产业用地节约集约利用水平进行单因素集成评价，通过单项评价指标内部逻辑关联逐层筛选出过度利用、集约利用、中度利用和低效利用四类用地，其中低效用地又包括用途配置低效型、开发强度低效型、利用效益低效型三种类型。

二 产业用地节约集约利用类型划分与评价标准

（一）节约集约利用类型划分

基于评价单元对城市产业用地的利用状况进行调查、分析，通过设定规划符合度、建设强度、利用效益等指标判断标准，对产业用地节约集约利用程度水平进行评价，并将利用水平依次划分过度利用、集约利用、中度利用和低效利用等四类。

过度利用土地：指因土地建设强度过高、建筑物过于密集等造成的交通拥挤、停车不便、环境恶化、消防隐患问题突出的土地。

集约利用土地：指符合用地、产业规划导向，且开发利用水平高、用地效益高效的土地。

中度利用土地：指符合用地、产业规划导向，开发利用和用地效益水平适中的土地，具体为过度利用、集约利用和低效利用类型之外的土地。

低效利用土地：基于土地低效利用的主导成因，可将低效利用类型土地划分为用途配置低效型、开发强度低效型、利用效益低效型三类。其中用途配置低效型土地是指不符合用地规划或产业规划的各类土地；开发强度低效型土地是指符合相关规划，但开发利用强度水平低下，布局散乱，用地粗放的各类土地；利用效益低效型是指符合相关规划，开发利用强度合理，但用地效益水平低下的各类土地。

（二）评价指标体系

1. 评价指标选取原则

详细评价指标选取应围绕评价目标，侧重于规划符合度、建设强度、利用效益等三个方面，应坚持目标导向和重点突出，体现类型和地区差异化。

2. 评价指标体系

具体评价指标体系见表1。

用地类型	准则层	指标层（代码）	指标含义与计算公式	计算单位	选择要求
商业用地	规划符合度	规划用途一致性（C1）	商服用地评价单元的现状土地用途与规划用途的一致性，反映按照规划可改造用地情况	—	必选
	建设强度	综合容积率（C3）	商服用地评价单元内的建筑总面积（万平方米）/评价单元面积（公顷），反映土地的建设强度	—	必选
		建筑密度（C4）	商服用地评价单元内的建筑基底面积（万平方米）/评价单元面积（公顷），反映土地的建设强度	—	必选
	利用效益	商业物业出租（营业）率（C5）	商服用地评价单元内已出租（营业）商业物业面积（万平方米）/总竣工面积（万平方米），反映商业物业的有效利用程度	%	必选
		地均税收（C6）	商服用地评价单元内的企业税收总额（万元）/评价单元面积（公顷），反映土地的产出效益	万元/公顷	必选
工业用地	规划符合度	规划用途一致性（I1）	工业用地评价单元的现状土地用途与规划用途的一致性，反映按照规划可改造用地情况	—	必选
		产业导向符合性（I2）	工业用地评价单元内的现状产业类别与规划产业主导类型的一致性，反映工业用地按规划转型升级情况	—	必选
	建设强度	工业容积率（I3）	工业用地评价单元内的建筑总面积（万平方米）/评价单元面积（公顷），反映土地的建设强度	—	必选
		建筑密度（I4）	工业用地评价单元内的建筑基底面积（万平方米）/评价单元面积（公顷），反映土地的建设强度	—	必选
	利用效益	地均固定资产投资（I6）	工业用地评价单元内的工业（物流）企业固定资产原价（万元）/评价单元面积（公顷），反映土地的投入强度	万元/公顷	可选
		地均工业产值（I5）	工业用地评价单元内的工业（物流）企业总产值（万元）/评价单元面积（公顷），反映土地的产出效益	万元/公顷	二选一
		地均税收（I7）	工业用地评价单元内的工业（物流）企业税收总额（万元）/评价单元面积（公顷），反映土地的产出效益	万元/公顷	

表 1　产业用地节约集约利用评价指标选取建议一览

（三）评价过程

1. 评判思路

（1）商服用地集约利用状况划分按如下公式进行综合集成：

[集约利用状况] = f（[规划符合度]，[建设强度]，（利用效益））；

[规划符合度] = f（[规划用途一致性]）；

[建设强度] = f（[综合容积率]，[建筑密度]）；

[利用效益] = f｛[地均税收]，[商业物业出租（营业）率]｝。

（2）工业用地集约利用状况划分按如下公式进行综合集成：

[集约利用状况] = f（[规划符合度]，[建设强度]，（利用效益））；

[规划符合度] = f（[规划用途一致性]，[产业导向符合性]）；

[建设强度] = f（[综合容积率]，[建筑密度]）；

[利用效益] = f（[地均税收]，[地均固定资产投资]）。

2. 评判步骤及方法

（1）规划符合度准则评价

采用规划用途一致性单项指标进行评价的直接依据标准值进行判定。采用规划用途一致性和产业导向符合性两项指标进行评价的，参考表2所示判别矩阵进行判定。将规划用途不一致或产业不符合的，直接纳入低效利用类型，统一归并为用途配置低效型。

表2　产业用地规划符合度的参考判别矩阵		
规划用途一致性	产业导向符合性	
	符合	不符合
一致	—	用途配置低效型
不一致	用途配置低效型	用途配置低效型

（2）建设强度准则评价

剔除用途配置低效型土地，基于综合容积率和建筑密度两项指标进行判别，对于容积率和建筑密度均高于集约利用标准值区间上限的直接判定为过度利用型，对于容积率和建筑密度均低于集约利用标准值区间下限，且有一项低于低效利用标准值下限，直接判定为低效利用类型，具体参考表3所示判别矩阵进行判定。

表3　产业用地建设强度参考判别矩阵				
建筑密度	容积率			
	过度	集约	中度	低效
过度	过度	集约	集约	中度
集约	集约	集约	集约	中度
中度	集约	集约	中度	低效
低效	中度	中度	低效	低效

（3）利用效益准则评价

采用一项利用效益指标进行评价的直接依据标准值进行判定，采用两项利用效益指标进行评价的，对于两项指标现状值均高于低效利用标准值，且有一项高于集约利用标准值，判断为集约利用类型，且有一项高于集约利用标准值，判断为集约利用类型，反之，对于两项指标现状值均低于集约利用标准值，且有一项低于低效利用标准值，判断为低效利用类型，具体参考表4所示判别矩阵进行判定。

表4　产业用地利用效益参考判别矩阵			
指标2	指标1		
	集约	中度	低效
集约	集约	集约	中度
中度	集约	中度	低效
低效	中度	低效	低效

（4）集约利用状况评价

基于建设强度和利用效益两项准则，对于建设强度过度的直接判定为过度利用型，对于建设强度和利用效益均为低效用地类型，根据开发强度优先判定为开发强度低效型，利用效益低效的无论建设强度是否集约都判定为利用效益低效型，具体参考表 5 所示判别矩阵进行判定。

利用效益	建设强度			
	过度	集约	中度	低效
集约		集约利用型	集约利用型	中度利用型
中度	过度	集约利用型	中度利用型	开发强度低效型
低效		利用效益低效型	利用效益低效型	开发强度低效型

表 5　产业用地集约利用状况参考判别矩阵

三　产业用地节约集约利用评价结果分析

（一）商服用地节约集约利用状况分析

1. 河北唐山

商服用地过度利用型主要集中在新华道、北新道区域，如宝生昌广场、新华贸购物中心、世博大厦、万达广场，北新道区域的中环广场、凤城国贸等。集约利用型分布较广，分布于主城区的大部分区域，如北新道区域的勒泰城、冀唐开源大酒店、八方购物广场，南湖大道与复兴路区域的国际五金城、汽车文创园等。中度利用型和低效利用型分布较为零散，其中：中度利用型主要分布于建华东道与龙泽北路区域，南新道与建设路区域；低效利用型集中分布在小山区域、复兴路西侧区域以及道路两侧的零散商服用地（见图 1）。

从商服用地集约利用类型的面积和数量来看，评价区域以集约利用型为主，面积为 490.30 公顷，占全部商服用地面积的 40.08%，数量为 440 个，占全部商服用地宗数的 40.04%。低效利用型次之，面积为 422.76 公顷，其中以用途配置低效型最多，面积为 326.21 公顷，数量为 350 个。中度利用型占到了全部商服用地面积总量的 8.49%、数量的 9.55%。过度利用型最少，面积为 47.19 公顷，数量为 35 个（见表 6）。

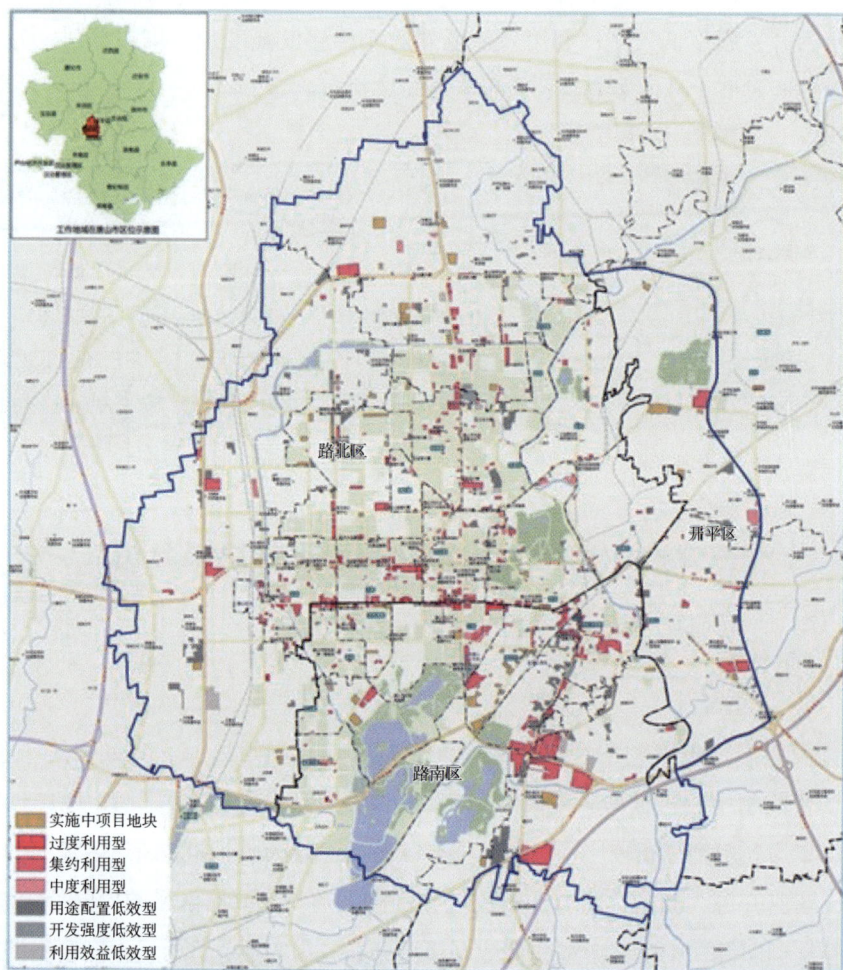

图 1　唐山市商服用地集约利用状况空间分布

表 6　唐山市商服用地集约利用状况类型统计

集约类型	面积（公顷）	面积比例（%）	数量（个）	数量比例（%）
过度利用型	47.19	3.86	35	3.18
集约利用型	490.30	40.08	440	40.04
中度利用型	103.89	8.49	105	9.55

续表

集约类型		面积（公顷）	面积比例（%）	数量（个）	数量比例（%）
低效利用型	小计	422.76	34.56	396	36.03
	其中：用途配置低效型	326.21	26.67	350	31.85
	其中：开发强度低效型	44.74	3.66	20	1.82
	其中：利用效益低效型	51.81	4.24	26	2.37
实施中项目地块		159.13	13.01	123	11.19
合计		1223.27	100.00	1099	100.00

2. 江苏无锡

（1）总体分析

总体来看，商服用地整体呈集约利用态势，集约用地面积占商服用地总面积的39.01%。低效商服用地面积占商服用地总面积的38.92%，低效商服用地以用途配置低效型和开发强度低效型为主。从空间分布上看，低效商服用地主要分布在梁溪区、锡山区及新吴区（见表7和图2）。

表7　无锡市商服用地集约利用状况评价结果

单位：%

行政区	过度利用型	集约利用型	中度利用型	低效利用型				合计
				小计	其中：用途配置低效型	其中：开发强度低效型	其中：利用效益低效型	
滨湖区	0.02	32.71	38.45	28.82	14.74	10.8	3.28	100
惠山区	0.18	36.64	27.9	35.28	12.06	7.95	15.27	100
经开区	1.66	44.95	17.14	36.25	7.54	24.39	4.32	100
梁溪区	3.36	47.71	13.15	35.78	24.14	6.59	5.05	100
锡山区	0.16	28.86	12.15	58.83	11.47	27.81	19.55	100
新吴区	0.01	37.63	26.78	35.58	16.03	19.07	0.48	100
合计	1.19	39.01	20.88	38.92	16.66	15.18	7.08	100

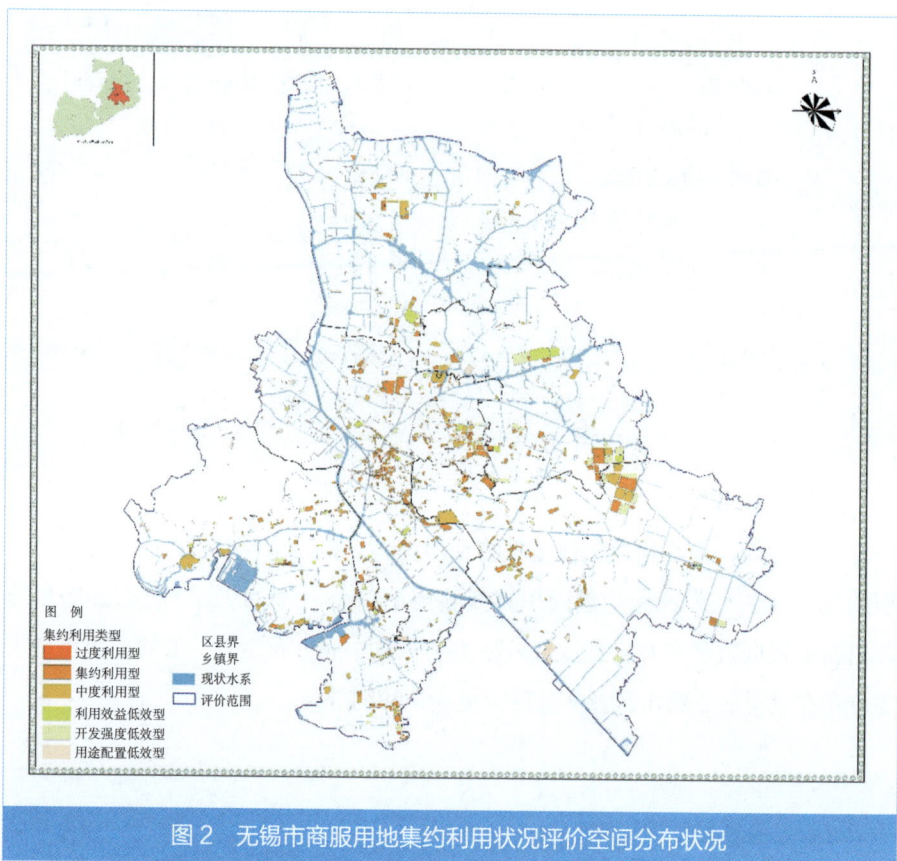

图2　无锡市商服用地集约利用状况评价空间分布状况

（2）低效用地分析

①用途配置低效型

用途配置低效型商服用地（见图3）在评价对象范围内总体上呈零散的碎片化分布，集中连片地块较少，但相较于评价对象范围外围，位于评价对象范围中心的梁溪区内用途配置低效型商服用地更为密集，主要分布于崇安寺街道、广瑞路街道以及广益街道，商业建筑包括美食城、家具城、商业广场、农贸市场、金属市场等。一方面，这些街道位于无锡市中心，商贸、金融业繁荣，商服用地集中于该地，因此呈现中间密四周疏的分布格局；另一方面，中心地段建筑建成时间较早，部分用地不符合现行规划用途，再加上

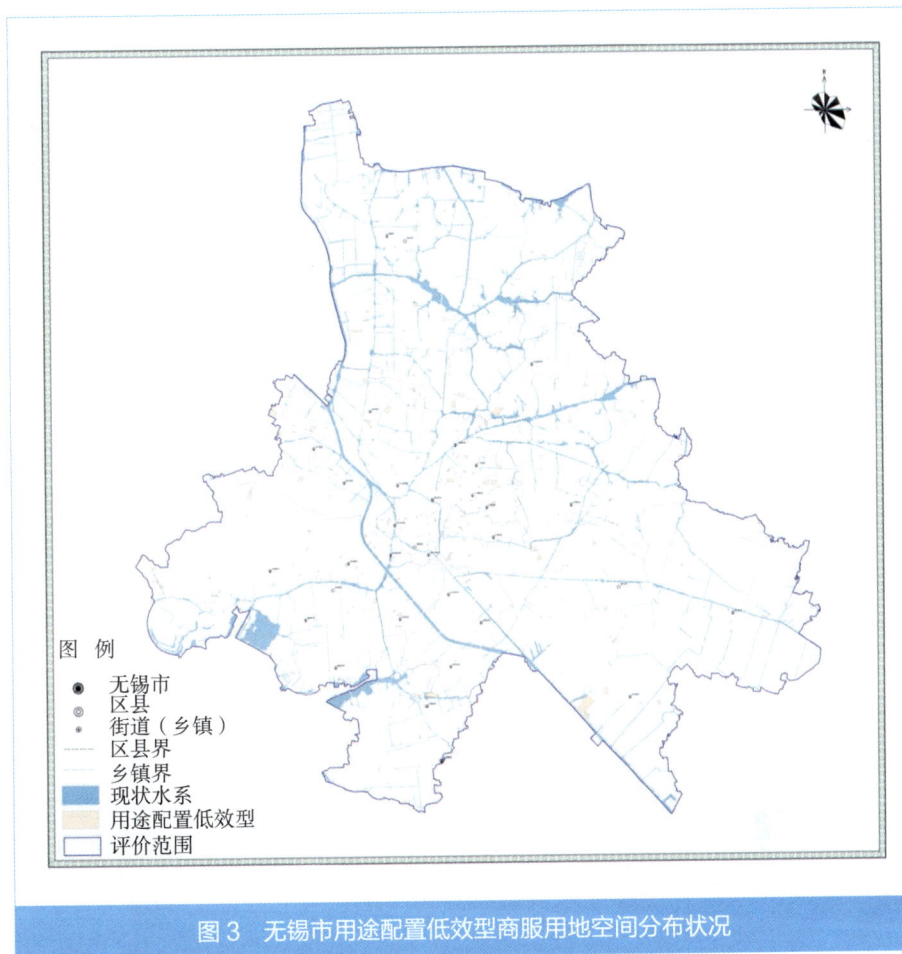

图3　无锡市用途配置低效型商服用地空间分布状况

老城区建筑密集、人口密度大，改造难度较大，因而仍存在较多零散的不符合规划用途的商服用地。

②开发强度低效型

开发强度低效型商服用地（见图4）主要集中在评价对象范围的东部，即锡山区的东亭街道东南部和新吴区的江溪街道东部。开发强度低效型商服用地主要是居住区内的配套商服用地，在评价时点楼盘正在开发建设，配套商业设施还没有建设完备，因此开发强度较低。

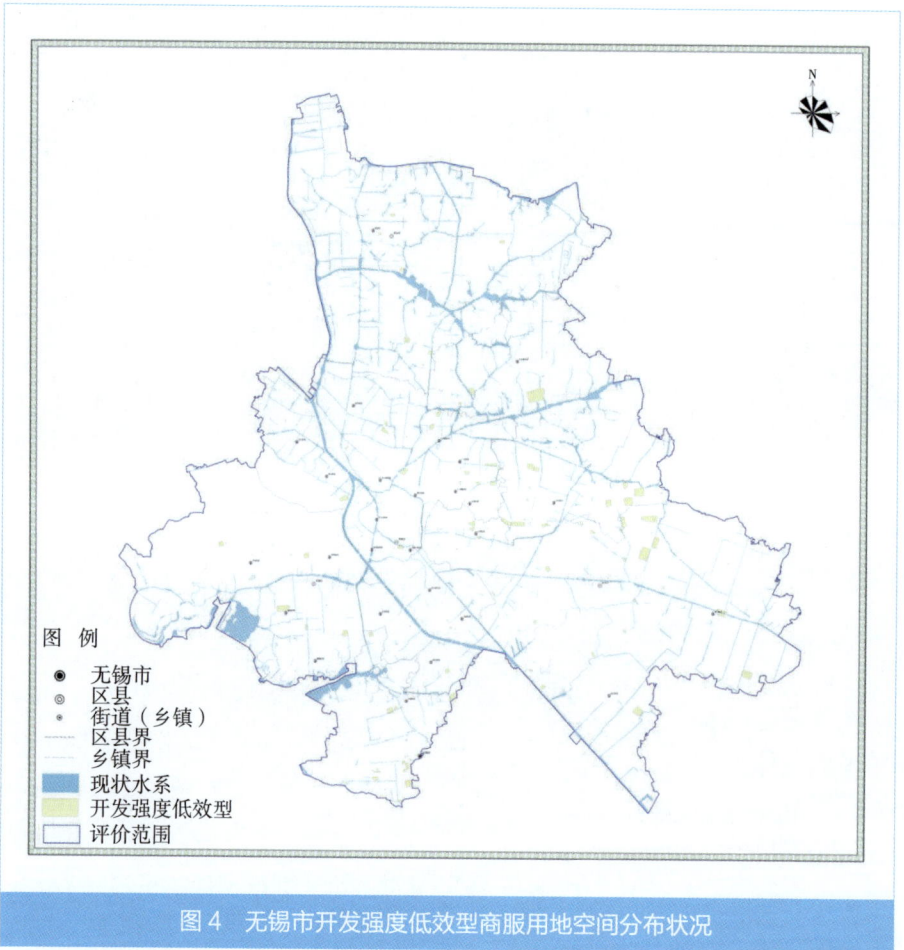

图例

　●　无锡市
　◎　区县
　∗　街道（乡镇）
　　　区县界
　　　乡镇界
　■　现状水系
　■　开发强度低效型
　□　评价范围

图4　无锡市开发强度低效型商服用地空间分布状况

③利用效益低效型

利用效益低效型商服用地（见图5）在空间上没有呈现明显的集聚分布，仅东北塘街道与堰桥街道内有两处地块占地面积较大。东北塘街道处的利用低效商服用地开发对象是由装饰城、皮革城、轻纺城、陶瓷城等组成的家装生活购物片区，该家装生活购物区经济效益较低，部分商铺存在停业、转让的现象，急需进行升级改造。该地原是自2006年开工建设以来一直没有开业的明发商业广场，由于该地已多年未得到利用，应尽快完成开发建设工作，投入营业。

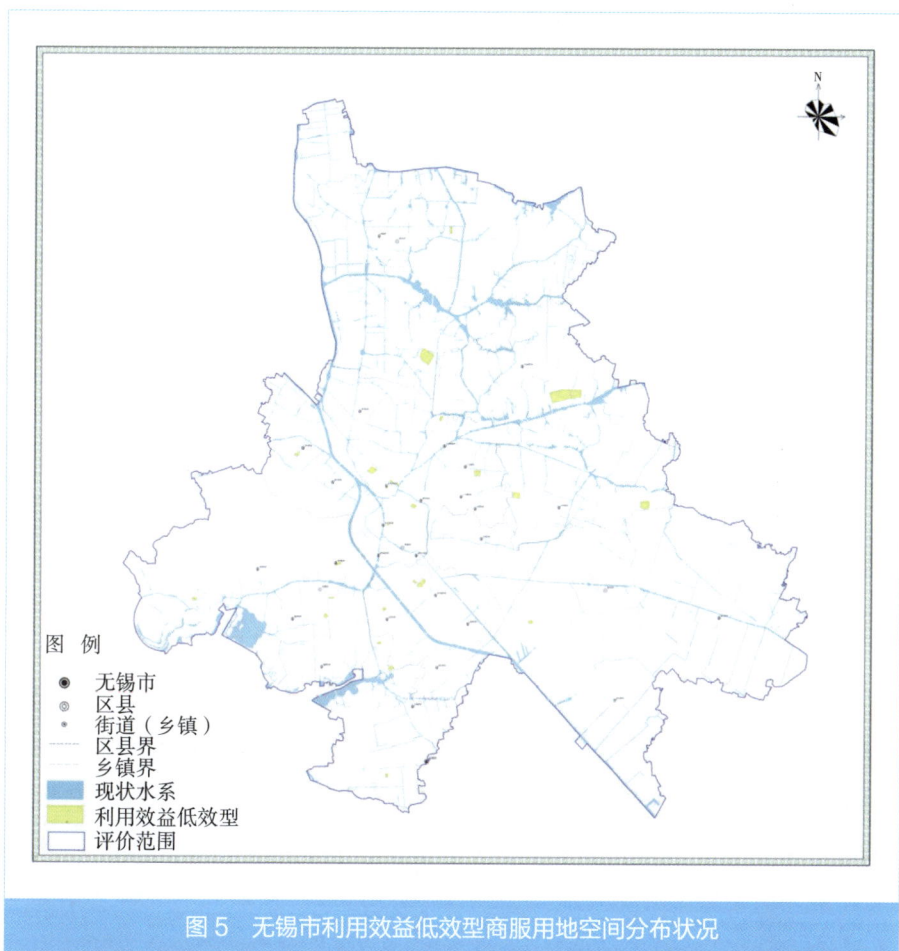

图5　无锡市利用效益低效型商服用地空间分布状况

3. 福建福州

福州市仓山区的商服用地以集约利用和低效利用为主，分别占到商服用地的 39.92% 和 43.74%（见表 8）。商业集中区主要三个区域：分布于浦上大道上的万达广场、爱情海购物公园和红星美凯龙等商业综合体；分布于潘墩路两侧的以华夏汽车城为代表的汽贸销售市场；坐落于三环路北侧、齐安路东侧的利嘉国际商业城。

481

表 8 福州市仓山区商服用地集约利用状况

单位：公顷，%

过度利用型		集约利用型		中度利用型	
面积	比例	面积	比例	面积	比例
0	0.00	73.7582	39.92	30.1908	16.34

低效利用型								合计	
小计		用途配置低效型		开发强度低效型		利用效益低效型			
面积	比例	面积	比例	面积	比例	面积	比例	面积	比例
80.8218	43.74	38.3942	20.78	5.8145	3.15	36.6131	19.82	184.7708	100

4. 江西萍乡

江西萍乡商服用地以低效利用为主，集约利用和中度利用程度不高。低效利用的商服用地共有 73 宗，总面积达 185.55 公顷，超过了商服用地总面积的 50%。其中用途配置低效利用的商服用地面积为 49.87 公顷，开发强度低效利用的商服用地面积为 58.34 公顷，利用效益低效利用的商服用地面积为 77.34 公顷（见表 9）。

表 9 萍乡市商服用地集约利用状况

过度利用型		集约利用型		中度利用型		低效利用型							
						合计		用途配置低效型		开发强度低效型		利用效益低效型	
面积（公顷）	数量（宗）	面积（公顷）	数量（宗）	面积（公顷）	数量（宗）	面积（公顷）	数量（宗）	面积（公顷）	数量（宗）	面积（公顷）	数量（宗）	面积（公顷）	数量（宗）
0	0	80.89	59	47.49	24	185.55	73	49.87	21	58.34	29	77.34	23

5. 山东淄博

淄博市五区国有商服用地集约利用型面积占比最高为张店区，面积为 704.7222 公顷，占张店区国有商服用地总面积的 53.60%，面积占比最低为临

淄区，面积为 154.1616 公顷，占临淄区国有商服用地总面积的 42.72%。开发
强度低效型国有商服用地临淄区比例最高，博山区比例最低，利用效益低效
型国有商服用地周村区比例最高，临淄区最低，用途配置低效型国有商服用
地博山区最高，张店区最低。五区集体商服用地集约利用型面积占比最高为
周村区，面积为 58.5502 公顷，占周村区集体商服用地总面积的 47.84%，面
积占比最低的为临淄区，面积为 31.8163 公顷，占临淄区集体商服用地总面积
的 14.44%。开发强度低效型集体商服用地临淄区比例最高，周村区比例最低，
利用效益低效型集体商服用地临淄区比例最高，博山区最低，用途配置低效
型集体商服用地博山区最高，张店区最低（见表 10、表 11）。

表 10　淄博市五区国有商服用地集约利用状况类型统计

单位：公顷，%

集约利用状况类型	博山区		临淄区		张店区		周村区		淄川区	
	面积	占比	面积	占比	面积	占比	面积	占比	面积	占比
过度利用型	2.1679	1.37	0.3807	0.11	3.96	0.30	1.0014	0.33	3.2257	0.80
集约利用型	81.5807	51.48	154.1616	42.72	704.7222	53.60	142.3388	46.50	215.5871	53.72
中度利用型	11.7118	7.39	32.6135	9.04	101.4775	7.72	6.9308	2.26	21.5653	5.37
开发强度低效型	35.5786	22.45	116.9552	32.41	301.0445	22.90	84.6064	27.64	90.8229	22.63
利用效益低效型	11.8536	7.48	22.2396	6.16	132.7486	10.10	53.5977	17.51	34.9112	8.70
用途配置低效型	15.5912	9.84	34.4724	9.55	70.8652	5.39	17.6191	5.76	35.2325	8.78
总计	158.4838	100	360.823	100	1314.8179	100	306.0943	100	401.3446	100

表 11　淄博市五区集体商服用地集约利用状况类型统计

单位：公顷，%

集约利用状况类型	博山区		临淄区		张店区		周村区		淄川区	
	面积	占比	面积	占比	面积	占比	面积	占比	面积	占比
集约利用型	7.6377	25.90	31.8163	14.44	91.6252	27.62	58.5502	47.84	123.8372	43.56
中度利用型	6.0913	20.66	47.6136	21.60	79.486	23.96	13.5662	11.08	45.7462	16.09
开发强度低效型	9.211	31.24	111.1774	50.44	120.8112	36.42	23.4099	19.13	76.2385	26.82
利用效益低效型	0	0.00	3.4042	1.54	0.6211	0.19	0.0976	0.08	0.434	0.15
用途配置低效型	6.5448	22.20	26.3854	11.97	39.0246	11.77	26.7678	21.87	38.0064	13.37
总计	29.4848	100	220.3968	100	331.6954	100	122.3917	100	284.2624	100

6. 河南商丘

商丘市评价区域内商服用地的集约利用型评价单元数量最多，共计 139 个。主要分布在评价工作地域内的中心区域、西部区域和东南区域，其中规模较大的有以商丘钢构市场、中意建材城为代表的批发市场，以万达广场、丹尼斯为代表的零售商业和以信华建国饭店为代表的酒店旅馆等。过度利用型评价单元有 3 个，分别是旺角步行街、喜来登国际广场和新城国际酒店。中度利用型评价单元有 56 个，主要分布在评价工作地域的西部和南部，以国贸 360 为代表的零售商业，以商丘鑫祥汽车城为代表的汽车销售业和以商丘钢材大市场为代表的批发市场。低效利用型评价单元有 14 个，主要分布在评价工作地域内的中心区域和东部，主要是以乐乐啤酒花园为代表的餐饮业和以商丘广电会展博览广场的零售商业（见图 6）。

商服用地低效利用型土地共计 14 个评价单元，面积为 27.34 公顷，占商服用地总面积的 5.36%。其中：用途配置低效型共计 1 个评价单元，面积为 0.65 公顷，占低效利用型土地总面积的 2.38%；开发强度低效型共计 9 个

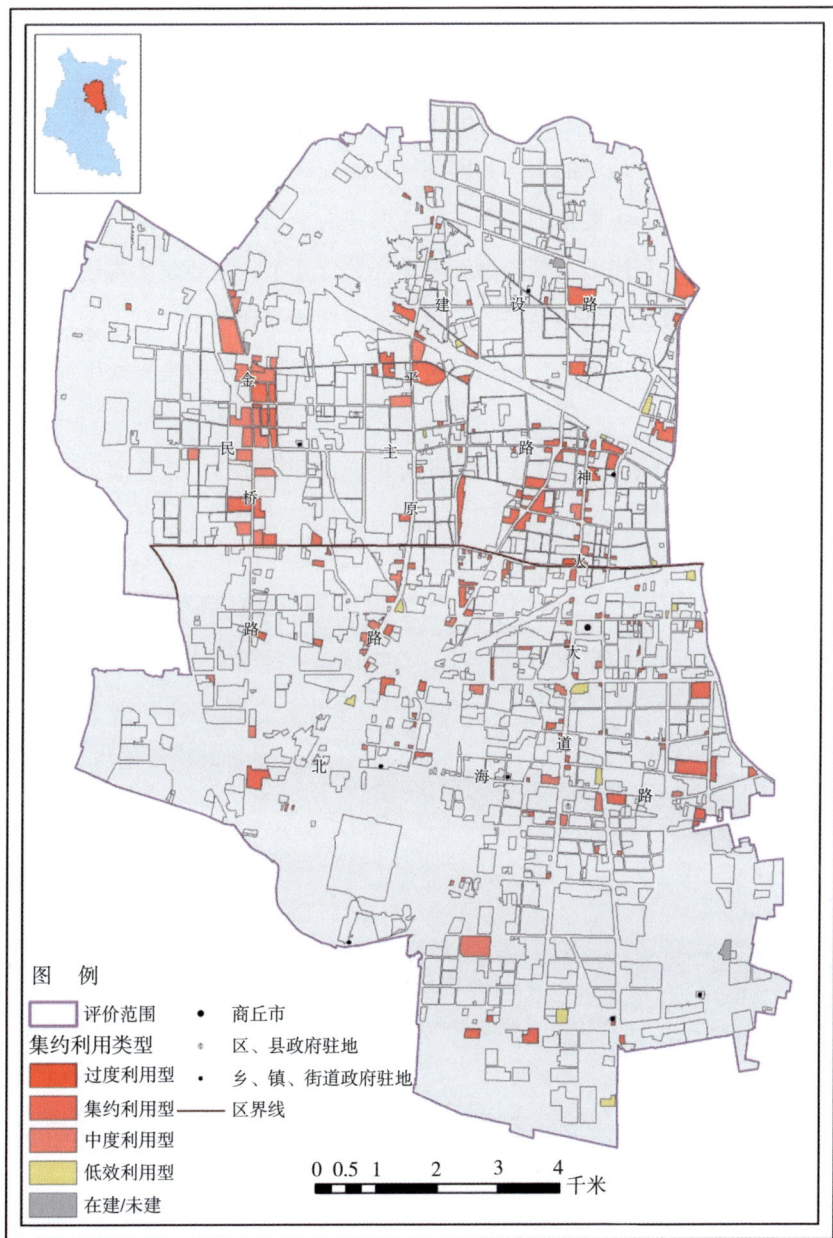

图6　商丘市商服用地集约利用状况类型分布

评价单元，面积为 24.00 公顷，占低效利用型土地总面积的 87.78%；利用效益低效型共计 4 个评价单元，面积为 2.69 公顷，占低效利用型土地总面积的 9.84%（见表 12、图 7）。

商服用地低效利用型土地中开发强度低效型评价单元最多，共计 9 个，主要分布在评价工作地域的东部和南部，以商丘广电会展博览广场、商丘通信大厦占地规模较大，主要是内部存在较大面积的空地，导致其综合容积率和建筑密度相对较低。利用效益低效型评价单元共计 4 个，主要是小规模的餐饮酒店，经营状况一般，经济效益较差。用途配置低效型评价单元有 1 个，属于不符合规划的范畴，用地原来规划的是居住用地，实际使用的是餐饮用地。

7. 广东佛山

商服用地评价单元共 1425 个，评价单元面积共 2651.72 公顷，评价结果如表 13、图 8 所示。

表 12　商丘市商服用地土地低效利用状况

低效土地利用状况类型	评价单元个数（个）	评价单元面积（公顷）	占低效利用型土地总面积比例（%）
用途配置低效型	1	0.65	2.38
开发强度低效型	9	24.00	87.78
利用效益低效型	4	2.69	9.84
总计	14	27.34	100.00

表 13　佛山市商服用地评价单元土地利用状况类型统计

土地利用状况类型	评价单元个数（个）	评价单元面积（公顷）	面积所占比例（%）
过度利用型	229	332.13	12.53
集约利用型	249	739.57	27.89
中度利用型	43	154.30	5.82
低效利用型	904	1425.72	53.77
总计	1425	2651.72	100.00

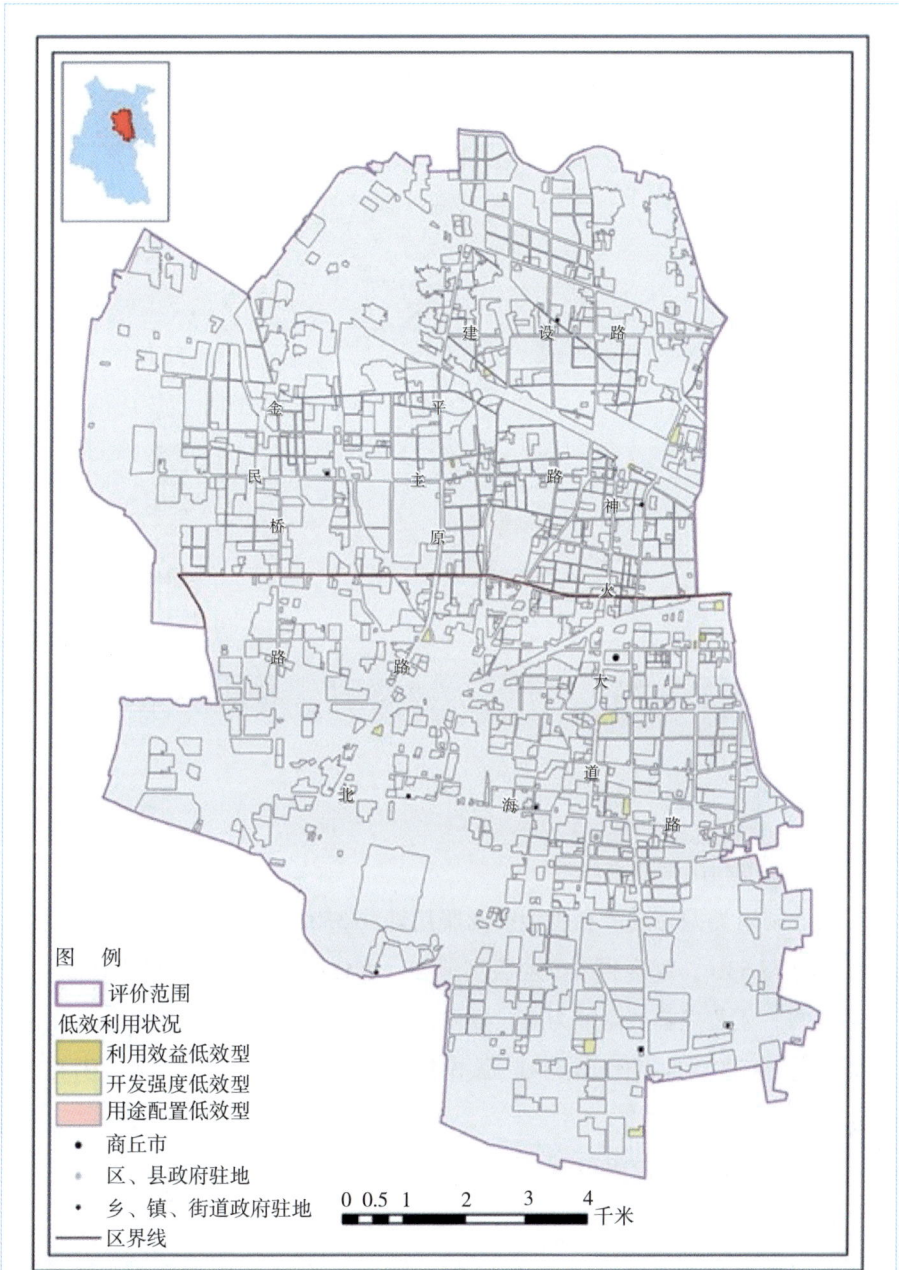

图 7 商丘市商服用地低效利用状况类型分布

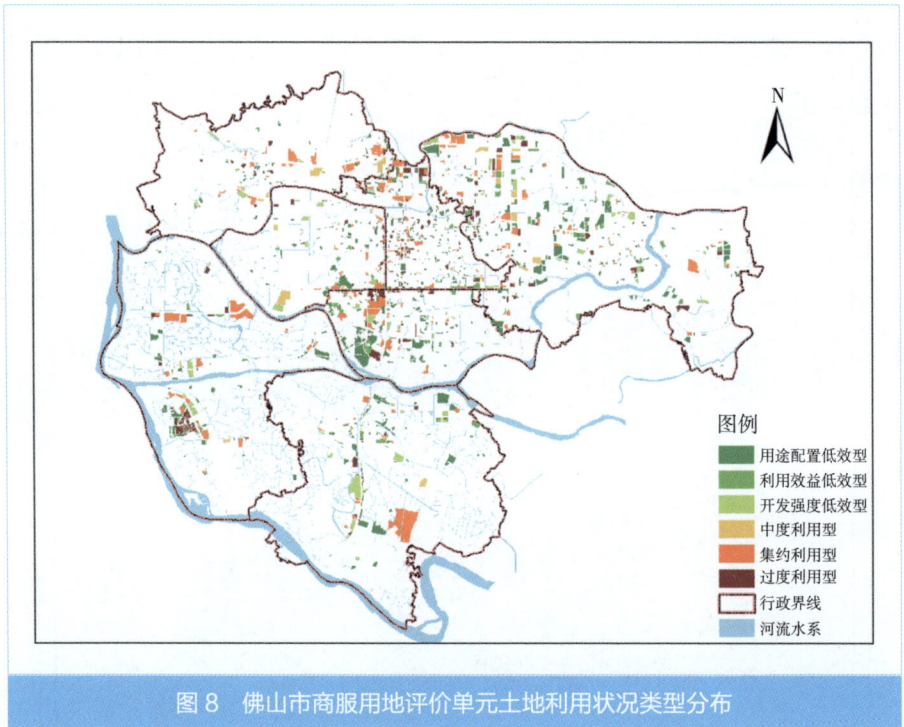

图8　佛山市商服用地评价单元土地利用状况类型分布

（1）过度利用型商服用地

土地利用类型为过度利用型的商服用地共332.13公顷，占商业评价单元总面积的12.53%。过度利用型商服用地中：零售商服用地163.49公顷，占比为49.22%，主要以临街商铺为主；批发市场用地93.43公顷，占比为28.13%。其余依次为商务用地占比14.93%、旅馆用地占比6.13%、餐饮用地占比1.59%（见图9）。

（2）集约利用型商服用地

集约利用型商服用地共739.57公顷，占商业评价单元总面积的27.89%。从不同用地分类看，集约利用型的批发市场规模最大，面积达315.33公顷，占集约利用型商服用地的42.64%，其次依次为零售商服用地占32.07%、商务用地占16.71%、旅馆用地占4.21%、餐饮用地占4%，公用设施营业网点用

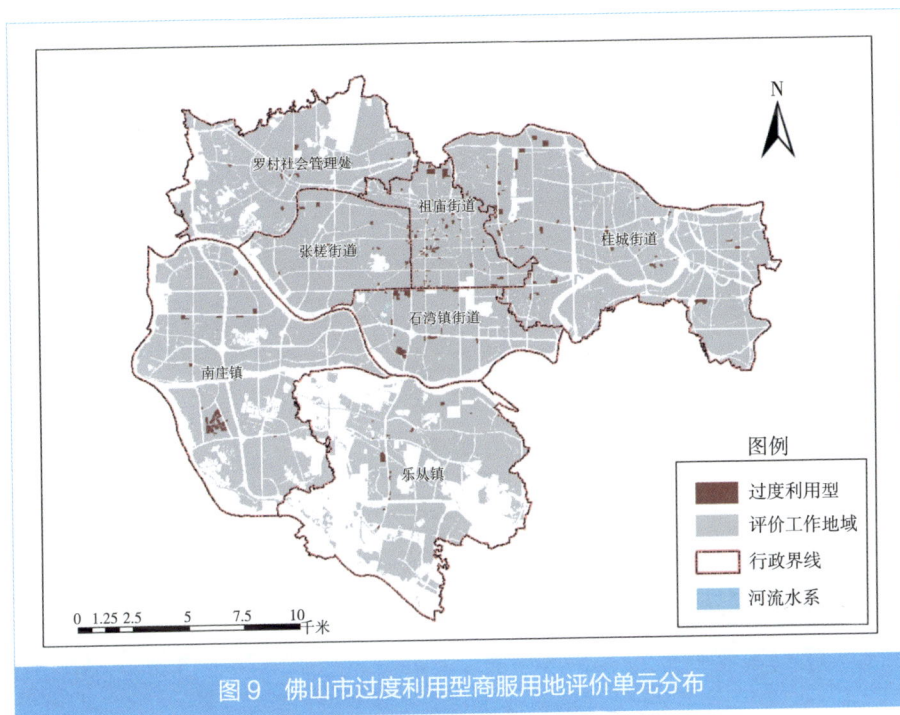

图 9　佛山市过度利用型商服用地评价单元分布

地和其他服务设施用地规模很小，占比均小于 1%。从现状利用来看，批发市场用地、零售商服用地大部分楼层不高，但建筑密度较大，出租（营业）率相对较高，土地集约利用度高（见图 10）。

（3）中度利用型商服用地

中度利用型的商服用地共 154.30 公顷，占商业评价单元总面积的 5.82%，用地类型涵盖了商服用地的中类和小类（见图 11）。

（4）低效利用型商服用地

低效利用型商服用地共 1425.72 公顷，占商业评价单元总面积的 53.77%，是四种用地类型中规模最大的一类。从用地分类看，低效利用型的零售商服用地、商务用地、批发市场用地规模较大，这三种用地约占低效型商服用地的 85%。从低效用地成因看，用途配置低效型商服用地占比最大，反映有大量现状商服用地已规划为非商服用地。详见表 14。

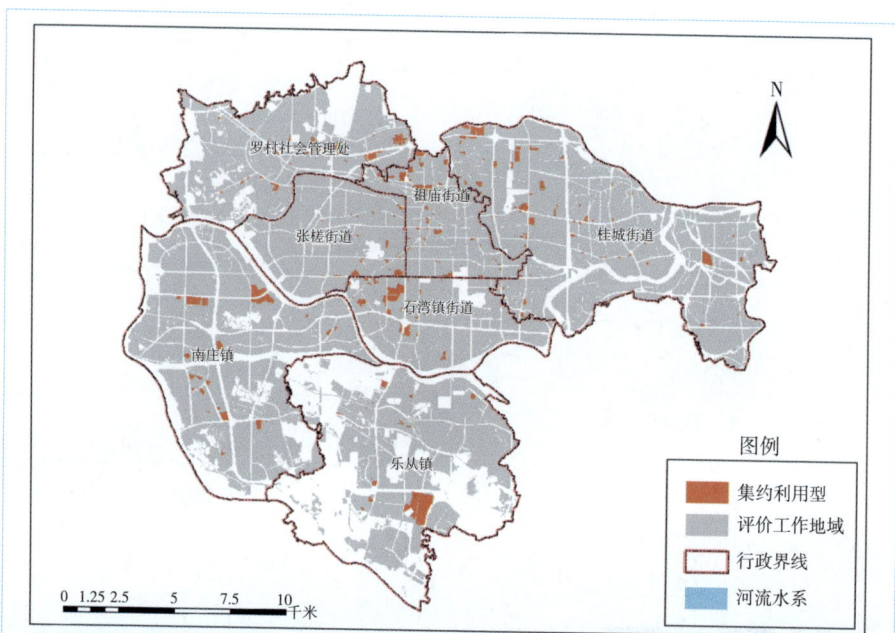

图 10　佛山市集约利用型商服用地评价单元分布

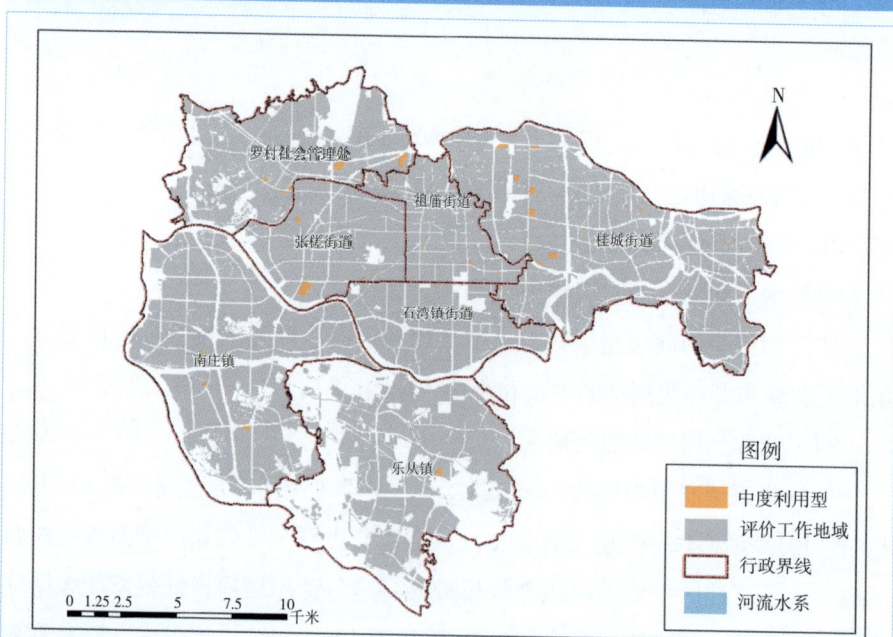

图 11　佛山市中度利用型商服用地评价单元分布

表 14　佛山市各类低效利用型商服用地评价单元状况

土地利用状况类型	评价单元个数（个）	评价单元面积（公顷）	面积所占比例（%）
用途配置低效型	658	894.86	62.77
开发强度低效型	117	295.87	20.75
利用效益低效型	129	234.99	16.48
合计	904	1425.72	100

8. 四川遂宁

从不同产业类型的商服用地评价单元来看，商业综合体集约利用程度最好，其集约利用型面积占比最大，超过 60%；其低效利用型面积比重较小，约为 32%，主要为新建成、利用效益尚未显现而导致低效。

批发零售、专业市场集约利用程度中等偏下，二者集约利用型、低效利用型面积占比均在 40%~50%，且低效利用型比重略高。批发零售商服用地多为临街铺面、底层或多层商业楼、农贸市场，建设强度普遍不高，因此多以开发强度低效类型为主。低效利用的专业市场评价单元大多为利用效益低效类型，普遍存在营业率不高、客源不足等问题，有待加强招商引资、强化运营管理。住宿餐饮类商服用地评价单元的集约利用程度较差，其低效利用型面积占比最大（约为 50%），中度利用型次之（面积占比约为 33%），集约利用型面积比重较小（约为 14%）；低效利用评价单元以用途配置低效类型为主。商务办公、其他商业两类商服用地评价单元的集约利用水平最低，其低效利用类型均占绝对比重（超过 84%），且均以用途配置低效类型为主（见表 15）。

9. 宁夏吴忠

吴忠市利通区中心城区共有商服用地 425 宗，面积为 440.00 公顷。其中：已建成 411 宗，面积为 420.16 公顷，占总面积的 95.49%；未建成 14 宗，面积为 19.84 公顷，占总面积的 4.51%。按照单因素综合评价法，商服用地无过

表15 遂宁市不同类型商服用地集约利用状况

单位：公顷，%

商业类型	过度利用型		集约利用型		中度利用型		小计		低效利用型						总计	
									用途配置低效型		开发强度低效型		利用效益低效型			
	面积	占比	面积	占比	面积	占比	面积	占比	面积	占比	面积	占比	面积	占比	面积	占比
批发零售	2.31	1.20	77.17	40.12	19.26	10.01	93.61	48.67	26.52	13.79	41.79	21.73	25.30	13.15	192.35	100.00
商务办公	1.30	1.69	10.32	13.45	0.64	0.83	64.51	84.03	37.79	49.22	24.63	32.09	2.09	2.72	76.77	100.00
商业综合体	1.19	5.21	13.73	60.14	0.69	3.02	7.22	31.63	2.85	12.48	0.00	0.00	4.37	19.15	22.83	100.00
住宿餐饮	1.71	2.63	9.24	14.20%	21.48	33.02	32.63	50.15	20.87	32.07	8.36	12.85	3.40	5.23	65.06	100.00
专业市场	0.39	0.53	33.59	45.80	3.14	4.28	36.23	49.39	0.00	0.00	12.99	17.71	23.24	31.68	73.35	100.00
其他商业	0.66	0.56	6.40	5.39	7.08	5.97	104.54	88.08	88.41	74.48	15.59	13.14	0.54	0.46	118.68	100.00

度利用土地；集约利用 342 宗，面积为 286.68 公顷，占总面积的 65.15%；中度利用 15 宗，面积为 43.06 公顷，占总面积的 9.79%；低效用地 68 宗，面积为 110.26 公顷，占总面积的 25.06%，其中用途配置低效型 4 宗，面积为 16.42 公顷，开发强度低效型 12 宗，面积为 30.31 公顷，利用效益低效型 52 宗，面积为 63.53 公顷，分别占总面积的 3.73%、6.89% 和 14.44%（见表 16）。

表 16　吴忠市利通区商服用地评价结果

单位：公顷，%，宗

地类		小计				已建成		未建成	
		面积	占比	宗数	占比	面积	宗数	面积	宗数
过度利用型		0.00	0.00	0	0.00	0.00	0	0.00	0
集约利用型		286.68	65.15	342	80.47	277.32	335	9.36	7
中度利用型		43.06	9.79	15	3.53	43.06	15	0.00	0
低效利用型	小计	110.26	25.06	68	16.00	99.79	61	10.48	7
	用途配置低效型	16.42	3.73	4	0.94	16.42	4	0.00	0
	开发强度低效型	30.31	6.89	12	2.82	19.84	5	10.48	7
	利用效益低效型	63.53	14.44	52	12.24	63.53	52	0.00	0
合计		440.00	100.00	425	100.00	420.16	411	19.84	14

利通区商服用地集约利用状况整体以集约利用为主，无过度利用土地，存在 25.06% 的低效用地，主要分布在利通区中心城区外围。其中用途配置低效型主要为现状已经废弃、政府责令搬迁的宗地；开发强度低效型主要为利通区郊区的几个专业市场和超期未竣工的商服用地；利用效益低效型主要为关停、空置及建成正在招商的用地（见图 12）。

（二）工业用地节约集约利用状况分析

1. 河北唐山

工业用地集约利用型集中分布在路北区高新产业开发区及周边区域，其

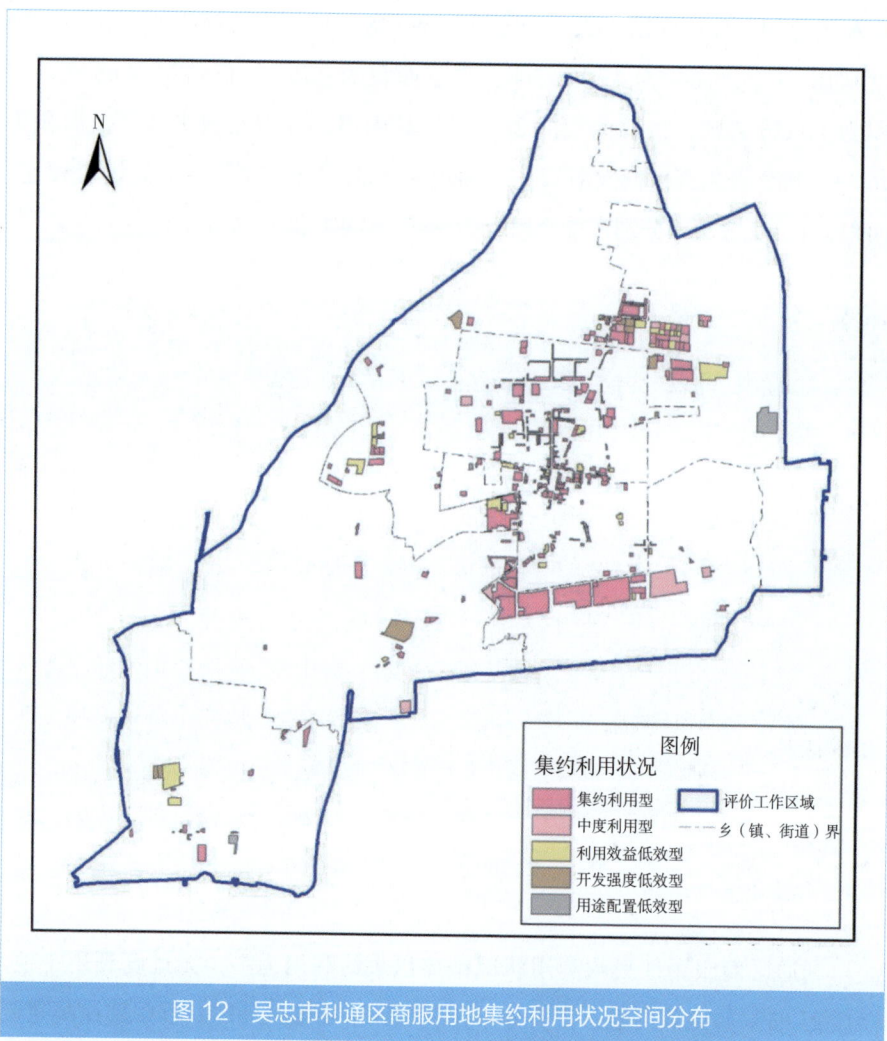

图 12　吴忠市利通区商服用地集约利用状况空间分布

他零散分布于路南区文化北后街区域和女织寨乡东侧等区域；中度利用型主要分布在路北区高新产业开发区及周边，其他零星分布于路北区乔屯街道北侧区域、果园乡和越河镇区域；低效利用型面积最大，且分布最为广泛，集中分布在复兴路西侧老旧区域、唐钢及周边区域以及开平区的越河镇和开平镇区域（见图 13）。

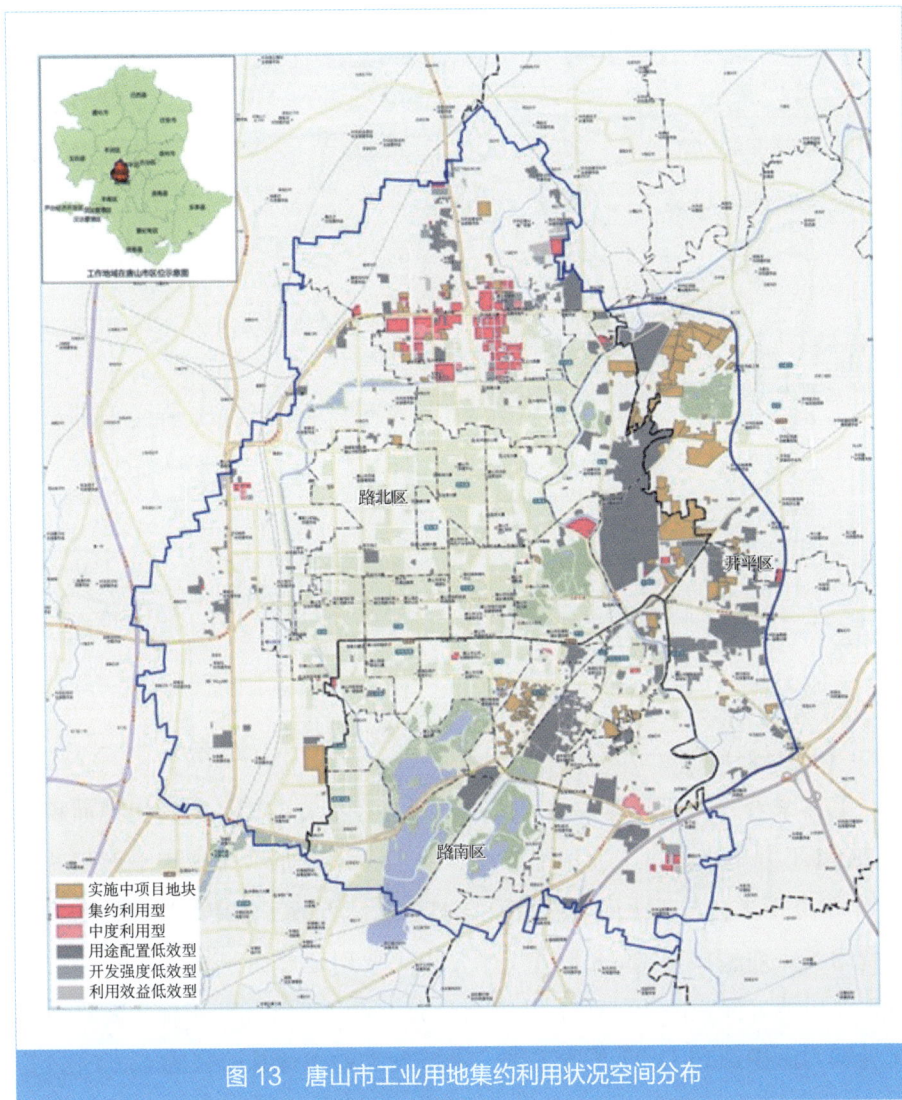

图 13　唐山市工业用地集约利用状况空间分布

　　从工业用地集约利用类型的面积和数量来看，工作地域以低效利用型为主，面积为 1689.25 公顷，占全部工业用地面积的 63.75%，数量为 659 个，占全部工业用地宗数的一半以上。集约利用型次之，面积为 275.31 公顷，中度利用型最少，面积为 60.49 公顷，数量为 23 个（见表 17）。

495

表 17　唐山市工业用地集约利用状况类型

集约类型		面积（公顷）	面积比例（%）	数量（个）	数量比例（%）
集约利用型		275.31	10.39	120	11.40
中度利用型		60.49	2.28	23	2.18
低效利用型	小计	1689.25	63.75	659	62.58
	其中：用途配置低效型	1549.56	58.48	609	57.83
	其中：开发强度低效型	75.70	2.86	26	2.47
	其中：利用效益低效型	64.00	2.42	24	2.28
实施中项目地块		624.83	23.58	251	23.84
合计		2649.89	100.00	1053	100.00

2. 江苏无锡

（1）总体分析

总体来看，工业用地集约利用水平还存在提升空间，集约用地面积共计 28.96 平方千米，占工业用地总面积的 43.45%；低效工业用地面积共计 27.81 平方千米，占工业用地总面积的 41.73%。低效工业用地以用途配置低效型为主，面积共计 13.68 平方千米，占工业用地总面积的 20.53%，占低效工业用地总面积的 49.19%。从空间分布上看，低效工业用地主要集中在新吴区，面积达到 11.97 平方千米，占低效工业用地总面积的 43.04%，其次是惠山区、锡山区，以上三区低效工业用地面积共计 22.15 平方千米，约占低效工业用地总面积的 80%（见表 18、图 14）。开发强度低效型、利用效益低效型用地占比相对较低，说明无锡工业用地开发强度、利用效益相对理想。

表 18　无锡市工业用地土地集约利用状况

单位：平方千米，%

行政区	过度利用型		集约利用型		中度利用型	
	面积	比例	面积	比例	面积	比例
滨湖区	0.00	0.00	0.69	35.85	0.20	10.55
惠山区	0.22	1.47	8.44	57.31	0.69	4.68
经开区	0.01	0.61	0.39	23.32	0.00	0.00
梁溪区	0.02	0.33	2.06	36.79	0.14	2.45
锡山区	0.03	0.25	5.77	46.23	1.88	15.08
新吴区	0.13	0.43	11.63	38.40	6.56	21.66
合计	0.41	0.62	28.96	43.45	9.47	14.21

行政区	低效利用型								合计	
	小计		用途配置低效型		开发强度低效型		利用效益低效型			
	面积	比例	面积	比例	面积	比例	面积	比例	面积	比例
滨湖区	1.03	53.50	0.67	34.57	0.07	3.67	0.29	15.26	1.92	100
惠山区	5.38	36.53	1.15	7.85	2.27	15.43	1.95	13.26	14.72	100
经开区	1.26	76.07	1.15	69.84	0.09	5.19	0.02	1.05	1.65	100
梁溪区	3.38	60.44	2.61	46.72	0.21	3.67	0.56	10.05	5.59	100
锡山区	4.80	38.44	2.61	20.92	1.43	11.45	0.76	6.06	12.48	100
新吴区	11.97	39.52	5.48	18.10	4.21	13.91	2.27	7.51	30.29	100
合计	27.81	41.73	13.68	20.53	8.27	12.41	5.85	8.78	66.65	100

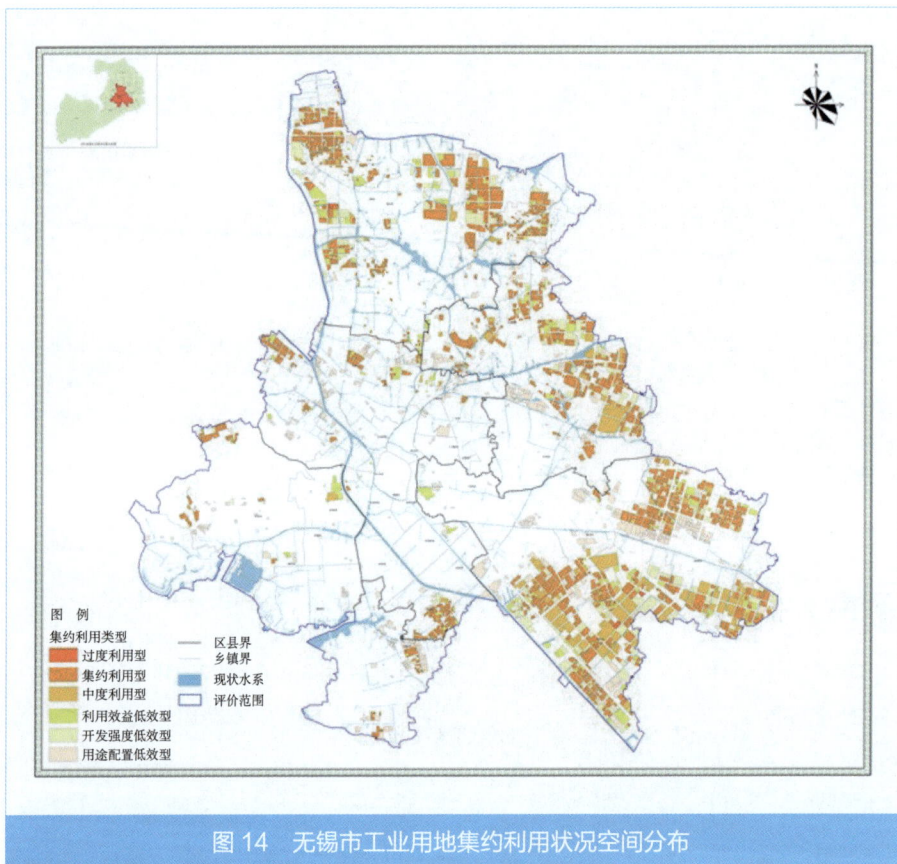

图 14　无锡市工业用地集约利用状况空间分布

（2）低效用地分析

①用途配置低效型

用途配置低效用地主要围绕无锡城市中心区的中部、东部分布，梅村、堰桥、东亭、旺庄、东北塘、黄巷、江西、太湖七个街道（镇）用途配置型低效工业用地数量、面积合计占比约为80%。其中：堰桥街道用途配置低效型工业用地较为零碎，单块用地面积小但地块数量很多；旺庄、江溪街道单块用地面积较大，地块数量较少（见图15）。

498

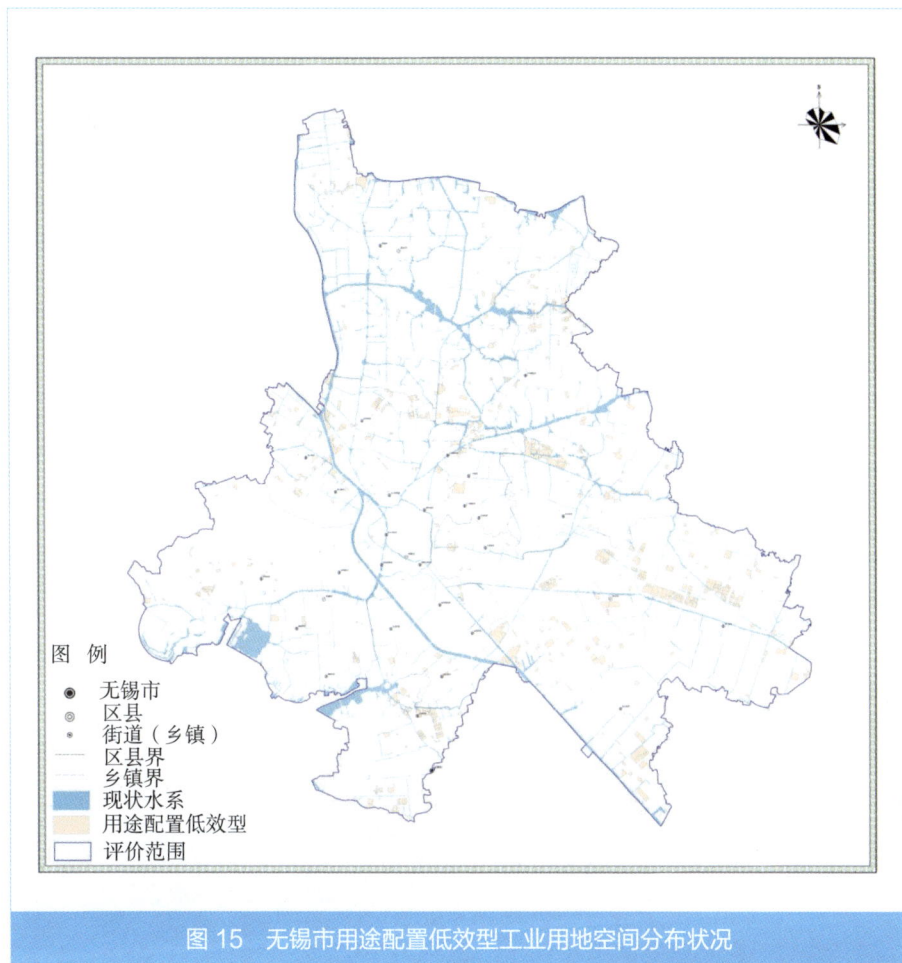

图 15　无锡市用途配置低效型工业用地空间分布状况

②开发强度低效型

开发强度低效用地主要分布于旺庄、堰桥、梅村几个街道，重点涉及高新技术产业开发区、惠山经济开发区、锡山经济开发区 3 个工业集中区。低效用地包括尚未建成的工业企业用地和建筑密度、容积率偏低的工业企业用地（见图 16）。

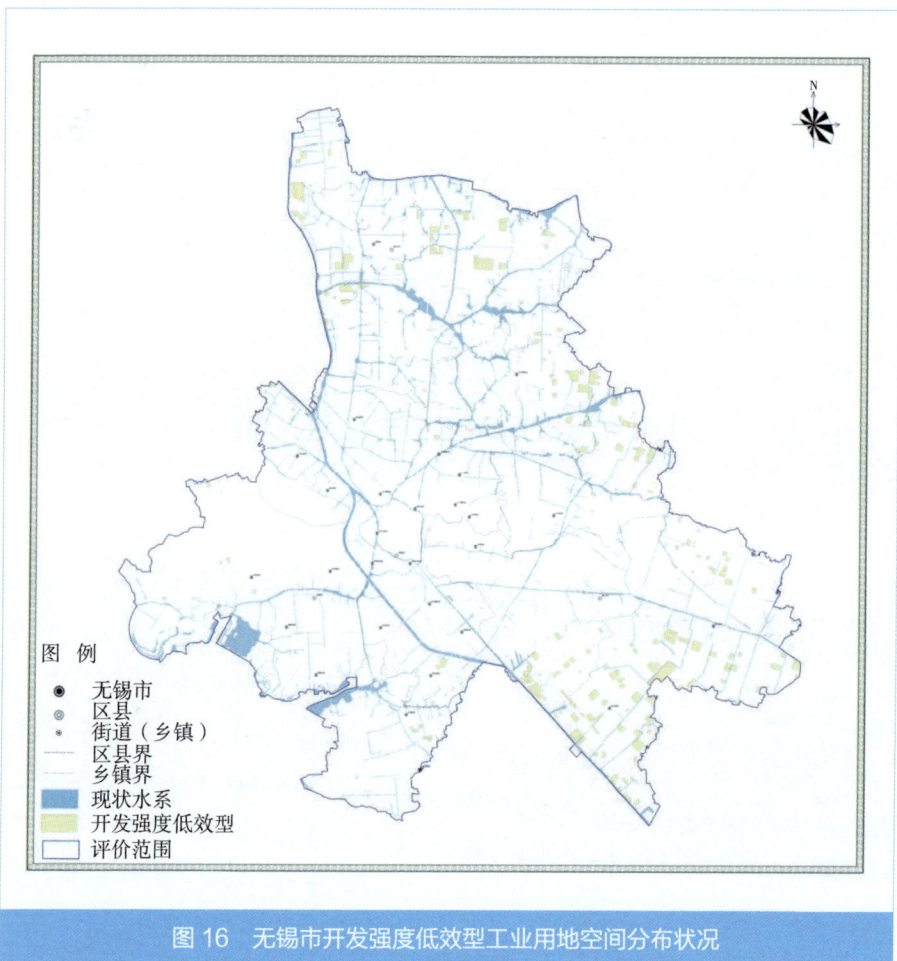

图 16　无锡市开发强度低效型工业用地空间分布状况

③利用效益低效型

利用效益低效用地主要分布于堰桥、旺庄、梅村、长安几个街道，重点涉及惠山经济开发区、锡山经济开发区 2 个工业集中区。低效用地主要是一些用地规模较小的制造业企业，业务范围包括机械、电子、食品、汽车配件、服装制造等。主要原因是小企业资金、技术、人力等资源能力不强，经营难度较大，同时无锡工业产业同质化程度比较高，小企业难以在市场上竞争利润。

3. 福建福州

工业用地土地利用集约程度较低，福州仓山区主要包括了七大产业工业园区。其中包括了以电子信息、生物医药、高端装备制造为主的橘园洲、金山片区，以黄金珠宝、机械制造、纺织服装为主的浦上、福湾片区，以生物医药、机械制造为主的高盛、高仕片区，以机械为主的叶厦片区。在七大产业园区范围外零星分布着各类工业用地，与福州市城市总体规划不符，是仓山区工业用地集约利用程度较低的主要原因。

4. 江西萍乡

江西萍乡工业用地以低效利用为主，集约利用和中度利用程度不高。低效利用的工业用地共有 196 宗，总面积达 1012.61 公顷，超过了工业用地总面积的 80%。其中用途配置低效利用型的工业用地面积为 536.19 公顷，开发强度低效利用型的工业用地面积为 377.38 公顷，利用效益低效利用型的工业用地面积为 99.04 公顷（见表 19）。

表 19　萍乡市工业用地集约利用状况

过度利用型		集约利用型		中度利用型		低效利用型							
						合计		用途配置低效型		开发强度低效型		利用效益低效型	
面积（公顷）	数量（宗）	面积（公顷）	数量（宗）	面积（公顷）	数量（宗）	面积（公顷）	数量（宗）	面积（公顷）	数量（宗）	面积（公顷）	数量（宗）	面积（公顷）	数量（宗）
0	0	140.43	30	122.84	49	1012.61	196	536.19	80	377.38	89	99.04	27

5. 山东淄博

国有工业用地过度利用型图斑 10 个，土地面积 2.21 公顷，占国有工业用地土地面积的 0.02%；集约利用型图斑 1568 个，土地面积 3018.31 公顷，占国有工业用地土地面积的 26.93%；开发强度低效型图斑 707 个，土地面积 1498.47 公顷，占国有工业用地土地面积的 13.37%；利用效益低效型图斑 72 个，土地面积 52.11 公顷，占国有工业用地土地面积的 0.47%；用途配置低效型图斑 3000 个，土地面积 3280.30 公顷，占国有工业用地土地面积的 29.27%；中度利用型图斑 831 个，土地面积 3355.51 公顷，占国有工业用地土地面积的 29.94%。

集体工业用地过度利用型图斑 1 个，土地面积 0.07 公顷，占集体工业用地土地面积的 0.001%；集约利用型图斑 1154 个，土地面积 2316.13 公顷，占集体工业用地土地面积的 40.99%；开发强度低效型图斑 1175 个，土地面积 737.83 公顷，占集体工业用地土地面积的 13.06%；利用效益低效型图斑 343 个，土地面积 135.87 公顷，占集体工业用地土地面积的 2.40%；用途配置低效型图斑 1637 个，土地面积 1569.19 公顷，占集体工业用地土地面积的 27.77%；中度利用型图斑 550 个，土地面积 891.70 公顷，占集体工业用地土地面积的 15.78%（见表 20）。

表 20　淄博市工业用地集约利用状况统计

单位：个，公顷，%

利用类型	国有			集体		
	图斑数	面积	占比	图斑数	面积	占比
过度利用型	10	2.21	0.02	1	0.07	0.001
集约利用型	1568	3018.31	26.93	1154	2316.13	40.99
开发强度低效型	707	1498.47	13.37	1175	737.83	13.06
利用效益低效型	72	52.11	0.47	343	135.87	2.40
用途配置低效型	3000	3280.30	29.27	1637	1569.19	27.77
中度利用型	831	3355.51	29.94	550	891.70	15.78
共计	6188	11206.91	100.00	4860	5650.79	100.00

6. 河南商丘

工业用地共 181 个评价单元，总面积为 1070.15 公顷。其中：过度利用型土地共计 3 个评价单元，面积为 9.36 公顷，占工业用地总面积的 0.87%；集约利用型土地共计 69 个评价单元，面积为 275.62 公顷，占工业用地总面积的 25.76%；中度利用型土地共计 45 个评价单元，面积为 360.47 公顷，占工业用地总面积的 33.68%；低效利用型土地共计 46 个评价单元，面积为 353.33

公顷，占工业用地总面积的 33.02%；在建 / 未建共计 18 个评价单元，面积为 71.37 公顷，占工业用地总面积的 6.67%（见表 21、图 17）。

表 21　商丘市工业用地土地利用状况

土地利用状况类型	评价单元个数（个）	评价单元面积（公顷）	占工业用地总面积比例（%）
过度利用型	3	9.36	0.87
集约利用型	69	275.62	25.76
中度利用型	45	360.47	33.68
低效利用型	46	353.33	33.02
在建 / 未建	18	71.37	6.67
总计	181	1070.15	100.00

工业用地低效利用型土地共计 46 个评价单元，面积为 353.33 公顷，占工业用地总面积的 33.02%。其中：用途配置低效型共计 5 个评价单元，面积为 8.63 公顷，占低效利用型土地总面积的 2.44%；开发强度低效型共计 29 个评价单元，面积为 278.78 公顷，占低效利用型土地总面积的 78.90%；利用效益低效型共计 12 个评价单元，面积为 65.92 公顷，占低效利用型土地总面积的 18.66%（见表 22）。

表 22　商丘市工业用地土地低效利用状况

低效土地利用状况类型	评价单元个数（个）	评价单元面积（公顷）	占低效利用型土地总面积比例（%）
用途配置低效型	5	8.63	2.44
开发强度低效型	29	278.78	78.90
利用效益低效型	12	65.92	18.66
总计	46	353.33	100.00

工业用地低效利用土地中开发强度低效型评价单元共计 29 个，占低效利用型评价单元总数的 63%，主要分布在梁园产业集聚区内（见图 18）。利用效益低效型评价单元共计 12 个，占低效利用型评价单元总数的 26%，主要是停产、拆建企业。用途配置低效型共计 5 个评价单元，占低效利用型评价单元总数的 11%。

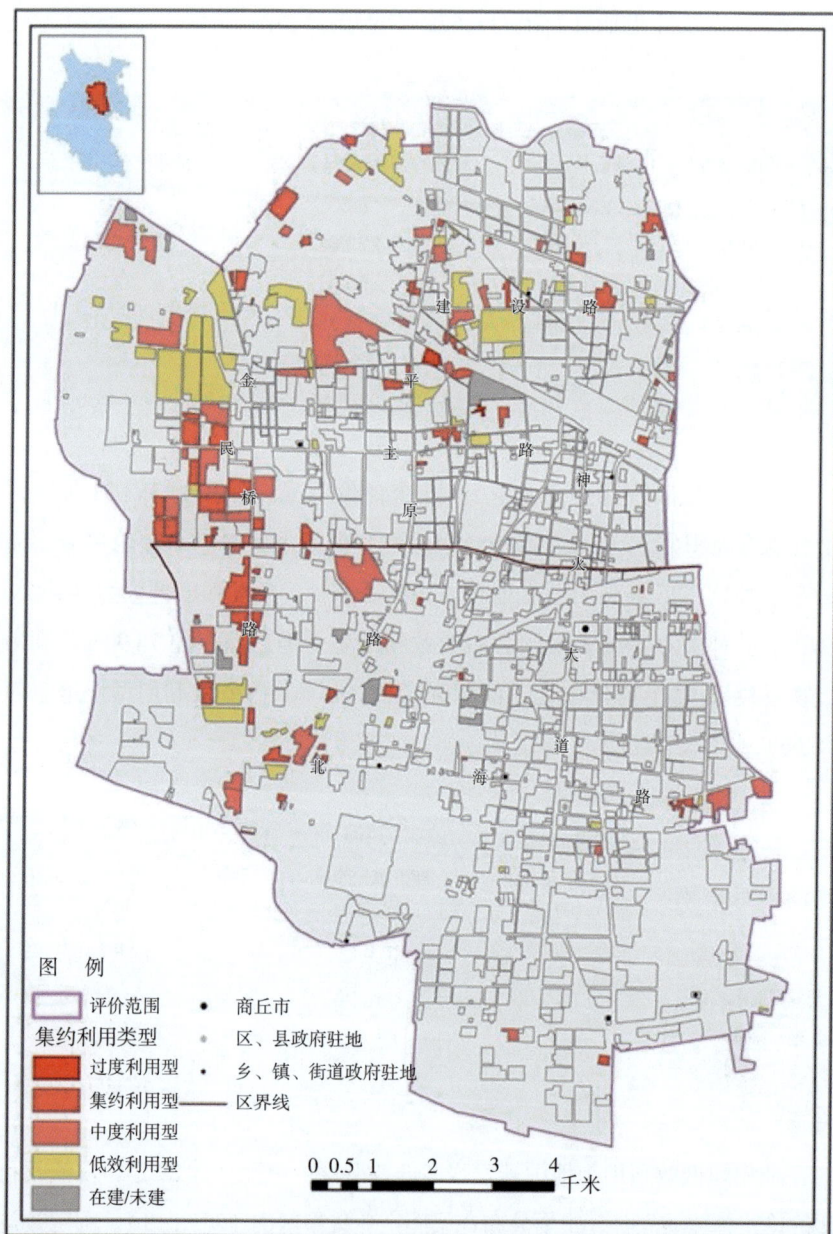

图 17　商丘市工业用地集约利用状况类型分布

图　例

评价范围　　　·　商丘市

集约利用类型　·　区、县政府驻地

过度利用型　　·　乡、镇、街道政府驻地

集约利用型　——　区界线

中度利用型

低效利用型

在建/未建

0　0.5　1　　2　　3　　4　千米

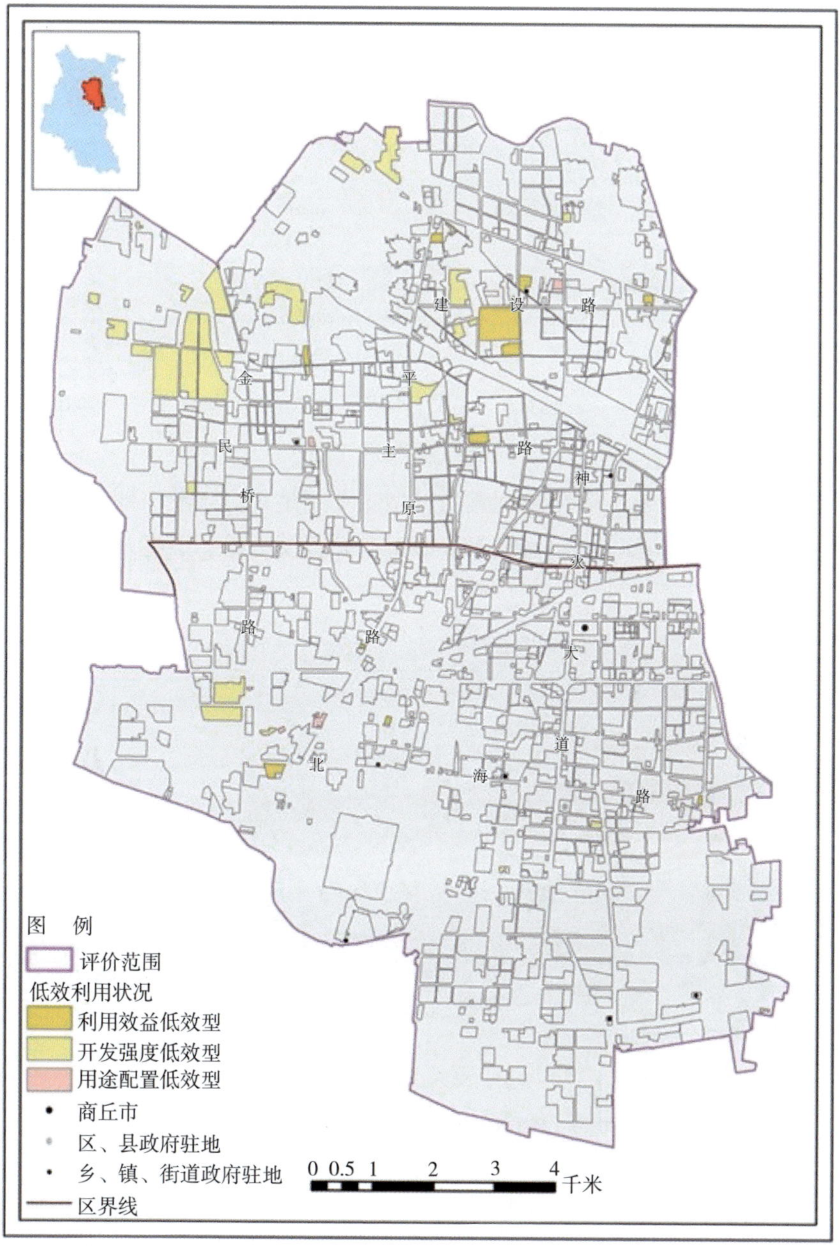

图 18　商丘市工业用地低效利用状况类型分布

7. 广东佛山

工业用地评价单元共 1511 个，评价单元面积共 6157.21 公顷，评价结果见表 23。

表 23 佛山市工业用地评价单元利用状况			
土地利用状况类型	评价单元个数（个）	评价单元面积（公顷）	面积所占比例（%）
过度利用型	10	37.43	0.61
集约利用型	74	605.42	9.83
中度利用型	79	837.31	13.60
低效利用型	1348	4677.05	75.96
总计	1511	6157.21	100.00

从空间分布上看，除用途配置低效型工业用地外，工业用地集约利用程度在空间分布上整体呈现明显的由工业区、开发区为中心向外围递减的趋势（见图 19）。

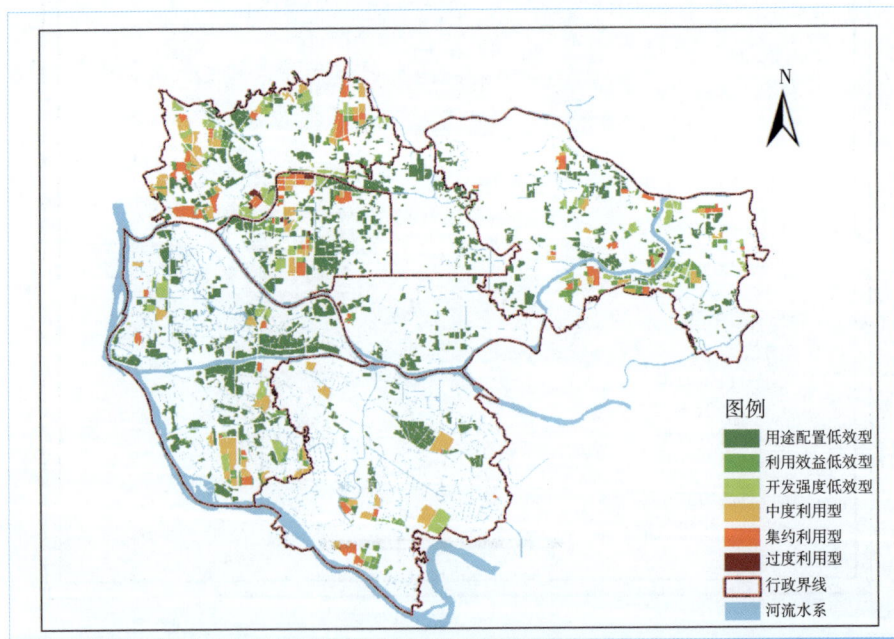

图 19 佛山市工业用地集约利用状况分布

（1）过度利用型工业用地

土地利用类型为过度利用型的共 37.43 公顷，占工业评价单元总面积的 0.61%，主要为二类工业用地。

过度利用的工业用地评价单元较少，仅有 10 个评价单元，如广东石湾酒厂有限公司、佛山市华星鸿润机械有限公司、诚盟电子器材厂等，建筑容积率较高，建筑密度大，开发强度大（见图 20）。

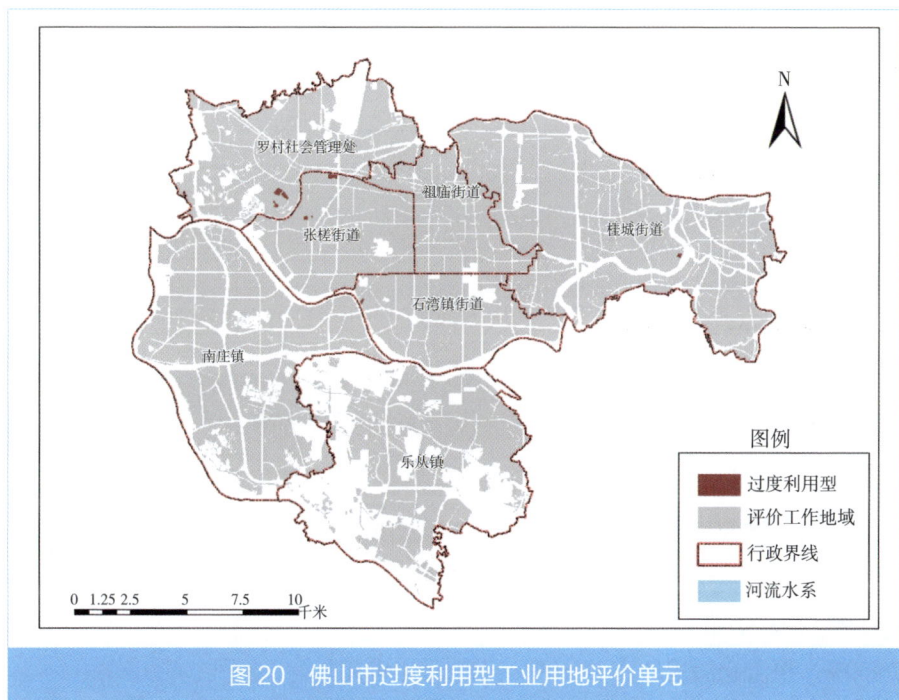

图 20　佛山市过度利用型工业用地评价单元

（2）集约利用型工业用地

集约利用型工业用地共 605.42 公顷，占工业评价单元总面积的 9.83%；其中一类工业用地 83.01 公顷，占集约利用型工业用地的 13.71%，二类工业用地占 71.79%，物流仓储用地占 14.32%，无三类工业用地。

集约利用的工业用地主要集中分布在工业区或开发区，如禅城张槎欧洲工业园、罗村联星联合工业区等，这类工业用地成新率较新，楼层数一般 3~5 层，建筑容积率较高，建筑密度适中，工业建筑租金水平较高（见图 21）。

507

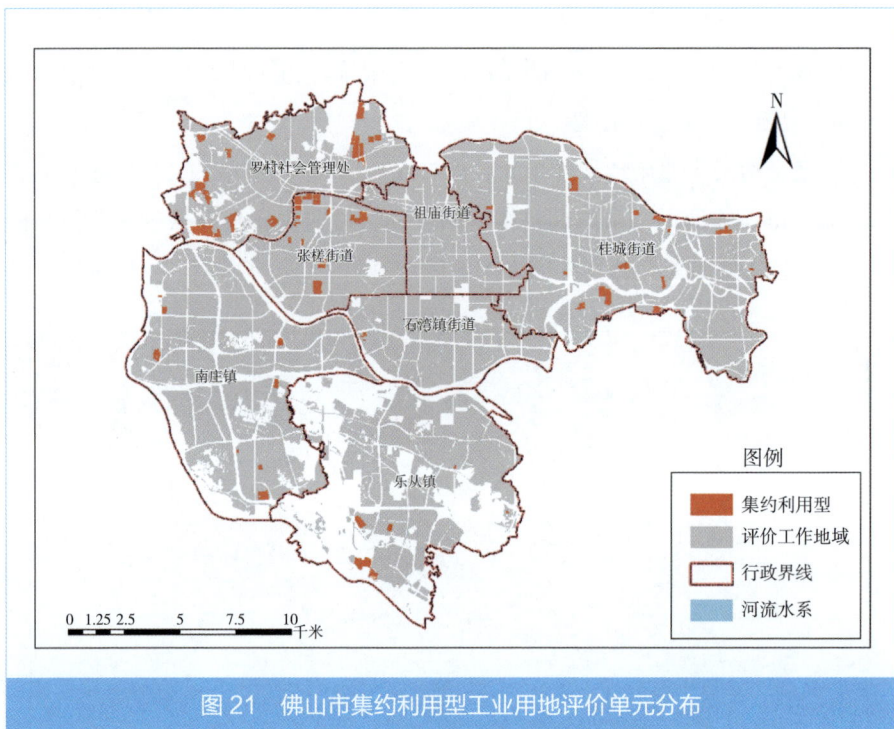

图 21　佛山市集约利用型工业用地评价单元分布

（3）中度利用型工业用地

中度利用型的共 837.31 公顷，占工业评价单元总面积的 13.60%；其中一类工业用地 93.78 公顷，占中度利用型工业用地的 11.20%，二类工业用地占 70.00%，物流仓储用地占 18.80%，无三类工业用地。

中度利用的工业用地分布较广，在罗村、南庄、乐从、张槎分布较多，如南庄的禅城经济开发区、罗村务庄工业区等，这类工业用地开发建设强度适中，利用效益中等（见图 22）。

（4）低效利用型工业用地

低效利用型的共 4677.05 公顷（见表 24），占工业评价单元总面积的 75.96%；其中一类工业用地 414.73 公顷，占低效利用型工业用地的 8.87%，二类工业用地规模最大，占比高达 66.03%，三类工业用地占 4.41%，物流仓储用地占 20.44%，采矿用地占 0.25%。

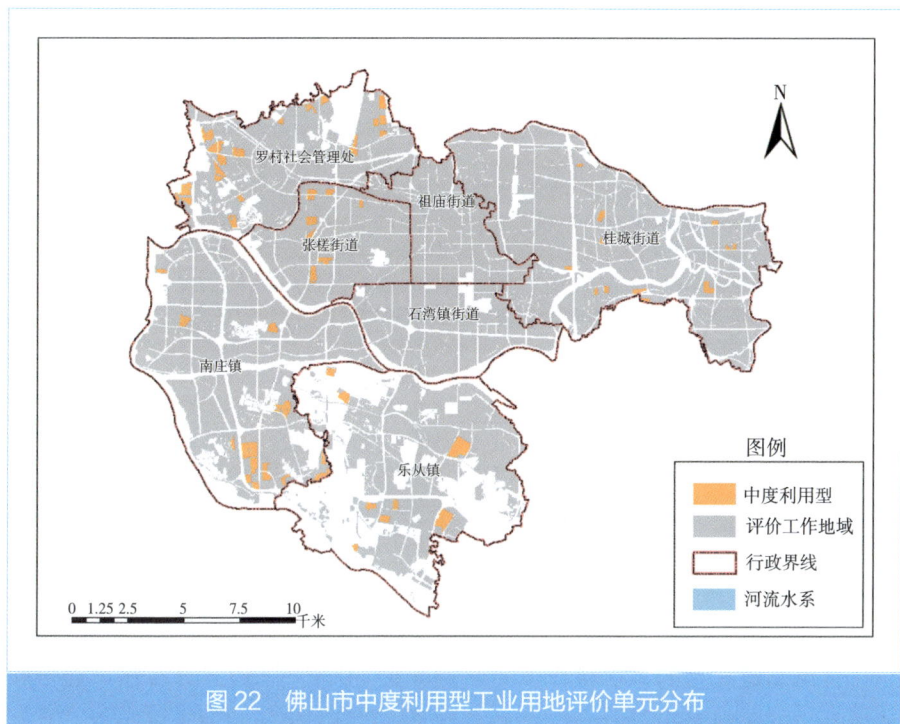

图22 佛山市中度利用型工业用地评价单元分布

表24 佛山市各类低效利用型工业用地评价单元面积统计

土地利用状况类型	评价单元个数（个）	评价单元面积（公顷）	面积所占比例（%）
用途配置低效型	1026	3311.78	70.81
开发强度低效型	100	708.51	15.15
利用效益低效型	222	656.76	14.04
合计	1348	4677.05	100

8. 四川遂宁

受到规划用地布局大幅调整的影响，各行业类型的工业用地评价单元均以低效利用型为主。因此，为深入探索不同行业类型间土地集约利用状况差异，针对全部工业用地评价单元，剔除规划符合度指标后进行评价，如图23所示。

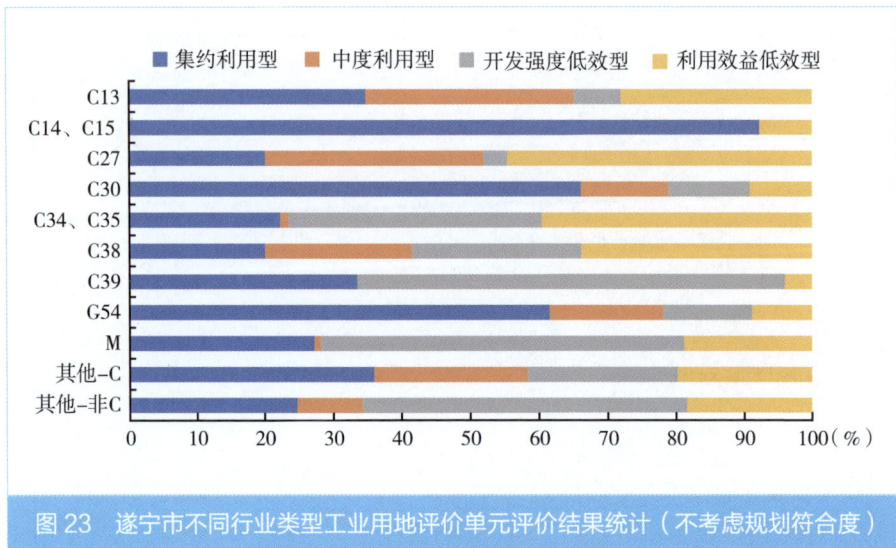

图23 遂宁市不同行业类型工业用地评价单元评价结果统计（不考虑规划符合度）

　　食品制造业与酒、饮料和精制茶制造业（C14、C15），计算机、通信和其他电子设备制造业（C39），道路运输业（G54）集约利用水平较高，其集约利用型面积占比均超过25%。农副食品加工业（C13）集约利用水平中等，其集约利用型、中度利用型、低效利用型面积占比接近，均在30%~35%。医药制造业（C27）、电气机械和器材制造业（C38）、其他－制造业的集约利用水平较低，其低效利用型面积比重均超过40%。医药制造业、电气机械和器材制造业主要是利用效益较差导致低效，其他制造业是建设强度偏低、利用效益较差的综合影响导致低效。通用设备制造业、专用设备制造业（C34、C35），计算机、通信和其他电子设备制造业（C39），科学研究和技术服务业（M）、其他－非制造业的集约利用水平最低，其低效利用型面积比重达到65%~77%。计算机、通信和其他电子设备制造业、科学研究和技术服务业、其他－非制造业主要是建设强度偏低导致低效，通用设备制造业、专用设备制造业是建设强度偏低、利用效益较差的综合影响导致低效（见图23）。

9. 宁夏吴忠

吴忠市利通区中心城区共有工业用地 282 宗，面积为 858.83 公顷。其中：已建成 255 宗，面积为 724.26 公顷，占总面积的 84.33%；未建成 27 宗，面积为 134.57 公顷，占总面积的 15.67%。按照单因素综合评价法，工业用地无过度利用土地；集约利用 133 宗，面积为 470.42 公顷，占总面积的 54.81%；中度利用 18 宗，面积为 51.90 公顷，占总面积的 6.04%；低效用地 131 宗，面积为 336.21 公顷，占总面积的 39.15%，其中用途配置低效型 32 宗，面积为 36.17 公顷，开发强度低效型 39 宗，面积为 179.09 公顷，利用效益低效型 60 宗，面积为 120.95 公顷，分别占总面积的 4.21%、20.85% 和 14.08%（见表 25）。

表 25　吴忠市利通区工业用地集约利用状况

单位：公顷，%，宗

地类		小计				已建成		未建成	
		面积	占比	宗数	占比	面积	宗数	面积	宗数
过度利用型		0.00	0.00	0	0.00	0.00	0	0.00	0
集约利用型		470.72	54.81	133	47.16	380.09	120	90.63	13
中度利用型		51.90	6.04	18	6.38	51.90	18	0.00	0
低效利用型	小计	336.21	39.15	131	46.45	292.27	117	43.94	14
	用途配置低效型	36.17	4.21	32	11.35	36.17	32	0.00	0
	开发强度低效型	179.09	20.85	39	13.83	135.14	25	43.94	14
	利用效益低效型	120.95	14.08	60	21.28	120.95	60	0.00	0
合计		858.83	100.00	282	100.00	724.26	255	134.57	27

利通区工业用地以集约利用型为主，但存在较多低效利用型土地（336.21 公顷）。其中，用途配置低效型工业用地主要为老城区需要外迁和金积工业园不符合园区产业要求的用地。随着城市发展，主城区散落分布的工业用地需逐步外迁，向工业园区集聚，以改善城区的生态和人文环境。同时为了避免吴忠市金积工业园区产业定位与自治区其他开发区趋同，形成空间布局具有相对优势的主导产业，成为利通区经济社会发展的主引擎和增长极，限制了不符合金积工业园区

产业发展方向的产业，不符合产业需求的用地需逐步退出园区；开发强度低效型用地主要为超期未竣工和分期开发企业，开发程度较低，导致土地开发强度较低；利用效益低效型工业用地，主要是停产半停产企业，主要分布在毛纺织园（见图24）。

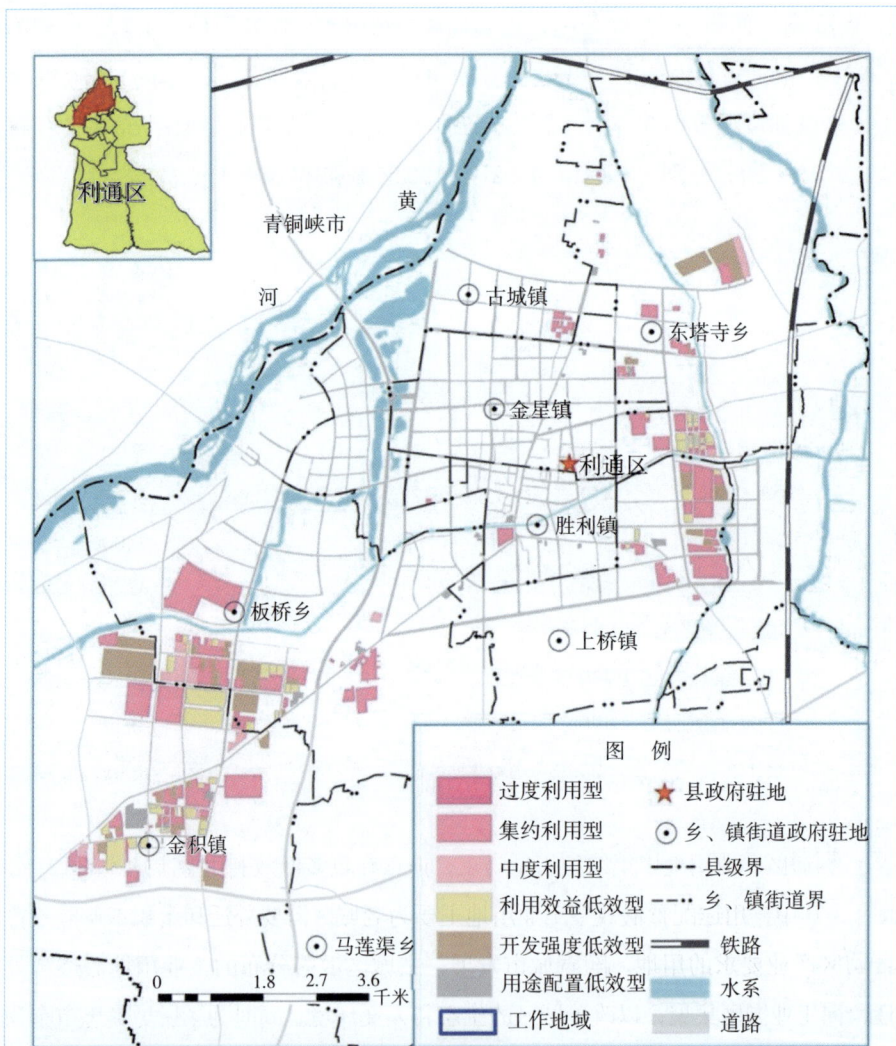

图24 吴忠市利通区工业用地集约利用状况空间分布

四　结论与建议

（一）结论

1. 商服用地集约利用状况两极分化

各试点商服用地集约利用状况呈现两极分化的现象，集约利用型和低效利用型为商服用地的主要利用状况，过度利用型和中度利用型为次要利用状况，并且过度利用型的商服用地面积极少。其中，集约利用型的商服用地面积占总面积的40%左右，低效利用型的商服用地面积占总面积的30%左右，中度利用型的商服用地面积占总面积的20%左右。整体而言，商服用地集约利用状况处于中等水平，开发和改造潜力仍有较大的提升空间。

2. 工业用地集约利用程度普遍偏低

各试点工业用地集约利用状况较差，集约利用程度普遍偏低，大体上呈现低效利用为主、集约利用和中度利用为辅的利用类型状况，并且过度利用的情况与商服用地利用状况（极少）保持一致。其中，工业用地低效利用程度较高的城市分别是江西萍乡（80.13%）和广东佛山（75.96%），其次是福建福州（63.95%）和河北唐山（62.58%）。整体而言，工业用地集约利用状况处于低下水平，开发和改造潜力具有极大的提升空间。

3. 产业用地低效利用类型具有区域异质性

各试点的产业用地低效利用类型呈现明显的区域异质性，用途配置低效型、开发程度低效型和利用效益低效型均存在，并且以用途配置低效型为主要的工业用地低效利用类型。产业用地用途配置低效型的城市有河北唐山、江苏无锡、福建福州、广东佛山，开发程度低效型的城市是河南商丘，利用效益低效型的城市为宁夏吴忠。另外，山东淄博的产业用地低效利用类型同时存在用途配置低效和开发程度低效，江西萍乡的产业用地低效利用类型同时存在用途配置低效和利用效益低效。因此，需要因城施策，针对不同的产业用地低效利用类型城市提出差异化提升措施。

（二）建议

1. 加强规划统筹，发挥规划引领作用

科学合理编制、确保有效实施国土空间规划，突出先导性、科学性和权威性。从加强管理的角度去分析问题，使规划充分体现控制和引导的作用。通过规划调控土地利用方向、布局，引导人口、产业等生产要素合理流动，带动产业升级和城镇集聚协调发展的新格局。充分挖掘现状产业用地潜力，提高产业用地的集约和节约利用程度，注重可持续发展。

2. 加速腾退低效用地，释放建设空间

针对与城市功能布局不符、与城市用地规划脱钩的低效产业用地，主要采取加速腾退、释放空间的策略。应加大零星低效用地清理整顿力度，通过"退二进三"、城乡建设用地增减挂钩等路径，换出新空间。在保障产业用地底线的前提下，重点清退园区以外绩效较差的工业用地。

3. 建立大数据平台，为产业用地评价和监管提供支撑

打破信息孤岛，整合各部门数据，启动中心城区工业用地绩效管理系统建设，用影像直观显示产业用地布局、园区分布、企业运行情况，实现企业对比、行业对比、区域对比，为用地评价提供数据支撑。构建包括项目引推进程、建设全周期、企业效益管理等在内的大数据中心，摸清产业企业项目底数，通过数据中心实时观测企业的亩均产出、项目的建设进度等，从而实现对企业项目用地利用水平的长效管理。

4. 加强政策引导，助力产业发展提质增效

把握时代发展新特征，加快转变经济发展方式，出台产业发展激励措施，营造良好的产业发展环境，加快产业结构由传统模式向更高层次转变，建立产业发展提质增效长效机制。商业方面，依托区位优势大力发展现代物流业、商贸会展业，充分利用自然生态优势、历史文化资源，通过历史文化建筑修复、传统街区业态功能转换、自然山水景观打造等措施，加快发展特色旅游业。工业方面，改造提升食品饮料、医药制造等传统优势产业，特别是要重视医药制造行业产出效益较低、发展动力不足问题；加快发展电子信息、装

备制造等战略性新兴产业，提升企业发展规模与产业竞争力；优化园区产业
布局，培育优势产业集群化发展，完善园区基础设施，加强功能性建设，满
足产业集聚发展的支撑条件。

参考文献

赵小风、黄贤金、严长清等：《基于 RAGA-AHP 的工业用地集约利用评价——以江苏省开发区为例》，《长江流域资源与环境》2011 年第 11 期。

周杨、张军连、李林等：《基于宗地层次的合肥市产业用地集约利用评价》，《中国人口·资源与环境》2014 年第 7 期。

孟鹏、郝晋珉、周宁等：《新型城镇化背景下的工业用地集约利用评价研究——以北京亦庄新城为例》，《中国土地科学》2014 年第 2 期。

路振华、张军连、李宪文等：《城市产业用地集约利用评价研究——以合肥市为例》，《地域研究与开发》2013 年第 2 期。

谭勇、徐文海、韩啸等：《新时代区域建设用地节约集约利用评价——以长沙梅溪湖国际新城为例》，《经济地理》2018 年第 9 期。

柴铎、周小平、谷晓坤：《城市郊野建设用地节约集约利用内涵重构与"5Q5E"评价模型——上海 98 个乡镇数据实证》，《城市发展研究》2017 年第 10 期。

曲衍波、张勇、李慧燕等：《基于"五量"协同模型的山东省建设用地集约利用评价及障碍调控》，《资源科学》2017 年第 6 期。

魏宁宁、陈会广：《开发区土地集约利用评价与潜力分析》，《城市发展研究》2017 年第 4 期。

吴嵩、姜琦刚：《基于 RS 和 GIS 的小城市建设用地集约利用状况评价》，《中国人口·资源与环境》2015 年第 S1 期。

涂志华、王兴平：《全域统筹视角下的苏南城乡建设用地集约利用评判》，《城市发展研究》2012 年第 11 期。

B.13
建设用地节约集约利用状况详细评价成果应用反馈

摘　要： 全国试点城市建设用地节约集约利用状况详细评价已基本完成，试点城市在成果应用方面探索出了不少亮点，但目前缺乏针对这些实际应用成果体系化的总结，也缺乏对其中成果应用亮点的总结。详细评价成果及获取的数据，在土地利用过程管理中能够发挥重要作用，并将对政府相关部门的政策制定提供科学依据。本文旨在通过已有评价成果和数据，掌握工作地域范围内建设用地利用状况与利用过程中的问题，摸清详细评价成果在现实应用中的各类场景，明确详细评价应用场景，构建详细评价应用路径，并最终为科学用地管地、切实提高城市土地利用效率和效益提供重要依据和建议。

关键词： 建设用地　节约集约　高质量发展

一　研究背景

（一）建设用地详细评价的应用意义重大

部署开展建设用地节约集约利用状况详细评价工作是实施最严格的节约集约用地制度、实施节约优先战略的一个重要举措，是判断城市建设用地利用成果与效果的重要根据，是全面掌握和了解城市土地利用现状的有效方式，也是提高城市土地利用管理工作质量的根本遵循。通过详细评价工作的开展，能够用考核评价机制来引领方向，对城市土地利用结构和布局的优化、城市存量建设用地再开发利用的推进，对新型城镇化和区域统筹发展、对用转变土地利用的方式调整经济结构和转变经济发展方式，起到了重大的作用。

（二）目前缺乏对详细评价的应用场景的具体研究

自然资源部于 2019 年确定在唐山、无锡、福州、萍乡、淄博、商丘、武汉、佛山、遂宁、吴忠等 10 个城市开展建设用地节约集约利用状况详细评价试点工作。当前全国城市建设用地节约集约利用状况详细评价试点已基本完成（武汉市因疫情未开展评价工作），各试点城市在成果应用方面探索出了不少亮点，但目前缺乏针对这些实际应用成果体系化的总结，也缺乏对其中成果应用亮点的总结，各试点的成果应用经验相对割裂，评价成果无法在规划、数据管理、城市建设中快速应用，难以形成可推广的成果应用模式。

（三）详细评价是规划全生命周期管理的重要部分

当前，中国的城镇化和工业化的进程加快，土地供给与需求的矛盾也日渐加剧[①]。因此，必然需要采用节约集约用地来缓解土地供给与需求的矛盾，推动社会经济平稳运行，其中，土地利用规划作为工具能够有力地保障土地利用迈向节约集约化发展，而详细评价是规划的重要资料来源与基础支撑，因此，详细评价始终是规划全生命周期管理的重要组成环节。研究详细评价在具体情境中的应用对支撑规划全生命周期运行具有重要意义。

---

① 倪红日：《我国城镇化中基础设施建设资金供给的财税体制研究》，《税务研究》2013 年第 9 期。

二 研究目标和思路

（一）研究目标

详细评价成果及获取的数据，在土地利用过程管理中能够发挥重要作用，并将对政府相关部门的政策制定提供科学依据。本研究旨在通过已有评价成果和数据，掌握工作地域范围内建设用地利用状况与利用过程中的问题，摸清详细评价成果在现实应用中的各类场景，明确详细评价应用场景，构建详细评价应用路径，并最终为科学用地管地、切实提高城市土地利用效率和效益提供重要依据和建议[①]。

（二）研究思路

1. 总结梳理地方政策试点经验

研究首先梳理和总结河北唐山、江苏无锡、福建福州、江西萍乡、山东淄博、河南商丘、广东佛山、四川遂宁和宁夏吴忠9个地区的集约节约详细评价成果的应用情况以及相关案例情况，从具有代表性的案例中总结出目前详细评价成果的重点和难点，并在此基础上将成果应用归类为规划管理场景、数据管理场景、用地优化场景和城市建设场景四大类场景。

2. 明确详细评价应用场景，构建详细评价应用路径

详细分析规划管理场景、数据管理场景、用地优化场景和城市建设场景四大类场景中涉及的集约节约详细评价成果的各个层面。将规划管理场景应用归纳为对相关规划编制的指导与调整，将数据管理场景的应用归纳为自然资源管理、城市更新和国土空间数字化提供基础数据，将用地优化场景归纳为引导土地供应计划和低效用地再开发计划编制，将城市建设场景归纳为为城市土地开发、基础设施建设、用地标准制定提供参考，从而构建完整的详细评价应用场景，支撑详细评价应用体系的发展和相关效益的提升。

---

① 于诗雯：《区域建设用地节约集约利用评价研究——以辽宁省阜新市为例》，《国土资源》2019年第5期。

三　基于案例的详细评价应用场景识别

（一）规划管理场景：指导相关规划的编制、调整与审批

1. 评价结果作为依据和参考，指导相关规划编制与调整

首先，详细评价结果可作为国土空间规划、产业布局规划等总体规划编制的依据，评价判定的低效用地、计算得出的可开发改造用地潜力可作为调整用地布局、安排新增建设用地的依据，同时评价指标标准可以作为制定节约集约利用约束指标和预期指标控制值的依据。其次，评价结果亦可作为优化控制性详细规划、地块单元规划的参考，譬如可对评价判定的用途配置低效型用地进行进一步细化分析，现状用途大类与控规大类不符且开发强度、用地效益集约度较低的地块，可对地块用途进行调整，使其符合规划，现状用途大类与控规大类一致（如现状为旅馆用地，规划为零售商服用地），且开发强度、利用效益能达到集约利用水平的地块，可考虑适当调整控规，保障用地节约集约水平。最后，详细评价还可为国土空间规划编制提供数据支持。

以节约集约利用详细评价成果数据为基础，结合各地高质量发展实施方案，开展城市设计和控规编制，以重品质、强活力为导向，合理确定工业用地规模，完善各项配套设施规划，优化城市设计方案，适当降低规划容量。

2. 评价结果纳入已有数据库与平台，作为规划与用地审批的重要依据

本次详细评价所得到的城市建设用地节约集约利用水平判定结果、开发改造潜力测算结果与开发策略，均可纳入数据库与平台，作为规划和用地审批的参考依据，提升规划和用地管理的信息化、精准化水平。一方面为后续更新改造规划、土地收储计划、土地出让条件等的制定提供支撑；另一方面评价各项指标标准值可以作为企业准入的用地标准，并可作为续签土地出让合同、收取违约金、强制退出的依据。

3. 加强公众对规划的认知，为培养公众节约集约用地意识提供素材

我国已经开展了两轮土地利用总体规划，而在开展的过程中规划的

生态用地理念不足，比较重视调整与配给土地数量，而较为忽略土地利用效率与土地质量等方面，具有较强的传统性、计划性。[1] 因此，新一轮的规划应当以促进节约集约利用土地作为核心，顺应经济发展方式的转变的大背景和适应建立资源节约型、环境友好型社会的大环境[2]，土地经营方式和土地利用方式也应当转变，以促进土地资源利用效率的提高。[3] 同时对城市建设用地节约集约利用状况定期开展详细评价，并定期公布信息，保障公众的知情权，提高公众了解和认识土地节约集约利用问题，潜移默化地推动建立健康的用地价值观，从而推动社会经济的可持续发展。[4]

（二）数据管理场景：为自然资源管理、城市更新改造和国土数字化建设提供基础数据，为推动重大项目落地提供数据支持

1. 为城市自然资源管理提供基础数据

城市建设用地节约集约利用状况详细评价是自然资源管理工作的一项重要基础业务，根据定性分析和定量评价结果，详细分析城市地区的建设用地集约利用潜力的城市土地利用强度，集约利用总体状况，城市用地空间配置效率、利用效益等方面[5]，可以为自然资源部门进行城市土地管理提供翔实、准确的依据（见图1）。

2. 为城市更新改造提供基础数据

通过评价，可以确定存量改造潜力地块、批而未供潜力地块、规划未利用潜力地块和已收储的存量建设用地潜力地块[6]，并可对改造地块的土地价值

---

① 郑巧玲：《基于节约集约用地理念的土地利用规划理论研究：以河南省商城县为例》，河南理工大学硕士学位论文，2011。
② 李禾：《低碳经济：建立中国特色碳交易制度》，《科技日报》2008年12月5日，第7版。
③ 郑巧玲：《基于节约集约用地理念的土地利用规划理论研究：以河南省商城县为例》，河南理工大学硕士学位论文，2011。
④ 张巧婷：《城市土地集约利用评价与对策研究》，中国海洋大学硕士学位论文，2013。
⑤ 周哲：《长沙市城中村改造的土地集约利用评价研究》，四川农业大学硕士学位论文，2012。
⑥ 马国庆、赵金梅、冯丽媛、宋文泽：《基于宗地尺度的建设用地节约集约利用评价和潜力规模测算——以宁夏吴忠市利通区为例》，《宁夏大学学报》（自然科学版）2021年第9期。

图1 福州市仓山区建设用地节约集约利用状况评价数字系统

潜力进行测算和聚类分析，划分高潜力、中潜力、低潜力、无潜力片区，并制定"一地一策"的开发方式和开发时序，全面揭示城市各个地区内部潜力用地的利用效益情况，深入分析潜力空间的大小以及挖潜的经济、技术可行性，充分了解改造难度和时序，可直接为科学合理编制城市更新改造计划、存量挖潜计划、"三旧"改造方案等提供基础依据。

3. 为"一张图"信息平台提供基础信息

随着科学技术的发展，通过采用现代信息技术来实现国土管理的办公自动化和信息化是当前时代发展的趋势。[1] 随着城市的发展，建设用地的数量和结构处于不断变化中，为充分利用评价工作成果，可以建立建设用地调查和动态监测系统，通过与"一张图"信息平台进行对接，并定期（一年）对数据进行更新，为国土空间规划编制完善和城市建设用地管理提供依据和信息支持；通过建设用地详细评价信息系统平台，融合多部门数据，可为之后数据共享与更新建立坚实的基础；为完善自然资源管理信息系统"一张图"工作奠定数据基础，并有利于建设国土数字化。

---

① 赵志强:《白银区耕地后备资源调查评价》，甘肃农业大学硕士学位论文，2017。

4. 为推动重大项目落地提供数据支持

利用评价成果,可以为加快推动重要项目落地、提高政府服务质量、改善营商环境提供数据支持。具体应用在项目用地出让过程中,利用详细评价梳理出的可开发改造用地范围和社会经济指标,根据项目建设方案建设不同的三维用地出让方案(见图2)。

图2 福州市橘园洲工业园区可开发改造地块出让方案

(三)用地优化场景:引导土地供应计划和低效用地再开发计划编制

1. 为编制存量土地供应计划提供支持

评价结果对土地供应计划编制具有指导作用。通过深入分析建设用地结构、布局及潜力空间,加强对土地供应计划中可供地的空间分布研究,确定待供应地块的供应方向,明确存量土地和增量土地的供应数量比[①]，以及土地供应计划中出让土地的优先顺序的确定等，土地供应计划的科学性、针对性提高了。评价成果可以为建立和推行节约集约利用土地考核体系提供参考，从建设用地结构与空间布局、建设用地利用强度、增长耗地、管理绩效四个层次对建设用地节约集约利用水平进行全面考核评价。[②]

且目前农地转为非农用地的数量在城市土地供应计划中较为重视，即重视新增建设用地[③]，而忽视了存量建设土地，导致没有重视与引导存量土地的开发利用。在新型城镇化背景下，推动地方社会经济高质量发展，要加快转变建设用地节约集约利用方式，从城乡外延式扩张向内涵式挖潜发展转变。要了解和掌握城市土地在一定时期之内的供应量，并明确地块、数量、用途、集约指标、面积等，制定盘活存量土地的年度实施计划，从而在计划的引领下，有步骤地进行土地供应。[④]一些有关盘活存量土地的年度实施计划的翔实资料则将由详细评价提供。

2. 为城镇低效用地再开发计划编制提供依据

城市存量土地的优化配置重要方式之一就是城镇低效用地再开发。当前由于相应的规划引导缺乏，城镇低效用地的部分地块没有得到明确充分的规划意向和及时的规划引导，最终结果往往是放弃用地。另外，再开发土地的用途总是倾向于选择土地收益高的方向，也不严格规划控制，在原有的土地开发强度及实际用途改造之后，缺乏相应的规划控制，从而造成在置换中道路广场、公共设施、绿地等非营利性用地没有得到保障。[⑤]因此规划作为政

---

① 张伟科：《年度土地供应计划中出让土地空间定位方法研究》，河北农业大学硕士学位论文，2006。

② 刘亚男：《吉林省东部山区小城市建设用地节约集约利用评价研究》，吉林大学硕士学位论文，2018。

③ 王文革、侯怀霞、彭峰：《土地生态安全法治建设——论我国土地节约政府管制立法研究》，载《生态安全与环境风险防范法治建设——2011年全国环境资源法学研讨会（年会）论文集（第二册）》，2011。

④ 刘春华：《我国工业园土地集约利用技术经济分析》，江西理工大学硕士学位论文，2010。

⑤ 张晓：《西安市区城市土地集约利用潜力评价》，长安大学硕士学位论文，2007。

府宏观调控手段的作用必须强化，让改造城市低效用地逐渐步入正轨，进而解决问题。详细评价成果能够为编制城镇低效用地再开发计划提供最直接的依据和支持。根据城市社会经济发展和城市总体规划的需要，在进行充分的调查、摸清现状的基础上，从改善城市基础设施和生态环境、优化产业结构、提高土地利用效率、完善城市功能的要求出发，统筹规划与合理安排城镇低效用地，并明确规定再开发后的土地基础设施配套要求、控制指标、使用性质等。[1]

（四）城市建设场景：为城市土地开发、基础设施配置、建设用地标准制定提供参考

1. 为城市土地开发建设整理提供依据

详细评价成果可以反映出城市旧城改造状况、老城区改造完毕达到的集约利用水平，以及改造区域通过新楼盘建设及共建配套设施集约水平的提升，目前，许多城市中心城区范围内仍然存在尚未改造的老城区低度利用土地的具体情况，详细评价成果可以将该部分低度利用土地作为一种土地资源提出优化配置的建议，对下一步旧城改造起到指导作用。

2. 为优化城市基础设施配置提供依据

城市建设和城市经济发展需要配置合理、适度超前的城市基础设施，配置合理、适度超前的城市基础设施是发展持续健康的城市的保障。详细评价成果还可以为城市基础设施配置提供依据。当前许多城市中心城区公共服务设施配备较合理，但是仍存在一些地区基础配套设施承载力过高的问题，需要依据详细评价成果增加相应的基础设施、生活设施配套，来改善居住环境，提升中心城区的社会公共服务功能。[2]因此，为优化城市基础

---

① 陈莹、刘康、郑伟元、邓红蒂、唐程杰:《城市土地集约利用潜力评价的应用研究》,《中国土地科学》2002 年第 4 期。

② 王月变:《关于新农村建设的理论思考——基于小城镇发展的视角》,《生产力研究》2006年第 10 期。

设施布局，继续开展旧区改建和新区开发，同时应当根据合理布局、统一规划、配套建设、综合开发的原则来进行，不断提高中心城区的基础设施服务水平。

3. 为城市建设用地标准制定提供参考

严格建设用地使用标准，强化建设用地供应管理及市场调控是促进建设用地节约集约利用的重要方面。建设用地节约集约利用评价成果为科学制定或调整城市用地标准提供了重要依据。建设用地集约利用评价通过专家咨询、定量分析、应用国家标准等手段[①]，给出城市居住、商服、工业等各类用地的集约利用标准，同时也为基础设施配套和生活设施配套标准的制定提供参考，有利于在土地节约集约管理中细化指标、规范运作方式，为创新出让合同管理、强化产业准入和亩均税收管理等提供重要依据。

节约集约利用土地是新型城镇化的战略选择，也是生态文明建设的根本之策。[②] 党中央、国务院高度重视土地节约集约利用。尽管近年来推进土地节约集约利用取得了积极进展，但建设用地低效现象、土地粗放利用状况仍普遍存在，土地使用标准的修订及新增是推进节约集约利用土地的具体体现，通过专家咨询、定量分析、应用国家标准、对详细评价成果进行专题分析等手段，给出中心城区城市居住、商服、工业、教育等用地的合理建设标准[③]，为科学合理制定居住、工业、商服、教育科研等项目用地标准提供依据，同时也为基础设施配套和生活设施配套标准的制定提供参考。

---

① 徐拥华：《基于 GIS 的咸安经济开发区土地集约利用评价研究》，华中师范大学硕士学位论文，2013。

② 吕波、丁琳、王紫燕：《丘陵区新村建设与土地节约集约利用的思考》，《商》2015 年第 7 期。

③ 陈鸥：《城市土地集约利用潜力评价——以长春市为例》，东北师范大学硕士学位论文，2004。

4. 详细评价应用路径构建（见图3）

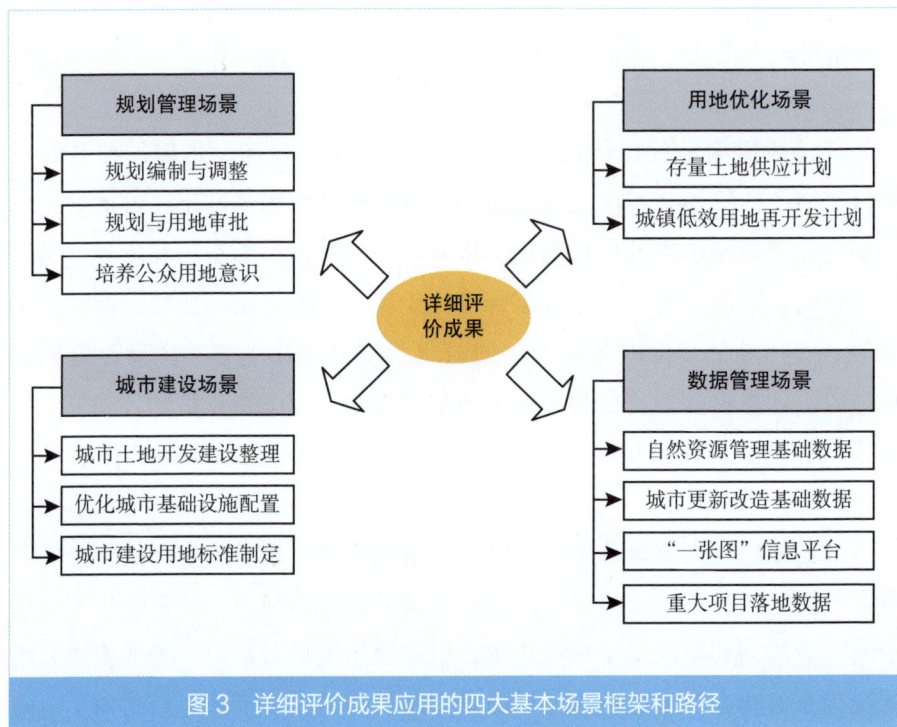

图3 详细评价成果应用的四大基本场景框架和路径

参考文献

林坚、张沛、刘诗毅:《论建设用地节约集约利用评价的技术体系与思路》,《中国土地科学》2009年第4期。

钟太洋、黄贤金、王柏源:《经济增长与建设用地扩张的脱钩分析》,《自然资源学报》2010年第1期。

方创琳、王德利:《中国城市化发展质量的综合测度与提升路径》,《地理研究》2011年第11期。

李灿、张凤荣、朱泰峰等:《基于熵权TOPSIS模型的土地利用绩效评价及关联分析》,《农业工程学报》2013年第5期。

喻忠磊、张文新、梁进社、庄立:《国土空间开发建设适宜性评价研究进展》,《地理科学进展》2015 年第 9 期。

吴艳娟、杨艳昭、杨玲等:《基于"三生空间"的城市国土空间开发建设适宜性评价——以宁波市为例》,《资源科学》2016 年第 11 期。

任远辉、郭雯、陈伟强等:《基于层次分析法的建设用地节约集约效益研究——以商丘市为例》,《中国农学通报》2016 年第 26 期。

赵坤成、旦荣:《生态文明理念下的建设用地节约集约利用》,《农业与技术》2022 年第 1 期。

赵志强:《白银区耕地后备资源调查评价》,甘肃农业大学硕士学位论文,2017。

Abstract

The Blue Book on the Economical and Intensive Use of Construction Land mainly relies on the evaluation of the Economical and Intensive Use of Construction Land in cities nationwide deployed by the Ministry of Natural Resources, based on the 10 pilot cities that have carried out the evaluation of land conservation and intensive use (among which Wuhan City has not carried out the evaluation), and summarizes the current level, dynamic changes, regional patterns and overall characteristics of the economical and intensive use of construction land in the five categories of residential land, commercial land, industrial land, educational land and other land in the pilot cities. The book summarizes the current level, dynamic changes, regional patterns and general characteristics of the economical and intensive use of construction land in the pilot cities to further optimize the current situation of economical and intensive land use in each region and city.

The book includes three major parts: the general report, the technical reports and the special reports. The the general report mainly introduces the evaluation work on the Economical and Intensive Use of Construction Land in pilot cities in 2019 in terms of work background, principles, content and evaluation technical framework of pilot areas. The the technical reports provide a comprehensive analysis of the level of economical and intensive use of construction land and changes in land revenue potential in Hebei Tangshan, Jiangsu Wuxi, Fujian Fuzhou, Jiangxi Pingxiang, Shandong Zibo, Henan Shangqiu, Guangdong Foshan, Sichuan Suining, and Ningxia Wuzhong in 2019, revealing the current level, spatial variation, and general characteristics of the economical and intensive use of construction land in the pilot cities.

The the special reports introduce the judgment of redevelopment of low-utility land, the characteristics and causes of redevelopment, and the redevelopment mechanism, and draws conclusions and proposes various types of redevelopment in the context of the cases of Qixin 1889 Cultural and Creative Industrial Park, Kailuan National Mine Park, and the construction of "key areas" in the central city of Tangshan and the transformation of urban villages. The topic of industrial land, based on the classification of land types and evaluation criteria, analyzes the economical and intensive use of industrial land in nine pilot cities, including commercial land and industrial land, and puts forward policy recommendations to improve the economical and intensive use of industrial land in the future; the topic of application feedback, based on the detailed evaluation of cases, carries out planning management scenarios, data management scenarios, land use optimization scenarios, and application feedback. In the application feedback topic, four application scenarios are identified based on the detailed evaluation of cases: planning management scenario, data management scenario, land use optimization scenario and urban construction scenario, and further policy suggestions are given for the future development of land conservation and intensive utilization in four aspects: concept of conservation and intensive utilization, data management platform, optimization of land use conditions and deepening policy support.

Keywords: Pilot Cities; Construction Land; Saving and Intensive Utilization; Land Saving Evaluation

Contents

I   General Report

Abstract: The evaluation of the Economical and Intensive Use of Construction Land is an important basic survey and evaluation of the national strength of resources, and is helpful in improving the efficiency of land resource utilization. This report is based on "the Evaluation of the Economical and Intensive Use of Construction Land in Pilot Cities", and by constructing an evaluation index system for the economical and intensive use of construction land in cities, it focuses on the overall situation of the economical and intensive use of construction land in nine pilot cities in China in 2019 from three aspects: planning compliance, construction intensity and utilization efficiency. The comprehensive analysis of the overall situation of the economical and intensive use of construction land in the nine pilot cities in 2019 was conducted, and the potential of the pilot cities was further measured and zoned, resulting in three thematic studies on the redevelopment of the stock of construction land, the intensive and economical use of industrial land, and the application of evaluation results, providing reference basis for improving the scientificity and practicability of the evaluation of economical and intensive use of construction land.

Keywords: Basic Survey Evaluation; Conservation and Intensive Use; Evaluation Index System

II   Technical Reports

B.2   The Detailed Evaluation Report on the Status of Saving and Intensive Use of Construction Land in Tangshan, Hebei 2019

Wu Jichao, Li Ziliang and Wang Xingbang / 028

Abstract: The detailed evaluation of the economical and intensive utilization of urban construction land in Tangshan City can help to accelerate the building of a modern economic system and modernize its governance system and capacity. Aiming to grasp the status of urban construction land utilization, analyze the problems of urban construction land utilization, identify the development potential, spatial distribution and structure of the stock of low-utility land, and propose the direction of economical and efficient utilization of urban construction land through quantitative evaluation of the utilization degree, efficiency and potential of the central urban area's land units. It provides guidelines for the development, construction and transformation of low-utility land, supports industrial clustering and innovative development, and promotes the construction of high-quality urban development that is livable, workable and tourable.

Keywords: Construction Land; Economical and Intensive; Tangshan City

B.3 The Detailed Evaluation Report on the State of Economical and Intensive Use of Construction Land in Wuxi, Jiangsu 2019

Qiu Hongjie, Zhou Xiaodan and Zhao Zhe / 076

Abstract: Wuxi has actively implemented the related evaluation requirements, and actively carried out multi-level evaluation of the economical and intensive use of construction land, which has played a strong supporting role in the formulation of economical and intensive land policy, evaluation of land performance assessment, and redevelopment of urban low-utility land. Wuxi was identified by the Ministry of Natural Resources as one of the 10 pilot cities for detailed evaluation, which mainly takes land and functional areas as the basic evaluation units and the central urban area as the evaluation scope, and mainly evaluates the utilization efficiency of different types of land in the central urban area, such as industrial, commercial, residential and scientific research land and the potential of low-utility land exploitation, so as to optimize the urban construction land structure and promote the redevelopment of low-utility land. It provides support for optimizing the structure of urban construction land and promoting the redevelopment of low-utility land.

Keywords: Utilization Efficiency; Construction Land Structure; Wuxi City

B.4 The Detailed Evaluation Report on the State of Economical and Intensive Use of Construction Land in CangShan District, Fuzhou, Fujian 2019

Zhao Jinhui, Lin Penghao and Hu Keke / 118

Abstract: Cangshan District actively implement and carry out the detailed evaluation of the economical and intensive utilization of construction land. Fuzhou City is to determine the evaluation range and evaluation unit on the basis of the urban cadastral land in Cangshan District, and to quantitatively analyze and evaluate its utilization degree, efficiency and potential. It aims to grasp the urban construction land utilization situation in CangShan District, Fuzhou City, analyze the construction land utilization problems, find out the development potential, spatial distribution and structure of the urban stock of low-utility land, and propose the direction of economical, intensive and efficient utilization of urban construction land.

Keywords: Construction Land; Economical and Intensive; Fuzhou City

B.5 The Detailed Evaluation Report on the State of Economical and Intensive Use of Construction Land in Pingxiang, Jiangxi 2019

Li Zihua, Yang Shaomin and Guo Donglin / 142

Abstract: The detailed evaluation of the economical and intensive use of construction land in Pingxiang City explores the methods and paths of detailed evaluation of land parcels,by highlighting the residential land, commercial land, industrial land and educational land that need the most attention to economical and intensive use at present, and improving the relevance of evaluation conclusions through single-factor integrated evaluation. The evaluation conclusion analysis is strengthened to clarify the types and causes of low-utility land and summarize the transformable strategies of low-utility land. Focusing on the objectives of monitoring the land use status and identifying inefficient transformable land in towns, the detailed evaluation of construction land by parcel and evaluation requirements are enriched and improved, and a detailed evaluation system is explored to guide the detailed evaluation.

Keywords: Construction Land; Economical and Intensive; Pingxiang City

B.6   The Detailed Evaluation Report on the State of Economical and Intensive Use of Construction Land in Zibo, Shandong 2019

Jiang Huailong, Zhang Chuntao and Liu Chang / 195

Abstract: The detailed evaluation of the economical and intensive use of construction land in Zibo City, Shandong Province is to determine the evaluation unit on the basis of the cadastral land, and to quantitatively evaluate the degree, efficiency and potential of land use. The purpose of detailed evaluation is to grasp the status of urban construction land use, analyze the problems of urban construction land use, identify the development potential, spatial distribution and structure of the stock of low-utility land, propose the direction of economical, intensive and efficient use of urban construction land, provide an important basis for scientific land management, and promote the improvement of efficiency and effectiveness of urban construction land use, so as to realize economical and intensive land use.

Keywords: Construction Land; Economical and Intensive; Zibo City

B.7   The Detailed Evaluation Report on the State of Economical and Intensive Use of Construction Land in Shangqiu, Henan 2019

Liu Qingzhong, Liu Baofang and Lu Pingzhen / 244

Abstract: Shangqiu City is one of the pilot cities to carry out detailed evaluation of the economical and intensive use of urban construction land, and it provides an analysis of the potential of intensive use of construction land in the evaluation area of Shangqiu City, and gives countermeasures and suggestions for land dredging in both time and space dimensions, providing an important reference basis for revitalizing the stock of land in Shangqiu City, implementing internal dredging, and promoting the secondary development and utilization of low-utility land. In addition, by analyzing and judging the outstanding problems in the urban land structure of Shangqiu City, we provide a scientific basis for implementing the strictest land conservation system in Shangqiu City, further managing and rationalizing the use of construction land, improving the efficiency of land use, and promoting the economic restructuring and accelerating the transformation of the economic development mode with the transformation of land use.

Keywords: Construction Land; Economical and Intensive; Shangqiu City

Abstract: The detailed evaluation of Foshan City is to determine the evaluation unit on the basis of cadastral land, quantitative analysis and evaluation of the degree, efficiency and potential of land use, aiming to grasp the status of construction land use in Foshan City, analyze the problems of construction land use in Foshan City, identify the development potential, spatial distribution and structure of the stock of low-utility land, and propose the direction of economical, intensive and efficient use of construction land in Foshan City. In addition, as one of the pilot cities for detailed evaluation, Foshan City will further improve the index system, evaluation standards, workflow, application of results and information system support conditions for detailed evaluation of urban construction land use saving and intensive use on the basis of the actual local situation, and put forward suggestions to modify and improve the technical guidelines for detailed evaluation of urban construction land use saving and intensive use, so as to provide the next step for the country to fully It will provide experience reference and technical support for the next comprehensive evaluation work of the country.

Keywords: Construction Land; Economical and Intensive; Foshan City

B.9   The Detailed Evaluation Report on the State of Economical and Intensive Use of Construction Land in Suining, Sichuan 2019

Zou Jiacen, Zhao Yushuang, Xu Yuan and Cai Dawei / 335

Abstract: Suining City carries out detailed evaluation of the economical and intensive use of urban construction land, determines the evaluation unit based on parcels of land, and quantitatively evaluates the efficiency, effectiveness and redevelopment and transformation potential of land use, with the aim of comprehensively grasping the current quantity, quality and spatial distribution of urban construction land in the central urban area of Suining City. It aims to clarify the status of intensive utilization of urban construction land, analyze the existing problems, identify the scale, spatial distribution and development potential of development and transformation potential parcels, propose improvement directions for the economical and efficient utilization of urban construction land in the central city of Suining, and accumulate and provide Suining experience for giving full play to the guiding role of the evaluation and assessment mechanism of economical and intensive land use and improving the detailed evaluation work system.

Keywords: Construction Land; Economical and Intensive; Suining City

Abstract: Although the evaluation work itself cannot directly improve the level of economical and intensive land use, but can improve the level of economical and intensive land use of urban construction land through subsequent policies, measures, technical means and specific development and utilization behaviors. The detailed evaluation of Litong District, Wuzhong City, takes "land" as the basic evaluation unit, with the aim of comprehensively grasping the status of urban construction land utilization, mapping the performance and problems of construction land utilization in the central city, the scale, space and structure of the potential development of the stock of construction land, and proposing the direction for the regulation of construction land and the redevelopment of low-utility land. distribution and structure, to propose the direction of economical, intensive and efficient utilization of urban construction land in Litong District of Wuzhong City for the problems of urban construction land utilization, and to provide a basis for construction land supervision and redevelopment of low-utility land.

Keywords: Construction Land; Economical and Intensive; Wuzhong City

III   Special Reports

Abstract: Analyzing the redevelopment status of the stock of construction land is an inherent requirement to adapt to economic restructuring and industrial transformation and upgrading, an urgent need to promote the construction of new urbanization, an inevitable choice to coordinate the protection of resources to guarantee development, and an important path to achieve common prosperity. By exploring the path and method of investigation of the redevelopment of the stock of construction land, focusing on the objectives of construction intensity and utilization efficiency, comprehensively enhancing the feasibility of data acquisition on the current situation of land use, spatial planning, land grant and supply, and land utilization efficiency, establishing a multi-path indicator data acquisition method, and enhancing the accessibility, authority and reliability of basic data; by exploring the mechanism of redevelopment of urban stock of inefficient construction land, taking By exploring the redevelopment mechanism of urban stock of inefficient construction land, starting and ending with intensive land use, highlighting the current situation of low-utility land of residential land, commercial land, industrial land, educational land, etc., improving the relevance of evaluation conclusions through single-factor integrated evaluation, clarifying the types and causes of low-utility land, and summarizing the transformable strategies of low-utility land; studying and sorting out typical cases of urban construction land redevelopment, analyzing the corresponding development methods and development time sequences, and providing a basis for the organic development of old urban areas. The study compares typical cases of urban construction land redevelopment, analyzes the corresponding development methods and development sequence configuration, and provides a guiding basis for organic renewal of old urban areas, potential exploitation of stock land, and reasonable arrangement of new indicators, which helps to formulate targeted policy measures and achieve the purpose of effectively improving land use efficiency and social and economic benefits.

Keywords: Stock Construction Land; Redevelopment; Construction Intensity; Intensive Land Use

B.12 Analysis of the Status of Saving and Intensive Use of Industrial Land

China Land Surveying and Planning Institute, Renmin University of China research group / 468

Abstract: The evaluation of industrial land saving and intensive use is an important part of the construction land evaluation and assessment system, and is a more detailed study and analysis of the evaluation of the potential for intensive use of industrial land in central urban areas. To carry out the evaluation work of industrial land saving and intensive use, to play the incentive and guiding role of the assessment and evaluation mechanism, is conducive to promoting the redevelopment and utilization of urban stock industrial land, is conducive to optimizing the utilization structure and spatial layout of urban industrial land, is conducive to promoting new urbanization and regional integrated development, has the use of the transformation of land use to promote economic restructuring and accelerated transformation of the economic development mode. Therefore, to carry out the detailed evaluation of the economical and intensive use of industrial land for the evaluation work area at the right time, analyze the economical and intensive use of industrial land and the stock tapping situation, is the inherent requirement to adapt to the economic restructuring and industrial transformation and upgrading, is the urgent need to promote the construction of new urbanization, is the inevitable choice to coordinate the protection of resources to guarantee the development, and is the inevitable choice for the city to turn from high speed to high quality development.

Keywords: Industrial Land; Evaluation of Economical and Intensive Use; Stock Digging

B.13　Detailed Feedback on the Application of Evaluation Results

China Land Surveying and Planning Institufe, Renmin University of China research group / 516

Abstract: The detailed evaluation of the status of economical and intensive use of construction land in pilot cities nationwide has been basically completed, and the pilot cities have explored many highlights in the application of the results, but there is a lack of systematic summaries for these practical application results, and a lack of summaries of the highlights of the application of the results among them. The detailed evaluation results and the obtained data can play an important role in the management of land use process and will provide scientific basis for the policy formulation of relevant government departments. The purpose of this topic is to grasp the situation of construction land use and problems in the process of utilization within the working area through the existing evaluation results and data, to identify various scenarios of detailed evaluation results in realistic application, to clarify the application scenarios of detailed evaluation, to construct the application path of detailed evaluation, and finally to provide important bases and suggestions for scientific land use management and practical improvement of urban land use efficiency and effectiveness.

Keywords: Construction Land; Economical and Intensive; High-quality Development

社会科学文献出版社

皮书

智库成果出版与传播平台

❖ 皮书定义 ❖

皮书是对中国与世界发展状况和热点问题进行年度监测,以专业的角度、专家的视野和实证研究方法,针对某一领域或区域现状与发展态势展开分析和预测,具备前沿性、原创性、实证性、连续性、时效性等特点的公开出版物,由一系列权威研究报告组成。

❖ 皮书作者 ❖

皮书系列报告作者以国内外一流研究机构、知名高校等重点智库的研究人员为主,多为相关领域一流专家学者,他们的观点代表了当下学界对中国与世界的现实和未来最高水平的解读与分析。截至2022年底,皮书研创机构逾千家,报告作者累计超过10万人。

❖ 皮书荣誉 ❖

皮书作为中国社会科学院基础理论研究与应用对策研究融合发展的代表性成果,不仅是哲学社会科学工作者服务中国特色社会主义现代化建设的重要成果,更是助力中国特色新型智库建设、构建中国特色哲学社会科学"三大体系"的重要平台。皮书系列先后被列入"十二五""十三五""十四五"时期国家重点出版物出版专项规划项目;2013~2023年,重点皮书列入中国社会科学院国家哲学社会科学创新工程项目。

法律声明